普通高等教育"十一五"国家级规划教材

微 生 物 学

（第二版）

诸葛健　李华钟　主编

科 学 出 版 社
北 京

内 容 简 介

本书内容包含常见常用工业微生物的形态学、营养与培养环境、代谢调控、生态学及菌种选育与保藏技术等，还增加了与微生物技术产权保护有关的专利及专利权的基本知识，内含有教学计划规定的实验部分。本书具有基础性、系统性、应用性和先进性的特点。

本书适合工科院校生物学相关专业师生作为教材使用，也可作为相关企业和研究单位技术人员的参考用书。

图书在版编目(CIP)数据

微生物学/诸葛健，李华钟主编. —2 版. —北京：科学出版社，2009
普通高等教育“十一五”国家级规划教材
ISBN 978-7-03-025581-5

Ⅰ. 微… Ⅱ. ①诸…②李… Ⅲ. 微生物学-高等学校-教材 Ⅳ. Q93

中国版本图书馆 CIP 数据核字(2009)第 163141 号

责任编辑：刘 丹/责任校对：陈玉凤
责任印制：赵 博/封面设计：耕者设计工作室

科学出版社出版
北京东黄城根北街 16 号
邮政编码：100717
http://www.sciencep.com
北京建宏印刷有限公司印刷
科学出版社发行 各地新华书店经销
*
2004 年 9 月第 一 版 开本：720×1000 1/16
2009 年 9 月第 二 版 印张：31
2026 年 1 月第十次印刷 字数：564 000

定价：108.00 元
（如有印装质量问题，我社负责调换）

第二版前言

《微生物学》一书自 2004 年修订出版以来已经印刷了四次，2005 年被评为江苏省高等学校精品教材，这是该书自 1996 年被原轻工业部评为部优秀教材一等奖以来第二次获得的殊荣。

作为普通高等教育“十一五”国家级规划教材，本书这次又进行了与时俱进的修改和补充。

本书是适用于工科院校发酵工程、生物工程专业或农林院校农副产品深加工有关专业的专业基础课“微生物学”教材，因此在编写上有其特色。针对工科院校有关专业的工艺、工程学课程多，没有微生物学系统课程设置的特点，本书的微生物学系统性和完整性势必保持，并且这些内容还必须与工科的应用性和适用性密切结合。为此本书的基本内容包含了形态学、生理学、生态学和遗传育种学，如此多的内容要在课堂上讲完是有困难的，也没有必要。但为了有利于学生自学和参考，尤其在进入学位课题研究时便于查对，本书编写时系统的基本内容不能省略，特别是形态学部分，集中显示了较多的各类发酵工业上常见常用的菌株形态照片和图。本书含图 287 幅，含表 91 幅。

为便于教学计划的实施，本次修订时删除了原书中第八章免疫学技术，而增加了实验部分。

需要说明的是，作为国家级重点学科的发酵工程专业，经过多年的实践，一致要求对工业微生物育种的理论和实验技术予以强化。为此我们在正常开设“微生物学”课程的同时，又专门设立了“微生物遗传育种学”课程。我校《微生物遗传育种学》教材亦列为普通高等教育“十一五”国家级规划教材，并于 2009 年 2 月由化学工业出版社出版。

本书由诸葛健、李华钟、王正祥、段作营、樊游、曹钰和诸葛斌共同编写，主编为诸葛健教授和李华钟教授。

采用本书作为教材的相关专业教师若需要配套的课件，请与本书编者联系。

本书虽较之修订前有所进步，但限于编者的学识和写作水平，难免有所欠缺，恳请广大师生和读者随时提出宝贵意见，以便进一步改进。

编　者

2009 年 2 月于江南大学

第一版前言

由原轻工业部教材编审委员会审定的统编教材《微生物学》（无锡轻工业学院主编）自1990年出版以来已为数十个院校的有关专业使用，发行量达8万余册，并获原轻工业部优秀教材一等奖。但时至今日，《微生物学》出版已达十余年，无论是微生物学本身的学科发展，还是有关教学要求的提高都迫切要求对本教材进行重编。

微生物学历来是发酵工程及其他把以生物技术为手段的农副产品深加工作为学科内容的专业的重要学位课程，是一门理论教学和实验技术并重的专业基础课。

作为工科院校，教学计划中并没有设微生物学范畴的分支课程，因此必须在只系统学习一门微生物学基本知识的基础上，强化与应用结合的相关内容，如常用工业微生物的形态学，与发酵工艺密切相关的营养及培养环境，与定向育种相关的代谢调控，与废水处理相关的微生物生态，从微生物遗传学引申的各种菌种选育与保藏技术等。本书甚至还增加了与微生物技术产权保护有关的专利及专利权的基本知识。

在内容的取舍上本书注意到微生物学的基础性、系统性、应用性和先进性，较好地处理了基础与前沿、传统与现状的关系。本书广泛吸收了我校自1961年以来主编的三本《微生物学》的精髓，参考了近些年国内外出版的大量相关内容，还特别插入了不少编写教师的科研成果，丰富了本书的内涵。

本书由江南大学生物工程学院微生物学教研室和工业微生物研究中心集体创作，由诸葛健、李华钟、金坚、樊游、曹钰、段作营、唐雪明执笔。主编为诸葛健教授和李华钟教授。

由于本书系集体撰写而成，在统编时我们力求内容不重复，但限于编写人员的学识和书写水平，缺陷或错误在所难免，希望广大读者随时向我们提出宝贵意见。

编　者

2003年12月于江苏无锡

目　录

第一章 绪 论

作为生物工程学科范畴最重要的专业基础课之一，微生物学既要有其本身的课程系统，也必须有其为生物工程学科应用的特色。

在生物学上，一般把形体微小、结构简单的生物称为微生物。研究这些微生物的形态、生理和遗传特性等的学科即为微生物学。因此，微生物学既是一门研究微生物生命活动本质及其基本规律的基础学科，又是一门研究微生物与自然、社会、人类活动等相关关系及其应用、具有极大应用范畴的实验学科。本书研究的微生物学更侧重于工业微生物学，更侧重研究和关注在发酵工业上常见或常用的微生物，如细菌、放线菌、酵母菌、霉菌、藻类等。

第一节 微生物学研究的对象和任务

一、微生物及其特点

在生命世界中，各种生物的体形大小相差极大，植物中的红杉高达350m，动物中的蓝鲸长达34m，而目前知道的最小生物是病毒，如细小病毒的直径只有20nm。

微生物无所不在，遍布于自然界、动植物及人体。如，在南极一个冰湖中发现了存在至少有2800年的藻类和细菌，并成功地使这些冰冻千年的微生物“苏醒”。

微生物的个体极其微小，必须借助放大几倍、几百倍、上千倍的光学显微镜，乃至放大数万倍、上百万倍的电子显微镜才能看清（图1.1，图1.2）。表示微生物大小的单位是μm（$1m=10^6μm$）或nm（$1m=10^9nm$）。球菌的直径约0.5μm，因此80个球菌“肩并肩”地排列成横队，也只有一根头发的宽度。杆菌的长度约2μm，故1500个杆菌头尾连接起来仅有一粒芝麻那么长。

微生物虽然微小，但数量庞大。在一个人排出的粪便中，微生物约占干粪重量的40%左右，人生活在有菌环境中，皮肤以及与外界相通的腔道，如口腔、鼻咽腔、肠道等均有大量各类微生物寄居，成为人体不可缺少的一部分。一般情况下，寄居在人体中的正常微生物菌群对人体健康有益，仅在特定条件下可能对人类健康造成危害。

微生物有以下几方面的特点。

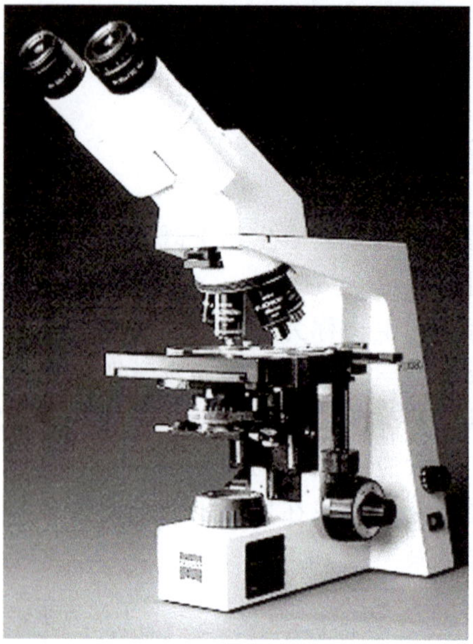

图 1.1 光学显微镜

图 1.2 透射式电子显微镜

1. 比表面积大

常识告诉我们，把一定体积的物体分割得越小，它们的总表面积就越大，物体的表面积和体积之比称为比表面积。如果把人的比表面积值定为 1，则大肠杆菌的比表面积竟高达 30 万！在采用高密度细胞发酵时，干细胞量竟达到 100g/L。因此，一个小体积和特大表面积的系统是微生物与一切大型生物相区别的关键所在，也是发酵工业飞速发展的关键所在。了解了这点，我们就比较容易理解微生物的许多特性了。

2. 吸收多，转化快

由于微生物的比表面积大得惊人，所以与外界环境的接触面特别大，这非常有利于微生物通过体表吸收营养和排泄代谢产物。微生物“胃口”大得惊人，“排泄”得也特别厉害。而且，微生物的食谱又非常广泛，凡是动植物能利用的营养，微生物都能利用，大量的动植物不能利用的物质，甚至是剧毒的物质，微生物照样可以视为“美味佳肴”。如大肠杆菌在合适条件下，每小时可以消耗相当于自身重量 2000 倍的糖，等比状态下而人类则需要 40 年之久。

我们可以利用微生物这个特性，发挥“微生物工厂”的作用，使大量基质在短时间内转化为大量有用的化工、医药产品或食品。也可以将有毒有害物质转化为无毒无害物质、将不能利用的物质转变为可利用的物质，为人类造福。

3. 生长旺，繁殖快

微生物以惊人的速度“生儿育女”。例如，大肠杆菌在合适的生长条件下，12.5～20min便可繁殖一代，每小时可分裂3次，由1个变成8个。如果按此速度匀速繁殖，则每昼夜可繁殖72代，由1个细菌变成4.7×10^{21}个（重约4722t)。经48h，则可产生2.2×10^{43}个后代，如此多的细菌的重量约等于4000个地球之重。若干微生物的代时（分裂1次所需的时间）和每日增殖率如表1.1所示。

表1.1　若干微生物的世代时间和每日增殖率

微生物名称		代时	每日分裂次数	温度/℃	每日增值率
细菌	乳酸菌	38min	38	25	2.7×10^{11}
	大肠杆菌	18min	80	37	1.2×10^{24}
	根瘤菌	110min	13	25	8.2×10^{3}
	枯草杆菌	31min	46	30	7.0×10^{13}
	光合细菌	144min	10	30	1.0×10^{3}
酿酒酵母		120min	12	30	4.1×10^{3}
藻类	小球藻	7h	3.4	25	10.6
	念珠藻	23h	1.04	25	2.1
	硅藻	17h	1.4	20	2.64
草履虫		10.4h	2.3	26	4.92

当然，由于种种条件的限制，上述繁殖速度是不可能实现的。细菌数量的翻番只能维持几个小时，不可能无限制地繁殖。因而在培养液中繁殖细菌，它们的数量一般仅能达到每毫升1亿～10亿个，最多达到100亿。尽管如此，它的繁殖速度仍比高等动植物高出上亿倍。

微生物的这一特性在发酵工业上具有重要意义，可以提高生产效率，缩短发酵周期。

4. 适应强，变异快

微生物对环境条件尤其是恶劣的“极端环境”具有惊人的适应力，这是高等生物所无法比拟的。例如，多数细菌能耐0～－196℃的低温，产芽孢细菌和真菌孢子在干燥条件下能保藏几十年、几百年甚至上千年。耐酸碱、耐缺氧、耐毒物、抗辐射、抗渗透压等特性在微生物中也极为常见。若干微生物甚至需要“极端环境”才能生长。例如，在海洋深处的某些硫细菌可在150℃的高温条件下正常生长；一些嗜盐细菌甚至能在饱和盐水中正常生活。

与其他生物体一样，微生物细胞在自然生长环境条件下，也会随机发生遗传性状的变化（变异）。尽管变异发生的机会只有百万分之一到百亿分之一，但由于微生物繁殖快，也可在短时间内产生大量变异的后代。正是由于这个特性，人们才能够按照自己的要求不断改良在生产上应用的微生物，如青霉素生产菌的发酵水平由最初每毫升20单位上升到目前每毫升近10万单位。利用变异和育种得到如此大幅度的产量提高，在动植物育种工作中简直是不可思议的。

5. 分布广，种类多

虽然我们不借助显微镜就无法看清微生物，可是它在地球上几乎无处不在，无孔不入。85km的高空，11km深、水压高达1.155×10^{8}Pa的海底，2000m深的地层，近100℃的温泉，－250℃的环境下，均有微生物存在，这些都属极端环境。至于人们正常生产生活的地方，也正是微生物生长生活的适宜环境。因此，人类生活在微生物的汪洋大海之中，但常常是“身在菌中不知菌”。

微生物聚集最多的地方是土壤，土壤是各种微生物生长繁殖的大本营，任意取一把土或一粒土，就是一个微生物世界，不论数量还是种类均最多。在肥沃的土壤中，每克土含有20亿个微生物，即使是贫瘠的土壤，每克土中也含有3亿～5亿个微生物。

空气里悬浮着无数细小的尘埃和水滴，它们是微生物在空气中的藏身之地。哪里的尘埃多，哪里的微生物就多。一般来说，陆地上空比海洋上空的微生物多，城市上空比农村上空的多，杂乱肮脏地方的空气里比整洁卫生地方的空气里多。人烟稠密、家畜家禽聚居地方的空气里微生物最多，在160m高空的微生物比5300m处要多100倍。

各种水域中也有无数的微生物，居民区附近的河水和浅井水，容易受到各种污染，水中的微生物就比较多。大湖和海水中，微生物较少。

从人和动植物的表皮到人和动物的内脏，也都经常生活着大量的微生物，大肠杆菌在正常情况下，还是人肠道不可缺少的帮手呢！把手放到显微镜下观察，一双普通的手上带有细菌4万～40万个，即使是一双用清水洗过的手，上面也有近300个细菌。人们在握手时，将会把许多细菌传播给对方，握手也能传播疾病！当然，健康人群所携带的微生物不是致病菌。

微生物种类繁多，迄今为止，我们所知道的微生物约有10万种，有人估计目前已知的种只占地球上实际存在的微生物总数的5%左右，微生物很可能是地球上物种最多的一类。微生物资源是极其丰富的，但在人类生产和生活中仅开发利用了已发现微生物种数的1%。

二、微生物学及其研究内容

微生物学是研究各类微小生物体，如细菌、放线菌、真菌、病毒、立克次氏体、支原体、衣原体以及藻类等生物的形态、生理、生物化学、分类和生态的生物学分支学科。

在微生物学的发展过程中，按照研究内容和目的的不同，相继建立了许多分支学科（表 1.2）。

表 1.2 微生物学的分科

分科的依据	微生物学分科的名称
按应用范围	普通微生物学、工业微生物学、农业微生物学、医学微生物学、药学微生物学、兽医微生物学、卫生微生物学、食品微生物学等
按研究对象	细菌学、真菌学、病毒学、菌物学等
按研究范围	微生物遗传学、微生物形态学、微生物生态学、分子微生物学、免疫微生物学、分析微生物学等
按生态环境	土壤微生物学、海洋微生物学、环境微生物学、水生微生物学、宇宙微生物学等
按生命活动	微生物分类学、微生物生理学、微生物细胞生物学等

由于微生物学各分支学科的相互配合、互相促进，以及与生物化学、生物物理学、分子生物学等学科的相互渗透，使其在基础理论研究和实际应用两方面都有了迅速的发展。

鉴于作者编写的微生物学，主要针对生物工程范畴的高等学校的学生和发酵企业的技术人员，因此内容必然倾斜于与工业发酵和农副产品深加工有关的工业微生物。

工业微生物包括所有工业上常见常用的微生物，但技术人员还必须会处理工业生产中所涉及的污染与杂菌。有时某些微生物在一种产物生产中是生产菌，而在另一种产物生产中却是杂菌。例如，产醋酸细菌在生产醋时是生产菌，但它的醋酸化作用却会使啤酒或葡萄酒酸败。因此工业微生物学研究的主要对象包含了细菌（含放线菌）、真菌和噬菌体。

每个工业技术人员都应熟悉自己工作中涉及的微生物。他必须能正确知道菌种的基本形态和培养特征及其学名，换句话说，他必须知道初步菌种鉴定方法和命名系统，也必须清楚在给定条件下微生物发酵的新陈代谢反应。如果精通分类学，便可采用迅捷的方法从中筛选出特殊的高产特性的目的菌。工业技术人员必须能够配制培养基，不断改良生产菌种性能，并防止来自空气、水、土壤或原材料中的杂菌污染。

仅仅认识工业微生物的用途和污染菌是不够的，还必须注意它们可能的病原性，保证微生物发酵等制备出的最终产物中所含的死菌体或纯粹化学化合物对操作人员或使用者安全。

学习者应该从微生物的特征来考察一种微生物，如形态特征、生理特征、遗传特征、免疫特征等。多数特征是长期的沿袭而保存下来的，有些特征是根据不同的需要新加上去的。微生物全部的特征称为它的表现型，而其表现型则由其遗传特性的基因型决定并受环境因素影响。一种微生物的表现型能够解释它在给定条件下的生物化学反应以及它在工业生产中的应用。

第二节　微生物学的发展简史及工业微生物学的发展概况

微生物在地球上存在了 30 多亿年，人类在数百万年前出现之后就一直和微生物发生着千丝万缕的密切联系。不过人类并不知道一直和微生物生死共处，他们不知道许多疾病是微生物引起的，也不知道发面、果酒和啤酒酿造、牛奶和奶制品的发酵等是那些看不见的小生命做出的贡献。但还是有些人曾经觉察到是某种有生命的物质在起作用。例如，在我国 17 世纪初的清代，在《瘟疫论》中就认为传染病“乃天地间别有一种异气所感”。并且指出“气即是物，物即是气”。这在没有发现微生物之前，能够肯定地预见有某种实体是传染病的病原体，就是一种科学的预见。

一、微生物学的发展简史

1673 年有个名叫列文虎克（Antoni van Leeuwenhoek）的荷兰人用自己制造的显微镜观察到了被他称为“小动物”的微生物世界（图 1.3）。他给英国皇家学会写了许多信，介绍他的观察结果，他发现了杆菌、球菌和原生动物，表明他实实在在看到并记录了一类从前没有人看到过的微小生命。

列文虎克出生在荷兰东部一个名叫德尔福特的小城市，16 岁便在一家布店里当学徒，当时人们经常用放大镜检查纺织品的质量，列文虎克从小就迷上了用玻璃磨放大镜。他用两个金属片夹住透镜，再在透镜前面按上一根带尖的金属棒，把要观察的东西放在尖上观察，并且用一个螺旋钮调节焦距，制成了一架显微镜。连续好多年，列文虎克先后制作了 400 多架显微镜，最高的放大倍数达到 200～300 倍。用这些显微镜，列文虎克观察过雨水、污水、血液、辣椒水、腐

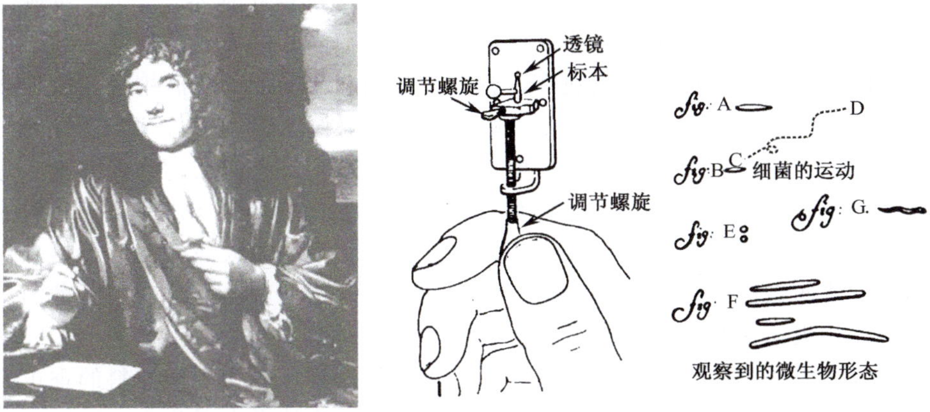

图 1.3 列文虎克（1632～1723 年）及其制造的显微镜和观察结果

败了的物质、酒、黄油、头发、精液、肌肉和牙垢等许多物质。从列文虎克写给英国皇家学会的 200 多封附有图画的信里，可以断定他是全世界第一个观察到球形、杆状和螺旋形细菌和原生动物的研究者，同时第一次描绘了细菌的运动。

在列文虎克发现微生物后差不多过了 200 年，人们对微生物的认识还仅仅停留在对它们的形态进行描述上，并不知道这些微小生命的生理活动对人类健康和生产实践有那样重要的关系。

列文虎克发现微生物 200 年后，通过许多科学家的努力，特别是法国伟大的科学家巴斯德的一系列创造性的研究工作，人们才开始认识微生物与人类有着十分密切的关系（图 1.4）。今天，我们把研究微生物的科学称作微生物学，巴斯德和柯赫是公认的微生物学奠基人，他们的工作为微生物学奠定了科学原理和基本的方法。

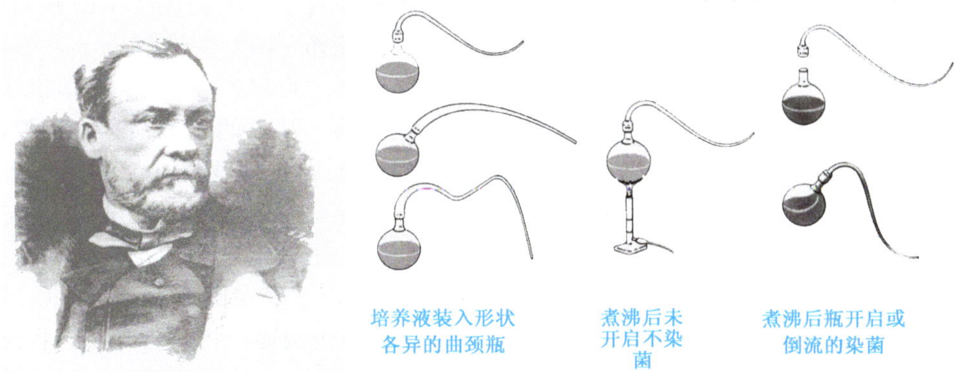

图 1.4 巴斯德（1822～1895 年）及其批驳“自然发生说”的实验

巴斯德（Louis Pasteur）在大学里学的是化学。由于他不到 30 岁便成了有名的化学家，法国酒厂老板便要求他帮助解决葡萄酒和啤酒变酸的问题。与众不同的是巴斯德善于利用显微镜观察，看看正常的和变酸的葡萄酒中究竟有什么不同。结果他发现，正常的葡萄酒中只能看到一种又圆又大的酵母菌，变酸的酒中则还有另外一种又小又长的细菌。他把这种细菌放到没有变酸的葡萄酒中，葡萄酒就变酸了。于是巴斯德提出，把酿好的葡萄酒放在接近 60℃ 的温度下加热并密封，葡萄酒便不会变酸。从此以后，人们把这种采用不太高的温度加热杀死微生物的方法叫做巴斯德灭菌法。直到今天，我们食用的鲜牛奶、啤酒、黄酒还是采用巴斯德灭菌法来保鲜。

正好这时法国南部的丝绸工业遇到了很大的困难，因为用做原料的蚕茧大幅度减产。减产的原因是一种叫做“微粒子病”的疾病使蚕大量死亡。巴斯德受农业部长的重托，着手查找病因。巴斯德要求他们把全部受感染的蚕和蚕卵，连同桑叶都烧掉，只用由健康蚕蛾产的卵孵化蚕，结果挽救了法国的丝绸工业。

19 世纪 70 年代，巴斯德开始研究炭疽病。炭疽病是在羊群中流行的一种严重的传染病，对畜牧业危害很大，而且还传染给人类，特别是牧羊人和屠夫容易患病而死亡。巴斯德首先从病死的羊血中分离出了引起炭疽病的细菌——炭疽杆菌，再把这种有病菌的血皮下注射到做试验的豚鼠或兔子身体内，这些豚鼠或兔子很快便死于炭疽病，从这些病死的豚鼠或兔子体内又找到了同样的炭疽杆菌。在实验过程中，巴斯德又发现，有些患过炭疽病但侥幸活过来的牲口，再注射病菌也不会得病了。这就是它们获得了抵抗疾病的能力（我们今天叫做免疫力）。通过反复试验，巴斯德和他的助手发现把炭疽杆菌连续培养在接近 45℃ 的条件下，它们的毒性便会减少，用这种毒性减弱了的炭疽杆菌预先注射给牲口，牲口就不会再染上炭疽病而死亡了。的确，巴斯德的成就开创了人类战胜传染病的新世纪，拯救了无数的生命，奠定了今天已经成为重要科学领域的免疫学的基础。1885 年，巴斯德第一次用同样的方法治好了被疯狗咬伤了的 9 岁男孩。

在巴斯德以前的千百年来，普遍流行着一种所谓“自然发生说”。该学说认为，不洁的衣物会自生蚤虱，污秽的死水会自生蚊蚋，肮脏的垃圾会自生虫蚁，粪便和腐败的尸体会自生蝇蛆。总之生物可以从它们存在的物质元素中自然发生，而没有上代。古希腊学者亚里士多德，中世纪神学家阿奎那，甚至 17 世纪的大科学家哈维和牛顿，都相信这种学说。巴斯德为了证明这是谬论，就设计、制作出了一套实验装置，即著名的曲颈瓶（图 1.4 右）。他在圆瓶里灌进一些酵母汤，把瓶颈焊封，煮沸冷却后分别作如下处理：静止搁置；将瓶口开启；将液体倾至曲颈口然后回流回瓶内。将上述三组实验恒温培养，结果表明，由于各类曲颈能防止空气微生物污染，第一组实验曲颈瓶内没有微生物生长，酵母汤没有长菌混浊。而后二组实验则因有空气微生物污染而发臭变浊。这说明生物不可能从它们存在的物质元素中自然发生，而必须有其“上代”。

柯赫（Robert Koch）是一位医生（图 1.5）。在他工作地区的牛发生了炭疽病，他便对这种疾病进行了认真细致的研究。他在牛的脾脏中找到了引起炭疽病的细菌，并且把这种细菌移种到老鼠体内，使老鼠相互感染了炭疽病，最后又从老鼠体内重新得到了和从牛身上得到的相同的细菌。这是人类第一次用科学的方法证明某种特定的微生物是某种特定疾病的病原。而且，他用血清在与牛体温相同的条件下在动物体外成功地培养了细菌。柯赫在 1880 年被聘任到德国柏林的皇家卫生局工作，1885 年又担任了柏林大学卫生学教授和卫生研究所的所长。1882 年柯赫发现了引起肺结核的病原菌，而肺结核在当时是人类健康的头号杀手。他用血清固体培养基成功地分离出结核分枝杆菌，并且接种到豚鼠体内引起了肺结核病。1883 年柯赫还在印度发现了霍乱弧菌，在 1897 年以后他又研究了鼠疫和昏睡病，发现了这两种病的传播媒介，前者是虱子，而后者是一种采采蝇。他根据自己分离致病菌的经验，总结出了著名的、用来确证某一具体传染病症是由哪种细菌致病的“柯赫原则”。

图 1.5 柯赫（1843～1910 年）及其当时的实验室

1）在一切病患者（人、动植物）和一切病患部位都能发现该病原体。

2）该病原体应从受感染的患者体内分离出来，并被培养为纯培养物。

3）纯培养物接种到某个未经免疫的正常体内时，应出现同一病症。

4）该病原体应从同一病症受感染的新患者体内重新分离出来。

在这个原则的指导下，使得 19 世纪 70 年代到 20 世纪 20 年代成了发现病原菌的黄金时代，在此期间先后发现了不下百种病原微生物，包括细菌、原生动物和放线菌等，不仅有动物病原菌，还有植物病原菌。

值得指出的是在发酵工业中，若发酵异常，也可按照“柯赫原则”来确定是否染菌和确定染的是什么菌。

柯赫除了在病原体的确证方面做出了奠基性工作外，他创立的微生物学方法一直沿用至今，为微生物学作为生命科学中一门重要的独立分支学科奠定了坚实的基础。柯赫首创的显微摄影留下的照片在今天也是高水平的。这些技术包括分离和纯培养技术、培养基制备技术、染色技术等。

二、微生物学的重要发现及工业微生物产业的发展

有关微生物的重要发现及工业微生物产业的发展参见表 1.3、表 1.4 和图 1.6。

表 1.3 微生物学的重要发现

年份	人或单位	发现
1684	安东尼·封·列文虎克（Antoni van Leeuwenhock）	发现细菌
1776	拉扎罗·斯帕兰让尼（Lazaro Spallanzani）	用密封加热实验否定自然发生说
1798	爱德华·琴纳（Edward Jenna）	牛痘接种术
1821	弗里斯（E. M. Friess）	霉菌分类系统化
1826	索多·施旺（Theodor Schwann）	乙醇发酵由酵母菌引起
1837	索多·施旺（Theodor Schwann）	微生物引起发酵和腐败
1857	路易斯·巴斯德（Louis Pasteur）	乳酸发酵的微生物学原理
1860	路易斯·巴斯德	酵母菌在乙醇发酵中的作用
1864	路易斯·巴斯德	澄清自然发生说的争论
1866	路易斯·巴斯德	低温灭菌法
1872	科亨（F. Cohn）	开始细菌分类记载
1876	罗伯特·柯赫（Robert Koch）	分离炭疽病原菌，感染实验成功
1879	奈瑟（Neisser）	发现淋病细菌
1881	罗伯特·柯赫（Robert Koch）	研究纯培养细菌的方法
1881	路易斯·巴斯德 皮尔·包尔·爱密尔鲁（Pierre Paul Emile Roux）	用炭疽菌进行免疫实验
1882	厄波斯（Eberth）、噶夫克（Gaffky）	在伤寒患者体内分离到伤寒细菌
1882	斯可罗辛（J. J. T. Schloesing） 芒茨（A. Muntz）	土壤中的硝化细菌
1882	罗伯特·柯赫	发现结核病病因
1884	罗伯特·柯赫	柯赫原则
1884	克里斯亭·格拉姆（Christian Gram）	革兰氏染色方法
1888	马尔亭乌斯·贝叶林克（Martinus Beijerinck）	分离出根瘤菌的纯培养，富集培养方法

续表

年份	人或单位	发　现
1889	北里柴三郎（Kitosato Shibasaburo）	从破伤风患者体内分离出厌氧性病原菌
1889	马尔亭乌斯·贝叶林克（Martinus Beijerinck）	病毒的概念
1890	爱密尔·阿道夫·贝林格（Emil Adolf von Behring） 北里柴三郎	发现白喉抗毒素
1890	谢尔盖·维诺格拉斯基	化能无机营养菌的自养生长
1892	德米特里·约瑟霍维奇·伊万诺夫斯基 (Dmitri Iosifovich Iwanowski)	从烟草花叶病植株中分离病毒并进行了回接实验
1895	马尔亭乌斯·贝叶林克（Martinus Beijerinck）	分离自养的硫酸盐还原菌
1897	佛雷德里克·奥古斯都·约翰·吕夫勒 (Frederick August Johannes Loffler) 弗罗施（P. Frosch）	在动物中发现病毒
1909	奥拉·詹森（Orla Jensen）	将生化反应用于细菌分类
1915	佛雷德里克·威廉·特沃特（Willian Twort）	细菌的传染性溶菌
1917	费里斯·修伯特·代列尔（Félix Hubert D'Herelle）	噬菌体
1928	佛雷德里克·格里菲（Frederick Griffith）	肺炎球菌的转化
1929	阿列克山德尔·弗莱明（Alexander Fleming）	青霉素
1936	温达尔·麦迪士·斯坦利（Wendell Meredith Stanley）	烟草花叶病毒的结晶
1940	阿列克山德尔·弗莱明（Alexander Fleming） 恩斯特·保利斯·钱恩（Ernst Boris Chain）	青霉素治疗实验成功
1940	乔治·威尔·比德尔（George Well Beadle） 爱德华·塔特姆（Edward Tatum）	红色脉孢菌的突变
1943	马克斯·德尔布鲁克（Max Delbruck） 沙瓦多·爱德华·卢里亚（Salvador Edward Luria）	细菌的突变
1944	奥斯瓦尔德·埃弗里（Oswald Avery） 科林·麦克劳德（Colin MacLeod） 马克林·麦卡蒂（Maclyn McCarty）	证明 DNA 是遗传物质
1944	赛曼·瓦克斯曼（Selman Waksman） 阿尔伯特·沙茨（Albert Schatz）	链霉素
1946	爱德华·塔特姆（Edward Tatum） 约夏·莱德伯格（Joshua Lederberg）	细菌的接合
1951	巴巴拉·麦克林托克（Barbara McClintock）	可转座因子

续表

年份	人或单位	发　现
1953	詹姆士·沃森（James Watson） 弗朗西斯·克里克（Francis Crick） 罗莎林·富兰克林（Rosalind Franklin）	DNA 的结构
1958	M. Meselson，F. W. Stahl	证明大肠杆菌的半保留复制
1959	阿苏尔·帕地（Arthu Pardee） 佛兰可依斯·雅各布（Francois Jacob） 雅奎斯·莫诺（Jacques Monod）	基因受阻遏蛋白调控
1959	F. 马克发兰·伯内特（F. Macfarlane Burnet）	克隆选择理论
1960	佛兰可依斯·雅各布（Francois Jacob） 戴维·佩林（David Perrin） 卡芒·桑切兹（Carmon Sanchez） 雅奎斯·莫诺（Jacques Monod）	操纵子概念
1966	马歇尔·雷仑伯格（Marshall Irenerg） H. 哥宾·科拿那（H. Gobind Khorana）	遗传密码
1969	哈沃·泰明（Howard Temin） 戴维·巴尔迪摩（David Baltimore） 雷那托·丢贝可（Renato Dulbecco）	反转录病毒和反转录
1970	哈密尔顿·斯密斯（Hamilton Smith）	识别限制性内切核酸酶的作用
1975	乔治·可雷尔（George Kohler） 塞莎尔·密尔斯泰因（Cesar Milstein）	单克隆抗体
1977	卡尔·沃斯（Carl Woese） 乔治·福克斯（George Fox）	古生菌
1977	弗雷德·桑格尔（Fred Sanger） 史蒂文·耐科伦（Steven Niklen） 阿兰·考尔松（Alan Coulson）	DNA 序列分析
1982	卡尔·斯泰特（Karl Stetter）	首次分离到最适生长温度高于100℃的原核生物
1982	贝利·马歇尔（Barry J. Marshall）和罗宾·华伦（Robin Warren）	发现幽门螺旋菌
1983	路克·蒙塔格耐尔（Luc Montagnier）	引起艾滋病的人免疫缺陷病毒
1988	卡里·莫里斯（Kary Mullis）	聚合酶链反应
1995	克雷格·文特尔（Craig Venter） 哈密尔顿·斯密斯（Hamilton Smith）	细菌基因组的完整序列
1999	基因组研究所（The Institute for Genomic Research，TIGR）等	百余种微生物基因组序列

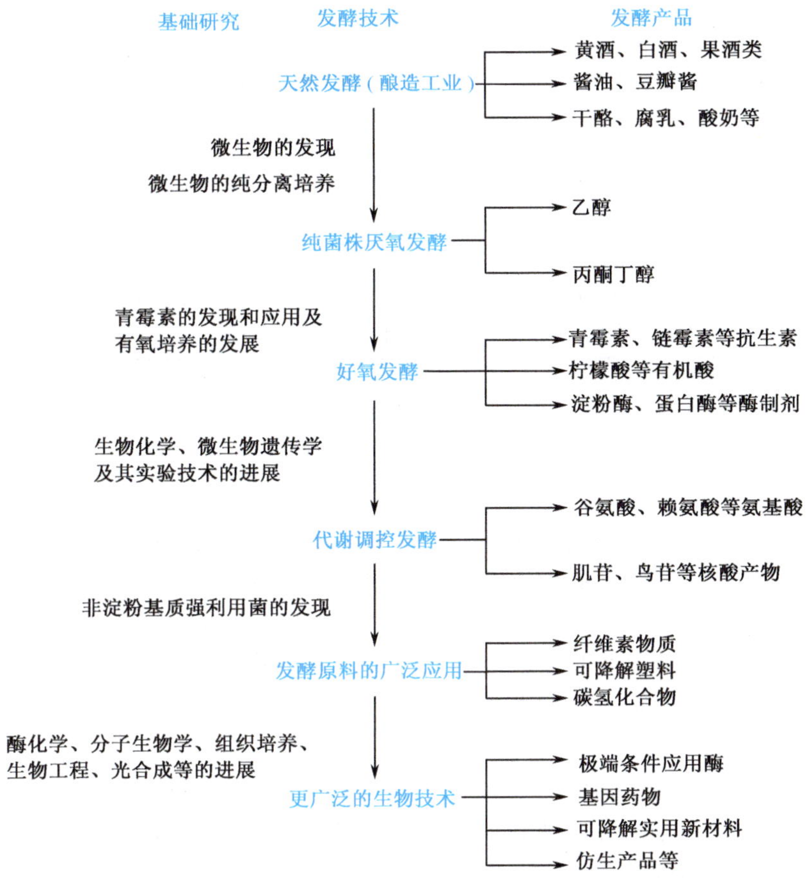

图 1.6　发酵工业的发展及其必要条件

表 1.4　微生物产业的发展

年代	科学技术	产　业
20 世纪 40 年代	开发了青霉素的深层培养技术，从此有了抗生素工业	抗生素、维生素、有机酸、酶制剂等
20 世纪 50 年代	DNA 双螺旋结构的发现和生物化学的发展，使微生物发酵工业进入了发酵的代谢调节时代	氨基酸发酵、核苷酸发酵成了发酵工业的重要领域
20 世纪 60 年代	石油微生物的研究应用及发酵原料的变换	石油蛋白及其利用（正烷烃和石油化工产品的发酵生产）
20 世纪 70 年代	随着科学技术的发展而发现了微生物发酵的更广泛的应用范围	污水处理；能源开发；单细胞蛋白生产；细菌浸矿等

续表

年代	科学技术	产 业
20 世纪 80 年代	分子生物学及微生物遗传的发展，基因工程及发酵工程的创立和发展，固定化细胞（酶）的发酵技术和生物传感器开始应用，利用原生质体融合及基因重组技术进行微生物选育构建新型菌种	基因工程菌的产生和相应发酵工程产品的问世，如干扰素、人生长激素、胰岛素、基因工程疫苗等
20 世纪 90 年代	分子生物学的深入研究、蛋白质工程与新的代谢途径工程的发展，学科交叉与渗透，使微生物发酵进入计算机自控时代，连续发酵、高密度发酵技术的应用，使微生物发酵生产效率空前提高	基因工程菌发酵规模的不断扩大，在氨基酸发酵、抗生素发酵等工业上计算机自控的应用等

第三节　微生物的分类和命名

一般认为，生命的进化经历了几个重要阶段，最初的生命应是非细胞形态的生命，在细胞出现之前，必须有个“非细胞”或“前细胞”的阶段。病毒就是一类非细胞生物，只是关于它们的来历，是原始类型，还是次生类型，仍未定论。

从非细胞到细胞是生物发展的第二阶段。早期的细胞是原核细胞，早期的生物称为原核生物（细菌、蓝细菌）。原核细胞构造简单，没有核膜，没有复杂的细胞器。

从原核到真核是生物发展的第三阶段。真核细胞具有核膜，整个细胞分化为细胞核和细胞质两个部分：细胞核内具有复杂的染色体结构，成为遗传中心；细胞质内具有复杂的细胞器结构，成为代谢中心。由核质分化的真核细胞，其机体水平远远高于原核细胞。

与上述观点完全不同的是，生命并非以原始细胞开始。相反，生命伊始之际，至少存在 3 种简单的结构松散的细胞组织形式。它们在基因池中游泳，以共同的方式进化，通过共享彼此的进化发明而相互协助纳入 3 种截然不同的细胞类型。伊利诺伊大学的微生物学家 Carl Woese 认为，地球上细胞进化的驱动力来自基因的水平转移，即获得外来细胞的组成成分——包括基因和蛋白质等来促进自身细胞实体的进化。

一、微生物在生物界中的地位

人类在发现和研究微生物之前，把一切生物分成截然不同的两大界——动物界和植物界。随着人们对微生物认识的逐步深入，从两界系统经历过三界系统、四界系统、五界系统甚至六界系统（表 1.5），直到 20 世纪 70 年代后期，美国人 Woese 等发现了地球上的第三生命形式——古菌，才导致了生命三域学说的诞生。该学说认为生命是由古菌域（Archaea）、细菌域（Bacteria）和真核生物域（Eucarya）所构成。

表 1.5　微生物在生物界中的地位

生物界名称	主要结构特征	微生物类群名称
病毒界	无细胞结构，大小为纳米（nm）级	病毒、类病毒等
原核生物界	为原核生物，细胞中无核膜与核仁的分化，大小为微米（μm）级	细菌、蓝细菌、放线菌、支原体、衣原体、立克次氏体、螺旋体等
原生生物界	细胞中具有核膜与核仁的分化，为大、小型真核生物	单细胞藻类、原生动物等
真菌界	单细胞或多细胞，细胞中具核膜与核仁的分化，为小型真核生物	酵母菌、霉菌、蕈菌等
植物界	细胞中具核膜与核仁的分化，为大型非运动真核生物	
动物界	细胞中具核膜与核仁的分化，为大型能运动真核生物	

古菌域包括嗜泉古菌界（Crenarchaeota）、广域古菌界（Euryarchaeota）和初生古菌界（Korarchaeota）；细菌域包括细菌、放线菌、蓝细菌和各种除古菌以外的其他原核生物；真核生物域包括真菌、原生生物、动物和植物。除动物和植物以外，其他绝大多数生物都属微生物范畴。由此可见，微生物在生物界级分类中占有特殊重要的地位。

生命进化一直是人们所关注的热点，有人认为生命的共同祖先（Cenancestor）是一个原生物。原生物在进化过程中产生两个分支，一个是原核生物（细菌和古菌），一个是原真核生物，在之后的进化过程中细菌和古菌首先向不同的方向进化，然后原真核生物经吞食一个古菌，并由古菌的 DNA 取代寄主的 RNA 基因组而产生真核生物。

从进化的角度，微生物是一切生物的老前辈。微生物在生物界中的地位不同时期不同学者有不同表述，而且还在讨论中。为了使微生物学初学者易于理解，这里以表 1.5 加以说明。

二、微生物的分类和鉴定方法

分类学的任务是分类（classification）、鉴定（identification）和命名（nomenclature）。一个科学的分类系统需经过有关个体的资料统计、思考和归纳，并为学者所认可和采用。鉴定是一个从一般到特殊或从抽象到具体的过程，要通过一定规则观察和描述一个未知纯种微生物的各种性状特征，然后查找对应的模式株分类系统，以达到对其分类和命名的目的。这期间新发现的微生物命名也在其中。

（一）分类学的规则

分类就是遵循分类学原理和方法，对生物的各种类群进行命名和等级划分。近代分类学诞生于 18 世纪，它的奠基人是瑞典植物学家林奈（Linnaeus，1707～1778 年），他建立了双名制的学名。

双命名法包括属名和种名，属名在前，字首大写，种名在后，字首小写。有时在种名后还有附加部分。属名规定了微生物的主要形态特征和生理特征等，而种名往往补充说明微生物的颜色性状和用途等次要特征。种名是由一个特征性形容词组成，属名为名词或用作名词的形容词（单数形式组成，字首大写）。相比之下，特征性形容词字首不大写。特征性形容词或是形容词必须在语法上与属名一致，如枯草芽孢杆菌（*Bacillus subtilis*）、细尖克勒氏酵母（*Kloeckera apilata*）；或是主格名词与属名并列如逗号弧菌（*Vibrio comma*）、凸形假单胞菌（*Pseudomonas conjac*）；或是遗传学的名词如醋化醋杆菌（*Acetobacter aceti*）。为利于鉴别，物种的命名必须准确而完整，应该引用第一位命名者的名字，这样才能便于日期的核对。当属名或种名被改变了而仍保留它的名字或特征性的描述，则原命名者必须用圆括号括起，在后面写上更改者的名字：*Sacchromyces* (Meyen) Reess，*Aureoobasidium pulluans*（de Bary）Arnaud。一个属或种（包括种下单元）只能有一个学名，一个学名只能用于一个对象（或种），如果有两个或多个对象者，便是“异物同名”，必须用于其中核定最早的命名对象，而其他的同名对象则另取新名。

学名＝<u>属名＋种名加词</u>＋<u>(首次定名人)＋现名定名人＋现名定名年份</u>

斜体字　　　　　　　　正体字(一般省略)

当描述一个物种时，可通过收藏株中某一培养物来描述该物种名所指的最原始培养物，称作主模式株，其他培养物称为补模式株。命名一个新的微生物，要用拉丁文名称。一个收藏菌中的某一种菌有时会死掉或它的表观型发生变化，可由类似于原始培养物的另一种培养物代替原始培养物，该培养物称为新模式株。

近代微生物分类体系通常包括七个主要层次：界、门、纲、目、科、属、种（表 1.6）。种（物种）是基本单元，近缘的种归合为属，近缘的属归合为科，科隶于目，目隶于纲，纲隶于门，门隶于界。随着研究的进展，分类层次又有增加，如亚纲、亚目、亚科、族（介于亚科和属之间）、亚种等。“种”（species）是该体系的基本单元，由有着共同祖先（其类似的行为，近似的遗传特征）的微生物组成，在外界环境条件的不断自然选择过程中，逐渐区别于其他微生物。

表 1.6 微生物分类系列

分类体系	后 缀	举 例
种 species		*Saccharomyces cereviseae*
属 genus		*Saccharomyces*
科 family	-aceae	Saccharomycetaceae
目 order	-ales	Endomycetales
纲 class	-phyceae（藻类）	
	-mycetes（真菌）	Ascomycetes
门 phylum	-phyta（藻类）	
	-mycota（真菌）	Eumycota
界 kingdom		Fungi

特征对比是分类的基本方法。所谓对比是异同的对比：“异”是区分种类的依据，“同”是合并种类的理由。分析分类特征，首先要考虑反映共同起源的共同特征。

一个微生物种类可以划分为亚种、变种或型，这些构成了物种的亚结构。亚种、变种和型的名称属名及其后依次为特征性形容词，次要性状形容词。如果一个种被划分为两种或更多的次种或变种，具有这一典型的一类物种应用特征性形容词表明。

当某种微生物是一个亚种（subspecies，简称“subsp.”）或变种（variety，简称“var.”，是亚种的同义词）时，学名就应按三名法拼写，即

学名＝属名＋种名加词＋符号 subsp. 或 var.＋亚种或变种的加词

（属名＋种名加词：斜体字；符号 subsp. 或 var.：正体字（可省略）；亚种或变种的加词：斜体）

分类学同其他学科规则一样具有专门术语。一个经常用术语是型（type），它有好几种意思。其一是表观型，一种表观型也许是一个微生物的许多可测量特征或显著特征，例如，群体培养表观形态，涂片颜色，酶的产生、发酵产糖能力以及其他。相比之下，一个个体所有遗传密码（基因）组成了它的基因型。基因不能直接判断出来但可以通过表观型的表达得以发现。型的另一个意思是命名法，这类命名法是根据《国际细菌学手册》命名的任一类群的微生物。

在研究和生产过程中常采用菌株（strain）这个词。菌株又称品系，它表示任何由一个独立分离的单细胞繁殖而成的纯遗传型群体及其一切后代。因此，一种微生物的每一不同来源的纯培养物（pure culture）或纯分离物（pure isolate）均可称为某菌种的一个菌株。

有时同一菌株可能有几种不同命名。例如，*Torula utilis*，*Torulopsis utilis*，*Candida utilis*。在这种情况下，应按规定使命名统一，其中之一为准确的，其余为同义词命名。上面例中准确命名为产朊假丝酵母（*Candida utilis*），另外两种命名为同义词命名。最后，可能发生两种不同微生物有相同的命名。例如，

Dozya 是真菌（*fungus*）的名字，同时也是一种地衣（*moss*）的名字。该情况下哪个先用这一命名，则为有效命名。上面例子 *Dozya* 是 *moss* 的有效命名，这种共同名称为同系同义词。

第一次从自然界分离出的标本微生物不一定就是一个一般类型，它也可能是一个极端变异种，处于一类菌株的范围边缘。

有时一个属中较大种类中的个体可能发生重叠，很难确定一个过渡类型的菌株归哪一种类，这种在分类学上的连续性是由于自然变异造成的，国际命名法是通过建立一个新物种名称来解决这个问题的。有时也会发生关系密切的两个物种在某一行为方式上显著不同，这是分类间断性，同时也是死亡或未被发现存在的证据。

微生物学中“个体”指什么？单细胞细菌和真菌都可以视为一个“个体”。但对于一个个体细胞，只能采用显微镜甚至电子显微镜来评价它的一些特性，这种分类法有片面性，且几乎没有操作价值，但是微生物个体的群落，无性繁殖的群体（或纯培养）可避免以上缺点。微生物的培养物可能有许多特征，一类微生物区别于另一种微生物，但其他性质又类似。红酵母属（*Rhodotorula*）因为它的类胡萝卜素颜色而不同于酿酒酵母属（*Saccharomyces*），特性的差异影响到微生物的多样性。微生物特征的变化是独立进行的，红酵母区别于粉红色酵母、黄色酵母、黑色酵母，但颜色的差异取决于外界环境的影响，外界环境改变三种主要类胡萝卜素化合物在酵母中的浓度。

（二）微生物分类鉴定的方法

通常可把微生物的分类鉴定方法分成 4 个不同水平。

1）细胞的形态和习性水平。例如，用经典的研究方法，观察微生物的形态特征、运动性、酶反应、营养要求、生长条件、代谢特性、致病性、抗原性和生态学特性等。

2）细胞组分水平。包括细胞壁、脂类、醌类和光合色素等成分的分析，所用的技术除常规技术外，还使用红外光谱、气相色谱、高效液相色谱（HPLC）和质谱分析等新技术。

3）蛋白质水平。包括氨基酸序列分析、凝胶电泳和各种免疫标记技术等。

4）核酸水平。包括（G+C）mol%值的测定，核酸分子杂交，16S 或 18S rRNA 等保守基因的核苷酸序列分析，重要基因序列分析和全基因组测序等。

在微生物分类学发展的早期，主要的分类、鉴定指标尚局限于利用常规方法鉴定微生物细胞的形态、构造和习性等表型特征水平上，这可称为经典的分类鉴定方法。通常在工业微生物的研究和生产中常用微生物的分类鉴定还是采用形态和生理特征为基础的方法。

（三）经典鉴定内容

微生物的经典鉴定内容如表 1.7 所示。

表 1.7 微生物的经典鉴定内容

鉴定项目	检测内容
培养特征	菌落的形状、大小、颜色、隆起、表面状况、质地、光泽、水溶性色素等，在半固体或液体培养基中的生长状态
形态特征	个体细胞形态、大小、排列方式、运动性、特殊构造和染色反应等
生理、生化反应	营养要求：能源、碳源、氮源、生长因子等
	酶：产酶种类和反应特性等
	代谢产物：种类、产量、颜色和显色反应等
	环境要求：温度、氧、pH 值、渗透压、宿主等
	对药物的敏感性
繁殖方式与生活史	无性与有性繁殖
血清学反应	
噬菌体敏感性	
其他	

微生物鉴定指标若用常规的方法，对某一未知纯培养物进行鉴定，不仅工作量大，而且对技术熟练度的要求也高。为此，出现了多种简便、快速、微量或是自动化的鉴定技术，如鉴定各种细菌用的“API”系统、“Enterotube”系统和“Biolog”全自动和手动系统等。

（四）近代鉴定技术

微生物的近代鉴定技术如表 1.8 所示。

表 1.8 微生物的近代鉴定技术

鉴定技术	方法	重要性及其应用
核酸分析	DNA 碱基比例的测定	是目前发表任何微生物新种时所必须具有的重要指标
	核酸分子杂交法	是目前发表任何微生物新种时所必须具有的重要指标
	rRNA 寡核苷酸编目分析	通过分析原核或真核细胞中最保守的 rRNA 核苷酸序列同源性程度，以确定不同生物间的亲缘关系和进化谱系

续表

鉴定技术	方　法	重要性及其应用
	微生物全基因组序列的测定	微生物全基因组测序，是当前国际生命科学领域中掌握全部遗传信息的最佳途径。但目前尚不能作为菌株的鉴定方法
细胞化学成分	细胞壁的化学成分	原核微生物细胞壁成分的分析对菌种鉴定有一定的作用
	全细胞水解液的糖型	放线菌全细胞水解液可分 4 类主要糖型
	磷酸类脂成分	位于细菌、放线菌细胞膜上的磷酸类脂成分，在不同属中有所不同，可为鉴别属的指标
数值分类法		依据数值分析的原理，借助计算机技术对拟分类的微生物对象大量采用一套共同的可比特征，包括形态、生理、生化、遗传、'生态和免疫学等特征表型性状的相似性程度进行统计和归类

第四节　21 世纪的工业微生物学

微生物学作为一门科学，已经走过了 100 多年的历史，20 世纪微生物学的成就深刻地改变了人类的生活。未来的 100 年仍然会有许多激动人心、影响深远的重大发现，目前所知的微生物世界有许多谜底没有破解，还有成千上万的问题等待解决。

在 20 世纪的最后 10 年内工业微生物学家已面临着分子生物学和生物技术发展的机遇。微生物学是一门树大根深的重要学科，面对新出现的和死灰复燃的病原微生物，面对爆炸性的人口增长和人类无法遏止的物质精神需求，微生物学必然能够兴旺发达，分子生物学和生物技术与微生物学必然会进一步地相互渗透和相互促进。

当前的微生物学应该适应新的形势，明确自己的任务和恰当估计自己的潜力，描绘出 21 世纪的工业微生物学的发展蓝图。

尽管 1986 年就提出了“基因组学”的概念，只是通过媒体大量报道“人类基因组计划”后，在临近世纪之交人们才开始略知一二。其实，早在 1995 年就发表了微生物的第一个基因组——流感嗜血杆菌（*Haemophilus influenzae* Rd）基因组。今天，随着基因组测序技术的进步，我们已经或接近完成超过 1000 个微生物基因组的解析。接下来的任务便是破译这些密码。就像把一本既无段落又无标点的“天书”让科学家去断句和释义。现在把这门学问称为“后基因组学”，微生物基因组学就更加迫切地面临这一任务。只有微生物基因组获得破译，微生物新产业的建立才会实现。

一、微生物多样性的研究是 21 世纪贯彻始终的任务

目前基本上是在人为环境下研究微生物，在人类目前已经很难发现哺乳动物和鸟类的新种，被子植物的 93%已经被人类记录的情况下，我们所知的微生物种类还远远没有达到动植物物种的数量。据新近的估计，微生物的生物量占整个地球生物量的 60%，而现在已知的微生物物种数占地球上实际存在的物种数量的比例还不到 5%。微生物资源化的工作还处于初级阶段。因此，寻找和鉴定微生物的工作仍将是本世纪微生物学家一个重大的任务。

当前微生物基因库中已经积累了成千上万个记录。近几年来，通过共栖基因组（Metagenome）技术，从自然界发现了若干和已知基因序列差异很大的 DNA 片段。可是我们还不能培养出含有这些基因序列的微生物，还没有捕捉到它们。微生物分离培养技术的革新与技术突破也仍然是本世纪微生物学者必需做出贡献的部分。

随着微生物基因组全序列数据的迅速增加，我们对微生物在生命世界中的地位将有更准确的界定，对微生物之间的亲缘关系会有更深刻的了解，鉴定新发现微生物的本领也将迅速提高。随着对基因功能知识的增加，我们将更容易认识微生物遗传多样性，并发现更多的前所未有的功能。因此，新世纪的工业微生物学家将会有更宽广的开发天地。

二、21 世纪微生物学的发展将围绕微生物基因组学展开

后基因组学的主要任务是认识基因和基因组的功能。随着越来越多的基因组序列被认识，人们将主动选择已知基因表达产物并研究其新功能，或者按人类的应用要求进行定向改造，在逐步了解未知功能基因的基础上，获得更多新的有用产物，在对不同基因之间相互作用的认识中，研究基因表达的调控功能。

认识基因和基因组的精细结构和功能，将为人类有效开发和利用微生物资源提供更为有效的手段。例如，詹氏甲烷球菌的全基因组的测定结果，将会有助于从分子水平了解产生甲烷的遗传性状和基因的调控，对特别能耐受辐射的耐辐射球菌（*Deinococcus radiodurans*）基因组序列的测定和功能的初步观察，发现这种细菌具有超常的修复辐射损伤的能力，有可能利用它来消除环境中的重金属和毒物污染，修复环境。同样我们可以设想利用那些能够生活在极端环境如极冷、极热或高渗透压、高盐、高酸环境中的微生物的功能基因，通过基因工程手段来改良工业微生物。

为破译人类基因组计划所获得的密码文本，微生物基因组学和信息技术的结

合将会首先发挥作用。因为 30 亿个碱基对的人类基因组实在太庞大，由于整个生命世界具有生物化学同一性，细菌和酵母菌基本没有内含子结构，借鉴只有百分之一到千分之一大小的微生物基因组，将较容易探索破译基因组的最佳方案。

从目前传统的微生物学各分支领域来看，以了解微生物之间、微生物与其他生物、微生物与环境的相互作用为研究内容的微生物生理学、环境微生物学等，乃至形成时间不太长的细胞微生物学将会在基因组学的基础上取得突破性发展，甚至发生难以预测的体系更新。

三、紧紧抓住分子生物学和生物技术发展的机遇，开创微生物产业的新格局

继动物植物两大生物产业后，微生物产业在 20 世纪已经成为第三大生物产业。随着生物技术的飞速发展，微生物产业的产值在不断增长，年产值至少超过 2000 亿美元。利用基因组研究所获得的信息，美国某公司已经获得了数百种与工业生产有关的新型蛋白质。在新世纪，基因组学的成就将快速体现在微生物产业中。以微生物的代谢产物和菌体本身为生产对象的微生物产业，将更广泛地利用和有针对性地挖掘不同生态环境的自然资源，构建出更多高效的基因工程菌用于工业生产，生产出各种外源基因表达的产物，用微生物生产各种动植物的代谢产物或组成成分将遍地开花，特别是药物、保健制剂的生产将出现前所未有的新局面，包括抗癌、抗病毒、调节细胞功能在内的各类效用更好的药物将大量涌现。用重组微生物生产化工产品，代替石化产品将是一个必然过程，绿色化学与绿色化工技术已经呈现；生物炼制也离不开微生物与重组微生物。微生物工程还将借助微生物获得快速发展，以基因为靶标的新药物（包括反义寡核苷酸和 DNA 疫苗等）将直接利用微生物或借鉴微生物发酵工程技术进行大量生产。传统发酵食品生产将在保持原有产品风格的基础上，完成落后工艺的改造，在充分掌握其微生物学和生物化学机制的基础上，建立完善的质量控制体系，保证生产出更加美味可口和安全卫生的产品。

微生物产业在农业上将获得更广泛的市场。微生物肥料、微生物农药、微生物生长促进剂、抗干旱和抗冻害制剂和土壤改良剂等将普遍使用，并具有更强的针对性；微生物饲料和其他兽用微生物制剂将成为畜牧业的必需品。

在环境保护和生物修复方面，微生物产业将提供更多更有效的产品。用微生物生产的可快速降解或回收的消耗性材料将广泛使用，还可能提供氢气等清洁能源；可用于废弃物无害化处理的微生物制剂将陆续问世，为修复长期受到污染的环境或消除突发性大面积环境污染提供快速有效的手段。

在广泛使用基因工程微生物的同时，通过全球合作，一方面开发完善有效的

防护技术，一方面利用分子生物学手段建立严密的监控体系，生物安全将会得到保障。

四、重视多学科更广泛的交叉，实现后基因组时代的新发展

在 21 世纪微生物学将在基因组学不断取得结构与功能信息的基础上，以生物圈为对象，逐步形成统一的生物学。作为生物圈，与地球科学、大气科学和海洋科学，以至于空间科学的联系将更加密切，大学科之间的交叉将会更加密切。作为地球上最早出现的生命，微生物生命现象的特性和共性将更加受到重视。由于地球上微生物出现在动植物出现之前，微生物作为模式生物，将揭示生命分子进化的基本脉络；从整个生物圈来通盘考虑生态学的研究，微生物将是研究整个生物圈对外界环境刺激做出应答的合适材料，因为微生物的生存是大生物生存的基础。

微生物学还将和材料科学、信息科学和计算机技术发生更深刻的联系。由于基因组的信息逐渐丰富起来，进行基因碱基序列的比较和分析向计算机科学提出了更高的需求，生物信息学在 20 世纪 90 年代诞生了。这一前沿交叉学科把基因的结构、蛋白质的功能和各类生物进化历程的分子记录统一起来，为基因和蛋白质功能的预测提供了可能性。相信首先验证这种预测的将是容易迅速观察到遗传变化的微生物。

为了人类生活更加美好，我们将最大限度地发挥微生物几乎是无所不能的潜在能力，生产出更多的各类产品，净化被污染的环境并维持它们的天然状态。

本章小结

在生物学上，一般把形体微小、结构简单的生物称为微生物，研究这些微生物的形态、生理和遗传特性及在应用上的描述等的学科就称微生物学。涉及的微生物类群有细菌、放线菌、酵母菌、霉菌、藻类等。

微生物的特点有：比表面积大；吸收多，转化快；生长旺，繁殖快；适应强，变异快；分布广，种类多等。由此可以说明为什么以微生物为对象的研究和应用发展之快之深之广。

微生物学发展史中三位奠基人是：列文虎克、巴斯德和柯赫。

近代微生物分类体系通常包括七个主要层次：界、门、纲、目、科、属、种。种（物种）是基本单元，近缘的种归合为属，近缘的属归合为科，科隶于目，目隶于纲，纲隶于门，门隶于界。双命名法包括属名和种名，属名在前，

字首大写，种名在后，字首小写。有时在种名后还有附加部分。属名规定了微生物的主要形态特征和生理特征等，而种名往往补充说明微生物的颜色性状和用途等次要特征。

发酵工业的进一步发展必须具备基础研究和发酵技术进步，只有这样微生物发酵新产品的开发与生产水平的提高才有保证。

本世纪微生物学发展将围绕微生物基因组学展开，后基因组学的主要任务是认识基因和基因组的功能，在此基础上能动地改造基因组完成人类期望其所完成的任务。

复习思考题

1. 何谓微生物？与发酵工业有关的微生物有哪些类群？
2. 从对人类有利有害角度论述微生物有哪些特性。
3. 从应用与研究上论述微生物学分类的必要性。
4. 请你总结十项微生物学发展史上最重要的事件。
5. 下列名人在微生物学发展上做出了哪些贡献？
   a. Leeuwenhoek　b. Pasteur　c. Koch　d. Fleming　e. Bergey
   f. Linnaeus
6. 为什么在列文虎克死后微生物研究停滞不前？
7. 什么是“自然发生学说”？为什么说这是错误的？
8. Pasteur 设计了什么实验来否定“自然发生学说”。
9. 什么是巴斯德灭菌法？通过这一操作可杀灭哪些类型的微生物？
10. 什么是 Koch 原则？
11. 酒精发酵醪液发生酸败，现怀疑为乳酸杆菌污染所致，请根据柯赫原则设计一实验进行检验。
12. 生物工程新产业出现的基础是什么？举例说明。
13. 微生物在生物界中的地位如何？它包含哪些生物？
14. 解释双名命名法，并举例说明。
15. 微生物的分类单位有哪些？写出其拉丁语的尾缀并举例说明。
16. 微生物学中“个体”指什么？能以它来分类吗？
17. 写出种、变种、菌株的定义。
18. 为什么微生物多样性的研究是新世纪贯彻始终的任务？
19. 为什么微生物基因组学的研究是 21 世纪微生物学发展的核心？

第二章　微生物的形态与分类

主要以外观形态而将微生物分类的方法称为形态分类法。实际上自发明了显微镜后，就开始以形态对观察到的微生物进行分类，其方便直观的特点是较早为大家所接受的原因，且至今仍在普遍采用（表 2.1）。此外，由于微生物的形态由其生理结构组成所决定，而结构组成又是基因的直接表达，所以形态相同的微生物有着相同或相似的基因组成。微生物形态是一种相当稳定的特征，在通常情况下，它不会因暂时的环境改变或少量基因突变而改变。但由于微生物种类多，个体微小，结构较简单，所以单靠观察形态来决定分类是不够的，还必须结合其生理代谢、细胞化学和遗传方面的特征来进行分类。其中遗传方面的特征近年来多采用核酸分析的方法。

表 2.1　常用的微生物分类鉴定的形态学特征

特　　征	形态学特征内容
培养特征	最重要是菌落特征：如菌落的形状、大小、颜色、隆起、表面状况、质地、光泽、水溶性色素等
细胞形态	
形状	球形、杆状、弧形、螺旋形、丝状、分枝等特殊形状
大小	其中最重要的是细胞的宽度或直径
排列	单个、成对、成链或其他特殊排列方式
特殊的细胞结构	
鞭毛	有无鞭毛、着生位置及其数量
芽孢	有无芽孢、形状、着生位置、孢囊是否膨大
孢子	孢子形状、着生位置、数量及排列
其他	荚膜、细胞附属物，如柄、丝状物、鞘、静止细胞和连鞘等
超微结构	细胞壁、细胞内膜系统、放线菌孢子表面特征等
细胞内含物	异染颗粒、聚 β-羟丁酸等类脂颗粒、硫粒、气泡、伴胞晶体等
染色反应	革兰氏染色、抗酸性染色
运动性	鞭毛泳动、滑行、螺旋体运动方式

认识微生物形态是认识微生物的第一步。要应用和对工业微生物进行研究，使发酵生产得以正常进行，必须熟悉常见、常用的微生物形态；区别培养菌和污

染菌；了解细胞结构与功能的关系。

本章要学习的内容包括细菌、放线菌、酵母、霉菌、担子菌、藻类和噬菌体的形态和分类的一些基础知识。其中细菌和放线菌属原核生物类，酵母、霉菌和担子菌属真核生物类，藻类则既有属原核生物类，也有属真核生物类的。这两类微生物的主要差别见表 2.2 所示。

表 2.2　原核细胞与真核细胞的比较

内　　容	原核生物	真核生物
核的结构与功能		
核膜	无	有
核仁	无	有
DNA	单分子，没有组蛋白	在几条或多数染色体上通常有组蛋白与之结合
分裂	没有有丝分裂	有丝分裂，有丝分裂期有微管纺锤体
有性生殖	不连续的过程，无减数分裂，只有部分遗传互补体重组	连续过程，减数分裂，全部染色体互补体重组
细胞质的结构和组成		
质膜	常缺少固醇	常有固醇
内膜	比较简单，有间体	复杂，有内质网和部分有高尔基体
核糖体	70S	80S，而线粒体和叶绿体的核糖体为 70S
简单的细胞器	无	线粒体，微粒体，液泡，溶酶体
呼吸系统	原生质膜或间体的一部分，无线粒体	在线粒体中
运动方式		
鞭毛运动	鞭毛的亚显微大小，每根鞭毛是由分子大小的一个纤维组成	鞭毛或纤毛，显微大小，由微管成分构成
非鞭毛运动	滑动	滑动
微管	可能没有	广布的，鞭毛，纤毛基体，有丝分裂的纺锤体器，中心粒
大小	一般较小，直径通常小于 2μm	通常较大，直径从 2μm 到大于 10μm

第一节　细　　菌

细菌是单细胞的微生物，有不同的形状及大小，以典型的二分裂殖方式繁殖。依照它们的形态及一系列生化特性等，可以将其分成许多的类群。

一、细菌的细胞形态和大小

（一）细菌的细胞形态

大多数细菌具有一定的基本细胞形态并保持恒定。形状近圆形的细菌称为球菌；形状近圆柱形的称为杆菌；螺旋形的细菌称为螺旋菌（图 2.1）。细胞的形状明显地影响着细菌的行为和其稳定性。例如球菌，由于是圆形，在干燥时较不易变形，因而它比杆菌和螺旋菌更能经受高度干燥而得以存活。杆菌较球菌每单位体积有较大的比表面，因而比球菌更易从周围环境中摄取营养。螺旋菌呈螺旋式运动，因而较之运动的杆菌受到的阻力要小。

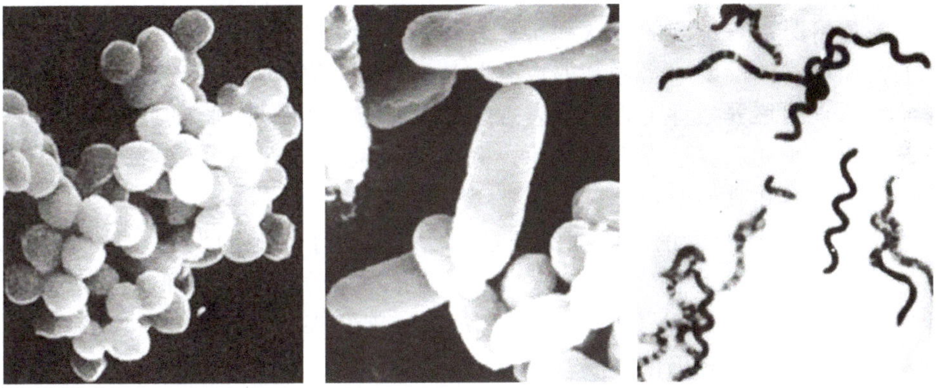

图 2.1　细菌的细胞形态——球状、杆状、螺旋状

球菌按其细胞排列方式又可分为单球菌、双球菌、四球菌、八叠球菌、葡萄球菌和链球菌（图 2.2）。

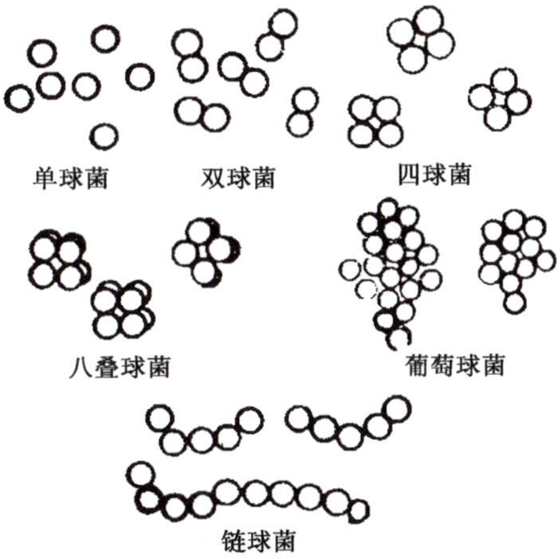

图 2.2　球菌

杆菌按其细胞的长宽比及排列方式又可分为长杆菌、短杆菌、链杆菌和棒杆菌（图 2.3）。杆菌的长宽比相差很大，其两端常呈不同的形状，如半圆形、钝圆形、平截形、略尖形等；菌体有笔直、稍弯曲和纺锤状等而显得多样化。

螺旋菌按其弯曲旋转程度不同又可分为螺旋菌、螺旋体和弧菌（图 2.4）。

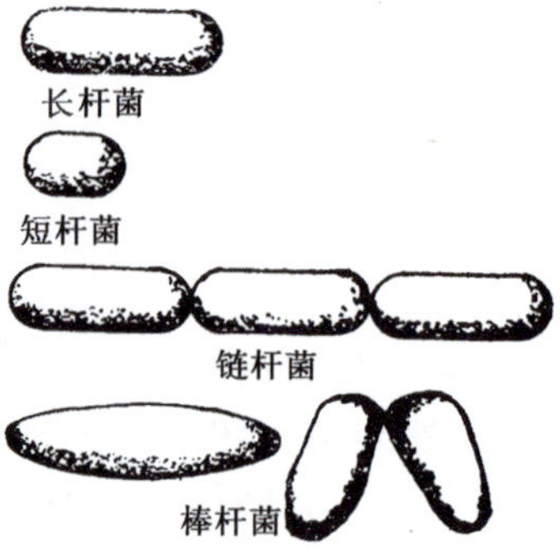

图 2.3 杆菌

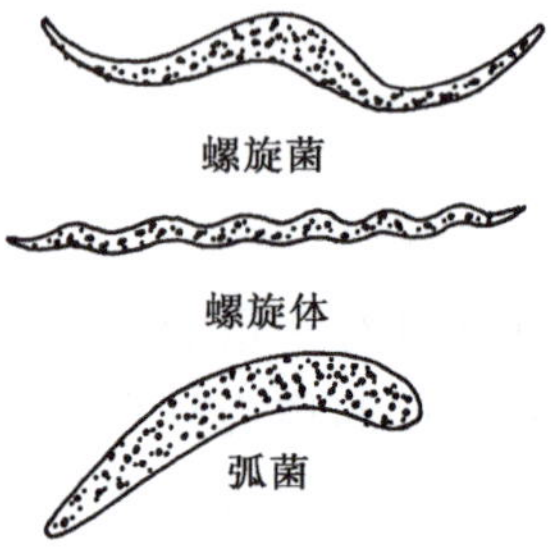

图 2.4 弧菌、螺旋菌和螺旋体

这三大类细菌中，发酵工业上常用的是球菌和杆菌，尤以杆菌最为重要。螺旋菌主要为病原菌。

在多数情况下，细胞的形状和排列方式是各种微生物的特征，它们与环境因素有关，如培养的温度、培养基的成分与浓度、pH 值、菌龄等。各类细菌在未衰老前和适宜的培养条件下，一般表现正常的细胞形态和排列。但在衰老后或培养条件有较大改变后，就常引起变化，尤以杆菌为甚。异常形态可按其生理机能的差异分为畸形和衰颓形两种。

1）畸形。由于化学的或物理的因素刺激，阻碍了细胞的发育，从而引起其形态的异常变化。如北京棒杆菌（*Corynebacterium pekinese*）细胞一般成八字形排列，由于原生质体制备时采用甘氨酸预处理结果成长为细杆状（图 2.5），但当以正常培养基培养仍恢复成八字形排列。

2）衰颓形。由于培养时间过长、营养缺乏、代谢抑制物浓度积累过高，使细胞衰老而引起异常形态。此时已停止生长繁殖，细胞膨大，液胞形成，着色力弱，有的菌体名存实亡。如奶酪成熟时的一种乳酪杆菌（*Bacterium casei*），在一般培养条件下为长杆状，老熟时则变为无繁殖力的分枝衰颓形（图 2.6）。当

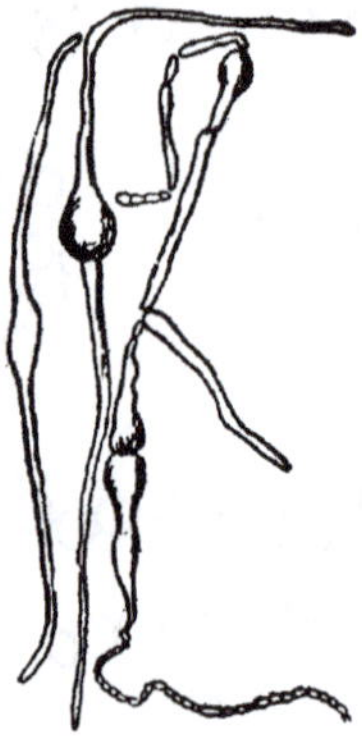

图 2.5 北京棒杆菌的异常形状

图 2.6 乳酪杆菌的异常形态

然，若再将这类异常形态的细胞转接入新鲜培养基上，并在合适条件下培养，它们又会恢复其原来的形状。

过去曾将细胞的排列方式看成是细菌分类的一个主要特征，但现在已知多数情况下这是一种不稳定的特征，只能作为次要的特征。

（二）细菌细胞的大小

细菌细胞的体积很难准确肯定，因为在固定和染色过程中，它们的体积大为缩小。细菌细胞的大小随种变化很小，必须用光学显微镜的油镜才能观察清楚。测量细菌长度的单位为微米（μm），表 2.3 为重要细菌种的大小。

表 2.3　重要细菌种的大小

球菌	直径/μm	
亮白微球菌（*Micrococcus candidus*）	0.5～0.7	
金色微球菌（*M. aureus*）	0.8～1.0	
乳酸链球菌（*Streptococcus lactis*）	0.5～1.0	
藤黄八叠球菌（*Sarcina lutea*）	1.0～1.5	
最大八叠球菌（*S. maxima*）	4.0～4.5	
金黄色葡萄球菌（*Staphylococcus aureus*）	0.8～1.3	
杆菌	**长/μm**	**宽/μm**
大肠杆菌（*Escherichia coli*）	1.0～3.0	0.4～0.7
大肠杆菌*（*E. coli*）	2.0～6.0	1.1～1.5
普通变形杆菌（*Proteus vulgaris*）	1.0～3.0	0.5～1.0
普通变形杆菌*（*Proteus vulgaris*）	1.4～3.1	1.0～1.4
铜绿色假单胞菌（*Pseudomonas aeruginosa*）	1.5～3.0	0.5～0.6
枯草芽孢杆菌（*Bacillus subtilis*）	1.6～4.0	0.5～0.8
巨大芽孢杆菌（*B. megaterium*）	2.4～5.0	0.9～1.7
巨大芽孢杆菌*（*B. megaterium*）	3.7～9.7	1.6～2.0
德氏乳酸杆菌（*Lactobacterium delbrllckii*）	2.8～7.0	0.4～0.7

注：菌种的大小一般是用干燥染色细胞测定的，有“*”者是用活细胞测量的。

一般而言，球菌直径在 0.2～1.5μm 之间，若直径为 1.2μm，则其体积约为 10^{-12}cm^3，密度约为 1.1g/cm^3，每个细胞质量为 1.1×10^{-12}g，即每克细菌约含 9000 亿个细胞。大型杆菌的宽长比约为（1.0～1.5）μm×（3～8）μm，中型杆菌为（0.5～1.0）μm×（2.0～3.0）μm，小型杆菌约为（0.2～0.4）μm×（0.7～1.5）μm。

细菌体积虽小，但其相对表面积很大。表面积大，有利于细胞与外界的物质交换，加强了新陈代谢。通常采用表面积与体积的比值（即比表面积）来表示生物新陈代谢的活性。如乳酸的比表面积为120 000，鸡蛋为 1.5，而一个 80kg 的人的比表面积仅为 0.3。乳酸杆菌 1h 所产生的乳酸约为其体重的 1000～10 000 倍，而一个人要想得到 1000 倍于自身体重的糖代谢物将需 40 多年，由此可见细菌代谢效率之高。

二、细菌细胞的一般构造及特殊结构

细菌细胞全部的化学组成与动物、植物和其他微生物等所有生物细胞的组成非常相近。因此细菌细胞具有几种主要化学组分，即蛋白质、核酸（核糖核酸和脱氧核糖核酸）、多糖和类脂。这些组分是所有细胞共有的，是细胞的遗传连续性（DNA）、生物化学活性，以及渗透性（类脂和蛋白质）所必须的大分子结构的成分。

细胞构造可区分为两类：一类是不变的，为所有的细菌细胞所共有，而可能为生命所绝对必需；另一类是可变的，只在一些种、一些细胞中发现，可能具有某些特定功能。

细菌细胞的一般构造包括：细胞壁、细胞膜、细胞质、间体、核糖体、核质、内含物颗粒。特殊结构有荚膜、鞭毛、伞毛、芽孢。一个典型的细菌细胞构造，如图 2.7、图 2.8 所示。

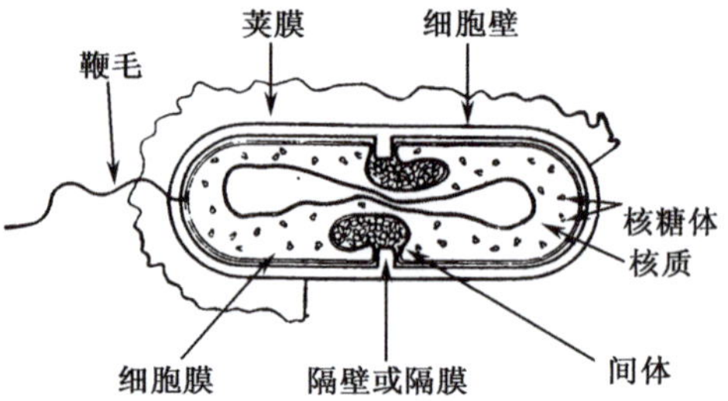

图 2.7　细菌细胞的一般构造及特殊结构的模式图

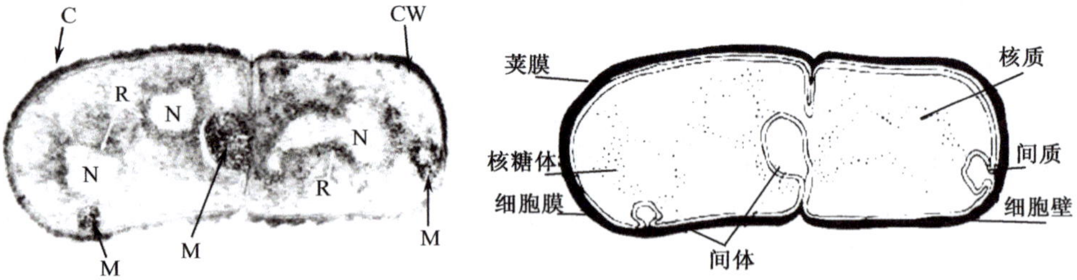

图 2.8　细菌细胞结构

M：间体，N：核质，R：核糖体，C：荚膜，CW：细胞壁

（一）基本构造

1. 细胞壁

细胞壁（cell wall）是细菌细胞的外壁，较坚韧而略有弹性，具保护和成形的作用，是细胞的重要结构之一。细胞壁的重量约占细胞重量的10%～20%，各种细菌的壁厚度不等，如金黄色葡萄球菌为15～20nm；大肠杆菌为10～15nm。用光学显微镜很难观察清细胞壁，可用电子显微镜通过细胞的超薄切片观察（图2.9，图2.10）。

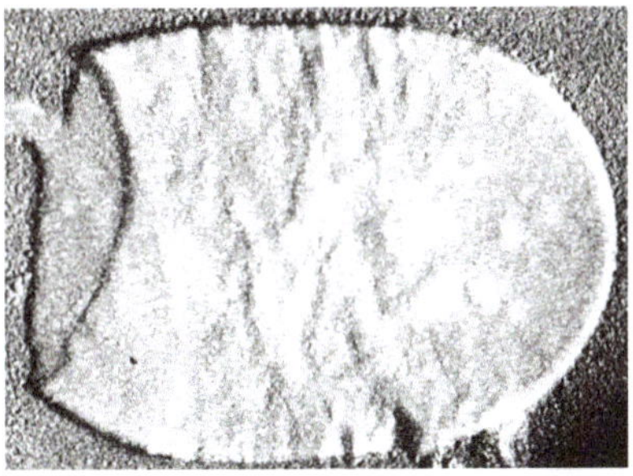

图2.9　细胞壁

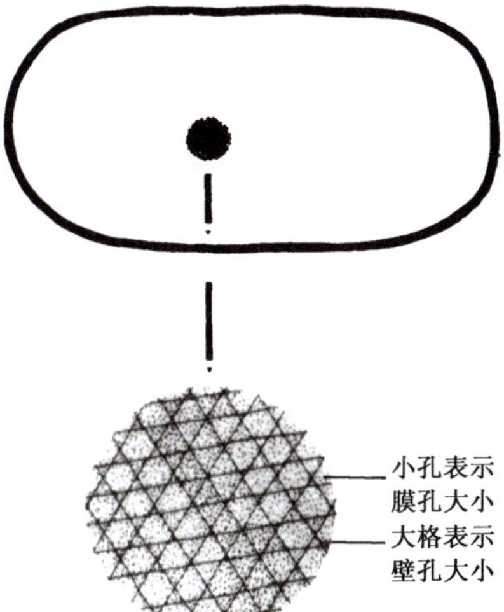

图2.10　细胞壁（大孔）和细胞膜（小孔）孔径比较

细菌细胞壁的共性是以肽聚糖（peptideglycan）为骨架结构基本成分构成的网袋。这层薄片由*N*-乙酰葡萄糖胺（*N*-acetylgucosamine）和*N*-乙酰胞壁酸（*N*-acetylmuramic acid）两种糖的衍生物，以及L-丙氨酸、D-丙氨酸、D-谷氨酸、赖氨酸或者二氨基庚二酸（DAP）等氨基酸组成。这些成分联结而形成重复结构，即四肽聚糖（glycan tetrapeptide），经聚合成为肽聚糖层，如图2.11所示。

根据细菌细胞壁结构的重大区别，可将细菌分为革兰氏阳性菌（G^+）与革兰氏阴性菌（G^-）两大类。关于这两类细菌细胞壁的结构和化学成分的差异见表2.4和图2.11。总结起来，革兰氏阳性菌与阴性菌的主要差异在于以下两方面。

表 2.4　胞壁的结构和化学成分

性　质	革兰氏阳性菌	革兰氏阴性菌	
		内壁	外壁
肽聚糖	有（占干重的 40%～90%）	有	无
壁酸	有或无	无	无
多糖	有	无	无
蛋白质	有或无	无	有
脂多糖	无	无	有
脂蛋白质	无	有或无	有
厚度/nm	10～50	2～3	3

注：少数细菌，如嗜盐菌、产甲烷菌和硫化叶菌属（sulfolobous）没有肽聚糖。

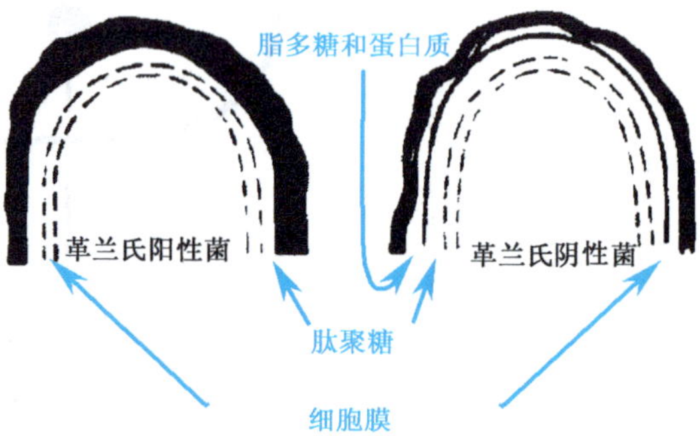

图 2.11　革兰氏阳性菌和阴性菌细胞壁主要组成

1）革兰氏阳性菌中细胞壁主要由肽聚糖组成，革兰氏阴性菌则主要由脂多糖和蛋白质组成，而且覆盖在肽聚糖层的外面。

2）肽聚糖中的氨基酸之一的内消旋二氨基庚二酸在多数革兰氏阳性菌中以 L-赖氨酸取代。

值得指出的是，肽聚糖结构只出现在原核生物细胞中，*N*-乙酰葡萄糖胺和 *N*-乙酰细胞壁酸从未在真核生物细胞中发现过，二氨基庚二酸也为原核细胞所独有；其次在原核生物细胞的细胞壁中具有两种 D-构型的氨基酸，即 D-丙氨酸和 D-谷氨酸，而在蛋白质中，氨基酸总是以 L-构型出现。

2. 细胞膜

细胞膜（cell membrane）是细胞质外的一层薄膜，其厚度约为 5～8nm。该膜有时亦称为原生质膜或质膜。细胞膜是使细胞的内部同它所处的环境相隔离的最后屏障。细胞膜是选择性膜，在营养的吸收和代谢物的分泌方面具关键作用，如果膜被弄破，细胞膜的完整性就受到破坏，将导致细胞死亡。

1）细胞膜的结构。细胞膜是一种单位膜，约占细胞干重的10%。它主要由蛋白质（约占60%）和类脂（约占40%）组成，并以磷脂双分子层为其基本结构。磷脂分子本身分散于水中的方式是：非极性疏水基排列在一起，从而自动地形成双层膜。膜里比较大的蛋白质是疏水性的，它同磷脂的基质相连，并且嵌入其中（图2.12）。

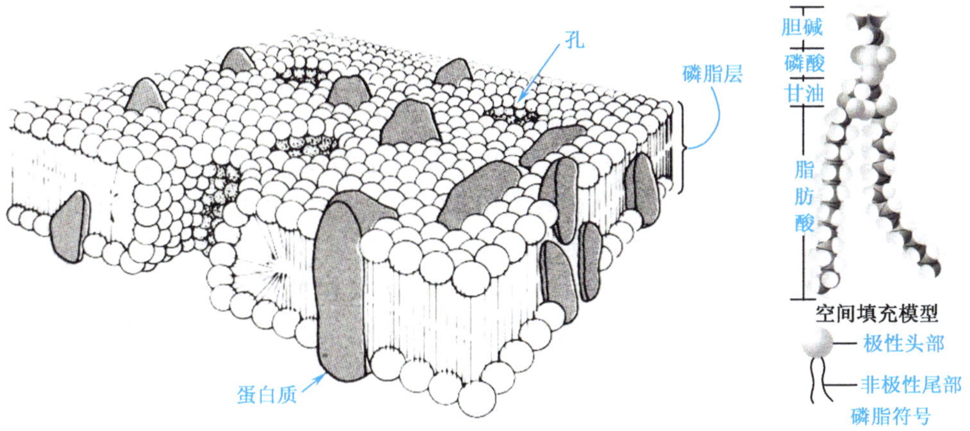

图2.12　细胞膜的结构

2）细胞膜的功能。细胞膜是一层具有高度选择性的半透明薄膜，膜上磷脂的脂酰基在不断地运动，并使膜上的小孔不断打开和关闭。当小孔打开时，水和溶于水中的很多非带电分子可以通过；当小孔关闭时，水溶性物质就不能通过。而受膜表面电荷的影响，使离子化与非离子化物质的通过就受到了选择，它们通过膜的机制是不同的。除了维持细胞选择性的渗透性外，细菌的细胞膜在细胞呼吸过程中还起到关键的作用。因为膜的内侧和外侧存在呼吸酶系统，其电子传递体系，具有电子传递和氧化磷酸化的功能。

3. 间体

由于细胞质膜的面积比包围细胞所需要的面积大许多倍，使大量的细胞质膜内陷，因此形成了细菌细胞的间体（mesosome）。它似乎起着真核细胞中多种细胞器的作用。原核细胞与真核细胞一样，能合成和分泌消化酶。消化酶不能裸露在细胞浆里面，否则就要消化自己。合成的消化酶要排出体外，作为胞外酶在细胞外起消化作用。由于间体是和外界相通的，间体外分泌消化酶时，不用先形成溶酶体再排出，而可直接排出，所以间体实际起着真核生物细胞中内质网的作用。另外，间体上还有细胞色素酶和琥珀酸脱氢酶，因此它又起了真核细胞的线粒体的一些作用。间体还同细菌横隔形成有关系。革兰氏阳性菌中均有发达的间体，但许多阴性菌中却没有。只在一些具有较强呼吸活性的阴性菌中才有发达的间体，这是为了增加呼吸活性中心。间体数目随菌种而异，枯草芽孢杆菌平均 4 个，蜡状芽孢杆菌平均 6 个。

4. 核质

在细菌细胞中有一个或几个核质，其功能是存储、传递和调控遗传信息。核质（nuclein）外面没有核膜，核质中极大部分空间被卷曲的 DNA 双螺旋所填满。例如，大肠杆菌的细胞约 2μm 长，而它的 DNA 长度是 1000～1400μm。每个核质可能只有一个单位 DNA 分子，而且呈环状。

由于细菌核质不具核仁、核膜，所以不是真正的核。但其核质也不与细胞质相混合，因细菌细胞质具有更高的凝胶化程度。另外，由于 DNA 含有磷酸基，故带有很高的负电荷。在真核细胞中，负电荷被 Mg^{2+} 以及有机碱（如精胺、亚精胺和腐胺等）中和；而在真核生物中，DNA 的负电荷被碱性蛋白质（如组蛋白和鱼精蛋白等）所中和。这也是真核生物细胞和原核生物细胞的重大区别之一。

在休止的大肠杆菌细胞中，核质占细胞总体积的 15%～25%左右。

5. 内含物颗粒

细菌细胞的细胞质常含有各种颗粒，它们大多为细胞储藏物质，称为内含物颗粒（granule）。颗粒的多少随菌龄和培养条件的不同而有很大的变化。其成分为糖类、脂类、含氮化合物及无机物等。这些颗粒物质主要有以下五种。

1）异染颗粒（metachromatic granule）又名转菌素（volutin）。它是一种强嗜碱性颗粒，主要成分为多聚偏磷酸盐，可能还含有 RNA、蛋白质、脂类和镁，可用甲苯胺兰或次甲基蓝等蓝色染料染成红色。在生长平衡期形成，幼龄细胞中的异染颗粒很小，随着菌龄的增加而变大。当培养基中缺磷时，它可作为磷的补充源。

2）聚 β-羟丁酸（poly-β-hydroxy butyricacid，PHB）颗粒（图 2.13）。它易被脂溶性染料（如苏丹黑）着色，并可用显微镜观察，是碳源与能源性储藏物。由于聚 β-羟丁酸酯是一种可降解塑料，某些菌如 *Alcaligenes latus*，*Ralstonia eutropha*，它们的干细胞中含 PHB 达 70%～80%。

3）肝糖（glycogen）与淀粉粒。这是葡萄糖的 α-1，4-多聚体。用碘液染色时，肝糖为红色，淀粉粒为蓝色，这是由于多聚体链的长度和分枝程度的不同所致。

4）脂肪粒（oil granule）。这种颗粒折光性较强，可用苏丹Ⅲ染色。细菌在旺盛生长时脂肪粒的数目和量均随之增加，细胞破坏后脂肪粒可游离出来。

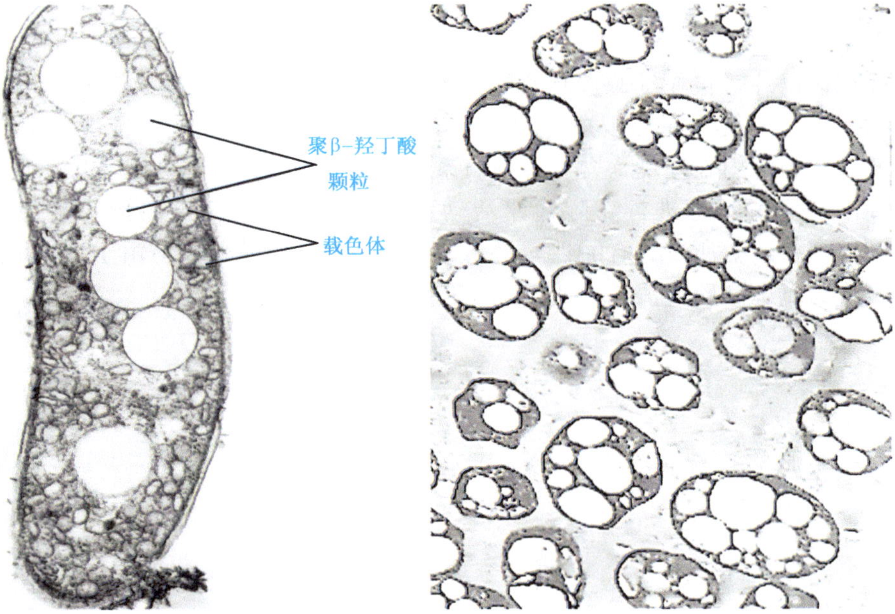

图 2.13 细胞中聚 β-羟丁酸颗粒

5）液泡（vacuole）。许多活细菌细胞内有液泡，用中性红染色可观察到。液泡内充满水分和盐分，有时含有异染颗粒、类脂。液泡具有调节渗透压的功能，液泡内物质可与细胞质进行物质交换。

不同微生物的储藏性内含物不尽相同。如芽孢杆菌只含有聚 β-羟丁酸，肠道菌（如大肠杆菌、产气杆菌）只储藏肝糖，接近衰老时含量增多。当培养环境中缺乏营养时，细胞就可利用它们以维持生命活动。一般当环境中缺乏氮源，而碳源、能源丰富时。细胞储存较大量的内含物，有的可达到细胞干重的 50%以上。

细胞以多聚物形式储存营养物的优点是可以避免内渗透压过高的危害，细胞的大量储存物也可为人们所利用。

6. 核糖体

在用电子显微镜观察细胞的超薄切片时，常可看见细胞质内有一些小的深色的颗粒，这些颗粒是细胞内合成蛋白质机构的一部分。它们含有的核酸体由大约 60%的核糖核酸和 40%的蛋白质组成，直径约为 20nm，其沉降系数为 70S。

在完整细胞中，核糖体（ribosome）常聚结成不同大小的聚合体，称作聚核糖体。但细胞被打碎后，聚核糖体易分开，各个核糖体自由浮动。聚核糖体颗粒间的联键是一个长的 RNA 分子，称为信使 RNA，它在蛋白质合成系统中起着关键的作用。

7. 细胞质

除核区以外，包在细胞膜以内的无色、透明、黏稠的胶状物质均为细胞质(cytoplasm)，细胞质的主要成分为水、蛋白质、核酸、脂类、少量糖和无机盐。细胞质是细胞的内在环境，含有各种酶系统，具有生命活动的所有特征，能使细胞与周围环境不断地进行新陈代谢活动。由于细胞质内含有固形物量15%～20%的核糖核酸，所以具有酸性，易为碱性和中性染料着色。但由于老龄细胞中核酸可作为氮源和磷源消耗，所以其着色力不如幼龄细胞强。

（二）特殊构造

细菌细胞的特殊构造有鞭毛（flagellum）、伞毛（pilus）、荚膜（capsule）和芽孢（spore）。

1. 鞭毛

很多细菌都具有独立运动的能力，这种运动一般是通过其特殊的运动器官鞭毛来进行的。细菌的鞭毛是一种细长的附属丝，其一端着生于细胞质内的基粒上，另一端穿过细胞膜细胞壁伸到外部，成为游离端。鞭毛的直径约20nm，所以不能直接在光学显微镜下看见，只有经过特殊的鞭毛染色后才可看见。

不同的细菌鞭毛的着生位置与数量不同（图2.14），因而它可作为鉴定菌种的依据。

图2.14　细菌鞭毛的类型

细菌鞭毛由蛋白质亚单位组成，这种蛋白质称为鞭毛蛋白。它们的氨基酸组成不很典型，与多数蛋白质相比，其含硫氨基酸和芳香族氨基酸的量较少，而天冬氨酸和谷氨酸的含量则较多。鞭毛的形状和绕曲波长由鞭毛蛋白质的结构所决定。结构变化后可引起鞭毛形态的改变。

鞭毛与细菌的运动密切有关，周生鞭毛菌一般按直线慢而稳定地运动和旋转，而端鞭毛菌运动较快，经过左右旋转由一个地方冲撞到另一个地方。其运动速率为 20～80μm/s，即每秒钟的移动距离为细胞长度的 10 倍以上，这比最快的动物还快。表 2.5 为几种细菌的运动速度。

表 2.5　几种普通细菌的运动速度

菌　　种	鞭毛类型	细胞长度/μm	运动速度/(μm/s)	移动距离/(μm/s)
铜绿色假单胞菌（*Pseudomonas aeruginosa*）	端生	1.5	55.8	37.0
奥氏着色菌（*Chromatium okenii*）	丛生	10.0	45.9	5.0
耶拿硫螺旋菌（*Thiospirillum jenense*）	丛生	3.5	86.9	2.0
大肠杆菌（*Escherichia coli*）	周生	2.0	16.5	8.0
地衣形芽孢杆菌（*Bacillus licheniformis*）	周生	3.0	21.4	7.0
尿素八叠球菌（*Sarcina ureae*）	周生	4.0	28.1	7.0

2. 伞毛

伞毛 pilus 亦称鞭毛、菌毛，有点类似于鞭毛，但与运动无关。与鞭毛比较，伞毛是很短的，而且在细胞上的数目很多。它们的化学成分可能同鞭毛相似。并非所有细菌都有伞毛，它常出现在革兰氏阴性菌上，而且某些细菌还能生长一种以上的伞毛，这是一种遗传特性。有一种同细菌接合有关的伞毛叫做性伞毛，每个细胞有 1～4 根性伞毛。性伞毛仅雄性细菌具有，它在接合时能转移 DNA。由于它的致育性，所以有的被称为 F-伞毛（图 2.15），在大肠杆菌中能观察到通过 F-伞毛的接合（图 2.16）。

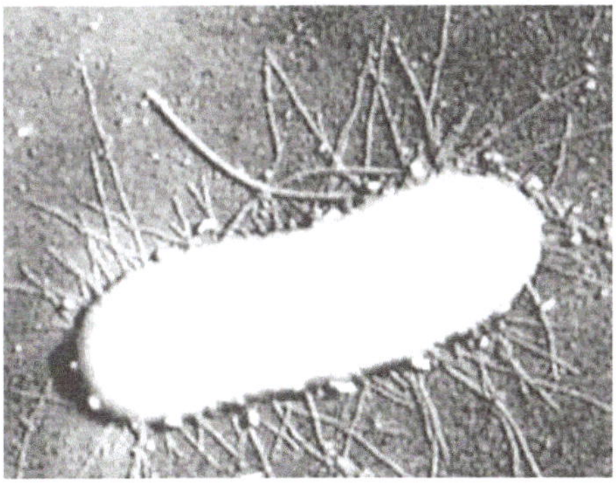

图 2.15　大肠杆菌的伞毛

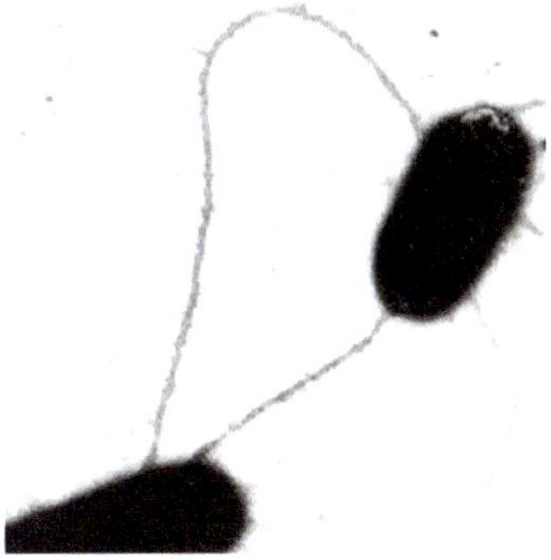

图 2.16　大肠杆菌通过 F-伞毛的接合

其他类型的伞毛的功能在一些细菌中尚不清楚。但在某些情况下，它能使细胞附着于静止的表面，或在液体表面形成菌膜或浮膜。

3. 荚膜或称细菌黏性物质

许多细菌分泌黏性物质在细胞外，高度分散的黏液自然很难看作细菌细胞的构造部分，但是有些细菌分泌的黏性物质并不容易扩散，而是以一层厚膜状态包围在胞壁外，在细胞表面周围形成一个致密层，构成细菌细胞的荚膜。这些物质有时可用负染色法进行观察，其形状如图 2.17 所示。如果稀疏地附着，只形成一扩散层，就称之为黏液层。多个细菌存在于一个共同的荚膜内，就称之为菌胶团。荚膜的厚度因菌种不同或环境不同而异，一般可达 200μm。荚膜折光率小，不易着色。

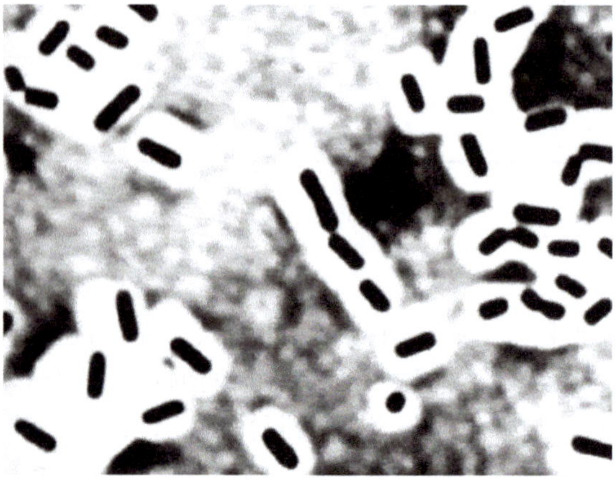

图 2.17　细菌的荚膜

荚膜含有大量水分，约占其重量的 90%以上，其余一般由多糖类、多肽类，或者多糖蛋白质复合体组成。如巨大芽孢杆菌的荚膜是以多糖组成网状结构的骨架，其间隙嵌入谷酰基多肽而成。一些细菌荚膜的成分见表 2.6。

表 2.6　细胞荚膜的化学成分

菌种		成分	水解产物
革兰氏阳性菌	炭疽芽孢杆菌（*Bacillus anthracis*）	多肽	γ-D 谷酰基肽
	巨大芽孢杆菌（*B. megaterium*）	多肽	γ-D 谷酰基肽
	环状芽孢杆菌（*B. circulans*）	多糖	氨基酸，糖
	肺炎双球菌（*Diplococcus pneumoniae*）	多糖	糖，氨基酸，糖醛酸
	链球菌（*Streptococcus* sp.）	多糖	玻璃糖醛酸，氨基葡萄糖，葡萄糖醛
	明串球菌（*Leuconostos mesenteroides*）	多糖	葡萄糖
革兰氏阴性菌	荚膜醋杆菌（*Acetobacter capsulatum*）	多糖	葡萄糖
	气杆菌类（*Aerobacter*）	多糖	葡萄糖，岩藻糖醛酸
	大肠杆菌（*Escherichia coli*）	多糖	半乳肽，岩藻糖，己糖，醛酸

产生荚膜的能力是微生物的一种遗传特性，革兰氏阳性和革兰氏阴性两类菌群都能形成荚膜，而且这样的结构，任何一个类群中都可用酶法除去，也不会损伤它们的生命力，荚膜不是细菌的必要成分，没有荚膜的变异株照样能正常地生长。荚膜常常只是当细菌要在某种培养基上生长时才形成。如明串珠菌，只有当其生长在蔗糖培养基上时，才形成它的葡聚糖荚膜，并使糖质变得黏稠而难以加工。因此，它会降低糖的产量，是制糖工业上的一个有害菌。不过这种菌的荚膜可用来制右旋孢酐，是制药工业上的生产用菌。

到目前为止，已大量投产的微生物多糖主要有黄原胶（xanthan gum），结冷胶（gellan gum），右旋糖酐（dextran），小核菌葡聚糖（scleroglucan），短梗霉多糖（pollulan）和热凝多糖（curdlan）。在过去的20多年里，细菌多糖获得了极大的发展，黄原胶就是一个很好的例子。它们已作为乳化剂、悬浮剂、增稠剂、稳定剂、胶凝剂、成膜剂和润滑剂等广泛应用于石油、化工、食品、制药等多个领域。与植物胶等天然胶相比，它们生产周期短、不受季节、地域和病虫害等条件限制，可以大量工业化生产。

荚膜亦有一定的生理功能。首先是它可作为细菌本身的养料储藏库，在营养缺乏时，细菌可利用其储藏的碳源，甚至直接利用荚膜多糖来维持生命。其次，它还可用于堆积废物，荚膜有抗吞噬作用，高分子量表面荚膜的“胶体”性质能使细胞抵抗干燥，使细胞与环境中的毒性金属离子隔离，而达到保护细胞的作用，并可增强致病菌本身的毒力。

4. 芽孢

发酵生产中保持无杂菌非常重要，因此，杀灭芽孢杆菌类杂菌显得特别关键，但有时不容易。一些发酵生产菌又是芽孢杆菌，因此对芽孢的认识有其特殊的重要性。

某些细菌在其生活史的一定阶段，在营养细胞内形成一个圆形、卵圆形或圆柱形的休眠体，称为芽孢，芽孢对不良环境尤其对热具有较强的抗性。因为细菌的芽孢都在细胞内形成，所以又称内生孢子，每个细胞只能形成一个芽孢。由于它具有高度的折光性，因此在显微镜下容易观察到。但它很难着色，必须用特殊的染色法。

能否形成芽孢是细菌种的重要特性。主要有两个属的杆菌能产生芽孢，即好气的芽孢杆菌属（*Bacillus*）和厌氧的梭状芽孢杆菌属（*Clostridium*）。球菌中除八叠球菌外均不产生芽孢。

(1) 芽孢的类型

各种细菌芽孢形成的位置、形状和大小是一定的，但也受环境条件的影响（图2.18）。

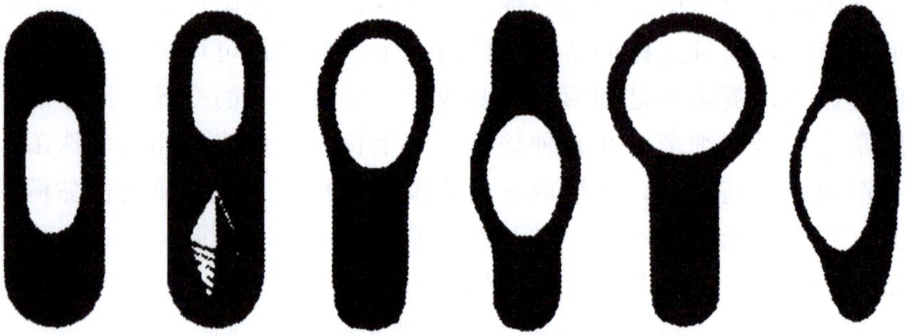

图 2.18　芽孢的类型

菌种举例：居中不膨大（*B. megaterium*）；末端不膨大，含伴胞晶体（*B. thuringiensis*）；鼓槌状（*Clostrdium klyveril*）；居中膨大（*B. polymyxa*）；接种环形（*B. sphaericus*）；纺锤状（*B. laterosporus*）

多数好氧性的芽孢杆菌形成的芽孢位于细胞中央或近中央的部位，其直径小于细胞的宽度，如枯草芽孢杆菌、巨大芽孢杆菌、蜡状芽孢杆菌（*B. cereus*）等（图 2.19）。

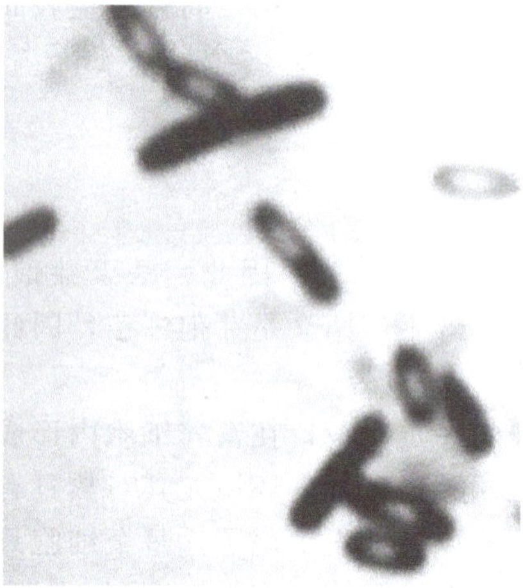

图 2.19　枯草芽孢杆菌的芽孢

大多数厌氧芽孢杆菌的芽孢也位于细胞的中央，但直径大于细胞的宽度，因此细胞呈两头小、中间大的梭状。但有些厌氧菌如克氏梭状芽孢杆菌（*C. kluyveril*）的一些细胞形成的芽孢位于细胞的一端，其直径又大于细胞的宽度，而使细胞呈鼓槌状。图 2.20 是一种鼓槌状芽孢杆菌的芽孢照片。

（2）芽孢的构造

芽孢的构造很复杂（图 2.21）。实质上，它是一种特殊的休眠细胞形式，它

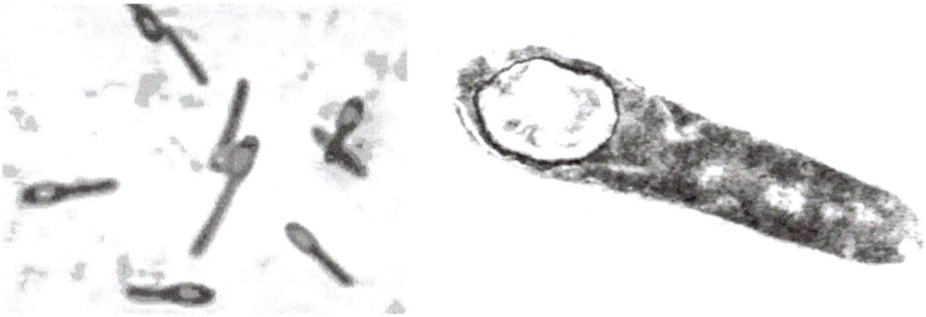

图 2.20　梭状芽孢杆菌的芽孢

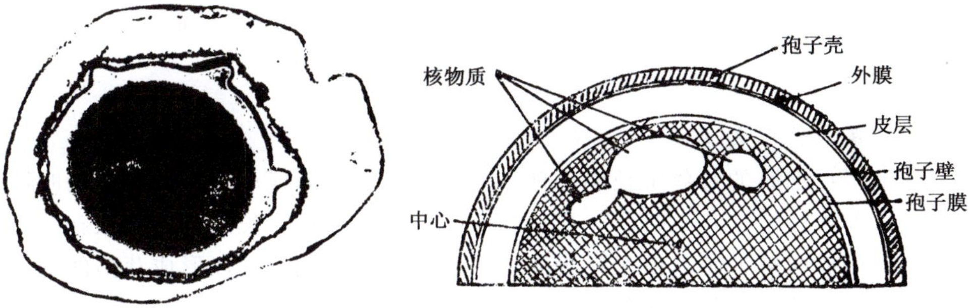

图 2.21　芽孢的照片和结构图

本身具有一个细胞维持生命的所有功能。

芽孢有多层结构，主要包括外皮层、内皮层及核。在结构上，芽孢不同于营养细胞之处主要在于孢子壁之外的那些层次结构。

吡啶二羧酸（DPA），它是一种为芽孢所特有，而营养细胞所没有的化学物质，它可能主要存在于芽孢的核中心。芽孢还含有钙离子，大部分核可能就是同DPA结合，它们在芽孢内堆积的结果使细胞质体缩小到最小体积。以前人们曾认为DPA在抗热方面起主要作用，但后来由于分离到的无DPA突变株仍具有抗热性而使此观点难以自圆其说。实际上，在围绕其形成厚层时，由于皮层收缩而导致细胞质体的水分降低，而这时的含水量决定了芽孢的抗热程度。水分可以自由进出芽孢，但芽孢细胞质体的物理状态（即胶态结构的程度）及紧密的皮质层阻止了细胞质吸水和膨胀。芽孢含水量仅60%，且多为结合水。芽孢中酶的分子质量较营养细胞中相应的酶的分子质量小。分子质量较小的蛋白质由于分子中键的作用而稳定，因而较耐热，这就是完整芽孢皮质层抗热的原因。芽孢蛋白质常含—S—S—键，与抗X射线有关；而某些药剂的高抗性则与芽孢中DPA、Ca^{2+}、Ma^{2+}和半胱氨酸的含量有关（图2.22）。

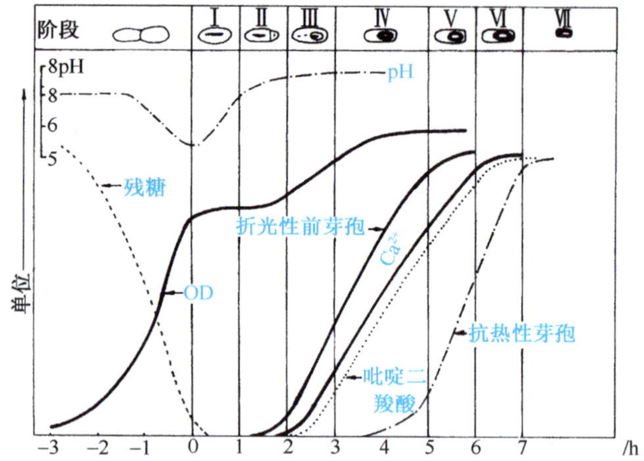

图 2.22　芽孢形成过程中的形态与生理变化

（3）芽孢的形成过程

芽孢不在细胞的对数生长期出现，而只在由于营养耗尽而生长停止的时期形成。在营养生长停止几小时后，芽孢就开始出现。若在生长的末期加入新鲜的营养，芽孢形成即被抑制。由于是营养耗尽后才形成芽孢，所以形成芽孢的能量必然都是内源性的，芽孢形成分为七个阶段（图 2.23），历时 8～10h。

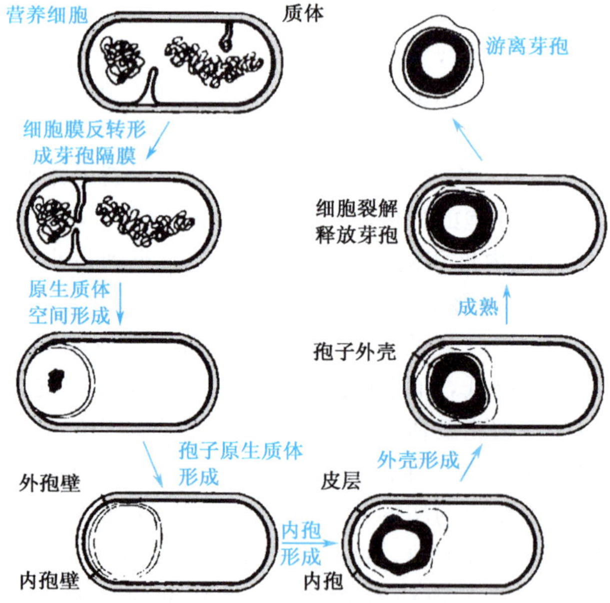

图 2.23　芽孢的形成过程

从凝结芽孢杆菌（*B. coagulans*）的培养和芽孢形成过程曲线（图 2.24）可以清楚地看到，在所使用的培养基和培养条件下，培养 8h 后活菌数已趋向平衡，但无芽孢形成；自 20h 开始，芽孢大量形成；在 8h 后形成芽孢的细胞比率已达 80%以上。

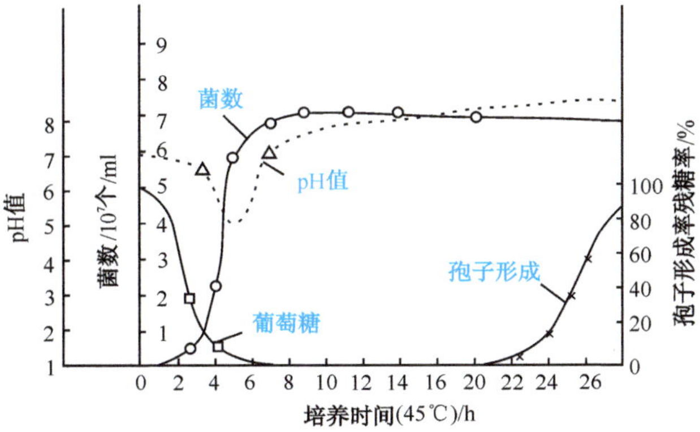

图 2.24　凝结芽孢杆菌的培养和芽孢形成过程曲线

（4）芽孢的萌发

芽孢既能多年保持休眠状态，也能在几分钟内变回营养细胞（图 2.25）。

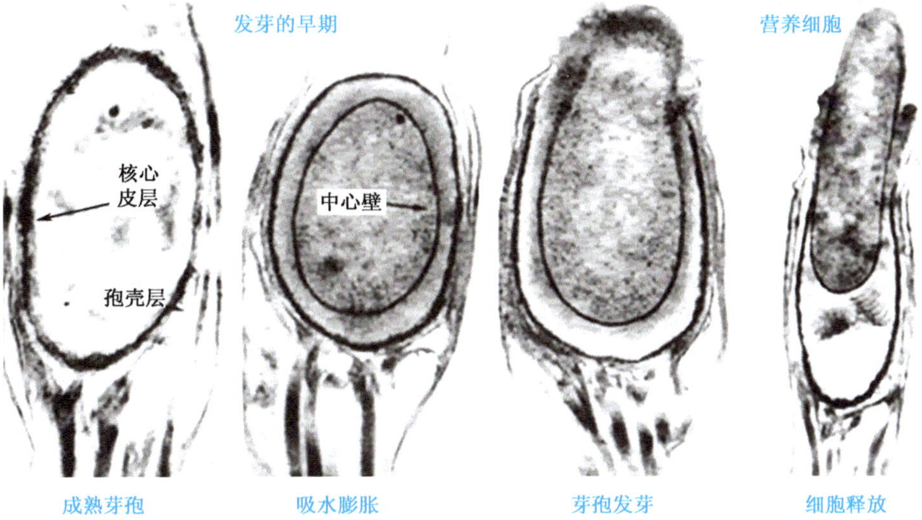

图 2.25　芽孢的萌发

此过程分为两步：终止休眠及生长。终止休眠可由某些环境条件所触发，如热刺激。在 60～70℃热处理几分钟常能引起休眠终止。芽孢萌发的标志是它的折光性丧失，对染料亲和性增加和对热的抗性明显降低。芽孢明显地吸水膨胀，外壳破裂。新的营养细胞突破芽孢壳而生长，然后开始进入营养繁殖。由于溶壁酶的作用，芽孢外壳最后分解。

（5）细菌芽孢和营养细胞的区别

细菌芽孢和营养细胞的区别见表 2.7 所示。

表 2.7 细菌芽孢与营养细胞的区别

项　　目	营养细胞为典型的革兰氏阳性菌	芽孢含厚的孢皮层、孢衣、外孢子膜
显微镜观察外形	无折光性	有折光性
化学成分		
钙	低	高
吡啶二羧酸	无	有
PHB	有	无
蛋白质	较低	较高
多糖	高	低
伴胞晶体		
蛋白质（某些种别）	无	有
含硫氨基酸	低	高
酶促活性	高	低
代谢（氧摄取量）	高	低或缺乏
大分子合成	有	无
mRNA	有	低或无
抗热性	弱	强
抗辐射性	弱	强
抗化学药物和酸类性	弱	强
染料可染性	可染	只有特殊方法可染
溶菌酶作用	敏感	抗性

（6）伴胞晶体

有一些芽孢杆菌，如苏云金杆菌（*Bacillus thuringiensis*，Bt），在伴随芽孢形成的同时，在另一端形成一种菱形的结晶体，称为伴胞晶体（parasporal bodies）（图 2.26），晶体形状大的达 1.94nm×0.54nm（长×宽）。芽孢和伴胞晶体被一层外膜包裹着，称为孢子囊。当囊破裂以后，芽孢和伴胞晶体即游离存在。伴胞晶体是一种蛋白质结晶，对鳞翅目昆虫的幼虫具有很强的毒性作用。虫吃了后可破坏虫体的肠道，使害虫致死，因而它是一种微生物农药。苏云金芽孢杆菌是目前世界上用途最广、产量最大、最为成功的微生物杀虫剂，占微生物杀虫剂总量的 95%以上。其制剂有乳剂（2000U/μl、4000U/μl、8000U/μl）、可溶性粉剂（16 000U/mg、32 000U/mg），或以芽孢数表示的含 100 亿芽孢/g、150 亿芽孢/g 的可溶性粉剂及含 100 亿芽孢/ml 的乳剂及悬浮剂等。

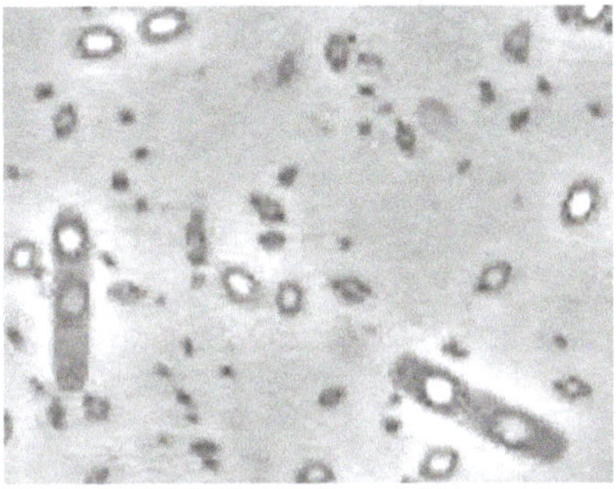

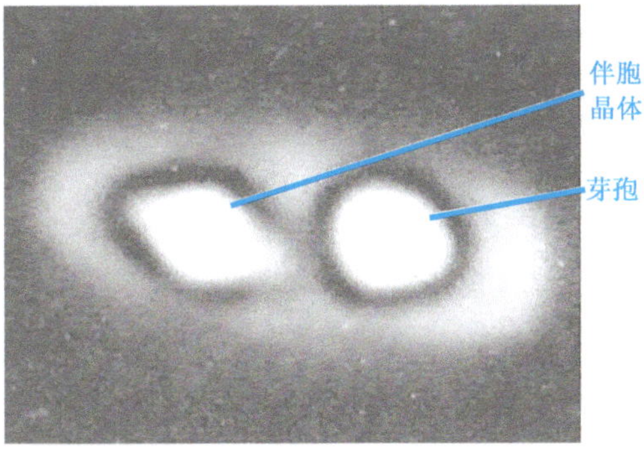

图 2.26　伴胞晶体

三、细菌的繁殖方式和培养特征

（一）细菌的繁殖及裂殖后细胞的排列方式

细菌一般进行无性繁殖，即细胞的横分裂，称作裂殖。裂殖形成的子细胞常大小相等，称同形裂殖。在陈旧培养基中也会出现大小不等的子细胞，称异形裂殖。但通过电子显微镜的观察和遗传学的研究已证明，细菌中亦存在有性接合，不过其频率较低，大量地仍以裂殖法为主。

细菌细胞的裂殖过程如图 2.27 所示。根据分裂的方向及分裂后各子细胞排列的状态不同，可形成各种形状的群体，如图 2.28 所示。

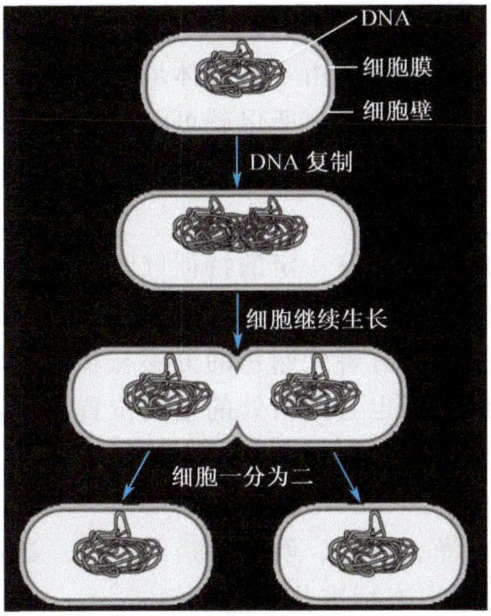

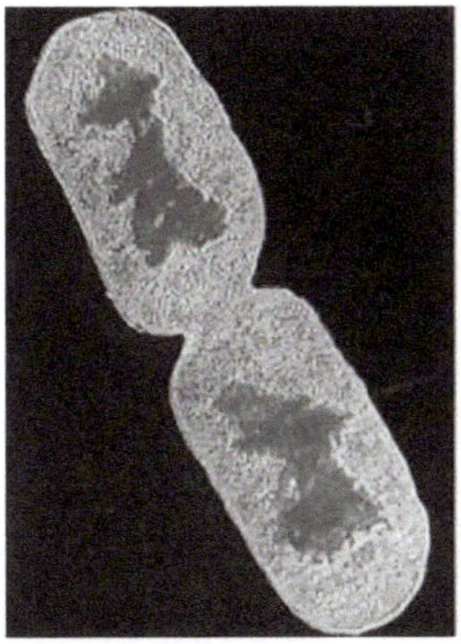

图 2.27　细菌的裂殖

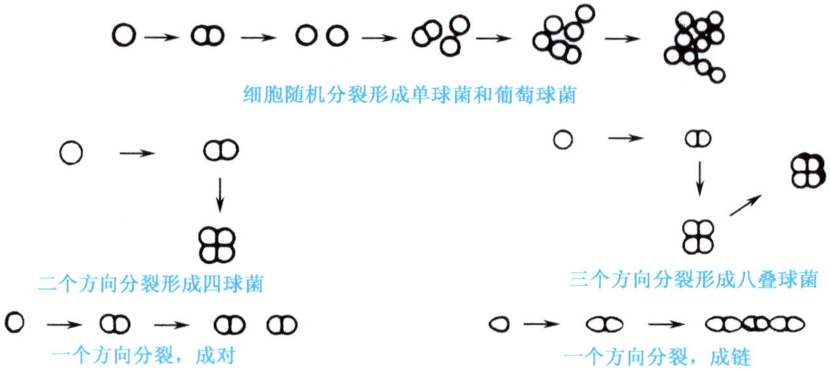

图 2.28　裂殖后细胞的排列方式

首先是细胞核区伸长并分裂，同时在细胞赤道附近的细胞质膜由外向中心作环状推进，然后闭合而形成一个垂直于细胞长轴的细胞质隔膜，并使细胞分开。第二步是形成横隔膜，最后是将细胞等分为两个子细胞。

螺旋体是介于细菌与原生动物之间的单细胞原核微生物，细胞非常细长、螺旋状、柔软而且易弯曲、无鞭毛，但能作特殊的弯曲扭动或像蛇一样的运动，繁殖方式为二分裂。

（二）细菌的培养特征

1. 菌落特征

细菌细胞的个体极小，用肉眼无法辨认。但当其接到合适的固体培养基上时，在合适的生长条件下，便会迅速生长繁殖。由于受固体培养基表面生长的限制，它不可能像在液体培养基中那样自由地运动，所以就可将其繁殖局限在固体表面的某一空间内，使其形成一个较大的子细胞群落，此群落称为菌落（colony）。

各种细菌在标准培养条件下形成的菌落具有一定的特征（图 2.29）。

菌落的形状和大小不仅决定于菌落中细胞的特性，还要受其邻近菌落的影响。菌落靠得太近时，由于营养物质有限，有害代谢物的分泌与积累，会使菌落的生长受到抑制。另外，菌落内各个细胞间也会因所处的空间位置不同，在营养物的摄取和空气的提供方面有差异，从而造成同一菌落中个体间在生理与形态上有所差异。

菌落特征包括菌落大小、形状、光泽、颜色、硬度、透明度等。这对菌种识别和鉴定具有一定意义。图 2.30 是菌落形态标准化描述的模式。

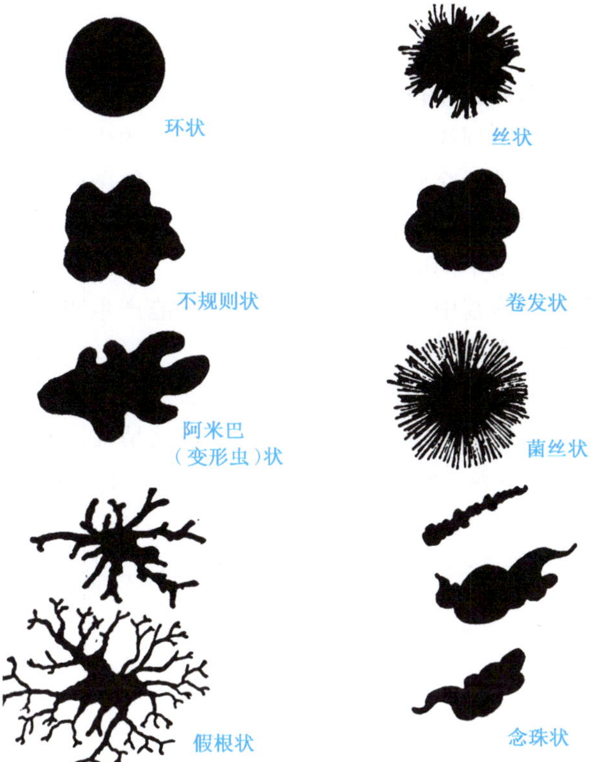

图 2.29　细菌的菌落特征

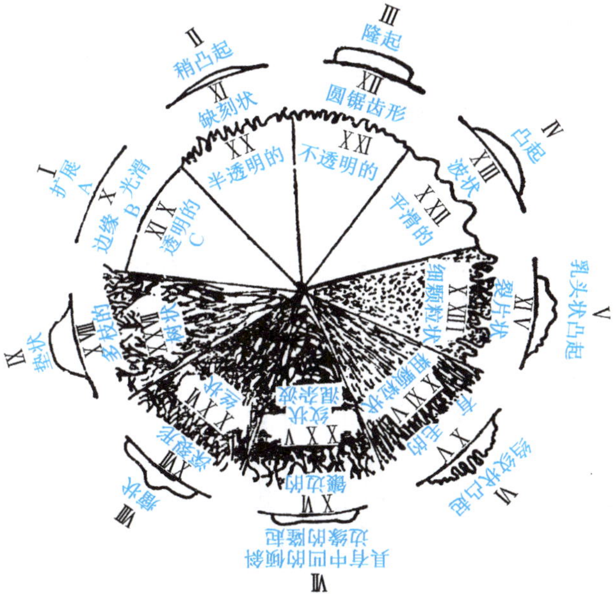

图 2.30　菌落形态标准化描述模式

2. 其他培养特征

培养特征除了菌落外，还包括在软琼脂穿刺培养中的生长、在明胶穿刺培养中的生长、在琼脂斜面上划线培养特征和在肉汤表面的生长。

在软琼脂培养基上进行穿刺培养主要是为了鉴定细菌的运动特征。因为不能运动的细菌只能沿穿刺线部分生长，而能运动的细菌则向穿刺四周扩散生长。各种细菌的运动扩散形状是不同的。

细菌若能在明胶培养基中生长繁殖，则说明它能产生明胶酶（即蛋白酶）水解明胶。明胶被水解后会形成一定形状的溶解区。

在肉汤中培养细菌是为了观察其液体培养特征。一般培养 1～3 天后可以观察其表面（膜和环等）的生长情况、混浊程度、沉淀情况、有无气泡和颜色等。

在琼脂斜面上划线培养一般要在 2～5 天后观察。每种细菌的培养特征亦不同。

四、细菌的分类

（一）细菌分类的依据

细菌的分类需以形态特征和生化特征相结合，而又重于生理生化特征。

1. 形态特征

形态特征包括个体形态、大小及排列情况，革兰氏染色反应，有无运动，鞭毛着生位置和数目，有无芽孢及芽孢着生的部位和形状，细胞内含物，个体发育过程中形态变化的规律性，荚膜，菌胶团是否存在等。

2. 培养特征

1）琼脂平皿培养特征。主要观察表面菌落的形态、大小、色素、黏稠度、透明度、边缘情况及隆起情况、光泽、质地、表面性质等。

2）普通斜面划线培养特征，包括生长好坏、形态、光泽等（图 2.31）。

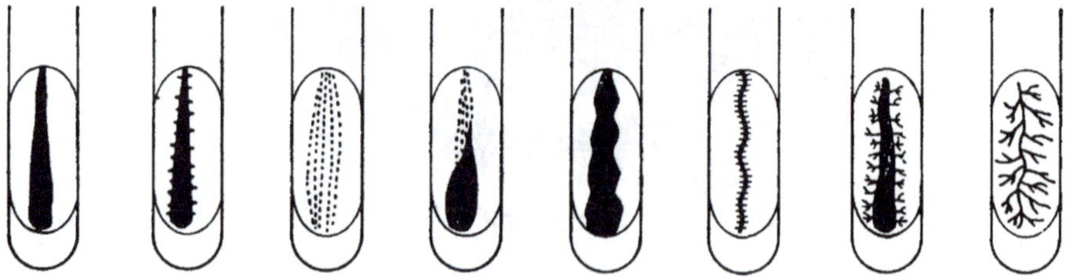

图 2.31　斜面划线培养特征

3）琼脂穿刺培养特征。包括生长发育情况、色素形成情况（图 2.32）。

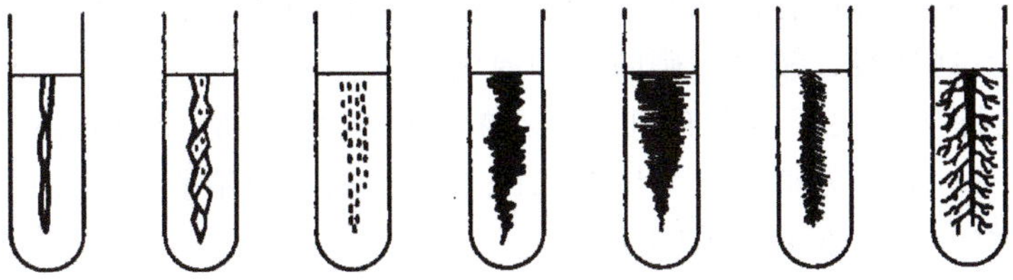

图 2.32　软琼脂穿刺培养特征

4）明胶穿刺培养特征。观察其能否水解明胶及水解后的状况（图 2.33）。

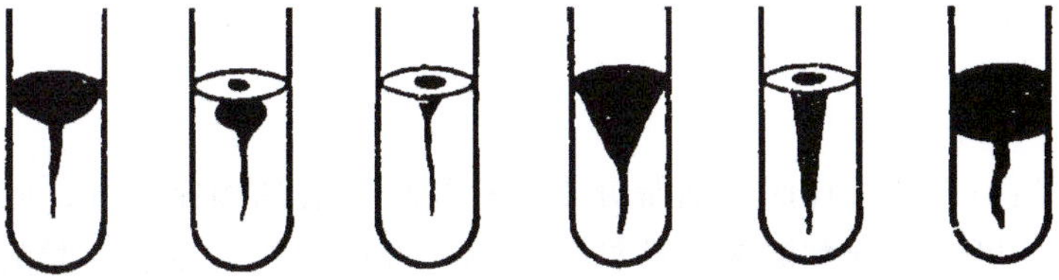

图 2.33　明胶穿刺培养特征

5）液体培养特征。观察液体是否混浊及混浊程度，液面有无菌膜，管底有无沉淀及沉淀量（图 2.34）。

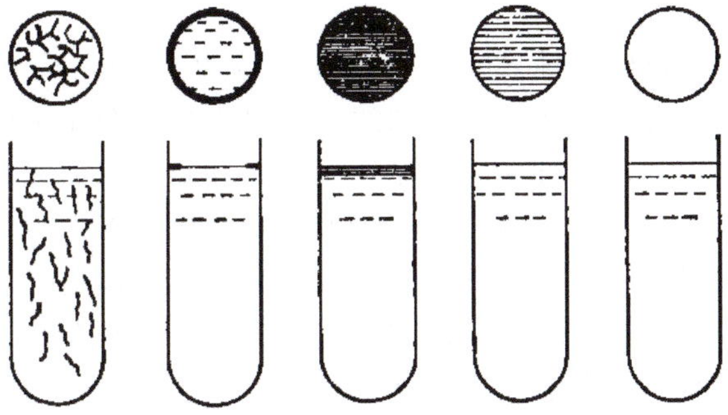

图 2.34　液体试管培养特征

3. 生理特征及生化反应

1）营养源。主要指碳源、氮源和能源。细菌能否利用某些含碳化合物作为唯一碳源，反映该细菌能否产生代谢这种碳化合物的有关的酶，因而可作为分类鉴定的特征。常用的碳源很多，包括单糖类、双糖类、糖醇类、脂肪酸类、双羧酸类、羟基酸类、各种有机酸类、醇类、碳氢化合物和二氧化碳等。氮源有蛋白质、蛋白胨、氨基酸、铵盐、硝酸盐和氮气等。

2）代谢特征。能否形成有机酸、乙醇、碳氢化合物、气体等；能否分解色氨酸形成吲哚；能否分解糖产生甲基乙酰甲醇；能否使硝酸盐还原而生成亚硝酸盐和氨；能否产生色素或其他物质等。

3）能否凝固牛乳，胨化牛乳蛋白质，产酸还是产碱。

4）生长发育的温度、需氧的程度等。

此外还参考细菌适应的 pH 值，寄生性和共生性、致病性，血清反应，对某些抗生素和噬菌体的敏感性和抗性，在自然界的分布等。

（二）经典鉴定实例

在鉴定某一未知菌株时，通常并不完全按检索表的顺序进行，而是根据几个突出的特性，可迅速地判断未知菌株属于哪一群菌，然后在这一群菌范围内进行鉴定，并确定未知菌的属种名称。

若有四株未知菌，在肉汤胨斜面上好氧培养生长良好，30℃培养 24h 所生长的菌苔丰厚，这表明这四株菌是中温好氧或兼性厌氧异养菌，能用一般的鉴定方法进行鉴定。

1. 菌株纯度检查

鉴定前，先应检查菌株纯度，并将未知菌编为 1、2、3、4 号。分别用肉汁胨平皿划线，在 30℃培养 24h。如果划线的平皿上菌落分布疏密适宜，有足够数量的可供观察的单菌落，则可由透过光、反射光和暗背景的光线来仔细比较每一个平皿内菌落的一致性。如菌落形态不一致，则分别将形态不一致的菌落移种斜面，编号，再分别划线，直到菌落形态一致时为止；如菌落形态一致，应将平皿在室温下放置 2～4 天，再仔细观察比较菌落形态。如菌落形态仍一致，则可挑起一单菌落移种斜面，作为鉴定用菌株。

2. 镜检和革兰氏染色

将上述鉴定菌株培养 18～24h 后涂片，进行革兰氏染色并镜检。结果表明，1、2 号菌是革兰氏阳性菌，3、4 号菌是革兰氏阴性菌。镜检还发现，1、2 号菌形成少数芽孢，据此可判断这两株菌是芽孢菌。这两株菌在好氧条件下不含糖的培养基上生长良好，所以应属于芽孢杆菌属。如有怀疑，可多培养 2～3 天或移种生芽孢斜面，以进一步判定是否为芽孢菌。

3. 芽孢和染色观察

根据芽孢杆菌属内各种的特征，可将芽孢杆菌属分成两群。以观察芽孢是否使孢囊膨大为特征。据观察，1、2 号菌属于芽孢不使孢囊膨大的一群。这一群菌又可根据菌体粗细分为两群。一群菌体较粗，直径约大于 0.9μm，在含葡萄糖的斜面上生长的幼龄菌，用吕氏美蓝染色时着色不均一，用苏丹黑染色时菌体内含有黑色颗粒，这是蜡状芽孢杆菌群的菌。另一群菌在以上三个特性方面恰与蜡状芽孢杆菌群相反，即菌体较细，直径约小于 0.9μm，美蓝染色均一，无苏丹黑染色的颗粒。这是枯草芽孢杆菌群的菌。染色和镜检结果表明：1 号菌属于蜡状芽孢杆菌群，2 号菌属于枯草芽孢杆菌群。

蜡状芽孢杆菌群中有 5 个种（变种），即巨大、蜡状、蕈状、苏云金和炭疽等。其中苏云金芽孢杆菌有伴胞晶体，用稀释复红染色时，可观察到红色菱形颗粒。

4. 进行部分生理试验

2 号菌属于枯草芽孢杆菌群。这群菌有地衣、枯草、短小、凝结和坚强等 5 个种。可先根据它们在 pH5.7 的培养基中是否生长、是否产生乙酰甲基甲醇和在 7%氯化钠中是否生长来区分这 5 个种。2 号菌这三项性质都是阳性，表明它既非凝结芽孢杆菌，也非坚强芽孢杆菌。枯草芽孢杆菌与地衣芽孢杆菌的区别在于，枯草芽孢杆菌是好氧菌，而不是兼性厌氧菌；枯草芽孢杆菌与短小芽孢杆菌的区别在于，前者具有水解淀粉和还原硝酸盐的能力。测定表明 2 号菌是好氧菌，在厌氧条件下不生长，能水解淀粉和还原硝酸盐，因此 2 号菌是枯草芽孢杆菌。3 号和 4 号菌是革兰氏阴性菌。

3 号菌的斜面在培养 2～3 天时有明显的黄绿色或蓝绿色水溶性色素。这是假单胞菌属中荧光群中的特性。因此首先在紫外灯下检查 3 号和 4 号群是否有荧光。结果表明 3 号菌在普通肉汁胨斜面上产生荧光色素，4 号菌则不产生。接种氧化发酵培养基和氧化酶测定的结果表明，3 号菌氧化产酸，氧化酶阳性；4 号菌发酵产酸、产气，氧化酶阴性。鞭毛染色表明，3 号菌只有一根端生鞭毛，4 号菌则有周生鞭毛，且鞭毛较多，大多有 5～6 根或更多。这些结果说明，3 号菌属于假单胞菌属，4 号菌属于肠杆菌科。

假单胞菌属内产生荧光的种有三个，即铜绿色、荧光和恶臭三个种。铜绿色假单胞菌是单端生鞭毛菌。荧光和恶臭假单胞菌是丛生端毛菌，因此 3 号菌是铜绿假单胞菌，如果鞭毛的区别还不十分明显，可利用铜绿色假单胞菌的两个突出特性，即 42℃生长和产生脓青素，来进一步确证。

4 号菌是肠杆菌科的菌，在普通培养基上生长迅速，能从葡萄糖产酸产气、氧化酶阴性，周生鞭毛。肠杆菌科中约有 12 个属，根据周生鞭毛这一性质，可判定 4 号菌不属于不运动、无鞭毛的志贺氏菌属和克雷伯氏菌属。根据此菌能使葡萄糖产酸、产气的现象，基本上可排除它是产酸不产气的欧文氏菌属的可能性。然后可进行发酵乳糖、产生吲哚和利用柠檬酸等三项测定。4 号菌产生吲哚，不利用柠檬酸，因此不属于柠檬酸菌属、沙门氏菌属、肠细菌属、哈夫尼菌属和沙雷铁氏菌属等五属。4 号菌能发酵乳糖产酸，表明它不属于爱德华氏菌属、变形菌属、伊尔氏菌属。由此可见，4 号菌只能属于埃希氏菌属，也就是大肠埃希氏菌属。

大肠埃希氏菌也可能有异常菌株，如同化葡萄糖产酸不产气，发酵乳糖产酸迟缓等。遇到这种情况时，可根据其他性质测定：如同化葡萄糖产酸不产气，则可根据不产果胶酶与欧文氏菌属相区别；如发酵乳糖产酸不明显，可做产硫化氢测定（穿刺法）、赖氨酸脱羧酶测定和苯丙酸脱氨酶测定；大肠埃希氏菌不产硫化氢，可与爱德华氏菌属相区别；不使苯丙氨酸脱氨可与变形菌属相区别；不使赖氨酸脱羧，可与伊尔森氏菌属相区别。

总之，鉴定细菌有一个基本的程序，一般先根据 3～5 项简单性质，如要求的培养条件、要求的培养基、是否产生色素、革兰氏染色反应、菌体形态和是否产芽孢等，判断所鉴定的菌属于哪一大类，然后全面考察这一大群内各属间的异同，选择合适的鉴别特征，制订一个鉴定方案。鉴别到属后，再根据各种间的异同，进一步鉴定到种。

（三）细菌的鉴定工具书

1）Krieg N et al.，Bergey's Manual of Systematic Bacteriology，Vol. 1～4，Baltimore：Williams & Wilkins，1984～1989。

2）东秀珠和蔡妙英编著，常见细菌系统鉴定手册，北京：科学出版社，2001。

（四）简捷的分类

在实际工作中，常常要进行的菌种判别的要求并不高，而只希望快速而简单。主要进行下列四项实验，就可判断常用的细菌的属。

1）用显微镜观察细菌，以判断其是球菌还是杆菌。

2）用革兰氏染色反应，鉴别其是阳性菌还是阴性菌。

3）进行产芽孢试验，以观察其是否产芽孢。

4）进行 vp 试验（即甲基乙酰甲醇试验），以鉴别其是阴性还是阳性。

根据以上四项实验结果查阅图 2.35，即可初步判断细菌的属。

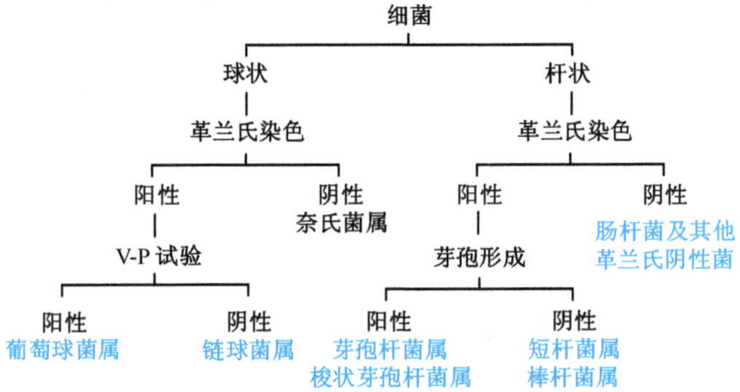

图 2.35　细菌的简捷分类

（五）发酵工业常用细菌的分类纲要

发酵工业中常用细菌的分类纲要见图 2.36。

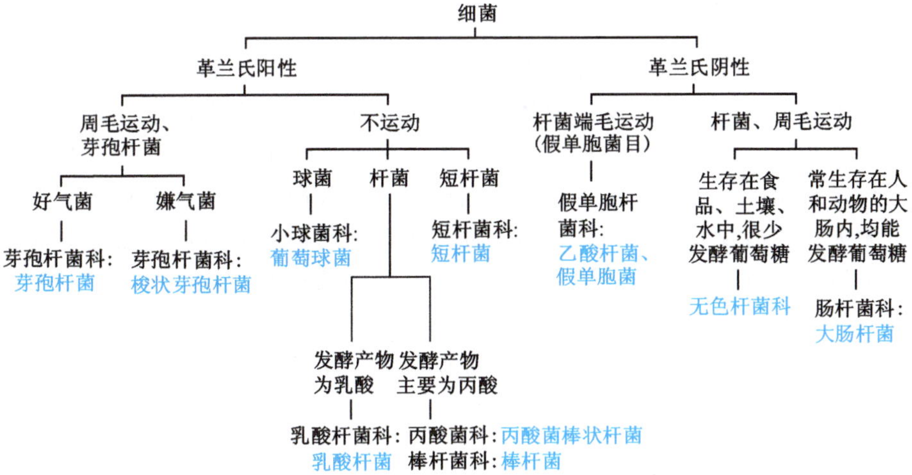

图 2.36　发酵工业中常用细菌的分类纲要

五、发酵工业中常用常见的细菌

（一）枯草芽孢杆菌（*Bacillus subtilis*）

这是一种直的或近乎直的（0.3～2.2）μm×（1.2～7.0）μm 的杆菌（图

2.37），很少成链，染色均匀，鞭毛周生或端生。芽孢（0.5×1.5）μm～1.8μm，游离芽孢的表面能淡染色，萌发时，芽孢壳在中间破裂。营养细胞脱出之后，芽孢壳的溶解是缓慢的。

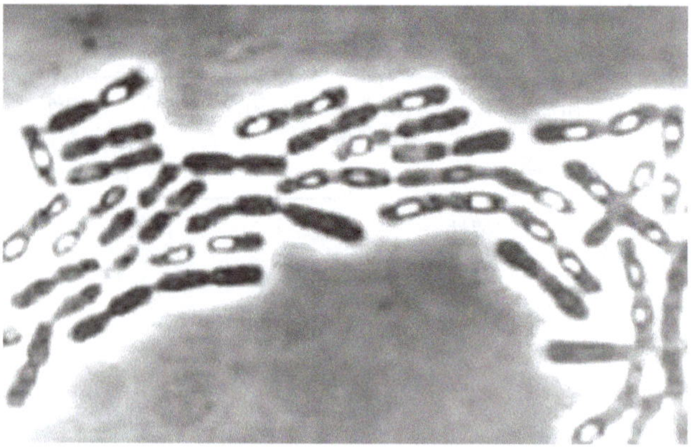

图 2.37　枯草芽孢杆菌

在琼脂平皿上，菌落是圆的或不规则的；表面灰色粗糙，变厚和不透明；可有皱纹，变形乳脂色或褐色。

菌落的特征依培养基的组成而有很大的差异。在表面湿润的琼脂上很快地扩展，在平皿上生长的细胞不易在液体中分散。在1%葡萄糖营养琼脂试管的穿刺表面生长物变厚，常常是粗糙和褐色的，在菌体下面可形成红色色素。在深层培养时生长繁殖期不长，在底部可能产生弱酸，并从表面向下进行中和。在肉汤中会产生无尖、皱褶及黏着的膜，很少浑浊或不浑浊。产生的能量代谢几乎全靠呼吸，氧是最终的电子受体。在厌氧条件下，在含葡萄糖的复杂培养基中，生长和发酵都弱；若通氧，细胞就大量增殖，并以2,3-丁二醇、羟基丁酮和 CO_2 为主要产物。它能液化明胶，胨化牛奶，还原硝酸盐，水解淀粉。它的一些亚种（变种）主要用于生产蛋白酶和淀粉酶。

（二）醋化醋杆菌（*Acetobacter aceti*）

细胞呈椭圆状或杆状，直或稍弯，（0.6～0.8）μm×（1.0～2.0）μm，单个、成对或成链（图2.38）。在有的种中退化型是常见的，可以是球形、膨大、细长、成堆、弯曲、分枝或丝状。周毛运动或不动。不形成芽孢。幼龄细胞革兰氏阴性，在老培养物中，有的菌株革兰氏染色不稳定。

呼吸代谢，从不发酵，氧为末端受体。在中性和酸性（pH4.5）反应时可氧化乙醇为乙酸，乙酸盐和乳酸盐氧化得到 CO_2 和水。乙酸和乳酸是良好的碳源。

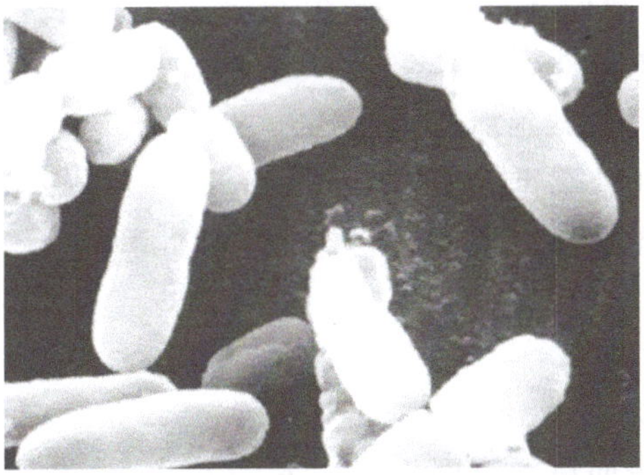

图 2.38　醋化醋杆菌

大多数菌株可用六碳糖和甘油作为碳源；甘露醇和葡萄糖酸盐很少利用或完全不用；不水解乳糖、糊精和淀粉。在酵母膏和 2%乙酸钙或乳酸钙上生长较好或良好。在酵母膏、10%葡萄糖和 3%碳酸钙琼脂上生长良好，并产生许多葡萄糖酸和 5-酮葡萄糖酸钙的结晶。

通常不产生色素，但细胞团由于产卟啉而呈粉红色；有些菌株能产生一种褐色的水溶性色素。

大多数菌株不需要维生素，在简单和复杂的培养基上可生长。严格好氧。生长温度范围为 5～42℃，最适生长温度约 30℃，最适 pH5.4～6.3；在 pH4.0～4.5 生长，而在 pH7～8 很少生长。

通常在水果、蔬菜、酸果汁、醋和酒中发现。此菌常用于乙酸酿造工业。

（三）德氏乳酸杆菌（*Lactobacterium delbruckii*）

杆菌，(0.5～0.8)μm×(2～9)μm，圆端，单个或成短链（图 2.39）。用次甲基蓝染色可显示胞内颗粒。不运动，菌落通常是粗糙的，并且不产生色素。不形成芽孢。随菌龄和培养基酸度的增加，菌体由革兰氏染色阳性变成阴性。

发酵葡萄糖和其他糖类，产酸不产气，不发酵其他乳酸盐。同型发酵产生 D-乳酸。不液化明胶，不分解酪素。不产生吲哚和硫化氢。接触酶和氧化酶阴性。

营养要求复杂，需要氨基酸、肽、核酸衍生物等，不要求硫胺素、维生素 B_6、叶酸和 B_{12}。

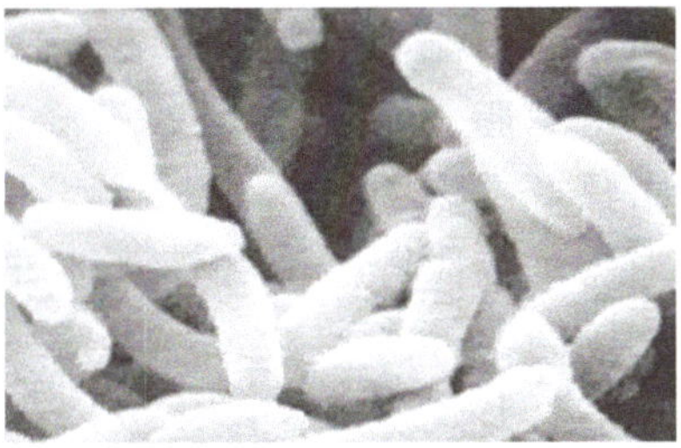

图 2.39　德氏乳酸杆菌

厌氧，有 5%～10%CO_2 常可促进其在琼脂表面的生长。在 15℃时不生长，常在 50～52℃生长，最适生长温度 40～44℃。耐酸，最适 pH 通常是 5.5～5.8，或更低些，在 pH 值低于 5 的情况下生长，在中性或微碱性时，其延滞期可能延长。

此菌常存在于高于 41℃时发酵的土豆醪、谷物和蔬菜醪的发酵物中。

此菌在乳酸发酵工业中应用甚广。

（四）乳链球菌（*Streptococcus lactis*）

细胞呈卵球形，略向链的方向延长，大小为 0.5～1.0μm，大都成对或成短链，有的成长链（图 2.40）。革兰氏阴性；发酵多种糖类，在葡萄糖肉汤培养基中能使 pH 值下降到 4.5～5.0；不水解淀粉，不水解明胶，使石蕊牛奶产酸，并在凝固前迅速还原石蕊。生长温度 10～40℃，45℃不生长，最适生长温度一般为 37℃；在 4% NaCl 培养基中生长，在 6.5% NaCl 培养基中则不生长。在 pH9.2 时生长，但在 pH9.6 时则不生长。

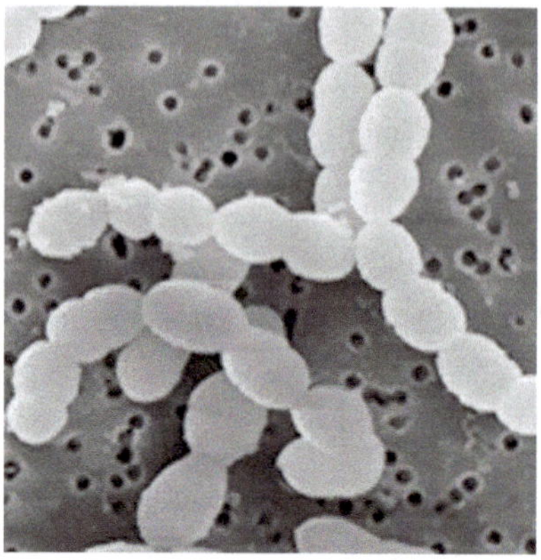

图 2.40　乳链球菌

此菌使葡萄糖发酵的最终产物是右旋乳糖（同型发酵）。常用于乳制品工业及我国传统食品工业中。

（五）丙酮丁醇梭菌（*Clostridium acetobutylicum*）

细菌呈杆状，圆端，(0.6～0.7)μm×(2.6～4.7)μm，芽孢囊（1.3～1.6)μm×(4.7～5.5)μm，单生或成对，但不成链（图 2.41）。芽孢卵圆，中生或次端生，使芽孢囊膨大成梭状或鼓槌状。无荚膜，以周毛运动，有淀粉粒，革兰氏染色阳性，可能变为阴性。专性厌氧菌。在葡萄糖琼脂上形成圆形紧密隆起的菌落，乳脂色，不透明，液化明胶。能使石蕊牛奶强烈产酸凝固，凝块被气体冲碎，但不胨化。能发酵多种糖类，包括淀粉、糊精等。生产上多用来发酵生成丙酮丁醇，发酵适温 30～32℃，生长适温 37℃，最适 pH6.0～7.0。

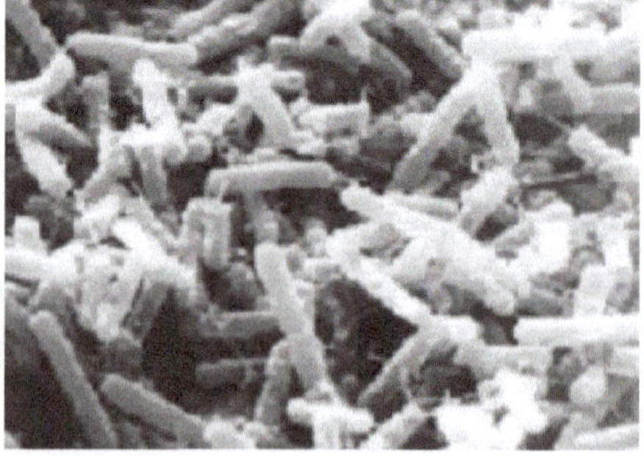

图 2.41　丙酮丁醇梭菌

（六）北京棒杆菌（*Corynebacterium pekinese*）

细胞为短杆或小棒状，有时微弯曲，两端钝圆，不分枝，单个或呈“八”字排列（图 2.42）。革兰氏阳性，有异染粒，细胞内有明显的横隔。无芽孢，不运动。在普通肉汁琼脂平皿上菌落为圆形，24h 后菌落呈白色，直径为 1mm，一周后可达 4.5～6.5mm，呈淡黄色，中间隆起，表面湿润、光滑、有光泽，边缘整齐并半透明，无黏性，无水溶性色素。它不液化明胶，也不使石蕊牛奶发生变化，7 天后呈微碱性；不同化酪蛋白，不水解淀粉，不分解油脂；能使葡萄糖、麦芽糖、蔗糖迅速产酸；在海藻糖及肌醇中缓慢生长；能使糊精、半乳糖及木糖弱产酸，但均不产气。其生长需生物素，硫胺素能促进其生长。过氧化氢酶阳性。好氧、兼性厌氧。26～27℃生长良好，41℃生长弱，致死温度 55℃。此菌为谷氨酸生产菌。

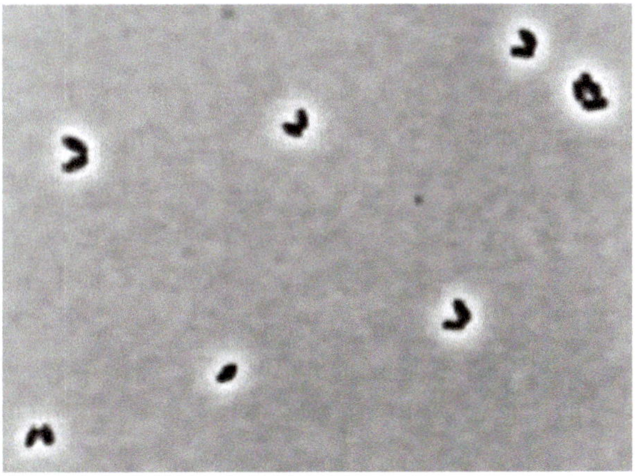

图 2.42 北京棒杆菌

（七）大肠埃希氏菌（*Escherichia coli*）

俗称大肠杆菌，杆状，0.5μm×(1.0～3.0)μm，有的近似球形，有的则成为长杆状（图 2.43）。革兰氏阴性，运动或不运动，运动的为周生鞭毛。一般无荚膜，无芽孢。菌落白色到黄白色，边缘全缘到波状，光滑闪光，扩展，它能使牛奶迅速产酸凝固；不胨化，不液化明胶；产生吲哚，甲基红阳性；vp 阴性；不利用柠檬酸盐；在含铁琼脂中 H_2S 阳性。

大肠杆菌可用于生产谷氨酸脱羧酶、天冬氨酸、苏氨酸和缬氨酸、天冬酰氨酶等。它亦是食品微生物检验的指示菌。在分子生物学的研究中，大肠杆菌是常用的外源基因的受体菌。

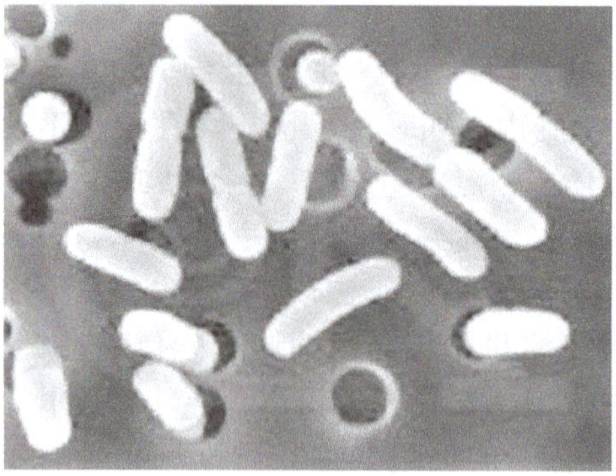

图 2.43 大肠埃希氏菌

图 2.44 荧光假单胞杆菌

（八）荧光假单胞杆菌（*Pseudomonas fluorescens*）

Pseudomonas 属好气菌，故其大多数广存于土壤及水中，也可以由医院及污染食物中分离得到，在普通的叶子表面上也可被分离出来（图 2.44）。

细胞直径 0.7～0.8μm、全长 2.0～3.0μm，革兰氏阴性杆菌，其有一条以上的鞭毛（如三条），为单端鞭毛，有运动性，产生绿色或黄褐色的荧光色素（fluorescein），但不产生绿脓素（pyocyanin），在琼脂斜面上呈红灰色。

可利用多种的碳源，其所适应的 pH 值等于 7，最低生长温度为 4℃，最适生长温度为 25～30℃，最高生长温度为 40℃，为嗜温微生物，好气性。

在工业上有很大的用途，能分解碳氢化合物及苯酚，故可以用于从工业废液中除去碳氢化合物及苯酚，也可用于油品污染的去除。

第二节 放 线 菌

放线菌是一大类形态极为多样（杆状到丝状）、多数呈丝状生长的原核微生物。它的细胞构造、细胞壁的化学成分和对噬菌体的敏感性与细菌相同，但在菌丝的形成和以外生孢子繁殖等方面则类似于丝状真菌。它以菌落呈放射状而得名。

放线菌大多数为腐生菌，少数为寄生菌。它在自然界中分布极广，主要习居于土壤之中。每克土壤中含有数万乃至数百万个放线菌的孢子，一般在中性或偏碱性的土壤中较多。土壤特有的腥味主要是由放线菌所产生的代谢产物引起的。

放线菌是产生抗生素的主要微生物。据不完全统计，到目前为止，已筛选出抗生素达 9000 种以上，每年还新增百余种。其中放线菌产生的抗生素占多数，而链霉菌产的抗生素又占放线菌总数的 80%。因此，本节内容侧重于链霉菌属。但近年来一个明显趋势是从稀有放线菌发现的新抗生素日益增多。

放线菌的产物在医药、卫生、农业生产、食品加工等方面已得到广泛应用，如由弗氏链霉菌产生的蛋白酶已在制革工业中用以脱毛，游动放线菌产生的葡萄糖异构酶已用于生产，还从灰色链霉菌的发酵液中提取维生素 B_{12} 等。此外，在酶抑制剂、甾体转化、烃类发酵、污水处理等方面也有所应用。寄生性放线菌则能引起某些动植物病害。

一、放线菌的形态和构造

放线菌的形态较细菌复杂，大部分放线菌菌体由菌丝体构成，但它仍属单细胞，革兰氏染色阳性。菌丝体分为基内菌丝和气生菌丝，气生菌丝在无性繁殖中分化有孢子丝、孢囊和孢子等。

（一）菌丝及孢子丝

1. 基内菌丝

它是营养型一级菌丝，长在培养基内或表面（图 2.45 左）。其主要功能是吸收营养物，所以又称营养菌丝。一般无横隔膜（诺卡氏菌除外），直径 0.2 ～ 1.2μm，分枝繁茂，无色或产生水溶性或脂溶性色素而呈现黄、绿、橙、红、紫、蓝、褐、黑等各种颜色。

2. 气生菌丝

这是由基内菌丝分枝向培养基上空伸展的二级菌丝，镜检观察其颜色较深且较基内菌丝粗，直径为 1～1.4μm，直形或弯曲状，有分枝，有的产生色素（图 2.45 右）。

3. 孢子丝及孢子

孢子丝是由气生菌丝分枝部分分化的具有形成孢子作用的繁殖菌丝，有直、波曲、螺旋和轮生等形状，链霉菌的常见孢子丝形态如图 2.46 所示。

螺旋的数量、大小和疏密随不同的种而异。孢子丝上形成成串的孢子。孢子有球形、椭圆形、杆形、柱形和瓜子形等。同一孢子丝上分化的孢子，其形状、大小有时不一致。因此孢子的形状和大小不能作为区分种的唯一依据，而必须结

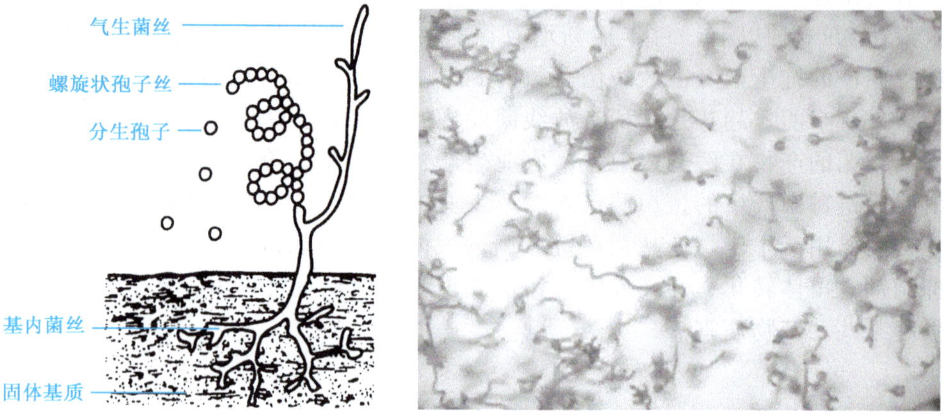

图 2.45　链霉菌的基内菌丝与气生菌丝（孕育菌丝）

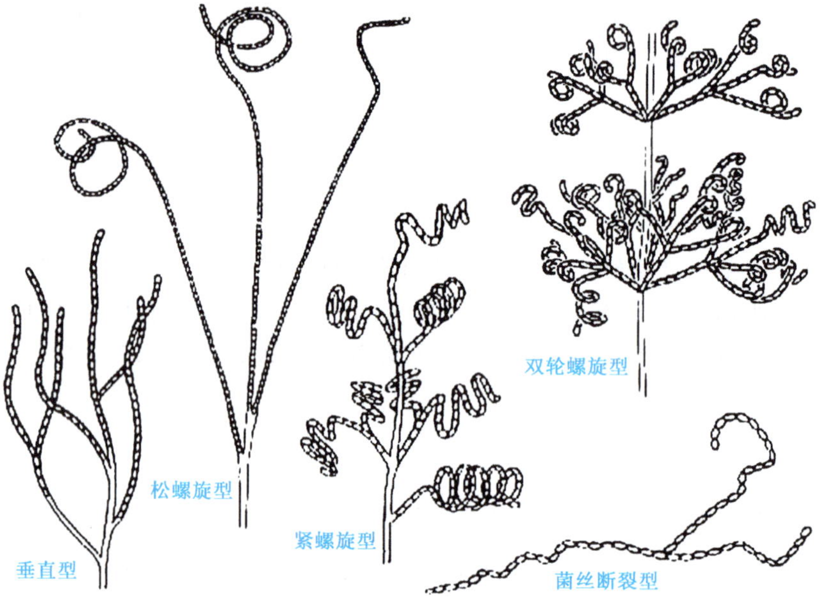

图 2.46　链霉菌的常见孢子丝形态

合孢子的表面来进行区分。据目前的发现，孢子丝直或波曲者，其孢子表面光滑，尚未发现这类孢子有带刺的或毛发状；孢子丝为螺旋形者，其孢子表面则因种而异：有的光滑，有的刺状，有的毛发状。常见的链霉菌孢子丝形态见图 2.47（垂直型）、图 2.48（松螺旋型）、图 2.49（紧螺旋型）、图 2.50（单轮无螺旋型）、图 2.51（双轮螺旋型）。

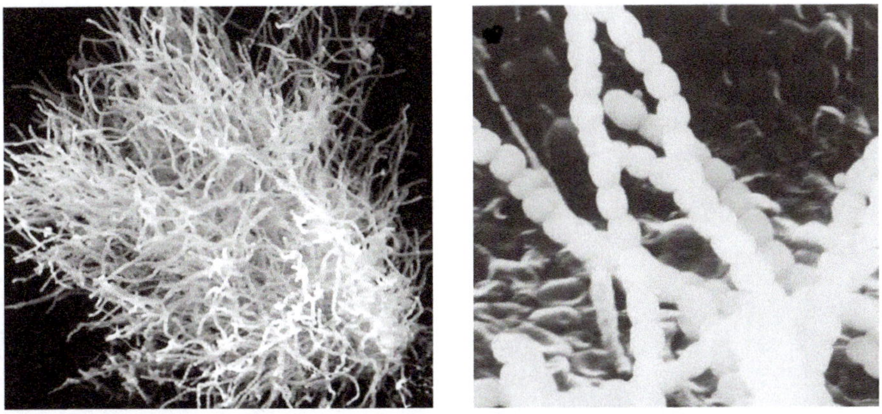

图 2.47　一种产生 antimycin 的链霉菌（垂直型）

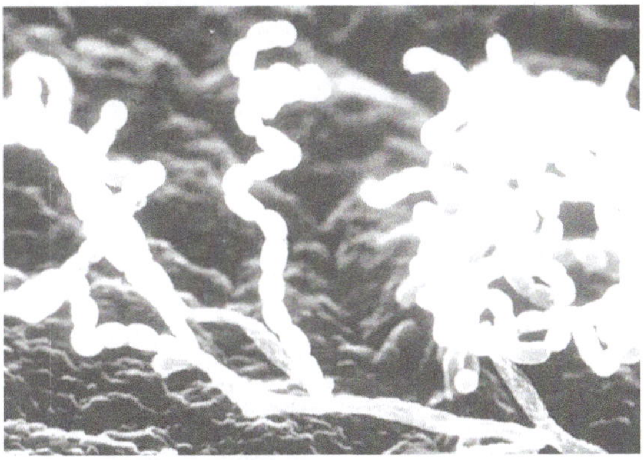

图 2.48　一种产生 ankinomycin 的链霉菌（松螺旋型）

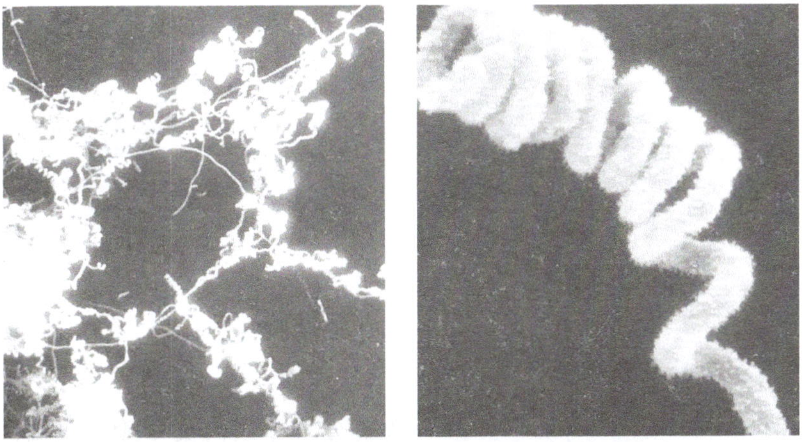

图 2.49　一种产生 ε-poly-L-lysine 的链霉菌（紧螺旋型）

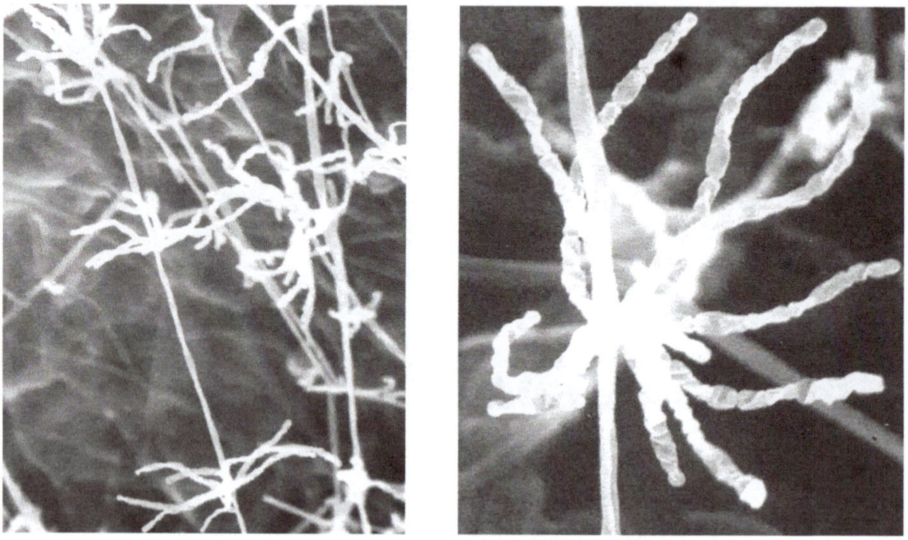

图 2.50 一种产生 leucomycin 的链霉菌（单轮无螺旋型）

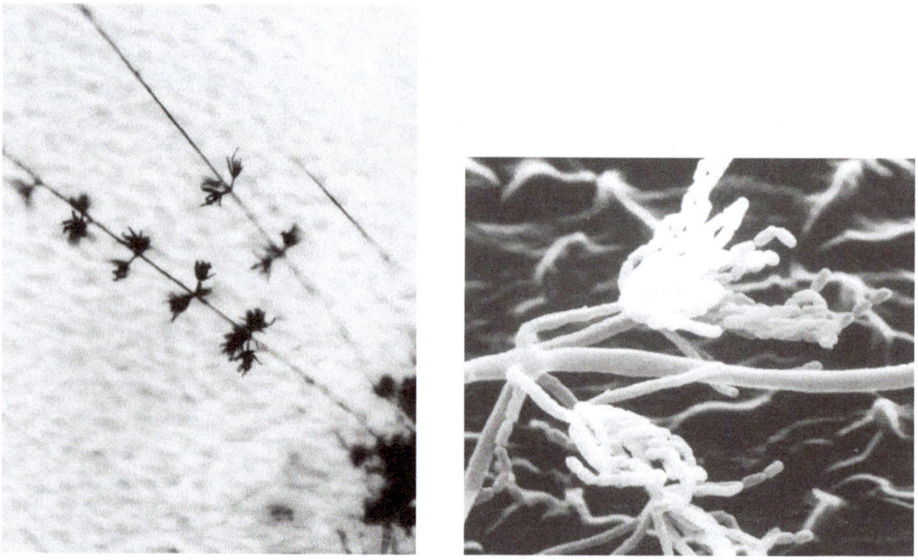

图 2.51 一种产生 deoxylaidlomycin 的链霉菌（双轮螺旋型）

4. 孢囊及孢囊孢子和游动孢子

孢囊链霉菌（*Streptosporangium*）孢囊发育于基内菌丝或气生菌丝，通常近似圆形。孢囊内形成的孢子有球形、椭圆形或杆状。具有鞭毛能游动的称为游动孢子；没有鞭毛不能游动的称为孢囊孢子。游动孢子的鞭毛有一个单生，或两个生在一起，或多数丛生，或周生（图 2.52）。

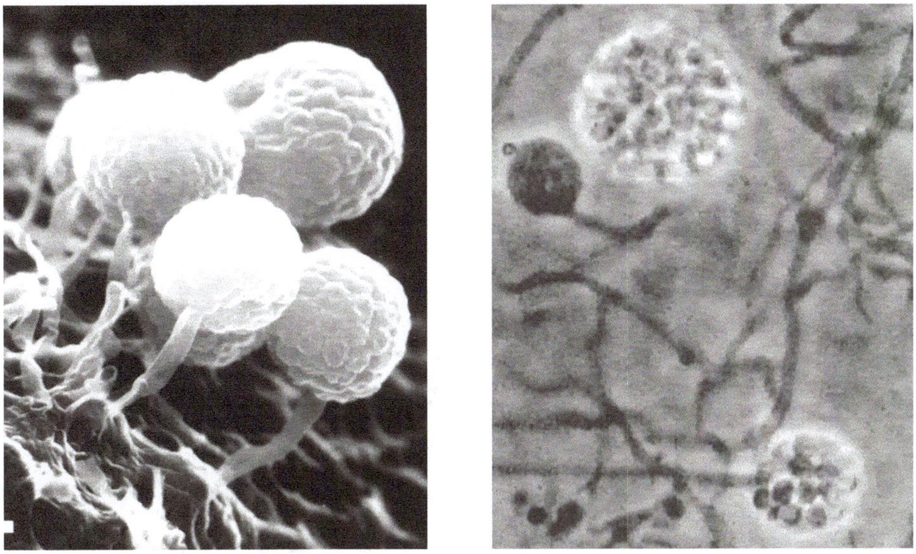

图 2.52　孢囊链霉菌的孢囊及孢囊孢子

放线菌孢子常具有色素，呈白、灰、黄、橙黄、红、蓝、绿等颜色。成熟的孢子堆，其颜色在一定培养基与培养条件下比较稳定。因此，颜色是鉴定此类菌种的重要依据之一。

（二）菌落形态

由菌丝体组成的菌落一般为圆形，秃平或有许多皱褶和地衣状。由于放线菌的气生菌丝较细，生长缓慢，菌丝分枝相互交错缠绕，所以形成的菌落质地致密，表面呈较紧密的绒状，坚实、干燥、多皱，菌落较小而不延伸。

菌落形成随菌种而不同。一类是产生大量分枝的基内菌丝和气生菌丝的菌种，如链霉菌（*Streptomyces*），基内菌丝伸入基质内，菌落紧贴培养基表面，极坚硬，若用接种铲来挑取，可将整个菌落自表面挑起而不破裂。菌落表面起初光滑或如发状缠结，其后在上面产生孢子，表面呈粉状、颗粒状或絮状。气生菌丝有时呈同心环状（图 2.53）。

另一类是不产生大量菌丝的菌种，如诺卡氏菌（*Nocardia*）所形成的菌落。这类菌菌落的黏着力不如上述的强，结构成粉质，用针挑取则粉碎（图 2.54），所以放线菌菌落不同于细菌。

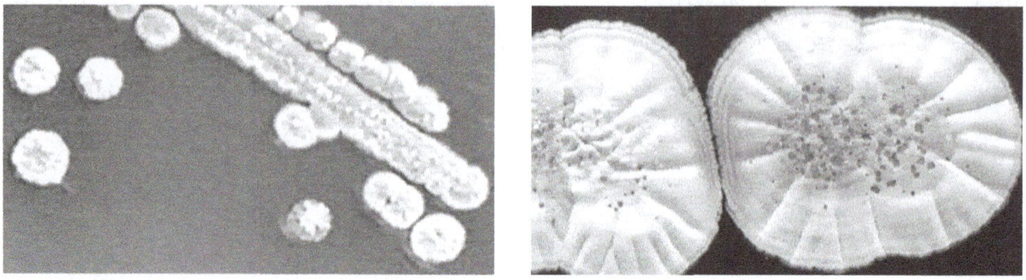

图 2.53　链霉菌菌落示例

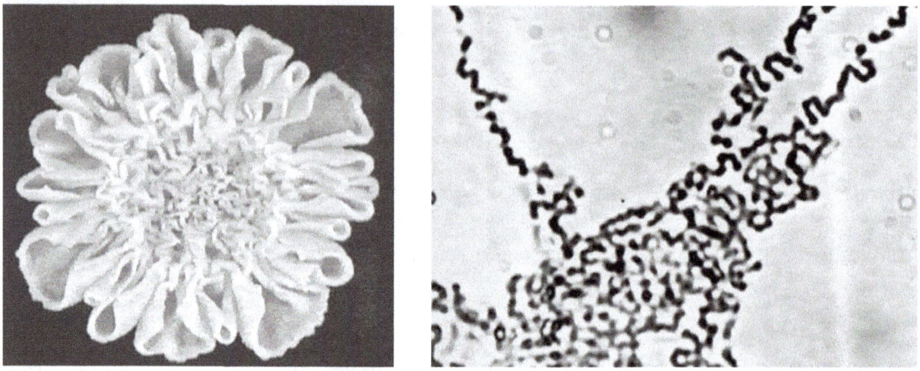

图 2.54　某种诺卡氏菌菌落与基内菌丝

在放线菌菌落表面常产生聚集成点状的白色或黄色菌丝，它们是次生菌丝，不产生孢子。普通染色剂如次甲基蓝、结晶紫和石炭酸品红都可作为气生菌丝、基内菌丝和孢子的染料。

二、放线菌的繁殖

放线菌以无性方式繁殖，主要是形成孢子，也可通过菌丝断片繁殖。

链霉菌生长到一定阶段，一部分气生菌丝分化为孢子丝，孢子丝成熟便形成许多孢子。其生活史见图 2.55。

以前人们认为，形成孢子的形式有凝聚和横隔分裂两种。但从电子显微镜观察超薄切片的结果表明，孢子丝形成孢子只有横隔分裂而无凝聚过程。横隔分裂有两种方式。

1）胞质膜内陷，逐渐向内收缩并合成横隔膜，孢子丝分隔成许多孢子。

2）细胞壁和质膜同时内陷，向内缢缩，孢子丝缢裂成连串的孢子。

图 2.56 表示横隔分裂形成孢子的过程。

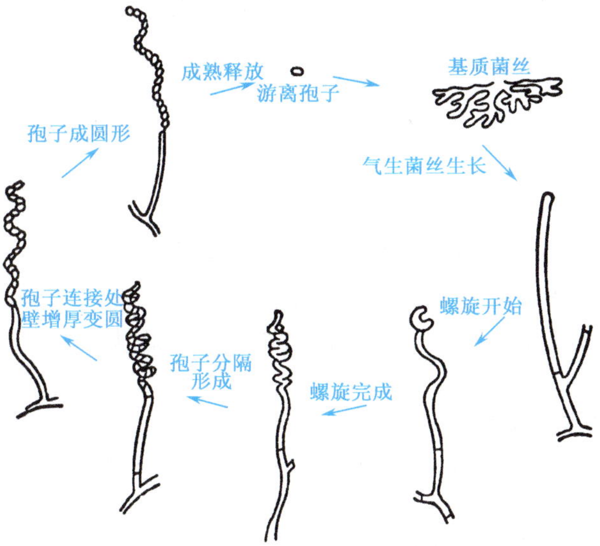

图 2.55 链霉菌生活史

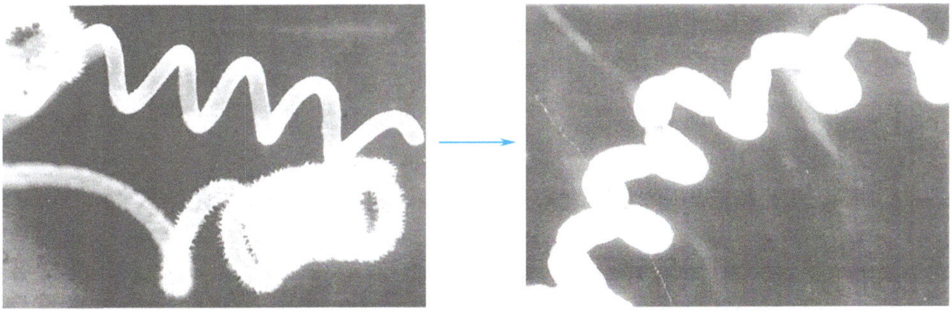

图 2.56 孢子丝分隔成孢子

另外有些放线菌可在菌丝上形成孢子囊，在孢囊内形成孢囊孢子。孢囊成熟后释放出大量孢囊孢子。

在液体培养中，放线菌主要靠菌丝断裂片断进行繁殖。

三、放线菌的分类

放线菌菌体外貌虽像真菌而微细，但其细胞结构属于原核细胞型，与细菌同属原核生物界，而以分核的丝状菌体区别于细菌。

（一）放线菌目的分科检索表

在分类上放线菌作为一个目。放线菌目的分类以形态学上的差异为依据。现主要根据基内菌丝的生长状况以及孢子着生方式，将其中主要的 8 个科区分如下。

放线菌目分科检索表

1. 菌丝体向四面八方分裂、基内菌丝顶端尖细，内部丝横分裂呈立体形细胞 ……………………………………………………… 嗜皮菌科（Dermatcphiloceae）

2. 菌丝体沿菌丝长轴作垂直方向分裂

  （1）基内菌丝体断裂，无气生菌丝，不产生孢子

   A. 雏形基内菌丝断裂为 VY 和 T 型细胞 …… 放线菌科（Actinomycetaceae）

   B. 基内菌丝有分枝，横隔、迅速断裂为杆状、球状 ……………………………………………………………………………… 诺卡氏菌科（Nocardiaceae）

  （2）基内菌丝体不断裂

   A. 孢子生长在短梗上或孢子丝上

    （A）孢子单个着生

     a. 单个孢子着生在基丝的短梗上，基丝纤细，0.2～0.6μm ……………………………………………… 小单孢菌科（Micromonosporcrpceae）

     b. 单个孢子着生在气丝和基丝的短梗上，在高温中生长 ……………………………………………… 高温放线菌科（Thermoactinomycetaceae）

    （B）2～20 个孢子着生在气丝和基丝的短孢子梗上 ……………………………………………… 小多孢菌科（Micropolysporoceae）

    （C）孢子在长链孢子丝上，气丝丰茂，基丝无横隔，直径较粗 ……………………………………………… 链霉菌科（Strepomycetaceae）

   B. 孢子形成于孢囊中，孢囊发生于气丝或基丝上，孢子有鞭毛能游动或无鞭毛不游动 …………………………… 游动放线菌科（Actimoplanceae）

图 2.57、图 2.58 和图 2.59 显示小单孢菌（*Micromonospora*）、小双孢菌（*Microbispora*）和小四孢菌（*Microtetraspora*）的形态。

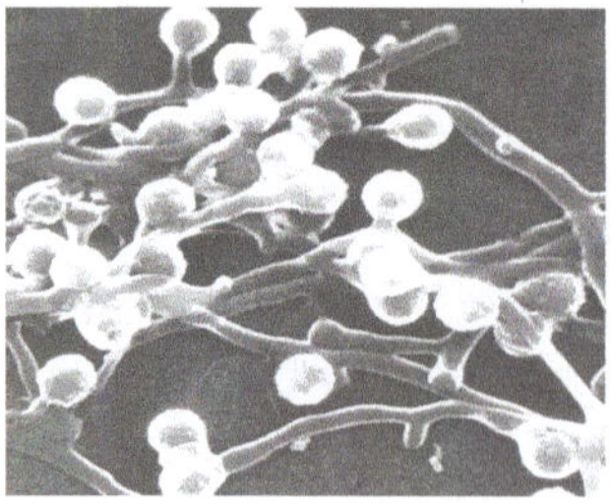

图 2.57　小单孢菌

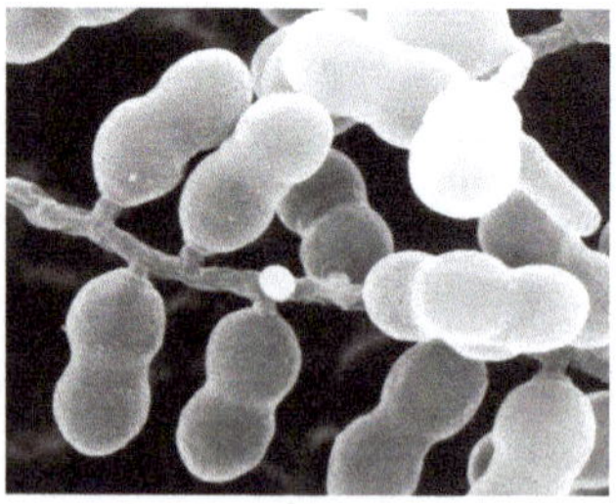

图 2.58　小双孢菌

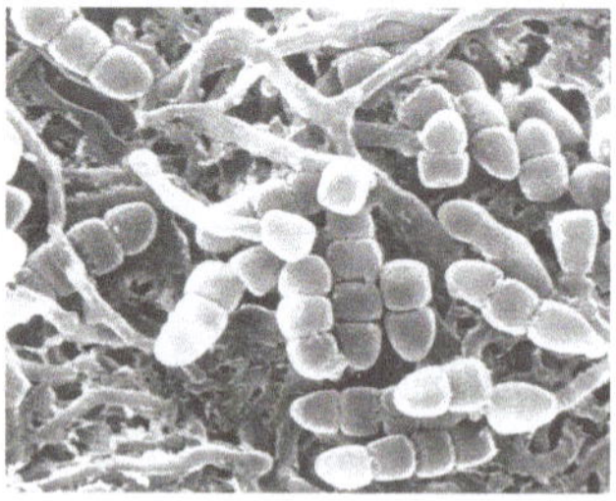

图 2.59　小四孢菌

（二）放线菌属和种的鉴定方法

放线菌的分类鉴定一向以形态和培养特征为主，生理生化和生态特征为辅。属的鉴定常采用形态特征与细胞壁化学组分类型相结合的方法。

1. 形态

首先将分离获得的纯菌种在光学显微镜及电子显微镜下镜检。将菌种接在葡萄糖天门冬素琼脂或燕麦粉琼脂上，进行埋片或插盖玻片法培养。分别在培养后的 1 天、3 天、5 天、7 天、14 天、20 天取出载玻片或盖玻片，用细胞壁染色法、镜检长在其表面的菌种在不同时间的发育情况。或从生长两周左右的菌种斜面上挑取一小块菌体，进行压片染色镜检。主要观察基内菌丝体有无横隔和断裂，了解气丝生长的特点。另外要借助电子显微镜观察孢子表面结构和有无鞭毛等。

2. 细胞壁化学组成

放线菌的细胞壁与细菌的一样，其壁具有肽聚糖、胞壁酸、多糖等高分子物质，但不同属的成分和结构并不相同。

此外，整个细胞含的糖类也不相同。用菌体水解液的上部清液蒸干后，将残余物进行纸层析点样，另用标准糖或氨基酸作对照，显色后，可以测定二庚基庚二酸和其他氨基酸，以及特征性糖，获得的细胞壁化学组分型和全细胞糖类型作为属的指标。采用该法比以前以纯形态特征划分属更加可靠。

（三）放线菌的形态系统

放线菌的形态系统如图 2.60 所示。

（四）放线菌分类工具书

1）中科院微生物研究所放线菌分类组，链霉菌鉴定手册，北京：科学出版社，1975。

2）The Society for Actinomycetes Japan，Atlas of Actinomycetes，Asakura Publishing Co.，Ltd.，1997。

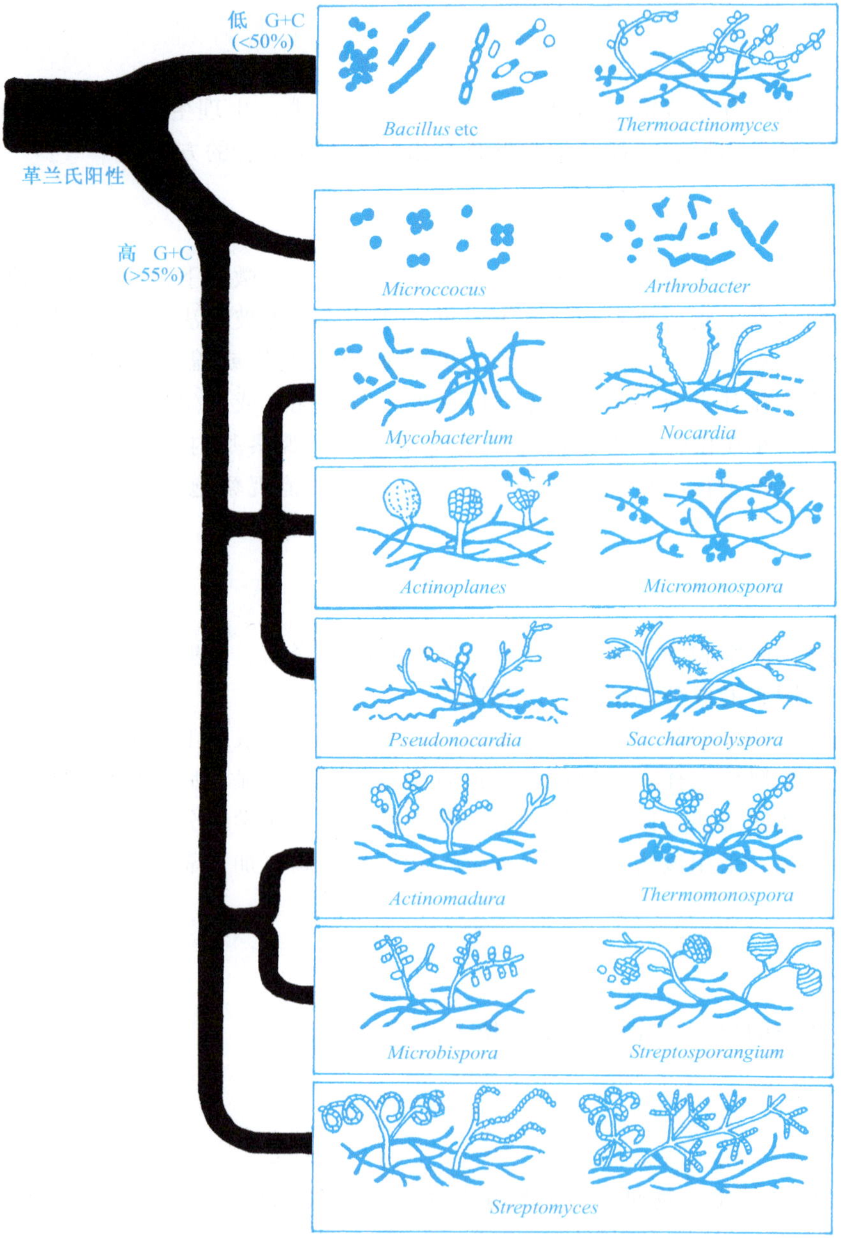

图 2.60　放线菌的形态系统

（五）放线菌主要属的简捷分类

主要通过菌落观察及油镜镜检（图 2.61）。

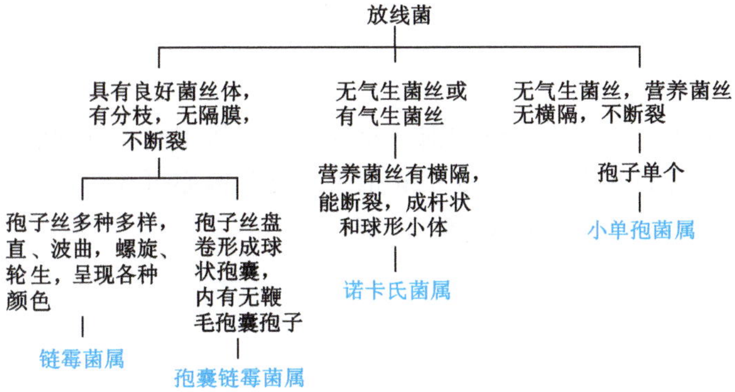

图 2.61　放线菌主要属的简捷分类

四、发酵工业中常用的放线菌

（一）发酵工业中常用的放线菌

1. 链霉菌属

基丝一般无横隔，直径 0.5～0.8μm，气生菌丝生长丰茂，通常比基丝粗 1～2 倍，孢子丝为长链，单生，呈直、波曲或螺旋状，成熟时呈现各种颜色，多生长在含水量较低、通气较好的土壤中。它们是抗生素工业所用放线菌中最重要的属。已知链霉菌属有 1000 多种。许多著名的常用抗生素都是由链霉菌产生的，如链霉素、土霉素、井冈霉素、丝裂霉素、博来霉素、制霉菌素和卡那霉素等。

2. 诺卡氏菌属

基丝较链霉菌纤细，直径 0.2～0.6μm，有横隔裂断，一般无气生菌丝，基丝培养十几个小时形成横隔，并断裂成杆状或球状孢子。菌落较小，其边缘多呈树根毛状；主要分布于土壤中；有些种能产生抗生素（如利福霉素、蚁霉素等），也可用于石油脱蜡及污水净化中脱氰等。

3. 小单孢菌属

孢子单个着生在短孢子梗上，基丝较细，直径 0.3～0.6μm，基丝不断裂，一般无气生菌丝，在基丝上长出孢子梗。菌落较小。不少种产生抗生素，如庆大霉素、利福霉素等。

4. 孢囊链霉菌属

孢囊孢子无鞭毛，气生菌丝的孢子丝盘卷成球形孢囊。其孢囊有两层壁，外壁较厚，内壁系薄膜，孢囊里形成孢囊孢子。这类菌亦可产生不少抗生素，如可抑制细菌、病毒和肿瘤的多霉素等。

（二）放线菌与细菌的异同

放线菌与细菌的异同如表 2.8 所示。

表 2.8　放线菌和细菌的异同

特　征	细　菌	放线菌
细胞形态	单细胞呈球状、杆状或螺旋状，直径或宽度一般小于 1μm	单细胞菌丝体，有气生菌丝和基内菌丝之分，直径与细菌相似，但菌体比细菌大
细胞结构	没有完整的核，无线粒体等细胞器，属原核生物	与细菌同
细胞壁	细胞壁含胞壁酸、二氨基庚二酸，不含纤维素和几丁质	与细菌同
菌落形态	长于培养基表面，有各种形状，易挑起	菌落一般紧密而小，菌丝深入培养基内，有皱褶，难挑起
繁殖方式	主要为裂殖	分生孢子、孢囊孢子和菌丝断裂
生长 pH 值	中性或微碱性	与细菌同
对抗生素和噬菌体	除抗真菌抗生素外，一般敏感	与细菌同
革兰氏染色反应	阳性或阴性	阳性

第三节　酵　母　菌

酵母菌是一类单细胞微生物，但不同于细菌，属真核微生物。

数千年前，人们虽然不知道酵母菌是什么样子，但却利用酵母菌的发酵能力来酿酒，后来又用来烤制面包。在现代工业中，酵母除了用来酿制酒类、乙醇外，还可用于生产甘油、食用酵母、饲料酵母，石油脱蜡，发酵生产有机酸和酶制剂等。由于酵母细胞中富含核糖核酸、细胞色素 c、辅酶 A 等，所以它也是制药工业中的重要原料。

目前已知的酵母菌有 490 余种，比其他微生物的种类要少，酵母菌喜生长在含糖的环境中，成熟果子的皮上通常含有酵母菌，相对地讲果园的土壤中含酵母菌也多些。

一、酵母菌的形态和大小

（一）细 胞 形 态

酵母菌是单细胞微生物，它的细胞形态因种而异（图 2.62），除常见的球形、卵形和圆筒形外，某些酵母还具有高度特异性细胞形状，如柠檬形或尖形。

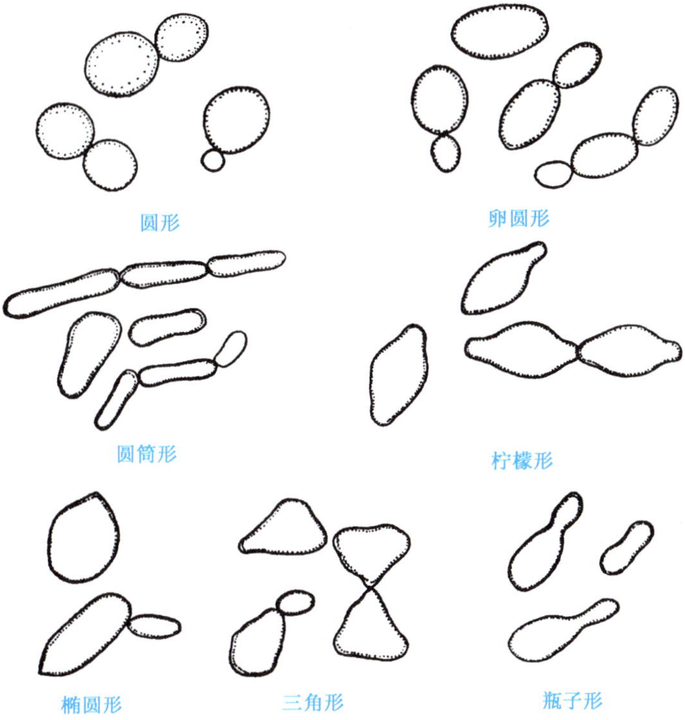

图 2.62　酵母菌细胞形态

柠檬形或尖形酵母通常是在果子和浆汁的天然发酵或腐败的早期阶段发现的。它们是有孢汉逊酵母属（*Hanseniaspora*）和它的不完全型克勒克酵母（*Kloeckere*）。一种尖顶形细胞在其另一端使伸长出的细胞变圆，有的另一端会突出，这是德克酵母属（*Dekkera*），即不完全型的酒香酵母属（*Imperfectbrella-womyces*）的酵母特征，这种酵母在西欧曾用于啤酒酿造，但该属的某些种亦是瓶装葡萄酒和软饮料的腐败微生物。一种具有瓶状细胞的酵母，属于瓶形酵母属（*Pityrosporum*），它是在细胞的一极以重复芽裂方式繁殖的，因此形成瓶状。三角形酵母属（*Trigonopsis*）的三角形细胞是很少见的，它们可以从啤酒或葡萄汁中分离出来，在发酵腐烂的仙人球汁中出现的酵母是一种高度弯曲的隐球酵母。

细胞的特殊形状虽是菌属的特征，但并不意味着个体发育的每个时期都具有这种形态。例如，柠檬形的尖端酵母，通常以球形和卵形的芽与母细胞分离，然后开始芽本身的发育。因为出芽是两极性的，一个具有幼芽的卵形细胞在它们的一极又伸长发芽，就会变成柠檬形。由于重复的二极出芽，较老的细胞就会有形状的变化（图 2.63）。

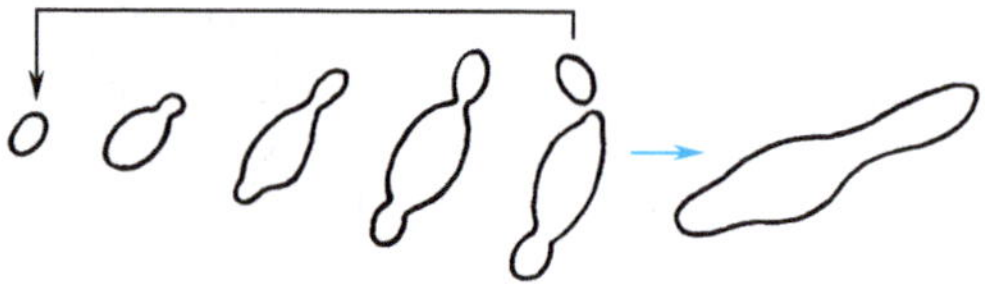

图 2.63　柠檬形酵母不同出芽阶段的细胞形态

（二）细胞的大小

一般酵母细胞的长度为 2～3μm，而某些细胞可达 20～50μm。

酵母细胞的宽度也有变化。一般在 1～10μm。在年幼培养物中，一些种的细胞的实际大小和形态极不均一，而另一些种却是十分一致的。这种不一致程度可以用于鉴别菌种，在一些情况下，也可用于区别同一种的变种。

观察细胞大小和形态的培养基常用麦芽汁，但最好用合成培养基，因后者有较好的重复性。对不同的酵母菌的描述，应以在最佳的标准条件下得到的结果为依据。

二、酵母菌的细胞构造

酵母细胞构造不能一概而论，因为不同酵母菌种显示出一定差异。有关酵母细胞构造的描述一般都根据酿酒酵母和面包酵母的研究资料获得。近来的研究表明，对于不同的属，能形成一些特殊的结构，而且培养条件也会引起明显的细胞学变化。例如，细胞壁的厚度、细胞形状，脂肪粒、液泡和其他内含物的存在、线粒体的发育和膜多糖形成的程度等，都能随培养条件的改变而发生变化。

酵母细胞学的资料可以通过下列方法得到：用光学显微镜直接观察；用染料染色，或用增光剂去测定特殊成分或表面区域的位置；用透射电子显微镜观察酵母细胞的超薄切片，或用扫描电子显微镜观察细胞和子囊孢子的表面。

酵母细胞的典型构造如图 2.64 所示。它一般包括细胞壁（一些种中有黏性夹膜）、细胞膜、细胞核、一个或多个液泡、线粒体、核糖体、内质网、微体、微丝、内含物等，此外还有出芽痕和诞生痕。

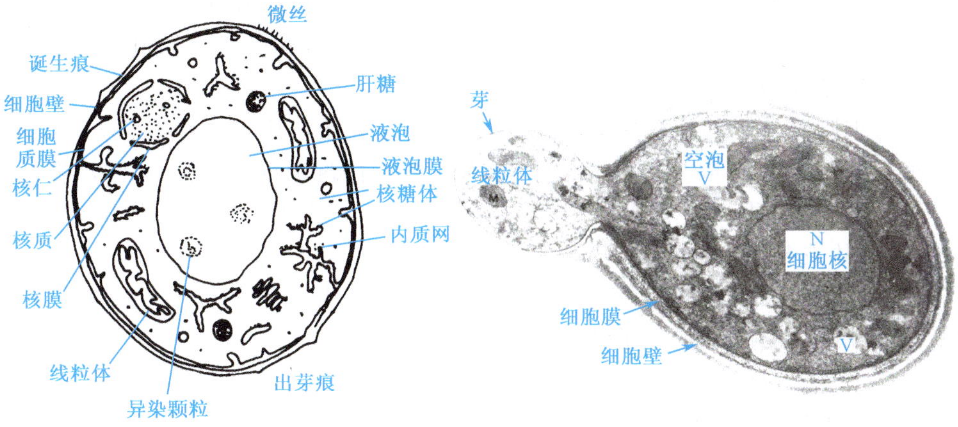

图 2.64 酵母菌的细胞结构模式图和电镜切片图

（一）细 胞 壁

用普通光学显微镜可看到细胞壁（cell wall）的外廓。它虽然有一定柔性，但其坚韧性使酵母保持特殊的形状。细胞壁的厚度约为 0.1～0.3μm，重量为细胞干重的 18%～25%，能有效地保护细胞正常地生存，当细胞衰老后，细胞壁重量会增加一倍，但即使用放大倍数最大的光学显微镜也不可能清楚地观察到细胞壁的特征，除了偶尔能看到不规则的小圆点外，只能观察到很光滑的细胞轮廓。

酵母细胞壁的很多理化性状是通过电子显微镜观察和用化学制备与分离壁的技术而获得的。其化学成分大多是根据化学分析与酶解细胞壁的综合结果而确定的。

酵母细胞壁由三层组成，即碱非溶性的β-葡聚糖内层、碱可溶性的β-葡聚糖中间层和糖蛋白的外层，该层的糖类由磷酸化的甘露聚糖组成。细胞壁的有关脂类物质的确切位置尚不清楚。

当细胞壁用热碱萃取时，碱非溶性残余物（约 30%～35%）会形成保持酵母细胞形状和坚固性的葡聚糖。近年来的研究证明，这种葡聚糖是两种多糖的混合物。其中较多的一种（占 85%）主要为 β-(1→3) 键的葡聚糖，而作为分枝点是 3%的 β-(1→6) 键；较少的一种多糖（占 15%）由具有 β-(1→3) 中间残基键的高度分枝化的 β-(1→6) 葡聚糖构成。通过电子显微镜观察发现，碱非溶性葡聚糖在细胞壁中是以一种紧固的微网状而存在的。

细胞壁的碱性萃取物由一种碱溶性的葡聚糖和甘露聚糖-蛋白质复合物的混合物组成，它约占细胞壁成分的 20%～22%，处于中间层。它与碱不溶葡聚糖之间的主要差别是，在长长的 β-(1→3) 键连接葡萄糖键中存在若干 β-(1→6) 键连接的葡萄糖残基。这些异常键干扰了附近分子的氢键和微纤维的组成，使这种非晶形葡聚糖在碱液中变得可溶解了。

作为细胞壁外壳的甘露聚糖-蛋白质复合物，其蛋白质含量约为 5%～10%。

细胞壁的物质组成为：葡聚糖 35%～45%，甘露聚糖 40%～45%，蛋白质 5%～10%，几丁质 1%～2%，脂类 3%～8%，无机物（如磷酸盐等）1%～3%。磷酸盐主要存在于甘露聚糖-蛋白质复合物中。

几丁质是一种线状的 *N*-乙酰氨基葡萄糖的多聚体，其单体间以 β-(1→4) 键相结合。几丁质与纤维素分子结构见图 2.65。

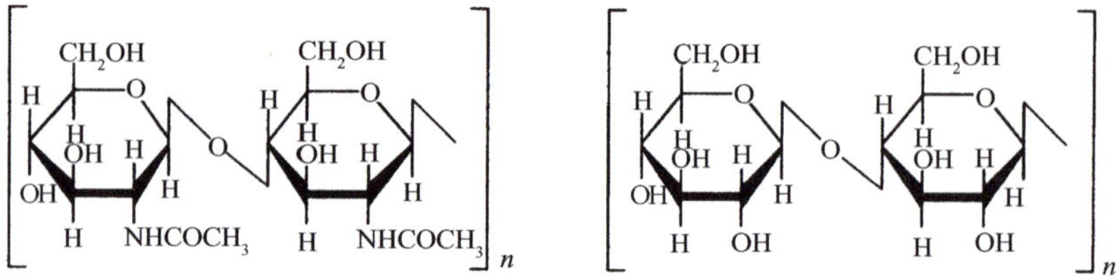

图 2.65　几丁质与纤维素分子结构

早期的研究中，酵母细胞壁的几丁质含量是以测定它们的 *N*-乙酰氨基葡萄糖的含量来推算的，当时尚不知氨基糖也存在于甘露聚糖组分中，而只知道几丁质的含量很少。现在的研究表明，几丁质仅出现于出芽痕中，当一个芽完全发育时，首先就是初生的含有几丁质的隔膜与母细胞分开，然后，初生的隔膜被葡聚糖和甘露聚糖所覆盖。一个不出芽的子细胞或者没有几丁质或含量极微，而具有很多出芽痕的细胞就可能含有很多几丁质。在丝状酵母，如内孢霉和拿逊酵母属（*Nadsonia*）、红酵母属（*Rhodotorula*）、隐球酵母属（*Cryptococcus*）和掷孢酵母属（*Sporobolomyces*）中，几丁质含量是很高的，大概是细胞壁的主导成分；相反，在裂殖酵母属（*Schizosaccharomyces*）中几乎没有几丁质。

（二）荚膜物质

在讨论酵母细胞壁时，必须注意荚膜物质（capsular materials）在酵母菌中的存在（图 2.66），酵母的细胞外物质的基本成分是：磷酸甘露聚糖、β-键合的甘露聚糖、杂合多糖（含有多于一种类型的糖单位）和属于鞘类脂成分的疏水物质。

某些汉逊酵母和那些与毕赤氏酵母属（*Pichia*）和管囊酵母属（*Pachysolen*）密切有关的属产生胞外磷酸甘露聚糖。这些黏性的多聚体是水溶性的并在细胞表面形成黏性层。属于红酵母属的红酵母是产荚膜菌种。黏的荚膜物质由一些线状或稍微分枝的具有互变的β-(1→3）和β-(1→4）键的甘露聚糖所组成。

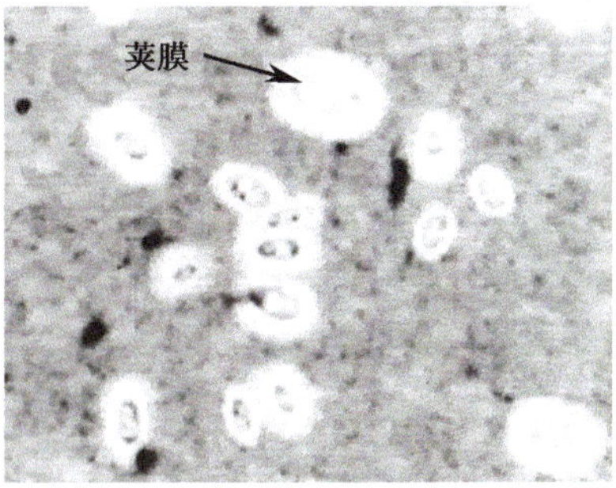

图 2.66　酵母荚膜物质

多数荚膜多糖黏性物黏附于细胞上，但其中较大的部分可能释放入生长的培养基中，特别是在搅拌培养时。有的荚膜物质含有四乙酰植物鞘氨醇和三乙酰二氨鞘氨醇，它们是复杂的疏水化合物，可以使部分酵母在液体培养中具有形成小球的趋向。它们的菌落还有表面粗糙的特征。

（三）细　胞　膜

细胞膜（cytoplasmic membrane 或 plasmolemma）位于细胞壁内层，具有从培养基中摄取营养，防止细胞质中低分子化合物的泄漏以及排泄代谢产物以防止其在细胞内积累过量的作用，所以它是一层半透性膜。此外，在细胞生长时，它还具有储积细胞壁成分的功能。

酵母细胞膜约 8nm 厚。在透射电子显微镜下观察细胞膜的超薄切片，可以发现较暗的电子密集层被一个较亮的电子透明层所分开。暗层可能代表蛋白质，亮层则代表脂和磷酸。中间层的中心可能由非极性的基团和它的磷酸极性基团的边缘部分所组成。另外还含有与溶质进出和酶的作用有关的蛋白质。在膜中最突出的酶是依赖于 Mg^{2+} 的 ATP 酶，它在 pH 值中性时具有活性。此酶具有运送某些溶质进出细胞的活性。

细胞膜上具有许多深度超过 50nm 的凹折部分。膜表面还有组成甘露聚糖和蛋白质颗粒的特殊结构，其直径约为 15nm，具有 18nm 的晶格的六面体排列。这些颗粒可以通过膜运动，并涉及细胞壁的甘露聚糖-蛋白质杂合物或微纤维的形成。

（四）细　胞　核

酵母细胞核由一种光学稠密的核仁部分和较多的含有染色物质的半透明部分组成，其外面有双层细胞核膜，形成一个完整的与细胞质间隔清楚的部分。酵母细胞中的细胞核（nucleus）在光学显微镜下是不易观察到的。但当酵母生长在含有 18%～21%明胶的培养基中时，用相差显微镜即可观察到。

细胞核中除了 DNA 外，还含有不同种类的 RNA 和一种具有 20～40 个磷酸残基的链状聚磷酸盐。这种盐在 RNA 合成时是积累的，但它在核中的确切功能还不清楚。核仁是核糖体 RNA 的合成位点。在单倍体酵母属细胞中 DNA 总量约为 $1.2\times10^{10}\sim1.4\times10^{10}$ Da（$1\text{Da}=1.66054\times10^{-27}$ kg），约 80%～90%的 DNA 含于核中。在双倍体酵母属中，在减数分裂和产孢子时，有 17 条独自分开的结合于中心粒的基因群。该数大致为这种酵母的单倍阶段的整个染色体数。其他酵母的染色体较少，例如，有两种汉逊酵母的单倍体细胞含有 3 条染色体，而异常汉逊酵母只有 2 条。

细胞核在繁殖和遗传上起着重要作用（图 2.67）。

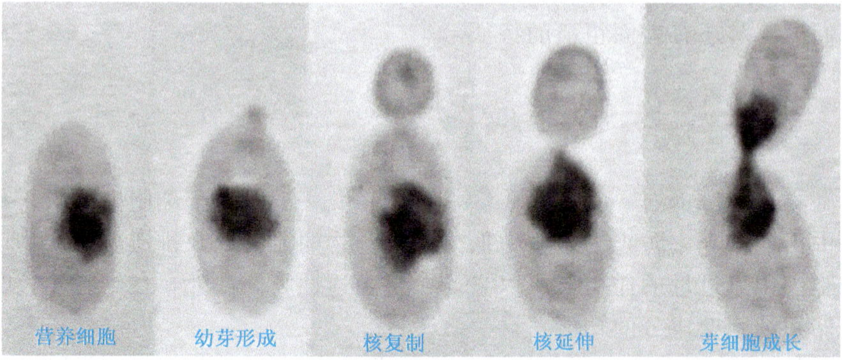

图 2.67　酵母细胞繁殖过程的核行为

（五）诞生痕和出芽痕

诞生痕（birth scar）是子细胞与它的母细胞分离时子细胞的细胞壁上的位

点，它通常在细胞长轴的末端。出芽痕（bud scar）是指母细胞壁上出芽并与子细胞分开的那个位点（图 2.68）。

由于多重出芽，致使酵母细胞出芽痕在细胞表面稍微突起，围绕的中心区约为 3μm³。每个细胞的出芽数量是有限的，一个酿酒酵母细胞通常可出 20 个芽，多的可达 40 个。

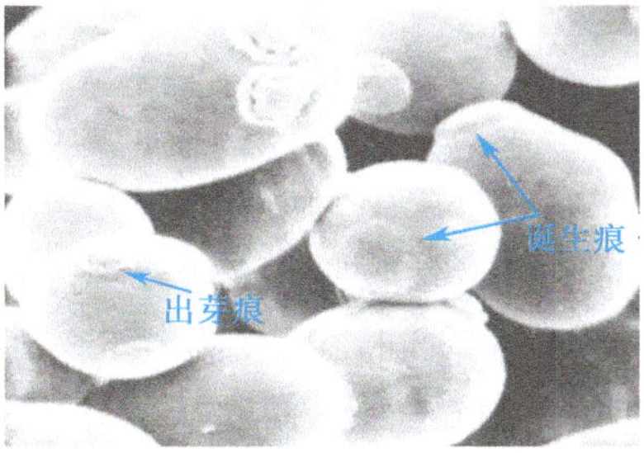

图 2.68 诞生痕和出芽痕

（六）微 丝

近来，人们在酵母细胞表面观察到一种像头发丝一样的“微丝”（fimbriae）。这些微丝的直径为 5～ 7nm，长度为 0.1μm，其主要成分是蛋白质。在酵母属中，这些短的微丝与酵母的凝聚性有关。

（七）液 泡

在显微镜下观察酵母细胞时，经常能看到直径约 0.3～3μm 的一个或多个大小不等的液泡（vacuole），这在酵母的生长平衡期，即处于不繁殖状态时特别明显。液泡一般呈球形，在光束照耀下，液泡较环绕着它们的细胞质更透明（图 2.69）。

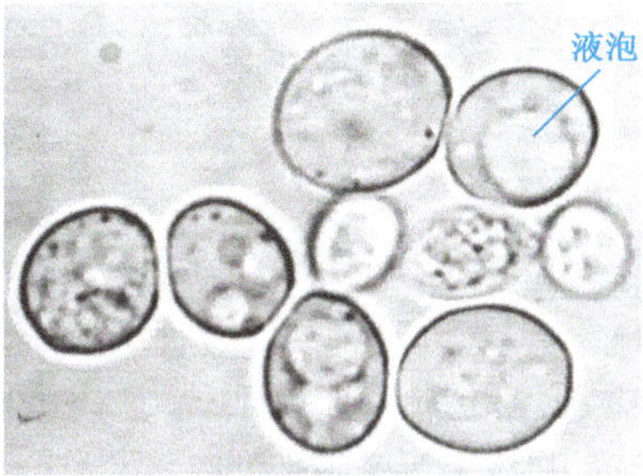

图 2.69 酵母细胞液泡

当细胞接入新鲜培养基中并开始发芽时，一个大液泡被分隔成几个小液泡；当芽发育时，液泡被分配到母细胞和子细胞中。出芽完成后，小液泡可以接合并再一次形成大液泡。

电子显微镜观察可发现，液泡被一单层膜所包围，膜的内外表面被直径为 8～12nm 的颗粒所覆盖。这些颗粒的功能还不清楚，但它具有转移液泡中储藏物质的作用。

分子量不同的各种成分都能进入液泡。液泡中有相当浓度的异染色粒，这种偏磷酸盐的聚合度在 2～10 之间。液泡也能积累低溶解度的某些嘌呤和其衍生物（如尿酸），这使得某些酵母菌如毕赤氏酵母常形成明显的液泡结晶，这些结晶体通常做布朗运动。大部分酵母的游离氨基酸也储藏于液泡中。液泡也可作为若干水解酶类的储藏体，包括蛋白酶、核糖核酸酶和酯酶。

若液泡破碎，可使细胞自溶。

（八）线　粒　体

在酵母属中，线粒体（mitochondria）一般都位于紧靠细胞的四周。红酵母属是一种专性呼吸型酵母，它们的线粒体则随机地分布在细胞质中，其直径在0.3～1μm之间，长度为0.5～3μm或更长。每个细胞有1～20个线粒体。在出芽时，线粒体变得像丝状，并可分枝，之后分裂并进入子细胞。

线粒体（图2.70）外有一层内膜和一层外膜，内膜形成新的脊并扩展到线粒体的基质内。膜系统中有许多脂类、磷脂和麦角甾醇，还含有DNA和蛋白质，包括RNA聚合酶和若干参与三羧酸循环和电子传递的呼吸酶类。线粒体的主要功能是细胞内氧化能的转换，所以它是酵母细胞的"动力车间"。

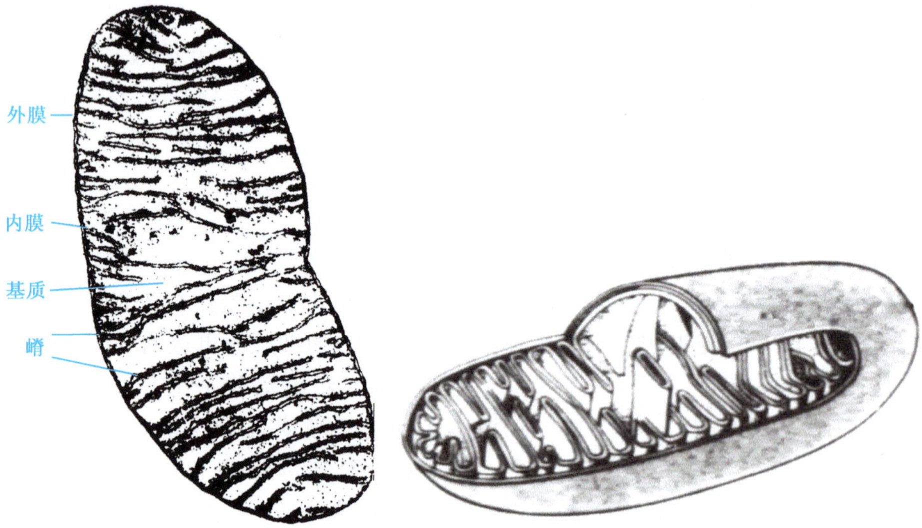

图2.70　线粒体电镜切片图和结构模式图

线粒体的DNA量约占细胞的DNA总量的5%～20%。它虽能编码若干呼吸酶，但线粒体的一些结构蛋白质和细胞色素C是由核DNA编码的。

在厌氧的培养条件下，或在葡萄糖浓度高（5%～10%）的好氧条件下，线粒体会分解成一种嵴很差的前线粒体，这种细胞不再会合成细胞色素 aa_3 和B，因而缺乏呼吸能力。但这种呼吸能力可在含非发酵性质的培养基中除去葡萄糖和通入空气而得到恢复。

酿酒酵母也可能完全丧失呼吸能力。这种失去呼吸能力的细胞可自然变异产生，比例可达1%～10%。这种变株在培养皿上形成小菌落，可以识别。

（九）内 质 网

内质网（endoplasmic reticulum）一部分与核外膜联结，另一部分则与细胞膜紧密结合。内质网的二膜间的距离约为 20nm，此空间内充满了液汁或细胞汁。有膜包围住稠密的直径约为 100nm 的球体。

内质网膜的细胞质表面具有特殊的结构，一些丛状颗粒由聚核糖体组成，它们是合成蛋白质的中心。内质网还与出芽起始有关。

（十）细胞质内含物质（cytoplasmic ground substance）

1. 脂肪粒（lipid globule）

大多数酵母细胞含有少量的球体（图 2.71），它们是可用脂肪染料染色的脂肪，如可用苏丹黑或苏丹红将其染成黑色或红色。

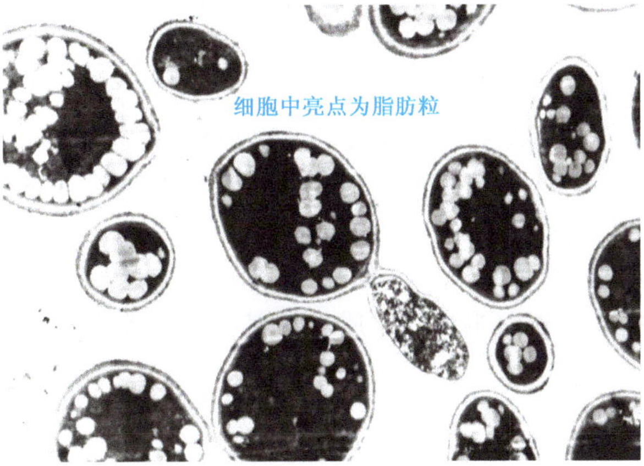

图 2.71 脂肪粒

当生长在含有限量氮源的培养基中时，一些菌种能大量地积累脂肪物质，有的可为细胞干重的 50%～60%。如红酵母（*Rhodotorula glutinis*）含有颇多的不同大小的脂肪球；油脂酵母（*Lipomycesarkeyi*）和美极梅奇酵母（*Metschnikowia pulcherrima*）通常含有一个或两个很大的脂肪球。

2. 核糖体（ribosome）

酵母的 RNA 含量很多，比 DNA 多 5～100 倍，达细胞干重的 5%～12%。而核糖体中的 RNA 量占酵母中 RNA 总量的 85%以上。细胞中的多数核糖体都固定在信息 RNA 分子上和核糖体的多聚体复合物中，这些复合物在多肽合成中起着重要的作用。

3. 聚磷酸盐（polyphosphate）

在紧接细胞膜的细胞质内存在聚合度为 300～500 的聚磷酸盐。它们是作为高能磷酸盐储藏的，可存在于不同的代谢过程（如糖的运转和细胞壁多糖的生物合成）中。

4. 肝糖（polysaccharide glycogen）

肝糖是酵母中储藏的两种主要糖类之一。其分子质量较高，约为 10^7Da。肝糖由树状的分子组成，主链的葡萄糖残基以（1→4）键相结合，分枝由 α(1→6) 键构成，分枝点间大约有 12～14 个葡萄糖残基。酵母的肝糖含量因菌种和生长条件的不同而有很大变化。当氮源不足而限制了生长，但仍有糖时，肝糖主要在平衡生长期积累。面包酵母含有干重 12％的肝糖，若用碘液将其染成暗棕色，则可发现它是直径约为 40nm 的球形颗粒的集合体。

5. 海藻糖（trehalose）

这种非还原性的双糖是酵母中储藏的第二种糖类。它的量既可以少到忽略不计，也可以高到 16％，主要看酵母处于什么样的生长期。这种糖储藏在与膜结合的泡囊中，以避免已成为溶解性的海藻糖被水解。

此外，在细胞质中还存在大约 1％～5％的酵母 DNA，它们可能与膜含有的成分相结合，称之为 2μm 环状 DNA 质粒，其分子质量为 5×10^6Da。它的确切作用尚不清楚。

三、酵母菌的繁殖方式与生活史

（一）酵母菌的繁殖方式

酵母菌的繁殖方式有无性繁殖和有性繁殖两类，其中无性繁殖又分为芽殖和裂殖。各种酵母的繁殖方式不尽相同。在发酵工业中常用的酵母以无性繁殖中的芽殖为主。

1. 无性繁殖

(1) 芽殖

1）酵母菌的出芽过程（图 2.72）。首先是细胞核邻近的中心体产生一个小的突起点，同时细胞表面向外突出，逐渐冒出小芽。然后部分已经增大和伸长的核、细胞质、细胞器（如线粒体等）进入芽内，最后芽细胞从母细胞得到一套完整的核结构、线粒体、核糖体、液泡等，与母细胞分离并成为独立的细胞。

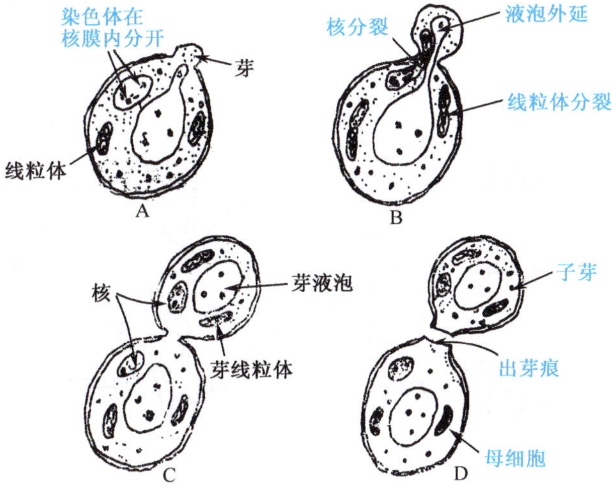

图 2.72　酵母细胞的出芽过程

2）酵母的出芽数。一个酵母能形成的芽数是受到限制的。在酿酒酵母中，若营养不受到限制，产生的芽即人为除去，则每个细胞可产生 9～43 个芽。然而在正常情况下，在达到平衡期的正常群体中，大多数细胞或没有出芽痕或只有很少的芽（1～6 个），仅少量的细胞有 12～15 个芽，也有的研究者认为常见的是以 20 个芽为度。在群体中，最老的部分细胞出芽数小于最大值的原因是营养消耗和（或）细胞数量太大（图 2.73）。

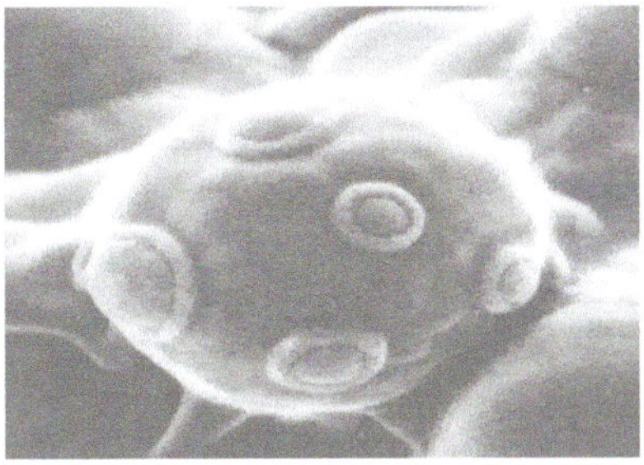

图 2.73　酵母细胞的多个芽痕

3）酵母细胞的出芽位点。在双倍体酵母属中，芽的分布或多或少是随机的。在单倍体酵母属中，出芽痕多数以排、环或螺旋状出现。在产生 3～4 个子细胞后，细胞表面逐渐不规则，在产子囊的尖形酵母中，出芽点都在细胞的两极，出芽痕彼此重叠。由于细胞的极区被一系列环圈占据，因而具有特殊的芽痕特征。红酵母属的种株通常在同一位点重复形成芽，由于在原来细胞壁下面连续地出芽，于是形成厚厚的领圈状。

一般当芽长到正常大小时，子细胞就与母细胞脱离，以典型的单细胞状态存在。但也有的酵母在芽长到正常大小时仍与母细胞相连，而且还继续产生芽。如此反复进行，最后成为具有发达或不发达分枝的假菌丝（图 2.74，图 2.75）。实际上假菌丝就是芽殖后的子细胞与母细胞之间极窄的相连面，像一细腰。而真菌丝横隔处两细胞的宽度是一致的。是否形成假菌丝在酵母分类上虽具有重要意义，但由于假菌丝的形态会随培养条件改变，因而它在分类上的参考价值不大。

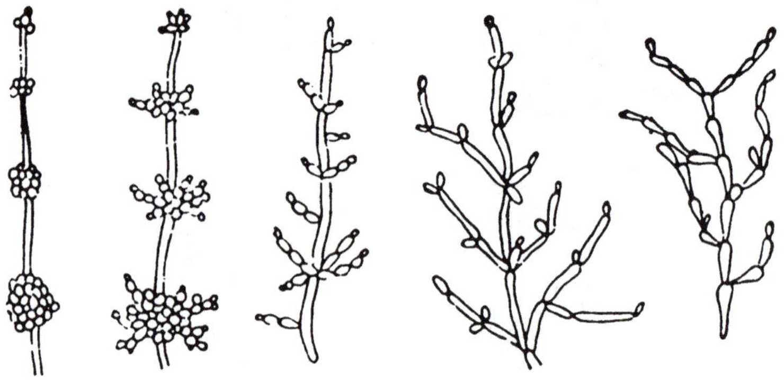

图 2.74　假菌丝的几种类型

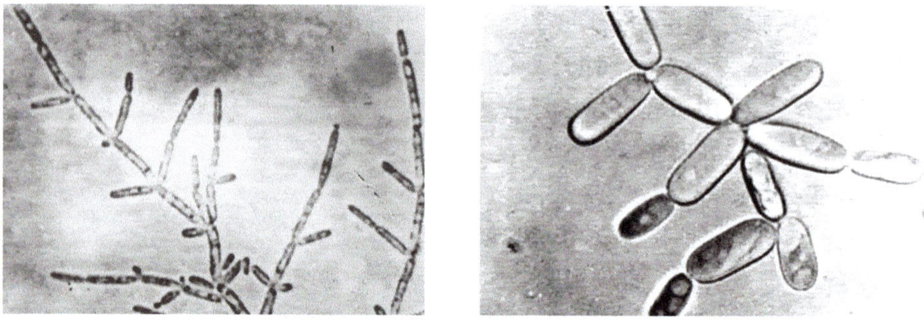

图 2.75　管道假丝酵母（*Candida mesenterica*）（左）和热带假丝酵母（*Candida tropicalis*）（右）的假菌丝

（2）裂殖

在裂殖酵母属（*Schizosaccharomyces*）中，当酵母细胞的径间出现横隔之后，就会横向裂开形成两个细胞（图 2.76），同时形成裂痕，然后逐渐在原细胞和新长出的细胞间留下一道环状的疤痕。伸长的母细胞和新生长的细胞随后又裂殖，长出新细胞，这种自我重复的过程，使得原细胞上新的痕圈不断叠加。

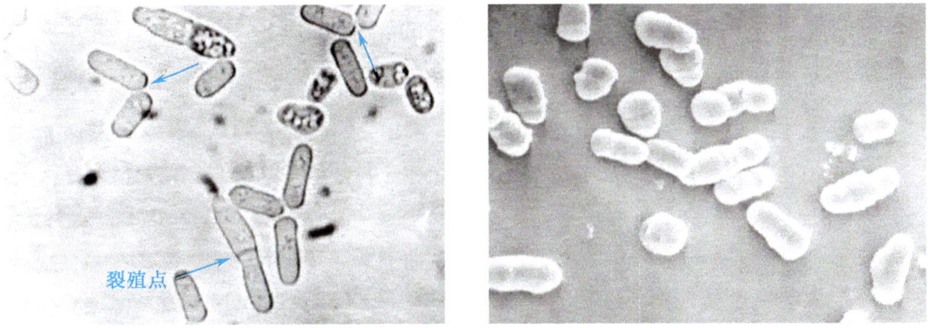

图 2.76 裂殖酵母的裂殖和新痕圈的不断叠加

(3) 芽裂繁殖

这是一种界于出芽和横隔形成两者之间的一种裂殖法，这种繁殖法很少见。它首先是在芽基很宽的颈处出芽，然后形成一层横隔将芽与母细胞分开（图 2.77）。

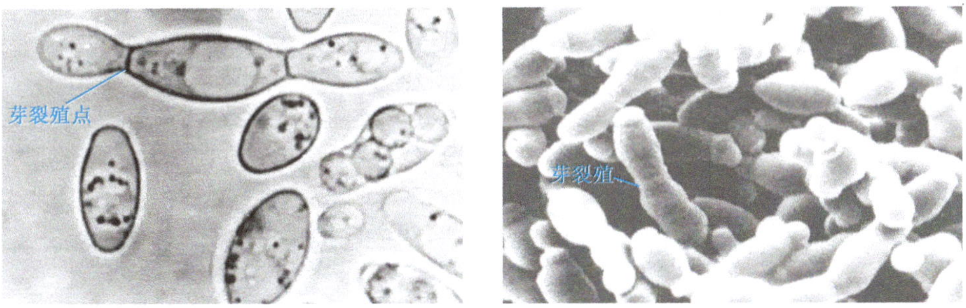

图 2.77 类酵母的芽裂繁殖

这种繁殖可在类酵母属（*Saccharomycodes*）、拿逊酵母属（*Nadsonia*）和瓶形酵母属中出现。

2. 有性繁殖

酵母菌以形成子囊孢子的方式进行繁殖的过程，称为有性繁殖。此繁殖过程是：首先由两个具有性亲和性的单倍体酵母细胞各伸出一根管状原生质体突起，然后吻合而成一接合桥，先行质配，继而进行核配，形成一个双倍体。随后在一定的条件下双倍体细胞成为子囊进行减数分裂；进而分裂成不同数的子核，形成子囊孢子，也有未经性细胞结合而形成子囊孢子的。

（1）子囊孢子的形状

不同的酵母形成的子囊孢子形状是不同的，如图 2.78、图 2.79 所示。这是酵母菌分类上的特征之一。

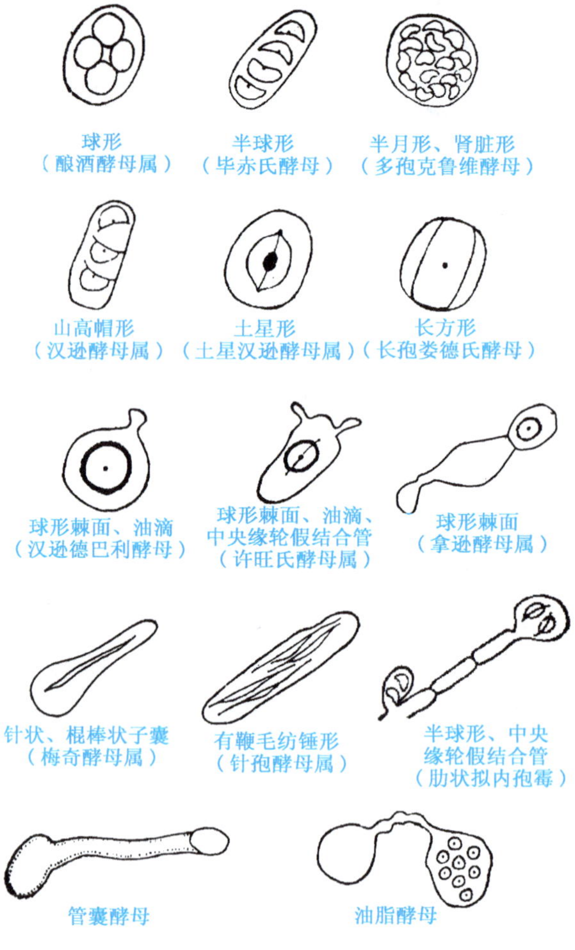

图 2.78　子囊孢子的形状

（2）子囊孢子的形成

能形成子囊孢子的酵母形成孢子的条件并不相同，有的在常规条件下即可，有的则需要特殊的条件，其中影响较大的是培养基（表 2.9）。

（3）我国一些酿酒酵母的产子囊孢子情况

酿酒酵母的品种不同，产子囊孢子情况差异很大，一些啤酒酿造用酵母产子囊孢子性能则明显退化，但面包酵母产子囊孢子性能极强（表 2.10）。

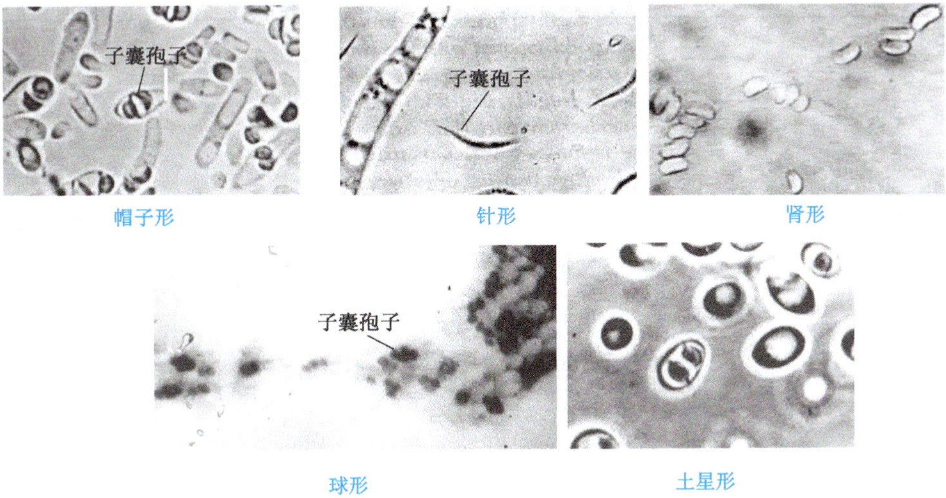

图 2.79　几种典型子囊孢子的照片

表 2.9　某些酵母菌产生子囊孢子的培养基

	酵母膏葡萄糖琼　脂	Gorodkowa 琼　脂	酵母膏麦芽汁琼　脂	玉米粉琼　脂	醋酸钠琼　脂	马铃薯葡萄糖琼　脂
酵母膏	0.5g		0.3g			
葡萄糖	5.0g	0.25g	1.0g		0.062g	2.0g
琼　脂	2.0g	2.0g	2.0g	2.0g	2.0g	2.0g
肉　汁		1.0g				
NaCl		0.5g				
蛋白胨			0.5g			
麦芽汁			0.3g			
玉米粉浸出汁				100ml		
胨					0.25g	
醋酸三钠					0.5g	
马铃薯浸出汁						23ml
蒸馏水	100ml	100ml	100ml		100ml	73ml
适用菌属	许旺氏酵母属	汉逊德巴利酵母	汉逊酵母属、毕赤氏酵母	类酵母属内孢霉属	酵母属	某些单倍体的酵母属

表 2.10 一些酿酒酵母产子囊孢子的比率（%）

菌 号	培养时间/h					用 途
	48	88	120	156	14 天	
AS2.604	<5	5	30	55	55	啤酒酿造
WL-2006	0	0	8	10	30	啤酒酿造
WL-2007	0	0	0	0	0	啤酒酿造
WL-2012	0	0	0	0	0	啤酒酿造
AS2.109	0	1	2	5	30	白酒酿造
AS2.558	<10	50	50	65	85	酒精发酵
WL-2003	0	3	5	10	50	酒精发酵
WL-2004	0	3	30	40	40	酒精发酵
WL-2005	0	20	50	50	50	酒精发酵
WL-2011	0	30	40	40	40	酒精发酵
WL-2013	0	<8	10	10	10	酒精发酵
WL-2010	30	98	98	98	99	面包酵母
WL-2014	0	0	0	0	0	啤酒酿造

注：AS 系中国科学院微生物研究所菌号；WL 系原无锡轻工业学院菌号。

（二）酵母菌的生活史

在发酵工业中，酵母属酵母菌是目前最常用酵母，其生活史见酿酒酵母。这种酵母在平时一般以双倍体细胞形式存在，以无性的芽殖进行繁殖，它们在产子囊孢子培养基上会形成 1～4 个子囊孢子，所以会以单倍体细胞的形式存在。在单倍体细胞接触时，它又能经质配和核配重新产生双倍体细胞活动于自然界，这是一种单、双倍体同时存在的酵母。

以八孢裂殖酵母为例，这是一种以单倍体的细胞形式存在的生活史，其双倍体世代存在时间通常很短，仅在两个单倍体细胞和它们的核接合之后，以接合子形式存在。

路氏类酵母是以双倍体细胞为主要存在形式，子囊孢子在子囊内就成对结合，单倍体的形式存在时间很短。

图 2.80 是三种类型酵母菌的生活史。

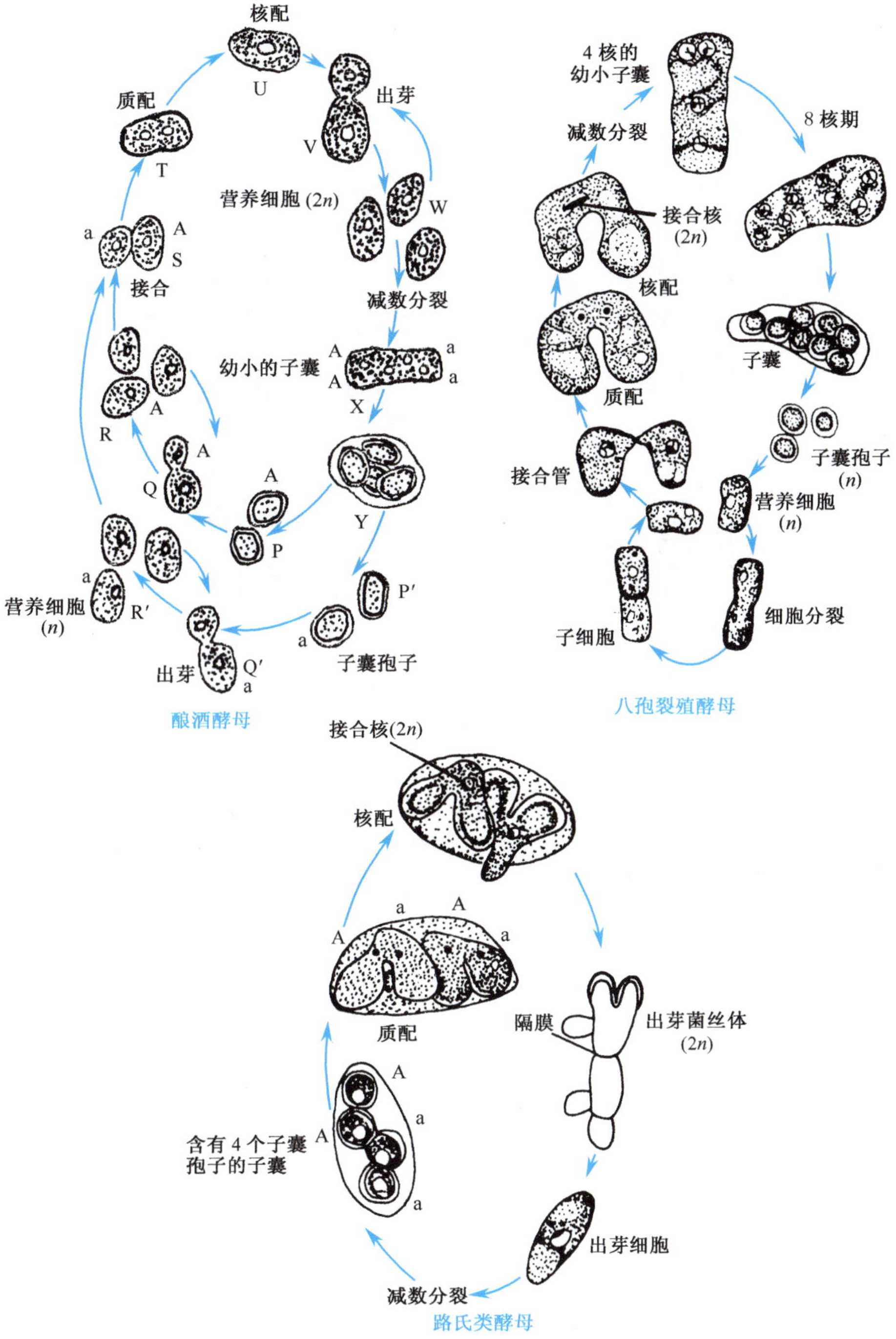

图 2.80 三种类型酵母菌的生活史

（三）几种典型酵母菌的菌落形态

几种典型酵母菌的菌落形态如图 2.81 所示。

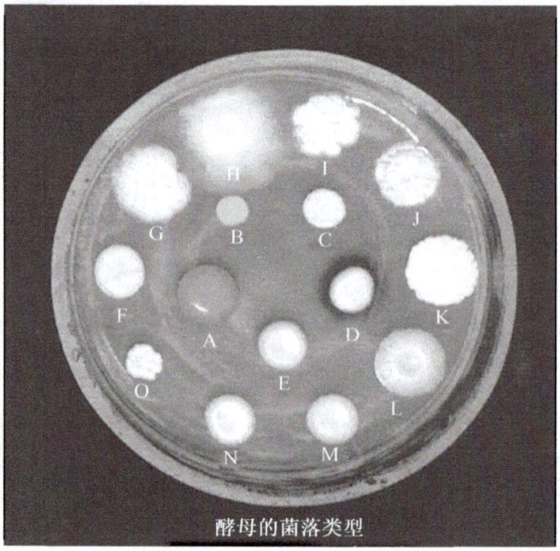

图 2.81　几种典型酵母菌的菌落形态

A 深红酵母（*Rhodotorula rubra*）；
B 玫红法佛酵母（*Phaffia rhodozyma*）；
C 大型罗伦隐球酵母（*Cryptococcus laurentii*）；
D 美极梅奇酵母（*Metschnikowia pulcherrima*）；
E 浅红酵母（*Rhodotorula pallida*）；
F 酿酒酵母（*Saccharomyces cerevisiae*）；
G 产朊假丝酵母（*Candida utilis*）；
H 出芽短梗霉（*Aureobasidium pullulans*）；
I 多孢丝孢酵母（*Trichosporon cutaneum*）；
J 荚复膜孢酵母（*Saccharomycopsis capsularis*）；
K 解脂复膜孢酵母（*Saccharomycopsis lipolytica*）；
L 季也蒙有孢汉逊酵母（*Hanseniaspora guilliermondii*）；
M 碎囊汉逊酵母（*Hansenula capsulata*）；
N 卡氏酵母（*Saccharomyces carlsbergensis*）；
O 鲁氏酵母（*Sarcharomyces rouxii*）

四、酵母菌的分类

酵母菌属于真菌门的子囊菌纲和不完全菌纲。酵母菌的分类较复杂，既要根据其形态特征，又要依据其生理生化特征。

（一）酵母菌分类和鉴定的程序

1. 营养性繁殖和生长特性

1）营养性繁殖特点。

2）营养细胞生长特点：①在液体和固体培养基上生长的细胞形态；②假菌丝和真菌丝的形成；③无性内生孢子的形成；④厚垣孢子的形成；⑤掷孢子的形成。

3）细胞壁和横隔的结构。

2. 有性特征

1）子囊孢子的形成。

2）担孢子的形成。

3. 生理生化特征

1）碳源的利用：①碳源的发酵；②碳源的同化；③熊果苷（arbutin）的分解。

2）氮源的同化。

3）无维生素培养基的生长及需要的维生素。

4）在50%葡萄糖-酵母汁琼脂和含5%葡萄糖酵母氮基（yeast nitrogen base）中加入10%NaCl的生长。

5）在37℃和其他温度条件下的生长，致死温度。

6）自葡萄糖产酸的情况。

7）淀粉利用试验。

8）脲酶试验。

9）脂肪的分解。

10）酯的产生。

11）放线菌酮的抗性。

12）在1%醋酸中的忍受力。

13）明胶液化。

14）DBB（重氮蓝B）颜色试验。

15）G+C的分子百分比。

16）辅酶Q的结构。

17）核的染色。

18）TTC培养。

（二）酵母鉴定工具书

1）Barnrtt JA et al. 1983. Yeast，characteristics and identification. Cambridge：Cambridge University Press

2）中国科学院微生物研究所常见常用真菌编写组. 1973. 常见常用真菌. 北京：科学出版社。

（三）常见酵母菌的简捷分类

主要通过观察菌落及用显微镜观察细胞进行分类。常见酵母的简捷分类如图 2.82 所示。

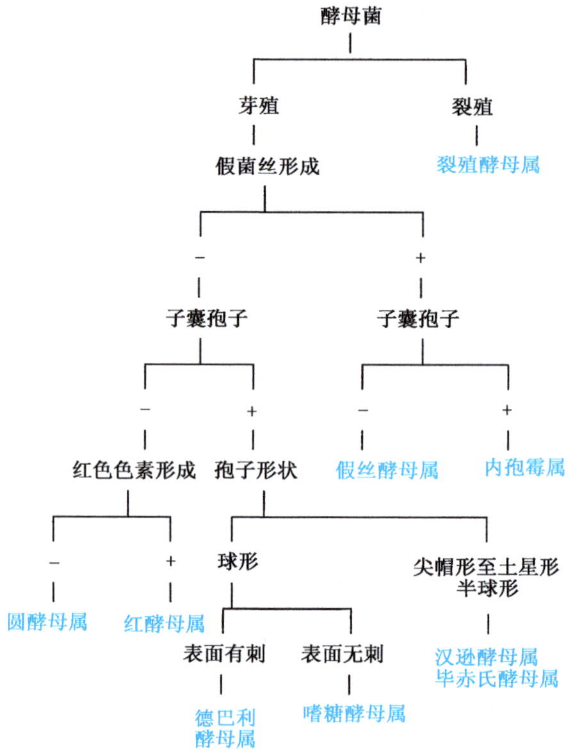

图 2.82　常见酵母的简捷分类

（四）酵母菌与细菌异同

酵母菌与细菌的异同如表 2.11 所示。

表 2.11　酵母菌与细菌异同

特　　征	酵　母　菌	细　　菌
细胞形态	一般为单细胞，呈球形、卵形、椭圆形，也有腊肠形等。有的有假菌丝或真菌丝	单细胞，呈球形或杆状
细胞大小	一般细胞直径或宽度为 3～6μm，长度为几十微米	一般细胞直径或宽度为 0.3～0.6μm，比酵母小得多
菌落形态	一般有奶油状的单细胞集群、有光泽或光滑、黏稠，易挑起	一般为易挑起的单细胞集群，有各种颜色，表面特征各异
繁殖方式	一般为芽殖，少量为裂殖、有的具有性繁殖	一般为裂殖
细胞结构	具有完整的细胞核和线粒体等，细胞壁组成主要为葡萄糖和甘露聚糖等	只含有核质体，细胞壁组成主要为肽聚糖、脂多糖等
生长 pH 值	偏酸性	中性偏碱

五、发酵工业中常用的酵母菌

（一）酿酒酵母（*Saccharomyces cerevisiae*）

这是发酵工业上最常用的菌种之一（图 2.83）。按细胞长与宽的比例可将其分为三组。

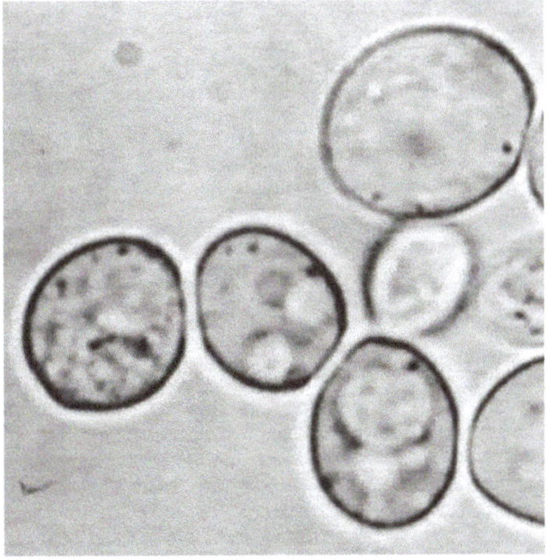

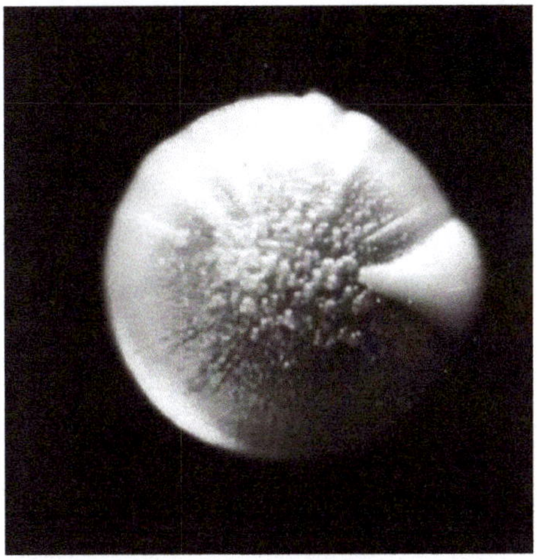

图 2.83　酿酒酵母细胞和菌落形态

1）细胞多为圆形或卵形，长与宽之比为1～2。这类酵母除了用于酿造饮料酒和制作面包外，还用于乙醇发酵。其中德国2号和12号（RasseII和Rasse XII）最有名，但因其不能耐高浓度盐类，故只适用于以糖化的淀粉质为原料生产乙醇和白酒。

2）细胞形状以卵形和长卵形为主，也有些圆形或短卵形细胞，长与宽之比通常为2。常形成假菌丝，但不发达也不典型。这类酵母主要用于酿造葡萄酒和果酒，也可用于酿造啤酒、蒸馏酒和酵母生产。葡萄酒酿造业称此为葡萄酒酵母（*Sac. ellisoideus*）。

3）大部分细胞长宽之比大于2，它以俗名为台湾396号酵母为代表。我国南方常将其用于糖蜜原料生产乙醇。其特点为耐高渗压，可忍受高浓度盐类。该酵母原称魏氏酵母（*Sac. willanus*）。

在啤酒酿造中最早采用的酵母是卡尔斯伯啤酒厂的E. C. Hansen（1842～1909年）在1883年分离的卡尔斯伯酵母（*Saccharomyces carlsbergensis*），这是一种底面发酵酵母。酿酒酵母也可用于啤酒酿造，但属上面发酵酵母，这两种酵母发酵的过程和啤酒风味都有所不同。目前在分类上皆采用酿酒酵母的学名。

底面发酵酵母其细胞为圆形或卵圆形，直径为5～10μm。它与酿酒酵母在外形上的区别是，卡氏酵母部分细胞的细胞壁有一平端。另外，温度对这两类酵母的影响也不同。在高温时，酿酒酵母比卡氏酵母生长得更快，但在低温时卡氏酵母生长较快。酿酒酵母繁殖速度最高时的温度为36℃，而卡氏酵母需在33℃。但在8℃时卡氏酵母较酿酒酵母繁殖速度几乎快一倍。

（二）异常汉逊酵母（*Hansenula anomala*）

细胞为圆形，直径4～7μm，椭圆形成腊肠形，大小为（2.5～6）μm×（4.5～20）μm，甚至有长达30μm的长细胞，多边芽殖，发酵，液面有白色菌醭，培养液混浊，有菌体沉淀于管底（图2.84）。

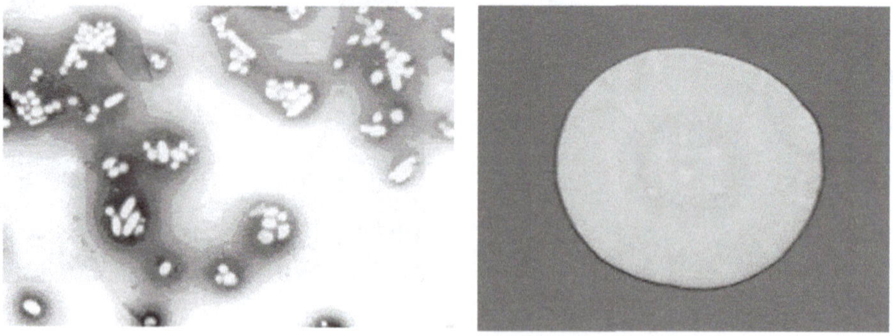

图2.84　异常汉逊酵母

生长在麦芽汁琼脂斜面上的菌落平坦，乳白色，无光泽，边缘呈丝状。

在加盖片的马铃薯葡萄糖琼脂培养基上培养，能生成发达的树状分枝的假菌丝。芽生孢子圆或椭圆形。菌丝顶端的细胞很长，可达 20μm。

子囊是由细胞直接变成的。每个子囊有 1～4 个（多为 2 个）帽形孢子，子囊孢子由子囊内放出后常不散开。

从土壤、树枝、树木中流出的汁液、储存的谷物、青储饲料、湖水或溪水、污水和蛀木虫的粪便中，都曾分离到异常汉逊酵母。

由于异常汉逊酵母能产生乙酸乙酯，故它常在调节食品的风味中起到一定作用。如将其用于无盐发酵酱油可增加香味，有的厂还用这种菌参与以薯干为原料的白酒的酿造，采用浸香和串香法可酿造出比一般薯干白酒味道醇和的白酒。它氧化烃类的能力较强，能利用煤油，可以用乙醇和甘油作为碳源，在 100ml 无机盐合成培养基（以 3g 硫酸铵为氮源）中，逐步加入 6ml 乙醇（每次加 2ml），经 6 天培养可得 3.9g 菌体。不少真菌在培养液中能积累游离氨基酸，其中异常汉逊酵母积累 L-色氨酸更为突出。

（三）粟酒裂殖酵母（*Schizosaccharomyces pombe*）

细胞呈圆柱形或圆筒形，末端圆钝，也有的呈椭圆形，大小为（3.55～4.02）μm×（7.11～24.9）μm。营养繁殖为裂殖，无真菌丝，无醭，在麦芽汁中能发酵，液体混浊有沉淀（图 2.85）。

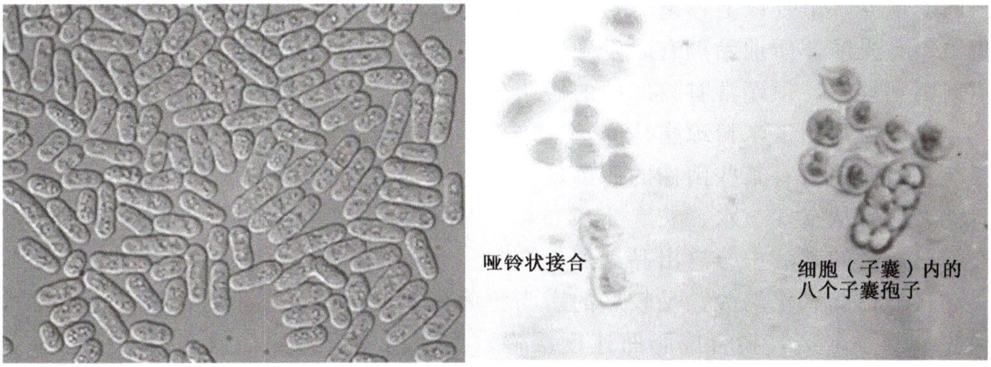

图 2.85　粟酒裂殖酵母细胞形态和接合产生八个子囊孢子

培养在麦芽汁琼脂斜面上的菌落为乳白色，光亮、平滑、边缘整齐。

在加盖片的马铃薯葡萄糖琼脂培养基上培养不生成假菌丝，也无真菌丝。

子囊由两个营养细胞接合后形成，每个子囊有 1～4 个光面的圆形子囊孢子，大小为 3～4μm。

该酵母最早是从非洲粟酒中分离出来的，以后不同的人曾多次在甘蔗糖蜜中将它分离出来，在水果上也常能发现它。

有人曾对在用菊芋（鬼子姜）制成的未水解糖液中粟酒裂殖酵母的发酵能力进行研究，结果发现，由此可得到产量很高的乙醇。

（四）黏红酵母黏红变种（*Rhodotorula glutinis*）

细胞呈卵形到球形，大小为（2.3～5.0）μm×（4.0～10）μm，某些菌株细胞较长，可达 12～16μm，其宽度可增到 7μm（图 2.86）。

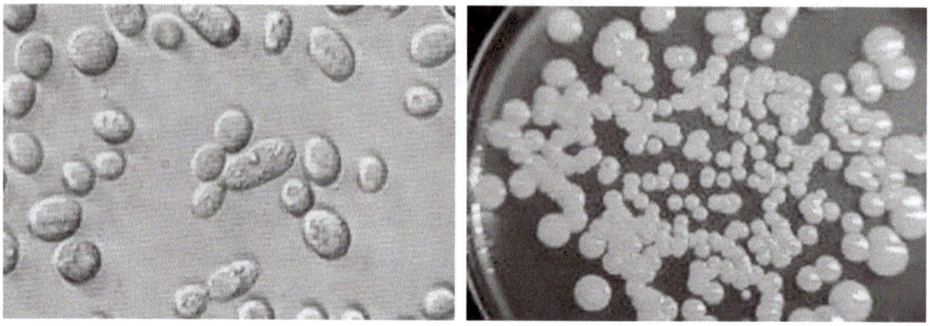

图 2.86　黏红酵母细胞与菌落形态

在麦芽汁琼脂斜面上培养，细胞较液体麦芽汁中小一些，有时也长一些。在斜面上培养一个月以上，菌苔呈现珊瑚红到橙红色或微带橘红色；表面由光滑到褶皱，有光泽，质地黏稠有时发硬；其横切面扁平，有较宽的凸起部分，边缘由不规则到整齐，顶端常有较原始的假菌丝。

在加盖片的玉米粉琼脂培养基上培养，通常无假菌丝或只是较原始类型的假菌丝，但偶尔也有某些菌株的假菌丝很发达，有时甚至出现真菌丝。

人们曾从空气、水、花、土壤、鳟鱼肠道、泡菜水、腌小虾、榆树叶的液汁、白杨树的黏液中分离出黏红酵母。

这个种能氧化烷烃，是较好的产脂肪菌种。据报道，其脂肪含量可达干物重量的 50%～60%，但合成脂肪速度缓慢，如在培养液中添加氮和磷，则可增大合成速度。产 1g 脂肪约需 4.5g 葡萄糖，在一定条件下，还可产生 L-丙氨酸和 L-谷氨酸。其产蛋氨酸的能力很强，蛋氨酸的产量可达干重的 1%。

（五）产朊假丝酵母（*Candida utilis*）

细胞呈圆形、椭圆形或圆柱形（腊肠形），大小为（3.5～4.5）μm×（7～13）

μm，无醭，管底有菌体沉淀，能发酵。

培养在麦芽汁琼脂斜面上的菌落为乳白色，平滑，有光泽或无光泽，边缘整齐或呈菌丝状（图 2.87）。

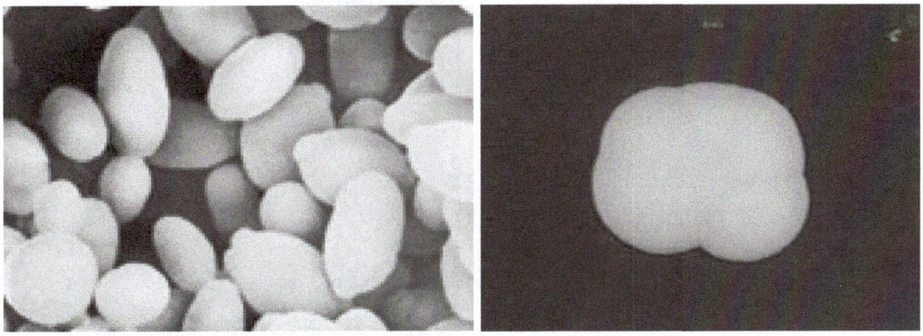

图 2.87 产朊假丝酵母细胞与菌落图

在加盖片的玉米粉琼脂培养基上培养，仅能生些原始假菌丝，或不发达的假菌丝，或无假菌丝；不产生真菌丝。

有人曾从酒坊的酵母沉淀、牛的消化道、花、人的唾液中分离出产朊假丝酵母。

在微生物蛋白中，人们研究得最多的是酵母蛋白。其中以产朊假丝酵母和啤酒酵母是最常用的，而产朊假丝酵母的蛋白质含量和维生素 B 含量均比啤酒酵母高，它能够以尿素和硝酸作为氮源，在培养基中不需要加入任何刺激生长的因子即可生长。特别重要的是，它能利用五碳糖和六碳糖，既能利用造纸工业的亚硫酸废液，也能利用糖蜜、马铃薯淀粉废料、木材水解液等生产出人畜可食的蛋白质。在工业生产酵母时，一般不用淀粉废料，即使需要利用时，也常常要将能分泌淀粉酶的肋状拟内孢霉（*Endomycopsis fibuliger*）或柯达氏拟内孢霉（*Endomycopsis chodati*）同时加入培养，这样，产朊假丝酵母便可利用拟内孢霉分解淀粉所产生的糖作为其菌体生长的碳源。

（六）白地霉（*Geotrichum candidum*）

28～30℃在麦芽汁中培养 1 天，产生白色醭，呈毛绒状或粉状，韧或易碎。具有真菌丝，有的有两叉分枝，横隔多或少，菌丝宽 2.5～9μm，一般为 3～7μm，裂殖，节孢子单个或连接成链，呈长筒形、方形，也有椭圆形或圆形，末端圆钝。节孢子绝大多数为（4.9～7.6）μm×（5.4～16.6）μm（图 2.88）。

28～30℃在麦芽汁琼脂斜面划线培养 3 天，菌落白色，呈毛状或粉状，皮膜型或脂泥型。菌丝及节孢子的形状与麦芽汁中的近似（图 2.88）。

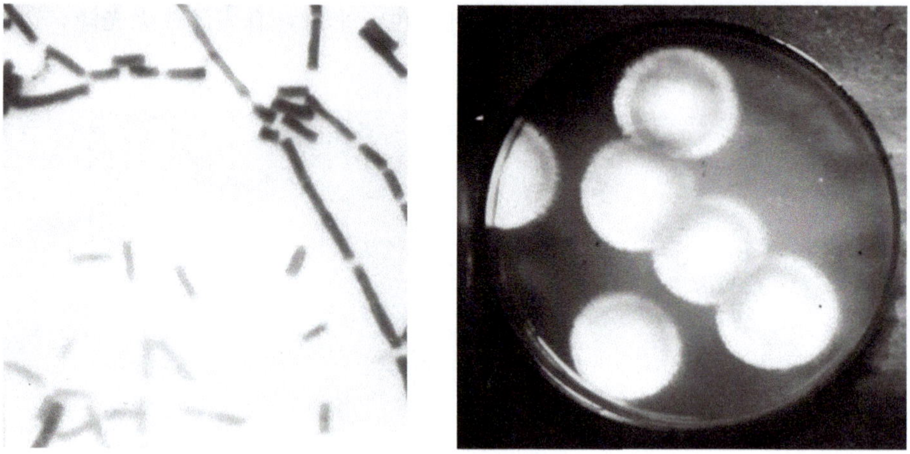

图 2.88　白地霉细胞和菌落形态

28～30℃在麦芽汁琼脂上悬滴培养 14h，节孢子发芽形成菌丝，有横隔，悬滴边缘处有的菌丝断裂为节孢子；22h 后一部分菌丝末端断裂成节孢子。

25～28℃在麦芽汁琼脂上的巨大菌落，经培养 3 天后，直径为 30～40mm，5 天达 50～70mm；培养 5 天的菌落为白色，呈绒毛状或粉状。

此菌能水解蛋白，其中多数能液化明胶及胨化牛奶，少数则只能胨化牛奶，但不液化明胶；其生长最高温度为 33～37℃。

从动物粪便、有机肥料、烂菜、蔬菜、青菜、树叶、青储饲料、泡菜及土壤垃圾中都可分离到白地霉。其中以烂菜上分布最多，肥料和动物粪便次之。

白地霉的营养价值并不比产朊假丝酵母差，因此可供食用及用作饲料，也可用于提取核酸。白地霉还可合成脂肪，但产量不如红酵母、脂肪酵母等高。

（七）粉状毕赤酵母（*Pichia farinosa*）

毕赤酵母属细胞形状多样，多边出芽；能形成假菌丝，常有油滴，表面光滑，发酵或不发酵，不同化硝酸盐，能利用正癸烷及十六烷，可发酵石油以生产单细胞蛋白，在酿酒业中为有害菌，代表种为粉状毕赤酵母（图 2.89）。

粉状毕赤酵母是最近迅速发展的一种基因工程表达宿主，它有许多优点：①含特有的 AOX（醇氧化酶基因）启动子，用甲醇可以严格地调控其表达；②有完备的发酵方法，可以高密度连续培养，其转化子能够非常稳定地表达外源蛋白质，蛋白产量高；③适应能力强，易于操作，可以在廉价的非选择性培养基中生长；④基因表达产物既可在胞内，又可被分泌到胞外，分泌的异源蛋

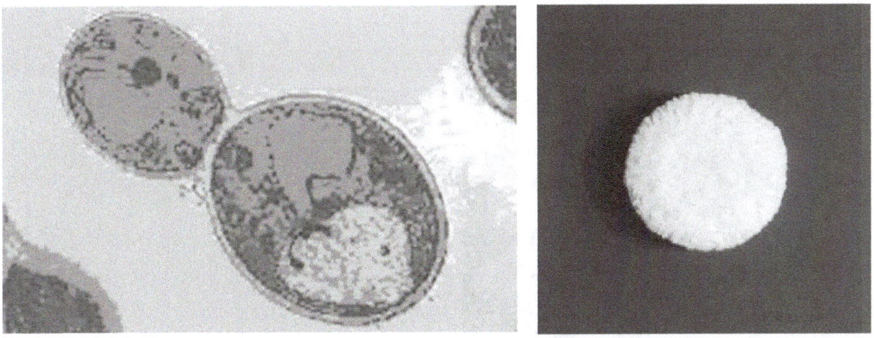

图 2.89　粉状毕赤酵母细胞和菌落形态

白质占所有被分泌蛋白的 30％以上，利于工业规模的生产；⑤能对要表达的多肽和蛋白质进行翻译后加工处理。利用重组的基因工程毕赤酵母已高效表达植酸酶。

毕赤酵母是一种甲醇酵母，对外源蛋白的糖基化等更接近于哺乳动物细胞，而目前较为广泛使用的酿酒酵母则往往出现过度糖基化，这些都是毕赤酵母日益受到重视的主要原因。其表达系统已经迅速地成为重要的蛋白质表达系统之一，现广泛使用于各类实验室。

用毕赤酵母表达蛋白水平高出酿酒酵母 10～100 倍，又适用于高密度发酵，因此更适用于工业化生产。

（八）产甘油假丝酵母（*Candida glycerinogens*）

细胞圆筒形、卵圆形，大小为（2.5～4.4）μm×（4.4～12.0）μm，菌落为干燥、灰白、平薄。芽殖，易形成假菌丝，不产生子囊孢子（图 2.90）。线粒体 DNA 分子质量为 20kb 左右，符合假丝酵母属典型特征。碳源主要是葡萄糖、蔗糖和乙醇，对甘油、柠檬酸微弱且利用缓慢，不能同化肌醇、赤藓醇、阿拉伯醇、甘露醇及硝酸盐，与 DBB 显色反应为阴性。该菌具有独特的生理生化特征，该菌株厌氧时仅对葡萄糖微发酵，对麦芽糖、蔗糖、乳糖和半乳糖不发酵，同化葡萄糖，但不同化麦芽糖、蔗糖、乳糖和半乳糖，能同化乙醇和烃类，生长不需要外源维生素；在 25℃、30℃、37℃及 40℃下生长；在含 500 g/L 葡萄糖的培养基及 10 ml/L 醋酸的培养基中良好生长，最低生长水活度为 0.890。它具有合成并分泌高浓度甘油的特性，是目前我国用于发酵甘油工业化生产的优良菌株。该菌株甘油产率高，工业化生产也已经达到 100～130g/L；耐高渗压，可以在含

500g/L 葡萄糖的培养基中生长，因而发酵过程很少出现染菌，发酵条件粗犷；耗糖转化率达 60%以上。

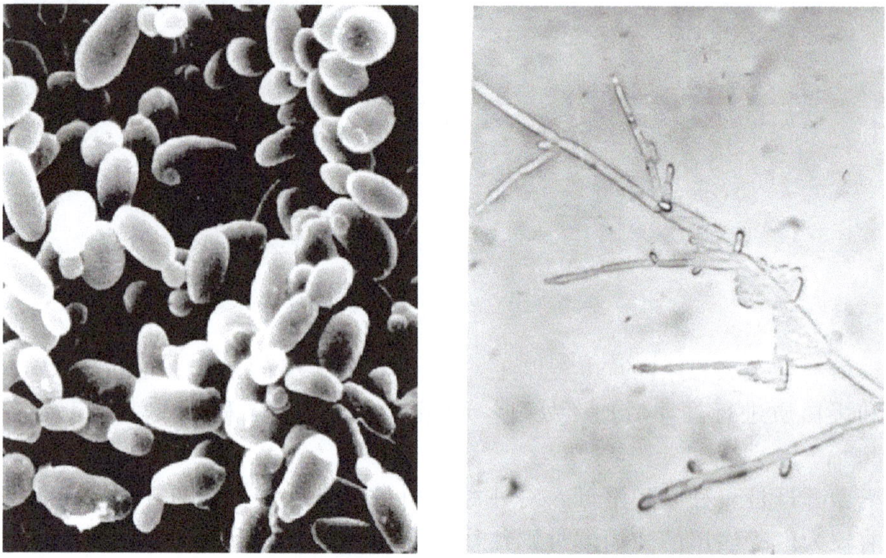

图 2.90　产甘油假丝酵母细胞和假菌丝

第四节　霉　　菌

霉菌（mold）也称小型丝状真菌，与酵母同属。凡生长在可利用基质上形成绒毛状、网状或絮状菌丝体的真菌，除少数外都称为霉菌。

霉菌是一类形成菌丝体的真菌的俗称，霉菌菌丝通常有两种，一种是以在培养基内吸收营养为主的菌丝，称为营养（基内）菌丝；另一种是长在空气中的菌丝，称为气生菌丝，部分气生菌丝后来分化为孕育菌丝，在这点上与链霉菌很相似。在分类上霉菌则分属于藻状菌纲、子囊菌纲和半知菌类。

藻状菌纲（Phycomycetes）是最低级的真菌，在结构和繁殖的方式上像绿藻，但不含叶绿素，以寄生或腐生生活，大多数藻状菌是水生的或栖居在土壤中。一些陆生的藻状菌是农作物上危害性极大的寄生菌，有少数可用于工业发酵。

子囊菌纲（Ascomycetae）有时又称为高等真菌。从它们复杂的结构来看，较之藻状菌进化得多，有可能是从藻状菌演变而来的。从经济观点看，子囊菌是一类很重要的真菌。

半知菌类（Fungi Imperfecti）也称不完全菌，是一类缺乏有性阶段的真菌。大多数半知菌的分生孢子阶段和某些熟知的子囊菌的分生孢子阶段极其相似，因此可以大体说半知菌代表着子囊菌的一个阶段，是子囊菌的分生孢子阶段（无性阶段），它们的有性阶段未曾发现或已消失。很多半知菌具有重要的经济价值。

霉菌是人们早就熟知的一类微生物，它在自然界广为分布，与人类日常生活关系密切。在传统发酵中，霉菌多用于酱与酱油酿造、豆腐乳发酵和酿酒等，在近代发酵工业中，不少霉菌具有较强与较完整的酶系，它们不仅可以直接发酵生产糖化酶和蛋白酶类等，还可以淀粉为直接基质发酵生产柠檬酸等有机酸。此外，青霉素亦是用霉菌来生产的。当然霉菌是一类腐生或寄生的微生物，能引起许多基质，如木材、橡胶和食品等发生“霉变”，这也可能是霉菌这一名称的来由；由霉菌引起的动、植物病害为数也不少。

一、藻状菌纲

（一）菌丝的形态与结构

藻状菌的菌丝是典型的无隔多核的菌丝（图 2.91），但是隔膜并非完全没有。例如，在每个生殖部位的基部都会形成隔膜；有些种类的老菌丝上可以形成隔膜，在少数藻状菌年幼的菌丝上也可以经常地形成隔膜。在培养基中加入少量的有毒化学物质，有时也可以在正常无隔的菌丝体上诱生隔膜，藻状菌的隔膜是整片的平板。菌丝的细胞壁主要由几丁质组成，菌丝是从顶端生长来长大的，没有隔膜的菌丝形成一个含有许多核的大细胞。

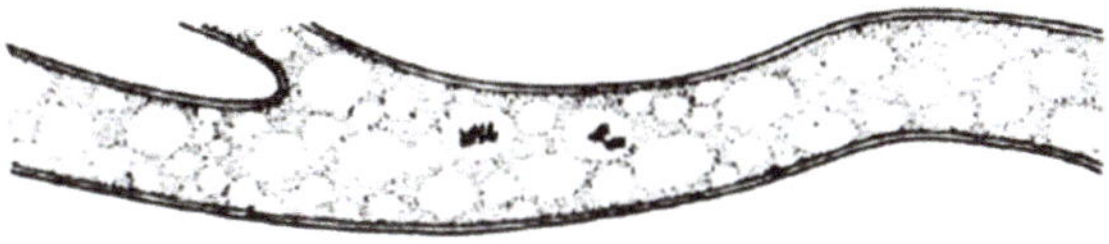

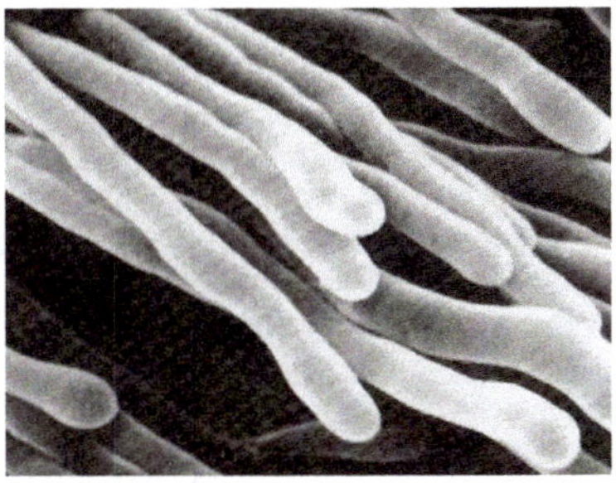

图 2.91　藻状菌的无隔多核菌丝

菌丝都是由孢子发芽形成的（图 2.92）。

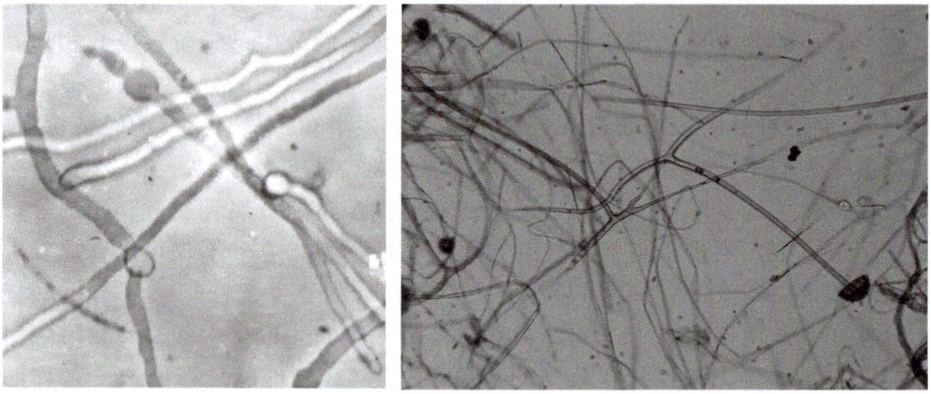

图 2.92 孢子发芽形成的菌丝

（二）藻状菌的完整个体形态与结构

藻状菌的完整个体形态有几类，现主要以发酵工业中毛霉目为例进行描述。

毛霉目（Mucoraceae）的菌丝体由典型的藻状的菌丝所组成，粗壮，生长良好，有大量分枝。较老的菌丝逐渐具有很多空泡，并有形成褐色色素和分隔的倾向。有时菌丝体会产生假根，尤其是在菌丝体与硬面接触的地方，如长在生长着这种菌类的玻璃皿的边缘上。假根附着在基物上，能起到稳定菌体的作用，连接两丛假根的菌丝叫做匍匐枝或假枝。

(1) 根霉属（*Rhizopus*）

根霉在培养基上或自然基物上生长时，由营养菌丝体产生弧形的匍匐菌丝，向四周蔓延，并由匍匐菌丝生出假根，再接触基物（图 2.93）。与假根相对，向

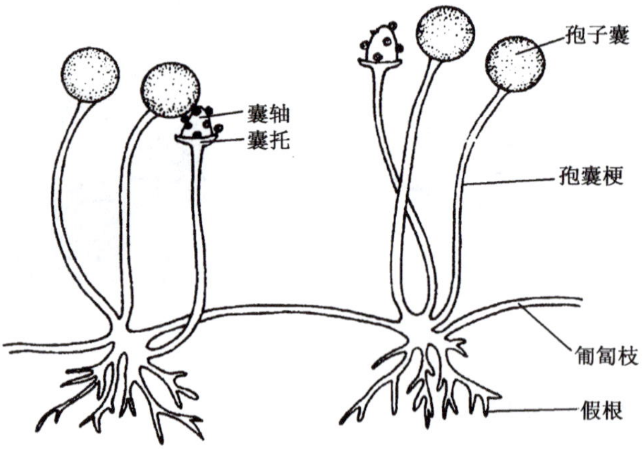

图 2.93 根霉形态模式图

上生出孢囊梗，顶端形成孢子囊，内生孢囊孢子。根霉的菌丝体虽然向四面八方蔓延生长，但是其菌丝内部常无隔膜，只有在匍匐菌丝上形成厚垣孢子时，才发生横隔。孢子囊成熟后，孢囊壁消解或成块破裂，囊轴明显，呈球形或近似球形，囊轴基部与柄相连处成囊托（图 2.94）。

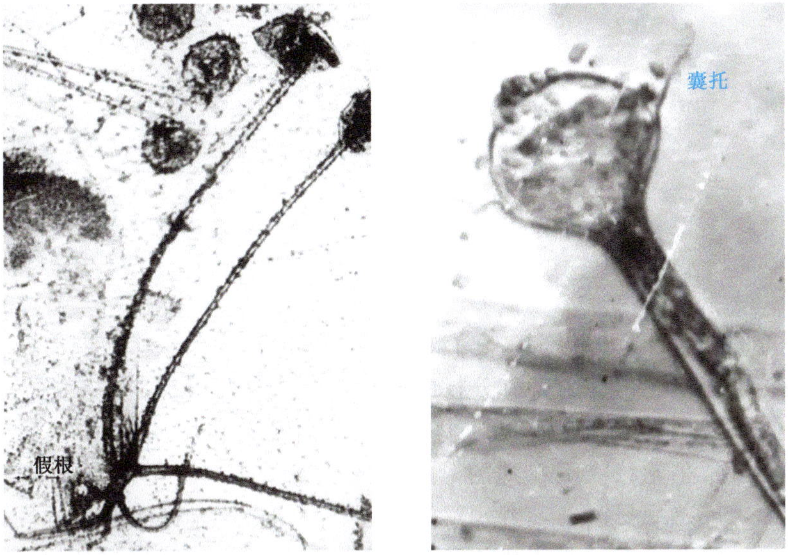

图 2.94　根霉形态和囊托照片

孢囊孢子呈球形、卵形或不规则，或有棱角，或有线状条纹，无色或浅褐色、蓝灰色等。

根霉属分类的主要形态依据为：孢囊梗长或短，成簇或单生，不分枝或分枝，直立或弯曲；孢子囊、囊轴、孢囊孢子等的形状、大小，以及孢囊孢子有或没有明显的线状条纹，假根发达或不发达，有无厚垣孢子，菌丝和各部分的色泽；菌落生长情况；生长所适应的温度范围等。

(2) 毛霉属（*Mucor*）

毛霉的菌丝体在基物上或基物内能广泛蔓延，无假根和匍匐菌丝，孢囊梗直接由菌丝体生出（图 2.95）。一般单生、分枝，较少不分枝。分枝大致有两种类型：一为单轴式，即总状分枝，二为假轴状分枝。分枝顶端都生孢子囊，孢子囊呈球形，囊壁上常带有针状的草酸钙结晶。大多数种的孢子囊成熟后，其壁易消失或破裂，而且留有残迹，称为囊领。囊内部有囊轴，形状不一。囊轴与孢囊梗相连接处无囊托。毛霉属是该目中较大的一个属，约 60 多种，其分类依据除假根外近似根霉，但毛霉孢囊梗分枝的类型、成熟的孢囊壁消解或破裂、菌落的颜色、气生菌丝的高度等都是重要的特征。

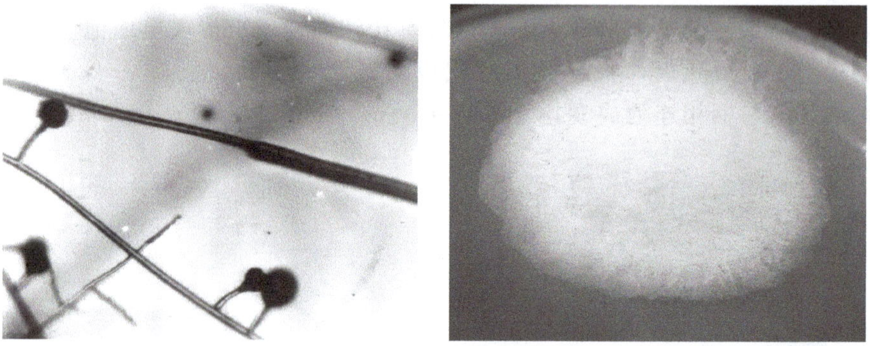

图 2.95　毛霉孢子囊柄的着生与菌丛（受限制生长）的照片

(3) 犁头霉属（*Absidia*）

犁头霉的菌丝体近似根霉，它们也产生弧形的匍匐菌丝，向四周蔓延，并且在同基物接触点上生出多少带有分枝的假根，但是它与根霉又有差异：它们的孢囊梗散生在匍匐菌丝中间，而假根并不对生；孢囊大都是 2～5 个成簇生长；很少单生，而且常呈轮状或不规则的分枝，孢子囊顶生，多呈洋犁形（图 2.96）。孢子囊壁薄，成熟后易消失，有残留的囊领。在孢子囊基部有明显的囊托，即孢子囊壁与囊轴汇合处有呈漏斗状的基部。囊轴呈锥形、近球形或其他形状，顶端有时可以有乳头状突起，此突起有时很长呈刺状。该属中已描述过的霉菌约有 30 种，它们广泛分布在土壤、各种粪便和酒曲中。在发酵工业上它们对甾族化合物的转化有广泛的用途。

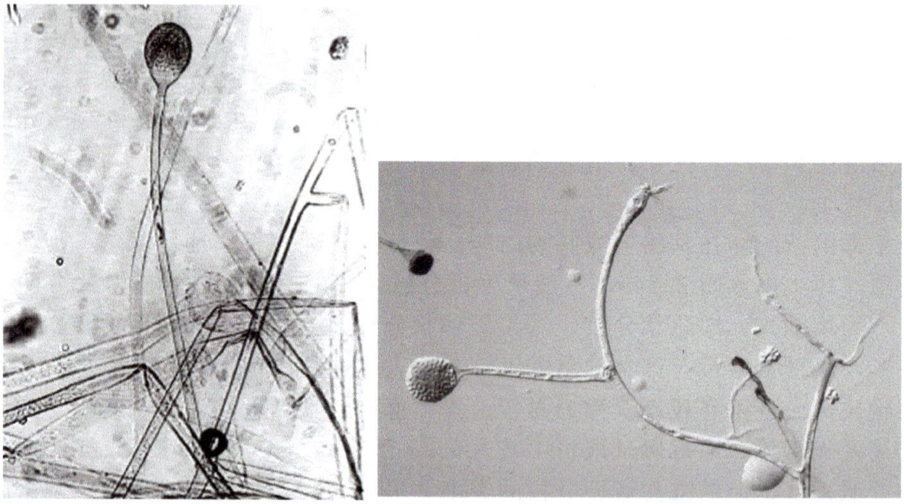

图 2.96　犁头霉形态

根霉属、毛霉属和犁头霉属的个体形态特征见图 2.97。

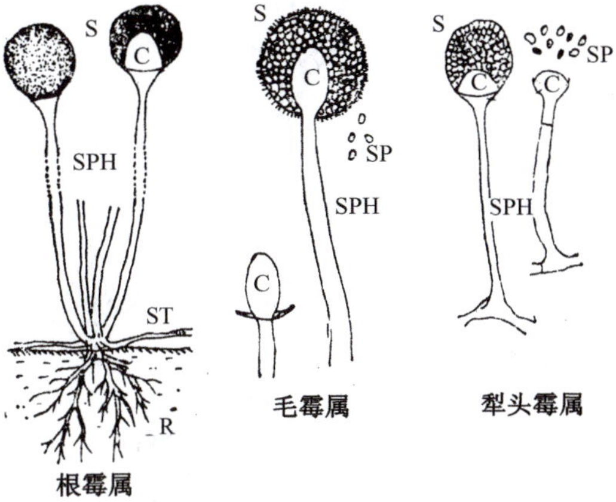

图 2.97 根霉属、毛霉属和犁头霉属的个体形态特征

C 为中轴体，S 为孢囊，SP 为孢囊孢子，SPH 为孢囊柄

（三）藻状菌的繁殖方式和生活史

藻状菌具有性和无性繁殖。

1. 有性繁殖

藻状菌的有性孢子特性如表 2.12 所示。

表 2.12 藻状菌的有性孢子特性

有性孢子名称	染色体倍数	有性结构及其形成特征	举 例	所属分类地位
卵孢子	$2n$	由两个大小不同的配子接合后发育而成，小配子囊称雄器，大配子囊称藏卵器	同丝水霉	小霉目
接合孢子	$2n$	两个配子囊接合后发育而成，有两种类型： ①异宗接合：两种不同质的菌才能结合； ②同宗接合：同一菌体的菌丝可自身结合	 高大毛霉 性殖根霉	 毛霉目

（1）卵孢子

卵孢子（oospore）是由两个大小不同的配子囊结合后发育而成的。其小型配子囊称为雄器，大型的称为藏卵器。藏卵器中的原生质在与雄器配合以前，往往又收缩成一个或数个原生质团，名叫卵球。当雄器与藏卵器配合时，雄器中的内含物细胞质与细胞核通过受精管进入藏卵器与卵球配合，此后卵球生出外壁即成卵孢子。图 2.98 为卵孢子产生的过程。

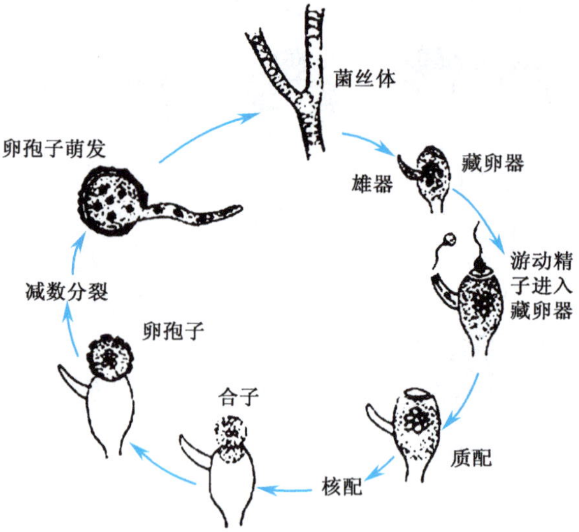

图 2.98 卵孢子产生的过程

藻状菌中除毛霉目外，许多菌的有性繁殖方式是产生卵孢子。

(2) 接合孢子

接合孢子（zygospore）是由菌丝生出形态相同或略有不同的配子囊接合而成的。两条相邻的菌丝相遇，各自向对方产生出极短的侧枝，称为原配子囊。原配子囊接触后，顶端各自膨大并形成横隔，分隔成一个称为配子囊的细胞。配子囊下面的部分称为子囊柄。相接触的两个配子囊之间的横隔消失，其细胞质与核互相配合，同时外部形成厚壁，此即接合孢子。这是毛霉目中的菌类产生有性孢子的形式。图 2.99 是毛霉属的接合孢子的形成过程。图 2.100 为根霉属的接合孢子的照片。

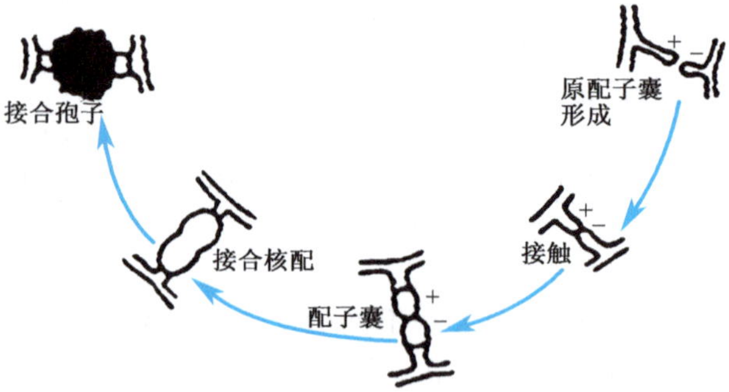

图 2.99 接合孢子的形成过程

菌丝与菌丝间的吻合有两种情况，一种是单一的孢囊孢子萌发后产生菌丝，当两根菌丝靠近时，便长出配子囊，经接触后产生接合孢子，甚至在同一菌丝的分枝上也会接触而成接合孢子，这种方式称为同宗接合；第二种则需要两种不同菌系的菌丝相遇后才能形成接合孢子，而这两种有亲和力的菌系在形态上并无区别，所以常用“+”和“−”来代表。这种产生接合孢子的方式称为异宗接合。毛霉目中大多数的种都属异宗接合。

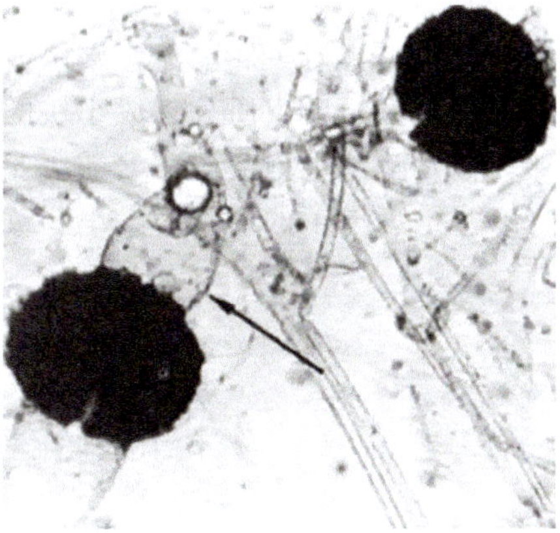

图 2.100　根霉属的接合孢子

2. 无性繁殖

藻状菌的无性孢子特性如表 2.13 所示。

表 2.13　藻状菌的无性孢子特性

孢子名称	染色体倍数	内生或外生	形成特征	孢子形态	举　例
厚膜孢子	n	外生	部分菌丝细胞变圆、原生质浓缩，周围生出厚壁而成	圆形、柱形等	总状毛霉
孢囊孢子	n	内生	形成于菌丝的特化结构——孢子囊内	近圆形	根霉、毛霉
游动孢子	n	内生	有鞭毛能游动的孢囊孢子	圆、梨、肾形等	壶霉

(1) 游动孢子 (zoospore)

藻状菌水霉目的无性繁殖方式是在菌丝顶端产生棒形的孢子囊。孢子囊成熟后，由孢子囊顶端的小孔释放出大量带有顶生两根鞭毛的梨形游动孢子（图 2.101）。

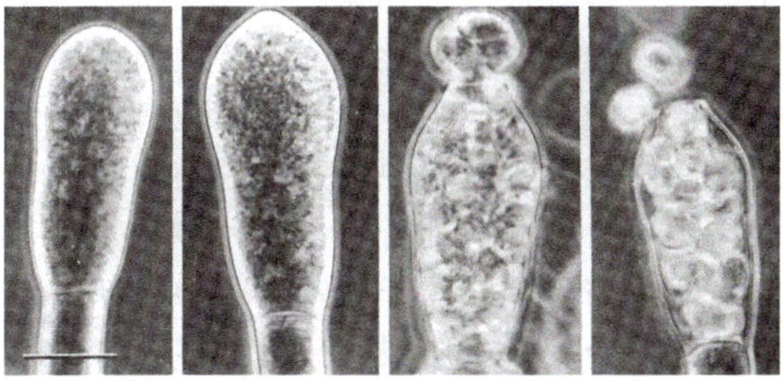

图 2.101　游动孢子的形成

(2) 孢囊孢子 (sporangiospore)

这是毛霉目有关属的无性繁殖方式。它是由菌丝形成孢囊梗，其顶端发育成孢子囊，孢囊的原生质分裂成小块的单核或多核部分，围绕着这些小块自生成一个壁，于是就产生孢囊孢子。孢子囊成熟后孢囊壁破碎，释放出孢囊孢子（图 2.102）。孢囊孢子的形状、大小、纹饰因种而异。

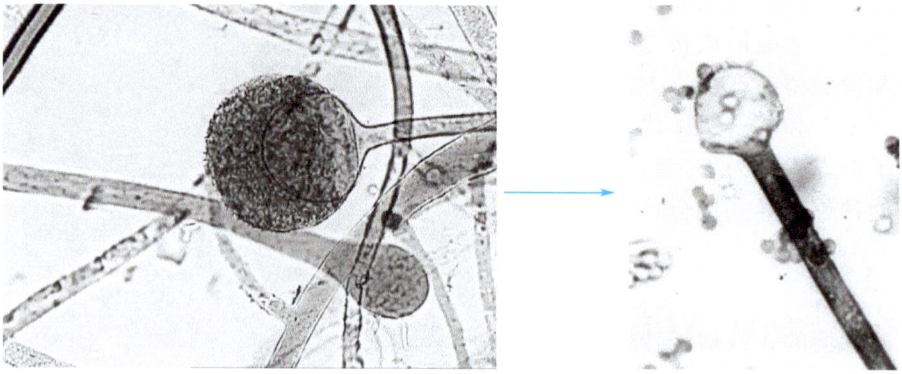

图 2.102　孢子囊及释放出孢囊孢子

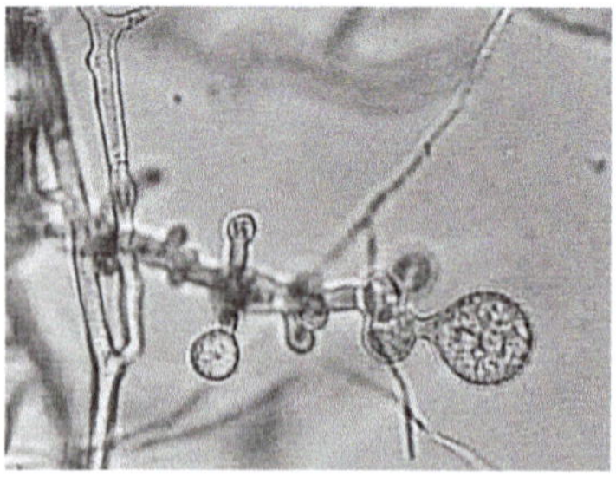

图 2.103　厚垣孢子

其他如厚垣孢子，是毛霉目的一种菌丝孢子，这是一种在菌丝的某一部分形成厚壁的休眠体，它可用芽生法繁殖（图 2.103）。

（四）生　活　史

藻状菌的生活史与其他微生物一样，包括了它的无性世代和有性世代。但在发酵工业上常见的藻状菌，在生产上起作用的一般是它的无性世代。下面以黑根霉（*Rhizopus nigricans*）为例加以说明。

孢囊孢子在孢子囊壁消解时被释放出来，在适宜条件下，孢子用芽管发芽，发展成棉絮状且分枝很多的白色气生菌丝。菌丝产生很多匍匐菌丝，它们在某些点上形成假根，直接在假根的上方产生一根或多根孢囊梗，孢囊梗成熟时顶端膨大，开始形成孢子囊，在它形成的过程中，大量的细胞质带着许多细胞核流到这个年幼的孢子囊里去，主要集中在它的外围。孢子囊的中心逐渐形成很多空泡，最后被一个壁包围起来，并与外围分隔开来，这个中心部分即囊轴，外围即孢子囊产生孢子的部分。外围部分的原生质很快分为许多多核的小块，后来变圆，被一个壁所包围，成熟时即成孢囊孢子。孢囊壁胀裂后把孢子释放出来，其无性世代即结束。

黑根霉的有性繁殖需要有两个生理上不同而有亲和力的“+”及“-”的菌丝体，即异宗接合，当两个相反的宗系彼此接触时，就产生称为原配子囊的接合枝。大量的原生质和很多的细胞核流到正在开始膨大的这些器官互相接触的顶部去，接着在靠近原配子囊顶端的地方各自形成一个分隔，把它分为两个细胞，即一个顶生配子囊和一个配囊柄细胞。两个互相接触的配子囊的壁在接触处消解，两者的原生质相混合，细胞核成双配对，一个为“+”，一个为“-”。每对细胞核的两个核结合而成二倍体的细胞核，没有结合的细胞核可能就消解掉了。此时两个配子囊接合所形成的新细胞膨大了许多，壁渐变厚，表面变黑和成瘤状，这个厚壁的结构就是接合孢子。在经过一段休眠期后，接合孢子在发芽过程中进行减数分裂，长出孢囊梗。其顶端再发展即成孢子囊，叫做“接合孢子囊”。其形成的孢子囊孢子具有两种接合型，这有别于无性循环中一个孢子囊只产生一种类型的孢子（图 2.104）。

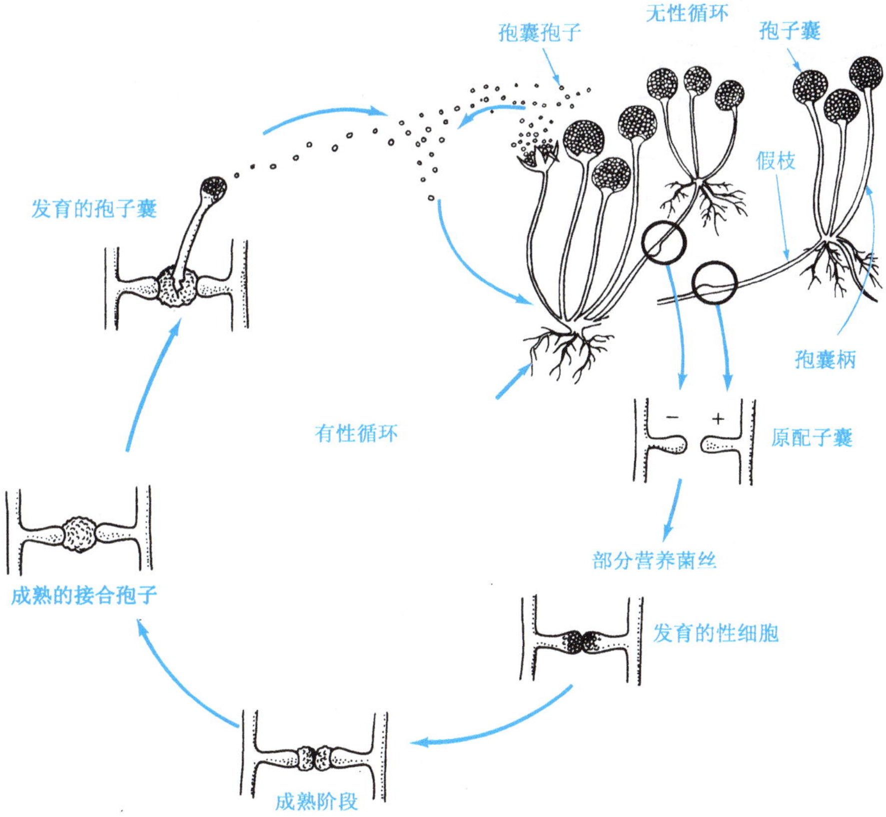

图 2.104　黑根霉的生活史

二、子囊菌纲和半知菌类

（一）菌丝的形态与结构

有隔膜的菌丝的每个细胞内可含一个，两个或多个核。

子囊菌（ascomycetes）和半知菌（fungi imperfect）的菌丝是典型的有隔菌丝形成多细胞（图 2.105）。通常一个菌丝细胞只有一个核，但多核的菌丝也十分普遍，但这类菌的隔膜中央常有孔，此孔可以使原生质从一个细胞流入另一个细胞，从而使菌丝的各部分之间有机的联系起来。菌丝细胞壁的一部分是由几丁质组成的，霉菌的菌丝也是由孢子发芽形成的。

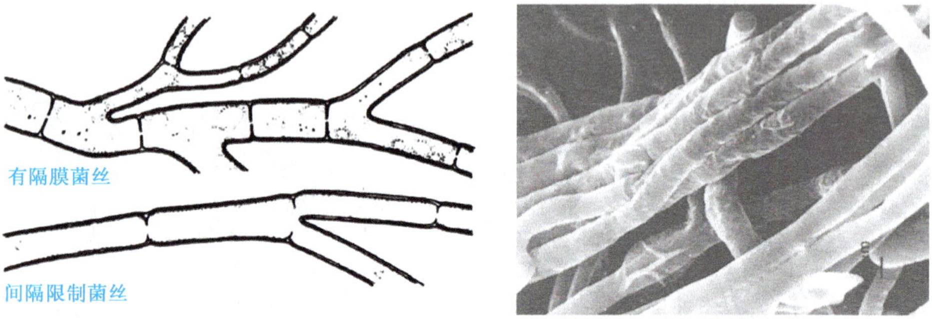

图 2.105　子囊菌纲和半知菌类的菌丝

（二）子囊菌和半知菌的完整个体形态与结构

这类菌的完整个体形态名目繁多，现主要以发酵工业中常用的霉菌中的红曲霉属、曲霉属、青霉属等为例进行描述。

1. 红曲霉属（*Monascus*）

红曲霉是具有有性与无性繁殖的子囊菌。

红曲霉在麦芽汁琼脂上生长良好，菌落初为白色，老熟后变为淡粉色、紫红色或灰黑色等，因种而异。通常这类菌都能形成红色色素，甚至分泌到培养基中（图 2.106）。

菌丝具有横隔，多核，分枝甚繁，且不规则。细胞幼时含有颗粒，老后含空泡及油滴，菌丝体不产生与营养菌丝有区别的分生孢子梗。分生孢子着生在菌丝及其分枝的顶端，单生或以向基式生出，2～6 个成链。闭囊壳呈球形，有柄，

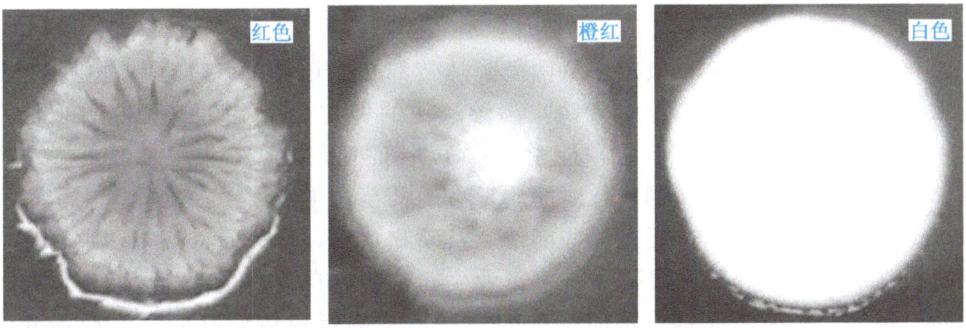

图 2.106 红曲霉属中不同种的菌落形态与色素

柄的长短不一。闭囊壳内散生十多个子囊，子囊呈球形，每个子囊含 8 个子囊孢子，成熟后子囊壁解体，孢子留在薄壁的闭囊壳内（图 2.107）。

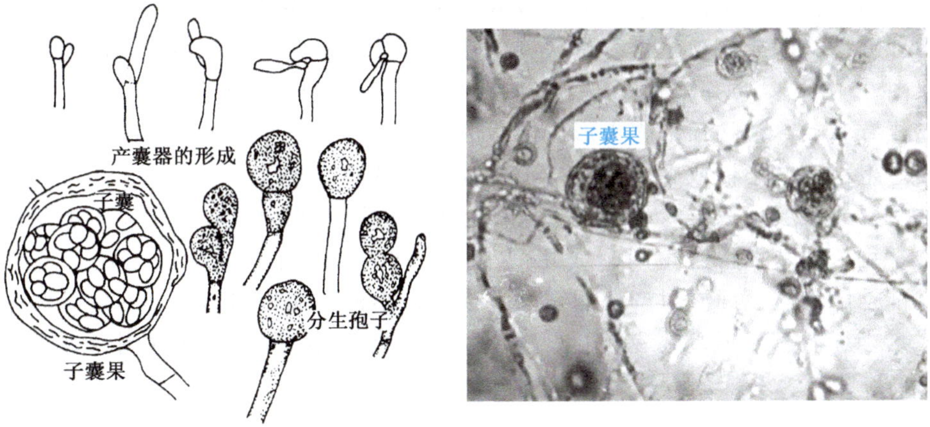

图 2.107 红曲霉分生孢子和产囊器的形成及产囊器照片

红曲霉是腐生菌，嗜酸，特别喜乳酸，耐高温，耐乙醇，它们多出现在乳酸自然发酵的基物中。大曲、制曲作坊，酿酒醪液、青储饲料、泡菜、淀粉厂等都是适于它们繁殖的场所。

红曲霉能产生淀粉酶、麦芽糖酶、蛋白酶、柠檬酸、琥珀酸、乙醇、麦角甾醇等。有些种产生鲜艳的红曲霉红色素和红曲霉黄色素，所以我国多用它们培制红曲。近年来还发现某些红曲霉菌株能高产具有降血脂功能的洛伐他汀，经过选育产量颇高。

已描述过的红曲霉有 17 种，然而其中有些种的界限不明确。

2. 曲霉属（*Asperillus*）

此属菌在自然界分布极广，从两极到热带都有，几乎在一切类型的基质上都能出现，其多数属半知菌类。某些嗜高渗透压的种在相对湿度 70%左右也能发育生长。在湿热的条件下，它常能引起皮革、布匹及其他工业产品严重生霉变质，许多种能引起食物和饲料霉腐变质，有的甚至产生毒素。在试验室中引起污染，造成工作中的麻烦。还有一些能使人及动物致病，称为曲霉病害。由于它们具有很强的酶活性，故又可用于许多工业生产。我国自古以来就利用曲霉做发酵食品。例如，利用米曲霉、黄曲霉群的一些菌系的蛋白质分解能力生产酱和酱油，利用黑曲霉的糖化能力制糖等。现在发酵工业生产中利用曲霉生产柠檬酸、葡萄糖酸及其他有机酸类和化学药品。酶制剂的生产也是极为重要的一项，通过菌种的选育，得到了不少优良菌系。

此属菌的营养菌丝体由具有横隔的分枝菌丝构成，无色或有明亮的颜色，有少数类型可在局部缓慢地呈现褐色或其他颜色，一部分埋伏型，一部分气生型。可孕性分枝，即分生孢子梗，是从特化了的厚壁而膨大的菌丝细胞（足细胞）生出（图 2.108 右），并略垂直于足细胞的长轴。分生孢子梗大部分无横隔，光滑，粗糙或有痣点，常在顶部膨大形成棍棒形、椭圆形、半球形或球形的顶囊。顶囊表面产生小梗，小梗或平行簇生于顶囊顶部，或自顶囊全部表面呈放射状生出。小梗单层或双层。双层时，下面一层称为梗基或初生小梗，它是上大下小的柱形细胞，每个梗基上再着生两个或几个小梗，称为次生小梗。无论是梗基还是小梗，都是由顶囊表面同时产生的。分生孢子自小梗顶端相继形成（不是以出芽的方式），具有各种形状、颜色和纹饰，最后成为不分枝的链（图 2.109，图 2.110）。

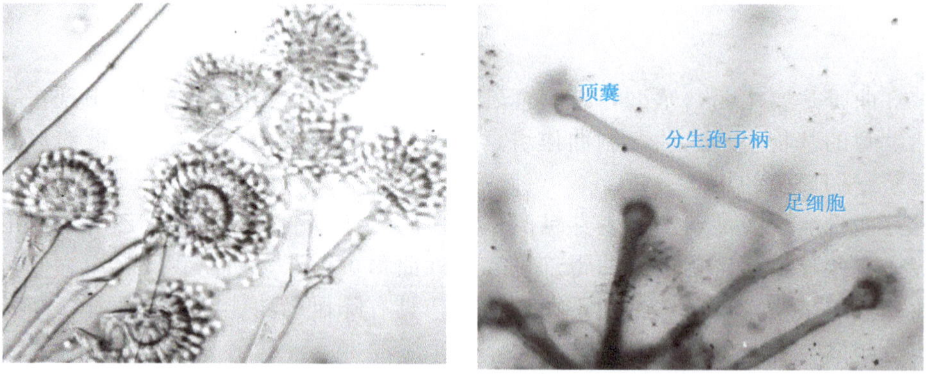

图 2.108　曲霉菌洗去分生孢子的分生孢子头和足细胞照片

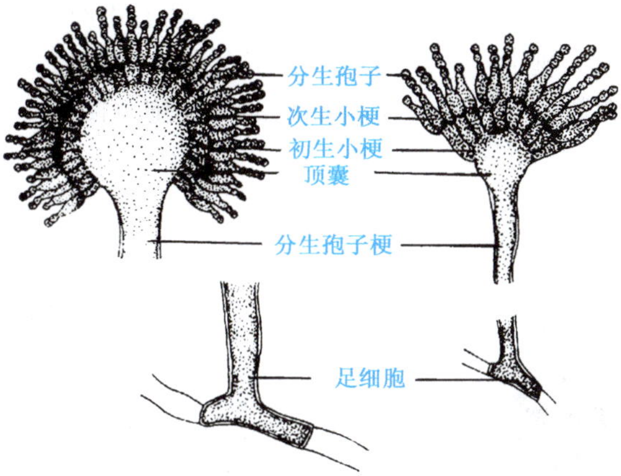

图 2.109　曲霉属形态模式图

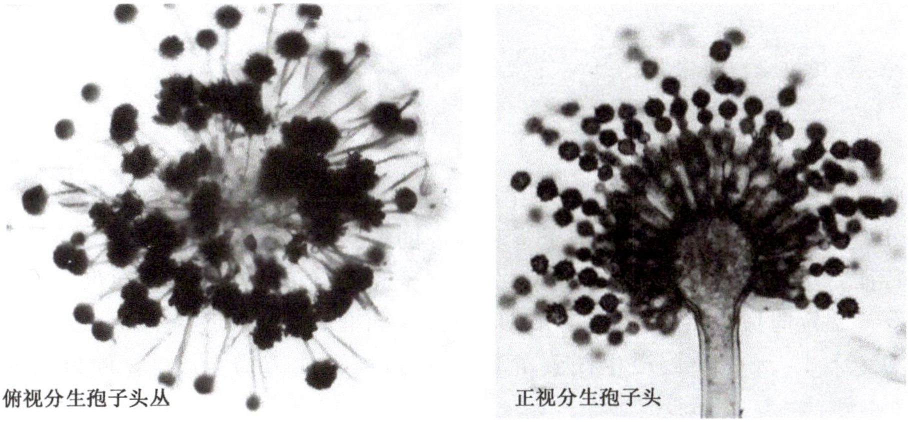

图 2.110　曲霉分生孢子头丛俯视及正视照片

由顶囊、小梗以及分生孢子链构成分生孢子头。分生孢子头具有不同的颜色和形状，如球形、放射形、棍棒形和直柱形等（图 2.111）。

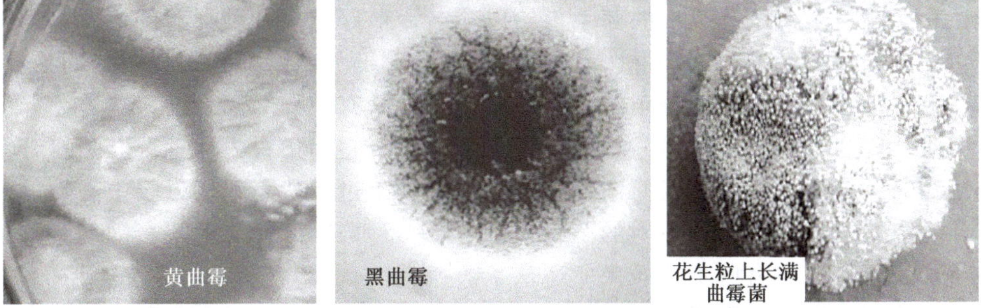

图 2.111　不同颜色与形态的曲霉菌落照片

仅少数种能形成有性阶段，产生子囊果，是封闭式的，称为闭囊壳，壁薄，在几周内产生子囊和子囊孢子。某些种产生或偶尔产生菌核及类菌核结构，多为球形或近似球形。少数种可以产生不同形状的壳细胞（图 2.112）。

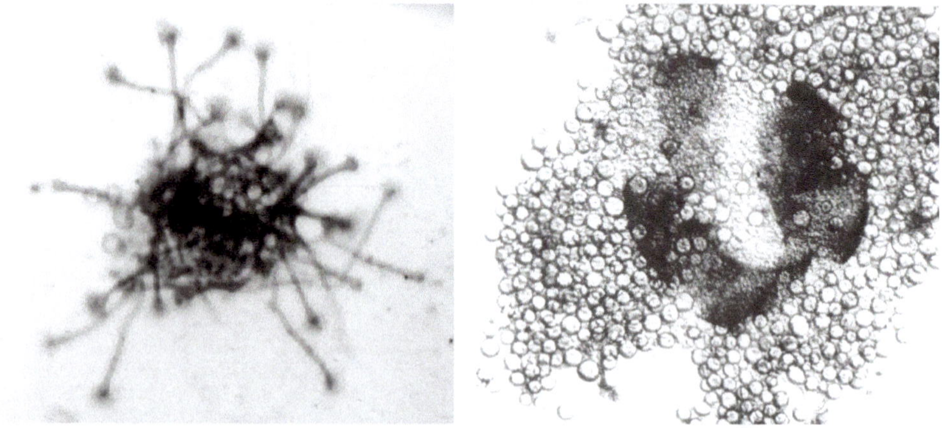

图 2.112　灰绿曲霉的闭囊壳及压碎后散出的子囊照片

此属菌的菌落颜色多样，而且比较稳定，因而颜色是其分类的主要依据之一。分类的其他依据是：分生孢子头和顶囊的形状、大小，分生孢子梗的长度和表面特征，小梗的着生方式和大小；分生孢子和子囊孢子的形状、颜色、大小和纹饰等。鉴定时应以察氏琼脂培养基培养作为标准。培养温度一般为 28～30℃，时间为 10～14 天，少数产生闭囊壳的菌种如灰绿曲霉需要 2～3 周或更长的时间。

在鉴定曲霉时，某些种具有明确而稳定的形状，其单一菌系可用明确的术语描述，而另一些菌系则很符合这些描述，但是往往会遇到这样的情况：不同的菌系形态虽然相似，但在细微部分则有相当大的差异。在菌系较少时，这种差别还可看出来，但在菌系较多时，由于形态特征的渐变，致使这种差别不易觉察出来。为了避免对每个分离出的菌系都给以命名，最好应用“种群”的概念，即将密切相关的菌系集合为“种群”。由于自然界的大部分生物都有某些变异的趋势，因此应将某些常见而广泛分布的霉菌包括在与其略有差异的菌系内，这种差异的幅度对某些菌较小，而对另一些菌则较大，所以将它们集合为“种群”是符合客观情况的。值得注意的是任何系群中所承认的种不过是代表着接近于中心点的菌系，环绕着它集合了许多不同的菌系，理解了“种群”的含义就不会因遇到的菌种与发表种的描述有些不符而无所适从了。

目前有学者将曲霉属分为 18 个群，承认了 132 个种和 18 个变种。

3. 青霉属（*Penicillium*）

青霉十分接近于曲霉，同样分布极为广泛，其中许多是常见的有害菌，很多青霉会危害水果。在破坏工业产品、食品和饲料方面，其危害也不亚于曲霉。有些则与动物及人类的疾病有关。在微生物试验室中，它也是常见的污染菌。青霉属也属半知菌类，但在工业上却有很高的经济价值。例如，有些青霉能产生柠檬酸、延胡索酸、草酸、葡萄糖酸等有机酸，也可用于食品加工，如制造干酪。它们产生的酶类也可利用。最著名的是可用它们来生产抗生素，如利用产黄青霉系选育出来的某些菌系制造青霉素等。

青霉有极不相同的代谢活动，不同的种能由葡萄糖合成极为不同的物质。这在生产和利用方面有不可忽视的重要性。有学者把青霉分为 4 大组，41 系，承认了 137 个种和 4 个变种。到目前为止，已发现并可确定的新种已远不止此数。

此属的营养菌丝体为无色、淡色，或具有鲜明的颜色，有横隔，为埋伏型，或部分埋伏型、部分气生型。气生菌丝为密毡状、松絮状，或部分结成菌丝索。大多数菌系渗出液很多，产黄青霉大多数菌系渗出液很多，聚成醒目的淡黄色至柠檬黄色的大滴，很具特色（图 2.113）。

可孕性分枝（分生孢子梗）由埋伏型或气生型菌丝生出，稍垂直于该菌丝（只有个别种像曲霉那样生有足细胞），单独直立或作某种程度的集合乃至密集为一定的菌丝束，具有横隔，光滑或粗糙。其首端生有扫帚状的分枝轮，称为帚状枝（图 2.114）。

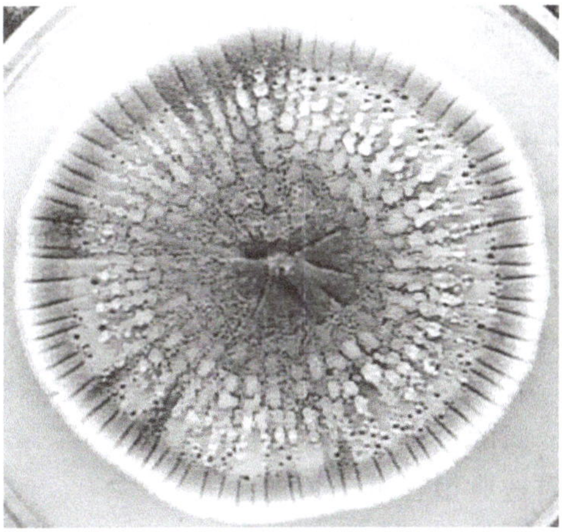

图 2.113　产黄青霉菌落

图 2.114　青霉“帚”

帚状枝是由单轮或两次到多次分枝系统构成，对称或不对称，最后一级分枝即为产生孢子的细胞，称为小梗。着生小梗的细胞叫梗基，支持梗基的细胞称为副枝。小梗用断离法产生分生孢子，形成不分枝的链。分生孢子呈球形、椭圆形或短柱形，光滑或粗糙，大部分在生长时呈蓝绿色，有时无色或呈别种淡色，但决不呈乌黑色（图 2.115）。

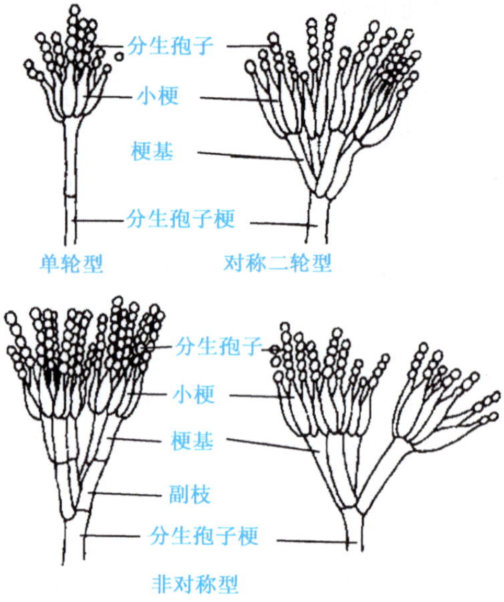

图 2.115　青霉帚状枝模式图

少数种产生闭囊壳，其结构或疏松柔软，较快地形成子囊和子囊孢子；或质地坚硬如菌核状，由中央向外缓慢地成熟。还有少数菌种产生菌核。

青霉帚状枝的形状和复杂程度是分类的首要基础，依此可将青霉属自然地分为四个组。

1）单纯青霉组。帚状枝由单轮小梗构成。

2）对称二轮青霉组。有紧密轮生的梗基，每个梗基着生细长尖锐的小梗，全部帚状枝大体对称于主轴（分生孢子梗），紧密，像漏斗状。分生孢子多为椭圆形。

3）不对称青霉组。包括一切帚状枝行两次或多次分枝，且不对称于主轴的种，即使接近对称，也没有二轮对称青霉那样的紧密结构及细长渐变尖锐的小梗。

4）多轮青霉组。帚状枝极为复杂，多次分枝，而且常是对称的。此组菌种为数较少，可能是代表青霉与其他一些近似属的过渡类型。

其次按照菌落质地等进行区分，菌落质地典型者可分为四种。

1）绒状：很少有气生菌丝，分生孢子梗几乎全部由埋伏型菌丝或由紧贴于基质的一层致密的菌丝层上生出。

2）絮状：有较多的疏松而纠缠在一起的气生菌丝团，分生孢子梗主要由气生菌丝上分枝而出，其着生点远离基质。

3）绳状：大部分气生菌丝集合为长曳的绳索状，在低倍显微镜下不难辨认。

4）束状：分生孢子梗大部分由基质生出，它与绒状菌落的区别在于非均匀分布而或多或少成簇，使菌落呈现粒状或粉状，甚至可能使大部分分生孢子梗集合成一个一个的菌丝束。

4. 其他

除上述各属外，还有许多霉菌具有各自特殊的形态，现将其列于图 2.116 中，以供辨认。

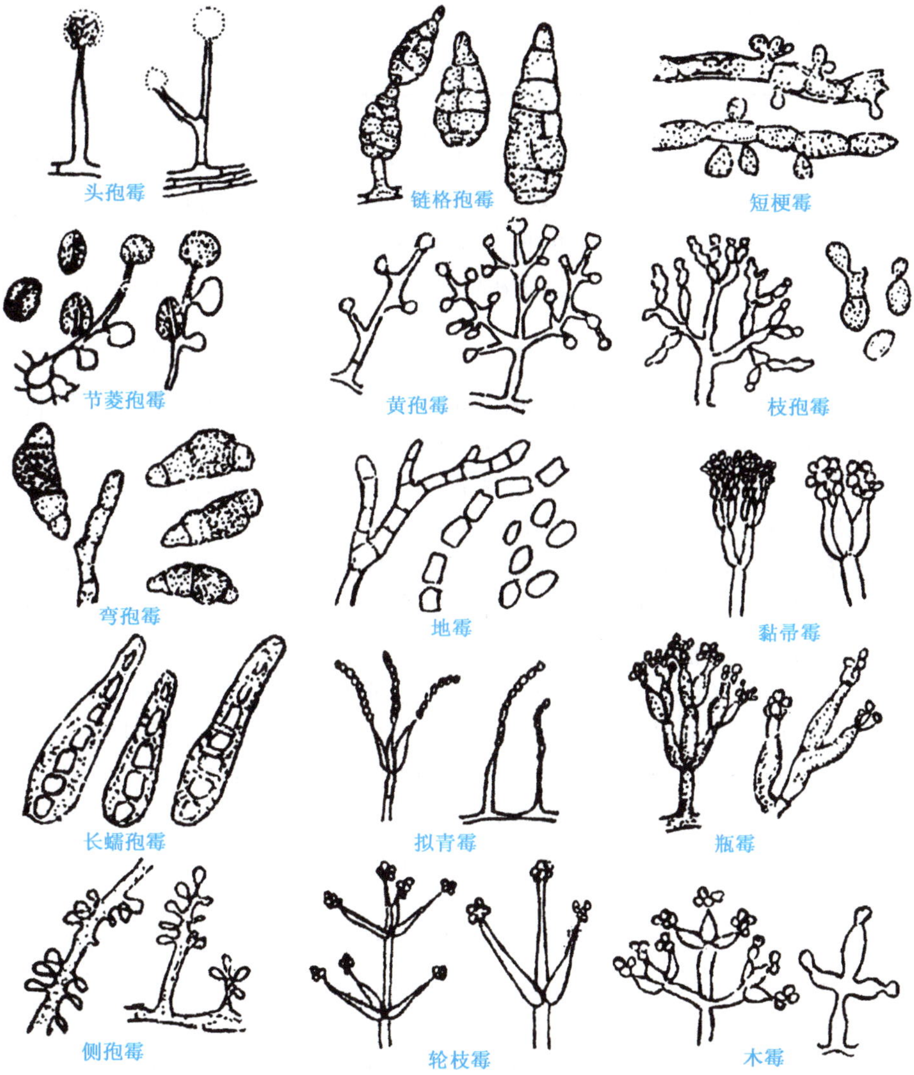

图 2.116　不完全菌类的代表菌

（三）子囊菌和不完全菌类的繁殖方式和生活史

子囊菌和不完全菌类是一大类丝状菌的俗称，由于包含了不同纲属的微生物，所以其繁殖方式是有差异的，有的具有性和无性繁殖，但有很大一部分仅具有无性繁殖，由此使它们的生活史也有差异。

1. 有性繁殖

子囊菌有性孢子的特性如表 2.14 所示。

表 2.14　子囊菌有性孢子的特性

有性孢子名称	染色体倍数	有性结构及其形成特征	举　例	所属分类地位
子囊孢子	n	在子囊中形成。子囊的形成有两种方式：		子囊菌纲
		从一个特殊的、来自产囊体的菌丝、称为产囊丝的结构上产生子囊；	粗糙脉孢霉	
		多个子囊外面被菌丝包围形成子实体，称为子囊果	红曲霉	

子囊孢子（ascospore）是子囊菌纲的主要特性。子囊具有囊状的结构，呈球形、棒形和圆筒形，因种而异。子囊中的孢子通常为 1～8 个或 2 个，但典型的子囊中有 8 个孢子。子囊菌形成子囊的方式不一样。最简单的是两个营养细胞结合后直接形成子囊，这是一些酵母菌的形成方式。

高等子囊菌形成子囊的两性细胞多半已有分化，因而形态上也有区别。雌性者称为产囊器，多呈圆柱形或圆形，而且较大，由一个或一个以上的细胞构成，其顶端有受精丝，受精丝或为长形细胞或为丝状。雄性者称为雄器，一般都较雌性为小，或为圆柱形或为棒状。产囊器中各含有单核或多核，两性器官接触后，雄器中的细胞质和核通过受精丝而进入产囊器。但两个性别不同的核在产囊器中并不融合，只是双双成对地靠近，这是质配阶段。质配后产囊器生出许多短菌丝，称为产囊丝，成对的核进入产囊丝，而且经过几次同时分裂而形成多核。此后产囊丝中生出隔膜将其隔成多细胞，每个细胞含一个核或两个核，但是顶端的细胞器为双核。其中一个为雌核的子核，另一个为雄核的子核，它们形成异核体。核配就在此顶端卵胞内进行。核配后的细胞即为子囊母细胞，该细胞内的二倍体核经两次分裂，其中一次为减数分裂，即形成 8 个子核，每一子核又变为单倍体并与周围原生质形成孢子，即为子囊孢子。子囊母细胞即为子囊。图 2.117 显示了脉孢霉（*Neurospora*）子囊孢子的形成过程，该菌是经典微生物遗传学研究广泛采用的材料（图 2.118）。

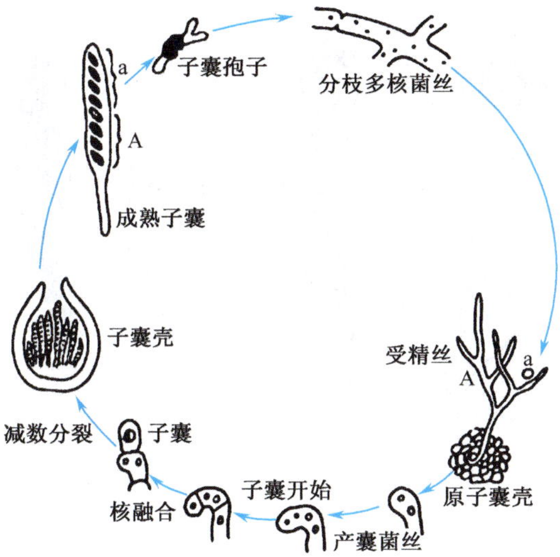

图 2.117　脉孢霉子囊孢子的形成

图 2.118　脉孢霉菌丛的生长

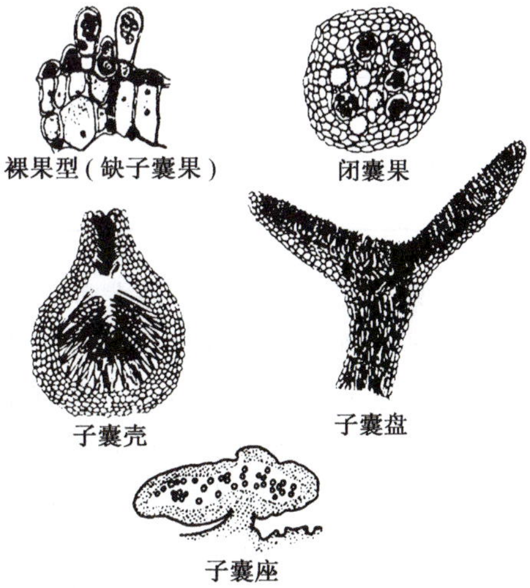

图 2.119　子囊果类型

在子囊和子囊孢子发育过程中，原来的雌器与雄器下面的细胞生出许多菌丝，它们有规律地将产囊丝包围住，于是就形成了子囊果。子囊果有三种类型：呈完全封闭式的圆球形者称为闭囊壳；非完全封闭并留有孔口者称为子囊壳；开口呈盘状者称为子囊盘，如图 2.119 所示。子囊孢子的形状、大小、颜色、纹饰等差别很大，这是子囊菌分类的依据（图 2.120）。

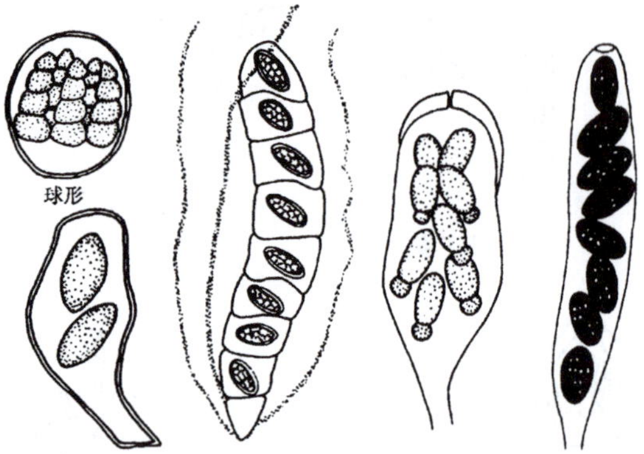

图 2.120 子囊孢子的类型

2. 无性繁殖

无性孢子特性描述于表 2.15。

表 2.15 子囊菌、半知菌的无性孢子特性

孢子名称	染色体倍数	内生或外生	形成特征	孢子形态	举 例
节孢子	n	外生	由菌丝断裂而成	常成串短柱状	白地霉
分生孢子	n	外生	由分生孢子梗顶端细胞特化而成的单个或簇生的孢子	极多样	曲霉、青霉

分生孢子（conidium）是大多数子囊菌和全部半知菌的无性繁殖方式。一些学者将芽孢子和节孢子等也作为分生孢子来论述。分生孢子通常产生在分生孢子梗上，分生孢子梗的形态不一，即有形体非常短小的，也有很长且分枝很大的。分生孢子梗有的是从普通的营养菌丝上产生的，如青霉菌；有的是单个地由营养菌丝上的足细胞上长出来的，如曲霉菌。着生分生孢子的分生孢子梗的顶头形状各不相同，如曲霉是着生在顶端膨大的球形顶囊上；青霉是着生在帚状的多分枝小梗上，还有许多则着生在普通的分生孢子梗上。曲霉菌分生孢子形成的过程如图 2.121、图 2.122。

（四）生　活　史

子囊菌的生活史包括了它的无性世代和有性世代，但在发酵工业生产上起作用的一般是它的无性世代。下面以烟色红曲霉为例加以说明。

烟色红曲霉（*Monascus purpureus*）菌丝的每个细胞都含有多核。菌丝体常

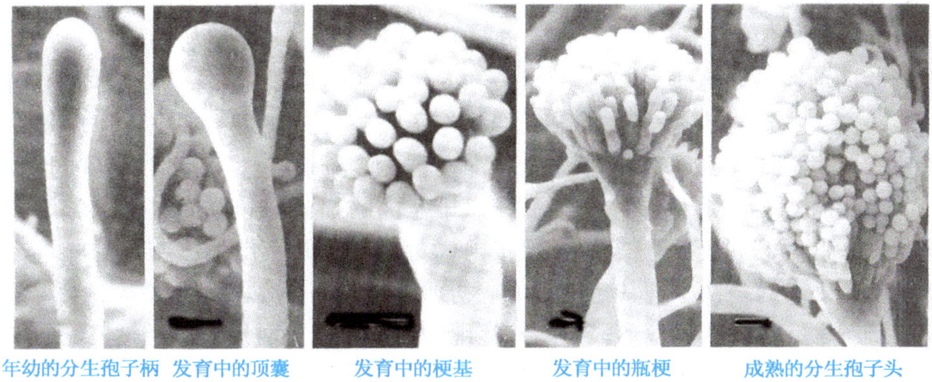

图 2.121 曲霉菌分生孢子形成的过程

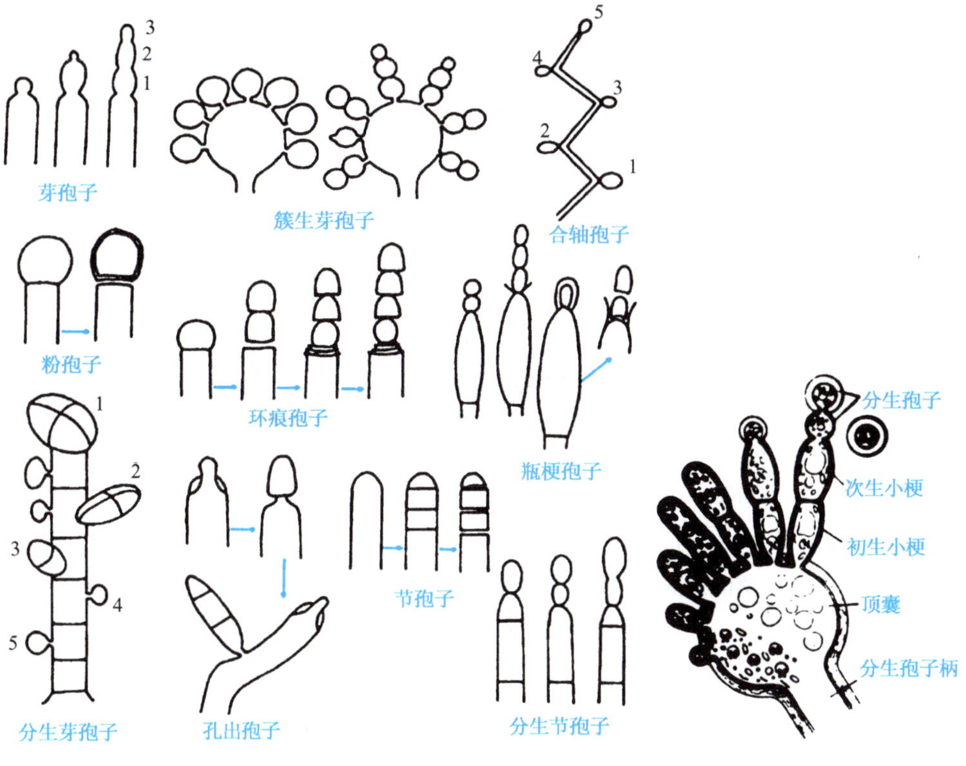

图 2.122 一些曲霉菌分生孢子形成的模式

有联结现象。它们在进行无性繁殖时，在菌丝或其分枝的顶端直接产生分生孢子，分生孢子单生或二至数个成链，一般为梨形，内含多核。分生孢子萌发后即形成菌丝，这是无性循环。

有性繁殖是在菌丝顶端或侧枝顶端首先形成一个多核的单细胞雄器，随后在雄器下面的细胞又以单轴方式生出一个细胞，这个细胞就是原始的雌性器官，也即产囊器的前身。由于雌性器官的生长和发育将雄器向下推压，而使雄器与柄托呈一定角度。这时雌性器官在顶部又产生一层隔膜，分成两个细胞，顶端的细胞为受精丝，另一个细胞即产囊器，二者都含有几个细胞核。当受精丝尖端与雄器接触后，接触点的细胞壁解体产生一孔。雄器内的细胞质和核通过受精丝而进入产囊器内。此时只进行质配，而细胞核则成对排列，并不结合。与此同时，在两性器官下面生出许多菌丝将其包围，形成初期的闭囊壳。壳内的产囊器膨大，并长出许多产囊丝。每个产囊丝形成许多双核细胞，核配于此时发生。经过核配的细胞即子囊母细胞。每个子囊母细胞中的核经三次分裂，形成 8 个核，每个核发育成一个单核的子囊孢子。子囊母细胞即变成子囊。故每个子囊都含有 8 个卵形的子囊孢子。这时闭囊壳已发育成熟，其中子囊壁消解，子囊孢子成堆的留在壳内。当闭囊壳破裂后，散出子囊孢子。子囊孢子萌发后又成为多核菌丝（图 2.123）。

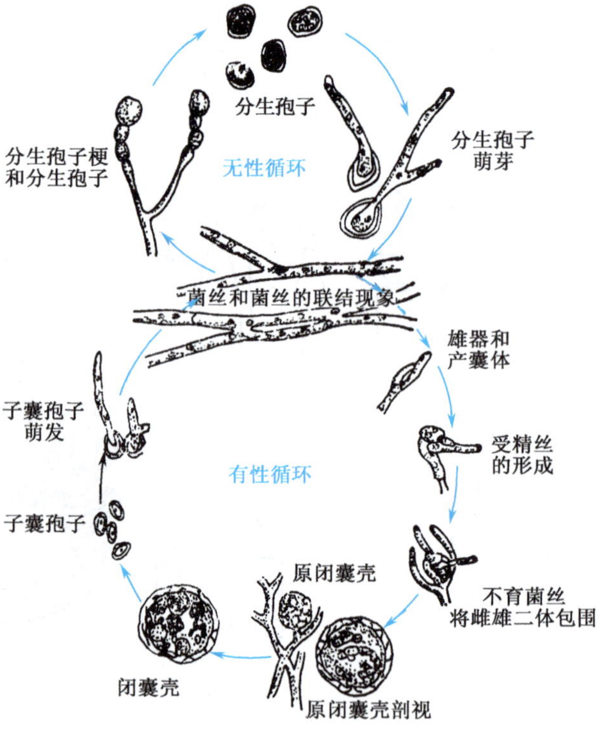

图 2.123　红曲霉的生活史

一些未发现有性循环的霉菌，如发酵工业中常用的一些曲霉、青霉及一系列属于不完全菌类的霉菌的生活史只有无性循环。

三、霉菌的分类

（一）霉菌的鉴定依据

1. 用低倍放大镜观察菌落

1）生长和发育的速度。培养一定天数后，测量菌落的直径：以生长极慢、慢、中等和快来说明。

2）菌落的颜色。表面和底部菌丝的颜色及其变化，菌落背面的颜色及其变化等。

3）菌落的表面。平滑或有皱纹，致密或疏松，有无同心环或辐射状沟纹。菌落的全部、中心部分、中间部分以及边缘部分等形态。

4）菌落的质地。菌落的外观似毡状、棉絮状、羊毛状、束状、粉粒状、明胶状或皮革状等。

5）菌落的边缘。全缘、锯齿状、树枝状、纤毛状等。

6）菌落的高度。菌落扁平，丘状隆起、陷没，菌落中心部分凸起或凹陷。

7）渗出物。有些真菌，如青霉，常在菌落表面出现带颜色的液滴，其数量和色调各有不同。

8）培养基颜色变化。颜色变化是否仅限于菌丝体所覆盖的部分，或扩大到了其他部分。

9）气味。许多真菌在培养基中有霉味，土气味、芳香味等，亦有无味者。

2. 用显微镜观察孢子和子实体结构的形态

1）菌丝。气生菌丝和底部菌丝的宽度，有无横隔、色泽，特殊的菌丝器官（假根、足细胞、结节或隆起等）的特征。

2）子实体的形态。成熟后的子实体如孢子囊、子囊、担子果等的颜色、形状、大小、结构等。

3）孢子。无性孢子如孢囊孢子、分生孢子、节孢子、厚垣孢子等；有性孢子如卵孢子、接合孢子、子囊孢子等。它们的形状、颜色、表面的特征（纹饰或突起等），孢子有无分隔（由单细胞还是多细胞构成），孢子萌芽的类型（单极出芽，两极出芽或多极出芽等）。

3. 生理特征

1）温度。不同类型的真菌，对生长温度的反应也不同，有的较敏感。由于真菌生长所需的温度多有差异，因此可以将它们分成低、中、高温菌群。

2）对氮源的利用。能否利用硝态氮、亚硝态氮、氨态氮或有机氮等。

（二）霉菌在分类学上的地位

霉菌是和酵母菌、蘑菇等名称相似的一种俗称，指形成明显的菌丝体或孢子块的微小真菌类，它并不是分类学上作为分类群的单位概念。霉菌分属于藻状菌、子囊菌和不完全菌。霉菌被包括在真菌的范畴内。真菌主要包括霉菌、酵母菌和担子菌。

（三）霉菌的分类

1. 有运动细胞

孢子或配子能运动，营养体单细胞或菌丝状，有性世代的孢子为典型的卵孢子，游动孢子有两根鞭毛，细胞壁由纤维素组成，为腐霉属。

2. 无运动细胞

（1）存在有性世代

1）有性世代的孢子为接合孢子，腐生性，为犁头霉属、毛霉属、根霉属。

2）有性世代的孢子为子囊孢子，营养菌丝一般有横隔（简单隔腹），稀有单细胞，经有性生殖过程在子囊内形成内生子囊孢子，有子囊果及产囊丝，营养体呈菌丝状，子囊一般为单囊壁结构。

①子囊一般是无规则地分散在闭囊果壳内，子囊壁可消失，红曲霉属。

②子囊规则地排列在子囊果的底部或四周，子囊果一般在有口孔被子器内，往往隐藏在子座内，子囊无囊盖为脉孢霉属。

（2）缺乏完全世代

营养体呈菌丝状；有横隔或单细胞；无有性生殖，有的有准性生殖过程，菌丝发育良好，营养体无出芽细胞，直接从菌丝上或大小分枝乃至特别分枝（分生孢子梗）上形成分生孢子，分生孢子梗以各种方式集合在一起，但不在分生孢子器或分生孢子盘中形成。分生孢子梗不形成组织化的束丝或分生孢子座。这类菌包括曲霉属、头孢霉属、镰孢霉属、青霉属、枝孢霉属、链格孢霉属、地霉属和长蠕孢属等。

（四）霉菌分类工具书

1）中国科学院中国孢子植物志编辑委员会，中国真菌志，北京：科学出版社，1997。

2）魏景超，真菌鉴定手册，上海：上海科技出版社，1979。

（五）霉菌的简捷分类

霉菌的简捷分类如图 2.124 所示。

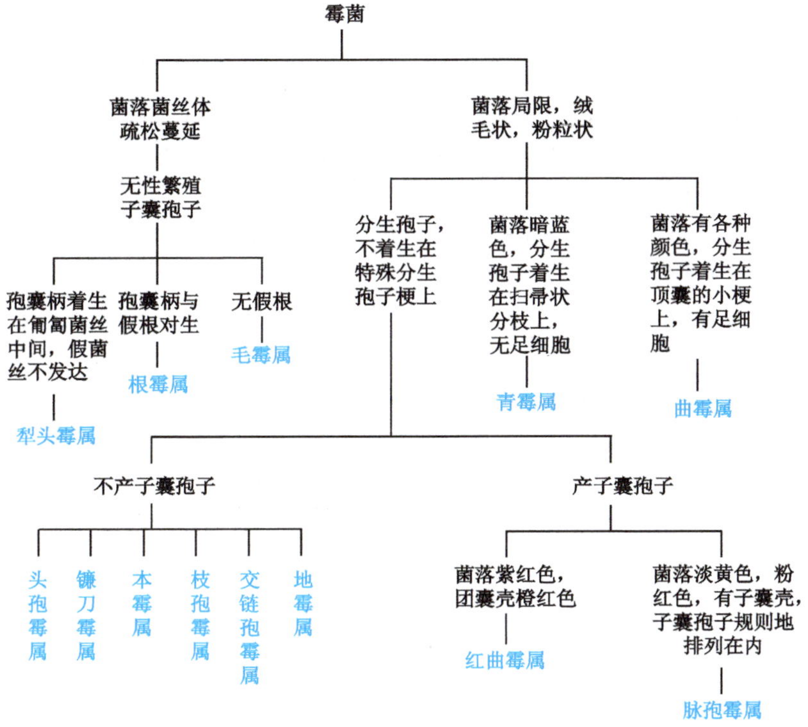

图 2.124　霉菌的简捷分类

（六）霉菌与放线菌和酵母菌的异同

霉菌与放线菌和酵母菌的异同分别如表 2.16、表 2.17 所示。

表 2.16　霉菌与放线菌的异同

特　征	放　线　菌	霉　　菌
菌体形态	为菌丝体，有气生菌丝和营养菌丝之分，菌丝宽度为 0.3～1.0μm	与放线菌同，但菌丝宽度远较放线菌大，为 3～10μm
细胞器	有核质体，无核膜，无线粒体	有完整的核、线粒体等
细胞壁组成	含肽聚糖，为革兰氏阳性菌	一般为几丁质，有的含有纤维素
菌落形态	表面呈绒毛状、粉状或颗粒状。菌落一般紧密，有皱褶，不易挑起	一般为绒状、毡状或网状的菌丝，孢子易沾起
繁殖方式	只有无性繁殖，有菌丝断裂、游动孢子和孢囊孢子等	有的为无性繁殖，有的为有性繁殖，具有多种孢子

表 2.17　霉菌与酵母菌的异同

特　征	酵　母　菌	霉　　菌
菌体形态	一般为单细胞的球形、卵形、椭圆形，也有腊肠形。有的有假菌丝或真菌丝，但远没有霉菌典型	为菌丝体，有气生菌丝和营养菌丝之分，体积远较酵母为大
菌落形态	一般为奶油状的单细胞集群，有光泽或光滑，黏稠状，易挑起	一般为绒状、毡状或网状的菌丝，集群不光滑，不黏稠，孢子易蘸取
繁殖方式	主要为芽殖，少量裂殖，有的具有性繁殖，产生子囊孢子等	有的为无性繁殖，有的为有性繁殖，具有多种孢子
细胞壁组成	主要由葡聚糖和甘露聚糖等组成，几丁质含量极少	一般为几丁质组成，有的含有纤维素
对氧的要求	好氧或兼性好氧	专性好氧

四、发酵工业中常用的霉菌

（一）黑根霉（*Rhizopus nigricans*）

此种分布于世界各地，在一切生霉的材料上都能发现它，尤其是在生了霉的食品上更容易找到它。此外，在土壤、空气、各种动物粪便中也常有分布。其菌落初期为白色，老熟后呈灰褐色或黑色。匍匐菌丝爬行，无色。假根非常发达，根状，褐色，孢囊梗直立，通常 2～4 株成束，较少单生或 5～7 株成束，不分枝，光滑或稍微粗糙，灰褐色到暗褐色，长 500～3500μm（一般 1500～3000μm），直径 13～42μm（一般 20～25μm）。孢子囊呈球形或近似球形，老熟后呈黑色，直径 50～360μm（一般 100～200μm）。囊轴为球形、近似球形、钝圆锥形或卵形，壁光滑，灰褐色，直径 50～200μm（一般 70～120μm）或(185～216)μm×(165～200)μm。囊托大而明显，呈楔形。孢囊孢子呈球形、卵形、椭圆形，或其他不规则形状，多有棱角，条纹明显，灰色或略带灰蓝色，[7.5～20(～35)]μm×(5.5～13)μm。菌丝上一般不形成厚垣孢子。接合孢子呈球形，有粗糙的突起，直径 150～220μm。配囊柄对生，无色，无附属物；异宗配合。此菌在 37℃不能生长，于 30℃生长良好。它不能利用硝酸盐，在察氏培养基上不能生长或生长极弱，但可利用 $(NH_4)_2SO_4$ 代替 $NaNO_3$。

（二）米根霉（*Rhizopus oryzae*）

在我国酒药和酒曲中常可见到这个种，在土壤、空气以及其他各种基物中亦常见。世界各地都有它的分布。该菌于 37～40℃能生长。菌落疏松或稠密，最初呈白色，后变为褐灰色或黑褐色。匍匐菌丝爬行，无色。假根发达，分枝呈指状或根状，呈褐色。孢囊梗直立或稍弯曲，2～4 株成束，较少单生或 5 株成束，有时膨大或分枝，壁光滑或粗糙，呈褐色，长 210～2500μm（一般 600～1000μm），直径 5～18μm（一般 12～15μm）。孢子囊呈球状形或近似球形，壁有微刺，老后呈黑色，直径 60～250μm（一般 90～150μm）。囊轴呈球形或近似球形或卵圆形，呈淡褐色，直径 30～200μm（一般 50～90μm）。囊托呈楔形。孢囊孢子呈椭圆形、球形或其他形，有条纹及棱角，呈黄灰色，直径 5～8μm，或[5～8(～13)]μm×[4～7(～11)]μm。有厚垣孢子，其形状、大小不一致，未见接合孢子。

根霉的用途很广，在我国用它们制曲酿酒已有悠久历史，如米根霉、河内根霉、代氏根霉等，其淀粉酶活力相当强，多用来作糖化菌。我国最早用它们创立了淀粉发酵生产乙醇的方法。在酿酒时，它们除具糖化作用外，还能产生少量乙醇。

华根霉、无根根霉、米根霉等都能产生乳酸，尤其米根霉产 L(+)乳酸量最多，达 70%左右。匍枝根霉、无根根霉的某些菌株可以生产反丁烯二酸。匍枝根霉、米根霉、无根根霉还常用来发酵豆类和谷类食品，这三种根霉还能产生较大量的丁烯二酸。

无根根霉、代氏根霉产生脂肪酶。匍枝根霉等产生果胶酶，葡枝根霉还常导致果瓜蔬菜等在运输和储藏中腐烂。甘薯腐烂就是由它们造成的。

华根霉、无根根霉、匍枝根霉等，都能对甾族化合物骨架-6β 和-11α 位起羟化作用。尤其匍枝根霉转化孕酮为-11α 羟基孕酮更具有特色，是微生物转化甾族化合物的重要真菌。

（三）总状毛霉（*Mucor racemosus*）

是毛霉中分布最广的一种，几乎在各地土壤和空气中，以及各种粪便和一些生霉的材料上都能找到这个种。酒曲中常有它出现。菌落质地疏松，一般高度在1cm以内，灰色或浅褐灰色。孢囊梗最初不分枝，其后以单轴式生出不规则的分枝，长短不一，直径8～20μm。孢子囊呈球形，直径20～100μm，浅黄色或黄褐色，成熟时孢囊壁消解。囊轴呈球形或近似卵形，(17～60)μm×(10～42)μm。孢囊孢子呈短卵形或近似球形，(4～7)μm×(5～10)μm。接合孢子呈球形，有粗糙的突起，直径70～90μm。配囊柄对生，无色，无附属物。异宗配合。总状毛霉最显著的特征是形成大量的厚垣孢子，在菌丝体、孢囊梗、甚至囊轴上都有。厚垣孢子形状大小不一，光滑，无色或黄色。

（四）鲁氏毛霉（*Mucor rouxianus*）

这个种最初是从我国的小曲中分离出来的，也是毛霉中最早被用于阿明露法制造酒精的一个种。菌落在马铃薯培养基上呈黄色，在米饭上略带红色。孢囊梗具有短而稀疏的假轴状分枝。孢子囊直径20～100μm，大多50～70μm，呈黄色。成熟后孢囊壁消解。囊轴近似球形，(23～32)μm×(20～28)μm，无色。孢囊孢子椭圆形或拟椭圆形，(4～5)μm×(2.5～3.5)μm。厚垣孢子数量甚多，大小不一，呈黄色或褐色。未见接合孢子。

毛霉常出现在酒曲中，所以有些种能糖化淀粉，而且能生成少量乙醇，如鲁氏毛霉、爪哇毛霉等。它们大都产生蛋白酶，有分解大豆的能力，我国多用来做豆腐乳。四川的豆豉是用总状毛霉制成。

许多毛霉都产生草酸。鲁氏毛霉产生乳酸、琥珀酸及甘油等，但产量较低。总状毛霉、高大毛霉产3-羟基丁酮。爪哇毛霉产果胶酶，高大毛霉产脂肪酸，还能产生较大量的琥珀酸，微小毛霉产凝乳酶。

对甾族化合物的转化作用：总状毛霉、微小毛霉、高大毛霉、爪哇毛霉等都有-6β、-11α羟化能力，而总状毛霉、刺状毛霉起-9α羟化作用。

（五）蓝色犁头霉（*Absidia coerulea*）

菌落起初呈淡蓝色，后呈紫蓝色，最后带深灰青褐色，菌丛高0.6～15mm。匍匐菌丝生有假根并伸入基质，有假轴状分枝，分枝可育或不育。孢囊梗不分枝或顶端有较短的分枝，直立，1～5株，大多2～4株成轮，高50～500μm，大多

200～375μm，宽 6～12μm，顶端都有较小的孢子囊，起初无色，后呈浅蓝色，最后呈浅褐色。在囊托下 10～15μm 处总是有一个横隔，孢子囊呈梨形或卵形，直径 18～65μm。囊轴呈半球形，直径 12～32μm，无色，较大的囊轴平滑，较小的囊轴在顶端有一个典型的大小为（1～4）μm×1μm 的突出物。孢囊孢子呈圆形，直径 2.5～3.5μm，无色。接合孢子呈球形，直径 83～156μm，有粗糙的突起，起初呈褐色，后呈黑色。配囊柄对生，两个配囊柄大多不对称，大的直径 25～40μm。上面长出 8～12 个指状附属物，并将接合孢子包围起来，小的配囊柄直径约 15μm，在个别情形下两个配囊柄也可以是对称的。异宗配合。

此菌对甾族化合物-1β、-5β、-7β、-11β、-11α 等起羟化作用，并能转化 21 位醋酸酯为羟基。对-11β 的羟化作用尤其突出。

（六）黑曲霉（*Aspergillus niger*）

属黑曲霉群。菌落生长稍有局限，10～14 天直径可达 2.5～3cm，菌丝初为白色，常常出现鲜黄色区域，呈厚绒状，黑色，反面无色或中央部分略带黄褐色。分生孢子头幼时呈球形，渐变为放射形或裂成几个放射的柱状物，一般 700～800μm，褐黑色。分生孢子梗自基质生出，长短不一，一般为 1～3mm，直径 15～20μm，壁厚，光滑。顶囊呈球形，一般直径为 47～75μm。小梗双层，自顶囊全面着生，褐色、梗基一般（20～30）μm×（5～61）μm，长者可达 60～70μm、宽 8～10μm，有时有横隔，小梗（7～10）μm×（3～3.5）μm。分生孢子呈球形，直径大多为 4～5μm，褐色色素积于内壁和外壁间，成为短棍状或块状而显现粗糙。有的菌系产生菌核，呈球形，白色，直径约 1mm。

这一类菌在自然界分布极为广泛，在各种基质上普遍存在。它能引起水分较高的粮食霉变，也是其他材料上常见的霉腐菌。黑曲霉具有多种活性很强的酶系，可用于工业生产，如淀粉酶可用于淀粉的液化、糖化，也可用作乙醇工业或制造葡萄糖和消化剂；它所产生的耐酸性蛋白酶可用于蛋白质分解或食品、消化剂的制造；果胶酶用于水解聚半乳糖醛酸、果汁澄清和植物纤维精制；柚苷酶和橙皮苷酶用于柑橘类罐头去苦味或防止白浊，葡萄糖氧化酶用于食品脱糖和除氧除锈，还可制造检糖试纸用于医疗诊断。黑曲霉产生的纤维素酶为 Cx 酶，粗制品中含有较强的蛋白酶及果胶酶，当底物 pH3.0 时它仍能起作用。黑曲酶还能分解有机质产生多种有机酸，如抗坏血酸、柠檬酸、葡萄糖酸和没食子酸等。某些菌系除了可在甾族化合物-11α 位起羟化作用外，还能将羟基孕甾酮转化为雄烯。黑曲霉还可用来测定锰、铜、钼、锌等微量元素和作为霉腐试验菌。

（七）米曲霉（*Aspergillus oryzae*）

属于黄曲霉群。菌落生长较快，10天内直径可达5～6cm，质地疏松，初为白色，黄色，继而变为黄褐色至淡绿褐色，但不呈绿色，反面无色。分生孢子头呈放射形，直径150～300μm，少有达400～500μm者，少有疏松柱状。分生孢子梗长度一般为2mm左右，近顶囊处直径可达12～25μm，壁较薄，粗糙。顶囊近似球形或烧瓶形，通常40～50μm。小梗一般为单层，(12～15)μm×(3～5)μm，偶有双层，梗基(8～12)μm×(4～5)μm，小梗(8～10)μm×(3～3.5)μm，也有单、双层小梗同时存在于一个顶囊的情况。分生孢子幼时呈洋梨形或椭圆形，老后大多变为球形或近似球形，一般4.5～7μm，大者可达8～10μm，粗糙或近于光滑。具很强的蛋白酶系，不产黄曲霉毒素，是酱油生产的主要菌种。

（八）黄曲霉（*Aspergillus flavus*）

属于黄曲霉群。菌落生长较快，10～14天直径可达3～4cm或6～7cm，最初带黄色，然后变成黄绿色，老后颜色变暗，平坦或有放射状皱纹，反面无色或略带褐色。分生孢子头疏松，呈放射形，继而变为疏松柱状。分生孢子梗多直接自基质生出，极粗糙，长度一般小于1mm，直径10～20μm。顶囊呈烧瓶形或近似球形，10～65μm，一般为25～45μm。小梗单层、双层或单、双层同时生于一个顶囊上，梗基(6～10)μm×(4～5.5)μm，小梗(6.5～10)μm×(3～5)μm，在小型顶囊上只有一层小梗。分生孢子呈球形、近似球形或洋梨形，3～6μm，粗糙。有些菌系产生带黑色的菌核。与此菌十分相近的有寄生曲霉(*Asp. parasiticus*)，它与黄曲霉的主要区别在于小梗是纯单层；还有溜曲霉(*Asp. tamarii*)，其区别在于菌落的颜色，后者幼菌落为绿色，继而变为典型的褐色。

黄曲霉群在自然界分布极广，无论是土壤、腐败的有机质、储藏的粮食，还是各类食品都会出现。米曲霉则较多地发现于发酵食品。它们能产生淀粉酶、蛋白酶、果胶酶等，有的已做成酶制剂用于工业生产。它们还可以产生溶血酶类物质，用于消除动脉及静脉血栓。有些菌系能产生多种有机酸，如柠檬酸、苹果酸、延胡索酸等。该群的主要生化特点是都能产生曲酸，可用作杀虫剂及胶片的脱尘剂。黄曲霉能分解DNA产生5′-脱氢胞苷酸、5′-脱氧胞苷酸、5′-脱氧鸟苷酸和5′-脱氧胸啶酸，黄曲霉中的某些菌系能产生黄曲霉毒素，特别在花生或花生饼粕上易于形成，能引起家畜严重中毒以至死亡。由于黄曲霉素还能致癌，因此近年来引起人们极大的注意，各国对它都进行了很多研究。它们不少是从食品、饲料上分离到的野生菌。据日本近期的报道，他们的工业发酵生产用菌尚未发现能产生黄曲霉毒素的菌系，但从市售小麦粉、小豆粉以及自家酿造的酱等的污染菌中则分离到了能产生该毒素的黄曲霉。

黄曲霉还可用作霉腐试验菌。

（九）产黄青霉（*Penicillum chrysogenum*）

它属于不对称青霉组，绒状青霉亚组，产黄青霉系。菌落生长快，10～12天直径可达3～5cm，致密绒状，有些则略现絮状，有明显的放射状沟纹，边缘呈白色，孢子很多，蓝绿色，老后有的呈现灰色或淡紫褐色。大多数菌系渗出液很多，聚成醒目的淡黄色至柠檬黄色的大滴，很具特色；无特殊气味；反面亮黄至暗黄色，色素扩散于培养基中。分生孢子梗（150～350)μm×(3～3.5）μm，光滑。帚状枝非对称，有的很复杂，由主轴（分生孢子梗）作2～3次分枝。副枝长短不等，一般（15～25)μm×(3～3.5）μm。梗基（10～12)μm×(2～3)μm，小梗4～6个轮生，(8～10)μm×(2～2.5）μm。分生孢子链呈相当明显的分散柱状，长度可达200μm。分生孢子呈椭圆形，(2～4)μm×(2.8～3.5）μm，少有近似球形者，壁光滑。与此种相近者为特异青霉（*Pen. notatum*），与产黄青霉区别在于它产生较简单的帚状枝，很少生副枝，分生孢子主要为球形或近似球形，3～3.5μm。

此菌普遍存在于空气、土壤及腐败的有机材料上，能产生多种酶类及有机酸。在工业生产上用以生产葡萄糖氧化酶或生产葡萄糖酸。它还能产生柠檬酸和抗坏血酸。目前应用非常广泛的青霉素生产菌就来自此菌系。从青霉素发酵下来的菌丝废料含有丰富的蛋白质、矿物质和B类维生素，可做家畜家禽的代用饲料。该菌还可做霉腐试验菌。

（十）紫色红曲霉（*Monascus purpureus*）

在麦芽汁琼脂上，此菌的菌落为膜状的蔓延生长物，表面有皱纹和气生菌丝。菌丝体开始呈白色或粉色，老熟后呈红紫色或葡萄酱紫色。菌落背面呈紫红色。菌丝有隔，分枝，多核，含橙红色颗粒，直径3～7μm，分生孢子单生或成链，呈球形或梨形，直径6～9μm，或（9～11)μm×(6～9)μm。闭囊壳呈橙红色，球形，直径25～75μm。子囊呈球形，含8个子囊孢子，成熟后子囊壁即消失。子囊孢子呈卵圆形、光滑、无色或淡红色，(5～6.5)μm×(3.5～5)μm。

此菌分布很广，常出现在乳品和乳制品中。该菌最早在我国红曲中发现，在江西、浙江、福建、广东、台湾等地较多。

该菌能产生淀粉酶、麦芽糖酶、蛋白酶、柠檬酸、琥珀酸、乙醇、麦角甾醇，可以用来制酒，提取红色色素等。

（十一）绿色木霉（*Trichoderma viride*）

菌株在马铃薯-葡萄糖琼脂培养基上扩展，最初为白色致密的基质菌丝，而后出现棉絮状气生菌丝，并形成密实产孢丛束区，常排成同心轮纹，有深黄绿色至深蓝绿色的产孢区。菌落反面无色，老的培养物散发出一股椰子气味，菌丝透明，壁光滑，有隔；分枝繁复，直径1.5～8μm，透明。厚垣孢子间生于菌丝中或顶生于短侧枝上，多数为球形，极少为椭圆形，透明，壁光滑，直径可达14μm，通常在基底菌丝中产生。小梗呈瓶形或锥形，基部稍窄，中部较宽，从中部以上变窄成长颈，近于直或中部弯曲，(8～12)μm×(2.5～3)μm。分生孢子大多数为球形，直径2.5～4.5μm，少数孢子为短倒卵形，(4～5)μm×(3.5～4)μm，孢壁具存明显的小疣状突起，在显微镜下观察单个孢子呈淡绿色。在分生孢子梗分枝上聚成的孢子头8～9μm。康氏木霉和绿色木霉都含有很强的纤维素酶系，是纤维素酶的主要生产菌。

（十二）产黄头孢霉（*Cephalosporium chrysogenum*）

在24℃，菌落在马铃薯-葡萄糖琼脂及葡萄糖酵母膏琼脂上培养时生长慢，8天后菌落直径为12～15mm，菌落开始为白色，然后变成黄色，菌落反面亦呈黄色。菌落的颜色随菌龄而变深，色素渗入基质中，菌落的表面呈网状或不规则的褶沟，菌落稍湿，呈细菌菌落状。菌丝分枝，有隔，纤细，宽1～1.2μm，浅黄色；分生孢子梗(10～15)μm×(1～1.5)μm，短，不分枝，无隔，微黄色；很少产生孢子，仅在老培养物及已干的边缘上产生，孢子呈球形或卵形，(1.5～2.5)μm×(0.8～1.0)μm，两端圆，微黄色。

本菌种在籼米饭培养基上培养半个月，可产生大量的不正常的孢子，形态多样、有圆形、角形、长形、腊肠形、哑铃形，单细胞或有一隔，直或弯曲，(5～12)μm×(2～4.2)μm，孢子梗常从集成类菌核状或类分生孢梗座结构。这种孢子的壁较厚，可达0.5μm，它可以像分生孢子一样萌发繁殖。本种在葡萄糖酵母膏琼脂上产生较深的黄色色素，在察氏培养基上黄色色素较浅。本菌种产头孢菌素N及头孢菌素C，与青霉素一样同属β-内酰胺抗生素，毒性极低，其衍生物称为先锋霉素。

第五节 担 子 菌

担子菌是真菌中进化最高级的，包括人们所称的蘑菇、木耳、马勃和鬼笔等，这类菌又称蕈菌或伞菌。担子菌和所有其他真菌的区别在于它们能产生一种孢子，称为担孢子。此外它们有特殊的产孢体，即担子，亦即双核菌丝体和特殊的锁状联合。

一、担子菌的一般形态和构造

担子菌的菌丝体是由发育良好而有分隔的菌丝所组成，这些菌丝穿入基物并吸收营养。菌丝体常为白色、鲜黄色或橙黄色，往往扩展生长成扇形。

担子菌的菌丝体具有三个明显的发育阶段。这些阶段是初生、二生和三生菌丝。

通常初生菌丝是从单核的担孢子萌发发展而成，初期可能是多核的。因为芽管从孢子伸出而开始生长时，担孢子的细胞核分裂多次。然而初生菌丝的这种多核期很短，迅速产生分隔并把菌丝体分成单核细胞。

二生菌丝来源于初生菌丝。二生菌丝的细胞典型的是双核。两个单核细胞的原生质结合起来后，就开始了双核阶段，但质配作用之后没有发生核配作用。这样形成的双核细胞分成两个子细胞。两个细胞核同时分裂，并且姊妹核分别进入子细胞内。在所有担子菌的主要类型中，有一种称为“锁状联合”的机制，这种机制可以保证由双核分裂产生出来的姊妹核可分开而进入子细胞内，它在核分裂时形成（图 2.125）。

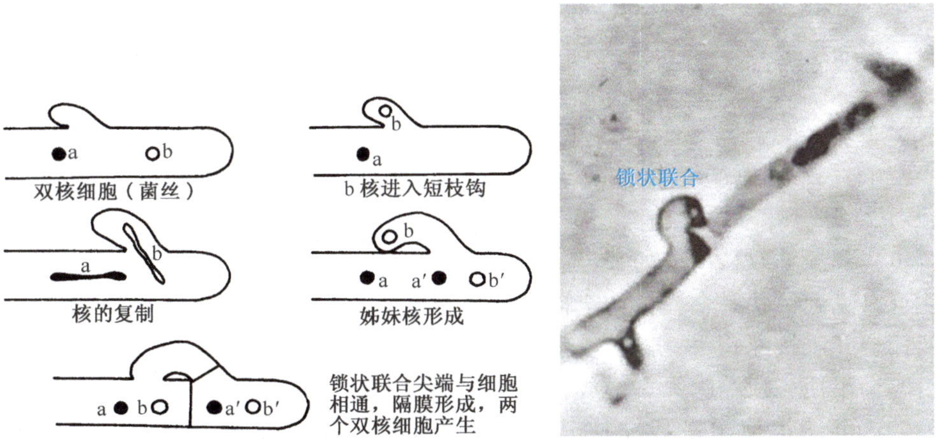

图 2.125 双核菌丝形成锁状联合的过程和锁状联合

在双核细胞准备分裂时，从双核之间产生一个短枝，并开始形成一个钩，这时核同时分裂，其中一个分裂核的核丝成倾斜的方向，因此子细胞核之一在锁状联合内形成，而另一子细胞核则在分裂的细胞内形成。此时锁状联合弯到细胞之上，顶端和细胞连接起来，形成一个桥，子细胞核通过桥而到达细胞之另一端，并靠近另一核丝的子细胞核。在锁状联合产生的起点上形成一个隔膜，在桥的下方形成另一个与桥垂直的隔膜，把母细胞分成两个子细胞，结果有两个子细胞内各具有两个不同的子核。

三生菌丝体表现为组织化的、特殊化的一些组织，它们组成了担子菌的子实体。三生菌丝体的细胞是双核的。当三生菌丝体形成复杂的组织时，就产生了子实体（图 2.126）。

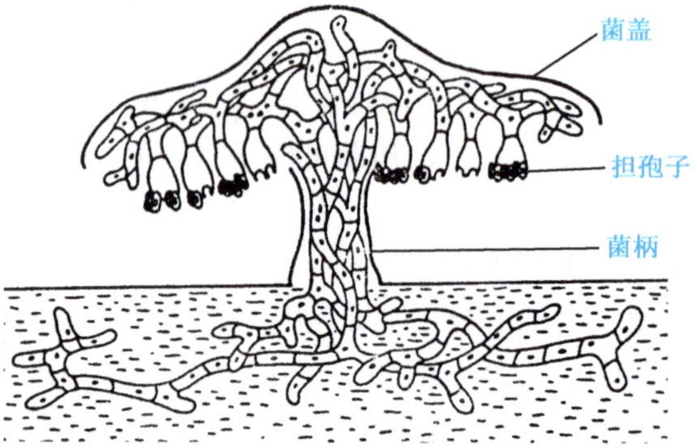

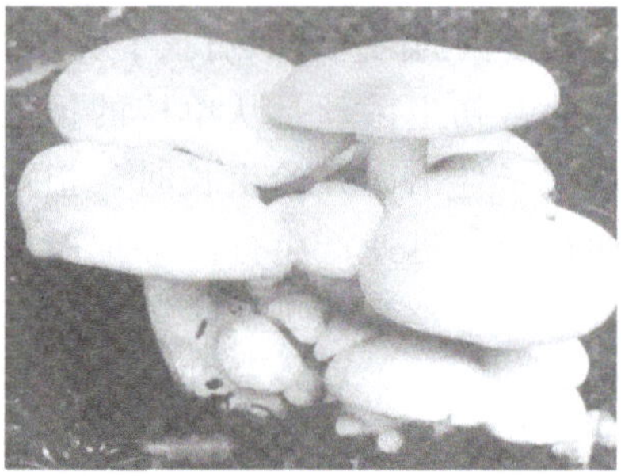

图 2.126　菇类子实体

二、担子菌的繁殖方式和子实体的形成

（一）繁殖方式

产生有性担孢子是担子菌的特点，担孢子着生于棍棒状的担子上（图 2.127）。

担子起源于双核菌丝的顶细胞，并被横隔与菌丝的其余部分隔开，在横隔上往往可以见到锁状联合。最初窄而细长，担子随着扩大并变宽。同时，幼担子内的两核合并（核配），核迅速发生减数分裂，产生四个单倍核。这时，担子顶端伸出四个小梗，顶端膨大，形成担子原。这四个核即通过狭窄的小梗挤入幼担孢子内，这个幼担孢子最后完成其发育成为单核、单倍细胞、典型的是四个担孢子。

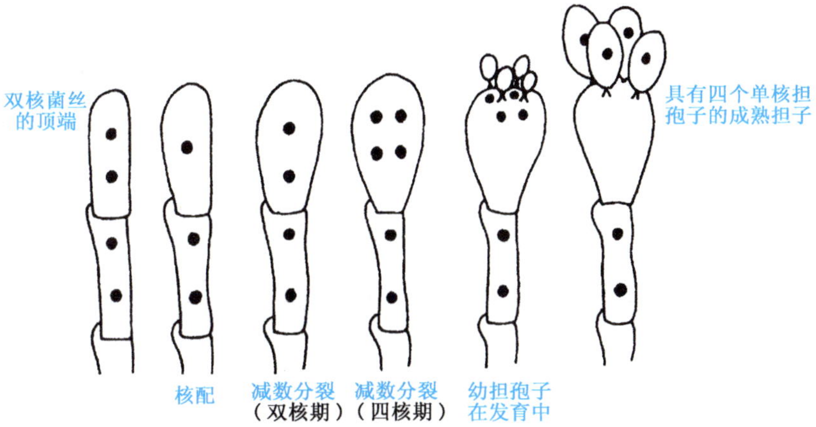

图 2.127　担子及担孢子形成的过程

担孢子有多种类型，分成有隔和无隔担子两大类。

（二）子实体的形成

许多担子菌的子实体是可食的，口味鲜美，含有丰富的蛋白质和氨基酸。子实体形成的五个阶段见图 2.128。

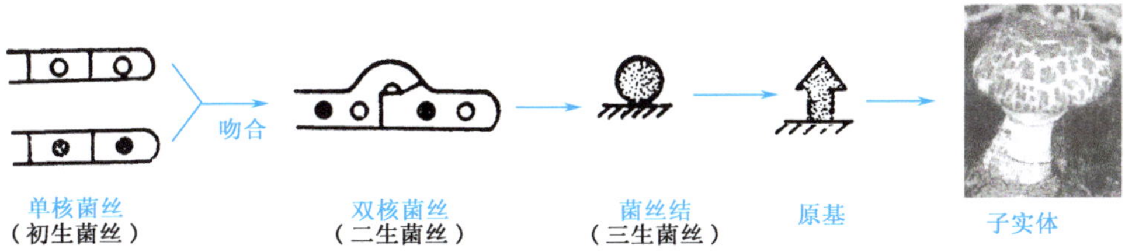

图 2.128　食用菌子实体的形成

首先是单核的二性菌丝吻合，形成双核菌丝。第一阶段形成菌丝球，第二阶段形成原基，是子实体的雏形，第三阶段就形成子实体，产生担孢子，成熟后可食用（只有部分担子菌可食用，有的有剧毒）。

（三）一些高等真菌的图例

一些高等真菌如图 2.129～图 2.134 所示。

图 2.129　银耳

图 2.130　猴头菌

图 2.131　香菇

图 2.132　蓝顶枝瑚菌

图 2.133　锈红鹅膏

图 2.134　产业化生产灵芝

第六节　藻　　类

藻类是地球上最重要的初级生产者，其光合同化生产有机碳的总量约为高等植物的 7 倍，同时固氮藻类（和固氮细菌）每年约能固定 1.7 亿 t 的氮素。因此，藻类不仅是人类和动物极其重要的食物源，它们光合作用中放出的氧也是大气中氧的最重要的来源，对自然生态系统的物质循环及环境质量有着深刻的影响。

藻类广泛地分布在海洋和各种内陆水体中（包括湖泊、水库、江河、溪水、沼泽、池塘、泉水、冰雪等）以及潮湿地表，前者为咸水藻，后者称淡水藻。

目前，藻类除蓝细菌外依照叶绿体结构、色素、储存产物、细胞壁结构和生活史划分为 4 个主要的门：绿藻门（Chlorophyta）、包括硅藻的金藻门（Chrysophyta）、裸藻门（Euglenophyta）、甲藻门（Pyrrophyta）。

一、藻类的一般形态和构造

（一）原核细胞藻类——蓝细菌

蓝细菌以前称为蓝绿藻或蓝藻，是一类分布很广，含有叶绿素 a，能够在光合作用时释放氧气的原核微生物。在自然界中分布极广，甚至在温泉、盐湖或其他极端环境中都可以找到它的踪迹，是一类在 10 余亿年前就形成的较古老原核微生物。

1. 形态特征

蓝细菌的形态差别很大，概括起来有球状或杆状的单细胞（图 2.135）和丝状的细胞链（图 2.136）两种形态。蓝细菌的细胞大小差别很大，其直径或宽度大多为 3～10μm，但有的小到与细菌相近，仅为 0.5～1μm，而大的则可达到 60μm。当许多个体聚集在一起时，可形成肉眼可见的蓝色群体。

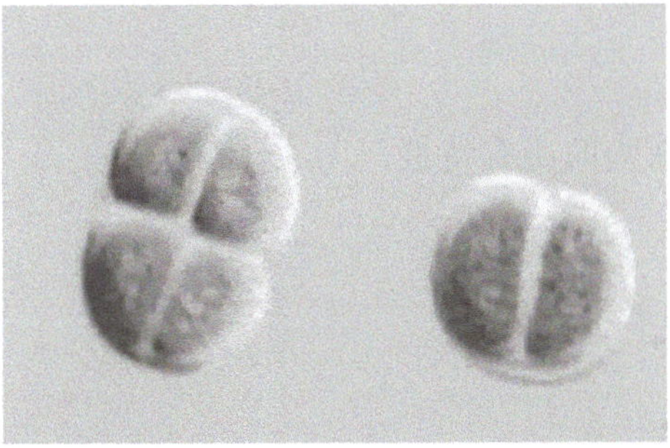

图 2.135　蓝球藻

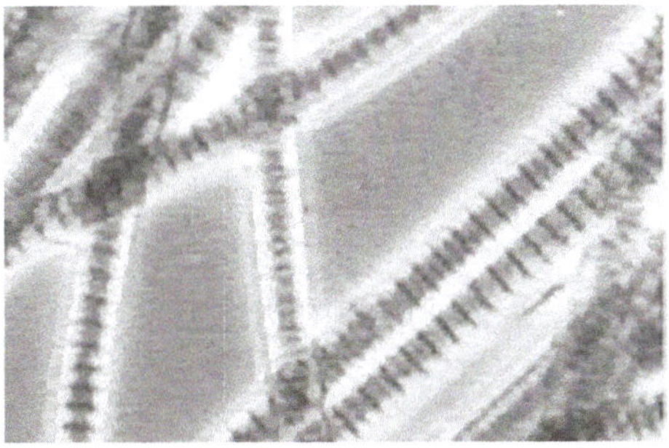

图 2.136　直链藻

2. 细胞结构

蓝细菌的细胞壁与革兰氏阴性菌很相似，分内外两层，外层为脂多糖层，内层为肽聚糖层，革兰氏染色呈阴性反应，对溶菌酶和青霉素敏感。细胞核没有核膜围住，为原核生物。细胞内含有大量的类囊体，是细胞进行光合作用的部位（图 2.137）。类囊体的膜上含有叶绿素 a、胡萝卜素和特有的藻胆蛋白体。细胞内还含有 70S 核糖体和各种储存物（糖原、聚磷酸盐、蓝细菌肽等）。许多蓝细菌细胞质中还有气泡，可使菌体漂浮以利光合作用。在化学组成上，蓝细菌与其他原核生物相比，最独特之处是含有由两个或多个双键组成的不饱和脂肪酸。

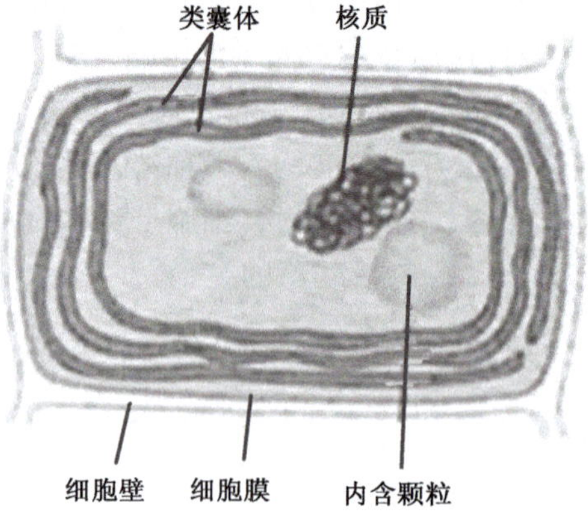

图 2.137　直链藻细胞构造

许多种类的蓝细菌在细胞壁外能分泌胶黏的多糖，类似细菌的荚膜或黏液层，将细胞群体或丝状细胞链结合在一起形成胶团或胶鞘。蓝细菌不具鞭毛，但大多数通过丝状体的旋转、逆转和弯曲可以“滑行”，有的还可进行光趋避运动。

3. 繁殖方式和应用

蓝细菌主要以二分裂或多分裂方式进行繁殖，少数蓝细菌可形成孢子，孢子壁厚，能抵抗不良环境。由成串细胞连成丝状的蓝细菌，在细胞链断裂时形成的片段，称之为链丝段，具有繁殖功能。

许多蓝细菌具有固氮作用；螺旋蓝细菌（*Spirulina*，通称螺旋藻）含有丰富的蛋白质、维生素和矿物质等营养素，具有很高的营养价值；不少种类的蓝细菌可用于提取各种生物药物。但蓝细菌亦是海水赤潮和湖泊水华的重要成因。

（二）真核细胞藻类

多数藻类细胞是真核细胞，具有真核细胞的所有特性。

1. 形态特征

一些藻类细胞和叶状体的结构如图 2.138 所示。

2. 细胞和个体结构

藻类细胞的结构是复杂多变的，为微纤维状，含有多糖及其他的细胞壁化合物。典型的藻类多糖是纤维素。某些藻类具有一层薄薄的有一定韧性的表层，而不是刚性的细胞壁。

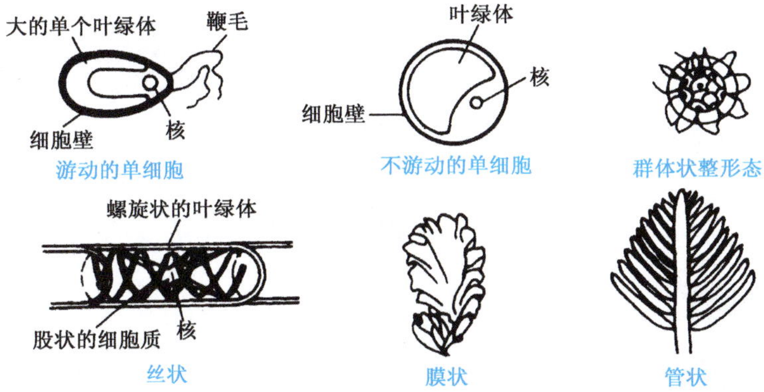

图 2.138　一些藻类细胞和叶状体的结构

大多数有细胞壁藻类的细胞壁是由纤维素组成的，有时结合有二氧化硅和碳酸钙。细胞壁或是和真菌细胞壁类似的纤维状，也可能是由高尔基体分泌的特殊的板片组成。有一类藻类没有坚韧的细胞壁，由原生质膜下面的一层可弯曲的蛋白质表膜保护细胞。

藻类细胞有细胞核、线粒体、核糖体、高尔基体和叶绿体。内部细胞结构由微管和内质网的网状结构支撑。含有多种质体，如淀粉类多糖的质体称为淀粉质体，有叶绿素的称为叶绿体，含有其他色素的称为有色质体。质体用于光合作用过程，由内膜和外膜构成。内膜以片状结构延伸到质体内部，含光合作用色素的颗粒存在于这些片层结构中。这些颗粒本身也是片状结构，称为类囊体（thylla-coids），与蓝绿藻中一样。

质体和线粒体不是由细胞质合成，而是通过这些微体本身分裂而增殖。质体中可能存在由淀粉核、淀粉颗粒、耐高渗颗粒和色素聚集而成的眼点（stig-mas）。质体膜是一种单元膜，在一些藻类中它与内质网相连。

藻类细胞通常有 1 条或 2 条鞭毛，鞭毛可着生在顶端、两侧或后端，拖在菌体后或缠绕在菌体上。藻类的鞭毛通常有两类，第一类具有相对坚固的外层管状膜，包裹着较柔软的灵活多变部分，这部分延伸至膜的外面，能够自由的摆动，这就是所谓的鞭形鞭毛。另一类是由更加灵活的轴所组成，沿轴侧方向上形成更细小的纤毛，也能运动，称为线形鞭毛。

鞭毛着生部位旁有眼点，使得细胞游向亮处。通过两侧鞭毛的划动或鞭毛螺旋桨式的转动，细胞在水中被推动或拉动。

藻类的各个品种在细胞的形态组织进化方面表现出不同的进化程度。但是任何一种都不可能存在完整进化的各个阶段，因为代表某一阶段的生物体可能已消失，或者某特定的阶段可能不再形成或尚未发现。

下面以轮绿藻（*Chara*）为例图示其藻体的个体构造及有性繁殖器（图 2.139）。

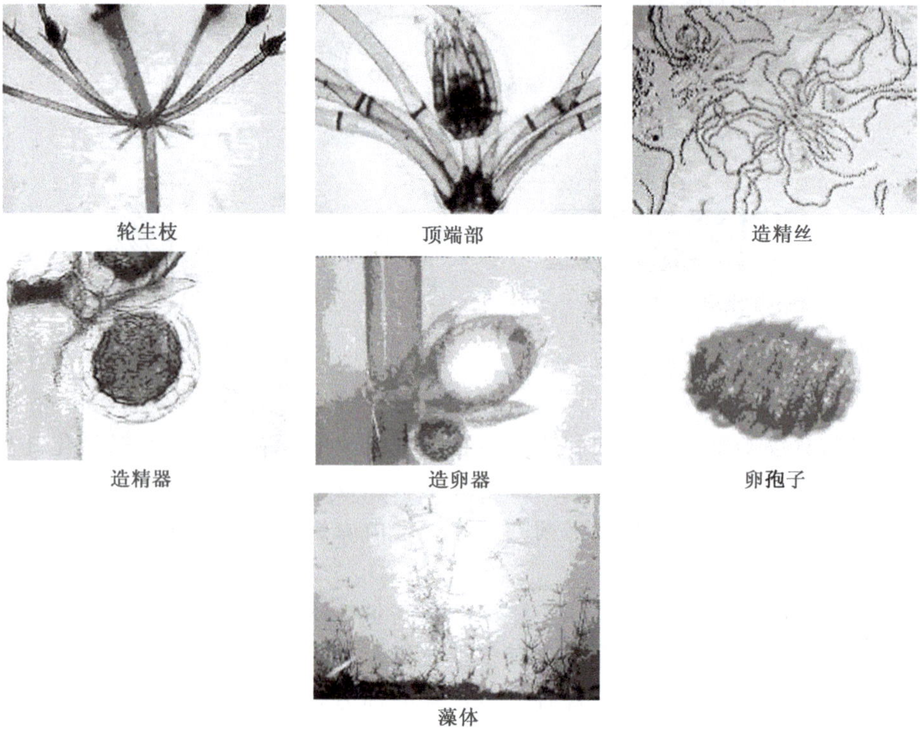

(a)轮绿藻藻体的构造

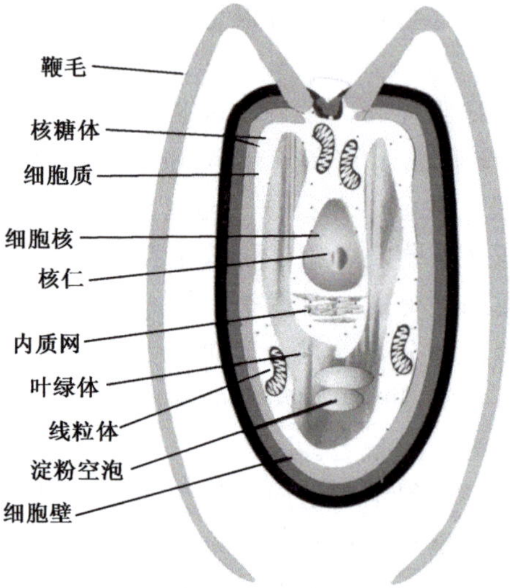

(b) 典型藻类细胞构造

图 2.139　轮缘藻藻体及典型藻类细胞构造

3. 繁殖方式和生活史

(1) 无性繁殖

单细胞藻类的繁殖就是二分裂。在大多数单细胞个体中，单倍体和二倍体核经历有丝分裂，然后细胞纵向分裂生成两个子细胞。有的种，母细胞中经历两次单倍体分裂，生成四个可游动的子细胞。

一些群体形、丝状体藻类会从丝的顶端生长，类似于菌丝的生长，另一些通过丝状体或片状体中的营养细胞分裂而生长。

(2) 有性繁殖

无性生殖伴随着单细胞藻类的生长，经历一阶段细胞生长后进行核有丝分裂。有性生殖和配子的形成以及随后的接合子形成相关联，接合子形成后立即进行减数分裂。二倍体只有在配子形成时才进行减数分裂。除裸藻未观察到有性阶段外，其余藻类均具有性繁殖。

1) 绿藻都有单倍体营养期，有游动或不游动的配子。配子由营养细胞分化而来。形成合子后进行减数分裂，生成单倍体的子细胞。

2) 金藻几乎全是单细胞体，少数是群体或丝状体。它们经二倍体的营养期、减数分裂、形成配子，然后进行有性生殖。

3) 甲藻有单倍体的、单细胞、游动的营养体。配子形成后，融合生成合子，然后进入有性生殖。减数分裂后生成休眠的孢囊或新的单倍体营养细胞。

(3) 生活史（以硅藻为例）

硅藻的生活史如图 2.140 所示。

二、淡水藻类

全世界已知藻类约有 40 000 种，其中淡水藻类有 25 000 种左右。我国幅员辽阔，自然环境复杂多样，使得淡水藻类资源也十分丰富而多样，淡水藻类中的各个门类在我国都有发现。

淡水红藻和褐藻，是海陆演变过程中残留在淡水中的孑遗生物，几乎都生长在清洁、温度偏低、且较稳定的水体环境中，如泉水、井水、溪水中（特别是泉水环境），其分布区相当狭窄，而且具有一定的封闭性。

（一）红藻

红藻大约有 3 500～4 500 种，其中有 50 种生活于淡水中。

红藻是具有辅助色素藻红蛋白的红色藻类，藻红蛋白的颜色掩盖了其他色素

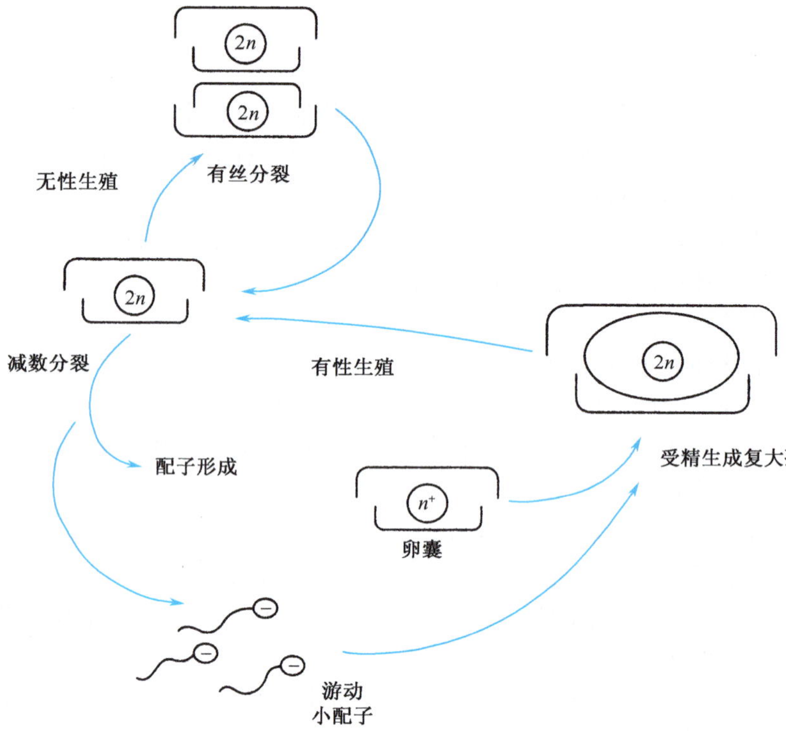

图 2.140 硅藻生活史

（如叶绿素、藻青蛋白、β-胡萝卜素、叶黄素、玉米黄素）的颜色，叶绿素 b 不存在。这些色素存在于类囊体的藻胆蛋白体中，类囊体规则地分布于叶绿体中。红藻没有鞭毛。

红藻产生淀粉类的储备性多糖（红藻淀粉），储存于叶绿体中。其他多糖在原生质体的外侧形成黏性物质，主要是半乳聚糖的硫酸酯。这些黏性多糖中最重要的是琼脂和卡拉胶。琼脂在微生物学实验中用于固体培养基的制备，卡拉胶用作食品工业的凝胶剂。

红藻是一种非常古老的生物，它的某些特性与蓝绿藻相似，与真菌也有相似之处。但是还没有证据表明红藻是从蓝细菌进化而来，或真菌是从红藻进化而来。

（二）褐　　藻

褐藻的菌体都是多细胞，繁殖是通过断裂进行的无性繁殖。有时，在单子囊腔的孢子囊中的二倍体中发现有无性接合孢子存在。世代繁殖中的变化在褐藻中很典型，单倍体配子接合，产生二倍体孢子体，其无性孢子萌发形成配子体。

（三）绿　　藻

绿藻的原生质体有两种不同的类型。一类是原始生物，其细胞质中含有小的液泡。另一类是进化程度更高的类型，与绿色植物细胞一样有一个较大的中央液泡。有一种特别的液泡称为搏动泡，它有规律地变空，然后再重新形成。与高等植物类似，原生质体周围有细胞壁包围，有时会分泌大量的黏液。在绿藻纲中几乎所有的类型都有叶绿体，只有少数的几种没有叶绿体。最原始的类型每个细胞有一个叶绿体。在一些藻类中，绿色被一种红色的血色素掩盖。每一个叶绿体中都有淀粉核存在，只有少数的几个类型没有。淀粉核的基本物质是蛋白质，外层覆盖有呈鳞片状的淀粉颗粒，也有一些淀粉核是裸露的。淀粉也可能存在于淀粉核之外，即自由分布于叶绿体中。有一些藻类具有特别的质体——白色体，其中只储存淀粉，在这样的藻类中不存在叶绿素（图 2.141）。

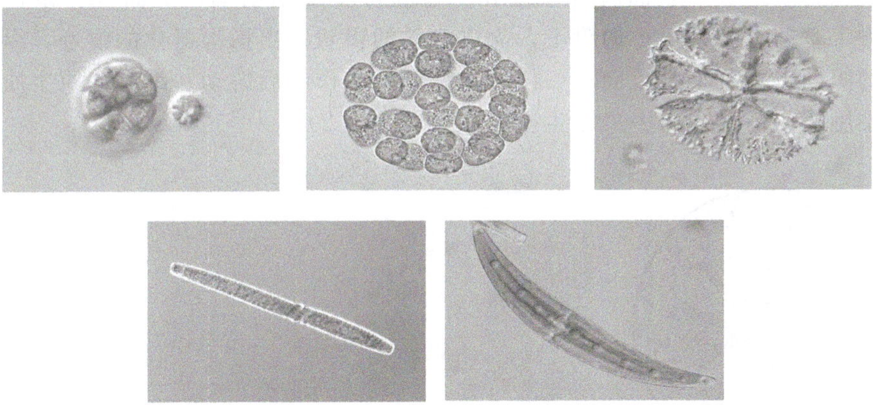

图 2.141　绿藻门的一些个体形态

绿藻纲包括约 350 属，有 5000～8000 个种，它们主要生活于淡水中，只有 10%生活于海洋。有一些种是陆生的，主要生活于潮湿的场所如岩石和树干的缝隙及蘑菇的成熟子实体上。所有这种藻类都能利用有机的碳源和氮源。

由于自然环境的变化和人类的活动（特别是工业和城市的发展），有些罕见的种已遭受灭绝或处于濒临灭绝的境地，其中受威胁最严重的是淡水红藻和褐藻。

在大型淡水藻类的水体中，也往往由于人类活动引起环境变化，招致大型淡水藻类的消失。自 20 世纪 70 年代以来由于富营养化过程的加剧，逐渐被蓝藻、绿球藻等耐污藻类所取代。

三、海水藻类

（一）甲　　藻

当遇到适合生长的环境条件，甲藻藻类呈指数生长，导致很高的局部群体数目。这些海藻因种类不同，生成的化合物不同，会对鱼类、无脊椎动物或哺乳动物造成毒害。这类生物细胞与硅藻一样表面有纹饰，细胞在背腹方向上通常是不对称的，核内含有紧密收缩的染色体，称为腰鞭核。甲藻门只有一类甲藻纲，包括大约 120 属。

1. 夜光藻（*Noctiluca scintillans*）

藻体近于圆球形，游泳生活。细胞直径为 150～2000μm。细胞壁透明，由两层胶状物质组成，表面有许多微孔。口腔位于细胞前端，上面有一条长的触手，触手基部有一条短小的鞭毛，靠近触手的齿状突出横沟退化的痕迹，纵沟在细胞的腹面中央。细胞背面有一杆状器，使细胞作前后游动。细胞内原生质淡红色，细胞核小球形，由中央原生质包围（图 2.142）。

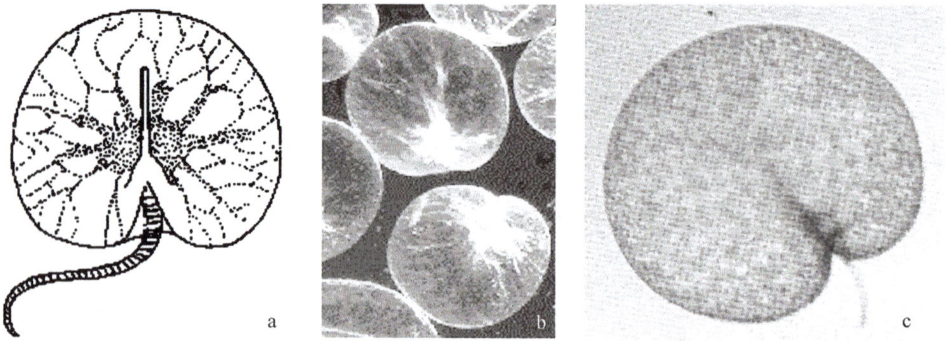

图 2.142　夜光藻

a. 腹面观（示意图）；b、c. 细胞外形

本种是世界性的赤潮生物，也是我国沿海引起赤潮最普遍的种。该藻曾在南海、长江口外海域多次引发赤潮（图 2.143）。

2. 海洋原甲藻（*Prorocentrum micans*）

藻体外形主要由两块壳板、顶刺、鞭毛孔和两条鞭毛等组成。细胞形状多变，壳面观呈卵形、亚梨形或几乎圆形。体长为 42～70μm，宽度为 22～50μm，

图 2.143　赤潮

顶刺长 6～8μm。细胞前端圆，后端尖，藻体中部最宽，顶刺尖生，顶生，翼片呈三角形，副刺短，鞭毛孔多个，位于细胞前端。两壳板厚，坚硬，表面覆盖着许多排列规则、凹陷的刺丝胞孔。藻体内细胞核呈“U”形，位于细胞后半部，色素体 2 个，褐色，板状（图 2.144）。

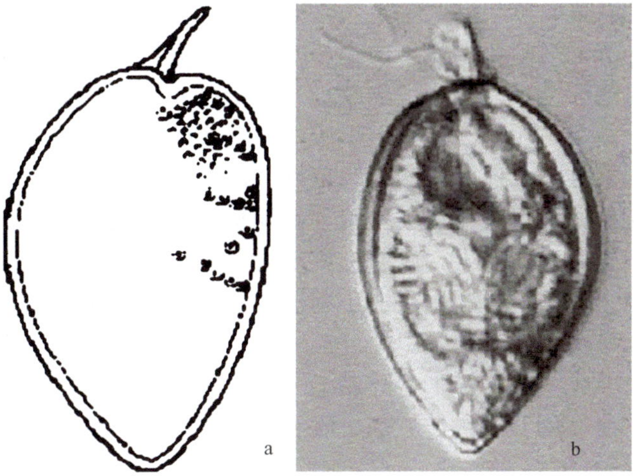

图 2.144　海洋原甲藻

本种是世界性种，广泛分布于沿海、河口、大洋海域和中国的香港、近海、东海、南沙群岛等水域。它是南海北部近岸水域常见种，是形成赤潮的主要种类。

（二）硅　　藻

硅藻（diatom）保持单细胞的形态，且有不同于其他藻类的细胞组织（图 2.145）。硅藻细胞的外形似一个小盒，由两等份嵌成。细胞含硅质（silica），构成细胞壁上独特图案。硅藻分布在淡水及海水里。

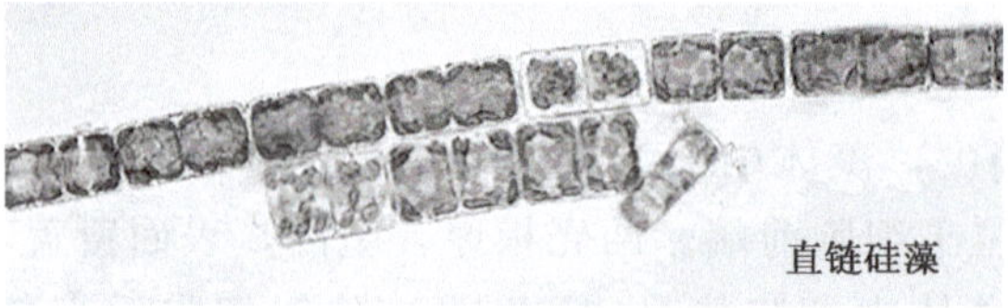

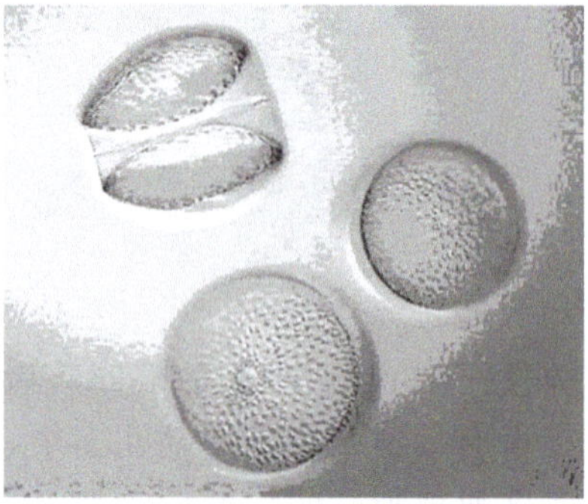

图 2.145　硅藻

单核细胞以简单的分裂方式繁殖：外壳的两半略微分开，核进行有丝分裂形成两个子细胞，每个细胞获得一半的壳，必须要形成另一半互补的壳，这也是为什么随着分裂的连续进行，细胞大小减小至最小尺寸。在细胞达到最小尺寸之前会产生似亲孢子，它是在有性过程中形成的，形成的这种孢子使得该微生物在因细胞尺寸减小而不可避免地导致死亡时得以存活下来。

叶绿体为棕色，因为岩藻黄素掩盖了叶绿素的颜色。硅藻的细胞壁充满了二氧化硅，形成一层盒形的外壳，由两部分组成，且这两部分大小相当。

目前大约有 200 属这种硅藻生活于湖泊或海洋深处的淡水或咸水中。硅藻细胞在死亡后沉入海底。硅藻细胞中硅的形式是二氧化硅，由于其化学惰性，它并不降解，而是积聚成一层硅藻土。硅藻土可用作磨蚀剂，硅藻土可被开采，可加工成绝缘物质，在工业上用作过滤剂、隔热及隔音材料。

（三）红　　藻

红藻生长于多石的海岸，通常生长的最大深度为 180m，这一深度取决于水的混浊度。红藻生长于石头、贝壳、海草等上面。

红藻大约有 3 500～4 500 种，其中有 50 种生活于淡水中。紫菜属于红藻门，可食用（图 2.146）。石花菜（图 2.147）主要被用以提取琼脂，也就是洋菜，在日本每年的琼脂产量大约为 2 000t，美国每年卡拉胶产量约为 1 000t。

图 2.146　紫菜

图 2.147　石花菜

四、主要藻类的基本特征

鉴于内容篇幅，本节涉及藻的种类不多，表 2.18 可供进一步了解。

表 2.18　主要真核细胞藻类的特征

类群	色素	储存物质	鞭毛	细胞壁	叶绿体	内质网类囊体层数
绿藻	叶绿素 a、叶绿素 b、类胡萝卜素、叶黄素	糖类、淀粉、果聚糖	1，2～8，等长，极生/亚极生	纤维素、甘露聚糖、蛋白质、碳酸钙	0	3～6
金藻（包括硅藻）	叶绿素 a、叶绿素 c1、叶绿素 c2、胡萝卜素、墨角藻黄素或藻胆素	金藻昆布多糖、油脂	1～2，+/－等长或不等长，极生/亚极生	纤维素、二氧化硅、碳酸钙、有或无几丁质	2	3
裸藻	叶绿素 a、叶绿素 b、叶黄素、胡萝卜素	裸藻淀粉、油脂、糖类	1～3，+/－极生	蛋白质表膜	1	3
甲藻	叶绿素 a、叶绿素 c1、叶绿素 c2、β-胡萝卜素、墨角藻黄素、多甲藻素、甲藻黄素	淀粉、葡聚糖、油脂	2，1 条拖后，1 条缠绕	纤维素有或无	1	3

第七节 噬 菌 体

噬菌体（bacteriophage）是一类侵害细菌（包括放线菌）的病毒，又称细菌病毒（bacterialvirus）。具有其他病毒的共同特性：个体小、可通过除菌滤器、没有细胞结构、非常专一的寄生性等，为非细胞生物。其结构主要由蛋白质和核酸（DNA 或 RNA）组成。在自然界中分布广泛，土壤、空气、水中或生物体内都可存在。据噬菌体与寄主细胞的关系可分为烈性噬菌体（virulent phage）和温和噬菌体（temperate phage）两类。前者改变寄主的性质，大量产生新的噬菌体，最后导致菌体裂解死亡；后者可因生长条件的不同，即可引起寄主细胞的裂解死亡，又可将其核酸整合到细菌的染色体上，使细菌细胞继续生长繁殖，并被溶原化。

噬菌体的危害主要存在于发酵工业，如乳制品、酶制剂、氨基酸、有机溶剂、抗生素、微生物农药和菌肥生产等。由于它的个体比细菌小数百倍，可以附着于尘埃上随风飘移，因此能长久地扩散和传播到一定的范围，并能脱离寄主而存活。它在寄主细胞内能大量迅速繁殖子代噬菌体，如在十几分钟至一个小时左右，一个细胞感染一个噬菌体后可以释放出数十个至数百个子代噬菌体。一旦发生噬菌体污染，会导致发酵异常、倒罐，使工业生产遭到严重损失。

由于噬菌体的结构比细菌和高等细胞简单，故广泛用于复制、转录和调节机理的研究。

λ 噬菌体以原噬菌体方式存在于大肠杆菌 K12 株系中，利用紫外线诱导可以释放 λ 噬菌体，可感染已经丧失了 λ 噬菌体的大肠杆菌株系。λ 噬菌体在大肠杆菌中可裂解生长或整合到寄主染色体中复制。λ-DNA 可在体外包装成病毒颗粒，高效地感染大肠杆菌；可以把 25kb 长的外源 DNA 插入 λ-DNA，引入受体细胞；另外重组 λ-DNA 的筛选和保藏较易，故常作为分子克隆的载体。

一、噬菌体的形态和构造

从形态学上可将噬菌体分为六群，其中 1、2、3 群有头部、尾部之分，为蝌蚪形：4、5 两群没有尾部，是微球形，6 群为纤维形噬菌体，是一条略呈弯曲的纤丝。目前我国谷氨酸发酵中所发现的噬菌体，均属蝌蚪形（图 2. 148）。

浸染棒杆菌的一种噬菌体具有头部和尾部，头部呈明显的六边形，头部大小约为 55nm。它是一种非收缩尾噬菌体，尾部呈杆形或弯曲，长约 193nm ×

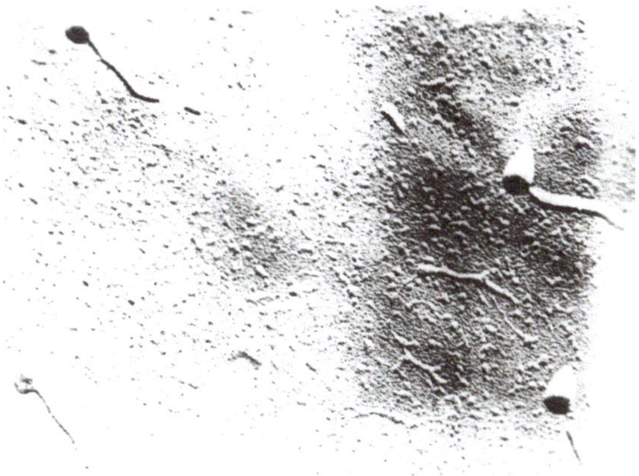

图 2.148 谷氨酸发酵浸染的噬菌体

12nm。尾部末端可看到六个明显的钉状刺突，其中三个在一个平面上，另外三个在另一个平面上，两个平面互相平行，且垂直于尾。六个刺突在垂直投影面上形成六个角。

一种具有收缩性尾部的 T 噬菌体形态见图 2.149。

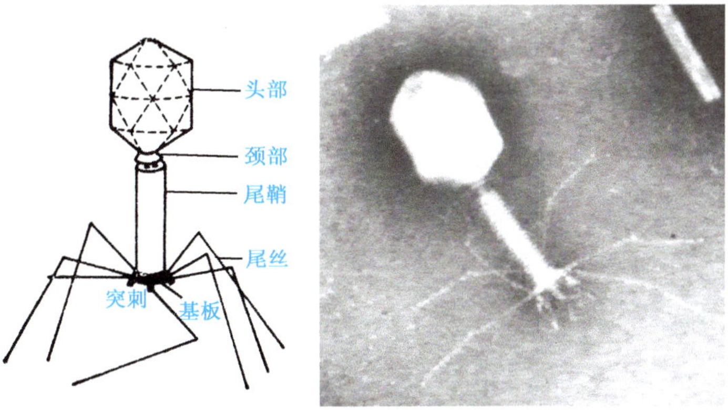

图 2.149 具有收缩性尾部的 T 噬菌体形态

T 奇数噬菌体有多种，已报道的浸染北京棒杆菌的噬菌体有四种，这四种噬菌体是 A2、A3、A133 和 A155。A133 是收缩尾，A2、A3 和 A155 是非收缩尾。尚未报道这四种噬菌体的尾端有刺突。噬菌体的形态特征及其寄主见表 2.19。

表 2.19 噬菌体的形态特征及其寄主

形态及特征*		大肠杆菌噬菌体举例	其他菌种噬菌体
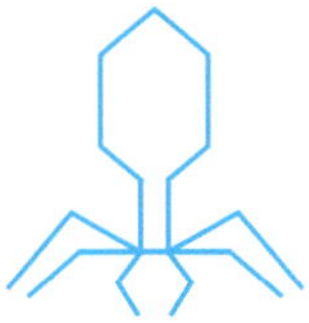	2×DNA 收缩性尾部	T2、T4、T6（DNA：1.2×10^8，头部＝95nm×65nm，尾部＝20nm×110nm）	假单胞杆菌属 12S，PB-1；芽孢杆菌属 SP50；黏球菌属 MX-1；沙门氏菌属 66t
	2×DNA 非收缩性尾部	T1，T5，λ（DNA：3.5×10^7，头部＝54nm，尾部＝10nm×140nm）	假单胞杆菌属 PB-2 棒杆菌属 B 链霉菌属 K
	2×DNA 非收缩性短尾	T4，T7（DNA：2.4×10^7，头部＝47nm，尾部＝10nm×15nm）	假单胞菌属 12B 土壤杆菌属 PB-100 沙门氏菌属 P22
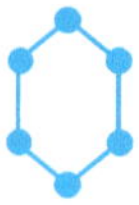	1×DNA 无尾部，顶端衣壳粒蛋白质较大	*Φ*X174，SB（DNA：1.7×10^5，直径＝30nm）	沙门氏菌属 ϕR
	1×RNA 无尾部，衣壳粒蛋白质大小一致	T2、MS_T、Q_B（RNA：9×10^5，直径＝24nm）	假单胞菌属 7S
	1×DNA 无头部，线状噬菌体	fd，f1（DNA：1.3×10^6，直径＝6nm×800nm）	假单胞菌属

* 形态大小不成比例。

噬菌体的化学成分绝大部分是核酸和蛋白质，它们占粒子重量的 90%以上，其中核酸占 40%～50%，多数噬菌体的核酸是单链或双链 DNA，但近十多年来，发现不少的噬菌体所含的核酸就是 RNA。噬菌体的外壳由蛋白质组成。

二、噬菌体的生长和繁殖

噬菌体的生长和繁殖过程包括五个步骤，即吸附（adsorption）、侵入（injection）、增殖（replication）、成熟（maturity）和释放（release）（图 2.150）。

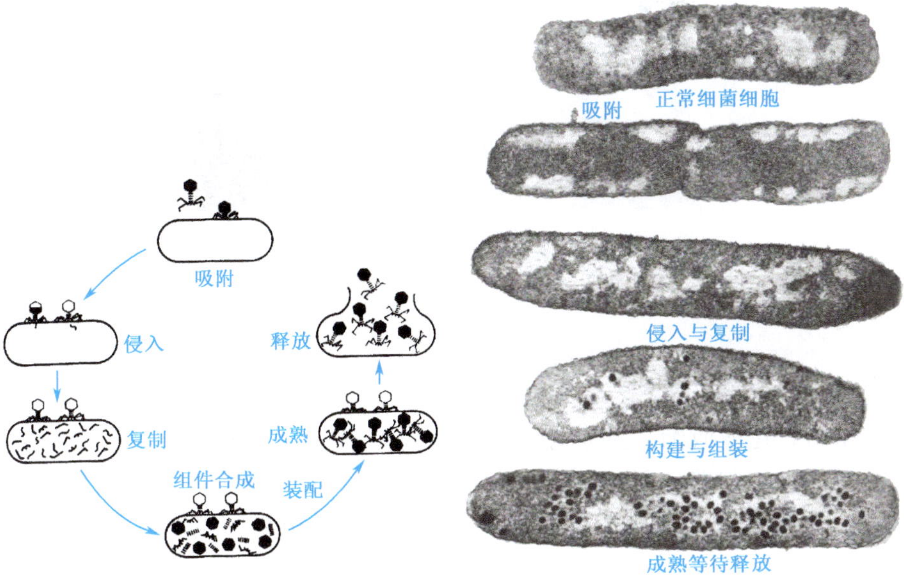

图 2.150　噬菌体的生长和繁殖过程（烈性过程）

（一）吸　　附

吸附是噬菌体的吸附器官（尾丝、基板和刺突）与敏感寄主细胞的特殊位点的接触（图 2.151）。尾丝首先触及寄主细胞表面，然后基板和刺突固定。一般说，噬菌体对寄主要求专一性很强，比如，产谷氨酸的北京棒杆菌噬菌体就严格地限于浸染北京棒杆菌。但也有些噬菌体也可以感染相近的种或属的菌株，如四环素生产菌的噬菌体。敏感的细胞并非整个细胞各处皆可吸附，须在特殊位点，而且大肠杆菌的受点还依噬菌体而异。T3、T4 和 T7 噬菌体的特殊位点是脂多糖层；T2 和 T6 是脂蛋白质，雄性专一噬菌体是 F^+ 细胞的纤毛。当然，噬菌体吸附的寄主细胞和特殊位点的专一性并非一致，程度有差异。

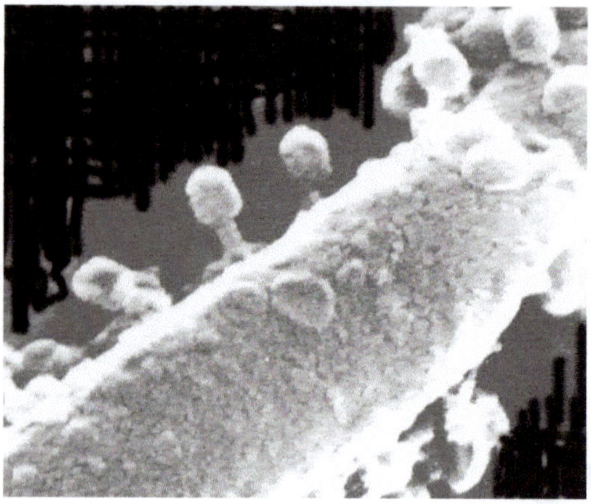

图 2.151 大肠杆菌表面吸附的 T4 噬菌体

（二）侵 入

吸附后，尾丝收缩，感染过程开始，对 T 类噬菌体就开始收缩尾鞘，结果不仅尾髓插入细胞壁，而且会像注射一样将 DNA 打入细胞内。蛋白质的外壳仍在壁外，而线状噬菌体 fd 则全部进入寄主细胞。从吸附到侵入时间很短，如 T4 仅需 15s（图 2.152）。

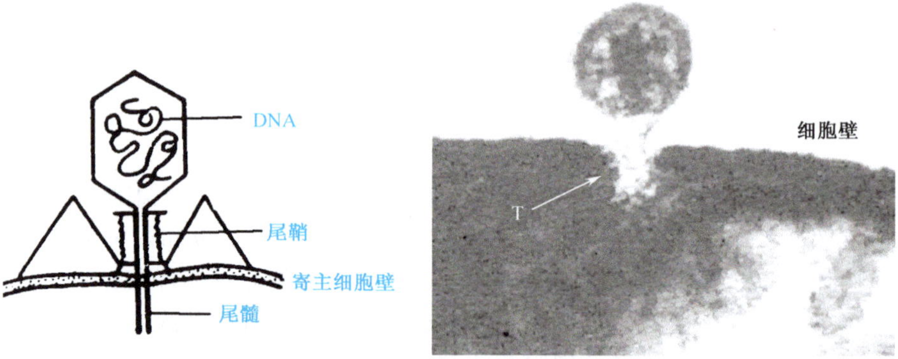

图 2.152 噬菌体吸附在寄主细胞壁上并侵入

（三）增 殖

噬菌体一侵入，增殖即开始，即核酸的复制和蛋白质的合成。先利用寄主的

RNA 聚合酶转录，噬菌体的 m-RNA 被寄主的蛋白质合成体系翻译，形成一系列新的早期蛋白质。在 T 类噬菌体中，早期蛋白质包括一种新的 DNA 聚合酶，分解寄主的 DNA 的核酸酶，合成 5-羟甲基胞嘧啶和它的 ATP 所必需的酶，以及转录形成后期蛋白质基因所需的蛋白质。然后开始噬菌体核酸的复制。在含有双股 DNA 的噬菌体中，复制过程与一般 DNA 复制相似。在含单股 DNA 的噬菌体如 *ΦX*174 中，一条互补的 DNA 被合成，形成了双股 DNA，接着再以此作模板合成 RNA 和子代 DNA。第二步是后期蛋白质开始出现。在 T 类噬菌体中，合成的后期蛋白质是噬菌体头和尾成分的亚单位，还有噬菌体的溶菌酶。这种酶能分解寄主细胞壁的肽聚糖。

（四）成　　熟

当所有噬菌体结构成分都已合成时，成熟过程（即“装配”）便开始。在 T4 中，装配一个成熟噬菌体约需 30 种不同的蛋白质，而且至少具有 47 种基因功能。其过程先是 DNA 的凝聚，头的亚单位被组装成头部，尾和尾丝也各自组成。然后按从头至尾的顺序自我装配，最后将尾丝装上，形成一个完整的噬菌体（图 2.153）。

（五）释　　放

噬菌体繁殖的最后阶段是裂解释放出子代噬菌体。裂解 T 类噬菌体感染的细胞要涉及两个或更多基因的作用，至少一个作用于细胞膜，另一个具有溶菌酶的作用将分解壁的肽聚糖，线状噬菌体则不裂解寄主细胞，可能是通过挤压而冲出细胞壁。

每种噬菌体侵入敏感细胞，每个细胞最后能装配完成和释放出的噬菌体数称为裂解量，它是相对固定的。如 T4 为 100，*ΦX*174 为 1000，f2 为 10 000，T2 为 200；谷氨酸产生菌的噬菌体为 50～150。

图 2.154 为噬菌体一步生长曲线，这是定量描述烈性噬菌体生长规律的实验曲线。实验时必须用噬菌体去感染高浓度的寄主细胞，以保证每个细胞所吸附的噬菌体至多只有一个。由于众多寄主细胞的裂解不可能同步，所以释放期较长。

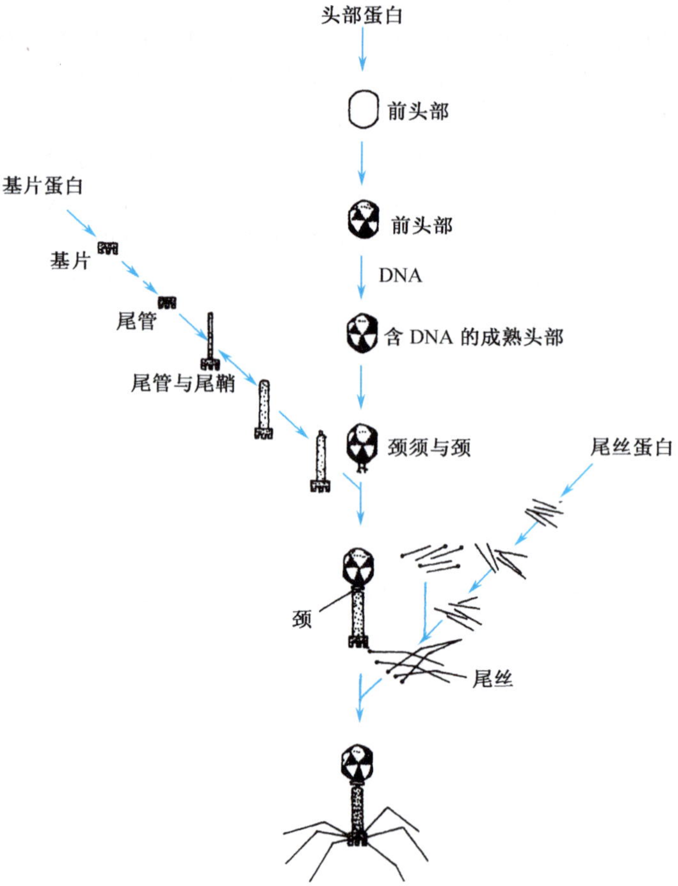

图 2.153　噬菌体的组装

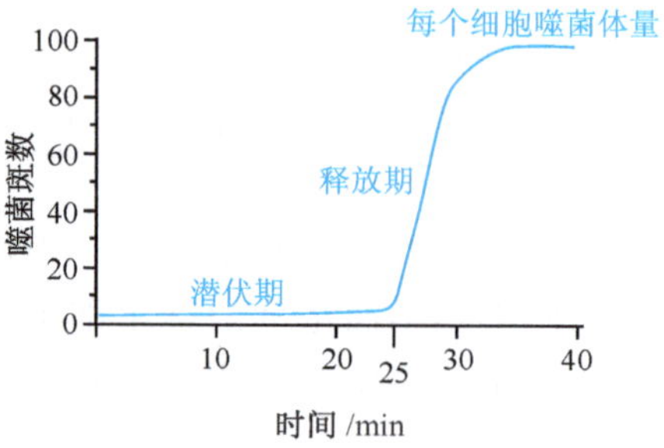

图 2.154　噬菌体一步生长曲线

(六) 噬菌体效价的测定

效价(titre)在这里的含义是表示每毫升试样中所含具有感染性噬菌体的数量,也称噬菌斑形成量(plaque-forming unit)。

测定效价的方法常用双层平皿法。在已倒 2%琼脂下层的平皿上,将 1%琼脂上层培养基与敏感寄主细胞和噬菌体试样稀释液混匀凝固后,37℃培养 10 多个小时,平皿表面会形成具有一定形状、大小和透明度的噬菌斑。由于一个噬菌体先侵染一个细胞,然后以此为起点再反复侵染周围大量细胞,结果形成可观察到的一个噬菌斑。据知一个直径 2mm 的噬菌斑含有 $10^7 \sim 10^9$ 个噬菌体。

三、噬菌体的生活史

噬菌体有两类,大多数噬菌体是烈性的,如 T4、T7、$\Phi X174$ 等,它们在生长循环结束时就杀死细胞,其过程就像整个生长繁殖过程。不过,在自然界还存在另一种噬菌体,称为温和性噬菌体。

温和性噬菌体感染一个敏感细菌菌株时,根据各种遗传和生理条件,有两种可能的行为,即一些细胞被噬菌体增殖所裂解,而另一些则被溶原化。

温和性噬菌体侵入寄主细胞后,由于前者的基因组整合到后者的 DNA 上,并随寄主细胞的复制而进行同步复制,不引起寄主细胞裂解的现象称"溶原化"。能引起溶原化的噬菌体即称温和性噬菌体,已整合到寄主 DNA 上的噬菌体就称"原噬菌体"(prophage),这时的寄主就称"溶原菌"(lysogenic bacteria)。以"原噬菌体"的方式嵌存于寄主的 DNA 中,可随寄主繁殖,延续传代,"和平共处",一般不引起细胞裂解。产生溶原化的菌株的命名方法是,在菌株名称后加上括号,括号内是它们所携带的原噬菌体的名称。如 *E. coli*(λ),λ 即为大肠杆菌菌株携带的原噬菌体。

温和性噬菌体的生活史如图 2.155 所示。

像菌株的其他遗传特性一样,溶原性通常也是菌株的一种非常稳定的特性。因此在大多数溶原细菌细胞群体中,只有极少数溶原菌会丢失它们的噬菌体,失去的原因尚不很清楚。溶原性细胞经诱导也可变成"烈性"状态,即也可复制和溶解寄主细胞并释放出正常的有感染力的噬菌体。另外,溶原菌对于同一种噬菌体或是与之密切相关的噬菌体表现出免疫性,即它不能再被同一种噬菌体所裂解或溶原化。但免疫性不同于细菌对噬菌体的抗性,抗性是由于细胞表面受体部位结构的改变而使得噬菌体不能吸附。

溶原性细菌易识别,只要把溶原细菌在固体培养基上划线,当划过一个对噬

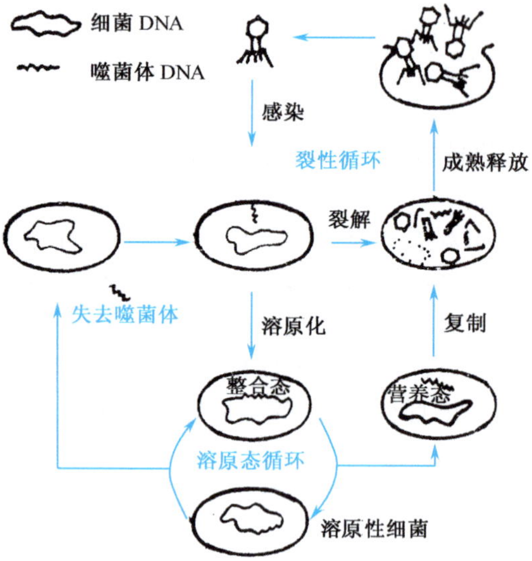

图 2.155　温和性噬菌体的生活史

菌体敏感的菌株时，沿着溶原性细菌的边界处可以看到一个窄的裂解区。当溶原性细菌被强烈因素处理时，也易于转变为烈性。此外，许多菌株可被几个不同的噬菌体溶原化。

四、噬菌体的分离检查

噬菌体具有非常专一的寄生性，它只能在特异的寄主细胞中增殖。另外，噬菌体缺乏独立代谢的酶体系，不能脱离寄主而自行繁殖。因而噬菌体的繁殖必须依赖于寄主细胞的繁殖，它只能在活的、正在繁殖阶段的细胞中繁殖；而在死的、衰老的、处于休眠状态的细胞中，或在代谢产物或培养基上均不能繁殖。为此，必须采用特殊的方法对噬菌体进行分离检查。

（一）分离方法

1. 分离样品的制备

1）分离源为液体时，可进行一次离心分离，即在 10 000r/min 的转速下分离 10min，除去杂菌，用上清液作为分离样品。

2）对于土壤等固体材料，可先取 1～2g 固体悬浮于 5～10ml 培养基内，然后取离心上清液为样品。

3）以溶原菌的培养液作为样品时，考虑到诱导噬菌体的产生，可用紫外线或丝裂霉素 C 处理后，再进行培养。

4）要从设备或容器的表面分离噬菌体，可先用灭菌棉签用力地擦拭容器的表面，然后将棉签放入 2～3ml 培养基充分洗脱。以此液体作为分离样品。

5）由空气中分离噬菌体时，可用真空泵抽引，使空气进入培养基内，此经捕集的培养基即可作为分离样品，而在噬菌体密度高的位点，只要将长了寄主菌的平皿打开，在空气中暴露 30～60min 即可。

经制备后的样品中噬菌体含量太少时，可将样品放在寄主菌液内培养适当时间，使噬菌体繁殖。为避免杂菌增殖，可加入过滤的样品或采用抗链霉素的寄主菌，在加链霉素的情况下进行培养。有两种以上噬菌体存在时，培养时间短，以免增殖速度慢的噬菌体为增殖快的噬菌体所压倒。当然，也可用膜滤器浓缩。

2. 寄主细胞的培养

在分离噬菌体时，可采用能使噬菌体增殖到一般程度的培养基。若菌的生长过于旺盛，有时反而不会形成噬菌斑。因为有的噬菌体的吸附和增殖要求有特殊的物质，所以最好用含蛋白胨、酵母膏等的半合成培养基，并在其中补加 10^{-3} mol/L 的 Ca^{2+} 和 10^{-2}mol/L 的 Mg^{2+}。当难以做出选择时，可先用补加 Ca^{2+} 的无糖肉汁培养基试试。

3. 分离方法

预先分别配制含 2%和 1%琼脂的下层培养基和上层培养基，在固化下层琼脂培养基的平皿中将融化的上层软琼脂培养基与寄主细胞混合，并使其布满平皿，然后用接种环、毛细管或微量吸管取样品在培养皿上点 12～25 个点，待液体被培养基吸收后培养过夜，检查点样部位有无噬菌斑出现。噬菌体少时，噬菌斑集中；有时噬菌体量太多，看不到噬菌斑，尤其是那些取自溶原菌的样品。此时可同时检查原液和稀释液，就不至于造成这种情况。也可不用改变稀释度的方法进行检查，而是以接种环取样品原液点在涂有菌的平皿的一角上，然后进行连续弯曲的划线。样品数量特别多时，可将几个样品混合后进行检查，然后舍弃阴性试样。

由溶原菌分离噬菌体可用大型接种环取敏感菌的菌悬液在平皿上划两条线，然后将待试的噬菌体的悬浮液与一条直线交叉划八字横线，经适当剂量的紫外线照射后进行培养，检查交叉处有无噬菌斑出现。

（二）噬菌体的纯化和噬菌斑的形状

用接种针挑取单个的噬菌斑，将黏着的噬菌体悬浮在 1ml 培养基内，经适当稀释后，再使之重新形成噬菌斑（图 2.156）。再反复进行此操作，直至证实其为纯的噬菌体为止。

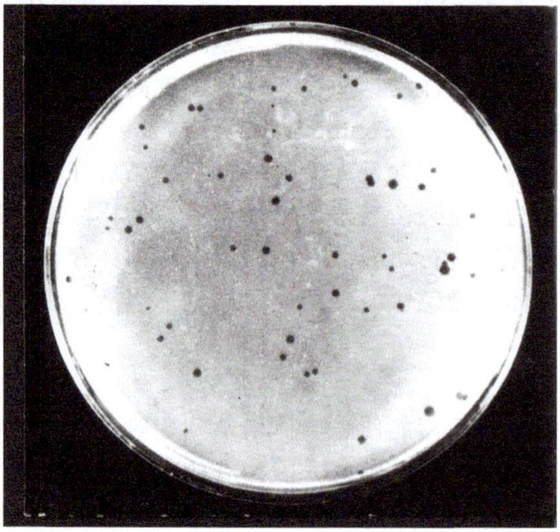

图 2.156　噬菌斑

噬菌斑的形状因噬菌体种类而异，但可归纳为如图 2.157 所示的几种基本的形状。

图 2.157　噬菌斑的形状

白色为溶菌而透明；黑色为细菌生长；无论何种形态，均有边缘清晰与否之分

噬菌斑的大小不等。有的小如针尖，一般称为针孔状噬菌体，有的直径达 10～15mm，即使是同一种噬菌体，其噬菌斑大小也会因培养基组成和 pH 值、软琼脂培养基数量和琼脂浓度、菌龄和菌数、平板培养温度和时间等条件的不同而异。即使在同一条件下，其大小也往往不同。

总之，在分离噬菌体时，必须注意观察噬菌斑的形状。如按照上述方法，使形状、大小不同的噬菌斑再产生噬菌斑，便可大体了解样品中存在的噬菌体种类。

要想知道所分离的是什么噬菌体，可根据其寄主范围，对噬菌体抗性菌的交叉抗性、抗噬菌体血清的交叉中和反应、增殖特性、粒子形态及核酸类型等进行进一步的研究，以判断它们与已保藏的噬菌体的异同。

（三）噬菌体保存液的制备和保藏

1. 制备

为了制备高效价噬菌体液，可将纯化过的噬菌体加到液体培养基中增殖了的菌液内，培养到发生溶菌为止（有时经长时间培养后会重新变为混浊）。当不能见到溶菌时，可将培养液的离心上清液加到新鲜的培养液中反复进行培养。这样即使不能见到溶菌，噬菌体的效价也很高。当不能得到高效价噬菌体时，可改变培养基、菌液浓度、菌和噬菌体的比例，以及加入噬菌体的时间等，再进行试验。

此外，还可在噬菌斑发生重叠的几乎整面都发生了溶菌的平板上加入 2～3ml 培养基，用玻璃棒弄碎琼脂层，于 37℃下放置 20～90min（也可不弄碎琼脂层，培养 3～5h），使噬菌体游离。在用液体培养法不能得到高效价噬菌体时，可以采用这种方法。

2. 保藏

将噬菌体保藏液离心分离后的上清液或过滤液（尽可能纯化了的噬菌体液）在 4℃密藏，多数可保存颇长时间。若要长期保存，则可加入甘油、血清、脱脂牛奶等分散剂，在冷冻状态保藏（使用超低温冷库等），或经冷冻干燥后保藏。简便的方法是用灭菌滤纸片或琼脂片浸透噬菌体进行保藏。温和噬菌体不能制成保藏液，多以溶原菌形式保藏。

五、理化因素对噬菌体的影响

噬菌体受理化因素作用后失去感染性，称为灭活（inactivation）。灭活的噬菌体仍保留某些活性。

（一）物理因素

1. 温度

大多数噬菌体耐冷不耐热，在 0℃以下能良好生存，特别是在干冰温度（−70℃）和液氮（−196℃）温度下更可长期保持其感染性。相反，大多数噬菌体于 55～60℃，几分钟至十几分钟即被灭活，100℃时在几秒钟内即可灭活噬菌体。即使是体温（37～38.5℃）也可能使某些噬菌体灭活。冻融，特别是反复冻融可使许多噬菌体灭活。因此，噬菌体标本的保存应尽快低温冷冻并且避免不必要的冻融。有蛋白质或 Ca^{2+}、Mg^{2+} 存在，常可提高某些噬菌体对热的抵抗力。

2. pH 值

一般来说，大多数噬菌体在 pH 6～8 的范围内比较稳定，而在 pH 5.0 以下或者 pH 9.0 以上容易灭活。但各种噬菌体对 pH 的耐受能力有很大不同。噬菌体对 pH 的稳定性是常被用的噬菌体鉴定指标之一。

3. 辐射

电离辐射中的 γ 射线和 X 射线以及非电离辐射中的紫外线都能使噬菌体灭活。有些噬菌体，经紫外线灭活后，若再用可见光照射，因激活酶的原因，可使灭活的噬菌体复活，故不宜用紫外线来制备灭活病毒疫苗。

（二）化学因素

1）脂溶剂。噬菌体对脂溶剂敏感。乙醚、氯仿、丙酮、阴离子去垢剂等均可使噬菌体灭活。

2）氧化剂、卤素、醇类病毒对各种氧化剂、卤素、醇类物质敏感。H_2O_2、漂白粉、高锰酸钾、甲醛、过氧乙酸、次氯酸盐、乙醇和甲醇等均可灭活噬菌体。

六、噬菌体的污染现象

各种发酵系统污染噬菌体时，往往出现一些明显的异常变化。如碳源和氮源的消耗减缓，pH 值的反常变化，泡沫骤增，发酵胶液对流活动减弱或停滞，发酵液色泽和稠度改变，异常臭味的出现，菌体显著减少和破碎，引起光密度降低和累积产物锐减等。

1. 谷氨酸生产污染噬菌体

1）发酵液光密度（OD）开始上升，而后下降，但有时也不上升。

2）pH 值逐渐上升，升到 8.0 以上，不再下降。

3）耗糖缓慢或停止。

4）排气中的 CO_2 含量一反常态，迅速下降。

5）泡沫大、黏度大，甚至呈胶状，可拔丝。

6）发酵周期逐渐延长，谷氨酸产量降低（开始也有突然偏高的情况），或缓慢增长，或不产酸。

7）镜检时发现菌体减少，缺乏八字排列，发圆、发胖，革兰氏染色后呈现红色碎片。严重时，可出现拉丝或网状，或呈鱼翅状，几乎看不到完整菌体。

8）平板检查有噬菌斑，摇瓶发酵液清而稀。

9）提取时，发酵液发红、发灰，残糖高，有刺激味，泡沫大，黏度大，难中和。中和时易出现β-型结晶，俗称打浆子，谷氨酸呈泥状或糊状，过滤困难，收率低。谷氨酸结晶质量差，色素深，发黏等。

10）精制中和时，色深，泡沫大，碱加不进，过滤困难。成品色深，光泽差，收率低。

钝齿棒杆菌是国内广泛用于谷氨酸生产的菌株，采用此菌及其相近菌株生产的环境中，普遍发生噬菌体的污染。

目前国内分离的噬菌体在形态上相似。根据血清学可分成两型：B271和B275，有四种类型的噬菌斑。为防止噬菌体的侵袭，可在了解菌株对不同噬菌体的敏感性情况下，轮换使用不同菌株，以避免生产被迫停顿。

2. 丙酮丁醇发酵生产污染噬菌体

在丙酮丁醇连续发酵的工业生产中，容易受到该噬菌体的侵染，危害极大。常见的异常发酵有：发酵停止，不产生气泡，醪液上层澄清，呈暗黑色，出现睡眠症。正常发酵12～18h，丙酮产量可达200mg/L，异常发酵时达到相同水平则需36～42h，丁醇量也偏低，醪液的蒸馏效率低于正常的10%～20%。现分离获得的丙酮丁醇梭菌噬菌体为肌尾和长尾噬菌体科。

3. 苏云金芽孢杆菌噬菌体

利用昆虫病原细菌——苏云金芽孢杆菌防治农林害虫已在国内外广泛应用和推广。但在生产过程中易受到噬菌体的侵染，严重地影响了细菌农药的生产和应用。

苏云金芽孢杆菌噬菌体的特征：头部为多面体，有颈部，尾部由尾管和尾鞘组成。在pH 6.0～7.0较稳定，60℃处理易失活，但能抵抗紫外线，照射60s仍有42%的存活。

一般根据每种发酵的特点，选择其中一项具有代表性的明显的变化作为判断感染噬菌体的依据。还可以直接利用双层琼脂法或单层琼脂法来观察噬菌斑的表现。将严重污染噬菌体的发酵液在平板上划线，也可以出现被噬菌体蚀空的圆形空斑。但是，采用这些方法时，菌体都需要经过一段时间的培养才能观察到结果，不能在检查时立即确定。

七、噬菌体的分类原则及其依据

最初噬菌体的分类是基于它们的感染性和寄主种类，然而噬菌体还有很多更重要的特征（例如，结构、组成和基因组），这些重要特征引起了广泛关注。目前的分类方法远远达不到人们的需求，还在不断发展中。

（一）原　　则

强调其分类和命名的稳定性、实用性、认可性和灵活性。

稳定性是指噬菌体名称及其隶属关系一旦确定下来，就应该尽可能的保留。

实用性是指噬菌体分类体制应该对病毒学研究领域是有用的。

认可性是指噬菌体分类和名称应该为病毒学研究者乐意接受和使用，所以，认可性也是实用性的必然结果。

灵活性是指噬菌体分类可以依据某些新发现而进行重新修订和再确定。

（二）依　　据

主要以噬菌体粒子特性、抗原性质和噬菌体生物学特性等作为依据。

1. 噬菌体粒子特性

1）噬菌体形态。如大小、形状，衣壳结构及其对称性。

2）噬菌体生理生化和物理性质。如分子质量，沉降系数，浮力密度，噬菌体在不同 pH 值、温度、Mg^{2+}、Mn^{2+}、变性剂、辐射中的稳定性。

3）噬菌体基因组。如基因组大小、核酸类型、单双链、线状或环状，正负链，G+C 所占的比例、核苷酸序列等。

4）噬菌体蛋白，如结构蛋白和非结构蛋白的数量，大小及功能和活性，氨基酸序列等。

5）噬菌体脂类含量和特性。

6）糖类含量和特性。

7）噬菌体基因组组成和复制。

2. 噬菌体抗原性质

包括噬菌体血清学性质与其抗原的关系。

3. 噬菌体生物学特性

1）噬菌体天然的寄主范围。

2）噬菌体在自然状态下的感染与媒介体的关系。

3）噬菌体的地理分布，感染机理等。

就病毒而言，在1995年召开的ICTV（国际病毒分类委员会）的第6次报告会议上所记载的国际分类系统，包括1个目，71个科，11个亚科和164个属（含有4000多种病毒），这个系统还包括成百个尚未分类的病毒，这主要是因为缺乏足够的信息。同样，新的病毒仍在不断地被发现。

病毒属、种的定义如下：

属：病毒的属由一些种的病毒组成，它们有共同的特征并且明显区别于其他的属的病毒。它们的命名以-virus结尾，如单纯病毒属。对于属的划分标准在每个科都有所不同，但都包括基因的、结构上的以及其他的不同点。

种：一类具有多特性的病毒所组成的一个复制系，并且占有一个特定的生态位。一个多特性种类中的成员的界定要利用不止一个特征。目前，ICTV正在仔细地检测哪些特征用来界定种。种和株的划分是很困难的。

八、真菌病毒

感染真菌的病毒称真菌病毒（mycovirus），在真菌中非常普遍。已陆续在所有主要分类群的真菌属中发现真菌病毒或类似病毒的粒子（virus-likeparticles，VLP），它们也被称作噬真菌体（mycophage）和噬酵母菌体（zymophage）。以蘑菇病毒为例，已发现的蘑菇病毒有5种类型。除了其中的Ⅲ型为杆状外，其余均为球状粒子，直径分别为25nm、29nm、35nm和50nm，核酸都是dsRNA，如二孢蘑菇（*Agaricus bisporus*）病毒就是二十面体粒子。

由于在发酵工业中真菌病毒感染的危害不明显，所以只有很少数真菌病毒被分离和描述。研究得较深入的是酵母的杀伤因子（yeast killer system）（图2.158），包括酿酒酵母、玉蜀黍黑粉菌（*Ustilago maydis*）、乳酸克鲁维酵母（*Kluyveromyces lactis*）、毕赤酵母（*Pichia*）和拟威尔酵母（*Williopsis*）等的杀伤因子，其中以酿酒酵母研究得最深入。

酿酒酵母杀伤因子按分泌毒素的分子性质、杀伤的情况、无交叉免疫和编码基因决定子而分成三类：K_1、K_2和K_{28}。产生的毒素由dsRNA编码，由不同细胞质遗传卫星dsRNA（M_1、M_2和M_{28}）所编码。而其他具杀伤因子也产生的毒素称KHR和KHS，由染色体DNA所编码。

这类酵母含有的双股RNA（dsRNA）类病毒（viruslike）粒子（VLP），其直径在33～40nm之间，是相对分子质量为200 000～1 000 000的蛋白质或糖蛋白。它们能使寄主细胞具有分泌一种对其他敏感的酵母株、种和属具有杀伤作用的毒素的能力，这种杀伤作用无须细胞直接接触。具有杀伤因子的菌株对毒素具

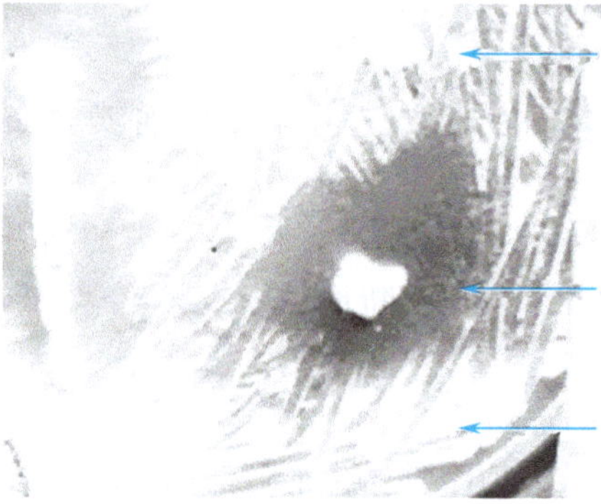

图 2.158　具杀伤因子酵母及其抑菌圈

有免疫力，这种杀伤因子有点类似于某些大肠菌群（*Coliform bacteria*）所分泌的细菌素（bacteriocin）。

20 世纪 60 年代在啤酒生产中发现了某些具有杀伤因子的酿酒酵母。它们的存在可导致培养酵母的迅速死亡或部分死亡，使发酵时间大大延长，pH 值增高，出现异香，并使啤酒中乙醛、3-羟基丁酮及双乙酰的含量增加。

因酵母中存在 VLP 而引起寄主细胞分泌毒素的现象，证明了这种特性是细胞质的遗传所致。具杀伤因子的酿酒酵母与培养型酿酒酵母在生理上有区别，如前者可发酵某些不为后者所发酵的糖。在连续发酵啤酒时可发现，具有杀伤因子的酵母间的凝聚性差异很大。这类酵母细胞异常小，混合培养时具多形性。

在发酵工业中，可以选育那些既具有杀伤因子、又能正常发酵的酵母菌株。若以这类酵母来进行酒类酿造，敏感型的野生酵母就难以污染，有助于发酵的正常进行。

有关病毒研究进展很快，近来又发现和提出只含核酸和蛋白质两种成分之一的类病毒、拟病毒和朊病毒等亚病毒。这类涉及植物、动物和人类的病原体将会把病毒的研究引入更深更广的领域。

第八节　支原体、立克次氏体和衣原体

除细菌和放线菌外原核微生物还包含支原体、立克次氏体和衣原体，它们各有特点。

支原体是一类目前已知最小的，无细胞壁，但无须依赖活细胞而能独立生活的原核微生物（图 2.159），许多种是人和动物的致病菌。它们一般以二分裂方式繁殖，有时也出芽繁殖。

立克次氏体是专性寄生于动物、植物活性细胞中的致病性原核微生物，首次

发现于斑疹伤寒。形态结构与细菌相似，以二分裂方式进行繁殖（图 2.160）。

衣原体是一类比立克次氏体小，自身的结构更简单，专门寄生在真核细胞中的致病性原核微生物，由于他自己没有产能系统，需要从其他生物取得能量，故有“能量寄生物”之称（图 2.161）。这类微生物在宿主细胞内生活周期独特，存在原体和始体两种细胞形态，始体形态较大，以二等分裂方式在宿主细胞内形成一个微菌落，随后，大量的子细胞又分化成较小而壁厚的感染性衣原体。

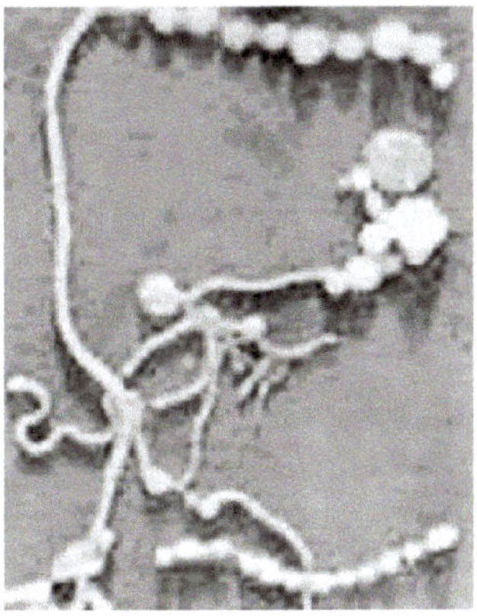

图 2.159　支原体

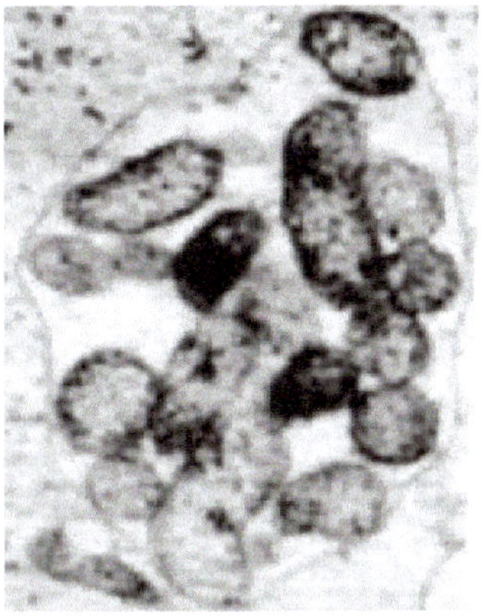

图 2.160　立克次氏体

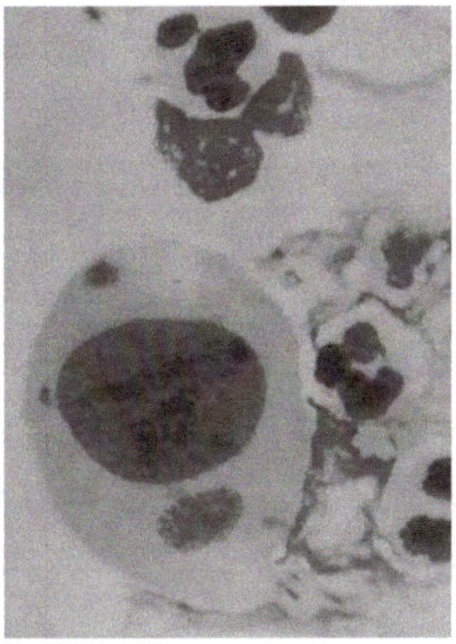

图 2.161　衣原体

为了便于了解，表 2.20 对支原体、立克次氏体、衣原体、病毒和细菌进行了比较。

表 2.20　支原体、立克次氏体、衣原体、病毒和细菌的比较

比较项目	支原体	立克次氏体	衣原体	病毒	细菌
细胞构造	有	有	有	无	有
含核酸类型	DNA 和 RNA	DNA 和 RNA	DNA 和 RNA	DNA 和 RNA	DNA 和 RNA
核糖体	有	有	有	无	有
细胞壁	无	有（含肽聚糖）	有（含肽聚糖）	无	有（含肽聚糖）
细胞膜	有（含甾醇）	有（无甾醇）	有（含甾醇）	无	有（含甾醇）
繁殖时个体完整性	保持	保持	保持	不保持	保持
大分子合成能力	有	有	无	无	有
产 ATP 系统	有	有	无	无	有
氧化谷氨酰胺能力	有	有	无	无	有
对抑制细菌抗生素的反应	敏感（对抑制细胞壁合成者例外）	敏感	敏感（青霉素例外）	有抗性	敏感

本章小结

认识微生物形态是认识微生物的第一步，必须熟悉常见、常用的微生物形态；区别培养菌和污染菌；了解细胞结构与功能的关系。

本章内容包括细菌、放线菌、酵母、霉菌、担子菌、藻类和噬菌体的形态和分类的一些基础知识。其中细菌和放线菌属原核生物类，酵母、霉菌和担子菌属真核生物类，藻类则既有属原核生物类，也有属真核生物类的。

细菌是单细胞的微生物，有不同的形状及大小，以典型的二分裂殖方式繁殖。发酵工业中常用的是球菌和杆菌，尤以杆菌最为重要。细菌细胞全部的化学组成与动物、植物和其他微生物等所有生物细胞的组成非常相近。细胞构造可区分为两类：一类是不变的，为所有的细菌细胞所共有，而可能为生命所绝对必需；另一类是可变的，只在一些种、一些细胞中发现，可能具有某些特定功能。细菌细胞的一般构造包括：细胞壁、细胞膜、细胞质、间体、核糖体、核区、内含物颗粒。特殊结构有荚膜、鞭毛、伞毛、芽孢。根据细菌细胞壁结构的重大区别，可将细菌分为革兰氏阳性菌（G^+）与革兰氏阴性菌（G^-）两大类。

放线菌是一大类形态极为多样（杆状到丝状）、多数呈丝状生长的原核微生物。它的细胞构造、细胞壁的化学成分和对噬菌体的敏感性与细菌相同，但在菌丝的形成和以外生孢子繁殖等方面则类似于丝状真菌。链霉菌是放线菌的主体，是抗生素的主要生产群体。

酵母菌是一类单细胞微生物，但不同于细菌，体型较大，属真核微生物。它的细胞形态除常见的球形、卵形和圆筒形外，还具有高度特异性的柠檬形或尖形等。酵母细胞一般包括细胞壁（一些种中有黏性荚膜）、细胞膜、细胞核、一个或多个液泡、线粒体、核糖体、内质网、微体、微丝、内含物等，此外还有出芽痕和诞生痕。酵母菌的繁殖方式有无性繁殖和有性繁殖两类，其中无性繁殖又分为芽殖和裂殖。各种酵母的繁殖方式不尽相同。在发酵工业上常用的酵母以无性繁殖中的芽殖为主。不少酵母菌具发酵能力，现代工业中，酵母除了用来酿制酒类、乙醇外，还可用于生产多种产品。

霉菌也称小型丝状真菌，凡生长在可利用基质上形成绒毛状、网状或絮状菌丝体的真菌，除少数外都称为霉菌。霉菌是一类形成菌丝体的真菌的俗称，在分类上霉菌则分属于藻状菌纲、子囊菌纲和半知菌纲。

霉菌的繁殖方式有的具有性和无性繁殖，但有很大一部分仅具有无性繁殖，它们的生活史也有差异。各种霉菌繁殖后代的个体多为各类孢子。

霉菌在自然界广为分布，与人类日常生活关系密切。在发酵工业中，可生产酶类、有机酸、青霉素等，也会使木材、橡胶和食品等发生“霉变”。霉菌的完整个体形态名目繁多，发酵工业中霉菌是毛霉目、曲霉属、青霉属等。

担子菌是最高级的真菌，常见的有蘑菇、灵芝、木耳、马勃和鬼笔等。担子菌和所有其他真菌的区别在于它们能产生担孢子，还有特殊的产孢体——担子，亦即双核菌丝体和特殊的锁状联合。

藻类是地球上最重要的初级生产者，其光合同化生产有机碳的总量约为高等植物的 7 倍，固氮藻类（和固氮细菌）每年约能固定 1.7 亿 t 的氮素。藻类不仅是人类和动物极其重要的食物源，光合作用中放出的氧也是大气中氧的最重要的来源。对自然生态系统的物质循环及环境质量有着深刻的影响。

藻类中，蓝绿藻是最原始、最简单的一群，没有细胞核，没有其他胞器，染色体与色素均分散在细胞质中，蓝绿藻没有有性生殖，主要靠细胞直接分裂来增殖，这与细菌同称为原核生物。多数藻类细胞是真核细胞，具有真核细胞的所有特性。藻类分为淡水藻类和海水藻类，有很多藻类还具工业用途，但不少藻类会引发赤潮。

噬菌体是一类侵害细菌（包括放线菌、真菌和原核生物）的病毒，又称细菌病毒。具有其他病毒的共同特性，为非细胞生物。其结构主要由蛋白质和核酸（DNA 或 RNA）组成。在自然界中分布广泛，土壤、空气、水中或生物体内都可存在。据噬菌体与寄主细胞的关系可分为烈性噬菌体和温和噬菌体两类。噬菌体的危害主要存在于发酵工业，在分子生物学的研究中，λ 噬菌体是理想的克隆载体。噬菌体的生长和繁殖过程具有其特殊性。

除细菌和放线菌，原核微生物还有支原体、立克次氏体、衣原体和螺旋体，它们多为病原体。

复习思考题

1. 细菌的基本形态有哪些？大小如何？发酵工业上常遇到的细菌主要为何种形态？
2. 绘制细菌细胞结构示意图，并注明各种结构。
3. 细菌细胞壁、细胞膜、核质、间体、核糖体等结构的化学组成、结构要点及主要生理功能有哪些？
4. 荚膜与黏液层的区别何在？荚膜的生理功能有哪些？
5. 产芽孢为何不是细菌的繁殖方式？芽孢在化学组成、结构及生理上有哪些特点？
6. 为何芽孢对干燥、热、辐射及化学物质具有较强的抗性？
7. 研究芽孢和伴胞晶体有何意义？

8. 细菌的主要繁殖方式如何？球菌为何会有各种聚集形式？
9. 什么是菌落？什么是菌苔？
10. 写出大肠杆菌、金黄色葡萄球菌、枯草杆菌、北京棒状杆菌的拉丁名字。
11. 放线菌的菌丝有哪几种类型？各自的主要功能是什么？
12. 简述放线菌的各种繁殖方式及代表属。
13. 图示并叙述链霉菌的生活史。
14. 试比较细菌与放线菌的异同点。
15. 酵母菌的形态及大小如何？何谓假菌丝？
16. 图示酵母菌的细胞结构，并与细菌进行比较。
17. 酵母菌的繁殖方式有哪些？工业上常用的酿酒酵母是以哪种方式进行繁殖的？
18. 试述酿酒酵母的生活史。
19. 写出酿酒酵母、葡萄汁酵母、热带假丝酵母、粟酒裂殖酵母、球拟酵母、白地霉等的拉丁名字。
20. 名词解释：游动孢子、孢子囊孢子、分生孢子、节孢子、厚垣孢子、卵孢子、接合孢子、子囊孢子、担孢子。
21. 何为子囊果？有哪些类型？
22. 何为同宗接合？何为异宗接合？绘出根霉、红曲霉和青霉的生活史。
23. 试比较霉菌与放线菌、霉菌与酵母菌。
24. 试绘出根霉、毛霉、青霉、曲霉的个体构造图，并标明结构名称。
25. 何谓担子菌的初生、次生、三生菌丝体？
26. 图示并叙述担子菌双核菌丝体发育的锁状联合过程。
27. 藻类的重要性？
28. 藻类的一般形态和构造如何？
29. 常见的淡水藻和海水藻有哪些？
30. 噬菌体有哪些特点？
31. 以大肠杆菌 T4 噬菌体为例说明噬菌体的构造及繁殖过程。
32. 何谓潜伏期、何谓裂解量？
33. 名词解释：烈性噬菌体、温和噬菌体、敏感性细菌、溶源性细菌、原噬菌体、溶原化。
34. 绘图并叙述温和噬菌体的生活史。
35. 溶源性细菌有哪些特性？
36. 如何检查细菌是否感染了噬菌体？
37. 噬菌体的防治方法有哪些？
38. 试比较支原体、立克次氏体、衣原体、病毒和细菌的异同。

第三章　微生物的营养与生长

微生物活细胞是个动态的开放体系，具有一般生物所具有的生命活动规律。在生命活动的过程中，该体系每个活细胞从环境不断地摄取营养物质，通过新陈代谢，实现生长和繁殖，同时排出“废物”，如果这些“废物”包含有人们需要的物质，那么每个活细胞就是一个生产产品的小“工厂”。

第一节　微生物的营养

在微生物生命活动的过程中，必须从环境中吸取一些物质，以获得能量、进行新陈代谢并合成细胞物质，表现出微生物的生长与繁殖。这些物质统称为营养物质，吸取和利用营养物质的过程称为营养过程。

营养物质是微生物生命活动的物质基础，没有这个基础，生命活动就无法进行。营养过程是微生物生命活动的重要特征，没有营养过程，也就没有生长。

对微生物提供营养使其进行营养过程就必须知道微生物的营养类型，不同种类的微生物有不同的营养类型。

一、微生物的营养类型

通常根据微生物所用的能源和碳源的性质对微生物的营养类型进行分类。

根据能源的性质将微生物分为光能营养型（phototroph）和化能营养型（chemotroph）。

根据碳源的性质将微生物分为自养型或无机营养型（autotroph or lithotroph）和异养型或有机营养型（hetertroph or organotroph）。自养型微生物以二氧化碳为唯一或主要碳源；异养型微生物以有机物为碳源。

以上类型两两交叉就出现了四大营养型。

1. 光能自养型（photolithotroph）微生物

它们具有光合色素，既能通过光合磷酸化作用产生 ATP，又能以还原性无机化合物（如 H_2S，NaS_2O_3 等）为电子供体，还原二氧化碳而合成细胞物质。

藻类和某些原核微生物（如蓝藻菌）在光照下同化二氧化碳（放出氧）。绿硫细菌和紫硫细菌以 H_2S 或硫代硫酸盐作为还原二氧化碳的供氢体并得到硫。

从广义上讲，光能自养微生物还包括能够或必须利用少量有机化合物（如痕量的维生素）的光能营养微生物。

2. 光能异养型（photoorganotroph）微生物

它们像光能自养型微生物一样能够利用光能，但必须以外源有机化合物作为主要碳源和电子供体，在人工培养时通常还需要提供生长因子。如红螺菌科的红假单胞菌属中的菌株，在厌气光照的条件下也能利用有机物迅速增殖。

该类型的微生物能利用低分子有机物迅速增殖，可用来进行废水处理。

3. 化能自养型（chemlithotroph）微生物

它们能利用无机化合物（如 NH_3、NO_2^-、H_2、H_2S、S、$S_2O_3^-$、Fe^{2+} 等）氧化时释放的能量，把主要碳源二氧化碳中的碳还原成细胞有机物碳架中的碳。有些细菌，如氧化亚铁硫杆菌（*Thiobacillus ferrooidans*），可通过氧化硫代硫酸盐及含铁硫化物获取能量。这种细菌氧化黄铁矿可以生成硫酸和硫酸高铁，后者可以溶解铜矿（CuS）实现铜的浸出（即生成 $CuSO_4$），这就是“细菌冶金”。

由于这种营养类型的微生物生活在无机养料和黑暗的环境中，故又有化能矿质营养型之称。

4. 化能异养型（chemoorganotroph）微生物

它们以有机化合物为碳源，利用有机化合物氧化过程中氧化磷酸化提供的ATP而生长。这类微生物的特点是其能源与碳源往往分不开，同一种有机化合物的代谢既供给能量，也供给碳架物质。

表 3.1 微生物的四种营养类型

主要能源	来自外界的氢供体	碳源	
		CO_2	有机物
光化学反应	无机物质	光能自养型，如蓝细菌、紫硫细菌、藻类	
	有机物质		光能异养型，如紫色无硫细菌
氧化还原反应	无机物质	化能自养型，如硝化细菌、硫化细菌、铁细菌、氢细菌	
	有机物质		化能异养型，绝大多数原核微生物和全部真核微生物

该营养类型的微生物包括分类学上的真菌和大多数细菌、放线菌，发酵工业中应用的微生物绝大多数属于化能异养型微生物。化能异养型微生物以外界的有机化合物为能源和碳源，在细胞内进行代谢实现生长繁殖。根据化能异养型微生物利用的有机物性质的不同，又可将他们分为腐生型（metatrophy）和寄生型（paratrophy）两类。前者可利用无生命的有机物（如动植尸体和残体）作为碳源；后者则寄生在活的寄主机体内吸取营养物质，离开寄主就不能生存。

表 3.1 为四种营养类型的归纳。

应该指出的是，上述营养类型的划分不是绝对的。在自养型和异养型、光能型和化能型之间，均有一些过渡的类型。异养型微生物并非绝对不能利用 CO_2，只是不能以 CO_2 为唯一或主要碳源进行生长，而且在有机物存在的情况下也可将 CO_2 同化为细胞物质。同样，自养微生物也并非不能利用有机物。另外，有些微生物在不同生长条件下生长时，其营养类型也会发生变化。微生物营养类型的可变性无疑有利于提高微生物对环境条件变化的适应能力。

二、微生物的营养物质

微生物的营养物质应满足下列两个条件：能直接或在胞外被水解成小分子物质通过细胞膜进入细胞；进入细胞后在胞内的酶体系作用下直接或经化学变化后构成细胞的原生质和细胞结构物质，并为细胞生命活动提供能量。作为发酵生产，部分营养物质的组分经代谢过程还转化成发酵目的产物的组成成分。

微生物细胞所含有的物质多种多样，既有无机化合物，又有有机化合物；在有机化合物中既有低分子物质，又有高分子物质。可以说这些物质都具有一定的功能，这些化学组成显示了微生物生长繁殖形成个体的物质需要。尽管微生物细胞的化学组成往往因微生物的种类、生理状态和环境条件而有所改变，但通过对各类微生物细胞化学组成和灰分以及发酵产物中各种无机元素的分析仍可以概略地看出微生物所需要的营养物质（表 3.2～表 3.5）。

表 3.2　微生物细胞的化学组成

组成成分		微生物		
		细菌/%	酵母菌/%	小型丝状真菌/%
水分		75～85	70～80	85～90
固形物占细胞总固形物	蛋白质	50～80	32～75	14～35
	糖类	12～28	27～63	17～40
	脂肪	5～20	15～65	4～40
	核酸	10～20	6～8	1～2
	无机元素	2～30	4～7	6～12

表 3.3 某些类型微生物主要元素含量（以干细胞重计：%）

微生物	元素				
	C	H	O	N	S
酿酒酵母（*Saccharomyces cerevisie*）	45.0	6.8	30.6	9.0	
喜甲烷甲基单胞菌（*Methylomonas methanolica*）	45.9	7.2		14.0	2.6
产黄青霉（*Penicillum chrysogenum*）	43.0	6.9	35.0	8.0	

表 3.4 某些微生物无机元素含量（以全灰分计：%）

微生物	无机物							
	P_2O_5	K_2O	Na_2O	MgO	CaO	SO_3	SiO_2	FeO
大肠杆菌	33.99	12.95	2.61	5.92	13.77			3.35
醋酸杆菌	47.45	+	+	8.00	10.70	+	0.6	+
酵母菌	51.09	38.66	1.82	4.16	1.69	0.57	1.6	0.06
米曲霉	48.55	28.16	11.21	3.88	1.95	0.11	—	1.65

表 3.5 微生物细胞的元素成分（以干重计：%）

元素	菌类		
	细　菌	酵　母	小型丝状真菌
磷	2.0～3.0	0.8～2.6	0.4～4.5
硫	0.2～1.0	0.01～0.1	0.1～0.5
钾	1.0～4.5	1.0～4.0	0.2～2.5
钠	0.5～1.0	0.01～0.1	0.02～0.5
钙	0.01～1.1	0.1～0.3	0.1～1.4
镁	0.1～0.5	0.1～0.5	0.1～0.5
氯	0.5		
铁	0.02～0.2	0.01～0.5	0.1～0.2
铜	0.02～0.01	0.002～0.01	
锰	0.001～0.01	0.005～0.007	
钼	0.0001～0.0002		
总灰分	7～12	5～10	2～8

作为微生物的营养还应密切关注要求微生物分泌的代谢产物的化学成分（表 3.6），如一些抗生素和维生素含有一些无机元素，就需额外添加；一些抗生素、酶制剂、氨基酸含有大量氮，在培养和发酵时就必须适度加入。

表 3.6　一些发酵产品的化学成分

发酵产品	化学成分
抗生素（antibiotic）	
杆菌肽（bacitracin）	$C_{66}H_{103}N_{17}O_{16}S$
头孢霉素 c（cephelosporin c）	$C_{16}H_{21}N_3O_8S$
红霉素（erythromycin）	$C_{37}H_{67}NO_{13}$
青霉素（penicillin）	$C_{16}H_{18}N_2O_4S$
链霉素（streptomycin）	$C_{21}H_{39}N_7O_{12}$
有机酸（organic acid）	
柠檬酸（citric acid）	$C_6H_8O_7$
葡糖酸（gluconic acid）	$C_6H_{12}O_7$
乳酸（lactic acid）	$C_3H_6O_3$
溶剂类	
丙酮（acetone）	C_3H_6O
丁醇（butanol）	$C_4H_{10}O$
乙醇（ethanol）	C_2H_6O
维生素和氨基酸（vitamins and amino acid）	
B_{12}	$C_{63}H_{18}CoN_{14}O_{14}P$
核黄素（riboflavin）	$C_{17}H_{20}N_4O_6$
谷氨酸（glutamic acid）	$C_5H_9NO_4$
赖氨酸（lysine）	$C_6H_{14}N_2O_2$
色氨酸（tryptophan）	$C_{11}H_{12}N_2O_2$

（一）重要营养物质的作用

根据营养物质在机体中生理功能的不同，可将它们分为水、碳源、氮源、无机盐、生长因子和能源 6 大类。

1. 水

水是微生物细胞的重要组成部分，它是微生物进行代谢活动的介质，同时还直接参与一部分生化反应。营养物质的吸收、代谢产物与能量的排出均是以水为媒介的。微生物离开了水就不能进行生命活动。但在有些情况下，由于水与溶质或其他分子结合而不能被微生物所利用，这种状态的水称为“结合水”；而可以被微生物所利用的水称为“游离水”。

表 3.7 是深井水和地表水所含成分比较。

表 3.7　深井水和地表水的水质（mg/L）

成分	地表水	深井水	成分	地表水	深井水
溶解氧/(mmol/L)	7～9	75	SO_4	2～8	5～10
游离 CO_2	6～20	10～25	SO_2	10～30	5～35
Cl	2～5	5～50	Fe_2O_3	0～0.3	0.1～2.0
CaO	5～20	5～20	NO_3-N	0.1～0.2	—
MgO	2～10	3～15	NH_4-N	0.2～0.3	—
Na_2O	5～10	—	蛋白-N	0.05～0.07	—
K_2O	1～8	—	$KMnO_4$ 消费量	1～3	1～8
P_2O_5	0～0.1	—			

2. 碳

从上述表 3.3 可知，在微生物细胞的干物质中，碳占了 50%左右。因此，在微生物的各种营养需求中，对碳的需要量最大。

凡是可以作为微生物细胞结构或代谢产物中碳架来源的营养物质，均可作为微生物的碳源。在这个意义上，糖类及其衍生物（包括单糖、寡糖、多糖、醇和多元醇）、有机酸（包括氨基酸）、脂肪、烃类甚至二氧化碳或碳酸盐类均可以作为微生物的碳源。其中除二氧化碳和碳酸盐是无机含碳化合物以外，其余均为有机营养物质。

表 3.8 列出常用碳-能源的细胞产率系数。

表 3.8　常用碳-能源的细胞产率系数

碳-能源	细胞产率	g 细胞/g 底物
葡萄糖	0.5	1.3
甲醇	0.5	1.3
乙醇	0.7	1.3
甲烷	0.62	0.8
正烷烃（$C_{16}H_{34}$）	1.0	1.2
纤维素	0.5	1.3
淀粉	0.5	1.3
苯	0.6	0.6

因为绝大多数有机营养物质和细胞的有机成分处于同等的氧化水平，所以它们作为微生物的碳源不需要先经还原。它们除了满足生物合成的需要外，还能为

细胞提供能量，其中最普遍使用的是己糖。几乎每种微生物都能利用葡萄糖和果糖，但对甘露糖和半乳糖的利用速度较慢；对戊糖（如木糖、阿拉伯糖）的利用不如己糖普遍。表 3.9 以葡萄糖为能源基于干生物量的维持能系数值。

表 3.9 以葡萄糖为能源基于干生物量的维持能系数值

微生物	生长条件	维持能/（g/g·h）
干酪乳杆菌（*Lactobacillus casei*）		0.135
阴沟气杆菌（*Aerobacter cloaceae*）	通风、有限葡萄糖	0.094
产气克雷伯氏菌（*Klebsiella aerogenes*）	厌气、色氨酸限制，NH_4Cl（2g/L）	2.88
产气克雷伯氏菌	厌气、色氨酸限制，NH_4Cl（4g/L）	3.69
酿酒酵母	厌气	0.036
酿酒酵母	厌气、NaCl（1.0mol/L）	0.360
产黄青霉	通风	0.022
维涅兰德固氮菌（*Azotobacter vinelandii*）	固定氮，溶氧张力（2×10^4Pa）	1.5
维涅兰德固氮菌	固定氮，溶氧张力（2×10^3Pa）	0.15

寡糖（oligosaccharide）又叫低聚糖，是由 2～10 个相同或不同的单糖单位以 α-或 β-糖苷键连接而组成的。其中最主要的是双糖或三糖，双糖中的蔗糖和麦芽糖是微生物普遍能利用的碳源，三糖中棉子糖能被许多真菌利用。

多糖是由十个以上单糖单位以与寡糖同样的组成原则形成的分枝或不分枝的大分子糖类，包括淀粉、纤维素、半纤维素等。重要的有阿拉伯聚糖（arabinose）、木聚糖（xylan）、葡聚糖（glucan）、半乳聚糖（galactan）、果聚糖（fructan）、甘露聚糖（mannan）、甲壳质（chitin，由 *N*-乙酰氨基葡萄糖单位以 β-1，4 葡萄糖苷键相连而成）和果胶质（pectin，由半乳糖醛酸残基以 α-1，4 葡萄糖苷键相连而成）等。多糖一般必须先经过微生物分泌的胞外水解酶降解后才能作为营养物质被摄入细胞。

淀粉是大多数微生物均可利用的碳源，果胶质、半纤维素也可被许多微生物产生的胞外酶分解。纤维素较难被微生物分解，能分解纤维素的微生物主要是霉菌，如木霉、根霉、曲霉、青霉等；在细菌和放线菌中也发现有少数能分解纤维素的菌种。

乙醇、甘露醇和甘油可作为微生物的碳源和能源。除醋酸已用作微生物的培养基外，有机酸比糖类较难为微生物吸收，作为碳源其效果不如糖类。脂类物质更难被微生物作为碳源利用，但并不是不能利用，低浓度的高级脂肪酸还可刺激某些细菌的生长。

为了综合治理“三废”，人们还有目的地分离到了能利用酚、氰化物等有毒物质的微生物（如诺卡氏菌）菌种。

少数微生物（指自养型）以二氧化碳或碳酸盐为唯一的或主要的碳源，由于这两者的碳均为碳的最高氧化形式，因而必须先经过预还原才能转化为细胞有机物质的碳架，这个过程需要能量。大多数需要有机碳源的微生物（指异养型）也需要二氧化碳，因为有些生物合成反应（如丙酮酸的羧化和脂肪酸的合成）需要二氧化碳参与，只是需要量较少而已。虽然这些生物合成反应所需的二氧化碳可以从有机碳源和能源的代谢中获取，但如果完全排除二氧化碳，往往会推迟或阻止微生物在有机培养基中的生长。少数细菌和真菌需要环境中含有较多的二氧化碳（5%～10%）才能在有机培养基中生长。

3. 氮

微生物细胞的干物质中氮的含量仅次于碳和氧，它是构成微生物细胞中核酸和蛋白质的重要元素。在各类微生物细胞中其含量有较大的差别，细菌和酵母细胞中含氮量较高，霉菌中含量较低。

凡是构成微生物细胞物质或代谢产物中氮素来源的营养物质均称为氮源。在细胞的有机物质中，氮主要以还原形式-NH_2 基存在，实践中常以含有-NH_2 基的有机营养物来满足微生物对氮的需要。氮源一般不提供能量，只有少数细菌如硝化细菌（化能自养型、严格好气）能利用铵盐、亚硝酸盐作为氮源和能源。

氮源可以是含氮的无机盐或含氮的有机化合物，俗称无机氮或有机氮。若将微生物作为一个整体看待，则从分子态氮到复杂的含氮有机化合物，包括分子态氮、硝酸盐、铵盐、尿素、胺、酰胺、嘌呤碱、嘧啶碱、氨基酸、蛋白质、氰化物等都可被利用。但就不同类型的微生物而言，由于它们具有营养生理的差异，因此对氮营养的需要有很大区别。

发酵工业所用的常见氮源见表 3.10。但在生产不同的发酵产物时所采用的氮源是有差异的，如表 3.11 所示。

表 3.10　工业用的常见氮源

玉米浆	尿素
豆粕	酵母浸膏
鱼粉	蛋白水解液
蒸馏残液	氨气

表 3.11　一些产物采用的氮源

产　物	主要氮源	产　物	主要氮源
青霉素	玉米浆	利福霉素	*Pharmamedia*、黄豆粉、$(NH_4)_2SO_4$
杆菌肽	花生粉	赤霉素	铵盐和天然植物氮源
核黄素	胰酶消化后的白明胶	丁酰苷菌素	干牛血或血红蛋白与$(NH_4)_2SO_4$
新生霉素	可溶性蒸馏残渣	多烯类化合物	黄豆粉

固氮微生物可以把分子态氮转变成氨态氮，从而合成自己的氨基酸和蛋白质，也就是说它具有把空气中的氮固定为细胞成分的能力。当固氮微生物以无机氮或有机氮作为氮源时，就不再表现出固氮能力。有固氮能力的微生物主要是原核微生物。一类是与高等植物共生的，称为共生固氮菌，包括与豆科植物根部细胞共生的根瘤菌（*Rhizobium*）、与非豆科植物（如赤杨、杨梅等）共生的放线菌弗兰克氏菌（*Frankia*）；另一类是自生固氮微生物，主要是蓝细菌（*Cyanobacteria*）和固氮细菌（*Azotobacteraceae*）。

无机氮源主要是硝酸盐和铵盐。因为只有铵离子才能进入有机分子中，硝酸盐必须先还原成 NH_4^+ 离子后，才能用于生物合成。一般利用无机氮化合物作为唯一氮源培养微生物时，培养基有可能表现生理酸性或生理碱性。例如，以硫酸铵为氮源时，由于 NH_4^+ 被吸收，造成培养基 pH 值下降，故硫酸铵有“生理酸性盐”之称；当以硝酸钾为氮源时，由于 NO_3^- 离子被还原并利用，会使培养基 pH 值上升，故硝酸钾有“生理碱性盐”之称；当采用硝酸铵为氮源时，可以避免 pH 值急剧升降，但由于微生物一般对 NH_4^+ 离子吸收较快，而对 NO_3^- 离子的吸收稍稍滞后，因此，微生物在这种培养基中一开始表现为 pH 值下降，然后 pH 值又上升，为此仍需在培养基中添加缓冲物质。

凡能利用无机氮源的微生物，一般也能利用有机氮源，但有些微生物在只含无机氮源的培养基中不能生长，因为它们没有从无机氮化合物合成某些或某种有机氮化合物的能力。实验室常用的有机氮源有蛋白胨、牛肉膏、酵母膏等。蛋白质一般不是微生物的良好的有机氮源，但某些微生物可以通过自身分泌的胞外蛋白水解酶将蛋白质降解后加以利用，因此含蛋白质的有机氮源称为迟效性氮源；而无机氮源或以蛋白质的各种降解产物形式存在的有机氮源则被称为速效氮源。

4. 无机盐类

除了含氮无机盐可以作微生物的速效氮源外，含下述元素的盐类也是微生物生长所必须的营养物质。

磷、硫、钾、钠、钙、镁等元素的盐参与细胞结构物质的组成，并有能量转移，细胞透性调节等功能，故微生物对它们的需求量相对大些，为 $10^{-3} \sim 10^{-4}$ mol/L，因而它们有宏量元素之称。没有它们，微生物就不会生长。

铁、锰、铜、钴、锌、钼等元素的盐类进入细胞一般是作为酶的辅酶因子，故微生物对它们的需求量甚少，一般为 $10^{-6} \sim 10^{-8}$ mol/L，因而它们有微量元素之称。

以上这些元素最终均参与基础代谢，因此各类群的微生物均需要它们，尽管所需要的量不同。微生物对营养的需要可能是互相依赖的，例如，钾的浓度较低，钠就可能代替钾满足微生物的某些需要。其他一些营养成分可能不是生长所必须的，例如钙，但它对维持产物的稳定性则是必须的。

在少数微生物的代谢过程中无机离子还起着特殊的作用，如铁细菌和硫细菌利用大量的铁和硫。

这些元素的生理作用如下：

（1）磷

它是核酸与磷脂的成分，组成高能磷酸化合物及许多酶的活性基，一般磷的适合浓度为0.005～0.01mol/L。微生物主要是从无机磷化合物中获得磷。磷进入细胞后迅速同化为有机的磷酸化合物，磷酸根在能量代谢中起调节作用，在一定范围内，磷酸盐对培养基pH值的变化起缓冲作用。

（2）硫

在蛋白质的组成中，胱氨酸、半胱氨酸、蛋氨酸等都含有硫。一些酶的活性基，如辅酶A、生物素、硫辛酸、谷胱甘肽中也含有硫。作为矿质元素，其重要性仅次于磷。微生物从环境中以SO_4^-的形式吸收硫，+6价的硫进入细胞后即被还原为−2价的状态（—SH）。许多微生物还以$S_2O_3^-$作为唯一的能源和硫源。少数微生物失去了还原硫酸盐的能力，需要供给还原型的硫化物（如H_2S和半胱氨酸）才能生长。

（3）镁

除叶绿素中含有镁外，镁并不参与任何其他细胞结构，只是以离子状态激活许多酶的反应（如己糖激酶），其激活作用有时可被Mn^{2+}代替。此外，镁离子浓度对控制核蛋白体的聚合作用起着重要的作用。镁的需要量为0.001～0.0001mol/L。

（4）钾

钾不参与细胞结构物质的组成，但它是许多酶的激活剂，可以促进糖类的代谢，控制原生质的胶态和细胞质膜的透性，钾在细胞内积累的浓度往往要比培养基中的浓度高得多。

（5）钠

钠可能与维持渗透压有关。钠在嗜盐微生物中可能有以下作用：

1）维持细胞内的渗透压（嗜盐微生物被放入低渗溶液细胞就会崩溃）。

2）吸收营养物质，如一种嗜盐杆菌吸收谷氨酸，另一种海生的假单胞菌吸收糖和氨基酸均需Na^+的参与。

（6）钙

钙不参与微生物的细胞结构，而以离子状态存在于细胞中，控制细胞的生理状态，如调节质膜的透性，激活某些酶（如蛋白酶），对一些阳离子的毒性有拮抗作用。

(7) 微量元素

微量元素与酶的活动密切有关，或者是作为酶的活性基的成分，或者是作为酶的激活剂。它们的生理功能见表 3.12。

表 3.12　微量元素的生理功能

元素	生理功能
铁*	细胞色素、细胞色素氧化酶和过氧化氢酶等的组成，某些铁细菌的能源物质，合成叶绿素、白喉毒素所需
锌	多种脱氢酶、碱性磷酸酶和醛缩酶等的活性基，存在于 RNA 聚合酶和 DNA 聚合酶中
锰	是多种酶的激活剂*，存在于过氧化物歧化酶、磷酸烯醇式脱羧酶、柠檬酸合成酶中
铜	是多酚氧化酶和抗坏血酸氧化酶的活性基
钴	存在于谷氨酸变位酶中
钼	参与硝酸盐还原酶和固氮酶的结构
硒	存在于甘氨酸还原酶、甲酸脱氢酶中
镍	存在于脲酶中，为氢细菌生长所必须

* 铁的需要量较大，一般在 10^{-5}mol/L 左右

一些代谢产物的发酵需要某些微量元素见表 3.13。

一些无机和微量元素的用量见表 3.14。

表 3.13　一些初级与次级代谢产物发酵时需要的微量元素

产物	微量元素	产物	微量元素
杆菌肽	Mn	新霉素	Fe，Zn
核黄素	Fe，Co	柠檬酸	Fe，Mn，Zn
蛋白酶	Mn	青霉素	Fe，Zn，Cu
放线菌素	Fe，Zn	灰黄霉素	Zn
氯霉素	Fe，Zn	棒曲霉素	Fe，Zn

表 3.14　一些无机和微量元素的用量

成分	浓度/(g/L)	成分	浓度/(g/L)
KH_2PO_4	1.0～4.0	$ZnSO_4 \cdot 8H_2O$	0.1～1.0
$MgSO_4 \cdot 7H_2O$	0.25～3.0	$MnSO_4 \cdot H_2O$	0.01～0.1
KCl	0.5～12.0	$CuSO_4 \cdot 5H_2O$	0.003～0.01
$CaCO_3$	5～17	$Na_2MoO_4 \cdot 2H_2O$	0.01～0.1
$FeSO_4 \cdot 7H_2O$	0.01～0.1		

注：在培养基中，一些动、植物原料中含有相当数量的无机磷酸盐和有机磷。

过量的微量元素会起毒害作用，特别是只有某单一微量元素存在时，毒害更严重。各种微量元素之间应有恰当的比例关系。由于这些微量元素常含混在其他营养物和水中，所以培养基中一般不另行添加。在研究微生物对微量元素的要求时，必须高度注意试剂的纯度和培养器皿的玻璃质量。

5. 生长因子

自养型微生物不依赖外源的有机质，只要用无机化合物就可以合成其全部细胞物质。大部分异养型微生物除了利用有机氮源外，也可以在无机氮源或其他矿物质的环境中生长，故称为“原养型”（prototrophic）微生物。但有些异养型微生物由于失去了（或从未有过）合成一种和多种组成细胞所必需的有机化合物的能力，因此，必须由外源提供这些有机化合物才能生长。通常把微生物生长必需的、又不能自身合成的、而且需要量很少的有机物质称为生长因子（grouth factor），其中包括氨基酸、维生素、嘌呤、嘧啶。缺乏合成生长因子能力的微生物称为“营养缺陷型”（auxotrophic）微生物。

一些微生物对生长因子的要求见表 3.15。

表 3.15　一些微生物对生长因子的要求

微生物	生长因子	需要量/（μg/ml）
弱氧化醋酸杆菌	对氨基苯甲酸	0～0.01
醋酪酸梭状芽孢杆菌	对氨基苯甲酸	0.000 15
干酪乳杆菌	生物素	0.001
第Ⅲ型肺炎球菌	胆碱	6
弱氧化醋酸杆菌	烟碱酸	3
阿拉伯聚糖乳杆菌	烟碱酸	0.1
阿拉伯聚糖乳杆菌	泛酸	0.02
阿拉伯聚糖乳杆菌	甲硫氨酸	10
肠膜状明串珠菌	吡哆醛	0.025
干酪乳杆菌	麻黄素	0.05
金黄色链球菌	硫胺	0.0005
粪链球菌	叶酸	200
肠膜状乳杆菌	胱氨酸	5
白喉棒状杆菌	β-丙氨酸	1.5
粪链球菌	精氨酸	50
戴氏乳杆菌	色氨酸	8
	胸腺苷	0～2
破伤风梭状芽孢杆菌	尿嘧啶	0～4

必须注意，各种微生物所需要的生长因子是不同的，有的需要多种，有的仅需一种，有的则不需要，而且，一种微生物所需要的外源生长因子不是固定不变的，它会随条件的变化而变化。这些条件主要指培养基的化学组成（是否含所需生长因子的前体物质）、通气条件、培养基 pH 值、培养温度等。若在这些条件下，所缺乏的生长因子得以合成，则对这些生长因子的需要就发生变化。

(1) 维生素

因为只是作为酶的活性基，所以需要量一般很少，其浓度范围为 1～50 μg/L，甚至更低。其功能见表 3.16。

表 3.16　某些维生素的功能

维生素	功　能
对-氨基苯甲酸	叶酸的前体
叶酸	一碳代谢；甲基转移
生物素	脂肪酸的生物合成，β-脱羧作用，CO_2 固定，氢原子的载体
维生素 B_{12}	单碳碎片的还原和转移
硫辛酸	丙酮酸盐和 α-氧代戊二酸盐的脱羧作用中酰基的转移
烟酸（抗赖皮病维生素）	NAD 的前体；氧化-还原反应中的电子转移
泛酸	CoA 的前体；乙酰基和其他的酰基衍生物的活化作用
硫胺素（维生素 B_1）	α-脱羧作用，酮糖转移酶
维生素 B_6（吡哆醛-吡哆胺基）	氨基酸和酮酸的转换
维生素 K 组；醌	电子传递

(2) 氨基酸

微生物生长需要 L-氨基酸，细菌细胞壁的合成也需要加 D-丙氨酸等以合成肽聚糖。因为 L-氨基酸是组成蛋白质和酶结构物质的主要成分，故需要量较大。其浓度范围为 20～50μg/ml，即比维生素的需要量大几千倍。

表 3.17　玉米浆中氨基酸的类别及含量

氨基酸	含量（占总 N 百分比）	氨基酸	含量（占总 N 百分比）
丙氨酸	25	苏氨酸	3.5
精氨酸	8	缬氨酸	3.5
谷氨酸	8	苯丙氨酸	2.0
亮氨酸	6	蛋氨酸	1.0
脯氨酸	5	胱氨酸	1.0
异亮氨酸	3.5		

如果微生物缺乏用于合成某种氨基酸的酶，致使不能合成这种氨基酸，那么只有供给这种氨基酸或含这种氨基酸的小分子肽，微生物才能生长。在这些情况下，培养基中一种氨基酸的存在会抑制微生物对其他氨基酸的摄取。因此必须注意使所有的氨基酸保持在适当的低水平上，或者只供给小分子肽来满足微生物对氨基酸的需要。小分子肽很容易进入细胞，随后即被肽酶水解成氨基酸。也可以提供富含多种氨基酸的一些天然物质如酵母膏、玉米浆（表 3.17）等，来满足微生物生长的需要。

（3）嘌呤、嘧啶及它们的衍生物

嘌呤、嘧啶的主要功能是构成核酸和辅酶。许多微生物能“从无到有”合成嘌呤核苷酸和嘧啶核苷酸。微生物也能够或必须从环境中吸收嘌呤、嘧啶类营养物质。嘌呤和嘧啶进入细胞后，必须先转变成核苷和核苷酸后才能被利用。形成核苷酸的途径有两条：一条是从嘌呤（或嘧啶）直接形成相应的单磷酸核苷酸；另一条是间接形成，即先形成核苷，然后再形成单磷酸核苷酸。如果微生物中只有第一条途径（只存在第一条途径的酶），那么它就只能利用游离碱基（嘌呤、嘧啶）；如果还存在第二条途径（也指酶），则游离碱基和核苷均可作为生长因子来利用。核苷酸一般不作为生长因子，是因其难以透过细胞膜进入细胞。

某些细菌的生长需要嘌呤和嘧啶，以合成核苷酸。最大生长量所需要的浓度是 10μg/ml。有些微生物既不能自己合成嘌呤或嘧啶核苷酸，也不能利用外源嘌呤和嘧啶来合成核苷酸，因此必须供给核苷或核苷酸才能使其生长。这些微生物对核苷和核苷酸的需要量都较大，满足最大生长所需浓度约为 200～2000μg/ml。

6. 能源

凡是能为微生物生命活动提供最初能量来源的营养物质或辐射能称为能源（energy source）。辐射能是光能自养和光能异养型微生物的能源；化能异养型微生物的能源是有机物，而且与碳源相同；化能自养型微生物的能源与碳源是不同的，它们都是一些还原态的无机物，如 NH_4^+、NO^{2-}、S、F_e^{2+}等。

除了以上 6 大类营养物质外，许多微生物包括众多工业微生物与高等生物一样需要分子氧。由于分子氧相对不溶于水，因此需氧的微生物在液体培养基中生长时，必须不断地供给氧（空气），以使培养基中有一定量的溶解氧（dissolved oxygen，DO）。温度升高，或搅拌速度下降，均会使 DO 下降。DO 还与通气时气泡分散度、液层厚度和液面压力等有关。许多需氧微生物，包括杆菌、霉菌和放线菌，在适宜的液体培养基中静止培养，能在液体表面形成菌膜。若用震荡或通气培养，则杆菌呈单细胞状，而霉菌和放线菌的菌丝则常常交织成小球。

三、营养物质的跨膜运输

营养物质进入细胞的过程不外乎是营养物质扩散进入细胞或者是细胞将营养物质吸收入细胞。营养物质能否扩散入细胞，是由质膜的物理化学性质决定的。

微生物细胞个体小，比表面积大，这是通过细胞表面进行物质交换的有利条件。微生物细胞表面有细胞壁和细胞膜。细胞壁能对大分子质量的化合物起屏障作用。但生长中的微生物的细胞壁对许多大分子来说，几乎是可以自由透过的。为了研究的方便，只把细胞质膜作为物质进出细胞的主要屏障。环境中的微生物细胞通过膜与环境发生物质交换，但由于膜上蛋白质和酶系统的存在使交换过程表现出复杂的生物学特性。营养物质进入微生物细胞的方法和速度取决于以下诸多因素：

1）营养物质的性质。包括分子大小、电荷、结构及光学异构类型等。

2）细胞（即质膜）所处的环境条件。即渗透压、pH 值、温度、氧分压、表面活性剂等。

3）细胞的结构和功能。如种类、表现形态、菌龄、生理状态及代谢活性等。

在研究营养物质进入细胞的过程中，人们发现有些过程需要有能量偶合，有的则不需要（表现为前一种过程受能量生成抑制剂及氧化磷酸化解偶联剂的影响），还发现营养物质进入细胞的过程有时会表现出饱和效应和竞争效应。若对具有这两种效应的微生物进行诱变，则可以获得一些突变株，表现为营养物质不能进入或很难进入细胞。可见这种进入过程是借助于“载体”来进行的，而且“载体”也是由 DNA 编码的。

根据营养物质进入细胞是否需要提供代谢能，可以把营养物质进入细胞的过程分为主动运输（active transport）和被动扩散（passive diffusion）两大类。因为主动运输需要细胞提供的代谢能量，细胞起主导作用，是细胞吸收营养的过程，故也有主动吸收之称。主动运输过程均需要由载体来运输溶质分子。有些被动扩散过程也要借助于载体，故也有被动运输之称。

（一）被动扩散

营养物质顺着其浓度梯度，按照扩散的方式进入细胞的过程，称为被动扩散或被动运输。这个过程遵循的是基本的物理和化学原理，但也有其明显的生物学特性。因为微生物的质膜并不是典型的半透膜，而是差异膜，它对各种物质的透性有差别（但并无绝对透与不透之分），而且这种差异现象还能在生命过程中不断地予以改变和调整，如改变和调整膜的结构成分、离子导体、载体等，虽然不能影响最后结果，也不能改变流向，但却能加快物质出入的速度。

被动扩散这个类型还可以根据运输时是否借助于载体再分为两种，即简单扩散（不借助载体）和促进扩散（借助载体）。下面分别介绍这两种过程（图 3.1）。

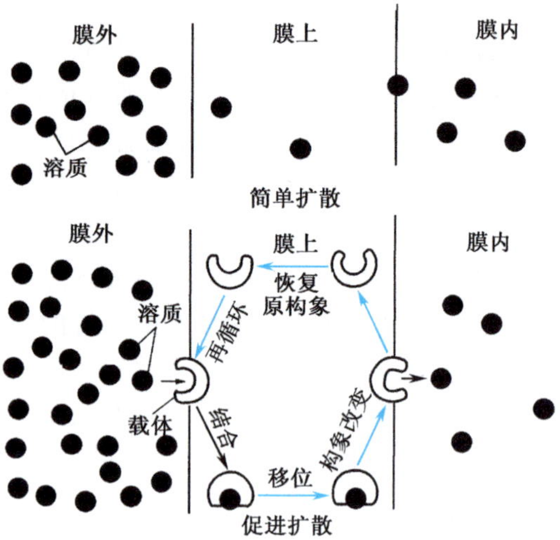

图 3.1 被动运输模拟图

1. 简单扩散

少数低分子量的营养物质靠简单扩散而透入（或透出）细胞，扩散的速度与该物质在细胞内外的浓度梯度成正比，方向是从高浓度扩散到低浓度处。当细胞内外此物质的浓度达到平衡时，扩散就不再进行。

简单扩散（simple diffusion）虽然是一种最简单的物质跨膜运输方式，但它并不是微生物细胞吸收营养物质的主要方式。水是唯一可以通过扩散自由通过原生质膜的分子，脂肪酸、乙醇、甘油、一些气体分子及某些氨基酸在一定程度上也可以通过扩散进出细胞。大多数低分子量营养物质在以简单扩散方式进入细胞的过程中，需要克服膜的屏障作用，这种膜的屏障作用包括机械的（膜孔隙的大小和多少）、电学的（膜电位和膜上阴阳离子的浓度和水平）和化学的（膜对被输送物质的溶解度和亲和力）作用。

由于质膜基本上是脂质的，物质通过膜的难易程度主要与该物质的性质有关。一般相对分子量小、极性弱的、脂溶性强的分子较易扩散。此外，物质透过膜的难易程度也与组成膜的分子本身的极性有关，如脂肪链短、不饱和，极性就较强，则以上的规律性就差些。随着营养物质分子脂溶性基团的减小和分子极性的增大，膜的屏障作用就逐渐增强。一个脂溶性基团较小并具有一定极性的溶质分子，要从膜外侧进入内侧，必须经过以下三步：第一步是离开水进入膜的疏水脂质区域；第二步是通过脂质双分子层；第三步是离开脂相回到水相（细胞内）。用静止的观点看，极性分子要实现第一、二步是较困难的。

事实上，质膜的脂质双分子层具有一种高度流动的结构，膜上的磷脂酰基-磷脂的两条长尾的随机运动能导致在膜的疏水区出现间隙。这些间隙（即统计学上的小孔）允许体积较小的极性分子通过。但对大的极性分子来说，分子的体积就上升为限制其进入细胞的主要因素。因为统计学上的小孔对于大的极性分子能起到分子筛的作用。

其次，环境条件对物质的扩散也有影响。温度高，原生质膜的流动性增加，有利于物质扩散进出细胞；pH 与离子强度通过影响物质的电离程度而影响物质的扩散速率。

2. 促进扩散

一些极性分子的被动扩散过程同时都显示出饱和效应，以及与其结构类似物的竞争关系。这说明这些极性分子的被动运输是在载体的帮助下进行的。因此可将促进扩散（facilitated diffusion）定义为有特异的载体蛋白参加而不需代谢能的运输机制。促进扩散不需消耗代谢能，但它对温度和 pH 敏感，这可能与膜的液晶状态以及存在于膜上的载体蛋白的生理活性有关。

促进扩散输送物质需要借助于载体蛋白。每一种载体只运输相应的物质，具有较高的专一性。被运输物质与相应载体之间存在一种亲和力，而且这种亲和力在原生质膜内外的大小不同。载体蛋白它们的外部是疏水的，但在与被输送物质特异结合的部位却保持着较高的亲水性。载体上的亲水结合部位取代了极性溶质分子上的水合水层，从而实现了载体与溶质分子的接合。当具有疏水外表面的载体把溶质分子带入脂相并通过一定的易位机制到达膜的另一侧时，因为细胞内溶质浓度较外面低，溶质分子从载体上离解下来。由于载体的“促进”作用，使其扩散速度比简单扩散快。载体蛋白只影响物质的输送速率，并不改变该物质在膜内外形成的动态平衡状态，被运输物质在膜内外浓度梯度越大，促进扩散速率越快，但是当被运输物质浓度过高而使载体蛋白饱和时，输送速率就不再增加。

通过促进扩散进入细胞的营养物质主要有单糖、氨基酸、维生素及无机盐等。促进扩散对许多真核微生物来讲非常重要，它可以用来输送糖和氨基酸；但对原核微生物很少采取这种输送方式，只有在突变或其它原因的影响下使其丧失主动吸收能力时，才用促进扩散方式送糖。一般微生物通过专一的载体蛋白运输相应的物质，但同时微生物对同一物质的输送由 1 种以上的载体蛋白来完成，例如酿酒酵母有 3 种不同的载体蛋白来完成葡萄糖的运输。另外，某些载体蛋白可同时完成几种物质的运输，例如大肠杆菌通过一种载体蛋白完成亮氨酸、异亮氨酸和缬氨酸的运输，但对 3 种氨基酸的运输能力有差别。

除了蛋白载体介导的促进扩散外，一些抗菌素也可以通过提高膜的离子通透性而促进离子进行跨膜运输。

（二）主动运输

营养物质逆其自身的浓度梯度由低浓度处向高浓度处运动并在细胞内富集的过程称为主动运输或主动吸收。主动输送是广泛存在于微生物中的一种主要的物质运输方式。主动输送和促进扩散类似之处在于运输过程中都需要载体蛋白参与。载体蛋白通过构象变化而改变与被运输物质之间的亲和力大小，使两者之间发生可逆性的结合与分离，从而完成相应物质的跨膜运输，区别在于主动输送过程中的载体蛋白构象变化需要细胞提供能量。

在主动输送过程中，运输物质所需能量来源因微生物不同而各异。能量来源可以是由呼吸作用产生的跨膜的质子势，可以是生物氧化（发酵作用）和光合磷酸化产生的 ATP，也可以是代谢中产生的高能磷酸化合物（磷酸烯醇式丙酮酸 PEP）。主动运输具体方式有多种，这里介绍主要的 3 种方式：简单的主动输送、基团移位和 ATP 结合性盒式转运蛋白系统。

1. 简单主动运输

在消耗代谢能的同时，实现溶质（营养物质）在细胞内的浓缩而没有任何化学变化发生的输送机制称为简单主动运输（simple active transport，简称主动运输）。参与主动运输的载体蛋白又叫做膜运输蛋白。目前已鉴定的细菌膜运输蛋白有 3 种，分别是单向运输蛋白、同向运输蛋白和反向运输蛋白。它们在结构上有明显的同源性，都是有 12 个 α 螺旋构成的跨膜通道。通过这种方式运送的物质包括一些糖类，大部分氨基酸和有机酸以及大量的无机离子（如硫酸盐、磷酸盐、钾离子等）。在有些细菌中葡萄糖的运输以基团移位的方式进行。

在细菌中，主动输送所需消耗的能量通常来自跨膜质子浓度梯度。有机或无机化合物分解释放发能量或光能用于分离跨膜质子（即引起胞内质子外排），导致原生质膜内外建立质子浓度梯度，从而使代谢能以质子的电化学梯度形式储存在膜中。这个质子浓度梯度在消失过程中，往往偶联其他物质的运输，包括以下 3 种方式（如图 3.2）：同向运输（如乳糖、HPO_4^{2-} 和 HSO_4^-），某种物质与质子通过同一载体按相同方向运输；逆向运输（如 Na^+），某种物质与质子通过同一载体按相反方向进行运输；单向运输（如 K^+），可导致胞内阳离子积累或阴离子浓度降低。

2. 基团移位

基团移位（group translocation）是指被输送的基质分子在膜内经受了共价

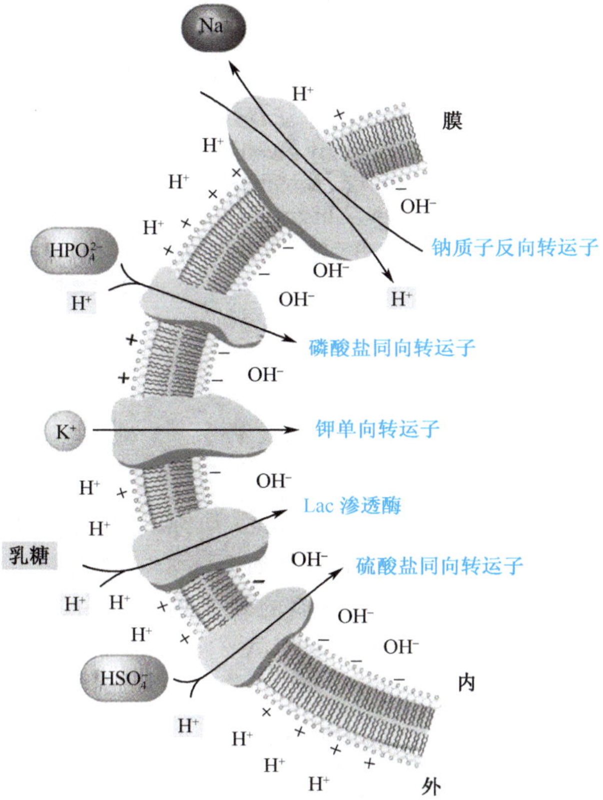

图 3.2　简单主动运输示意图

的改变，以被修饰的形式进入细胞质的输送机制。基团移位与简单主动输送方式的不同之处在于它有一个复杂的运输系统来完成物质的运输，而且物质在运输过程中发生化学变化。

研究得最为透彻的基团移位是磷酸转移酶系统（PTS），如图 3.3 所示。由于这种输送是在磷酸基团发生移位（即从磷酸烯醇式丙酮酸开始，最后转移到被输送基质分子上）的过程中实现的，故有“基团移位”之称。因为在输送过程中消耗了磷酸烯醇式丙酮酸上的高能磷酸键的键能，所以这种输送也属于主动输送。

基团移位主要存在于厌氧和兼性厌氧细菌中，主要用于糖的运输，脂肪酸、核苷、碱基等也可通过这种方式运输。目前尚未在好氧型细菌及真核生物中发现这种运输方式，也未发现氨基酸通过这种方式进行运输。

3. ATP 结合性盒式转运蛋白系统

除利用质子浓度差进行主动运输外，细菌还可以通过 ATP 结合性盒式转运

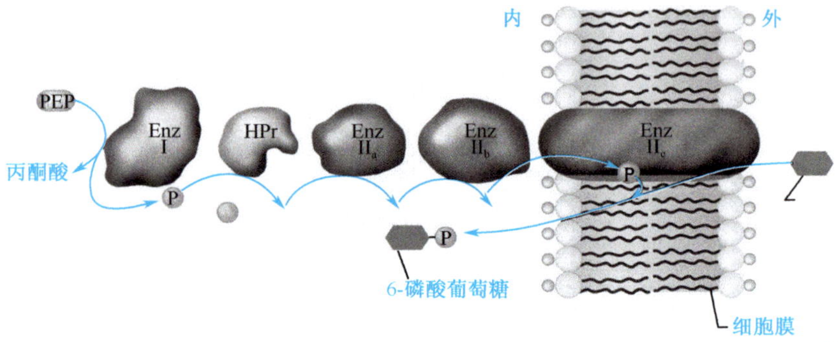

图 3.3　大肠杆菌磷酸转移酶系统的机制

对葡萄糖的吸收，该系统由 5 个蛋白组成：酶 I、酶 $Ⅱ_a$、$Ⅱ_b$、$Ⅱ_c$ 和组蛋白。从磷酸烯醇式丙酮酸到 $Ⅱ_c$ 顺序发生磷酸转移，后者实际上运输（和磷酸化）糖。

蛋白系统（ATP-binding cassette transpoter，简称 ABC 运输系统）来运输营养物质。ABC 运输系统包含 3 个组成部分（如图 3.4）：能与被输送物质特异性结合的周质结合蛋白；真正介导物质运输的跨膜输送蛋白；为输送提供能量的 ATP 水解蛋白。至今在原核微生物中发现 ABC 运输系统已超过 200 种。

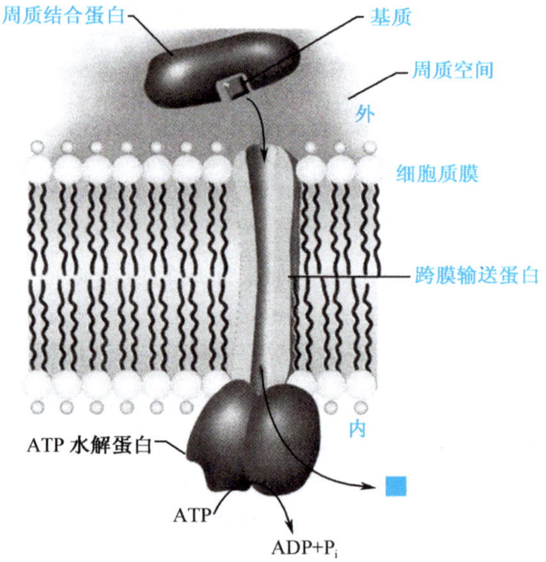

图 3.4　ATP 结合性盒式转运蛋白系统示意图

在革兰氏阴性细菌的周质空间中存在有许多与物质运输有关的蛋白，这些蛋白称为周质结合蛋白。它们不仅可以在周质空间中运动，而且与底物之间有极高的亲和力。

细菌（如大肠杆菌）可以通过这种方式来运输糖类（阿拉伯糖、麦芽糖、半乳糖及核糖）、氨基酸（谷氨酸、组氨酸及亮氨酸）和维生素 B_{12} 等溶质。

基质的主动运输问题还在研究之中，不同微生物吸收不同基质的方式可能有较大差别。有关四种营养物质运输方式的比较见表 3.18。

表 3.18　四种营养物质运输方式的比较

项　目	被动扩散		主动运输	
	简单扩散	促进扩散	简单主动运输	基团移位
特异载体蛋白	无	有	有	有
运输速度	慢	快	快	快
溶质运输方向	由浓至稀（顺向）	由浓至稀（顺向）	由稀至浓（逆向）	由稀至浓（逆向）
平衡时内外浓度	内外相等	内外相等	内部浓度高得多	内部浓度高得多
运输的分子	无特异性	特异性	特异性	特异性
能量消耗	不需要	不需要	需要	需要
运输前后溶质分子	不变	不变	不变	改变
载体饱和效应	无	有	有	有
与溶质类似物	无竞争性	有竞争性	有竞争性	有竞争性
运输抑制物	无	有	有	有
运输对象举例	H_2O、CO_2、O_2 甘油、乙醇、盐类、少数氨基酸	一些无机离子、糖（真核微生物）	氨基酸、乳糖等糖类、Na^+、Ca^{2+} 等无机离子	一些糖类、碱基、核苷、短链脂肪酸等

四、微生物培养基

培养基（culture media），是指由人工方法配制而成的，专供微生物培养、分离、鉴别、研究和保存用的混合营养物制品。用于微生物生长、繁殖和生产产物为目的的营养物质的综合体都是微生物的培养基。培养基应具有的共性为：

1）单位数量的培养基应能以最高产率生产出所需产物，如单细胞蛋白或目的代谢物。

2）能以最高速率稳定地合成出所需产物。

3）培养基成分应价格便宜，易于就近取材。

4）培养基有利于通风、搅拌、提取、纯化和废物处理等。

（一）培养基的要素

工业微生物研究和实验中的微生物培养基必须具备如下五个要素。

1）营养物质：包括研究或实验微生物所需要的碳、氮、磷、硫等宏量元素及微量元素、生长因子及水等。因此自养菌与异养菌的培养基的成分有显著的不同，前者不含有机化合物，后者需要有机化合物作为碳源和能源。在营养缺陷型（生长因子异养型）微生物的培养基中，必须添加所缺的生长因子。

2）水的活度：实际上是控制好培养基中可溶物质（特别是碳源）的浓度。

3）pH值：指灭菌后pH值，这与pH值缓冲液和缓冲物（如$CaCO_3$）的使用有关。

4）培养基的物理状态。

5）灭菌方法。

（二）培养基的类型

微生物培养基的种类很多，据不完全统计，常用的在1700种以上，而且，随着生物科学的飞速发展，培养基的种类也将不断增加。一般常以培养基的形态、成分、用途和性质来区分。表3.19概括了培养基的类型。

表3.19　培养基类型

分类特征	培养基名称
基质的来源	天然培养基、合成培养基、半合成培养基
物理状态	液体培养基、固体培养基、半固体培养基
目的用途	种子培养基、发酵培养基、菌种保藏培养基、富集培养基、选择性培养基、鉴别培养基和测定生理特性的培养基
调控育种	基本培养基、完全培养基、补充培养基

1. 按基质的来源

（1）天然培养基

天然培养基含有各种成分及含量不一定确切知道的天然物质，如蛋白胨、牛肉膏、酵母浸膏、玉米浆、麦芽浸膏等。用此类材料配成的培养基很难做到不同批号之间质量的稳定一致，因其随品种、产地、季节、加工条件等变化而有所波动。因此在选用原料时务必标明其商品的名称及批号，对不同来源的这些商品还应先作小试。虽然天然培养基存在这些缺点，但其成本较低，微生物生长较好，所以一般使用的培养基，均以天然培养基为主。

（2）合成培养基

合成培养基是由已知化学成分的营养物质组成的。由于微生物对营养要求的不同，它可以完全由无机盐或无机盐加有机化合物（氨基酸、糖、嘌呤、嘧啶和维生素等）组成。这种合成培养基的配方成分都是已知的，所以只要配制过程的操作严格要求，各批培养基的质量可做到稳定一致。

合成培养基的成本较高，其价格相当于同类天然培养基的几倍至几十倍，因此，合成培养基一般只能在研究工作中使用，如微生物碳源与氮源的同化和发酵等，微生物遗传育种中营养缺陷型的检测、重组株的确定和菌种鉴定等。

（3）半合成培养基

由部分天然材料和部分化学药品组成的培养基称为半合成培养基。由于多数微生物均能在此类培养基上生长，加上配制方便，成本低，所以生产或实验经常采用此类培养基。

实验室中常用的天然材料及其主要成分见表 3.20 及表 3.21。

表 3.20　玉米浆的平均化学组成

项　　目	白玉米浆/%	黄玉米浆/%
蛋白质	43.00	41.90
氨基酸	3.90	4.02
还原糖	2.32	1.90
总磷	3.75	3.62
溶磷	1.25	1.52
酸度	10.00	10.90
SO_2	0.23	0.20
乳酸	12.51	12.09
总灰分	19.35	21.02
铁	0.064	0.050
重金属	0.0082	0.0084

表 3.21　一些天然材料的来源及其主要成分

材料名称	来　　源	主要成分	用量/%
麦芽浸膏	大麦芽的水溶性浸出物经浓缩而成的黄色黏稠膏状物	麦芽糖占总固形物 50%以上。含有少量其他糖类，含有机氮化合物约占 4%～5%。还含有维生素和嘌呤、嘧啶等，营养完全	一般视麦芽糖要求量
蛋白胨	将肉、酪素或明胶用酸或蛋白酶水解后干燥而成的黄色粉末状物质。蛋白胨的成分组成随原料（动物原料或植物原料）和制法（酶解法或酸解法）不同而异，实验中不要轻易换用蛋白胨试剂	主要供给有机氮化合物，同时也提供一些维生素和糖类	0.2～2.0

续表

材料名称	来　源	主要成分	用量/%
酵母膏（酵母浸膏）	酵母细胞的水溶性自溶提取物经浓缩而成的黄褐色黏稠膏状物	提供大量的B族维生素，大量氨基酸、嘌呤	0.5～2.0
牛肉膏（牛肉浸膏）	瘦牛肉组织浸出汁浓缩而成的黄褐色黏稠膏状物	碳水化合物（有机酸类），有机氮化合物（氨基酸、嘌呤、胍类、尿素等）、无机盐（钾、磷等）和水溶性维生素（主要是B族维生素）	0.5～1.0
糖蜜	制糖过程中无法结晶的母液，色泽红褐色	含蔗糖、还原糖、生物素、无机盐、少量氨基酸和B族维生素。甘蔗糖蜜含还原糖、生物素较甜菜糖蜜多	一般视糖量要求

注：浸膏也可采用将其浓缩物喷雾干燥而成浸粉。

2. 按物理状态

（1）液体培养基

用各种材料的抽提物或化学药品按一定量配成的水溶液或液体状态的培养基叫液体培养基，液体培养基常用于大量生产发酵产品和菌体。微生物在液体培养基中静止生长时，需氧微生物往往可在液面形成膜、岛、环，而液体仍清澈透明；厌氧或兼性厌氧微生物生长则导致液体混浊或有沉淀。

（2）固体培养基

除了用固体物料加水或营养盐构成的疏松固体培养基（用于固体发酵，如曲、固体酶制剂、酱）外，固体培养基主要是指在以上培养基中加入一定量能固化液体培养基的胶体物质，所配制成的固体胨状培养基。将微生物细胞接种到固体培养基上培养，它的所有后代都聚集在一起，形成一定状态的菌落或菌苔，并表现出其他特定的培养特征。固体培养基对于研究微生物的分离、纯化、培养、保存和鉴定等均是不可缺少的。制备固体培养基的胶体有琼脂、明胶和硅胶。

1）琼脂（agar）。它是由石花菜等红藻加工制成的一种胶体物质。主要由琼脂糖（agarose）和琼脂胶（agaropectin）两种多糖组成。除天蓝色链霉菌和某些海洋弧菌外，所有的微生物均不降解琼脂。琼脂不同于一般的固化剂，液态的琼脂培养基在45℃时固化，而固态的琼脂培养基在近100℃时才融化，它在45～100℃的温度范围内没有变化。配制固体培养基时琼脂的用量为：半固体培养基加0.5%，固体培养基加1.2%～2.0%。

2）明胶（gelatin）。它是由动物的皮、骨、韧带、髓等和水一起煮熬而成的一种蛋白质，含有多种氨基酸，缺少色氨酸。用它制固体培养基对微生物有一定营养价值。液态的明胶培养基在24℃时凝固，固态的明胶培养基在28～35℃时融化。因此用明胶做固化剂的固体培养基一般只能在20～25℃以下使用，其用量为10%～12%或更多。明胶培养基主要用于检测蛋白酶即明胶液化能力。

表3.22系琼脂和明胶的比较。

表3.22　琼脂和明胶的特性比较

内　容	琼　脂	明　胶
常用浓度/%	1.5～2	5～12
熔点/℃	96	25
凝固点/℃	40	20
pH值	微酸	酸性
灰分/%	16	14～15
氧化钙/%	1.15	0
氧化镁/%	0.77	0
氮/%	0.4	18.3
微生物利用能力	绝大多数微生物不能利用	许多微生物能利用

3）硅胶（silica gel）。在研究土壤微生物、自养微生物，或微生物对碳氮的利用时，常用硅胶做固体培养基的固化剂，因为硅胶全是无机物，适用于培养自养菌。用水玻璃（硅酸钠）与盐酸先制作好无菌凝胶，然后加入无菌营养液，可得到硅胶固化的固体培养基。

（3）半固体培养基

在配制固体培养基时，固化剂加得少些就可得到半固体培养基，如加琼脂0.2%～0.5%所得半固体培养基可用来观察细菌的运动。

3. 按目的用途

（1）种子培养基

为了在较短的时间内获得数量较多的强壮而整齐的种子细胞，要采用种子培养基。种子培养基要求营养丰富、全面，氮源、维生素的比例应较高，碳源比例应较低。由于种子培养基用量少，对菌体生长要求高，故使用原料要求较高。

（2）发酵培养基

用于生产目的发酵产物的培养基，用量大。由于产物分子中往往以碳成分为主，所以发酵培养基中碳源含量往往高于种子培养基，若产物含氮量较高，氮源物质也要相应增加。由于碳源、氮源用量多，故要用价格较低的原料，尽量就近取材。

发酵培养基不仅要根据发酵工艺的要求配制，还要考虑到后提取的方便。

(3) 菌种保藏培养基

一般根据微生物的种类和营养要求加以选择，细菌常用营养琼脂培养基；酵母菌常用麦芽汁琼脂培养基；霉菌常用察氏培养基；放线菌常用高氏一号培养基。

有些细菌在含糖的培养基中会因发酵产酸抑制细菌本身的生长，为避免酸度过高，可于培养基中加入 2%$CaCO_3$（分消后加入）。

氨基酸高产株的保藏培养基一定要营养丰富，尤其是所缺陷的营养物要充足；若为某氨基酸的结构类似物抗性突变株，则要在培养基中同时添加适量的该结构类似物，而培养基中该氨基酸的含量要尽量低。若高产株对某抗生素具有抗性，可以在保藏培养基中添加一定量的该抗生素。

(4) 富集培养基（enrichment media）和选择性培养基（selective media）

这是为了分离某类微生物而加入助长该类微生物的营养物质或加入抑制其他微生物生长的抑菌剂的培养基。在这类培养基中，某种微生物将比其他微生物生长繁殖更快，能以明显的生长优势而抑制其他类群微生物的生长。因此利用这类培养基可以从杂居多种微生物的样品中较容易地分离出目的微生物，但能在这种培养基上生长的微生物并不是一个纯种，而是营养要求或抗性类似的类群，所以这种富集和选择性只是相对的。

利用这类培养基分离或富集所需要的某种微生物时，若能将培养基的营养成分和培养的环境条件，如通气、温度、渗透压、光等结合起来，分离效果更佳。化学抑制物质一般为染色剂、抗菌素、结构类似物和食盐等。

(5) 鉴别培养基（differential media）

鉴别培养基是指添加了某种或某些特定的化学药品，因而能对特定的微生物分类学上的种群起鉴别作用的培养基。如可以用伊红美蓝培养基区分大肠杆菌和产气杆菌，在这个培养基上，大肠杆菌菌落小、蓝紫黑色，且具有金属光泽；产气杆菌菌落大、湿润、灰棕色。用这种培养基，可根据平皿培养基上的特征性现象鉴别微生物，它比选择性培养基、富集培养基在选择性上能更专一区分不同微生物种群。

在培养基中加入某种抑制剂和指示剂，以抑制某些细菌生长，而促进某种病原菌的繁殖，并使菌落具有一定特征，以助鉴别分离。这类培养基称为选择性鉴别培养基（表 3.23）。

表 3.23　常见的一些鉴别培养基

培养基名称	加入化学物质	微生物代谢产物	培养基特征性变化	主要用途
酪素培养基	酪素	胞外蛋白酶	蛋白水解圈	鉴别产蛋白酶菌株
明胶培养基	明胶	胞外蛋白酶	明胶液化	鉴别产蛋白酶菌株
油脂培养基	食用油、吐温、中性红指示剂	胞外脂肪酶	由淡红色变成深红色	鉴别产脂肪酶菌株

续表

培养基名称	加入化学物质	微生物代谢产物	培养基特征性变化	主要用途
淀粉培养基	可溶性淀粉	胞外淀粉酶	淀粉水解圈	鉴别产淀粉酶菌株
H_2S 试验培养基	醋酸铅	H_2S	产生黑色沉淀	鉴别产 H_2S 菌株
糖发酵培养基	溴甲酚紫	乳酸、醋酸、丙酸等	由紫色变成黄色	鉴别肠道细菌
远藤氏培养基	碱性复红、亚硫酸钠	酸、乙醛	带金属光泽深红色菌落	鉴别水中大肠菌群
伊红美蓝培养基	伊红、美蓝	酸	带金属光泽深紫色菌落	鉴别水中大肠菌群

(6) 生理特性测定培养基

在鉴定微生物时，用于观察微生物的培养特征，或观测其生理生化反应所采用的培养基叫做测定生理特征的培养基。这些培养基都是规定了的，可以从有关的微生物学手册上查到。

(三) 实验培养基配制注意点

1. 营养成分

1) 通常在培养基内加入 KH_2PO_4 和 $MgSO_4$，以供应磷、硫、镁、钾，如果同时加入钙和铁，则上述三种盐的用量要适当加大，这主要是考虑到它们之间会形成不溶性的磷酸盐或氢氧化物，影响正常的使用。蛋白胨、酵母膏和其他生物制品都含有磷酸盐，若培养基中有 Mg^{2+} 和 Ca^{2+} 等离子，就会出现沉淀、浑浊。为避免生成沉淀，可将盐配成溶液，分开灭菌后再加入培养基。

2) 有些糖类或营养物质在高温、高压下会被破坏，故应降低压力、温度，或缩短时间，或用过滤或其他方法除菌。

3) 除培养固氮菌外，在培养基中均需加入无机氮或有机氮源。许多细菌不能利用硝酸盐，宜用铵盐作无机氮源；真菌大多可利用铵盐，也能利用硝酸盐。细菌虽能利用无机氮，但不如利用有机氮普遍，常用的有机氮源主要有蛋白胨、明胶、牛肉膏和酪蛋白水解液等。

4) 配制培养基时，营养物质的浓度应适当，太低不能满足生长需要，偏高会使菌体疯长，过高还会抑制微生物生长。所以配制培养基应按规定的浓度配制。

2. pH 值

微生物要求培养基有适宜的 pH 值，但它们的代谢作用又会改变培养基的

pH值，所以在配制培养基时，不仅培养基的起始pH值应符合微生物的要求，而且要考虑采用何种缓冲作用保持其pH值。一般在培养产酸的微生物时可在培养基中加入适量的$CaCO_3$，以中和不断产生的酸。在合成培养基中，组成成分中含有磷酸盐者一般都已设计好pH值，故不需再专门调pH值。若pH值降到4.5以下，琼脂固体培养基灭菌后不再凝固，或凝固不坚，可将有关成分分别灭菌再予混合效果较好。

3. 灭菌

灭菌后培养基颜色变褐（称为“焦化”或美拉德反应）加深，主要原因是还原糖类与蛋白质和氨基酸在高压、高温下相互作用的结果。这种褐色物质会抑制微生物的生长，应尽量防止。缩短高温灭菌时间，或将糖与含氮化合物分开灭菌，可以防止这种反应。

（四）培养基的发展趋势

近年来，随着一系列微量快速生化反应装置的出现，微生物培养基出现了许多新品种，如国外有系列的琼脂平板和试管斜面等新鲜培养基供应。

为了加快微生物学检验工作的速度，人们设计了比传统方法更敏感，更快速、更特异的细菌鉴定方法，其中自动化半自动化系统和微生物数码分析系列是常被采用的方法。

微生物数码分析系列又称为数值分类细菌鉴定法，其基本原理是，制备一定数量和种类的特殊微量培养基，用数个乃至数十个细菌的生理和生化特征来检验细菌。由于每个细菌均可产生一套阳性或阴性结果，然后用电子计算机重新结合，系统比较某一株与他类同株矩阵，很快就会相互区别开来。目前数值分类的商品种类很多，其中最有前途的是Microbact。国内应用数值分类法进行细菌鉴定也已普遍开展，同时也出现了不少商品系列编码鉴定培养基，就其组成成分来看，有肠杆菌科的系列编码鉴定培养基，非发酵菌群系列编码鉴定培养基，弧菌科系列编码鉴定培养基，革兰氏阳性球菌系列编码鉴定培养基，酵母菌系列编码鉴定培养基和厌氧菌系列编码鉴定培养基等；其培养基的商品形式也各不相同，有微量小玻璃管组成的，有小安瓿组装的，也有呈冻干状态的。数码分析的可靠性主要取决于数据库，数值分类鉴定不需要贵重仪器，操作简易，容易在各实验室推广。现介绍两种常用的系统。

1. API 120E（Analytab Products N. Y）

是应用最广的一种，它附有电脑提供丰富数据的检索系统。细菌鉴定结果可在 5～18h 后读出。在一条塑料板上有 20 个小孔。每孔中含有一种干燥底物。用含纯菌的无菌生理盐水重溶底物、氨基酸、硫化氢及尿素，小孔内还需加上液体石蜡，塑料板放在小盒内，盒内含水分，35℃培养 5h 第一次读结果；18～24h 可再读一次结果。读结果前，色氨酸脱氨、靛基质、乙酰甲基甲醇（V-P 试验）三孔要加特定试剂。这 20 个试验再加上纸片氧化酶试验，总共 21 个结果转化成 7 个数字，然后查索引表或直接用电脑检索。

2. Micro-ID System（General Diagnostics N. J.）

这个系统是基于在接种的细菌表面存在各种酶能与特殊的底物产生快速反应，因而 4h 就可得到结果。它由 15 种反应组成，每一孔内含有一种底物，用无菌生理盐水稀释菌液溶化这 15 种底物，35℃、4h 后，前 5 孔加入必需的试剂，所得结果转换成五位数字，通过电脑检索或直接查索引表可鉴定出细菌。

由于电脑技术的迅速发展，使微生物的自动化及半自动化鉴定技术取得了明显的进展。目前国际上已有许多不同类型的微生物自动化和半自动化鉴定系统，在临床上被广泛应用的是 Vitek-AUTO-Microbic 系统（AMS）。

Vitek 系统（Vitek systems Inc，MO）是目前国际上较为流行的仪器。该系统可鉴定革兰氏阳性和革兰氏阴性菌，甚至酵母类菌，还可以直接用稀释的尿液标本送入，以鉴定并计数细菌，也可以作多种抗生素药敏试验。该全套仪器包括密封舱、电脑、数据输入终端和打印机。革兰氏阴性菌鉴定卡由 30 种底物组成，革兰氏阳性菌鉴定卡由 28 种底物组成。底物包括杆菌肽 Optochin NaCl（60 g/L）、胆汁（10%，4%）、七叶苷、精氨酸、尿素、四唑红（tetrazoliumred）、新生霉素、18 种糖类及醇类，当含标准浓度的菌液试管与塑料板卡相连时，菌液自动吸入卡内，卡又自动地被送入密封舱，然后 35℃孵育（酵母类菌 30℃）。在孵育过程中，由于光密度改变，可以被仪器及时监测出来，最后由电脑系统解释结果。肠杆菌科需时 4～6h；不发酵糖的革兰氏阴性杆菌 6～18h；革兰氏阳性球菌 4～15h。

该系统主要培养基鉴定卡有以下十一种。

1）GNI：革兰氏阴性杆菌鉴定卡。

2）GNS：革兰氏阴性杆菌药敏试验卡。

3）GPI：革兰氏阳性球菌鉴定卡。

4）GPS：革兰氏阳性球菌药敏试验卡。

5）YBC：酵母样菌鉴定卡。

6）UID-3：尿素培养及菌落计数卡（一个卡片可同时测三个标本）。

7）EPS：用于筛选肠道致病菌（主要是沙门氏菌属及志贺氏菌属的细菌）。

8）Bicilli SID：用于芽孢杆菌属的鉴定。

9）NH/H：用于奈瑟氏菌属/嗜血杆菌属鉴定。

10）ANI：用于厌氧菌鉴定。

11）GNU：用于尿液革兰氏阴性杆菌属鉴定。

由于现代科学的迅速发展，特别是分子生物学和临床细菌学的发展促进了培养基的研究、生产、供应和使用技术的不断改进和提高。

总之，培养基的发展趋势将是从实际需要出发，增加新品种，尽量用合成培养基代替天然培养基，采用混合干粉配制工艺，便于保存与使用，分析方法更加科学合理，质量控制标准统一，逐步实现质量管理规范化。

第二节　微生物的生长

生长是一个复杂的生命活动过程。微生物细胞从环境吸取营养物质，经代谢作用合成新的细胞成分，细胞各组成成分有规律地增长，致使菌体重量增加，这就是生长。随着菌体重量的增加，菌体数量也增多，这就进入到繁殖阶段。生长是繁殖的基础，繁殖是生长的结果。

微生物在各种环境下生长，其生长和生理活动实际上是对它们所处环境条件的一种反应。微生物怎样生长，什么因素影响它们的生长，什么因素促使代谢产物的生成，微生物如何对不良环境做出反应，又在什么条件下死亡？研究和解决这些问题，将为培养和发酵条件的优化打好基础。

微生物生长和繁殖有许多方式。细菌是裂殖，即每个母细胞体积增大最后分裂成两个相同的子细胞，众多无性的子细胞形成一个无性繁殖系。除了裂殖酵母外，多数酵母行出芽繁殖，母细胞在繁殖周期内体积几乎没有变化，无数代出芽繁殖，也形成为菌落。丝状真菌的生长是以其顶端延长的方式进行的，在生长过程中产生繁茂的分枝而构成整体。

研究微生物的生长，需要从微生物的个体生长和群体生长两个方面着手。

一、微生物个体细胞的生长

细菌在分裂的一个生长周期内，细胞质量和所有细胞组成均倍增，分裂所得两个子细胞与母细胞完全相同。因此除了单一倍增外，一般不可能指出细菌的“菌龄”。所谓细菌的菌龄，不是指个别细菌细胞的菌龄，而是指细菌培养物在培养条件下所度过的时间。

酵母的母细胞与子细胞实际上可以识别，因为母细胞产生每个子细胞都会留下一个芽痕，因此酵母细胞的群体（population）有一个连续变化的菌龄分布。

霉菌的生长特性是菌丝伸长和分枝，从菌丝体的顶端通过细胞间的隔膜进行生长。一旦一个细胞形成，它就保留其完整性，并有一个相对于邻近细胞的菌龄。菌丝体既可以是长的和散开的，也可以是短的和高度分枝的，或者是两者的混合形式，这取决于培养的环境条件。当其在表面生长时，菌丝体盘结交叉，形成浓密的菌落。在深层培养中，菌丝体能以分散的菌丝形式存在，或者形成直径为 0.1～10mm 的菌丝团。菌落和菌丝团对霉菌生长极其重要，因为它们本身反过来也影响各个菌落和菌丝团细胞局部的物理化学环境。

细胞生长的标志在外观上是细胞由小长大，在细胞内部则是细胞物质的增加、细胞结构和细胞器的组建。关于细胞大小的变化容易理解，因为它是细胞物质增加的必然结果。因此细胞生长的中心问题是组成细胞的各种大分子化合物如何合成，这些大分子化合物又如何分化成多种细胞结构和细胞器的。

就目前了解的可以归纳成染色体（或 DNA）的复制、核糖体的生物合成、线粒体的生物合成、细胞壁的生物合成等几大部分。各种细胞结构、细胞器和其他细胞成分的协同复制和合成，构成了细胞的生长，在外观上表现为细胞的长大或体积的增加（图 3.5）。

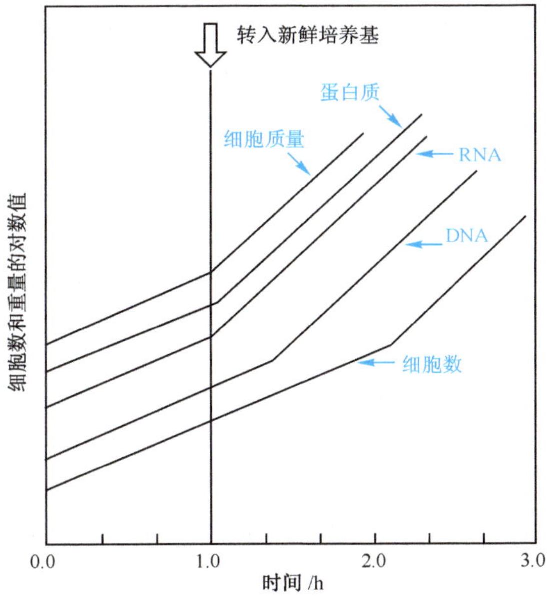

图 3.5 细胞生长过程中细胞数和胞内成分的变化

1. 细菌细胞的生长

在细菌细胞生长的过程中，主要的变化是细胞壁和细胞质的增生、DNA 的复制以及细胞分裂而成子代细胞。

1）细胞壁的增生。革兰氏阳性菌的细胞壁的生长是细胞的赤道壁带（equatorial wall band）向两边扩充的，而革兰氏阴性菌新合成的细胞壁物质是分散地插在原细胞壁物质之间的（图 3.6，图 3.7）。

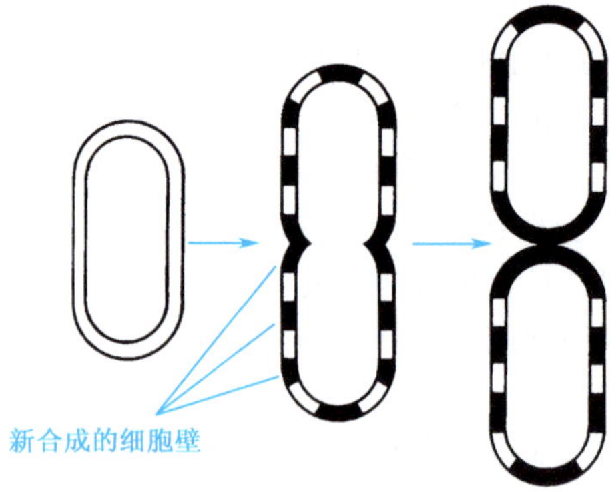

图 3.6　革兰氏阴性菌细胞壁的生长

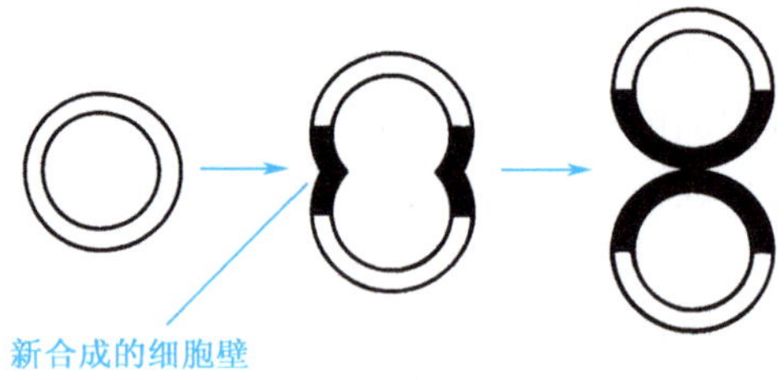

图 3.7　革兰氏阳性菌细胞壁的生长

2）DNA 的复制和细胞分裂。细菌的环状 DNA 在进行半保留复制时是附在间体上的，以双向复制方式进行。DNA 复制完成后，两个 DNA 随着新的细胞壁和膜物质的增生而被分开。壁在两个 DNA 之间向心生长，最后会合而形成横壁。细胞分裂总是在 DNA 复制完成后发生。

2. 酵母菌细胞的生长

酵母细胞的生长几乎完全与芽的生长相联系，当子细胞与母细胞分离时，其体积已与成熟细胞的体积接近。酵母细胞的周期通常定义为一次细胞分裂与下次细胞分裂之间的时间。一个细胞周期可以分成四个期，即间隔期 G_1、DNA 合成期 S、第二间隔期 G_2 和有丝分裂期 M。间隔期 G_1 指的是有丝分裂与 DNA 合成之间的间隔；G_2 指的是 DNA 合成与有丝分裂之间的间隔。芽的突起正是 DNA 合成的开始。生芽位置的控制机制尚未清楚，它可能受核内纺锤体斑（spindle plaque）的方位的影响。然而在芽出现以前可以从外形和细胞壁上基的增加来确定生芽的位置。在 G_2 期芽体增大，细胞核移到母细胞与芽体交界处；进入 M 期后细胞核分裂（图 3.8）。

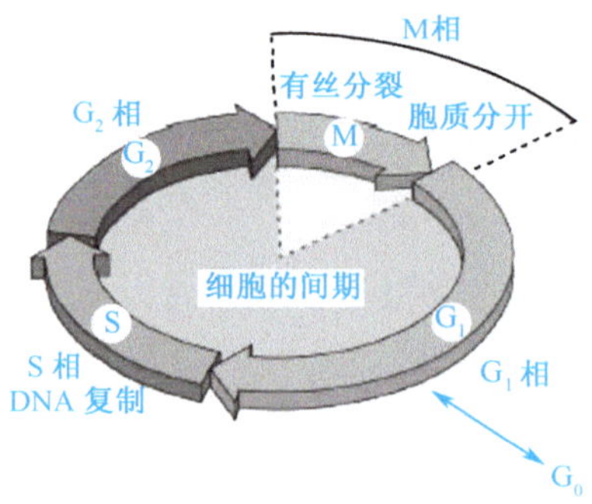

图 3.8　细胞的间期

子细胞与母细胞之间的壁的完成，也就是胞质分裂（cytokinesis），发生在有丝分裂以后。然而细胞的分离可能在这时发生，也可能滞后好几个世代。

酿酒酵母新生芽的细胞壁几乎全部都是新合成的，只有很少老细胞壁的成分。粟酒裂殖酵母菌是裂殖的，但其细胞壁的增长却不同于细菌，它的新生壁是从细胞顶端延伸的。酵母芽的生长似乎就靠近初生的正在生长的芽壁。从酵母分离的泡囊中存在着两种有关壁的合成和裂解的酶，即甘露聚糖合成酶和β-(1→3)-葡聚糖外切酶。小泡囊先把甘露聚糖转移到细胞质，随后又与所需要的酶（合成或分解壁的酶）一起转移到壁上。

3. 霉菌的生长

霉菌菌丝的生长主要以顶端生长的方式进行。有一种假设认为，菌丝的顶端生长需要网状高尔基体（dictyosome）和内质网等细胞器参加。在菌丝的亚顶端区含有大量的内质网和核糖体等细胞器，所以细胞膜物质、脂肪和蛋白质主要在亚顶端区合成。新的细胞膜物质在内质网合成后，通过泡囊（vesicle）转移到网状高尔基体近侧的潴泡（cisterna，内质网的液泡）中。在转移过程中促使膜由内质网型向细胞质模型转化。网状高尔基体是这种转化的场所，当潴泡从高尔基体近侧移向远侧时，便逐渐成熟而以泡囊的形式被网状高尔基体分泌到细胞质中。分泌出来的泡囊从菌丝的亚顶端移向顶端，并在顶端积聚。当泡囊与菌丝顶端接触时，泡囊就与细胞膜融合，同时释放出胞壁分解酶与合成酶。分解酶使壁局部破坏，合成酶即在该处催化合成新壁成分，进而形成新壁。

二、微生物群体的生长

微生物个体细胞的生长时间一般很短，很快就进入繁殖阶段，生长和繁殖实际上很难分开。群体的生长表现为细胞数目或群体细胞物质的增加。工业发酵的过程就是微生物群体细胞新陈代谢的过程，因此研究群体生长的规律对于发酵工业生产也是十分必要的（图 3.9～图 3.11）。

（一）微生物生长的描述

微生物生长通常以细胞重量或细胞数倍增所需要的时间为表征（图 3.7）。

重量倍增时间可以不同于细胞倍增时间，因而可以增大细胞重量而不增加细胞数。如果在给定环境中，细胞重量或细胞数倍增之间的间隔是恒定的，则微生物就以对数速率增长。

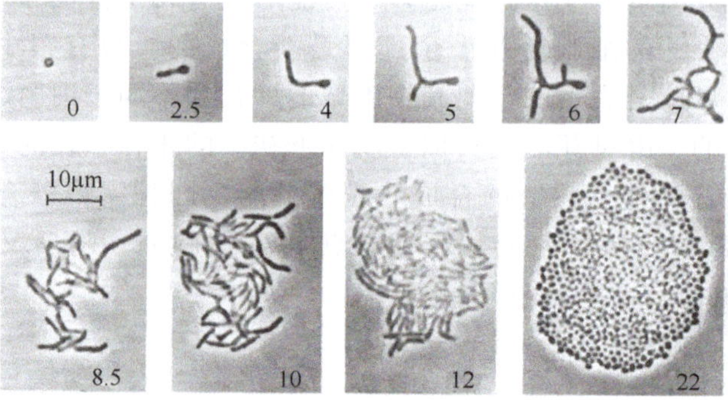

图 3.9　细菌群体形成的过程（图中数字的单位为小时）

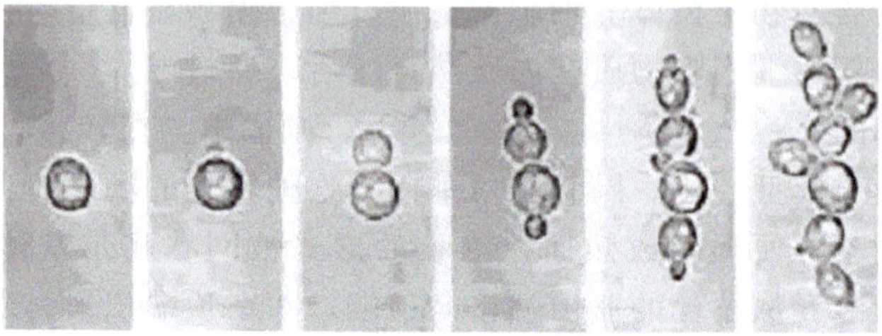

图 3.10　酵母群体形成的过程

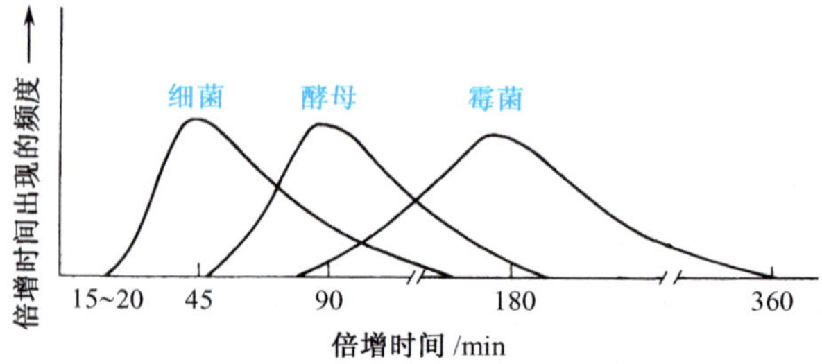

图 3.11　各类微生物倍增时间出现的频度

（二）生物群体生长的规律

这里将描述分批培养、同步生长、补料分批培养、连续培养、高密度细胞培养和双菌或多菌培养条件下微生物群体的生长情况。

1. 分批培养

微生物在化学成分一定的培养基中进行分批培养（batch culture），其生长速度将随时间而发生有规律性的变化。

（1）微生物的生长曲线

在微生物分批培养过程中定时取样，测定单位体积里的细胞数或重量，以单位体积里的细胞数或重量的对数为纵坐标，以培养时间为横坐标作图，就可以得到如图 3.12 所示的微生物繁殖或生长曲线，并表明前五个生长阶段的菌龄分布状态。

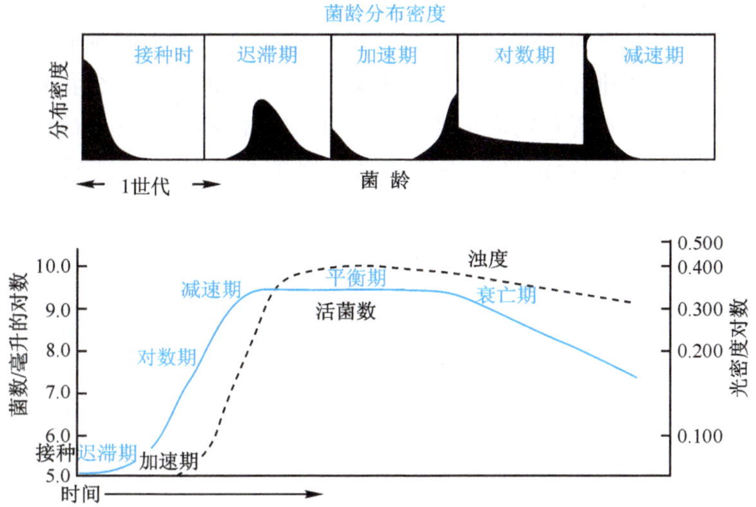

图 3.12　微生物的生长曲线

根据微生物分批培养过程中生长繁殖速率的变化，可把分批培养的全过程分为若干阶段。最普通最重要的阶段为迟滞期、对数期、恒定期和衰亡期。图的左上角表示相应生长阶段的细胞菌龄分布密度。

（2）分批培养各生长阶段详细说明

1）迟滞期（lag phase）。这是接种到新鲜培养基之后开始的一个适应期。当微生物从一种环境进入新的培养环境时，必须重新调整其小分子和大分子的组成，包括酶和细胞结构成分，因而又有调整期之称。这个时期表现细胞数不变。当接种量少或微生物活力低时，会有一种生长停滞的现象。

迟滞期的微生物有下列生理特性：菌体内物质量显著增长，菌体体积增大或伸长；代谢机能非常活跃，为适应环境，可能产生特异的酶，生长速度逐渐加快；对外界理化因子（如 NaCl、热、紫外线和 X 射线等）的抵抗能力减弱；迟滞期的长短与菌种、菌龄、培养条件等有密切关系。用合适菌龄的种子或培养基、培养条件可以缩短延迟期。一般而言，细菌、酵母菌的迟滞期最短，霉菌次之，放线菌最长。

2）对数期（exponential growth phase）。裂殖或芽殖单细胞微生物经过对新环境的适应阶段后，生长非常旺盛，细胞数以几何级数增长的阶段。细菌在这个生长期的生长就接近于用数学方法描述的理想生长状态。因此对数期是生长曲线中趋于直线状的那段时期。

对数期微生物的生理特征是：养分、空间充裕，排出的代谢物浓度还不足以影响生长，所以为高速生长。若培养基及培养条件适当，生长速度会更快；该阶段前期的细胞对理化因素仍较敏感，而且菌体大小均匀，单个存在的细胞占多数。因此在研究微生物的代谢和遗传机能时，宜用这个时期的细胞；该阶段后期的细胞作为种子，接种合适的发酵培养基可以缩短延迟期。在分批培养中，生长速度常受某种限制性的营养物质的影响，这种限制性物质通常是碳源或能源（如葡萄糖）。在营养物质一定浓度范围内，微生物的生长速率是随营养物质浓度的增加而增加的，但超过一定浓度时生长速度便不再增加。反之，随着限制性营养物质浓度的下降，微生物的生长速率也按一定规律下降。

3）恒定期（stationary phase）。由于营养物质（包括限制性营养物质）的逐渐消耗和有生理毒性的代谢物质在培养基中的积累，以及其他条件（如 pH 值和氧化还原电位等）对微生物生长不利的变化，到对数末期，微生物生长速度降低，繁殖率与死亡率逐渐趋于平衡，活菌数基本保持稳定，从而进入恒定期，该时期可以维持相当长的时间。由于不少代谢产物特别是次级代谢产物都在该阶段大量合成，所以该阶段对工业发酵是很重要的。

恒定期微生物的生理特征是：细胞分裂速率降低，细胞质内积累细胞储存物，如糖源、脂肪、多聚 β-羟基丁酸和多聚磷酸盐（polymetaphosphate）等。大多数产芽孢的细菌则在此时产生芽孢；代谢活动继续进行，并保持相当水平；此时期的长短因菌种和培养条件而异。如果生产需要，可以在菌种或工艺上采取措施，设法延长这个时期。

4）衰亡期（decline phase）。恒定期的后期，由于细胞死亡率的逐渐增长，以致明显超过新生率，虽然培养液浊度变化不大但活菌数明显下降，从而进入衰亡期。

衰亡期微生物的生理特征为：细胞内颗粒更明显，出现液泡，细胞常出现多种形态，包括畸形或衰颓形；因细胞本身所产生的酶和代谢产物的作用而使菌体分解死亡；衰亡期与其他各期比较相对较长，其时限取决于微生物本身遗传性能以及环境条件。

以上是单细胞微生物正常生长所经过的各个生长期。丝状微生物（霉菌、放线菌）稍有差异，主要是对数期生长不如细菌和酵母那么明显。

2. 同步生长

设法使群体中的所有细胞尽可能都处于同样细胞生长和分裂周期中，然后分析此群体的各种生物化学特征，从而了解单个细胞所发生的变化。这种通过同步培养而使细胞群体处于分裂步调一致的状态，称为同步生长（synchronous growth），图 3.13 和表 3.24 对此进行了图示和描述。

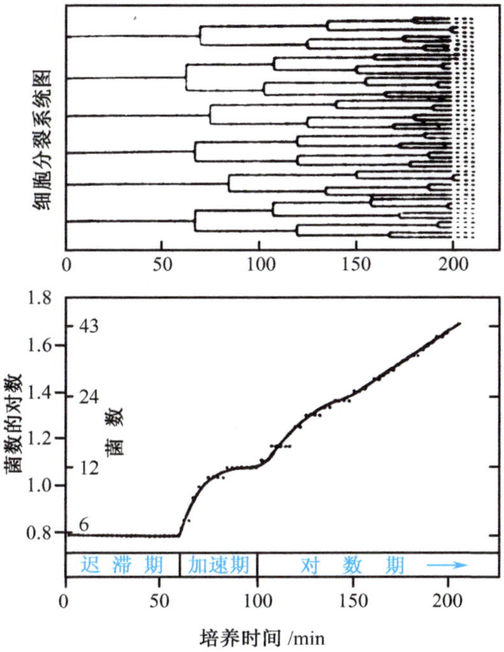

图 3.13　微生物培养初期群体细胞生长同步化的概率

表 3.24　微生物群体生长不同阶段细胞的生理状态及同步化状况

生长期	细胞的生理状态	细胞群体的动态
迟滞期	从衰退变化恢复以后的生长	同步的
加速期	最初的分裂开始	大致同步的
对数期	生长、分裂的稳定的反复	非同步的
减速期	分裂后的状态不变而停止生长	非同步的
恒定期	衰退的变化	大致同步的

获得细菌同步生长的方法主要有两类，其一是通过环境条件来诱导同步性，例如，用变换温度、光线或对处于稳定期的培养物添加新鲜培养基等；其二是通过物理学方法从随机的、不同步细菌群体中选择出同步的群体，它一般可用选择性过滤或梯度离心法来达到。在这两类方法中，由于诱导法可能造成与正常细胞循环周期不同的周期变化，所以不及选择法好，这在生理学研究中尤为明显。

在选择法中根据某些细菌会紧紧地黏附在硝酸纤维微孔滤膜上的原理，设计了一个具体的选择方法：将非同步的细菌液体培养物通过微孔滤膜，让细胞吸附于其上；然后将滤膜反置，再以新鲜培养液滤过。这时，一些未黏牢的细胞先被冲洗掉，接着脱落到培养液中的都是那些新分裂形成的细胞，于是就获得了同步生长。

无论用哪类方法，每次处理后的微生物最多只能进行同步分裂4代，有时仅有一代。这是因为在群体中每个细胞的分裂时间在很大程度上总是不一致的，因而不可能得到永远是同步分裂的培养物。

3. 补料分批培养

在生产实践中，完全封闭式的分批培养或纯粹的连续培养较为少见，更多见的是两者的折中形式——补料分批或流加发酵。

补料发酵是根据菌株生长和初始培养基的特点，在分批培养的某些阶段适当补加部分配料成分或碳源，以提高菌体或代谢产物的产率。补料分批发酵的特点有：

1）可以减弱底物和代谢产物的抑制。微生物的生长会受到高浓度底物和逐步过量产生的代谢产物的抑制，若将初始底物浓度降低，就会限制菌体密度和产物浓度的提高。但采用间歇补料，通过不断的流加限制性底物就可克服该缺点，可以避免葡萄糖效应对微生物生长和产物积累的影响。流加补料还可稀释降低代谢产物的浓度，减轻其抑制生长作用。

2）增加次级代谢产物的产量。次级代谢产物的合成常常在生长平衡期才开始合成，与稳定期的细胞密度和延续时间密切相关。但间歇发酵的平衡期比较短，因营养物质已大量消耗，可同化量很少，很快就进入衰亡期。通过补料可延长平衡期，增加次级代谢产物的产量。

3）可以提高发酵的细胞密度。补料发酵时不断地向发酵罐补偿限制性底物，微生物始终能获得充分的营养，菌体密度就可以增加，合理改进发酵工艺，细胞密度可以达到10%以上干细胞，可大大提高产率。

4）可以恒定培养条件。发酵过程中的培养环境会随着代谢作用的进行而变化，如培养基的pH值，这时可流加氨水或通氨来恒定pH值，还补充了氮源。

由于上述优点以及操作方便，所以补料分批培养（fed-batch culture）在发酵工业中得到了广泛的应用。

4. 连续培养

在分批培养和发酵时，微生物的生长和产物的形成同时或分间段进行。若将新鲜的培养基连续加入均匀搅拌的培养物中，同时排出含有细胞和产物的发酵液，就可进行连续培养（continuous culture），并可在较长的时期内维持生长，而且细胞浓度、比生长速率和培养环境（例如营养物和产物浓度）可不随时间而变化，维持稳定状态。这与培养环境不断变化的分批培养中的生长显然不同。所以连续培养为研究微生物对环境的响应以及在最佳环境条件下连续生产细胞和其他产物提供了一种独特的方法。

连续培养的一个重要特征是使微生物的增殖速度和代谢活性处于某种稳定状态。连续培养的方法大致可以分为两类，即恒化器（chemostat）法和恒浊器（turidostat）法。“恒化”指的是恒定的化学环境；“恒浊”指的是反映细胞浓度的浊度恒定。

恒化器和恒浊器装置相似，都有一个恒定体积的培养容器，并且都依靠流加和排出来维持培养槽内液体体积的恒定，只是培养过程中对微生物生长的控制方法不同。图 3.14 为简单的恒化器和恒浊器的示意图。

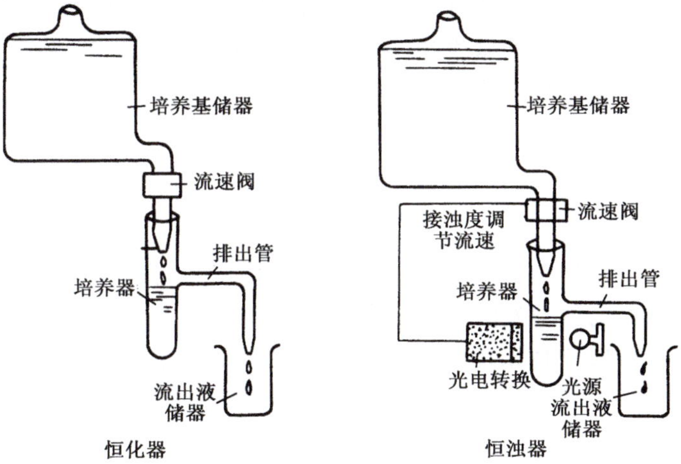

图 3.14　恒化器与恒浊器简图

恒化器法与恒浊器法都是在一固定容器内培养微生物，当微生物进入对数生长期时，要不断地加入新鲜的培养基，同时流出培养物，以使培养器中培养物的体积保持恒定。恒化器是通过调节培养液的流速来进行控制的，其最基本的操作条件是，由流速决定的稀释速率必须小于微生物的最大比生长速率。

恒浊器可以在恒化器的基础上添加浊度控制仪而构成。

恒化器法是把微生物增殖所必须的一种营养源（如碳源、氮源、无机盐类和溶解氧等）作为限制条件（单一的限制性基质），通过控制其供给速度来限制微生物的增殖速度，从而实现连续培养的。由于营养物的最适供给速率比较难求，因而常以自控系统进行调节。在恒化器中进行连续培养时，在预定的培养基中，除了一种营养物外，其余都超过用于合成所要求浓度的细胞所需要的量，这一种营养物质在这里叫限制性基质。生长所需要的任何一种营养物都可以作为限制性基质，这样就给研究者通过调节生长环境来控制正在生长中的细胞生理特性带来了很大的灵活性，并使恒化器成为一种广泛采用的连续培养装置。

恒浊器法是通过流加新鲜培养基，以保持培养器中微生物细胞的密度，从而实现连续培养。微生物的密度若能表现为培养液的浊度，而浊度可以转变为光电信号，此信号与对应于预定浊度的光电信号比较，即可发出控制信号，使流加新鲜培养基的电磁阀开或关。由于培养器体积用溢流装置维持恒定，而且容器里的物料是均匀混合的，所以当电磁阀打开时，有些细胞从容器内溢出，培养物被稀释，浊度下降。流加到一定程度，当浊度产生的光电信号比预定的浊度光电信号小时，电磁阀即自动关闭。容器内微生物的生长又使浊度上升，上升到预定值，电磁阀又打开……如此不断地开、关电磁阀，从而实现恒浊控制。此法不适用于霉菌、放线菌等形成菌丝的微生物。

发酵工业中采用多罐串联连续培养的方法，可以大大缩短发酵周期，提高设备的利用率。

5. 高密度细胞培养

一般是指在液体培养中细胞含量超过常规培养 10 倍以上的发酵技术。在采用毕赤氏酵母高密度细胞发酵时，生物量达到 100g/L（以干重计），代谢物的产量也大为提高，所以该技术能大大提高生产产率，并提高产物的分离和提取效率。但要达到高密度细胞培养（high cell density culture），不仅要选育合适的菌种，而且在培养工艺技术上必须作相应的改进，如培养基的成分和比例的优化；补料技术的采用；溶氧浓度的提高和防止有害产物的生成等。图 3.15 是采用毕赤氏酵母高密度细胞发酵的对比照片。

6. 双菌或多菌培养

现代发酵工业以纯种发酵为主，而传统的固态白酒和酱油的发酵都是多菌培养发酵的结果。在自然界微生物之间的共生与互生关系也是双菌与多菌共同生存的常例，这种关系反映了微生物存在着代谢“接力棒”的依赖状态，能相互改善生存条件。

维生素 C 的二步法生产是发酵工业双菌发酵的典型例子。如采用欧文氏菌（*Erwinia* sp.）和棒状杆菌（*Corynebacterium* sp.）进行串联发酵，先将 D-葡萄糖转化成 2,5-二酮基-D-葡萄糖酸，再进一步转化产生 2-酮基-L-古龙酸。另一

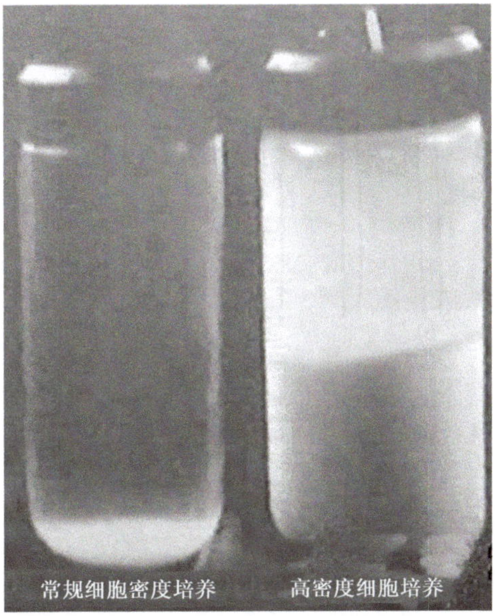

图 3.15　高密度细胞培养

路线是以葡萄糖高压加氢制成的 D-山梨醇作为发酵的主要原料，利用生黑葡萄糖酸杆菌（*Gluconobacter melanogenus*）或弱氧醋酸杆菌（*Acetobacter suboxydans*）先进行第一步发酵，所生成的 L-山梨糖（醪液）于 80℃加热几分钟后再加入消过毒的辅料（玉米浆，尿素及无机盐等），即可开始第二步的混合菌株发酵。初期 pH 值约为 7.0，两株菌生长均很正常；当作为伴生菌的芽孢杆菌开始形成芽孢时，产酸菌株（*Gluconobacter oxydans*）开始产酸。

许多发酵是纯菌株无法实现的，只有混合菌株才能完成，所以采用混菌培养有可能获得新型的或优质的发酵产品，有时比单菌培养反应更快、更有效，更简便，当然混菌培养的反应机制较复杂。

三、微生物生长的测定

描述微生物生长，对不同的微生物和不同的生长状态可以选取不同的指标。通常对处于旺盛生长期的单细胞微生物，既可选细胞数，又可以选细胞质量作为生长指标，因为此时这两者是成比例的。对于多细胞微生物的生长（以丝状真菌为代表），则通常以菌丝生长长度或者菌丝重量作为生长指标（图 3.16）。

常用的测定或估计微生物生长的方法有下列几种（表 3.25）。

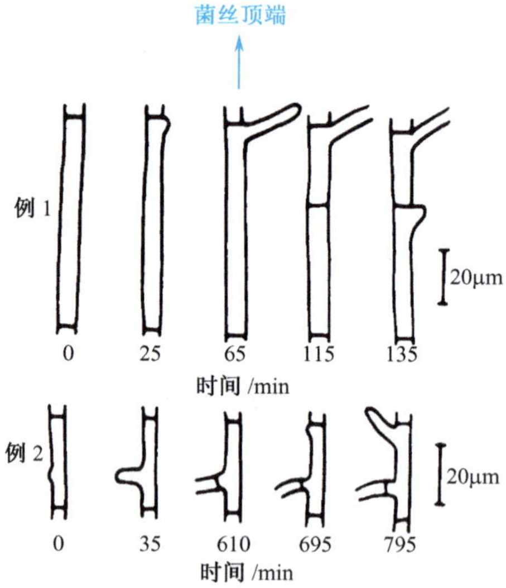

图 3.16　霉菌菌丝生长（图中数字的单位为分钟）

表 3.25　常用菌数计数法比较

方　法	设　备	适用菌类	最后稀释浓度/(个/ml)	误差/%	操　　作
计数器法	血球计数板	细菌、酵母、细胞和孢子	$10^6 \sim 10^8$		菌液吸入计数板与盖片的缝隙中的凹体积内，镜检计数
平皿法	直径 9cm 的平皿	细菌、酵母、细胞和孢子	150～1500	8	以 0.2ml 最后稀释液滴于琼脂平皿表面，涂布培养计数
稀释法	液体培养基试管	细菌，酵母	1～10	1/3.3～3.3	以 10ml、1ml、0.1ml 的最后稀释液各入 5 只试管的培养基中接种
毛细管法	容器 0.5ml 有刻度毛细管	厌氧细菌、兼性酵母	500～1000	11	以 0.2ml 的最后稀释液与 4.5ml 的 1%融化琼脂培养基相混合，吸入毛细管中凝固、培养、计数
比浊法	光电比色器	细菌	$10^6 \sim 10^9$		培养液应无色，或以对照进行比色

（一）计数器法亦称血球计数板法（适用于单细胞）

对酵母用 Thoma 血球计数板，对细菌用 Petriff-Hausser 计数器或 Helber 计数器，直接在显微镜下计数。这些计数器的底面都有棋盘式刻度，可以数一定面积内的菌数。Thoma 计数小室和细菌计数小室的深度分别为 0.1mm 和 0.02mm。每个方格的体积分别为 $2.5\times10^{-4}\ mm^3$ 和 $5\times10^{-8}\ mm^3$。Petroff-Hausser 计数小室的玻璃要薄一些，以便于进行暗视野照明。

对细菌来说，视野照明的强弱也是重要的。不管是计数盘底上的菌还是上面存在的少数细菌，都要操纵微调装置，看清楚后加以计算，不要漏掉。对能运动的细菌，一般可以设法用 4%聚乙烯醇停止其运动。

（二）平皿活计数法

这是采用平皿涂布或混合试样和培养基长出菌落测定活菌数的方法。其操作过程是试样的逐级稀释和在培养基上涂布或试样与融化培养基混合，培养后计数菌落数，由于每一菌落系由一个细胞繁殖而成，故可按稀释度与加入试样量计算出活菌数。不过也并非所有的微生物都能在人工培养基上生长成菌落，这是个限制，也是必然要逐步解决的重要课题。

表 3.26 为可能被培养微生物的比例。

表 3.26　一些地域可能培养微生物的比例

生　境	可培养微生物的比例/%	生　境	可培养微生物的比例/%
海水	0.001～0.100	活性污泥	1～15
淡水	0.25	沉积物	0.25
半自养湖	0.1～1.0	土壤	0.3
未污染河口	0.1～3.0		

平皿活计数法的稀释倍数很重要，因为每个平皿上长出的菌落数对数据的正确性影响很大，一般要求一个直径 9cm 的平皿上长出 30～300 个菌落，两稀释倍度之比接近 1 为佳。

表 3.27 为稀释度选择与菌落总数的记录方式。

表 3.27　稀释度选择与菌落总数的记录方式

例次	稀释倍数			两稀释倍数之比	菌落总数/（个/g 或个/ml）	数据记录方式/（个/g 或个/ml）
	10^{-1}	10^{-2}	10^{-3}			
1	1356	164	20	—	16 400	1.6×10^4
2	2760	275	46	1.6	37 750	3.8×10^4
3	2890	271	60	2.2	27 100	2.7×10^4
4	不可计	4650	513	—	513 000	5.1×10^5

续表

例次	稀释倍数			两稀释倍数之比	菌落总数/（个/g或个/ml）	数据记录方式/（个/g或个/ml）
	10^{-1}	10^{-2}	10^{-3}			
5	27	11	5	—	270	2.7×10^2
6	不可计	305	12	—	30 500	3.1×10^4

注：1. 以选取菌落数 30、300 之间的培养皿作为菌落总数测定的依据。酵母、细菌可采用菌落数偏大者，而霉菌则应选取菌落数偏小者。如果根、毛霉菌偏多，可于培养基内加入 0.1% 去氧胆酸钠，以限制它们迅速扩展。总之，菌落计数应以菌落间各个分开为度（例 1）。

2. 若有两个稀释度，其生长的菌落均在 30～300 之间，则应视两者之比如何来决定。若其比值小于 2，则应取其平均值；若大于 2，则取其较小数（例 2 及例 3）。

3. 若所有的稀释的平均菌落数大于 300，或重行再次稀释分离培养，或取稀释度最高的平均菌落数乘以稀释倍数为菌落数（例 4）。

4. 若所有的稀释度的平均菌落数均小于 30，或重行再次稀释分离培养或取稀释度倍数最低的平均菌落数乘以稀释倍数，定为菌落数（例 5）。

5. 若所有稀释度的平均菌落数均不在 30～300 之间，则以最接近 30 或 300 的平均数乘稀释倍数（例 6）。

6. 菌落数在 100 以内，按实有数记录，若大于 100 时，采用二位有效数，二位有效数后的数值，以四舍五入法计算。一般以 10 的指数表示。

（三）常用于大肠杆菌最可能数（MPN）液体试管稀释法

将检样以无菌操作接种于乳糖胆盐发酵管内，采用 3 个稀释度如 1ml（或 g）、0.1ml（或 g）和 0.01ml（或 g），每个稀释度 3 管。置（44±0.5）℃水浴内，培养（24±2）h，经培养后，若乳糖胆盐发酵管有产气者，则进行证实试验。将所有产气发酵管，分别转种在伊红美蓝琼脂平皿上，置（36±1）℃培养 18～24h，并同时接种蛋白胨水，置（44±0.5）℃培养 24h。在上述平皿上观察有无典型菌落生长，并做革兰氏染色镜检。在蛋白胨水内加入靛基质试剂约 0.5ml，观察靛基质反应。凡靛基质阳性，平皿上有典型菌落者，则证实为粪大肠菌群阳性。根据证实为粪大肠菌群的阳性管数，查 MPN 检索表，报告每 100ml（或 g）粪大肠菌群的最可能数。

（四）比色（比浊）法

细胞悬浮液的浑浊度通常采用光波长为 600～700nm 的分光光度计测定。当应用浑浊度测量细胞重量时，很重要的一点是发酵产物和培养基的成分不能吸收所用波长范围内的光。如果在培养物中有许多非细胞固体存在，那么这种技术是不能用的，除非预先除去非细胞颗粒（如加稀盐酸除去 $CaCO_3$）。当浑浊度用于估算菌丝体微生物时，在分析之前必须将样品捣碎均匀。

（五）干重测定法

1. 单细胞微生物的测定

细胞培养液经离心洗涤后转移到适当的容器内（尽量轻些的容器为好），在100～105℃干燥箱干燥、低温低压干燥（40～80℃）或红外线适温干燥后称重。

2. 多细胞微生物的测定

将菌种接入液体培养基，震荡培养一段时间后，过滤收集菌丝，洗涤后，将菌丝置于80～100℃烘箱中烘干到恒重，或在低温（60℃）下减压干燥后测菌丝量。在固体培养基上，当培养的菌丝生长到一定阶段后，亦可经短时高压灭菌，使琼脂溶化，折出菌丝，用热蒸馏水洗净，再烘干测干重。高压灭菌可能会影响菌丝内某些物质的含量，需要适当控制时间和温度。这样所得到的结果还是相当准确的。

（六）菌丝长度测定法

通常以菌丝生长的长度或菌丝增加的重量作为丝状真菌生长的指标。在固体培养基上培养丝状真菌时，以测量菌丝生长长度为主。最简单的方法是将丝状真菌接种在玻璃培养皿内固体培养基的中央，在一定时间内测定菌落的直径或面积。对生长速度快的丝状真菌，可以每24h测量一次；对生长缓慢的丝状真菌，可数日测量一次，直到菌落掩盖全皿为止。由此可求出菌丝的平均生长速度。据此绘制生长曲线。

这种方法的缺点是仅能测菌落的直径或面积，而不能测量菌落的厚度和生长在培养基内的菌丝量，因而不能反映菌丝的总量。

另一个计算丝状真菌生长率的方法为载玻片培养法（图3.17）。

（七）细胞堆积体积的测法

把细胞悬浊液装在毛细沉淀管或刻度离心管中（图3.18），在一定条件下进行离心，根据收集的沉淀体积计算出菌量。用这个方法时，因为除细胞本身的体积外，细胞与细胞之间的空间体积也包括在内，所以通常不规则的菌丝难以采用这种方法。

工厂测定细胞重量常用的方法是测定细胞堆积体积。

（八）膜过滤培养计数法

将细胞浓度很稀的一定体积的待测液通过一定孔径膜的吸滤装置，然后放在

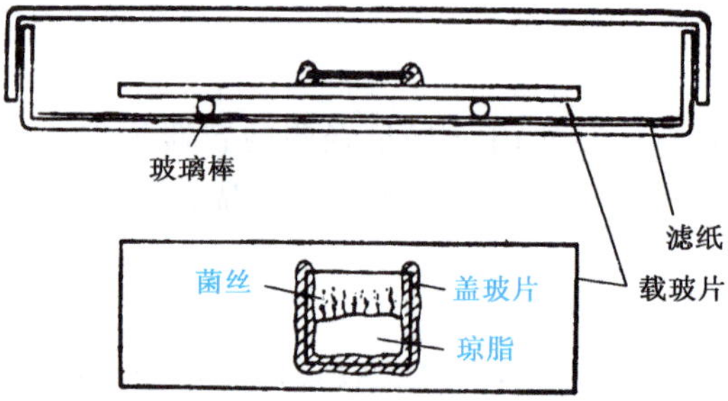

图 3.17　载玻片培养法

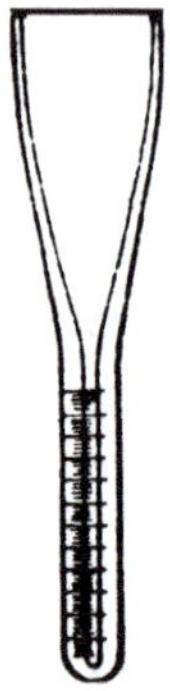

图 3.18　刻度离心管

平皿培养基上培养，就可获得活细胞数（图 3.19）。

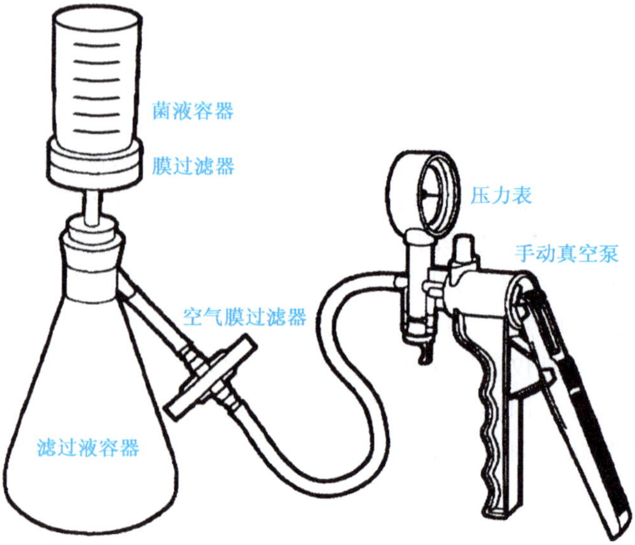

图 3.19　微生物膜过滤装置

四、营养物质的浓度及性质对微生物生长速率的影响

在典型的分批发酵（细菌的分批培养）中，微生物在对数期的比生长速率 μ 是个常数，它与营养浓度的改变无关。但是生长速率（dX/dt）就像化学反应速率一样是化学组成浓度的函数。即

$$dX/dt = \mu X$$

在这种情况下，这些化学组分就是基础营养或限制性基质。由 Monod 公式可知，生长速率与限制性基质浓度之间的关系经验表达式为

$$\mu = \mu_{max} S/K_S + S$$

式中，μ——生长速率；

μ_{max}——在指定温度和 pH 值条件下的最大比生长速率，即在过量营养条件下达到的比生长速率；

S——限制性基质的浓度；

K_S——当比生长速率为最大比生长速率一半时限制基质的浓度。

K_S 值与微生物对该基质的亲和力成反比。一般来讲，多数生长基质的 K_S 值是很小的，如糖是 2～20μmol/L，氨基酸是 2μmol/L。同一种基质对不同的微生物的 K_S 也不同。这意味着在正常的分批培养中，直到生长结束比生长速率都接近 μ_{max}。

当 $S>10K_S$ 时，$\mu \approx \mu_{max}$；当 $S<10K_S$ 时，比生长速率为基质浓度的函数。因为 K_S 一般都很小，所以在对数期微生物的比生长速率是恒定的。从对数期到稳定期的过渡通常是十分迅速或突然的。因为从这一点以后剩余基质的浓度就很低了，高浓度的细胞很快地利用残留的基质。

Monod 模型虽属于经验观察，但它与米氏（Michaelis-Menton）酶动力学模型相似，并且可以假设单一限制速率的酶所催化的步骤控制着生长速率，因而可以认为它是合乎道理的。

某些单一的碳源与其他碳源相比，能使细胞维持比较高的生长速率。这表明每种化合物能以不同的程度供给细胞主要反应所需要的能量和生产所需要的碳代谢物。增加培养物能够利用的基质的数量（如添加氨基酸混合物），可使细胞生长速率进一步上升。这是因为微生物使用事先合成的前体可省下前体合成所需要的能量，并使这些能量转用到细胞生长上去，如营养吸收，核酸、蛋白质、膜、细胞壁等的合成。因此，实验室经常采用改变培养基营养成分的方法来获得不同的细胞生长速率。

第三节　生长与发酵产物生成

一、细胞的生长和产物的得率

微生物生长和产物形成是生物转化过程。在这个过程中，供给发酵作用的化学营养物转化成细胞和代谢产物。每一个这样的转化都可用一个得率系数来定量。得率系数表示消耗单位重量的营养物质所形成的细胞量或产物的数量。

对碳源和能源计算细胞理论得率有两种常用的方法：一种是基于有效电子，另一种是基于对 ATP 得率常数的概念。有效电子数很容易从一个有机碳合物完全氧化成二氧化碳和水所需要的氧气分子数乘以 4 而求得。例如：

$$C_6H_{12}O_6 \longrightarrow 6CO_2 + 6H_2O$$

因此，葡萄糖的有效电子=6×4=24。

已发现，当用氨作为氮源时，不管怎样的微生物和基质，每个有效电子的细胞重量平均得率是相同的。

也可以用 ATP 的得率来推算细胞的理论得率。已观察到许多微生物以相同的效率通过分解代谢产生 ATP，这就是 10.5g 细胞/mol ATP，这个数据已用作估算细胞理论得率的一个常数。虽然已经观察到这个数值有变化，并知道这个数值取决于生长条件和维持细胞的需要（cell maintenance demand），但是，当知道某些分解代谢途径存在时，它对估算细胞得率还是有用的，Y_{ATP}数值的变化范围为 6～29。

估算产物得率需要一些生成产物的化学计量法的基本条件，如化学方程式、关系式等。对于葡萄糖直接分解代谢的产物（如乙醇），已知其化学方程式为

$$C_6H_{12}O_6 \longrightarrow 2C_2H_5OH + 2CO_2$$

其最大的转化率是 2mol 乙醇/mol 葡萄糖，或 0.5g 乙醇/g 葡萄糖。但在实践中，由于一些基质进入细胞中，所以达不到理论得率，但经常能得到接近值。对于乙醇生产很容易获得理论得率的 90%～95%。

像氨基酸、抗生素这类产物的化学计量法更为复杂，估算理论得率更为困难。但可以从产物形成的反应程序来推算。例如，从葡萄糖、氨和硫酸盐合成青霉素，其理论转化率为 1.1g 青霉素/g 葡萄糖。由于这个得率没有考虑用于细胞合成和细胞维持的葡萄糖，因此它只能为评价发酵的效率提供一个基础。

二、营养消耗及产物形成

营养消耗不但与微生物的生长有关，而且与代谢产物的形成有关。若没有细胞存在，就不可能有产物形成。由此可见，生长和产物的形成与营养的消耗密切相关并且依赖于代谢调节控制，产物的形成与生长或细胞浓度有关。

生长和产物形成之间的动力学关系取决于细胞代谢中产物所起的作用。两种最常见的动力学模型是描述生长过程中和生长停止后的产物合成，还有介于这两者之间的，但比较少见。

（一）生长和产物偶联的生物合成

合成产物通常是像葡萄糖到乙醇的厌氧微生物发酵那样的分解代谢途径的直接产物，或是像氨基酸或维生素类那样的正常的中间代谢物。初级代谢产物的生成速度直接与生长有关。产物生成的速率为

$$\mathrm{d}p/\mathrm{d}t = \mu X / Y_{p/c}$$

式中，$Y_{p/c}$——每克细胞的产物克数（g 产物/g 细胞）。

产物生成比速率为

$$q_p = dp/Xdt = \mu/Y_{p/c}$$

根据发酵过程中产物形成比速率及生长比速率与时间的关系，可以作出生长和产物形成的动力学图形，如图 3.20 所示。

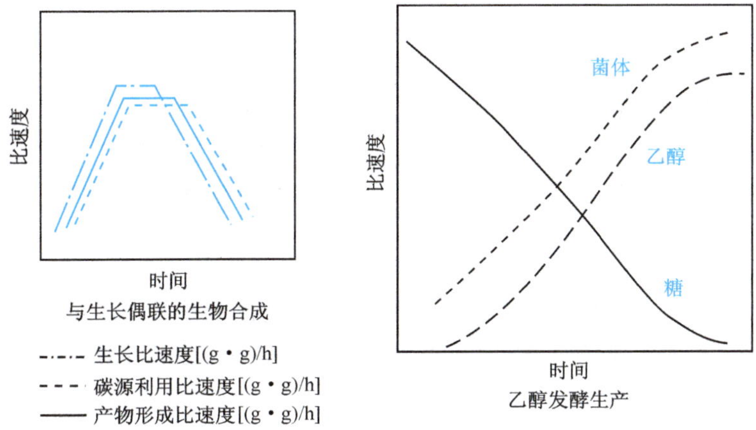

图 3.20　生长和产物偶联的生物合成

（二）生长和产物部分偶联的生物合成

在合成中间型产物的发酵过程中，生长和产物的生成仅仅部分偶联（例如，延胡索酸、乳酸发酵），其产物生成速率为

$$dp/dt = \alpha dX/dt + \beta X$$

两边除以 X 得

$$dp/Xdt = \alpha dX/Xdt + \beta$$

即 $q_p = \alpha\mu + \beta$

上式既包括与生长偶联的一项（$\alpha\mu$），也包括不与生长偶联的一项（β）。因此它对任何中间型发酵都可以通用。

根据发酵过程中产物形成比速率及生长比速率与时间的关系，可以做出生长和产物形成的动力学图形，如图 3.21 所示。

（三）不与生长偶联的生物合成

不与生长偶联的产物，习惯上称为次级代谢产物，因为它们产生于次级生长。但并非所有次级代谢产物一定都是非生长偶联形成的。次级代谢产物定义为

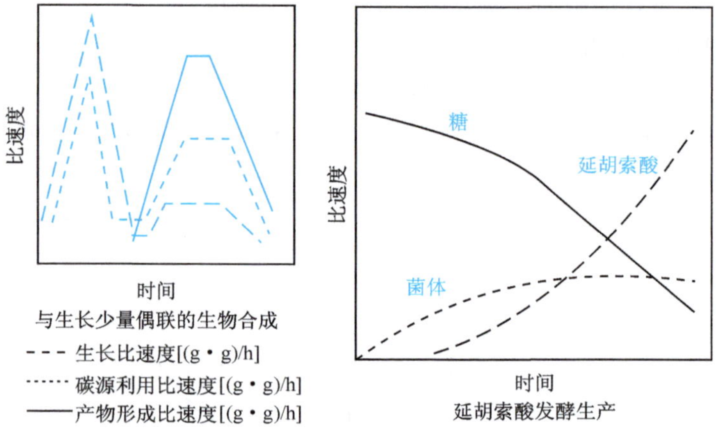

图 3.21　生长和产物部分偶联的生物合成

不是微生物生长所需要的发酵产物。实际上，不与生长偶联的产物包括大多数抗生素与微生物毒素。不与生长偶联的产物的生长速率与生长很难关联，因为生长和产物形成是相互分开的。

前已说过，比速率是表示和比较数据的最有用的方法，因为它可消除细胞浓度的影响。如果营养利用的情况也用同样的方法来表示，即表示为基质利用比速率 q_s，那就很容易计算转化率。例如，产物对碳源的转化率（产物 q_p）可用下式计算

$$Y_{p/s} = q_p/q_s$$

对于不与生长偶联的产物及中间类型的产物而言，要从数学上解析会更困难。为此经常推导出一些经验式。根据发酵过程中产物形成比速率及生长比速率与时间的关系，可以做出生长和产物形成的动力学图形，如图 3.22 所示。

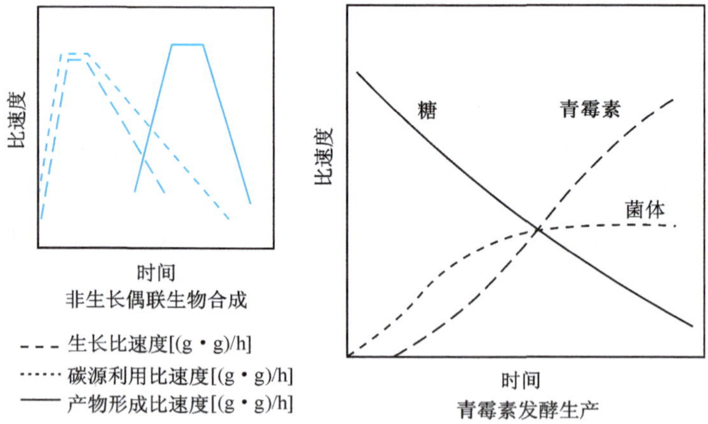

图 3.22　生长和产物不偶联的生物合成

三、多种碳源及复合培养基存在下的微生物的生长

图 3.12 所示的生长曲线代表微生物在单一碳源和能源培养基中的生长模型。当有一种以上的碳源和能源同时存在时，通常在一段时间内仅有一种碳基质首先被微生物所利用。菌体的生长速度与这种碳源的性质密切相关，一些微生物在含有葡萄糖和乳糖的培养基中生长，会产生“二次生长”。葡萄糖首先被利用，用完才使分解乳糖的酶的基因解阻遏，从而开始利用乳糖。

因此培养基中许多碳基质同时存在，则将得到一系列生长阶段（不止二次生长）。若在一种复合的培养基中，不仅有多种碳源，而且有各种各样的化合物，如氨基酸、核苷酸、维生素类和其他代谢中间物，那么在生长过程中，这些细胞的酶体系要经过多次变化。当细胞在已加入中间物的培养条件下生长时，细胞就不会合成形成这些中间物的酶系统。只有等这种中间物用完后，才会合成该酶系统。因此，如果在复合培养基中生长，细胞连续地耗尽有用的中间物，则随着时间的推移，需要合成的酶系统就越来越多。当预先加入的中间物和最易利用的营养耗尽后，生长速率就会降低。

实际生产中均使用复合培养基。微生物在复合培养基中的二次生长曲线如图 3.23 所示。

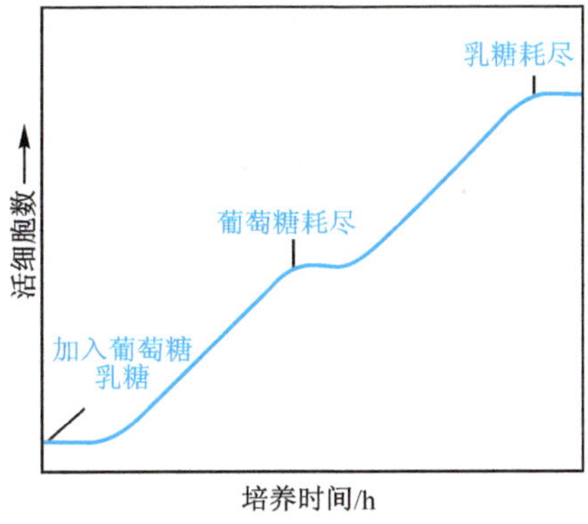

图 3.23　复合培养基中的二次生长曲线

在这里细胞不是呈现指数生长。事实上曲线是由一系列指数曲线所组成的，只是其斜率不断地随时间的增加而减小罢了。这种形式的生长和产物形成曲线，在用复合培养基进行的工业发酵生产中是最常见的。

本章小结

营养是一切生命活动所需物质的总称。微生物的营养包括碳源、氮源、能源、无机盐、生长因子和水。其中水的需要量最大，在基质中碳源所需的量最大，其次是氮源。不同的微生物有不同的营养类型，碳源和氮源有很大差异。微生物营养所需元素的量依次为碳、氢、氧、氮、磷、硫、钾、镁等，其他元素和生长因子的需要量一般很少。

微生物的营养类型是以其所需碳源和能源的性质来划分的，共分四大类，其中自然界和工业上最常见和常用的是化能异养微生物。从外界环境中吸收营养主要通过单纯扩散、促进扩散、简单主动运输和基团移位等方式完成。

微生物学实验和生产中根据用途有多种类型的培养基，可以按需选用，也可改进和优化。

微生物的生长过程根据细胞生理状态分成四个基本阶段，根据研究和生产需要可以加以控制。

生长与代谢产物形成的关系大致有三种类型，初级代谢产物与次级代谢产物的大量产生与微生物细胞的生理状态密切有关，可以以营养和培养条件加以适当调整。

复习思考题

1. 何为营养物质？微生物的营养物质有哪几类？功用如何？
2. 什么叫碳源？试从元素水平、分子水平和培养基原料水平列出微生物的碳源谱。
3. 什么叫氮源？试从分子水平和培养基原料水平列出微生物的氮源。
4. 何为生理酸性盐和生理碱性盐？
5. 何为原养型微生物？何为营养缺陷型微生物？
6. 微生物有哪些营养类型？各自特点如何？工业微生物主要为哪种类型？
7. 什么叫能源？试以能源为主、碳源为辅对微生物的营养类型进行分类。
8. 比较营养物质的四种跨膜运输形式。
9. 什么叫生长因子？它包括哪几类化合物？微生物与生长因子的关系有哪几类？试举例加以说明。
10. 何为培养基？有哪些类型？富集、选择、鉴别培养基有何共性？有何区别？
11. 测定微生物生长的方法有哪些？原理如何？
12. 单细胞微生物生长规律如何？在发酵工业上怎样根据生长曲线缩短发酵周

期、增加产量？

13. 什么叫碳氮比？培养基中各营养要素的含量间一般遵循何种原则？
14. 何为分批培养？何为连续培养？试分析恒化器处于稳定状态的条件。
15. 何为同步培养物？有哪些获得方法？
16. 在微生物生物转化过程中，供给发酵作用的化学营养物转化成细胞和代谢产物的得率系数是什么含义？举例说明。
17. 发酵过程中产物形成比速率及生长比速率与时间的关系，有几种类型？试举例说明。

第四章　微生物的代谢与调节及其人工控制

生命体系的最关键特征就是有能力控制发生在其中的各种化学反应，组织各种分子形成特殊结构，即最终表现为自身的生长和繁殖。

人们将发生在活细胞中所有的化学反应总称为新陈代谢，简称代谢，包括分解代谢和合成代谢。新陈代谢是一切生命的基本特征，生物体在新陈代谢的本质上既有高度的统一性，又存在显著的特殊性。有关新陈代谢的统一性，已在生物化学中详细阐述过。本章中将学习微生物代谢的特殊性。

概括起来说，微生物代谢具下列特殊性：

1）微生物代谢的多样性；

2）微生物代谢对环境的适应性，即代谢的自我调节；

3）通过遗传变异可改变微生物的代谢，即代谢的人工可控性。

第一节　微生物的代谢

细胞在生长的过程中，从外部环境中吸收营养物质，经过体内的新陈代谢构建细胞自身的组分，并将废物排泄到体外。对细胞而言，要合成自身的组分则必须在消耗生物能的前提下，利用还原力，通过体内的合成代谢酶系催化，先将简单的小分子合成细胞组分的大分子前体物质，进而合成大分子组分。因而从细胞的角度上看，生物能、还原力和小分子物质是代谢体系中的三大要素，对化能异养型微生物，这三要素的获得基本上都是通过分解代谢过程而来的。因此说新陈代谢中所包含的这两种代谢过程在细胞中不是单独分别进行的，而是相互贯通、相互依赖、密切相关、偶联进行的。

认识微生物的代谢及其能量转换规律，可以更好地理解和控制微生物的生长繁殖，有助于引导微生物合成对人类有用的代谢产物。

相比于其他生物，微生物在代谢上表现出惊人的多样性，如在物质的利用上存在多样性，可分解众多储量丰富的初级有机物（纤维素、石油、天然气、木质素）；在物质的合成上的多样性表现为合成各种复杂的有机物，如次级代谢产物、转化复杂有机分子；在能量产生方式上存在多样性，例如，各种厌氧途径、自养菌的化能合成作用、细菌的光合作用、嗜盐菌紫膜的光合作用等。本节中着重介绍有关能量代谢的多样性。

一、微生物的能量代谢

热力学的第一定律指出，能量既不能创生也不能消灭，只能从一种形式转变成另一种形式。微生物通过各种能量转换和形成方式，从环境所提供的能量中获得自身生命活动所需要的化学能，并且利用能量进行各种生命活动。微生物体内的这种能量转变过程称为能量代谢，它是通过微生物体内的生物氧化反应来实现的。

在生物氧化过程中，微生物需要解决两大问题，即生物能的形成和氧化还原的平衡。微生物需要能量进行生命活动（包括还原力的获得），而细胞内的氧化还原必须达到平衡，反应才能进行。

（一）生物氧化反应

生物氧化反应不同于普通的化学氧化反应，它是由一系列酶在温和的条件下按一定的次序催化进行，氧化反应中的能量释放是分段逐级进行的，释放出的部分能量以化学能的形式储存在能量载体内，如 ATP 中的高能磷酸键能。

在化学反应中氧化指底物失去电子，还原是指底物得到电子。而在生物化学中的氧化还原反应中不仅仅是电子的传递，还包括整个氢原子（即质子和电子）的传递。也就是说生物氧化是一种失去电子或氢的过程，因此这类反应也叫脱氢反应。由于电子不能在溶液中存在，必须成为原子或分子的一部分，这类接受电子的物质称为电子受体，而被氧化的物质称为电子供体。

生物氧化过程是按一定次序发生的多个反应，电子供体在氧化反应中脱下的氢不是直接交给电子受体而是先交给氢载体，并通过多个载体完成电子从供体到受体的传递，这个过程称为递氢，而最终电子受体接受载体上电子的过程称为受氢。

也就是说，生物氧化反应包括脱氢、递氢、受氢三个阶段，从而实现原电子供体和终电子受体之间能量差的释放。

（二）电子载体

在胞内的氧化还原反应中，电子从供体传递到受体的过程中常包含一个或多个中间携带物即载体。电子载体可分为两大类：自由扩散型和与细胞膜紧密结合型。

自由扩散型的电子载体包括 NAD^+ 和 $NADP^+$，它们都是氢原子的载体，在电子传递中总是把 2 个 H 原子传递给下一个载体。虽然 NAD^+ 和 $NADP^+$ 电极对具有相同的还原电势，但它们在细胞中的功能却不同：$NAD^+/NADH$ 直接参与产能反应，而 $NADP^+$/NADPH 则主要参与生物化学中的合成反应。

与膜结合的电子载体组成了电子传递系统，该系统由一系列能够进行氧化和还原的氢和电子载体组成，是一个多酶体系，其组成酶系不对称地排列在膜上，传递过程定向有序，因而又称电子传递链。电子传递系统具有两个基本功能：①从一个电子供体接受电子并把它传递给另一个电子受体；②储存在电子传递过程中释放的能量，通过化学渗透作用，大部分用来驱动 ATP 的合成。

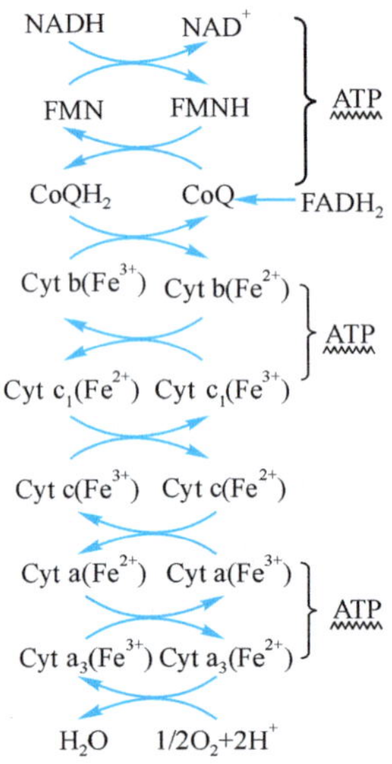

图 4.1　线粒体电子传递链

典型的线粒体电子传递链（图 4.1）涉及几种类型的氧化还原酶和非蛋白电子载体：①NADH 脱氢酶，它可以从 NADH 中转移 H 原子；②含核黄素的电子载体即黄素蛋白，包括 FMN 和 FAD；③Fe-S 蛋白；④脂溶性的非蛋白电子载体辅酶 Q（泛醌），可以通过细胞膜进行自由扩散；⑤细胞色素，是一类含有铁卟啉环的血红素蛋白，依靠铁的价电子变化来传递电子，根据吸收峰的波长进行分类。其中细胞色素 c 具有部分亲水性，可以在线粒体内膜外侧表面的水相中自由泳动。而将电子直接交给分子氧的细胞色素称为细胞色素氧化酶，完成电子传递链最后的不可逆氧化反应。

真核细胞中电子传递链位于线粒体的内膜，而原核细胞中电子传递链位于细胞质膜。除了分布位置的不同，在电子传递链的组成和顺序方面还存在差异。总的来说，细菌的电子传递链多种多样，其中存在特殊的载体，并且传递顺序也有所不同，甚至可能有多种传递链。例如，大肠杆菌的电子传递链中含有辅酶 Q 和维生素 K，没有细胞色素 c，并且传递链因供氧情况而异（见表 4.1）。

表 4.1　原核和真核细胞电子传递链的差异

比较内容		原核细胞	真核细胞
存在位置		细胞质膜	线粒体的内膜
具体组成差异	非蛋白电子传递体	G^+ 菌：甲基萘醌、脱甲基萘醌 需氧的 G^- 菌：辅酶 Q	辅酶 Q
	细胞色素氧化酶	细胞色素 a1、a2、a3、a4 和氧 细胞中可同时含有一种以上	细胞色素 a3
特点		组分多变 普遍存在分支 受环境影响大	组分稳定 无分支 受环境影响小

虽然在组成和顺序上存在差异，但是所有的电子传递链都是将电子从高能化合物传给低能化合物，并且在电子通过传递链传递时，逐步释放出能量用来产生 ATP。

（三）生物能的产生

经过生物氧化过程，释放出的原电子供体和终电子受体之间产生了能量差，一部分以光或热的形式释放到环境中，另一部分以化学能的形式储存在能量载体内，形成细胞可以直接利用的生物能——ATP。

生物能的形成必须借助于磷酸化反应才能最终完成能量转换，概括起来说，微生物通过三种磷酸化反应——底物水平磷酸化、电子传递氧化磷酸化和光合磷酸化将 ADP 磷酸化形成 ATP，从而把生物氧化过程中产生的能量存储在 ATP 的高能磷酸键上。

一般来说，生物氧化的方式不同，伴随着发生的磷酸化方式也不一样。光合微生物通过光合磷酸化将光能转变为化学能储存在 ATP 中。伴随着生物氧化所发生的磷酸化作用称为氧化磷酸化作用，通常根据生物氧化的方式划分为底物水平磷酸化和电子传递磷酸化两种。

1. 底物水平磷酸化

生物氧化过程中生成的含有高能键的化合物在酶的作用下，直接将能量转给 ADP（GDP）生成 ATP（GTP），因为这种磷酸化作用是在酶的底物水平与 ATP 的合成相偶联，因而将这种产生高能分子的方式称为底物水平磷酸化（见表 4.2）。

底物水平磷酸化存在于呼吸和发酵过程中，并且是发酵过程中唯一获取能量的方式。

表 4.2　微生物代谢中的底物水平磷酸化

高能化合物的底物水平磷酸化反应	偶联形成的高能分子
1,3-二磷酸甘油酸 → 3-磷酸甘油酸	ATP
磷酸烯醇式丙酮酸 → 丙酮酸	ATP
琥珀酰辅酶 A → 琥珀酸	GTP
乙酰磷酸 → 乙酸	ATP
丙酰磷酸 → 丙酸	ATP
丁酰磷酸 → 丁酸	ATP
甲酰四氢叶酸 → 甲酸	ATP

2. 电子传递氧化磷酸化

在生物氧化过程中伴随着电子传递而发生的磷酸化作用，也被笼统称作氧化磷酸化。

在生物氧化过程中，脱氢酶的辅酶（如 NAD^+、$NADP^+$）或辅基（如 FAD）接受氧化反应中脱下的氢。这些氢负离子（1 个质子和 2 个电子）载体上的电子通过电子传递系统传递到最终电子受体，在这一氧化过程中所释放出的能量大部分通过与电子传递偶联发生的 ATP 合成而得以保存，即通过化学渗透作用，在 ATP 酶的催化下，将氧化过程中释放的能量以 ATP 的高能磷酸键的形式存储。

只有在进行呼吸作用（有氧或无氧）的微生物中才发生电子传递磷酸化。如图 4.1 所示，在典型的呼吸链中，只有三处能提供合成 ATP 所需的足够能量，而当电子传递从黄素蛋白水平进入时，只能获得 2 分子 ATP。

细胞在呼吸时大多数 ATP 的合成都是通过电子传递磷酸化实现的。

3. 光合磷酸化

在光合作用细胞中，位于光合膜中的叶绿素或菌绿素吸收光量子，释放出一个激发电子。电子首先从叶绿素跃迁到一系列电子载体的第一个载体上，在沿着电子传递系统传递过程中，质子被泵过膜，利用化学渗透作用，使 ADP 转变为 ATP，存储在电子传递中释放出的能量，这种产生 ATP 等高能分子的方式叫做光合磷酸化。

光合磷酸化反应只发生在能进行光合作用的细胞中，分为循环式和非循环式两种。

如图 4.2 所示，在循环式光合磷酸化中，电子最终返回叶绿素，即电子仅在一个封闭的系统中传递，没有电子的净输入或消耗。循环式光合磷酸化类似于呼吸作用的电子跨膜传递，也是建立在质子动力的基础上，这一磷酸化反应的产物只有 ATP。

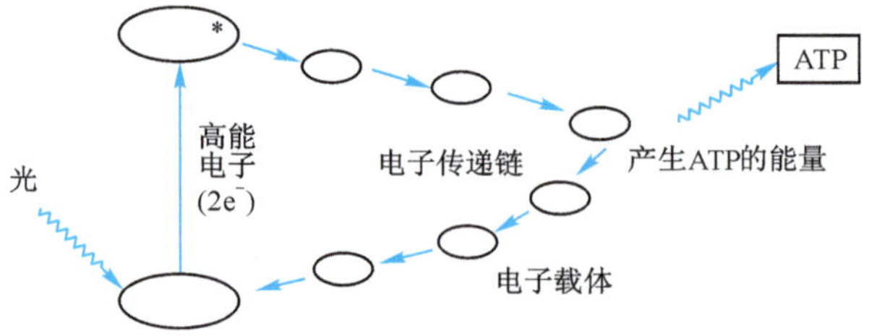

图 4.2 循环式光合磷酸化

在非循环式光合磷酸化中，电子从叶绿素中释放后不返回叶绿素，而是被整合进 NADPH。叶绿素中损失的电子可重新从水或其他可氧化的化合物（如 H_2S）中获得。图 4.3 所示的非循环式光合磷酸化反应的产物是 ATP、氧和 NADPH。

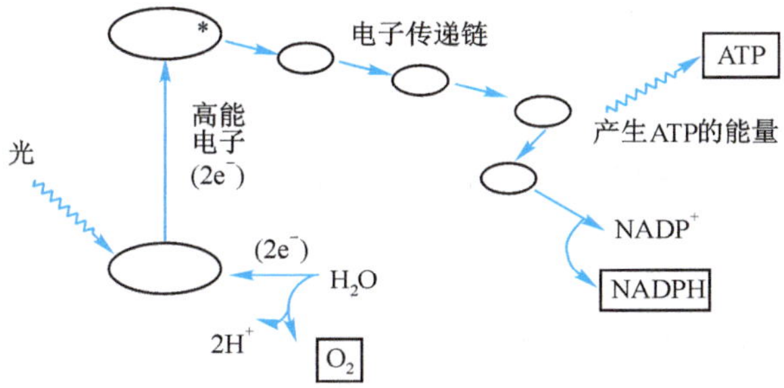

图 4.3 非循环式光合磷酸化

4. 化学渗透作用

ATP 合成的化学渗透机制，最早由英国生物化学家 Peter Mitchell 在 1962 年提出的。

由于膜具有拓扑学上的完整性，质子不能透过膜。电子传递链运转的结果是产生了跨膜的质子浓度梯度，代谢能以质子的电化学梯度形式储存在膜中，形成能库。跨膜的质子浓度梯度（电化学梯度）驱动 ATP 合成酶合成 ATP。

如图 4.4 所示的化学渗透学说，质子沿着合成 ATP 的浓度梯度运动时，释放出能量。

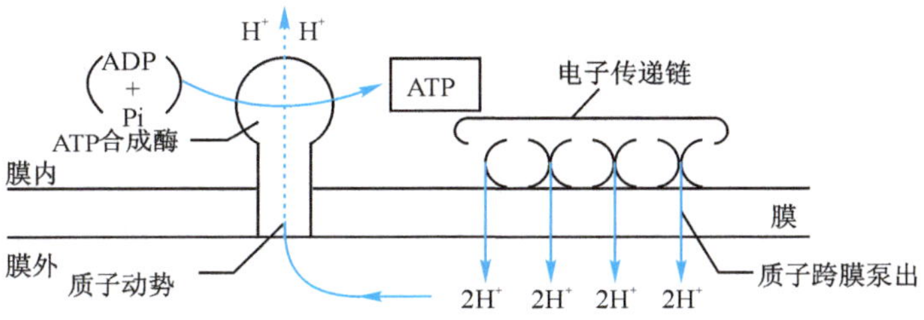

图 4.4 化学渗透学说示意图

通过电子传递发生的氧化过程与 ADP 磷酸化过程的偶联作用需要质子电化学梯度（能库）作为中间媒介，即在电子传递磷酸化和光合磷酸化反应中都涉及化学渗透作用。

（四）微生物能量代谢的多样性

微生物代谢的多样性最主要表现在能量代谢中，能量代谢是新陈代谢的核心问题，细胞的一切生命活动都是耗能反应。认识微生物的能量代谢，就是追踪微生物是如何将外部环境中多种形式的最初能源转变为生命活动中可以使用的通用能源——ATP 的过程。

微生物能量代谢的多样性主要体现在以下几个方面：

1. 能源物质的多样性

微生物在能源物质上表现出极大的多样性，上千种有机化合物、许多还原态的无机化合物及光都可以被一种或另一种微生物作为能源。

不同的微生物利用的能源物质不同，从总体上看，环境中可被微生物利用的最初能源有两个明显的类型。一类以光能作为能源，另一类是以化合物作为能源物质。根据能源的不同，微生物被划分为两大类，即光能营养类型和化能营养类型。

作为能源的光以不连续的能量单位量子的形式到达光能营养类型的微生物中，通过光敏感色素（叶绿素或菌绿素）吸收光量子，并进行光合作用实现能量转换。

对于化能营养类型的微生物，作为电子供体的化学物质包括有机化合物和无机化合物。无论利用何种化合物，微生物都是通过生物氧化将化合物中的能量转变为生物能。

2. 能源物质在微生物中的代谢途径多样性

（1）对于同一种能源物质，在不同的微生物中代谢产能途径各不相同

以自然界中分布最广的化能有机营养型微生物为例，葡萄糖和果糖类的己糖是普遍可以利用的能源，其分解利用就有 EMP、HMP、ED、PK、TCA 等多条途径。

（2）不同的微生物中各条途径的分布和比例差别很大

EMP、HMP 途径是许多微生物共有的，往往同时存在于微生物中，只以 EMP 途径或 HMP 途径作为葡萄糖降解唯一途径的微生物并不多；而 ED 途径只在某些假单胞细菌中才有，并在多数情况下与 HMP 途径共存，单独存在的种类也不多。

当一种微生物中同时存在 EMP 途径和 HMP 途径时，在代谢中两者所占的比例也可因环境变化而有较大变动。例如，在甘油工业生产上，产甘油假丝酵母在不同的营养和发酵条件下，EMP 途径和 HMP 途径的比例变化会显著影响到甘油的合成量。

在同时存在有 EMP 途径和 HMP 途径的各种微生物中，两者所占的比例有所不同，如表 4.3。

表 4.3　不同微生物中葡萄糖降解途径的分布

微生物	EMP/%	HMP/%	ED/%
酿酒酵母	88	12	—
产朊假丝酵母	66～81	19～34	—
灰色链霉菌	97	3	—
产黄青霉	77	23	—
大肠杆菌	72	28	—
铜绿假单胞菌	—	29	71
嗜糖假单胞菌	—	—	100
枯草芽孢杆菌	74	26	—
氧化葡糖杆菌	—	100	—
真养产碱菌	—	—	100
运动发酵单胞菌	—	—	100
藤黄八叠球菌	70	30	—

3. 不同环境条件下微生物产能方式的多样性

微生物在不同的环境条件下，产能的方式各不相同。概括起来说，微生物代谢产能方式有发酵、有氧呼吸、无氧呼吸和光合作用这四类（见表 4.4）。

(1) 光能营养型微生物

光合作用是光能营养型微生物（包括一些真核和原核微生物）所特有的产能方式，是指光养微生物利用光作为能源，通过光合磷酸化作用将其转换为化学能，用来固定 CO_2 合成细胞物质。

光合作用有两种类型，一种是发生在真核和某些原核微生物中的典型产氧光合作用；另一类是特殊种类细菌，如紫色细菌、绿色细菌中的非产氧光合作用，其具体过程及机制将在下面的内容中阐述。

(2) 化能营养型微生物

对于化能营养类型的微生物，根据生物氧化中最终电子（氢）受体的来源和性质的不同，将生物氧化区分为有氧呼吸、无氧呼吸和发酵三种类型。

1) 有氧呼吸，也称呼吸。是指在有氧条件下，能源性底物脱氢后产生的还原力 [H] 经过一系列氧化还原电势不同的传递体（电子传递链传递），将氢传递给环境中的分子氧产生水的产能方式。这是生物界最普遍也是最重要的生物氧化产能方式。

2）无氧呼吸，也称厌氧呼吸。是指在无氧条件下，能源性底物脱氢后产生的还原力［H］经过部分电子传递链传递，最终交给胞外的氧化物将其还原的一类产能方式。在无氧呼吸中，终电子受体通常是外源性的无机氧化物，个别为有机氧化物，这是一类产能效率较低的特殊呼吸。

3）发酵。在能量代谢中，发酵是指在无氧条件下，能源性底物脱氢后产生的还原力［H］不经过电子传递链传递，而是直接交给胞内的中间代谢产物将其还原的一类产能方式。

发酵是许多细菌、真菌（特别是酵母菌）和某些原生动物专一或可选择的生物氧化产能方式。微生物的发酵途径，因不同的物种、不同的能源化合物、不同的环境条件而有很大变化。发酵过程中所用的能源化合物以及所形成的发酵产物的性质，常常是微生物的重要分类特征。

表 4.4　化能营养型微生物的代谢产能方式

产能方式		有氧呼吸	无氧呼吸	发酵
环境条件		有氧	无氧	无氧
终电子受体	来源	环境，外源性	环境，外源性	胞内，内源性
	性质	分子氧	化合物（通常为无机物）	代谢中间产物
能进行该代谢产能方式的微生物		专性好氧微生物 兼性好氧微生物 微嗜氧微生物	专性厌氧微生物 兼性好氧微生物	兼性好氧微生物 耐氧厌氧微生物 专性厌氧微生物

从上述不同的产能方式可以看出，微生物表现出能量代谢的多样性：在发酵中以底物水平磷酸化作为唯一的产能方式；在呼吸和光合作用中，代谢的多样性主要围绕着质子动力产生的不同方式进行的。因此，无论电子是来自有机或无机化合物氧化，还是来自光合作用过程，它们都是越过与膜结合的电子传递链而产生质子动力来实现产能的。

二、化能营养型微生物的能量代谢

（一）能源化合物

1. 作为最初能源的化合物

大多数的微生物都是化能营养类型，从化合物的生物氧化反应中获取能量。在化能营养类型的微生物中，有机物和无机物分别作为异养微生物和自养微生物的最初能源物质。

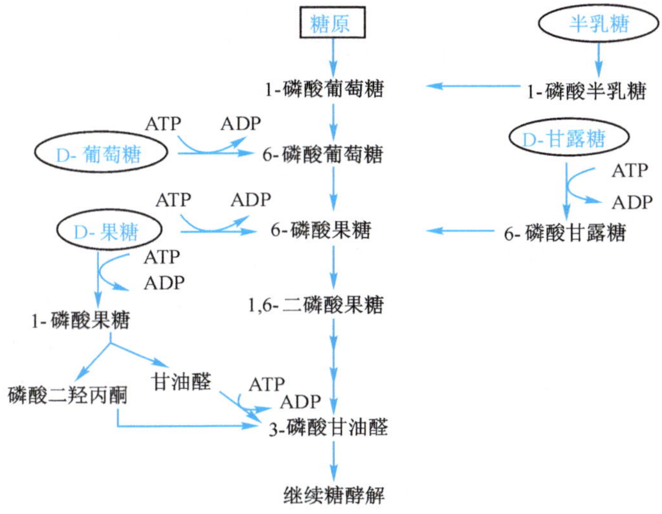

图 4.5　各种单糖进入糖酵解的途径

许多有机化合物都可被微生物作为能源物质，包括各种糖类、醇、醛、有机酸、氨基酸、烃类、芳香族化合物等。其中葡萄糖是化能有机营养型微生物的主要能源，其他常见单糖，如果糖、甘露糖、半乳糖等也可作为微生物的碳源和能源，通过一定的代谢途径转化为糖酵解的中间产物进一步降解（图 4.5）。戊糖经过转化后中途进入葡萄糖降解途径，多糖经过转化或降解成葡萄糖或果糖后再被降解，糖以外的其他有机化合物的能量代谢也都是经转化后进入葡萄糖降解途径（图 4.6）。因而认为有机能源化合物代谢的基本途径就是葡萄糖降解途径或称单糖降解途径。

可作为能源的无机化合物都是还原性无机化合物，如氨、亚硝酸盐、H_2S、硫、氢气、亚铁盐等。相比而言，对能氧化硫化物、氮化物以及氢的氧化细菌研究得较深入些，其他无机化合物的生物氧化和化能无机营养型微生物的能量代谢研究得较少。目前已知只有原核微生物能利用无机化合物作为能源。

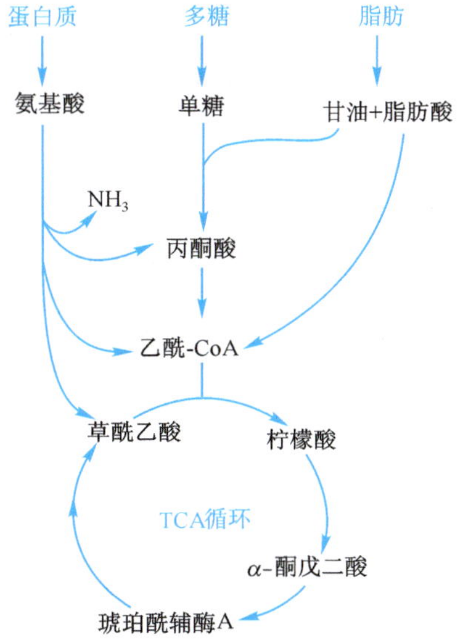

图 4.6　有机能源化合物的代谢

2. 能源化合物的生物氧化

作为能源的有机化合物和无机化合物，

尽管在形式上存在巨大差异，但是其生物氧化的本质却是相同的，都包括脱氢、递氢、受氢三个阶段，其间经过能量的形式转换，产生生命活动所需要的通用能源。

需要注意的是，作为化能有机营养型微生物能源的有机化合物同时往往也是细胞碳架物质的来源，因此胞内有机物的生物氧化途径不仅仅具有产能功能，还提供细胞所需要的各种重要的中间代谢产物。

而许多化能无机营养型微生物可以自养生长，也可以有机物为唯一碳源生长（如以乙酸盐或丙酮酸盐为唯一碳源缓慢生长的硝化细菌）。其能源物质和碳架来源不同，因而胞内的无机物的生物氧化途径只具产能功能，其细胞物质的合成来自 CO_2 的固定或有机化合物的降解。

（二）有机能源化合物的生物氧化

有机能源化合物代谢的基本途径就是葡萄糖降解途径，下面按照生物氧化的三个阶段来分别阐述葡萄糖的能量代谢。

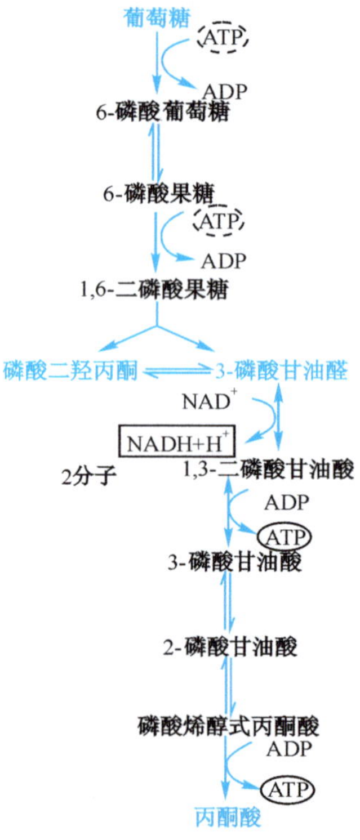

图 4.7　EMP 途径

在葡萄糖的降解过程中，微生物根据胞内所具有的酶系沿一定的途径完成底物的脱氢，主要有 EMP、HMP、ED 和 TCA 循环等途径。同时环境条件会影响脱氢过程，如在无氧条件下，由于还原型氢载体的回用障碍使 TCA 循环无法运转。EMP、HMP、ED 途径在有氧和无氧条件都能够发生，而 TCA 循环、葡萄糖直接氧化只能在有氧条件下进行，PK 途径只能在无氧条件下进行。

1. 脱氢的主要途径

在各种微生物中，葡萄糖主要经过 EMP、HMP、ED 和 TCA 循环等途径完成底物的脱氢。

（1）EMP 途径

EMP 途径是绝大多数生物所共有的基本代谢途径，如图 4.7 所示。整个途径大致分为两个阶段，第一阶段为不涉及氧化还原反应和能量释放的准备阶段，在这一阶段有两步反应需要能量，共消耗 2 分子 ATP；第二阶段为氧化还原反应阶段，并通过底物水平磷酸化作用形成 4 分子 ATP。这样 1 分子葡萄糖经过 EMP 途径的 10 步反应形成三种产物：2 分子丙酮酸、2 分子（$NADH+H^+$），净产 2 分子 ATP。

不同的微生物实现第一步反应葡萄糖磷酸化的方式不同。酵母菌、真菌、假单胞菌等好氧细菌中，在细胞内通过己糖激酶（需要 Mg^{2+} 和 ATP）完成这步不可逆反应；而在大肠杆菌和链球菌等兼性厌氧菌中，则借助于 PEP-PTS（磷酸烯醇式丙酮酸-磷酸转移酶系统）在葡萄糖进入细胞内时即完成磷酸化。到第五步后的代谢反应在所有能代谢葡萄糖的微生物中都没有什么不同。

EMP 途径不需要氧的参与，能够在无氧或有氧的条件下发生。在有氧条件下，该途径与 TCA 循环相连，丙酮酸进一步脱氢彻底氧化成 CO_2 和 H_2O，（$NADH+H^+$）经电子传递链交给分子氧，释放能量形成 ATP；而在无氧条件下，丙酮酸及其代谢产物受氢还原形成各种还原产物。

（2）HMP 途径

HMP 途径普遍存在于生物界中，并且常和 EMP 途径同时存在。如图 4.8 所示，可人为地划分为氧化阶段和非氧化阶段。

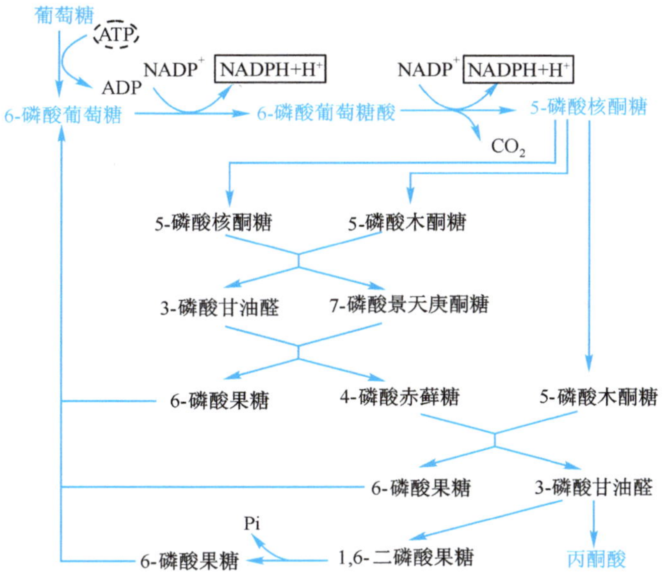

图 4.8 HMP 途径

氧化阶段脱下的氢和电子交给载体 NADP 而不是 NAD，非氧化阶段中磷酸戊糖之间经一系列基团转移反应，重新合成磷酸己糖。

1 分子葡萄糖通过 HMP 途径能被彻底氧化，形成 6 分子 CO_2、12 分子（$NADPH+H^+$），消耗 1 分子 ATP。在有氧条件下，NADPH 在转氢酶的催化下可以转变成 NADH，通过呼吸链产生大量的生物能；而在厌氧条件下，HMP

途径不能完全实现，需氧微生物沿不完全的 HMP 途径代谢，每分子葡萄糖生成 3 分子 CO_2、6 分子（NADPH＋H^+）、1 分子（NADH＋H^+），还有 ATP、丙酮酸各 1 分子。

在 HMP 途径中存在 C_3～C_7 各种糖，因而具有这一途径的微生物可利用的碳源范围广泛。从能量产生的角度来看，HMP 途径并不是细胞产能的主要途径，而是细胞获得大量的还原力 NADPH 的重要途径。此外该途径还产生多种重要的中间代谢物，如核糖的重要来源五碳糖等。

（3）TCA 循环

三羧酸（TCA）循环，也称为柠檬酸循环，为一种循环式的反应（见表 4.5）。

如图 4.9 所示，丙酮酸氧化脱羧形成乙酰 CoA 进入 TCA 环，经过两次加水脱氢，两次碳链裂解而氧化脱羧，一次底物水平磷酸化，将乙酰基完全降解。每分子丙酮酸通过 TCA 环降解总共产生 4 分子 NADH（在细菌中产生 3 分子 NADH 和 1 分子 NADPH），1 分子 $FADH_2$ 和 1 分子 ATP（或 1 分子 GTP），放出 3 分子 CO_2。

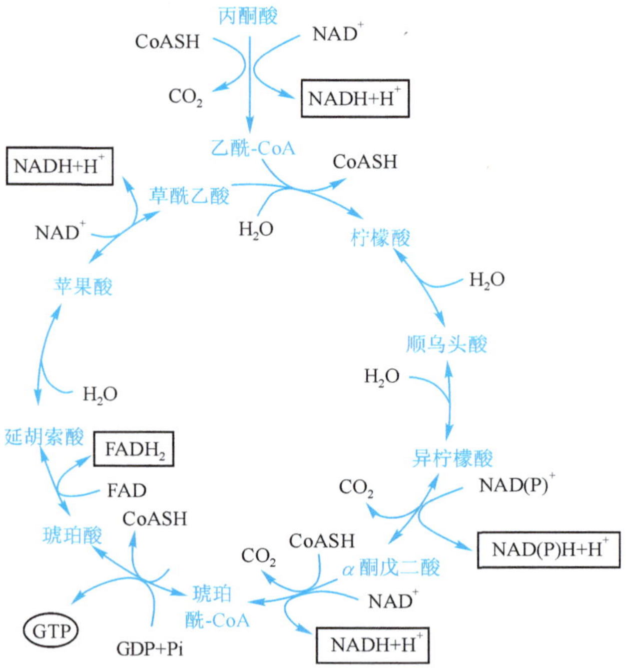

图 4.9 TCA 循环

经过 TCA 循环形成的大量的还原力 NADH 经过电子传递链形成大量的 ATP，因而 TCA 循环在绝大多数异养微生物的呼吸代谢中起关键作用，此外在物质代谢中该循环起到中枢作用，如许多有机酸、氨基酸的合成与之关联。

(4) ED途径

ED途径是缺乏完整EMP途径的微生物所具有的一种替代途径，主要存在于假单胞菌（*Pseudomonas* spp.）和发酵单胞菌（*Zymomonas* spp.）等少数革兰氏阴性（G^-）菌中，在革兰氏阳性（G^+）菌中一般不存在，在其他生物中也未发现。

表4.5　真核和原核微生物的TCA循环

TCA循环	细胞中反应发生的位置	TCA循环中的酶系位置		形成的还原力	底物水平磷酸化
		琥珀酸脱氢酶	其他酶		
原核微生物	细胞质	细胞膜	细胞质	3 NADH 1 NADPH 1 $FADH_2$	1 GTP
真核微生物	线粒体	线粒体膜	线粒体的基质	4 NADH 1 $FADH_2$	1 ATP

如图4.10所示，利用ED途径降解葡萄糖的反应步骤简单，只经过4步即可获得丙酮酸，但反应产能效率低，每分子葡萄糖经ED途径产生2分子的丙酮酸，（NDAH＋H^+）、（NADPH＋H^+）及ATP各1分子。

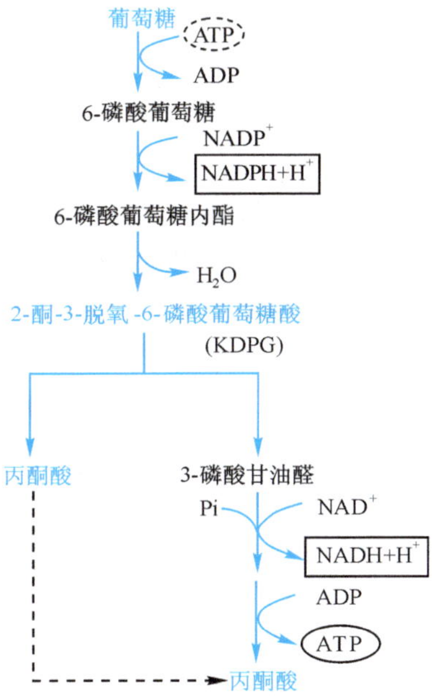

图4.10　ED途径

在细胞中，ED途径可与HMP途径同时存在，也可以独立存在，它是具有ED途径的微生物降解葡萄糖的主要或唯一途径（如运动发酵单胞菌）。具有ED途径的微生物可降解葡萄糖醛酸、果糖酮酸、甘露糖醛酸等化合物，因为这些化合物可转化成KDPG被降解。

ED途径可与HMP途径和TCA循环等各种代谢途径相连，通过相互协调以满足微生物对能量、还原力和不同代谢中间物的需要。

(5) PK途径

在厌氧条件下，除了常见的EMP途径、HMP途径和ED途径外，有一些微生物由于缺少醛缩酶而以磷酸解酮酶（PK）途径作为降解葡萄糖的主要途径，如图4.11所示。

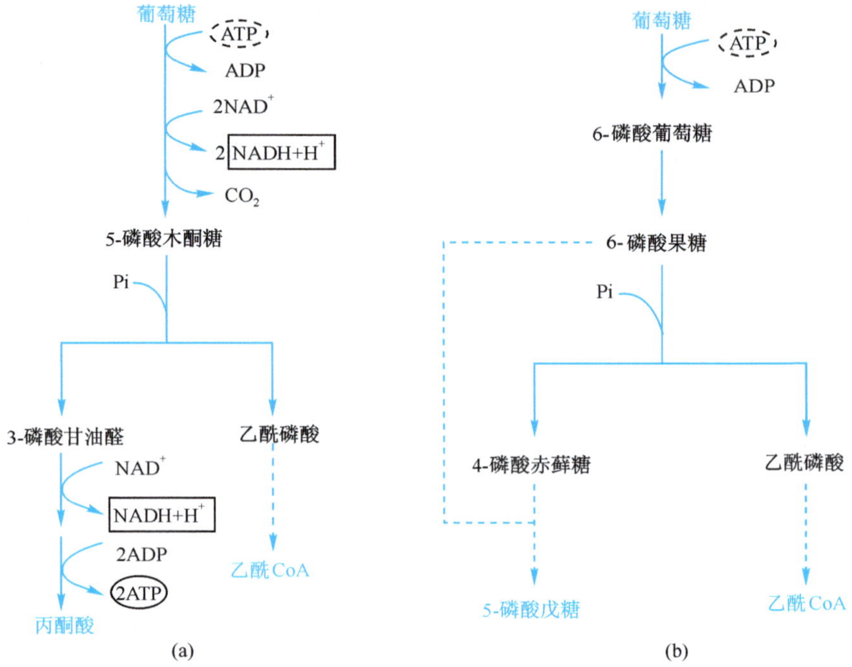

图 4.11　PK 途径

(a) PPK 途径；(b) PHK 途径

葡萄糖经过磷酸戊糖解酮酶（PPK）途径降解，每分子葡萄糖生成丙酮酸、乙酰磷酸（Ac-P）和 ATP 各 1 分子。借助于 PPK 途径，微生物在厌氧条件下不但可以利用葡萄糖，而且可以利用 D-核糖、D-木糖、L-阿拉伯糖。这 3 种糖首先转成 5-磷酸-木酮糖，然后降解成丙酮酸和乙酰磷酸。

在另外的一些微生物中存在磷酸己糖解酮酶（PHK）途径，如双歧杆菌和木醋杆菌。

(6) 葡萄糖的直接氧化途径

在 EMP、HMP、ED、PK 各途径中，反应的第一步都是将葡萄糖磷酸化再进行代谢的，但是许多真菌（如黑曲霉、产黄青霉）和细菌（如假单胞菌属、气杆菌属中的某些菌）没有己糖激酶，而具有不需任何预先磷酸化作用而直接氧化葡萄糖的能力。

如图 4.12 所示，葡萄糖首先在特有的葡萄糖氧化酶的催化下，被分子氧氧化成葡萄糖酸内酯和葡萄糖酸，再进入 HMP 途径和 ED 途径降解成丙酮酸。

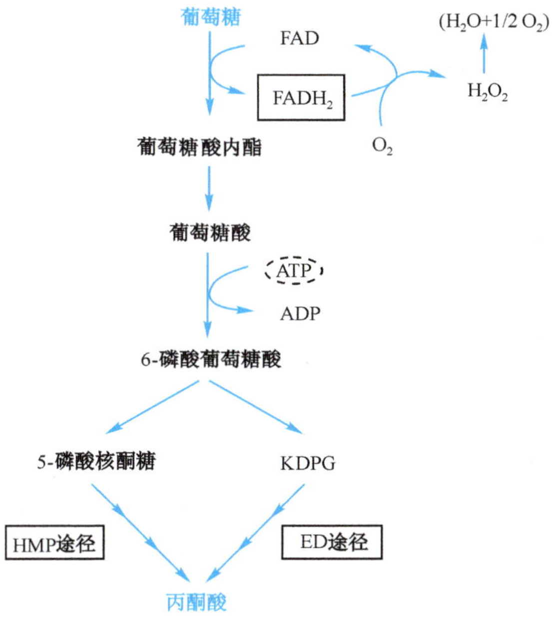

图 4.12 葡萄糖的直接氧化途径

2. 递氢和受氢

在生物氧化过程中脱下的氢交给脱氢酶的辅酶（NAD^+）或辅基（FAD），形成的还原型 NADH 和 $FADH_2$ 必须重新被氧化后，才能继续行使氢载体的作用。NADH 的重新氧化方式因微生物类型及其环境条件的不同而不同，即在不同的生物氧化产能方式中，递氢和受氢存在多种形式，发酵、无氧呼吸、有氧呼吸。

（1）发酵过程

发酵过程中电子载体没有经过传递而是直接将电子交给了最终电子受体——高氧化还原电位的中间代谢产物使其还原，实现氧化还原的平衡。即在生物氧化的后两个阶段，无能量的再释放，因而在发酵过程中，脱氢过程中的底物水平磷酸化是产生能量的唯一方式。发酵的整体过程是个内部平衡的氧化还原过程，即来自外部相同的有机物的碳，部分被氧化，部分被还原。

发酵可以按照发酵底物或者产物进行分类，大量的发酵过程是根据发酵产物来分类的。葡萄糖经过各种脱氢途径形成的重要阶段产物——丙酮酸（PYR），由于微生物胞内不同酶系和所处环境不同，使接受电子的最终受体各种各样，形成不同的发酵途径，如图 4.13 所示。

表 4.6 归纳了以产物划分的普通发酵的主要类型。

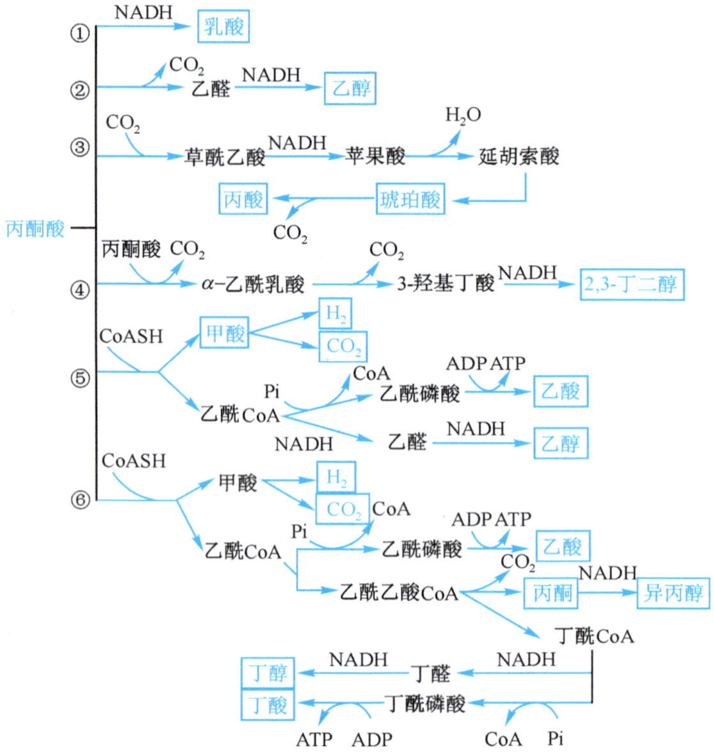

图 4.13　常见的微生物发酵

表 4.6　普通发酵类型

发酵类型	总反应	微生物	脱氢（电子）途径
乙醇发酵	己糖→2 乙醇＋2CO_2	酵母	EMP
		发酵单胞菌	ED
同型乳酸发酵	己糖→2 乳酸	链球菌，乳酸杆菌	EMP
异型乳酸发酵	己糖→乳酸＋乙醇＋CO_2	明串珠菌，某些乳酸杆菌	HMP
丙酸发酵	乳酸→丙酸＋乙酸＋CO_2	丙酸杆菌，丙酸梭菌	EMP
混合酸发酵	己糖→乙醇＋琥珀酸＋乳酸＋乙酸＋甲酸＋CO_2＋H_2	肠杆菌，埃希氏菌，沙门氏菌，变形杆菌	EMP
丁二醇发酵	己糖→2，3-丁二醇＋乳酸＋乙酸＋CO_2＋H_2	肠杆菌，沙雷氏菌	EMP
丁酸发酵	己糖→丁酸＋乙酸＋CO_2＋H_2	丁酸梭菌	EMP
丁醇发酵	己糖→丁醇＋乙酸＋丙醇＋乙醇＋CO_2＋H	乙酸丁酸梭菌	EMP

发酵过程具有极其丰富的多样性，许多特殊的发酵仅仅局限在一些厌氧微生物和一些已知的独一无二的杆菌中，这些细菌在代谢上具有专一性。例如：少数专性厌氧梭菌，如生孢梭菌和肉毒梭菌等，能利用一些氨基酸同时作为C、N和能源，在厌氧条件下生长时，以一种氨基酸（如Ala等）作为氢的供体，进行氧化脱氨，另一种氨基酸（如Gly等）作氢的受体，进行还原脱氨。这种氧化和还原相偶联的独特发酵方式，称为Stickland反应。应注意的是在这种特殊的发酵中，终电子受体不是能源化合物的中间产物而是外源的有机化合物。

此外，脱氢与受氢的偶联也可以发生在同一底物的代谢中。例如：自然界中的柠檬菌属（*Citrobacter*）、梭状芽孢杆菌属（*Clostridium*）、肠细菌属（*Enterobacter*）、克雷伯菌属（*Klebsiella*）和乳酸菌属（*Lactobacillus*）等都可将来自外部的三碳化合物甘油转化为1,3-丙二醇。在这一代谢过程中，甘油在氧化途径形成的还原型NADH直接被还原途径所利用，从而使细胞内的氢载体实现平衡（图4.14）。

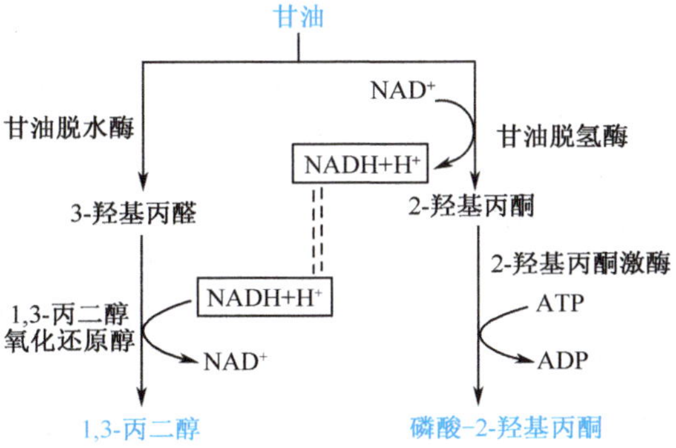

图4.14 甘油的歧化代谢途径

（2）无氧呼吸

在无氧条件下，经电子传递链最终将电子传递给环境中的一些氧化态的化合物，实现能量释放的过程称为无氧呼吸。

无氧呼吸的类型一般按照最终电子受体的名称来命名（表4.7），通常为无机氧化物如硝酸盐、硫酸盐、CO_2、Fe^{3+}，个别为有机氧化物如延胡索酸。研究得比较广泛是其中的硝酸盐呼吸、硫酸盐呼吸、碳酸盐呼吸和延胡索酸呼吸。

在无氧呼吸中，由于电子受体的氧化还原电势低于分子氧，并存在高低不同，因而电子只经过部分传递即到达终电子受体，释放出的能量也因为电子受体不同而异，所以在无氧呼吸中所产生的ATP数目随生物体和代谢途径的不同而变化。

表 4.7　无氧呼吸的类型

电子受体来源	电子受体	还原产物
环境中的无机物	CO_2	乙酸
	CO_2	CH_4*
	S^0	HS^-
	SO_4^{2-}	HS^-
	NO_3^-	NO_2^-，N_2O，N_2
	高铁离子	亚铁离子
	四价锰离子	二价锰离子
	硒酸盐	亚硒酸盐
	二甲基亚砜（DMSO）	二硫醚（DMS）
	砷酸盐	亚砷酸盐
环境中的有机物	三甲基胺化氧（TMAO）	三甲胺（TMA）
	延胡索酸	琥珀酸
	甘氨酸	乙酸＋氨

* 以无机化合物 H_2 为电子供体（能源）。

在有氧或无氧条件下，硝酸盐还原成氨，为生长提供氮源，称为同化硝酸盐；而在无氧条件下，将硝酸盐作为电子受体，还原成 N_2O、NO，最终产生 N_2 的产能过程称为异化硝酸盐。由于所形成的还原产物都是气体，易消失在环境中，因而又称为反硝化作用。

大多数的反硝化细菌都是兼性好氧菌，如荧光假单胞菌、铜绿假单胞菌等。

外加的有机化合物也可作为电子受体参与呼吸，延胡索酸呼吸是研究最广的有机物无氧呼吸，它被还原成琥珀酸。

一些细菌能以延胡索酸作为电子受体，将延胡索酸还原与胞内的 NADH 氧化相偶联，产生的能量用于合成 1 个 ATP，如埃希氏大肠杆菌和某些梭菌。另一些细菌在将延胡索酸作为电子受体时，不能与电子传递磷酸化偶联，如粪链球菌。

进行无氧呼吸的大多数微生物都是原核生物，其产能过程中进行的化学能转变，常在生态、工业上有重要应用。

（3）有氧呼吸

经过各种脱氢途径形成的还原力 NADH（NADPH）、$FADH_2$，经过完整的电子传递链，最后由细胞色素氧化酶将电子传递给环境中的分子氧，生成 H_2O。在电子传递过程中释放出的能量，通过化学渗透作用形成 ATP。

在真核细胞中，EMP 途径的反应在胞质中进行，而电子传递链位于线粒体内膜上。在胞质中产生的 NADH 不能穿过线粒体膜，必须借助于“穿梭机制”将线粒体外的 $NADH+H^+$ 变成线粒体内的 $FADH_2$，再通过电子传递链进行氧化，如图 4.15 所示，每次穿梭损失了一个 ATP。

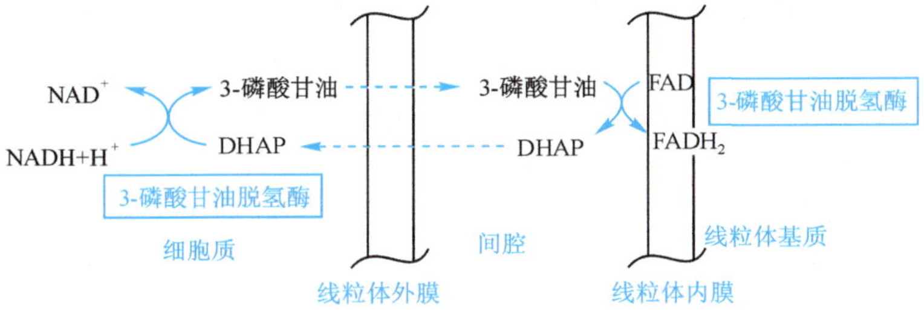

图 4.15　穿梭机制

因此在真核生物中（电子传递链均完整），每摩尔葡萄糖通过 EMP 途径和 TCA 环彻底氧化时，总共只形成 36mol ATP。而在原核生物中，因为电子传递链组分在细胞膜上，每摩尔葡萄糖形成 38mol ATP。由此可以看出，有氧呼吸的产能效率最高。

（三）无机能源化合物的生物氧化

化能无机营养型微生物以无机物作为能源，其 ATP 的形成在本质上与化能有机营养型微生物相似，只是原电子供体是无机物而不是有机物，通过无机物的氧化来获得能量。大多数化能无机营养微生物能利用 CO_2 进行自养生长。

与有机能源化合物相比，无机物的氧化与电子传递链直接相连，并且在化能无机营养型微生物中电子传递系统的组分表现出更大的多样性。经脱氢酶或氧化还原酶催化脱下的氢或电子，直接进入电子传递链，而不需要经过复杂的脱氢途径。

另一方面，虽然在不同的微生物中终电子受体各不相同，但以无机物为能源的氧化都必然与电子传递链相连，进行呼吸产能，而不存在发酵类型的产能方式。此外，在无机物的氧化过程中所形成的能量少，因而化能无机营养型微生物需要氧化大量的无机能源化合物，且生长率相应较低。

在微生物中，只有原核生物能利用无机化合物作为能源。从具体的类型来看，无机物的生物氧化和产能类型很多、途径复杂，有些过程甚至还很少了解。

三、光能营养型微生物的能量代谢

许多真核和原核微生物能以光为能源，利用光合作用产生 ATP。光合作用可分为两个阶段，即光反应阶段和暗反应阶段。在光反应阶段，光能转变为化学能；在暗反应阶段，利用化学能来还原 CO_2 形成细胞物质。

光能营养类型微生物能量的产生发生在光反应阶段，通过在光合作用色素系统中的电子传递产生 ATP 的过程就是光合磷酸化，其作用机制类似于氧化磷酸化。光合电子传递链的一系列载体都是按电势从低到高的顺序依次排列在光合膜上，类似于呼吸作用中的电子传递链。被光能激发电子首先从叶绿素跃迁到电子传递链的第一个载体上，然后在沿电子载体传递时，质子被泵过膜，利用化学渗透作用，ADP 转变为 ATP。

在光养微生物中存在两种类型的光合作用，典型产氧光合作用和特殊的不产氧光合作用。无论在何种光合作用中，光介导生成 ATP 的过程都包含了通过一系列电子载体进行的电子传递过程，以及 ATP 酶利用光合膜上形成的质子梯度合成 ATP。

大多数光合微生物进行的光合作用是产氧光合作用，在这些微生物的光合细胞中，利用非环式光合磷酸化反应产生 ATP，以水作为最终电子受体获得 NADPH。由于在水氧化的同时导致 O_2 的形成，因而这种光合作用被称为产氧光合作用（oxygenic photosynthesis）。

真核和某些原核光养微生物（藻类、蓝细菌）能进行产氧光合作用获得能量和同时氧化水分子获得还原力。

图 4.16 所示的为蓝细菌中的产氧光合作用，藻类以及绿色植物都有两个相似的光系统，但在具体细节上有差别。

由于分子氧在任何光合作用产生 ATP 的过程中都不起作用，因而一般所有的光合作用能够在绝对厌氧的环境中发生。大多数光合营养菌是厌氧的，小部分兼性厌氧，但对于产氧光合营养菌而言必须在一定程度上能耐受氧。

四、还原力的获得

细胞的合成过程是在消耗能量的前提下，利用还原力将简单有机物小分子还原合成生物大分子的前体物质。

在物质的合成过程中，细胞只能利用由辅酶Ⅱ所携带的还原力 NADPH，而不是辅酶Ⅰ携带的还原力 NADH。这一还原力的获得根据氢或电子供体的不同而呈现多样性。

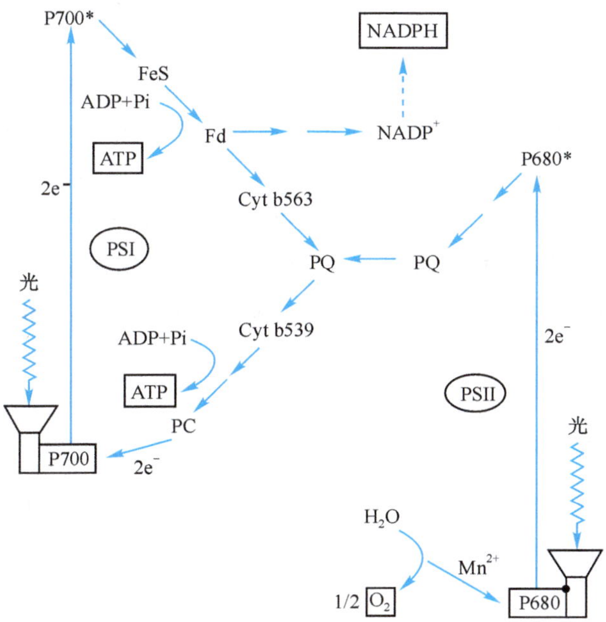

图 4.16　产氧光合作用

PSⅠ：光合系统Ⅰ；PSⅡ：光合系统Ⅱ；
PQ：质体醌；PC：质体蓝素

（一）有机物作为氢（或电子）供体

以有机化合物作为氢或电子供体时，还原力 NADPH 的获得是通过有机物降解形成的。一般情况下，微生物利用 HMP 途径可生大量的还原力 NADPH。此外，在化能异养细菌的 TCA 循环中，异柠檬酸脱氢也能产生 NADPH，但产量不多。

对于真核微生物，在有机物氧化脱氢过程中，通过多条途径产生的还原力 NADH 可通过转氢作用变为 NDAPH 用于合成代谢，这一转氢作用是由线粒体内的转氢酶（TH）催化完成的：

$$\text{NADH+NADP}^+ \xrightleftharpoons{\text{转氢酶}} \text{NAD}^+\text{+NADPH}$$

（二）无机物作为氢（或电子）供体

在不同营养类型的微生物中，许多还原性的无机化合物可作为氢或电子供体，并且在每种微生物中各不相同。如光能无机自养型中的藻类和少量细菌以 H_2S、硫代硫酸钠或其他无机硫化物作为供氢体，而许多在自然界物质循环和转化过程中起重要作用的化能自养型微生物可以将环境中的氢气、硫化氢、Fe^{2+}、亚硝酸盐等作为电子供体。如表 4.8 所示，除了 H_2 以外，其他常用的无机物的氧化还原电位均比 NADPH 低。

表 4.8　不同无机物的氧化还原电位

偶极对的氧化还原反应	E'_0/V
$H_2 \rightarrow 2H^+ + 2e^-$	−0.42
$NADPH + H^+ \rightarrow NADP^+ + 2H^+ + 2e^-$	−0.32
$H_2S \rightarrow S + 2H^+ + 2e^-$	−0.28
$H_2S + 4H_2O \rightarrow SO_4^{2-} + 10H^+ + 8e^-$	−0.22
$NO_2^- + H_2O \rightarrow NO_3^- + 2H^+ + 2e^-$	+0.42
$1/2\ N_2 + 3H_2O \rightarrow NO_3^- + 6H^+ + 5e^-$	+0.74
$Fe^{2+} \rightarrow Fe^{3+} + e^-$	+0.76
$H_2O \rightarrow 1/2O_2 + 2H^+ + 2e^-$	+0.82

在化能营养型微生物中，根据无机物电子供体氧化还原电位与 $NDAP^+$/NDAPH 之间的高低，微生物以直接或间接的方式产生 NADPH。

微生物以还原性极强的化合物作为电子供体时，如 H_2 为电子供体，利用氢氧化酶氧化 H_2，将电子直接传递给 $NADP^+$ 形成 NADPH。而当无机电子供体的氧化还原电势高于 $NADP^+$/ NADPH 时，则无法直接产生还原力 NADPH，必须消耗大量的 ATP，逆电子传递链形成 NADPH，如 H_2 以外的无机物氧化中还原力的获得。

由于化能自养细菌还原力 NADPH 的形成，这是一个耗能过程，导致微生物的生长率低。

光能营养型微生物若进行产氧光合作用，以 H_2O 为电子供体，电子经偶联光系统 Ⅰ 和 Ⅱ 的传递，直接产生 NADPH。而在不产氧光合作用中，往往以还原性的无机硫化物作为供氢体，则必须逆电子传递链，消耗质子势能来形成 NADPH。

五、代谢产物的合成

（一）重要的代谢中间化合物

微生物细胞从光能或化合物的生物氧化中获取能量，用于细胞自身化学组分的合成。细胞中的重要组成部分是大分子物质，它们是由单体经聚合作用生成的。这些小分子单体物质包括 5 种嘌呤和嘧啶、20 种氨基酸，还有糖（碳水化合物）、脂肪酸（含有机酸）、维生素及其他辅助因子。

细胞在合成大分子的单体反应中有一些关键的中间物质，如图 4.17。

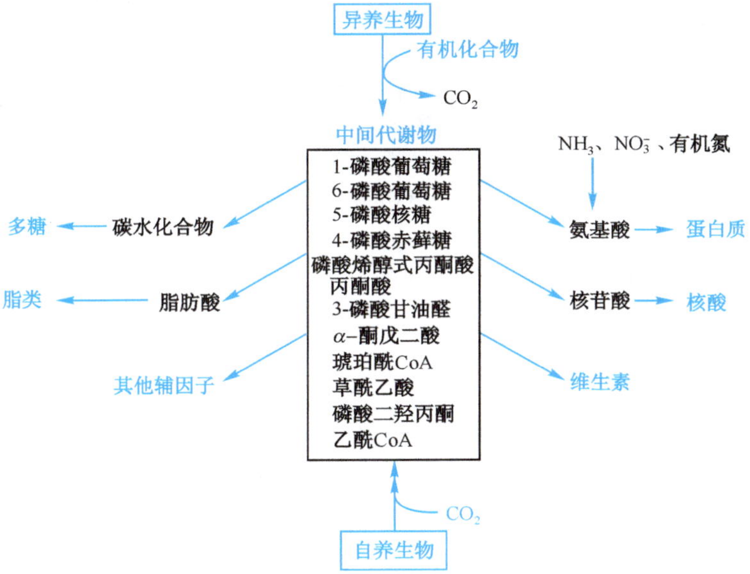

图 4.17　关键中间代谢物

对于不同营养类型的微生物，这些关键中间代谢物质的来源是截然不同的。根据微生物碳源的不同分为自养微生物和异养微生物两类，需要注意的是，自养和异养微生物的划分只涉及所用的碳源，而不涉及能源。

（二）异养微生物中重要的代谢中间物的来源与合成

在异养微生物中，关键中间代谢物质来源于有机物的降解过程，经过多种多样的代谢途径形成的。在一种微生物细胞内，由不同代谢途径所形成的相同的关键中间产物存在共用现象，例如位于细胞质中由 EMP 途径和 HMP 途径形成的

6-磷酸果糖和 3-磷酸甘油醛可进行混合代谢；而一种关键中间代谢产物也可以从不同的途径进一步参与代谢。例如：丙酮酸可转化为乙酰 CoA 进入 TCA 循环，也可在丙酮酸羧化酶的催化下转化为草酰乙酸进入 TCA 循环。正是这些重要的中间代谢物将胞内的代谢途径关联起来，从而形成的复杂代谢网络，为细胞适应环境变化和生理需要做出快速和准确的调整（图 4.18）。

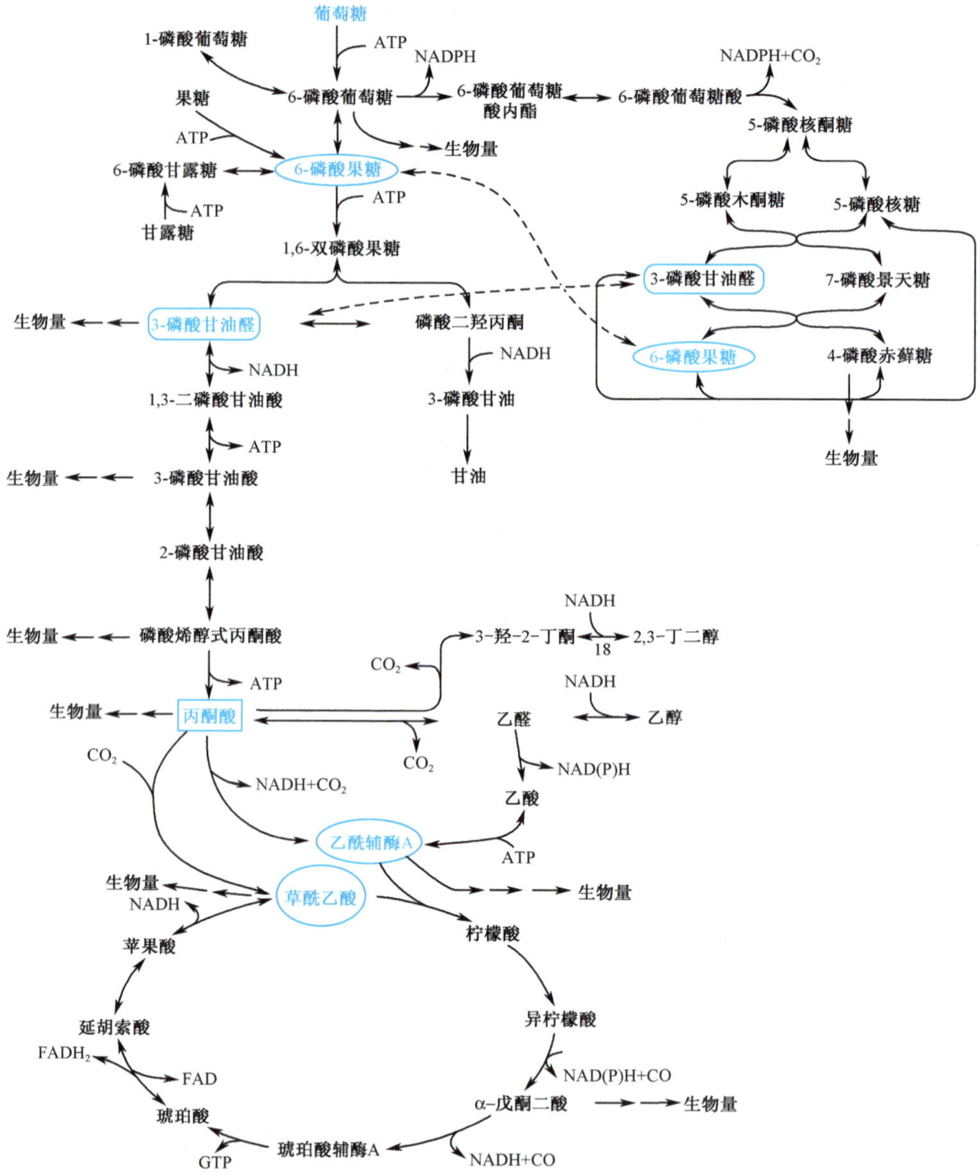

图 4.18 代谢网络中作为节点的重要代谢中间物

绝大多数异养微生物中，这些关键中间代谢物是能量代谢中的中间产物。当细胞进行合成代谢时，必然会因为抽走大量的中间代谢物，而影响到能量代谢的正常运转。例如，产能和生物合成的重要代谢环节——三羧酸循环（TCA）中，通常情况下约有一半的中间代谢物被抽作合成氨基酸和嘧啶的原料，而三羧酸循环途径要求每次循环后受体分子草酰乙酸都能得到再生才能正常进行。

为解决这类矛盾，生物体在长期的进化过程中形成了独特的回补代谢途径。回补途径是指能补充兼用代谢途径中因合成代谢而消耗的中间代谢产物的反应途径。微生物利用回补途径补充用于生物合成的三羧酸循环中的有机酸分子，从而保证三羧酸循环的进行。

不同的微生物在不同的碳源条件下有许多回补途径，异养微生物中最重要的回补途径是同化二碳化合物的乙醛酸循环和甘油酸循环。

1. 乙醛酸循环

如图 4.19，在乙醛酸循环中，通过两种独特酶——异柠檬酸裂合酶（ICL）和苹果酸合酶（MS）的合作，将 1 分子的异柠檬酸和 1 分子乙酰 CoA 转化为 2 分子的四碳羧酸。乙醛酸循环每运转一次，把 2 个二碳化合物（乙酸）合成 1 个四碳化合物（琥珀酸）。

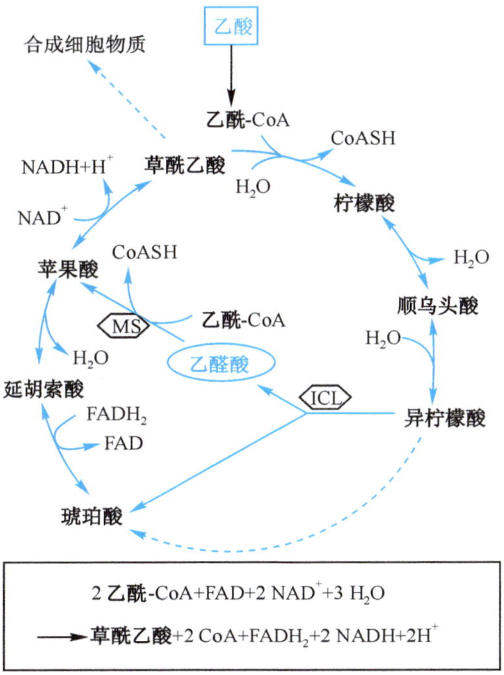

图 4.19　乙醛酸循环

乙醛酸循环比较普遍存在于好氧微生物中，如细菌中的醋酸杆菌、固氮菌、大肠杆菌，真菌中的酵母、黑曲霉、青霉等，它们都可以利用以二碳化合物（乙酸、乙醇、烃类或脂肪酸）为碳源生长。

2. 甘油酸循环

另一条重要的二碳化合物同化途径——甘油酸循环存在于许多微生物中。如图 4.20，以甘氨酸、乙醇酸和草酸作为底物，二碳化合物先转化为乙醛酸，再经过两分子缩合、还原形成的甘油酸，可进一步代谢进入 EMP 途径和 TCA 循环，补充关键中间代谢产物。

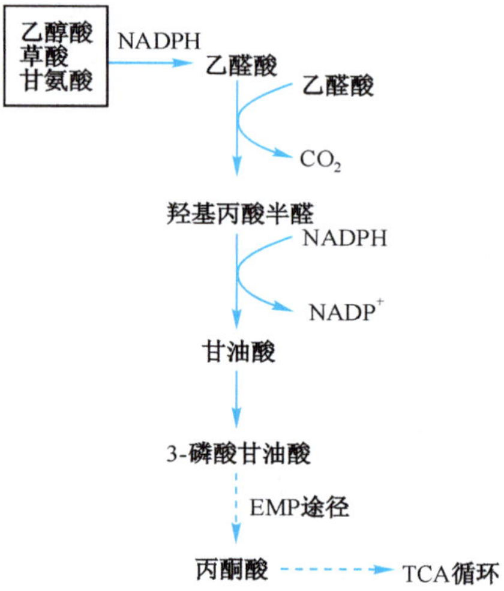

图 4.20　甘油酸循环

异养和自养微生物获得和回补关键代谢中间产物的途径，随微生物的不同以及碳源条件的不同而多种多样。总的来说，都主要围绕磷酸烯醇式丙酮酸（PEP）和草酰乙酸（OAA）两个关键性中间代谢物的生成。

表 4.9　不同的碳源条件下的回补途径

回补生成的关键中间代谢物	碳源条件	回补途径	代表微生物
草酰乙酸	二碳化合物*	乙醛酸循环	细菌、真菌、藻类和原生动物
	二碳化合物**	甘油酸循环，入 EMP	
	葡萄糖、三碳化合物***（CO_2 作为辅助碳源）	丙酮酸羧化酶	酵母、球形节杆菌等
		PEP 羧化酶	肠道细菌

续表

<table>
<tr><th>回补生成的关键中间代谢物</th><th>碳源条件</th><th colspan="2">回补途径</th><th>代表微生物</th></tr>
<tr><td rowspan="4">磷酸烯醇式丙酮酸</td><td>二碳化合物*</td><td>乙醛酸循环（OAA）</td><td>PEP 羧激酶或 PEP 羧转磷酸酶</td><td rowspan="2">细菌、真菌、藻类和原生动物</td></tr>
<tr><td>二碳化合物**</td><td colspan="2">甘油酸循环</td></tr>
<tr><td rowspan="2">葡萄糖、三碳化合物</td><td colspan="2">PEP 合成酶</td><td rowspan="2">绿硫细菌、紫色细菌***</td></tr>
<tr><td colspan="2">丙酮酸磷酸二激酶</td></tr>
</table>

* 二碳化合物：乙酸、乙醇、烃类、脂肪酸等；

** 二碳化合物：甘氨酸、乙醇酸、草酸；

*** 三碳化合物：丙酮酸、乳酸、丙酸、甘油等。

（三）简单小分子的合成

微生物具备了合成所需要的能量、还原力 NADPH 以及简单的化合物，就能合成制造生物大分子的各种小分子前体物质。其中最重要的小分子物质有单糖、氨基酸、核苷酸和脱氧核苷酸、脂肪酸等单体。

与这些小分子物质的分解代谢途径的多种多样相比，微生物中单体物质的生物合成途径在不同的属中更倾向于一致。

1. 单糖的合成

单糖的种类很多，但它们可从葡萄糖转化而成。在微生物细胞中单糖很少以游离形式存在，一般以多糖或多聚体的形式，或少量的糖磷酸脂和糖核苷酸形式存在。

无论自养微生物还是异养微生物，其单糖的合成途径一般都是由代谢中间物逆 EMP 途径合成 6-磷酸葡萄糖，然后再转化成为其他糖。

微生物也可通过各种途径合成葡萄糖的前体代谢中间物，如丙酮酸、草酰乙酸、磷酸烯醇式丙酮酸、3-磷酸甘油醛，再逆 EMP 途径生物合成单糖。

2. 氨基酸的合成

氨基酸是组成蛋白质的基本单位，胞内的游离氨基酸随着蛋白质的合成不断被消耗，必须获得补充。微生物可直接从周围环境中获取氨基酸，对于环境缺乏氨基酸或不能获得的氨基酸，细胞则必须自身合成。

氨基酸合成中有两个问题即碳骨架的合成和氨基的结合。合成氨基酸的碳骨架来自糖代谢产生的中间产物，而氨的来源则随微生物和环境而呈现出多种性，比如从外界环境中获得、胞内含氮化合物分解、固氮作用合成、硝酸还原作用合成等。

氨基酸的合成主要有三种方式：

1）氨基化作用。在酶催化下，α-酮酸与氨反应形成相应的氨基酸。

2）转氨基作用。在转氨酶的催化下，使一种氨基酸的氨基转移给酮酸，形成新的氨基酸。

3）前体转化。由糖代谢的中间产物为前体合成氨基酸。

从生物合成的角度出发，根据前体的不同，可将组成蛋白质的 20 种氨基酸及氨基酰胺分为 6 组（图 4.21）。

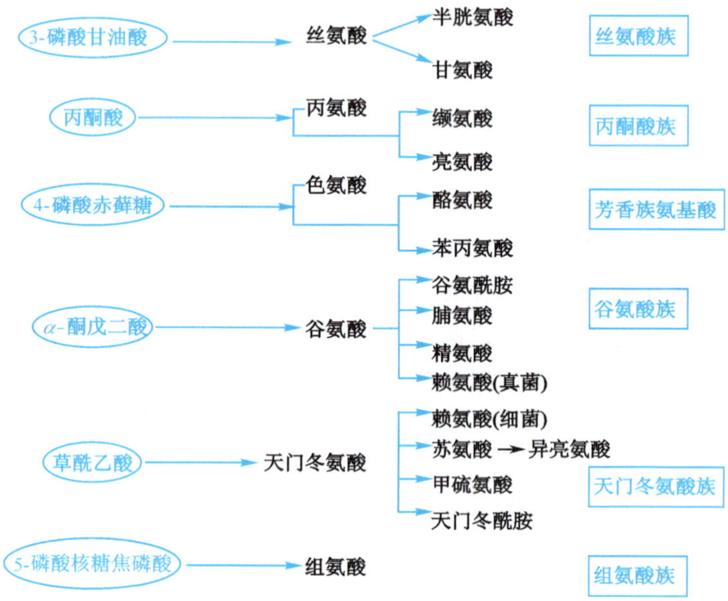

图 4.21　氨基酸的合成谱系

在氨基酸的合成中，转氨基作用普遍存在于各种微生物体内，是合成代谢中极其重要的反应。各种氨基酸的生物合成的详细过程在生物化学和分子生物学中已有叙述。

3. 核苷酸的合成

核苷酸是核酸的基本结构单位，由碱基、戊糖、磷酸组成。微生物细胞内存在多种游离核苷酸，这类物质在代谢中极其重要。

微生物因遗传和环境条件的不同，可采用不同的方式进行核苷酸的合成。

(1) 从无到有的途径

核苷酸的从无到有的合成途径，是以细胞的中间代谢产物为基础，从头开始合成核苷酸分子。对于嘌呤核苷酸而言，由各种小分子化合物，在5-磷酸核糖的基础上全新合成次黄嘌呤核苷酸，然后再转化为其他嘌呤核苷酸。而嘧啶核苷酸则是由小分子化合物全新合成尿嘧啶核苷酸，然后再转化为其他嘧啶核苷酸。

(2) 补救途径

另一种核苷酸的合成途径是当环境中已经有嘌呤、嘧啶或者微生物缺乏合成某种核苷酸能力时，采用的补救途径，即从环境中吸收嘌呤、嘧啶或其组成的核苷，来合成核苷酸。

脱氧核苷酸可由核苷酸还原而成，需要消耗能量。在不同微生物中，脱氧过程发生在不同的水平，如大肠杆菌中在核糖核苷二磷酸水平上进行脱氧，而赖氏乳酸菌中则是在核糖核苷三磷酸水平上脱氧，并且生成脱氧嘧啶核苷酸的情况比较复杂多样。

4. 脂肪酸的合成

微生物中常见的脂肪酸有饱和脂肪酸和不饱和脂肪酸，碳链长度主要在$C_{12}\sim C_{18}$之间。

(1) 饱和脂肪酸的合成

脂肪酸的合成不是其β-氧化的逆反应，而是通过另外途径完成的，在微生物中饱和脂肪酸的合成模式是一致的，都是通过丙二酰 CoA 途径合成的。途径分为两个阶段：即丙二酰 CoA 的合成和多酶复合体参与脂肪酸的合成。

(2) 不饱和脂肪酸的合成

在微生物中，不饱和脂肪酸有两种合成方式：好氧条件下，在饱和脂肪酰CoA 基础上脱饱和，生成不饱和脂肪酸。反应由特异性的 NADPH 还原酶和特异的脱饱和酶催化，并且需要分子氧、NADPH 和铁氧还蛋白。酵母和一些好氧细菌，如巨大芽孢杆菌、溶壁小球菌中具有该途径。在厌氧条件下，可通过由特殊的脱水酶催化的脱饱和作用合成不饱和脂肪酸。

5. 合成代谢的多样性

虽然微生物中小分子单体物质的合成途径倾向于一致，但不同的微生物中仍然存在合成代谢的复杂多样性。如微生物的赖氨酸生物合成途径，微生物种类不同，其合成途径也不同，已知有两条途径。

一条为二氨基庚二酸（DAP）途径（图 4.22a），细菌、放线菌、蓝藻、部

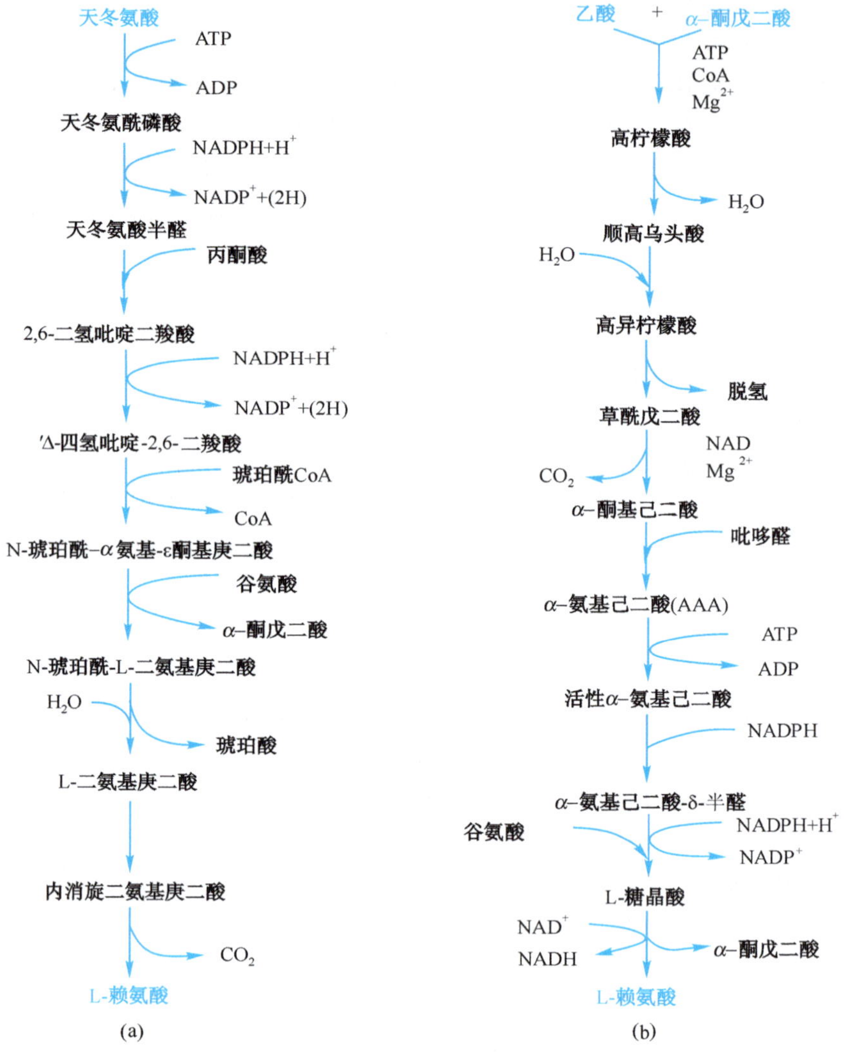

图 4.22　赖氨酸的生物合成途径

(a) DAP 途径；(b) AAA 途径

分藻状菌纲微生物以及原生动物都是经过二氨基庚二酸的生物合成途径合成赖氨酸的，赖氨酸的前体为天门冬氨酸。

另一条途径为 α-氨基己二酸（AAA）途径（图 4.22b），酵母、霉菌、一部分藻状菌纲微生物和部分藻类（如眼虫藻）是通过 α-氨基己二酸途径合成赖氨酸的，赖氨酸的前体为 α-酮戊二酸。

此外赖氨酸生物合成的代谢调节在各菌株中也不尽相同甚至相差很大。

（四）生物大分子的合成

构成细胞的重要成分是生物大分子，包括糖类、蛋白质、核酸、脂类等，这些大分子多聚体通过一定的反应由单体或亚基连接而成，具体的生物合成过程在生物化学和分子生物学中已有叙述。

本文简单讨论微生物细胞中的特有的结构大分子——肽聚糖的合成。

肽聚糖是一种杂型多糖，不同与糖原、纤维素、葡聚糖等由相同单糖分子聚合而成的同型多糖，它由不同单糖分子聚合而成。肽聚糖的基本重复单位是*N*-乙酰氨基葡萄糖（NAG）、*N*-乙酰胞壁酸（NAM）、肽链三部分组成。

整个肽聚糖的合成反应步骤极多，可划分为五个阶段，前三个阶段的反应都是在细胞质中进行的，后二个阶段的反应在细胞膜及膜外进行。

1）UDP-NAG 的合成：葡萄糖经磷酸化、异构化，接受 L-谷氨酰胺提供的氨基形成 6-磷酸葡萄糖胺。再经乙酰化、异构化生成 N-乙酰-1-磷酸氨基葡萄糖，在 UTP 存在下，生成 UDP-NAG，如图 4.23。

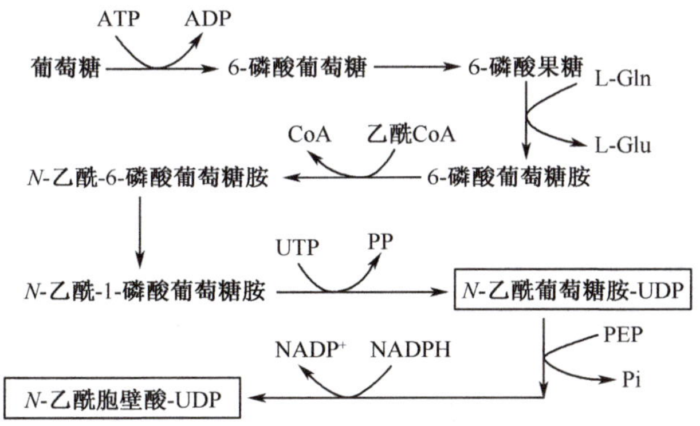

图 4.23　UDP-NAG 和 UDP-NAM 的合成

2）UDP-NAM 的合成：UDP-NAG 与 PEP 由转移酶催化反应，再经还原生成 UDP-NAM。

3）UDP-NAM-五肽的合成：L-丙氨酸与 UDP-NAM 上的羟基通过肽键相连，其他氨基酸再依次连接，形成 UDP-NAM-三肽。L-丙氨酸经过异构、形成二肽后，再与 UDP-NAM-三肽相连，形成的 UDP-NAM-五肽也称“派克核苷酸”，如图 4.24。

4）组装和运载过程：在细胞质中合成的 NAG 和派克核苷酸，在穿越疏水的细胞膜并运送到膜外的过程中，需要糖基载体脂（GCL-P，又称细菌萜醇）的参与。

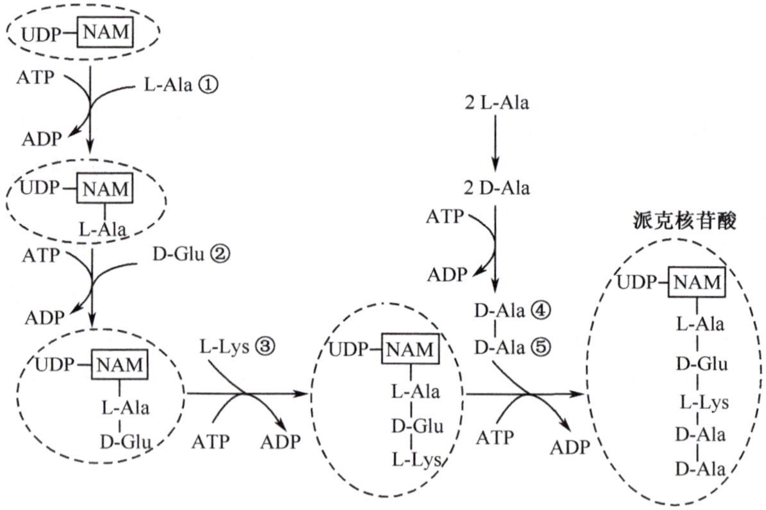

图 4.24　UDP-NAM-五肽的合成

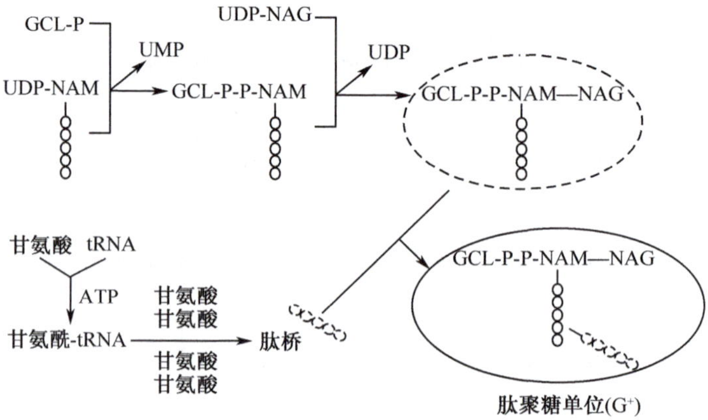

图 4.25　肽聚糖单位的组装

组装过程如图 4.25 所示，组装形成的肽聚糖单位由 GCL-P 运载到细胞壁的生长点，在转移酶的作用下，通过 β-1，4-糖苷键相连接上去，释放出的GCL-P-P在焦磷酸酯酶催化下重新变为 GCL-P，循环使用。

5）肽聚糖的交联：通过转肽酶的转肽作用，使相邻两条多糖链之间实现交联，转肽的同时释放出肽链上的第 5 个氨基酸。革兰氏阴性菌由肽链上的氨基酸（一条肽链的第 4 个氨基酸的羧基和另一条肽链的第 3 个氨基酸的氨基）以肽键方式连接，而革兰氏阳性菌通过甘氨酸肽桥进行交联。

需要提一下，多糖合成中作为糖基载体的糖核苷酸在真核生物中均为 UDP-

糖，而在原核生物中因合成反应不同而有所不同，如肽聚糖、脂多糖的合成中为UDP-糖，糖原合成中为ADP-Glc。

第二节 微生物代谢的自动调节

微生物细胞具有巨大的比表面积，因而使其能迅速地完成与外界环境的信息传递和物质交换。相对于体积极小的微生物细胞，环境条件是复杂而多变的。为求得生存及发展，微生物在长期的进化过程中，通过自然选择，逐步建立并完善了一整套的代谢调节机制，从而确保体内的错综复杂、相互联系而又相互制约的代谢过程能正确无误而又有条不紊地进行。

代谢调节（regulation of metabolism）是指微生物按照需要改变体内的代谢活动的速度和方向的一种作用。当细胞所处的环境条件发生变化时，微生物通过自身的调节系统实现代谢过程的自动调节，来适应改变的环境，达到新的代谢平衡。从细胞水平来看，微生物的代谢调节能力超过复杂的高等动植物。

事实上，微生物在其生命活动中（不同的生理时期，不同的生长发育阶段），环境条件一直处于变化之中，从这一角度来讲，微生物细胞是个远离平衡的开放体系，其生存必须依赖于发达的代谢调节系统，通过横跨胞内外的代谢网络来实现。细胞需要对两大方面的情况实现自动调节，一是协调胞内外代谢途径的反应速率和底物分配，二是对环境的变化做出响应。

在微生物体内，各个代谢途径中的生化反应都离不开酶的催化，因而微生物的自动调节机制中最重要的方式是通过酶来实现的，针对酶合成和活性的调节，实现代谢途径、代谢流量及速率的调控。除此之外，微生物细胞还有其他的代谢调节方式，如区域分隔和膜透性调节等。正是因为存在多种代谢调节方式，使微生物能够同化多种无机物和有机物，能在温度、pH值、供氧状况变化的环境中生长。

在人类利用微生物的生产活动中，人类的经济利益往往有悖于微生物细胞自身的经济性。研究和认识微生物细胞在正常的生理状态下自身固有的调节规律，才能够为生产实践提供科学依据，引导微生物为人类更好地服务。

一、代谢调节的部位与方式

环境中的微生物细胞是一个处于动态平衡的开放体系，微生物的代谢调节是由细胞自身的需求和环境共同决定的，并且通过细胞本身来实现。归根结底，微生物的代谢调节是发生在细胞内的生物化学现象，因而有必要首先来认识在细胞中代谢调节主要发生的部位以及所采用的方式。

概括起来说，微生物细胞的代谢中，调节主要发生在以下三个方面：①物质进出细胞；②胞内的生化反应；③代谢反应的区域分割及关联。由于真核生物和原核生物细胞结构本身的差别，胞内发生代谢调节的部位及方式也有所不同。

（一）物质进出细胞

包括营养物质向胞内的输送和代谢物排出胞外。在微生物细胞结构中，细胞膜作为细胞内部与外部环境隔开的关键屏障，也是物质进出细胞最主要的屏障。因而在物质进出过程中，细胞的调节方式主要和膜透性有关，而膜透性是膜的组成、结构和功能的综合体现。此外，特定物质所需的载体系统，输送能量的提供，都势必影响到细胞对物质进出的调控。

与膜密切相关的调节主要包括以下四个方面（表 4.10）：

表 4.10　与膜相关的调节

膜构成		能量	细胞壁
脂质	膜蛋白质		
分子结构 环境条件的影响	绝对数量 活性	跨膜质子梯度 磷酸腺苷酸体系	骨架结构的 完整性

1）膜脂质的分子结构，包括磷脂及其他脂类，以及环境条件对膜脂质理化性质的影响，如离子强度、温度、pH 等。

2）膜蛋白质的绝对数量及其活性的调节，包括酶、载体蛋白、电子传递链的成员及其他蛋白质。

3）跨膜的电化学梯度以及 ATP、ADP、AMP 体系及无机磷浓度对溶质输送的调节。

4）细胞壁结构，特别是骨架结构的完整性，间接影响膜对溶质的通透性。

由于细胞膜是细胞与环境交互的重要屏障，因而在正常的细胞生理代谢中，细胞自身涉及膜透性相关的调节是非常谨慎的，因为任何细微的变化将会对细胞内部环境造成巨大的影响。而维持胞内基本稳定的环境是微生物细胞存活和生长的前提。

（二）胞内的代谢反应

进入到细胞内的营养物质，会经历一连串的生化代谢反应。在这些反应过程中，都离不开酶的催化，并且细胞正是通过酶的生物合成与活性调节来控制代谢流向和代谢速度。代谢过程中，细胞并不是在所有的空间、时间内合成所需要的全部酶类。在一定的生理阶段，细胞只合成它当时所需要的酶，并且存在于胞内的酶活性是受控制的，使其与细胞自身对能量、细胞组分的需求相协调。

1. 胞内的生物化学反应

对细胞内的可逆或互逆生物化学反应，主要是针对其代谢流向的调控。微生物在不同的条件下，主要以两种方式来控制代谢途径中某个酶促反应的速率，从而控制代谢流向，保持机体的代谢平衡。① 在某个关键酶控制的可逆反应中，以不同的辅基（辅酶）来控制代谢物的流向。例如，谷氨酸脱氢酶，以 $NADP^+$ 为辅酶时，催化谷氨酸的合成，而以 NAD^+ 为辅酶时，则催化谷氨酸的分解；② 在某一互逆单向反应（opposing unidirectional reaction）中，由两个酶来催化不同方向的反应，微生物体内的关键部位的某些反应，就是利用两种完全不同的酶来非常精确地控制正逆反应。

而对胞内的不可逆反应，主要是调控其代谢速度。微生物通过控制调节酶的活性和酶量来控制代谢物的流量。微生物在不同的条件下根据需要，通过诱导或阻遏酶的合成、激活或抑制已有酶的活性，实现代谢速度的自我调节，从而经济高效地利用原料和能量进行生长繁殖。对酶活性和合成量的调节是代谢调节的核心。

2. 代谢反应区域分隔及关联

在这一方面，原核微生物和真核微生物由于细胞结构本身的不同而存在一定的差异。

（1） *原核微生物*

原核微生物细胞中不存在典型的细胞器，只是在细胞质膜上存在一些凹陷和褶皱。通常认为，细胞内无空间的不同，各种酶和各种底物同处于一个空间中，不存在酶与底物相对位置的影响。

实际上在原核细胞中也存在局部区域性，与某一代谢途径有关的酶系集中在某一区域，从而保证这一代谢途径的酶促反应顺利进行，免受其他途径的干扰。例如，与呼吸有关的酶系集中在细胞质膜上，而与蛋白质合成有关的酶系位于核蛋白体上，分解大分子的水解酶，在革兰氏阴性菌中位于壁膜间隙的周质空间中，而革兰氏阳性菌则分泌到胞外。

此外在原核细胞中还存在着酶反应的时序性调节，当一个酶反应体系以多酶复合体形式存在，酶反应在一定空间范围内按特定的顺序进行。如位于细菌细胞质膜上的丙酮酸脱氢酶复合体通过一系列的酶反应将丙酮酸有氧降解生成乙酰 CoA。

（2） *真核微生物*

在真核微生物细胞中，存在典型的细胞核和细胞器，它们由膜结构包裹或由其组成，如细胞核、线粒体、溶酶体、核糖体、内质网、高尔基体等。这些膜结构的存在，使细胞内的空间被分隔成许多小室，正是这种分隔区域的存在使得真核微生物细胞代谢调节部位比原核微生物细胞复杂得多。

在真核微生物细胞中最重要的膜结构细胞器是线粒体，它是合成代谢和分解代谢分开进行、分开调节的重要辅助手段。合成代谢一般在细胞质中进行，而分解代谢则多在线粒体中进行，表 4.11 列举了代谢途径中一些酶系的分隔。

表 4.11　部分分解代谢和合成代谢途径的酶系分隔

细胞空间	分解代谢酶系	能量合成	合成代谢酶系
细胞质	糖酵解途径	底物水平磷酸化	脂肪酸的合成
线粒体	TCA 循环	电子传递体系 ATP 氧化磷酸化酶	脂肪酸的氧化

由于存在不同细胞空间代谢途径酶系的分隔，必然使途径形成的代谢产物也存在分隔，为实现细胞代谢网络的贯通，势必涉及跨线粒体内膜的输送。因此在真核微生物细胞中，酶反应的总速度不仅取决于相邻区域中的酶和底物的浓度、酶的活性，还取决于重要代谢中间物跨膜的方式和交换速度。跨膜交换往往要借助于载体蛋白，它的数量及活性也是代谢调节的部位（见表 4.12）。

表 4.12　跨越线粒体内膜的一些重要代谢中间物

细胞空间	代谢中间物质及形成途径		跨越线粒体内膜的方式
细胞质	EMP 途径	丙酮酸（PYR）	借助载体与 H^+ 一起进入线粒体
	EMP、HMP 途径	NADH	借助“穿梭”机制将 NADH 的还原力送入线粒体*
	呼吸链和电子传递磷酸	Pi 和 ADP	借助各自的载体系统进入线粒体
线粒体	TCA 环	草酰乙酸（OAA）	柠檬酸合成酶催化合成柠檬酸（CTA） 借助二羧酸载体系统进入细胞质
	β-氧化	AcCoA	借助胞质中酶 CoA 重新裂解
		ATP	借助相应的载体系统送出线粒体

* 由于没有专一的载体，线粒体内外的辅酶“库”不相通。

在真核微生物细胞中，另一个重要的细胞器是被一层单位膜包围的液泡。其中储藏有大部分游离氨基酸以及大量的水解酶，包括蛋白酶、核糖核酸酶和酯酶等。

至于细胞核，虽然由双层核膜包裹，与细胞质的其他部分相隔离，但由于核膜上均匀分布的许多直径很大的膜孔，允许大分子甚至核糖体样的颗粒通过，因而认为核质间的物质交流是畅通的，核供应细胞质所需的全部 RNA，而细胞质则供应核所需的全部蛋白质和酶，以及合成 RNA、DNA 的各种核苷酸。

综上所述，在真核微生物细胞中，这种代谢途径的酶系区域化、酶与底物的分隔以及底物的跨膜，使酶反应的调节更加复杂化、多样化。

从上述代谢调节发生的部位及方式，可以看出酶是代谢调节的核心和关键。

微生物细胞内有关酶的调节有两种类型，一类是酶活性调节，调节细胞内已有酶分子的活性，是发生在酶化学（蛋白质）水平上的调节，是精细调节。另一类是酶合成量的调节，是发生在基因水平上的调节，是一种粗调。细胞通过这两者的协调配合，获得最有效的调节效果，以减少不必要的能耗，提高细胞自身的生存竞争力。

二、酶活性的调节

酶活性调节是以酶分子结构为基础的，它是指细胞通过调节胞内已有酶分子的构象或分子结构来改变酶活性，从而调节所催化的代谢反应的速率。这种调节方式使微生物细胞对环境的变化做出迅速反应，具有作用直接、响应快、可逆等特点。

（一）调节方式

酶活性调节的方式主要有激活和抑制两种。

激活是指在分解代谢途径中，催化后面反应的酶的活性可被前面反应的中间产物所促进。

抑制指某一代谢途径的末端终产物过量产生后，它会直接作用于该途径中第一个酶，使其活性受到抑制，从而促使整条途径的反应速度减慢或停止，避免末端产物的过多积累，属于反馈控制。反馈抑制具有作用直接、效果快速以及当末端产物浓度降低时又可重新解除等优点。

（二）调节机制

在酶的活性调节中往往由效应物介入而引起。效应物通常是低分子量的化合物，可以来自环境，也可以是细胞代谢产物。能提高酶的催化活力的效应物称为激活剂，而降低酶的催化活力的效应物称为抑制剂。

一般认为，细胞对酶活性的调节机制主要有两种，即变构调节和修饰调节。

1. 变构调节

在代谢途径的某些重要的生化反应中，特殊的效应物与酶结合后，使酶的构象发生变化，导致酶活性的改变，这类酶称为调节酶（变构酶），调节酶在代谢调节中起重要的作用。例如，处于分支途径中的第一个酶，代谢途径的终端产物往往作为该酶的效应物，对其有专一性的抑制作用。

调节酶往往由多亚基组成，其亚单位可以是相同或不同的多肽。调节酶中每个酶分子具有活性部位和调节部位（也称变构部位）两个独立的系统，在酶反应中，催化过程不限制调节过程，但调节系统却可以影响催化体系。底物与酶的活性部位相结合，而效应物则结合到酶的调节部位，从而引起活性部位构象的改变，增强或降低酶的催化活力。一般来说，效应物与酶的底物在结构上有差异，并且效应物与调节部位的非共价结合是可逆的。

由于调节酶的活性变化是发生在蛋白质水平，改变的仅仅是酶蛋白的三级或四级结构，因此这是一种非常灵活、迅速和可逆的调节。

2. 修饰调节

能被共价修饰的调节酶称为共价调节酶。在修饰酶的催化下，共价调节酶多肽链上的某些基团发生可逆共价修饰，使其处于有活性和无活性的互变状态，从而使酶发生激活或抑制的改变。共价调节酶可由非常小的触发信号启动或关闭，也就是说细胞内某效应物浓度的相对小的变化就能诱发它所控制的共价调节酶充分激活或者完全失活。

（三）调节类型

1. 激活

包括两个类型，前体激活和补偿性激活。前体激活是在分解代谢途径和合成体系中，处于途径前面的代谢产物促进催化后面反应的酶活性。而在存在关联的分支合成途径中，若从 H 到 I 的反应需要 E 的参与，则 H 可激活催化合成 E 的途径中的第一个酶活性，称为补偿性激活。

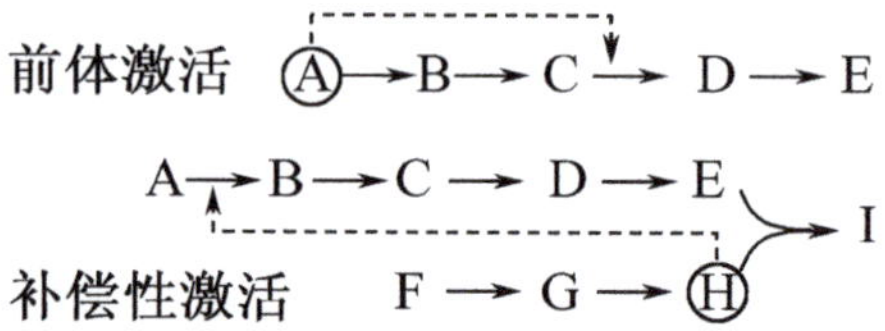

2. 抑制

对于只形成单一终端产物的无分支途径而言，作用于途径中对抑制敏感的第一个酶的活性，实现对整个途径的控制。而对于形成多终端产物的分支途径而言，有关酶活性调节的类型较多。需要注意的是，在这种体系中，即便采用同一条途径，不同的微生物菌株也会存在不同的调节方式。

表 4.13 列出了分支途径酶活反馈调节抑制的类型。

表 4.13　分支途径酶活性的调节类型

反馈抑制的类型	调节作用针对的酶	单一末端产物过量	多个末端产物过量
协同/多价	共同途径的第一个酶	不能引起抑制作用	同时过量，发生抑制
合作/增效	共同途径的第一个酶	轻微作用	同时过量，作用大于各种之和，不能 100%抑制
累积	共同途径的第一个酶	按一定百分率单独抑制，互不影响	共同过量时，抑制作用累积，可 100%抑制
顺序	共同途径的第一个酶	无直接作用	通过分支点上的中间代谢物作用，逐步有顺序调节
同工酶	催化形成对应产物的酶	只抑制相应酶的活力，互不影响	分别抑制相应的酶

注意：单一末端产物过量时，除上述表中所列对所针对的酶有各种调节作用外，在各种调节类型中，对其分支后的第一个酶都有反馈作用。

（四）酶活性的其他调节

发生在蛋白质水平上的酶活性的调节除了变构酶和共价调节酶的调节外，还有酶蛋白的降解及酶原的激活，通过辅酶水平的活性调节以及能荷调节。

1. 酶蛋白的降解

在对数生长期以后，尤其是某种限制性的营养物质被消耗尽时，微生物细胞中已经存在的酶在非选择性蛋白酶的作用下，自动降解失活。这种降解失活作用可以防止无效的代谢或使代谢转向。而在处于生长阶段的细胞中，这类蛋白酶被密封在液泡中或者活性受到胞内蛋白酶抑制物的限制。

2. 能荷调节

细胞能荷对酶活性的调节是一种全局调节。能荷是一个人为设定的参数，即 ATP、ADP、AMP 体系中高能键负荷的度量，用来表示细胞的能量状态，能荷数值在 0～1 之间。

$$\text{能荷}=\frac{[\text{ATP}]+1/2[\text{ADP}]}{[\text{ATP}]+[\text{ADP}]+[\text{AMP}]}$$

能荷对形成 ATP 的分解代谢途径以及利用 ATP 的合成途径中酶的活性都有调节作用。例如，异柠檬酸脱氢酶（ID）和磷酸果糖激酶（PFK）等分解代谢途径中的酶受高能荷抑制，而丙酮酸羧化酶（PC）、草酰乙酸（AcCoA）羧化酶和天门冬氨酸激酶（AK）在同样的高能荷下被激活。

微生物依赖能荷对生成和消耗 ATP 反应的调节，维持恒定的能量状态。生长中的大肠杆菌细胞能荷为 0.8 左右，当能荷值小于 0.5 时，细胞死亡。

巴斯德效应就是细胞通过能荷调节实现自身调控的典型例子。

三、酶合成的调节

酶合成的调节是通过调控酶的合成量来调节代谢速率的一种机制，从本质上看是发生在基因水平上的代谢调节。能否合成某种酶，取决于微生物有无合成该酶的基因以及环境条件。与酶活性的调节相比，这类调节是一类间接、缓慢的调节方法，但具有节约生物合成的原料和能量的优点。

（一）调节方式

酶合成调节的方式主要有诱导（induction）和阻遏（repression）两种。凡能促进酶生物合成的现象，称为诱导，而阻止酶生物合成的现象，则称为阻遏。

酶合成的调节也是由效应物介入而引起，能促使酶产生的效应物称为诱导物（inducer），它可以是该酶的底物，也可以是难以代谢的底物类似物或者底物的前体物质。例如，β-半乳糖苷酶的底物乳糖及不被利用的异丙基-β-D-硫代半乳糖苷都是该酶的良好诱导物；而阻止酶合成的效应物称为辅阻遏物，它可以是合成代谢途径的末端产物或分解代谢途径的中间产物。

1. 诱导

根据酶的合成对代谢环境所作出的反应，可以把微生物的酶划分成组成酶和诱导酶两类。

组成酶是细胞固有的酶类，其合成是在相应的基因控制下进行的。它对环境不敏感，不因效应物的存在与否而受影响。例如 EMP 途径的有关酶类。

诱导酶对环境敏感，受效应物（外来底物或其结构类似物）存在与否的影响而合成或中止，它是细胞为适应环境而临时合成的一类酶。

组成酶和诱导酶的遗传基因都存在于细胞染色体上，但两者在表达上不同，后者的表达依赖于环境中的诱导物的存在，而前者不需要。

2. 阻遏

在微生物的代谢过程中，细胞内有过量效应物（合成代谢的末端产物或分解代谢的产物）存在时，通过阻止代谢途径中所有酶的生物合成，彻底地关闭代谢途径，停止产物的继续合成。阻遏作用也是一种反馈调节，并且相比于酶活性调节中通过降低途径中关键酶活性的反馈抑制而言，阻遏作用有利于生物体节省有限的养料和能量。

（二）调节类型

1. 酶的诱导

酶的诱导合成可分为两种类型，即同时诱导和顺序诱导。

1）同时诱导指加入一种诱导物能同时（或几乎同时）诱导与其代谢有关的几种酶的合成，主要存在于短代谢途径中。例如，在 *E. coli* 培养基中加入乳糖，可同时诱导β-半乳糖苷透性酶、β-半乳糖苷酶和半乳糖苷转乙酰酶的合成。

2）顺序诱导是加入诱导物后，会产生一系列酶，先合成能分解底物的酶，再依次合成代谢途径中多个中间代谢物的酶。微生物通过顺序诱导来实现复杂代谢途径的分段调节。

2. 酶的阻遏

酶合成的阻遏调节主要有末端代谢产物阻遏和分解代谢产物阻遏两种类型。

1）末端产物阻遏（end-product repression）是指在生物合成途径中，由于效应物（代谢途径的末端产物）过量累积而阻遏该途径中所有酶的生物合成，属于反馈控制。

末端产物阻遏保证细胞内各种物质维持在适当的浓度，例如，与嘌呤、嘧啶和氨基酸生物合成有关的酶类就受到末端产物阻遏的调节。因而在正常的生理条件下，微生物不会过量合成细胞物质。

在合成途径中，末端产物往往不止一个，即存在直线式反应途径和分支代谢途径之分，其中分支代谢途径的情况较为复杂。

对单一产物的直线式反应途径，例如，甲硫氨酸的生物合成途径，末端产物阻遏比较简单，即过量的末端产物作用于途径中的各个酶，使其合成受阻遏。

对分支代谢途径而言，每种末端产物的单一过量仅专一性地阻遏合成它的那条分支途径的酶。只有当所有分支途径末端产物都过量时，途径分支点前的“公共酶”才被阻遏，这就是多价阻遏（multivalent repression）作用。芳香族氨基酸、天冬氨酸族和丙酮酸族氨基酸的生物合成中的反馈阻遏就是最典型例子。

末端产物的反馈阻遏之所以能同时作用与相关的几个酶，是由于一条合成途径中的几个酶的结构基因往往成串地分布在同一个操纵子上，或者是受同一个调节蛋白控制的不同的操纵子上，因而有协同作用，反馈阻遏可以节约细胞内的原料和能量。

2）分解代谢物阻遏（catabolite repression）指分解代谢反应中，某些代谢物（中间或末端代谢物）的过量积累而阻遏其他代谢途径中一些酶合成的现象。

当同时存在有两种可分解的底物（碳源或氮源）时，能被细胞快速利用的底物甲会阻遏与缓慢利用的底物乙分解有关的酶的合成。在这一阻遏作用中，效应物并非底物甲本身，而是其分解过程中所产生的中间代谢物。二次生长现象就是这种调节类型的典型例子。

（三）调 节 机 制

虽然酶合成的诱导和阻遏是两个截然相反的现象，但在调控机制上非常相似，主要是发生在基因水平的调节（转录起始和终止调节、核糖体 rRNA 水平）。

对酶合成的诱导和阻遏现象的解释普遍采用 Monod 和 Jacob（1961）提出的操纵子假说，这一假说很好地解释了对转录起始的调节。

1. 操纵子假说中涉及操纵子、调节蛋白和效应物一组名称

操纵子（operon）是一组功能相关的基因，由启动基因（promoter）、操纵基因（operator）和结构基因（structural gene）三部分组成，各部分的性质和功能见表 4.14。

表 4.14 操纵子的构成

名 称	性 质	功 能
启动基因	能被 RNA 聚合酶（依赖于 DNA）识别的碱基序列	RNA 聚合酶的结合部位 转录的起始点
操纵基因	能与调节蛋白相结合的碱基序列	决定结构基因的转录是否能进行
结构基因	编码一个或多个酶的基因	被转录成对应的 mRNA 翻译出相应的酶

调节蛋白（regulatory protein）是一类组成型的变构蛋白，由位于相应操纵子附近的调节基因编码。调节蛋白具有两个特殊的结合位点，既可与操纵基因结合，也可与效应物相结合。与效应物结合后，调节蛋白发生变构作用，提高或降低自身与操纵基因的结合能力。

在诱导现象中，调节基因编码的调节蛋白称为阻遏物，而在阻遏现象中，调节蛋白称为阻遏物蛋白或原阻遏物。

效应物（effector）作为一类胞内或外加的低分子质量的信号物质（如糖类

及其衍生物、氨基酸和核苷酸等)，能与调节蛋白结合，并由于这种结合而改变调节蛋白与操纵基因的结合能力，从而调控转录的起始。

2. 酶合成的诱导和阻遏

具体内容参见表 4.15。

表 4.15　酶合成现象的操纵子学说

酶合成的效应	调节蛋白的名称	无效应物		效应物名称	存在效应物	
诱导	阻遏物	调节蛋白与操纵基因结合	使结构基因不表达	诱导物	调节蛋白与操纵基因的结合能力降低	使结构基因表达
阻遏	阻遏物蛋白	调节蛋白不与操纵基因的结合	使结构基因表达	辅阻遏物	调节蛋白与操纵基因的结合能力提高	使结构基因不表达

3. 弱化 (attenuation) 或阻尼

微生物细胞生物合成的量必须与需求量相协调，有些单体还可以从环境中获得，因此，必须调节合成代谢的酶水平避免过量合成。细胞有多种调节机制来保证自身的经济性，除了上述反馈阻遏的开关式调节，在转录水平上还存在一种分级响应即弱化机制。

在研究大肠杆菌色氨酸操纵子的调节时发现，色氨酸生物合成途径的酶在转录水平上的调节包括反馈阻遏和弱化作用两个层次。合成途径中的酶受末端产物色氨酸本身的反馈阻遏，即色氨酸作为辅阻遏物干扰转录的发动；此外合成途径中的酶还受到色氨酰 tRNA 的调节。当存在过量的色氨酰 tRNA 时，已被引发的转录，在操纵子上第一个结构基因被转录之前终止，也就是说弱化作用是对已被引发的转录实现转录终止的控制。

到目前为止，已在大肠杆菌、鼠伤寒沙门氏菌中发现包括 Thr、Ile、Val、Trp、Leu、Phe、His 等 7 种氨基酸的合成过程中都存在这种控制机制，这类弱化机制可能存在于细菌的所有氨基酸操纵子中。

具有弱化控制机制的操纵子，在第一个结构基因与启动子 P、操纵基因 O 之间存在一段核苷酸序列，称为前导 DNA。操纵子的转录必须经这前导区才能进入结构基因区，由 RNA 聚合酶转录形成的前导 mRNA 分子，其二级结构的形成方式在弱化机制中起决定性的作用。当终产物氨基酸过量，即对应的氨基酰 tRNA过量时，一种类型的 mRNA 碱基配对发生，形成终止结构，转录在第一个结构基因前终止。相反终产物氨基酸不足时，另一种类型的 mRNA 碱基配对发生，形成非终止结构，使 RNA 聚合酶进入结构基因区，开始结构基因的转录。也就是说弱化作用是在转录水平上，对产物水平轻微改变的分级响应，调控的是转录的终止。

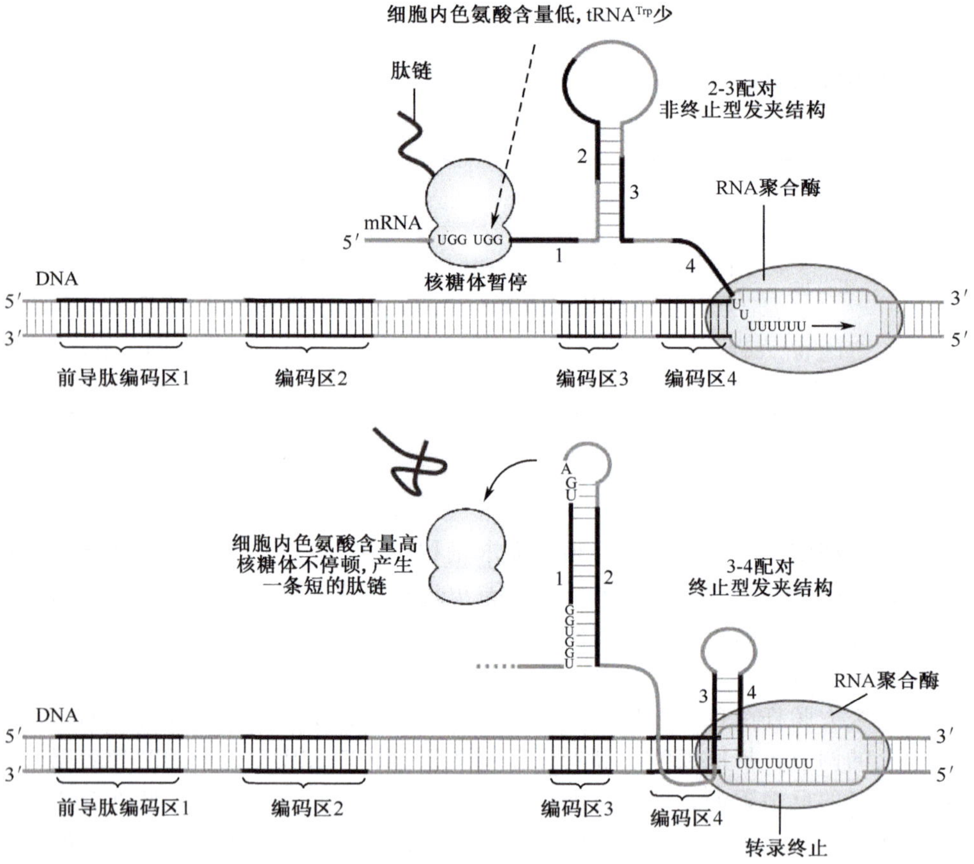

图 4.26　*trp* 操纵子的弱化机制

4. 基于核糖体 RNA 水平的调节

在迅速生长的细胞中，能量主要用于核糖体合成。当细胞在氨基酸和能量受限制时会采取某种响应措施提高自身的存活能力。因此，在氨基酸饥饿条件下，阻碍核糖体的合成是保存能量的主要方式。

当缺乏任一氨基酸时，对应的空载 tRNA 浓度上升，它与核糖体结合，会触发结合在核糖体上的焦磷酸转移酶催化 GTP 和 ATP 生成鸟核苷-5′-二磷酸-3′-二磷酸（ppGpp）。研究发现在离体条件下，这一罕见的核苷酸 ppGpp 会遏制蛋白质合成的起始阶段。胞内任何氨基酸的缺乏均可能导致 ppGpp 的产生，这一胞内效应物会对细胞活动重新定向，以补偿氨基酸的不足。

ppGpp 在转录水平上具有两方面的效应，一方面减小 RNA 聚合酶对 rRNA 启动基因的亲和力，使得合成核糖体的 RNA 总量降低，进而影响到核糖体蛋白的合成。另一方面，ppGpp 能促进氨基酸合成，抑制 tRNA、脂肪酸、脂肪、核苷酸、肽聚糖、碳水化合物和多胺等的合成，并且激活蛋白酶产生氨基酸。

也就是说，当胞内氨基酸浓度较高时，氨基酸合成受阻，rRNA 合成水平正常，翻译可以正常进行。而当氨基酸缺乏时，rRNA 合成受阻，核糖体水平降低，翻译受影响。这种自动调节是生物体节约能量的措施之一。

四、微生物代谢自动调节的典型效应

在微生物细胞正常的代谢调节中，通常是酶活性调节和酶合成调节两者同时存在，且密切配合、协调进行，满足细胞在生长繁殖的各个阶段和不同的环境变动中的需求，求得生存和发展。下面介绍两个典型的微生物代谢自动调节现象。

（一）二次生长现象（葡萄糖效应）

将 *E. coli* 培养在含乳糖和葡萄糖的培养基上，发现该菌优先利用葡萄糖，在葡萄糖耗尽后才开始利用乳糖。因而产生了在两个对数生长期之间隔着一个生长延滞期的“二次生长现象”。研究其原因发现葡萄糖的存在阻遏了分解乳糖酶系的合成，所以这一现象又称葡萄糖效应。

在葡萄糖效应中，阻遏分解乳糖酶系合成的效应物并不是葡萄糖本身，而是其分解代谢过程中的形成中间代谢物 3′,5′-单磷酸-腺苷酸（cAMP）。

因为在乳糖操纵子中，RNA 聚合酶不能自发地和启动子结合，只有在 cAMP 与它的受体蛋白 CRP 结合形成 cAMP-CRP 复合物去激活启动子时，RNA 聚合酶才能与启动子结合，操纵子才被转录，乳糖诱导酶被合成。

显而易见，细胞具有的这种分解代谢物阻遏调节机制，可使微生物利用胞内固有的酶系降解最易利用的生长底物，在必要时才去合成降解另一种生长底物的酶系，也是细胞经济的一个方面。

在二次生长现象中，用山梨醇或乙酸代替乳糖也有类似的结果。并且这类分解代谢物阻遏效应在其他代谢中也普遍存在，如铵离子的存在可阻遏微生物对精氨酸的利用。

（二）巴斯德效应

巴斯德在研究酵母的酒精发酵时发现，在通氧的情况下，由于进行呼吸作用，酒精产量大大下降，糖的消耗速度也减慢，这种有氧呼吸抑制发酵的作用被称为巴斯德效应。

巴斯德效应的本质是能荷调节。

EMP途径和TCA循环均为生成ATP的途径。通氧进行呼吸作用，使酵母细胞线粒体中ATP上升，线粒体中的异柠檬酸脱氢酶（ID）活性受ATP的抑制，导致柠檬酸（CTA）等中间产物在线粒体累积，线粒体中的ATP和CTA经载体进入细胞质，就会抑制磷酸果糖激酶（PFK）的活力，造成细胞质中6-磷酸葡萄糖（G-6-P）的浓度上升，由于G-6-P对己糖激酶（HK）有反馈抑制作用，从而间接地造成葡萄糖输入细胞的速率下降，葡萄糖消耗速度也就下降。

另一方面，ADP对PFK和HK有激活作用，当供氧充足时，细胞质中的ADP经载体进入线粒体用于合成ATP，因而降低了它对PFK和HK的激活作用。其后果同样是使葡萄糖的消耗速率下降（表4.16）。

表4.16　巴斯德效应中酶活性的能荷调节

通氧	调节机制		动态变化	
	酶	所受调节	酶活性变化	累积的中间产物
ATP上升	异柠檬酸脱氢酶（ID）	受ATP抑制	降低	柠檬酸（CTA）
	磷酸果糖激酶（PFK）	受CTA抑制 受ADP激活	降低	6-磷酸-葡萄糖（G-6-P）
ADP下降	己糖激酶（HK）	受G-6-P反馈抑制 受ADP激活	降低	葡萄糖输入速率下降

由于氧的存在，使PFK活性降低，PFK活性下降，又影响到细胞对糖的分解利用和发酵产物乙醇的生成，最终导致所谓有氧呼吸抑制发酵的结果。

第三节　微生物代谢的人工控制及其应用

本节将介绍如何控制微生物的正常代谢调节机制，引导微生物生产累积人们需要的有用代谢产物，即微生物代谢的人工控制，包括控制发酵和控制育种两个方面。

代谢控制发酵是指利用生物化学和遗传学的原理，控制培养条件使微生物的代谢朝向人们希望的方向进行。有很多的环境条件，如营养物类型和浓度、氧的供应、pH值的调节和表面活性剂的存在等，控制微生物细胞的生理和代谢。在本书的第三章中已经介绍了营养条件的影响，而有关环境条件的影响将在下一章中阐述。

代谢控制育种是通过遗传变异来改变微生物的正常代谢，使某种代谢产物形成和积累。在代谢调节控制育种中通过特定突变型的选育，人为地打破微生物细胞内代谢的自动调节，改变代谢流向，减少或切断支路代谢产物的形成以及提高细胞膜的通透性，使目的代谢产物大量累积。从细胞生理的角度上看选育获得的都是代谢异常的突变株。

随着人们对于微生物代谢途径以及代谢调控基本理论的深入研究和认识，对于那些代谢途径和调节机制已研究清楚的代谢产物而言，代谢控制育种减少了育种的盲目性，在初级代谢产物的生产育种中广泛应用并取得显著的成效。而对抗生素类的次级代谢产物，由于其代谢调控十分复杂而且还不十分清楚，因而在应用上相对落后。

微生物代谢控制育种的措施有很多，主要包括以下几种：营养缺陷型突变，营养缺陷回复突变，结构类似物抗性突变等的筛选（表 4.17）。

表 4.17　微生物代谢调控育种的措施及原理

人工育种控制措施	针对细胞正常代谢时的自动调节机制
营养缺陷型突变	控制培养条件解除反馈调节
	控制膜透性
渗漏营养缺陷突变	解除反馈调节
营养缺陷回复突变	从遗传上根本解除反馈调节
结构类似物抗性突变	从遗传上根本解除反馈调节

一、营养缺陷型突变株的应用

营养缺陷型突变属于遗传性代谢障碍，往往是由于结构基因的突变导致合成代谢途径中某一酶的缺失或失活，从而使代谢途径中断。表现为菌株丧失合成某种物质的能力，必须在培养基中补加该物质，否则菌株不生长的现象。

利用营养缺陷型突变株可以获得特定目标代谢产物的累积，根据营养缺陷发生的位置不同，突变株累积代谢产物的机制也完全不同。①营养缺陷发生在目标产物的合成途径或相关联的途径中，可以获得解除正常代谢的反馈调节的突变株；②营养缺陷发生在与细胞膜的组分合成有关的途径中，获得细胞膜透性改变的突变株。

（一）筛选营养缺陷型突变，解除正常代谢的反馈调节

在这类营养缺陷型突变株中，代谢改变的直接后果是途径中断前的代谢产物的积累。对于分支代谢途径，当营养缺陷发生在其中的一个分支上，则其他分支的代谢流量会增大；并且由于营养缺陷使支路上的末端产物不能合成，从而解除

微生物细胞内原有的反馈调节机制，使另一分支途径的终产物获得累积。

利用特定的营养缺陷型突变株的代谢控制育种应用在氨基酸和核苷酸等初级代谢产物以及抗生素次级代谢产物的生产中，并取得了显著成效。

微生物的次级代谢是在初级代谢的基础上进行的，初级代谢不仅提供次级代谢物合成的前体，而且对次级代谢有调节作用。虽然抗生素等次级代谢产物的代谢途径很复杂，并且受到初级代谢的调控，在生产中也可应用营养缺陷型突变的选育，获得使抗生素增产或产生新品的突变株。

例如，对有分支的代谢途径，筛选某初级代谢产物的营养缺陷型，获得初级代谢阻断突变株，有可能使抗生素的产量提高。如果选育获得的是次级代谢阻断突变株，有可能获得新的抗生素。

合成途径中的反馈调节作用是由于过量的终产物而引发的，如果能控制其浓度，毫无疑问可以使产物累积。选育渗漏性营养缺陷型突变是一种常用的有效措施。

渗漏性缺陷型为一种特殊的营养缺陷型，是由于造成缺陷的酶活性下降而非完全丧失，属于遗传性代谢障碍不完全突变。因而它能在基本培养基（MM）上少量生长，挑选在 MM 上生长特别缓慢且菌落小的营养缺陷型可获得这类缺陷型。

利用渗漏性缺陷型突变株既能少量合成细胞代谢产物，又不会造成反馈控制，且不需要像其他营养缺陷型菌株那样在培养物中限量添加营养因子，在生产中非常有利。

（二）筛选营养缺陷型，控制细胞膜的透性

细胞膜是细胞与环境进行物质交换的屏障，细胞借助于膜透性实现的代谢控制方式是整个代谢中重要的一环。当营养缺陷突变涉及微生物细胞膜的组成，可对突变株控制外在的培养条件，来改变细胞膜的透性，从而影响胞内外物质的运输和分泌，使胞内的代谢产物不会形成高浓度的累积，自然而然地解除了原有的反馈控制，从而提高发酵产物的形成量。

1. 通过细胞膜缺损突变控制透性

微生物的细胞膜由磷脂和蛋白质构成，其中磷脂双分子层的磷脂含量以及磷脂分子结构将直接影响膜的透性。

（1）直接影响磷脂的生物合成

甘油和脂肪酸（包括饱和和不饱和脂肪酸）是磷脂的两个主要成分，微生物中甘油或脂肪酸含量（特别是不饱和脂肪酸的含量）直接影响磷脂的合成。

研究表明，甘油和不饱和脂肪酸油酸是合成细胞膜磷脂的限制性成分。因而选育甘油或油酸营养缺陷型菌株，获得细胞膜缺损突变株，可在限量添加甘油或油酸的培养条件下控制膜的透性，促使代谢产物外泌。

(2) 间接影响磷脂的生物合成

作为磷脂组成的脂肪酸，在合成途径中存在一个限速步骤，即从乙酰辅酶A羧化成丙二酸单酰辅酶A。这个反应由乙酰辅酶A羧化酶系催化，包括生物素羧化酶，羧基转移酶和生物素羧基载体蛋白CCP，并且需要生物素作辅酶。

选育生物素营养缺陷型菌株，使细胞中的饱和脂肪酸和不饱和脂肪酸的合成受阻，从而影响到磷脂的合成。在培养时限量添加生物素或含生物素的原料，可以控制膜的厚度来调节透性。

2. 通过细胞壁缺损突变控制透性

位于细胞膜外的胞壁结构，特别是骨架结构如果出现部分破坏或变形，会间接影响到膜的通透性。

谷氨酸生产中，当培养液中生物素含量很高时，在对数生长期添加适量青霉素，能触发随后的谷氨酸分泌，镜检发现，经此处理后许多细胞膨胀伸长。

研究发现，青霉素分子中的β-内酰胺环的C-N键容易开裂，产生一个与胞壁肽聚糖结构单元的D-Ala-D-Ala末端类似的结构，可竞争性抑制细菌胞壁肽聚糖合成中转肽酶的活性，引起肽聚糖结构中肽桥间无法交联，造成细胞壁的缺损。这种胞壁缺损的细胞，其细胞膜在细胞膨胀压的作用下，容易造成代谢产物的外渗，并因此降低了谷氨酸的反馈抑制，提高了产量。

二、从遗传上根本解除反馈调节的育种措施

在微生物细胞中，反馈调节包括反馈抑制作用和反馈阻遏作用。反馈抑制作用是调节酶（变构酶）和合成代谢终产物结合的结果，阻遏作用是阻遏蛋白和代谢终产物结合形成的复合物能与操纵基因结合而导致的结果，也就是说，反馈控制中效应物必须与调节酶或调节蛋白结合才能发挥作用。而下面介绍的两种育种措施虽然在获得的突变株的表现形式上不相同，但它们对细胞正常代谢的调节机制是相同的，都是改变这种结合能力，从而解除反馈调节来获得代谢终产物的累积。

通过遗传学手段使调节酶或调节蛋白发生基因突变，丧失与效应物结合的能力，细胞也就解除了所受的反馈调节作用，这类突变株称为抗反馈调节突变株。其中通过基因突变使变构酶成为不能和代谢终产物结合的突变型，称为抗反馈（抑制）突变型。而另一类抗阻遏突变型则是由于基因突变使阻遏蛋白成为不能

和代谢终产物结合的突变型，或者是操纵基因的突变，丧失了与阻遏蛋白结合的能力在这类突变菌株中该酶的合成突变为组成型。

这类对反馈抑制不敏感或对阻遏有抗性的组成型菌株，由于反馈引起的自动调节作用已被削弱或解除，因而能合成大量的末端代谢产物。抗反馈调节菌株的选育方法有两种：营养缺陷型回复突变和结构类似物抗性突变。

（一）营养缺陷型回复突变

营养缺陷型的获得是将微生物细胞从野生型基因经过诱发突变成为突变型基因，而回复突变是指具有突变型基因的个体通过再突变又成为野生型表型的过程，回复突变是一种可逆性突变。野生型菌株和回复突变型菌株在表型上都是原养型的。应用营养缺陷型回复突变株，可以获得从遗传上根本解除了途径中调节酶所受反馈抑制的突变株。

调节酶具有的变构特性是由结构基因决定的。如前一节所述，调节酶具有两个独立的亚基结构，与底物结合的催化亚基以及能与效应物结合的调节亚基（表4.18）。

表 4.18　调节酶的结构与活性

调节酶的结构		调节酶的活性	微生物表型
催化亚基/位点	调节亚基/位点		
正常	正常	有活性，受效应物调节	原养型
异常	异常	无活性	营养缺陷型
异常	正常	无活性	营养缺陷型
正常	异常	有活性，不受效应物调节	原养型

（二）结构类似物抗性突变

代谢终产物的结构类似物（以下简称结构类似物）是一类与终产物在结构相似可起到终产物所具有的调节作用，但缺乏生理功能的化合物。

在代谢正常的细胞中，代谢终产物能和变构酶或阻遏蛋白可逆结合，起反馈调节作用，并且这种调节作用会由于代谢终产物的消耗而解除；而结构类似物一方面也能和变构酶或阻遏蛋白相结合，起反馈调节作用，另一方面由于其缺乏生理功能而不被利用，反馈调节被锁定，无法解除从而造成生物合成缺陷，细胞不能生长，表现为结构类似物对生长有抑制或毒害作用（表4.19）。

表 4.19　正常生理代谢的细胞中代谢终产物的结构类似物效应

细胞		正常生理代谢		总体表观效应
变构酶或阻遏蛋白（R）		有结合能力，能与 E 或 A 结合		
代谢终产物（E）	引起的效应	过量，可逆结合	量少，结合解除	细胞物质合成受调控，不过量，正常生长
	终产物（E）的合成状况	不再合成	合成	
代谢终产物的结构类似物（A）	引起的效应	存在，结合	不被消耗，结合	细胞物质不能合成，细胞死亡
	终产物（E）的合成状况	不合成	不合成	

而在抗性（resistance）突变株中，变构酶的结构基因或者编码阻遏蛋白的调节基因发生突变，使变构酶或者阻遏蛋白不能与结构类似物结合。此时，无论是代谢终产物还是结构类似物对变构酶或阻遏蛋白都丧失了反馈调节作用，其结果是具有生理功能的代谢终产物被大量合成，细胞能够生长，表现为结构类似物对于这类突变型无抑菌作用，或者说突变株对结构类似物具有抗性（表 4.20）。操纵基因的突变也可以造成过量的辅阻遏物（代谢终产物或结构类似物）不能关闭相关基因的转录和酶合成，细胞能够生长，具有抗性。

表 4.20　生理代谢异常的突变细胞中代谢终产物的结构类似物效应

细胞		代谢异常的突变细胞		总体表观效应
变构酶或阻遏蛋白（R）		无结合能力，不能与 E 或 A 结合		
代谢终产物（E）	引起的效应	过量，不结合	量少，不结合	细胞物质合成失控，过量，正常生长
	终产物（E）的合成状况	合成	合成	
代谢终产物的结构类似物（A）	引起的效应	不结合	不结合	细胞物质合成失控，过量，正常生长
	终产物（E）的合成状况	合成	合成	

根据这一原理，利用结构类似物抗性突变可以筛选获得从遗传上根本解除反馈调节的抗反馈调节的突变株。在抗反馈抑制突变型的菌株中，调节酶的活性不受抑制，产物能继续被合成；在抗阻遏突变型菌株中能组成型地合成与产物合成有关的一系列酶，从而使产量大幅度地提高。

需要注意的是选育获得的结构类似物抗性突变株并不一定都是解除反馈调节的突变株，其中有些是结构类似物能被代谢解毒或者细胞膜对结构类似物透性异常的突变株。

代谢结构类似物抗性育种是最早采用并取得显著成效的代谢育种方法。从20世纪50年代以来在提高氨基酸、核苷酸、维生素等多种代谢产物的产量上已经取得相当成效。

三、综合育种措施

通过营养缺陷型的遗传性代谢障碍可以导致中间产物的积累，选育抗反馈调节突变也能导致产物的积累，两种措施的同时应用可以导致更多的产物积累。

总的来说，结构类似物抗性育种和营养缺陷型育种是在氨基酸等初级代谢产物生产中应用最为普遍的两种育种措施，并且相比于营养缺陷型育种法，结构类似物抗性育种还具有以下优点：

1）结构类似物选用适当的话，选育简单易行且效果显著。

2）是从遗传上根本解除代谢调节，生产操作方便，产量稳定。而营养缺陷型菌株必须通过控制所需营养物的浓度来实现代谢调节的解除，不易控制，代谢产物不太稳定。

3）在保存培养基中加入适量的结构类似物，可防止回复突变，易于保存。

本章小结

微生物通过机体内完整统一的体系进行新陈代谢，获得能量、还原力和简单小分子用于合成细胞物质，实现自身的生长和繁殖。

微生物的代谢具有极其丰富的多样性，集中体现在能量代谢中。微生物利用化合物的生物氧化或者光能转化获得生命活动所需的生物能 ATP。

化合物的生物氧化可划分为脱氢、递氢、受氢三个阶段。在不同的微生物中，有机物经过各种脱氢途径并根据环境条件，将脱下的氢或电子直接交给内源性电子受体或经过电子传递链交给环境中的氧气或者化合物受体，即通过发酵、有氧呼吸、无氧呼吸三种产能方式形成 ATP。化能营养型微生物在有机物的降解过程中，由 HMP、TCA 产生细胞合成时所需的 NADPH，以及在转氢酶作用下，将 NADH 转化为 NADPH。

无机物的生物氧化在本质上与有机物的氧化一致，但没有复杂的脱氢途径，在酶的催化下完成脱氢，氢或电子直接进入电子传递链，进行有氧或无氧呼吸获取能量。无机物为供氢体时，可直接或逆电子传递链消耗 ATP 形成 NADPH。

光能营养型微生物从光合作用的光反应中产生能量。大多数光合微生物进行产氧光合作用，在光反应中以 H_2O 为供氢体，经过非循环光合磷酸化产生

ATP 和 NADPH。

细胞在代谢过程中获取一些关键性中间代谢物，通过一系列合成代谢途径来构建细胞大分子物质的单体小分子。异养微生物在有机物的分解代谢中形成，并且由乙醛酸、甘油酸等重要回补途径补充，使产能和合成代谢正常运转。自养微生物的关键中间代谢物来源则不同。在单糖、氨基酸、核苷酸、脂肪酸等小分子的生物合成中，不同属的微生物之间倾向于一致。

微生物能够适应内外复杂变化的环境，调节自身的代谢。胞内复杂的代谢途径能有序进行和配合，关键在于存在严密地调控体系和不同层次的调节机制。微生物中的调控主要是针对催化各种反应的酶，此外，膜屏障、空间效应也是细胞的调节部位。

对酶的调节是最基本的代谢调节，包括酶活性的调节以及酶的数量调节等。对已合成的酶活性调节是在蛋白质水平上的精细调节，有激活和抑制两种。活性的调节机制中，比较普遍的调节机制是可逆的变构调节和共价修饰两种形式。酶的数量不只受到合成速率地调节，也受到降解速率的调节。

对酶合成的调节发生在基因水平上，最主要的是转录水平的诱导和阻遏，以及阻尼、核糖体 rRNA 水平的调节，并简要介绍了酶合成的调节机制操纵子学说。

采用人工方法打破细胞内固有的自身调控机制，获得的代谢异常微生物可积累某一特定的代谢产物，即代谢的人工控制。其中往往涉及非单一的代谢调控机制，因而从方法学的角度分析代谢异常的微生物“失控”原理。

营养缺陷型突变株通过控制培养条件解除细胞内固有的反馈调节，以及控制膜透性来积累代谢产物。另外一类方法是从遗传上根本解除反馈调节，包括营养缺陷的回复突变株和结构类似物抗性突变株。这些方法在获取高产的发酵生产菌株的选育中发挥重要作用。

复习思考题

1. 微生物代谢的多样性表现在哪些方面?
2. 什么是生物氧化? 比较与非生物氧化之间的异同。
3. 比较产生 ATP 的三种机制。
4. 比较呼吸和发酵、有氧呼吸和无氧呼吸的异同。
5. 发酵的狭义和广义概念。
6. 比较化能异养微生物的生物氧化中主要的脱氢和产能途径。
7. 在有氧条件下葡萄糖经酵解和氧化磷酸作用形成的 ATP 分子总数。

8. 请写出在厌氧条件下微生物发酵经 EMP 途径的 6 种丙酮酸代谢产物。
9. 试比较同型乳酸发酵和异型乳酸发酵、细菌的酒精发酵与酵母菌的酒精发酵有何不同？
10. 比较化能营养型微生物在不同条件下产生 ATP 和还原力的方式与特点。
11. 请找出分解代谢途径与合成代谢途径汇合的四个地方。
12. 简述磷酸烯醇丙酮酸与草酰乙酸这两种关键中间代谢物的回补途径。
13. 微生物进行酶的调节的方式有哪些？试述细胞中酶活性调节以及酶合成调节的机制。
14. 举例分析用营养缺陷型突变株及抗结构类似物突变株积累中间代谢产物的机制？

第五章　环境因子对微生物生长和代谢的影响

环境因子对微生物的影响大致可分为三类：在适宜环境中，微生物正常地进行生命活动；在不适宜环境中，微生物正常的生命活动受到抑制或暂时改变原有的一些特性；在恶劣环境中，微生物死亡或发生遗传变异。

第一节　环境因子对微生物生长和生存的影响

一、理化因素对生长的影响

（一）温　　度

温度是影响微生物生长和生存的最重要的环境因素之一。温度通过影响微生物细胞膜的液晶结构、酶和蛋白质的合成和活性、RNA 结构及转录等影响微生物的生命活动。具体表现在，一方面随着微生物所处的环境温度的上升，细胞中生物化学反应速率加快，生长速率逐渐增加直到达最大生长速率为止；另一方面，随着温度继续上升，细胞中对温度较敏感的组分物质会受到不可逆转的破坏，生长速率迅速下降。

微生物总体上生长温度范围较广，但对每一种微生物来讲只能在一定的温度范围内生长。在这个范围中包含了最低生长温度、最适生长温度和最高生长温度三个重要指标。当温度低于最低生长温度，微生物生长完全停止；当温度高于最高生长温度，微生物不但生长停止，而且会死亡。图 5.1 显示了温度对生长和细胞组分的影响。

各类微生物的适宜温度范围随其原来寄居的环境不同而异。根据微生物的最适生长温度不同，可将微生物分为四类：嗜冷微生物、嗜温微生物、嗜热微生物和极端嗜热微生物四类。图 5.2 列出了几种典型的不同温度类型微生物，其生长速率和温度之间的关系。同一种微生物在不同生理过程中有不同的最适温度。枯草芽孢杆菌最适生长温度为 37℃，α-淀粉酶发酵最适温度为 34℃；乳酸链球菌最适生长温度为 34℃，乳酸发酵的最适温度为 42℃。

1. 嗜冷微生物（psychrophile）

嗜冷微生物主要存在于在长期寒冷的环境中（如极地）。它们的最适生长温

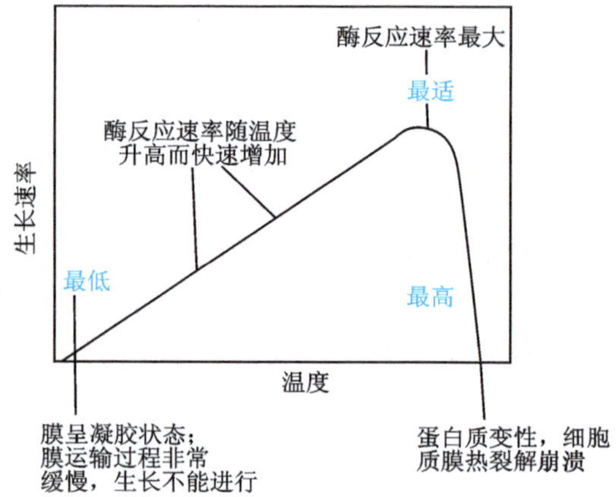

图 5.1　温度对生长速率及细胞内大分子的影响

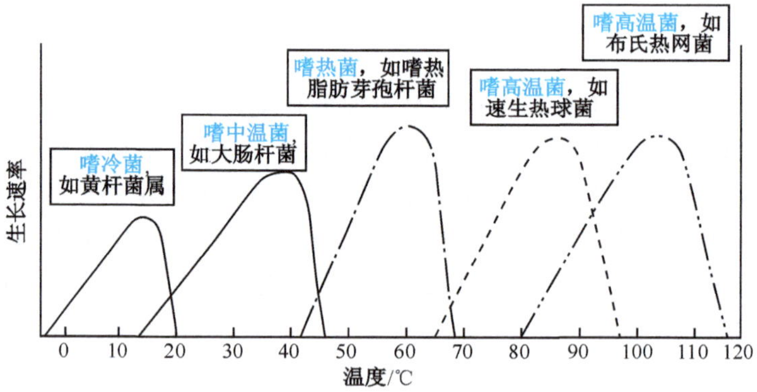

图 5.2　温度与不同类型微生物生长速率的关系

度为 15℃或更低，最高生长温度低于 20℃。短时间处于室温下，它们很快就会被杀死。因此，研究这类微生物必须非常小心，以确保在取样、运输和实验室操作过程中防止升温。

我们把能在 0℃下缓慢生长，最适生长温度为 20～40℃的微生物称为耐冷微生物（psychrotolerant）。耐冷微生物的分布范广泛，可以从温带环境的土壤、水中、肉、奶制品以及冰箱储存的果蔬中分离到它们。

为什么嗜冷微生物能在低温下生长良好呢？第一：嗜冷微生物产生的酶在低温下功能佳，而在非常温和的温度下很快变性失活。尽管机理还不完全清楚，但研究发现低温活性酶分子中，极性氨基酸含量高疏水性氨基酸含量低，α-螺旋结构多 β-折叠结构少。第二：嗜冷微生物细胞膜组分中不饱和脂肪酸含量高，使膜在低温下也能保持半流动状态进行主动运输。

2. 嗜温微生物（mesophile）

最适生长温度在 20～40℃微生物叫嗜温微生物。自然界中绝大多数微生物均属于这一类。这类微生物的最低生长温度在 10℃左右，低于 10℃便不能生长；最高生长温度在 45℃左右。嗜温微生物分为寄生型和腐生型两类，最适生长温度相对较高（37℃左右）的为寄生型，如大肠杆菌。最适生长温度相对较低（25℃左右）的为腐生型，如黑曲霉、酿酒酵母、枯草芽孢杆菌等。

3. 嗜热微生物（thermophile）

最适生长温度一般在 50～60℃的微生物叫嗜热微生物。它们主要分布在草堆、厩肥、温泉和地热区土壤。

同嗜温微生物相比，嗜热微生物中的酶和其他蛋白质中的更具有耐热性；核酸中含有较多的 G≡C 对，对热更加稳定；细胞膜中饱和脂肪酸含量高，使膜具有热稳定性；此外嗜热微生物生长速率快，能迅速合成生物大分子，以弥补由于高温造成的破坏。

4. 极端嗜热（hyperthermophile）

最适生长温度在 80℃以上的叫极端嗜热。它们主要分布热喷泉及海底火山口附近。到目前为止，已发现的极端嗜热绝大多数是古生菌。它们所处的环境与普通细菌有很大区别。对于它们在高温下生长的原因到目前为止还没有彻底搞清楚。一般认为它们蛋白质热稳定性与蛋白质上存在的盐桥数目增加（氨基酸带上 Na^{+} 或其他阳离子生成电荷桥）及蛋白质高度密集的疏水内部区域有关。它们细胞膜中根本不含脂肪酸，而是由植烷（不同长度碳氢组成的五碳重复单位化合物）以醚键连接到磷酸甘油上。从而增加了膜的热稳定性。

由于嗜热微生物具有生长快速、代谢活力强和在培养时不怕杂菌污染等优点，所以嗜热微生物在生产实践和科学研究中有着广泛的应用前景，对耐高温菌种的寻求是发酵微生物研究的一项重要内容。特别是由嗜热和极端嗜热微生物产生的酶因作用温度高和热稳定性好等突出优点，已在科研和应用领域中发挥着越来越重要的作用。

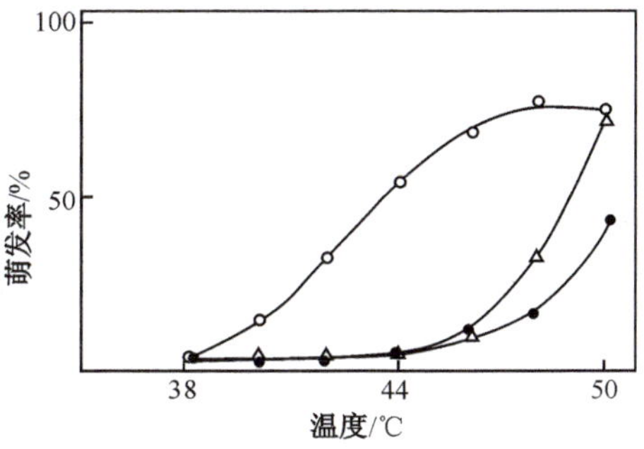

图 5.3　热激活的不同处理对须霉孢子萌发比率的影响

○ 激活后立刻放入培养基中；△ 1h 之后放入；● 24h 后放入

极端温度是指低于微生物的最低生长温度和高于最高生长温度的温度。低温下代谢减缓，生长停止，故低温可用来保藏菌种、保藏物品；高温下蛋白质受热变性，故高温可用来灭菌。

在微生物培养，特别是固态发酵时热对孢子有热激活作用。高温短时间的堆积或液体培养往往会加快孢子的萌发。图 5.3 为热激活不同处理条件对孢子萌发的影响。

（二）水　活　度

微生物的生命活动离不开水，这不仅因为水是细胞的重要组成成分，还因为它是一种起着溶剂和运输介质作用的物质，参与细胞内水解、缩合、氧化和还原等反应。因此，水对微生物生长影响深远。

在有些情况下，由于水与溶质或其他分子结合而不能被微生物所利用，这种状态的水称为“结合水”；而可以被微生物所利用的水称为“游离水”。

游离水的多少可用水活度（water activity）a_w 来表示。水活度是指在相同的温度和压力下，体系中溶液的水的蒸汽压与纯水的蒸汽压之比，即

$$a_w = p/p_0$$

式中，p——溶液中水的蒸汽压；

p_0——纯水的蒸汽压。

纯水的活度为 1.00，当有溶质溶于水时，a_w 值下降。

不同微生物对水的需要是有差别的，主要表现为对环境或培养基的水活度要求不同。微生物能在 a_w 值为 0.63～0.99 之间的培养基中生长。对任何一种微生物来说，这个数值是一定的，并且不决定于溶质的性质。当培养基的 a_w 值降到该微生物的最适值以下时，会影响微生物的生长和最终的菌体收获量。表 5.1 是一些溶质不同浓度的水活度。

表 5.1　一些溶质不同浓度的水活度

a_w	NaCl/(g/100ml 水)	蔗糖/(g/100ml 水)	甘油/(g/100ml 水)
1.000	0	0	0
0.995	0.87	0.92	0.28
0.980	3.5（海水）	3.42	1.1
0.960	7	6.5	2.1
0.900	16.5	14	5.1
0.850	23（大盐湖）	20.5（饱和）	7.8
0.800	30（饱和）	—	10.5
0.650	—	—	20

微生物在生长过程中，对培养基的 a_w 有一定的要求。微生物对水活度的敏感程度因种而异，表 5.2 则是不同微生物生长的最低水活度。通常人们把溶质浓度对生长的影响看作的渗透压（osmotic pressure）的影响。渗透压的大小与溶液浓度即水活度相关。溶液中溶质含量越高，溶液水活度值越低，即溶液的渗透压越高。

表 5.2　不同微生物生长的最低水活度

微生物类群	最低 a_w	微生物类群	最低 a_w
细菌		霉菌	
大肠杆菌	0.935～0.960	黄曲霉	0.90
沙门氏菌	0.945	黑曲霉	0.88
枯草杆菌	0.950	耐旱真菌	0.60
八叠球菌	0.915～0.930	酵母	
金黄色葡萄球菌	0.900	酿酒酵母	0.94
嗜盐杆菌	0.750	产朊假丝酵母	0.94
		鲁氏酵母	0.65

按照微生物对水活度的要求，可以将其分成正常、耐渗透压和嗜渗透压三类（图 5.4）。微生物生长对环境的渗透压有一定的要求，当微生物接种在渗透压低的培养基中时，细胞吸水肿胀，细胞质膜受到一种向外的压力。在正常条件下，由于有细胞壁的保护作用，这种压力不会影响微生物细胞的正常生理活动。当接种在渗透压高的培养基中时，细胞质失水，发生质壁分离，导致生长停止。耐渗透压和嗜渗透压微生物能够通过胞内积累某些相容溶质（compatible solute），升高细胞质渗透压来适应环境渗透压的变化。相容溶质（如甘油、甘露糖和甘氨酸三甲内盐等）是由细胞合成或积累的，能调节细胞质水活度的物质。而且高浓度时也不会抑制细胞的新陈代谢和生长。

微生物在正常水活度环境中，生长良好；当水活度降低时，生长明显受到抑制；在极低的水活度环境中，细胞便会脱水，引起质壁分离或死亡。因此可以用盐（含 5%～30%食盐）或蜜饯（含 30%～80%糖）的方式来保藏食品。

微生物在固体物质上生长，通常受基质水活度控制。在 a_w 低于 0.60～0.70 的干燥条件下，多数微生物都不能生长。干燥会使代谢活动停止，使微生物处于休眠状态。严重时会引起细胞脱水，进而导致死亡。因此可以用干燥的方法来保存物品和保藏部分菌种。

有些微生物能在低水活度的环境中生长良好，是因为它们可以通过增加细胞内相溶性溶质的浓度而从环境中获取水。在细胞内，调节细胞质水活度所使用的

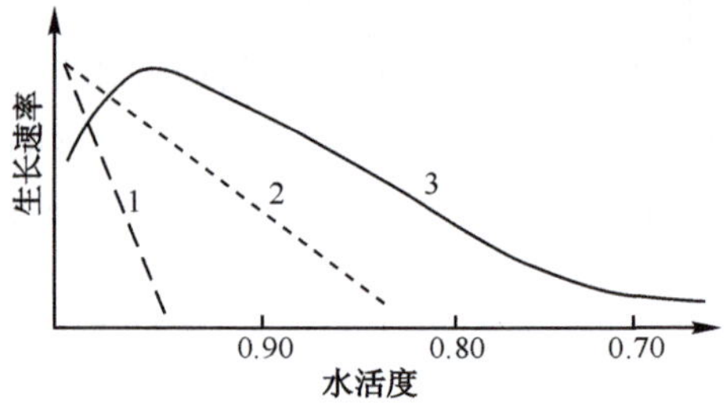

图 5.4　渗透压对微生物的影响

1. 正常微生物，水活度高，生长良好。降低水活度，生长显著受到抑制；
2. 耐渗透压微生物，水活度高，生长良好。但稍降低水的活度，微生物仍可适当生长；
3. 嗜渗透压的微生物，在一定范围内水活度降低有利于生长，但继续降低生长也会受抑制

溶质必须是对细胞内生物化学过程没有抑制作用的，这些溶质叫相溶性溶质（如甘油、甘露糖和甘氨酸三甲内盐等）。

（三）氧气与氧化还原电位（Eh）

氧对微生物的生命活动有着极其重要的影响。根据微生物对氧的要求，可将微生物粗分为好氧微生物和厌氧微生物两大类。其中好氧微生物又可分为专性好氧菌、兼性好氧菌和微好氧菌三种；厌氧微生物可分为耐氧菌和专性厌氧菌两种。表 5.3 列出了这五种类型微生物与氧的关系。如果将它们分别培养在含 0.7％琼脂的试管中，就会出现像图 5.5 的生长情况。

表 5.3　微生物与氧的关系

	类型	最适生长的 O_2 体积分数	代谢类型
好	专性好氧	等于或大于 20％	有氧呼吸
	兼性好氧	有氧或无氧	有氧呼吸；无氧呼吸、发酵
氧	微好氧	2％～10％	有氧呼吸
厌	耐氧厌氧	不需要氧，但有氧存在无害	发酵
氧	专性厌氧	不需要氧，有氧时死亡	发酵、无氧呼吸

对于专性好氧微生物，分子氧的作用：一是作为最终电子受体，二是参与体内甾醇和不饱和脂肪酸的生物合成。兼性好氧菌在有氧和无氧条件下都能生长，但有氧时生长更好。它们在有氧时靠有氧呼吸产能，无氧时则通过发酵或无氧呼吸产能，而且不需要分子氧参与进行生物合成。微好氧微生物是需要氧的，也是

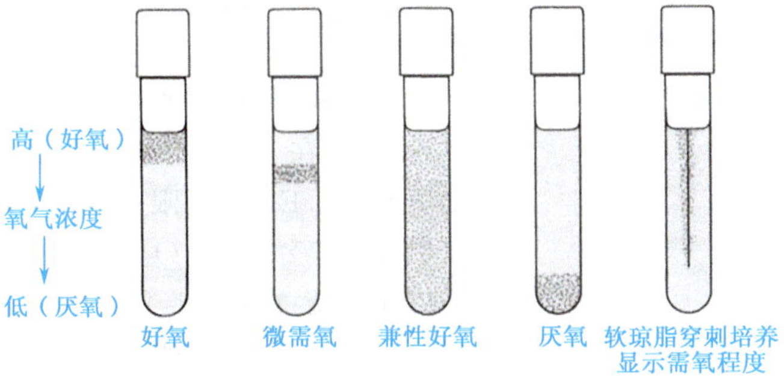

图 5.5 微生物生长对氧的要求

以氧作为最终电子受体，但只能在较低的氧分压（$1\times10^3\sim3\times10^3$ Pa）下才能正常生长。耐氧厌氧微生物是一类可在分子氧存在下进行发酵产能的微生物，它们的生长不需要氧，但分子氧对它们无害。专性厌氧微生物的生长不仅不需要氧，而且分子氧的存在对它们有毒害作用（图 5.5）。

分子氧是微生物进行有氧呼吸中的最终电子受体，但另一方面，氧对一切生物都会使其产生有毒害作用的代谢产物，如超氧基化合物与 H_2O_2，这两种代谢产物互相作用还会产生毒性很强的自由基 $OH^{\bar{\cdot}}$。

自由基是一种强氧化剂，它与生物大分子相互作用，从而对机体产生损伤或突变作用，直至死亡。为什么氧只对专性厌氧微生物有致死作用呢？这是因为专性厌氧微生物不能合成超氧化物歧化酶（SOD 酶），无法去除在有氧存在时细胞内形成的超氧负离子。而在好氧和耐氧厌氧微生物中，具有去除有害活性氧分子的能力（图 5.6）。它们细胞内具有 SOD 酶和过氧化氢酶（或过氧化物酶），可把 O_2^- 先分解成 H_2O_2，再分解成 H_2O。

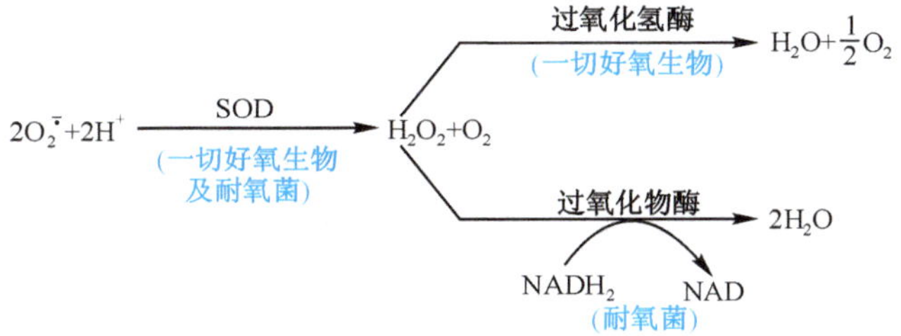

图 5.6 微生物去除有害活性氧分子机制

值得注意，有些微生物在有氧存在时不能生长，但若在培养基中加入一些还原剂如抗坏血酸、H_2S 或含巯基（—SH）的有机化合物（如半胱氨酸、二硫乙醇钠、二硫戊糖醇和谷胱苷肽等）来降低 Eh，这些微生物就可以生长。所以微生物有需氧和厌氧之分，不仅仅是分子氧存在与否，还要强调培养液中 Eh 影响微生物代谢途径。

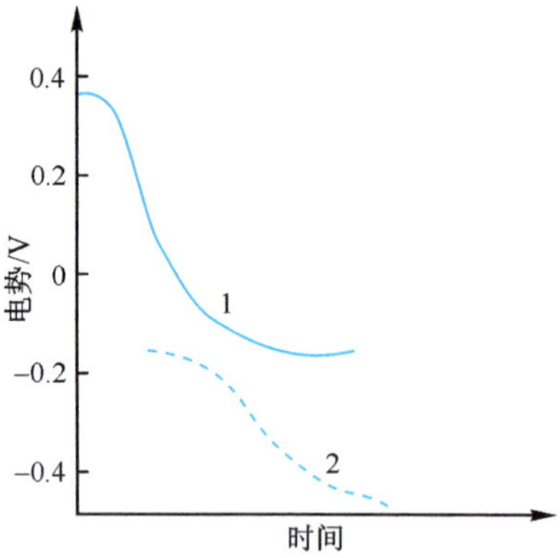

图 5.7　微生物生长过程中培养基氧化还原电位的变化

1. 好氧微生物；

2. 兼性厌氧微生物

氧化还原电位通常以中性时的值表示，Eh 就是指在 pH7.0 时的氧化还原电位。在自然环境中，Eh 的上限是 Eh＝＋0.82V，是环境中存在高浓度的 O_2，却没有利用 O_2 的电子传递系统（呼吸链）时的情况。下限是 Eh＝－0.42V，这是环境中富含氢气的情况。

在微生物生长过程中，培养基中 Eh 会发生变化（图 5.7）。一般来说，在 pH7.0 时，专性厌氧菌开始生长的电位约－0.3V，需氧菌开始良好生长的电位为＋0.3V。一些厌氧性芽孢发芽的培养基电位不能高于－0.06V，否则就不能发芽。而微生物通过其代谢过程常使环境的 Eh 降低，其主要原因是由于氧的消耗，其次是一些代谢产物的产生、pH 值的变化等；改变多少，因菌种不同、菌龄不同、培养基成分不同及培养方法不同而异。固定某些因素可根据 Eh 观察到菌龄的大小、代谢的强弱。在代谢过程中，Eh（mV）变化明显，例如，丙酮丁醇梭状芽孢杆菌培养液的变化是 20→0，根霉乳酸发酵是 28→5，酵母的乙醇发酵是 25→10 等。若发酵培养基中加入一种类似调节 pH 值的缓冲剂，使发酵液的 Eh 固定，则原代谢情况会改变。例如，丙酮丁醇发酵液中加入多量的中性红，使发酵液 Eh 稳定在 3，则发酵产物中丁醇量增加，其他产物减少。

（四）辐　　射

辐射是能量通过空间传播或传递的一种物理现象。与微生物有关的电磁辐射主要有紫外线、X 射线和 γ 射线等，其中后两种属于电离辐射。

1. 紫外线

紫外线（UV）是波长在 150～390nm 的电磁辐射波，其中 260nm 处的紫外线对微生物的作用最强，因为核酸中的嘧啶和嘌呤碱基对 UV 的吸收高峰在 260nm。紫外线的作用一般认为是使 DNA 分子形成嘧啶二聚体。相邻嘧啶形成二聚体后，复制时造成局部 DNA 分子无法配对，从而引起微生物的死亡或变异。此外，紫外线还可以使空气中的分子氧变成臭氧（O_3），臭氧不稳定，分解时放出原子氧［O］有杀菌作用。

对紫外线的抵抗能力因种而异，而且同种微生物处于不同生长阶段对 UV 的抵抗能力是不同的。一般而言，二倍体比单倍体细胞对 UV 抗性强；芽孢比营养细胞抗性强。

2. 电离辐射

电离辐射是一种较强的辐射形式，包括短波射线如 X 射线、宇宙射线以及 γ 射线。这些射线间接地通过引起水及其他物质的电离，形成游离基团（自由基）。再通过这些自由基与生物大分子物质反应并使之失活。电离辐射产生的自由基没有作用的特异性，它们能作用于一切细胞成分，微生物的死亡通常是它们对 DNA 作用的结果。

一般认为电离辐射有足够的能量首先使水发生电离，产生游离基 $^{\cdot}OH$ 和 $H^{\cdot}$，然后作用于细胞大分子。即

$$H_2O \rightarrow H_2O^+ + e^-$$
$$H_2O^+ \rightarrow {}^{\cdot}OH + H^+$$

$$H_2O + e^- \rightarrow H_2O^- \rightarrow H^{\cdot} + OH^-$$

在有氧的情况下，氧还可以生成一些具有强氧化性的基团：

$$O_2 + e^- \rightarrow O_2^{\bar{\cdot}} \qquad O_2 + 2e^- \rightarrow O_2^{2-}$$

这些强氧化性基团使酶蛋白的—SH 基氧化，从而引起细胞各种变化。因此，如培养基中氧的浓度高，则微生物对电离辐射敏感。

（五）pH 值

溶液的酸碱度常用 pH 值来表示。培养基或环境中的 pH 值与微生物的生命活动有着密切的联系。它的影响是多方面的，因为环境的 pH 值会影响到细胞膜所带的电荷，从而引起细胞对营养物质吸收状况的改变。此外，还可以通过改变培养基中有机化合物的离子化程度，而对细胞施加间接的影响，改变某些化合物分子进入细胞的状态，从而促进或抑制微生物的生长。

微生物作为一个整体来说，其生长的 pH 值范围极广（pH 值在 2～10）。绝大多数微生物生长 pH 值都在 5～9 之间，有少数种类的微生物还可以超出这一范围。每种微生物的生长 pH 值范围也存在最低、最适和最高三个数值（表 5.4）。

表 5.4　各种微生物生长的 pH 值范围

生物类别	最低值	最适值	最高值
细菌	5.0	7.0～8.0	10.0
放线菌	5.0	7.0～8.0	10.0
专性嗜酸菌	1.0	3.0～3.4	7.0
酵母	2.0	5.0～6.0	8.0
霉菌	1.5	5.0～6.0	10.0

即使同一种微生物在不同的生长阶段、不同的生理生化过程中，也有不同的最适 pH 值要求。例如，黑曲霉最适生长在 pH5～6，当 pH8 时合成草酸，在 pH2～3 时合成柠檬酸。而另一方面，微生物又会通过自身的代谢活动来改变环境的 pH 值。例如，许多微生物能降解糖生成酸，或选择性吸收生理酸性盐，会使环境的 pH 值下降；具有脲酶的菌能分解尿素产生氨，或选择性吸收生理碱性盐，使 pH 值上升。环境 pH 值的改变，反过来又会影响微生物的生长和生存。因此，在培养微生物时要采取措施控制好环境的 pH 值。

值得注意的是，虽然微生物能够生长的 pH 值范围比较广泛，但细胞内部的 pH 值却相当稳定，一般都接近中性。这是因为细胞内的 DNA、ATP 等对酸性敏感，而 RNA 和磷脂类等对碱性敏感，所以微生物细胞具有控制氢离子进出细胞的能力，维持细胞内环境中性。

二、微生物营养生长环境条件的优化

在第四章中已讨论过“发酵”在生理学上的意义。在广泛利用微生物进行工业生产的今天，实际上“发酵”一词又有了第二个定义。所谓发酵是指借助微生物大量生成并积累特定的代谢产物的现象。与发酵有关的重要的环境参数是 pH 值、温度、营养物浓度、离子强度、溶解氧和二氧化碳分压。

我们已经知道，最适生长温度是微生物生长速率最高或世代时间最短所对应的培养温度。必须强调指出，对同一种微生物来说，最适生长温度并非一切生理过程的最适温度。也就是说，最适温度并不等于生长速率最高时的培养温度，也不等于发酵速率或积累产物最高时的温度，更不等于积累某一代谢产物最高时的培养温度（表 5.5）。因此在工业发酵过程中，往往按实际需要来控制温度。控制温度时，重要的是温度要保持或低于最大生长速率和/或者产物合成最大速率时的温度。原因是温度高于最大值的温度时，生长速率和产物合成速率就会下降。例如，国外曾报道在产黄青霉总共 165h 的青霉素发酵过程中，运用了上述规律根据其不同生理代谢过程有不同最适温度的特点，分成 4 段进行不同温度培养，即 0～5h 控制在 30℃，5～40h 控制在 25℃，40～125h 控制在 20℃，125～165h 控制在 25℃。结果，其青霉素产量比常规的自始至终进行 30℃恒温培养的对照组提高了 14.7%。

表 5.5　微生物各生理过程的不同最适温度

菌　名	生长温度/℃	发酵温度/℃	积累产物温度/℃
乳酸链球菌	34	40	30
灰色链霉菌	37	28	—
北京棒杆菌	32	33～35	—
丙酮丁醇梭菌	37	33	—
产黄青霉	30	25	20

不同种类微生物有其最适生长 pH 值，即使同一种微生物在其不同的生长阶段和不同的生理生化过程，也有不同的最适 pH 值要求。研究其中的规律，对发酵生产中 pH 值的控制尤为重要。最适 pH 值的范围通常在 1 个 pH 值单位或 10 倍范围内的氢离子浓度。在设计控制系统时可以充分考虑这种灵活性。表 5.6 列出了一些微生物最适生长与最适发酵的 pH 值。此外还要注意 pH 值的改变也会引起培养液氧化还原电位值的改变。

表 5.6　一些微生物最适生长与最适发酵 pH 值

菌　种	产物	最适生长 pH 值	最适发酵 pH 值
灰色链霉菌	链霉素	6.3～6.9	6.7～7.5
黑曲霉（*Aspergillus niger*）	草酸	5.0～6.0	近中性
黑曲霉	柠檬酸	5.0～6.0	2～3
酿酒酵母（*S. cerevisiae*）	乙醇	5.0～6.0	4～5
酿酒酵母	甘油（厌氧）	5.0～6.0	8.0
产甘油假丝酵母（*Candida glycerinogens*）	甘油（好氧）	5.0～6.0	3.4～4.5
北京棒杆菌	谷氨酸	7.0～8.0	6.8～7.2
北京棒杆菌	谷氨酰氨	7.0～8.0	＜6.8

在一般情况（1 大气压，20℃）下，氧在水中的溶解度仅为 6.2ml/L（0.28mmol/L），这些氧仅能保证氧化 8.2mg（0.043mmol）的葡萄糖（相当于培养基中常用葡萄糖浓度的千分之一）。氧的供应始终是好氧菌生长和繁殖中的限制因子。为解决这个矛盾，必须设法增加培养液与氧气的接触面积或提高氧的分压来提高溶氧速率。具体措施，如浅层液体静止培养、摇瓶培养、在深层液体

图 5.8　台式发酵罐

底部通无菌空气并且搅拌等。摇瓶培养又称振荡培养，一般将三角瓶内培养液的瓶口用6～8层纱布包扎，以利通气和防止杂菌污染，同时减少瓶内装液量，把它放在往复或旋转式摇床上作有节奏的振荡，以达到提高溶氧量的目的。好氧微生物在不同的生理阶段对溶氧的要求也有所不同。例如柠檬酸发酵，黑曲霉菌体的生长和产物的形成是部分偶联的，菌体生长阶段溶氧的要求高于产物形成阶段的溶氧，可以在长菌阶段增加摇瓶机转速或提高通风量。图 5.8 为实验室台式发酵罐。

为了培养厌氧微生物，需要除去培养液中所有的微量 O_2，可以在盛有试管或平皿的罐中放置一耗 O_2 装置，从而创造一无氧的培养环境。对于培养专性厌氧微生物而言，由于微量 O_2 对细胞都有毒害作用，所以不仅需要小心地除去所有微量 O_2（如先把培养基煮沸以除去其中的氧，再加入还原剂如 H_2S，以降低培养基的 Eh）；而且要使接种、稀释分离、培养、观察和保藏等操作的全过程始终处于高度无氧条件下（如可以采用 Hungate 滚管技术或厌氧手套箱技术），从而保证严格厌氧菌的存活。

第二节　污染微生物的控制

在我们周围环境中，到处都有各种各样的微生物存在着，其中有一部分是对人类有害的微生物。它们通过气流、水流、接触和人工接种等方式，传播到合适的基质或生物对象上而造成种种危害，例如，食品或工农业产品的霉变；实验室中纯培养物的污染；培养基、生化试剂、生物制品或药物的染菌；发酵工业中的杂菌污染；人和动、植物受病原微生物的感染而患各种传染病等。对这些有害微生物必须采取有效的措施来杀灭或抑制它们。

一、灭菌与消毒

灭菌（sterilization），采用强烈的理化因素使任何物体内外部的一切微生物永远丧失其生长繁殖能力的措施。对微生物而言，失去繁殖能力就是死亡，因此，“灭菌”指的是杀死一切微生物（包括繁殖体和芽孢等），不分病原或非病原微生物，杂菌或非杂菌。

消毒（disinfection），采用较温和的理化因素，仅杀灭能引起感染的微生物，而对被消毒的对象基本无害的措施。在治疗学与卫生学中“消毒”指的是“杀灭病原微生物”；在工业发酵中“灭菌”指的是在发酵准备阶段“杀灭所有培养环境存在的微生物”。消毒的结果并不一定是无菌状态，灭菌的结果则是无菌状态。

灭菌和消毒是发酵工业（包括工业微生物实验）成败的关键。发酵罐、培养基（包括补料）、有关管道和空气等必须进行严格的灭菌；无菌室、发酵车间环境等则要经常地进行不同程度的消毒。

（一）灭菌和消毒方法

最常用的灭菌方法是高温灭菌法。因为微生物的生物功能靠蛋白质来实现，加热可以使蛋白质变性、凝固，从而引起微生物的死亡。

当环境温度超过微生物的最高生长温度时，将引起微生物死亡。不同微生物的最高生长温度不同，不同生长阶段的微生物的耐热能力也不同，因而可以通过控制热处理的温度和时间进行灭菌或消毒。不能进行高温灭菌的物品则采用其他灭菌方法。在实践中行之有效的高温灭菌和消毒方法主要有：

1. 高温灭菌的种类

（1）干热灭菌法

最简单的干热灭菌是在火焰上灼烧，称为灼烧灭菌法。接种环、接种针、金属小工具、试管口和三角瓶口等均可用此法灭菌。

不宜直接用火焰灭菌的物品则可放入干燥箱进行热空气灭菌，称为干热灭菌法。一般微生物的繁殖体在100℃下1h可被杀死，芽孢则需160℃，2h才能杀死。因此干燥箱灭菌的条件是在150～170℃，保持1～2h。如果处理物品体积较大，传热较差，则需适当延长灭菌时间，此法适用于玻璃、陶瓷器皿、金属用具等耐高温的物品的灭菌。优点是灭菌后物品是干燥的。

（2）湿热灭菌法

湿热灭菌法是指用100℃以上的加压蒸汽进行灭菌。在同样温度和同样作用时间下，湿热灭菌法比干热灭菌法更有效，原因是湿热蒸汽不但穿透力强，而且细胞原生质在含水量高的情况下易变性凝固；此外，在灭菌过程中蒸汽在被灭菌物体表面凝结，同时放出大量的汽化潜热，这种潜热能迅速提高灭菌物体的温度，缩短灭菌全过程的时间。

在湿热条件下，多数细菌和真菌的营养细胞在60℃左右处理5～10min后即被杀死，酵母菌细胞和真菌孢子稍耐热些，细菌的芽孢最耐热，一般要在 120℃ 下处理 15min 才被杀死。

常用下面几种方法进行湿热灭菌（或消毒）。

A. 常压法

1）巴斯德消毒法（pasteurization）。这是一种专用于牛奶、啤酒、果酒和酱油等不宜进行高温灭菌的液态风味食品和调料的低温消毒方法。它得名于首次使用该法来控制酒变质的 Louis Pasteur。巴斯德消毒法不同于普通灭菌法，它不能杀死所有的微生物。一般将待消毒的液体食品在 63～65℃保持 30min 后迅速冷却，以杀死其中可能存在的病原菌，保持食品的营养与风味，延长食品的保存时间。高温瞬时消毒法（即 72℃加热 15s），能在较好地保持原有风味的同时更有效地杀死耐热有机体且可连续进行，适于大规模灭菌操作，从而被许多牛奶厂广泛采用。

2）煮沸消毒法。采用在 100℃下煮沸数分钟，一般用于饮用水的消毒。

3）间歇灭菌法。又称分段灭菌法或丁达尔灭菌法。适用于不耐热培养基的灭菌。方法是将待灭菌的培养基放在 80～100℃下蒸煮 15～60min，以杀死其中所有的微生物营养体，然后放至室温或 37℃保温过夜，诱使其中残存的芽孢发芽，第二天再以同法蒸煮和保温过夜，如此连续重复 3 天即可在较低的灭菌温度下同样达到彻底灭菌的良好效果。此法既麻烦又费时，一般只用于有些不宜用高压蒸汽灭菌的物品，如某些糖、明胶、牛奶培养基等的灭菌。例如，培养硫细菌的含硫培养基就可采用此法灭菌，因其内所含元素硫在 99～100℃下可保持正常结晶形，若用 121℃高压蒸汽灭菌，就会引起硫的熔化。

B. 加压法

1）高压蒸汽灭菌法。本法是湿热灭菌中效果最好的一种方法。用本法灭菌必须使用合乎规格的高压蒸汽灭菌器，灭菌对象是金属、纤维、玻璃和陶瓷等制品以及生理盐水、培养基、耐高温的药品及其他。具体操作要严格按所用高压蒸汽灭菌器的操作说明书进行。

一般在 0.1MPa 蒸汽压（这时对应温度为 121℃）下处理 15～30min，即可达到灭菌目的。对体积大、热传导性差的物品，处理时间可相对延长（表 5.7）。

表 5.7　芽孢杆菌灭菌的温度和时间

细菌名称	灭菌时间/min							
	100℃	105℃	110℃	115℃	120℃	125℃	130℃	134℃
炭疽杆菌	5～10	2～5						
枯草杆菌	数小时			40				
腐化嫌气菌	780	170	41	15	5.6			

续表

细菌名称	灭菌时间/min							
	100℃	105℃	110℃	115℃	120℃	125℃	130℃	134℃
破伤风梭菌	5～90	5～25						
韦氏梭菌	5～45	5～27	10～15	4	1			
肉毒梭菌	300～530	40～120	32～90	10～40	4～20			
土壤细菌	数小时	420	120	15	6～30	4		1.5～10
嗜热细菌		400	100～300	4～110	11～35	3.9～8.0	3.5	1
生孢梭菌	150	45	12					

高压蒸汽灭菌不是靠压力，而是靠蒸汽的高温。在灭菌时要排尽灭菌器内的空气，使器内只有蒸汽，这时蒸汽压力与蒸汽温度间有一定关系（表5.8）；否则，灭菌器内温度将低于器上压力表所对应的温度。灭菌完毕应缓缓减压，以防被处理容器内装的液体突然沸腾，弄湿棉塞或冲出容器。当压力降到零时，才能打开灭菌器盖子。

注意：在100℃以上高温会变质的物品不宜用此法灭菌。

2）实罐灭菌法和连续灭菌法。在发酵工业生产中，深层发酵所用的培养基是用实罐灭菌法或连续灭菌法进行灭菌的。这两种灭菌法是生产规模的高压蒸汽灭菌法。在高温下，微生物的死亡要比有机营养物质的破坏快。因此，在高温蒸汽灭菌时，只要在最高温度维持的时间足够短，要达到灭菌目的则随着温度升高，营养物的损失逐渐减少。

表5.8　蒸汽灭菌器中空气排除程度与器内温度的关系

空气排除程度	表压力/kPa	灭菌器内实际温度/℃
完全排除	98.07	121
排除2/3	98.07	115
排除1/2	98.07	112
排除1/3	98.07	109
完全未排除	98.07	100

实罐灭菌在发酵罐（种子罐）中就地进行。连续灭菌指的是让培养基连续通过高温蒸汽灭菌塔，维持和冷却，然后流进发酵罐。培养基一般加热至135～140℃下维持5～15s。连续灭菌采用高温瞬时灭菌，既彻底地灭了菌，又有效地减少营养成分的破坏，从而提高了原料的利用率。

2. 过滤除菌法

对于蛋白质、酶、血清和维生素等热敏性物质，常采用过滤除菌法。常用的过滤器有滤膜过滤装置、烧结玻璃板过滤器、石棉板过滤器、素烧瓷过滤器和硅藻土过滤器等。由于病毒可以通过细菌过滤器，因此，过滤除菌的缺点是无法除去液体中的病毒和噬菌体。

发酵工业上所用的无菌空气也是通过种种过滤器除菌而获得的。微生物实验室中使用的超净工作台也是通过过滤除菌的。

3. 辐射灭菌

辐射灭菌是利用电磁辐射产生的电磁波杀死大多数物体上的微生物的一种有效方法。微波、紫外线、X 射线、γ 射线等形式的电磁辐射都具有潜在的抑制微生物生长的能力，但它们有着不同的作用机理。

紫外线消毒法多用于物体表面、空气和一些与水一样不吸收紫外线的物质的消毒。生物实验室操作台中一般都有紫外杀菌灯，可对使用后的工作台进行表面消毒。紫外线不能穿透固体、不透明体和能吸光的表面，因此仅限于表面消毒。

辐射灭菌法是利用放射性核素 ^{60}Co 和 ^{137}Cs 产生的 γ 射线进行放射线灭菌。具体方法是，把需要灭菌的物品放在传送带上，使其从两个 ^{60}Co 放射装置之间通过。这种方法的优点是每次可以对较多物品进行灭菌，而且可以对密封包装后的物品进行灭菌。此法适用于不耐热或受热易变质、变味的物品的灭菌或消毒。

表 5.9 为一些物理因子杀菌的机制。

表 5.9　一些物理因子消毒与灭菌的机制

杀菌剂	作用机理	应　用
干热	蛋白质变性	烘箱加热灭菌玻璃器皿和金属物品，火焰灼烧微生物
湿热	蛋白质变性	高压蒸汽灭菌培养基等不能干热灭菌、不被湿热破坏的物品
巴斯德消毒法	蛋白质变性	灭菌牛奶、乳制品和啤酒中的病原菌
冷藏	降低酶反应速率	可保藏新鲜食品数日；不能杀死大多数微生物
冷冻	极大地降低酶反应速率	可保藏新鲜食品数月；不能杀死大多数微生物；可用于菌种保藏
干燥	抑制酶活性	某些水果和蔬菜的保藏；结合烟熏可用于香肠和鱼等食品的保藏
冷冻干燥	脱水作用抑制酶活性	用于食品保藏及菌种保藏（可达数年）
紫外光	蛋白质和核酸变性	用于降低手术室、动物房和培养室空气中的微生物数量

续表

杀菌剂	作用机理	应　　用
离子辐射	蛋白质和核酸变性	用于塑料制品和药物的灭菌及食品保藏
强可见光	光敏感物质的氧化	与染料合用可杀灭细菌和病毒，可帮助衣物消毒
过滤	机械性地移去微生物	用于易被热破坏的培养基、药物和维生素液等物品的灭菌

（二）常用的化学消毒剂

凡是可以杀死微生物的化学药品均称为化学消毒剂；凡是能抑制微生物生命活动的化学药品均称为防腐剂。常用的化学消毒剂种类很多，它们的杀菌机制各不相同（表 5.10），杀菌强度也有所不同，但几乎都有一个共同的规律，即在低浓度时，实际上仅能起防腐剂的作用，随着浓度的递增，就相继出现杀菌作用，因而形成一个连续的作用谱。

表 5.10　消毒剂的种类及作用机制

按作用机制分类	消毒剂名称
氧化作用	高锰酸钾、过氧化氢、漂白粉、氯、碘、
凝固蛋白作用	甲醛、福尔马林、酚
溶解类脂作用	乙醇、酚、煤酚皂溶液（来苏水）
脱水作用	福尔马林、乙醇
与巯基作用	重金属：升汞、红汞、硝酸银、蛋白银
与核酸作用	碱性染料：龙胆紫
与膜作用	新洁尔灭

为比较各种化学消毒剂的相对杀菌强度，常采用石炭酸系数（phenol coefficient，PC）这一指标，它是指在一定时间内，被试药剂能杀死全部供试菌的最高稀释度与达到同效的石炭酸的最高稀释度之比。

在微生物实验室和发酵工厂中经常会用到消毒剂。表 5.11 列出了与工业微生物实验及发酵工业关系密切的消毒剂。如无菌操作前，用乙醇或新洁尔灭等消毒手；对无菌室空间的消毒一般采用甲醛熏蒸，有时可在福尔马林中加入高锰酸钾，以增加效果；发酵工厂里常用次氯酸盐对发酵用水、设备及环境进行消毒。次氯酸盐（漂白粉）在酸性条件下，发生电离释放出原子氧，它的杀菌作用是中性或碱性条件下的 8 倍。漂白粉配成 5%溶液使用，该溶液要现配现用，不能长期保存。

表 5.11 一些常用消毒剂的应用

类型	名称及使用浓度	作用机制	应用范围
醇类	70%～75%乙醇	溶解类脂，脱水作用，蛋白质变性	皮肤、器械
酚类	3%～5%石炭酸 2%煤酚皂（来苏水）	蛋白质变性，损伤细胞膜 蛋白质变性，损伤细胞膜	地面、家具、器皿 皮肤
醛类	5%～10%甲醛 15ml/m³ 福尔马林 2%戊二醛（pH8.0）	破坏蛋白质氢键或氨基 凝固蛋白、与氨基结合 破坏蛋白质氢键或氨基	物品消毒、接种室的熏蒸 无菌室、发酵车间的消毒 精密仪器等的消毒
酸类	5～10ml/m³ 醋酸（熏蒸）	破坏细胞膜和蛋白质	房间消毒
气体	600mg/L 环氧乙烷	有机物烷化，酶失活	手术器械、毛皮、食品等
氧化剂	1%$KMnO_4$ 200μg/g 过氧乙酸	氧化蛋白质的活性基团 氧化蛋白质的活性基团	皮肤、水果、蔬菜 啤酒发酵大罐的灭菌
卤素及化合物	0.2%～0.5%氯气 10%～20%漂白粉 5%漂白粉（10μg/g）	破坏细胞膜、酶、蛋白质 破坏细胞膜、酶、蛋白质	饮水、游泳池 发酵车间地面、设备表面 处理已污染或怀疑污染的发酵用水，预防污染时用1μg/g
表面活性剂	0.5%～0.1%新洁尔灭 0.25%新洁尔灭	破坏膜、蛋白质变性	皮肤、黏膜、器械、超净工作台台面

（三）影响灭菌和消毒的因素

微生物所属的种类、所处的生理状态和环境条件不同，对其进行消毒或灭菌的结果也不同。为了合理估计消毒或灭菌的效果，有必要对影响灭菌与消毒的因素进行讨论。

1. 影响灭菌的因素（以热灭菌为例）

灭菌的对象是影响灭菌效果的内因。由于各种微生物细胞在结构和酶系统上有差别，因此它们对热的抵抗能力各不相同。同一种微生物处在不同的生理和生存状态时，对热的抵抗能力也不同。例如，一般细菌和酵母的营养细胞、霉菌的菌丝体均对热较敏感，不能忍受巴斯德消毒的条件；但抗热性很强的耐高热微生物在 80℃以上还能生长良好。噬菌体往往比其寄主细胞具有较强的抗热性，如大肠杆菌的噬菌体在 100℃时要 10min 才能被杀死。对同一种微生物而言，孢子均比其营养细胞耐热，在 80～90℃时，一般要 30min 才能将其杀灭。芽孢的抗热能力更强，不同种细菌的芽孢的抗热能力不同。不同菌龄的细胞的抗热能力也不同，一般来说，幼龄菌对热敏感。此外，待灭菌物品中的含菌数及菌群体中各种菌的数量分布也会影响在一定时限内的灭菌效果。

培养基的性质是影响灭菌效果的外因。培养基的成分、pH 值及其物理状态对灭菌都有直接影响。

培养基中蛋白质含量会影响微生物被杀死的速度。在消毒过程中，当培养基受热时，培养基中的蛋白质在菌体外面凝固，形成一层膜，从而使菌体对外界条件（热）的抵抗力加强。

大多数微生物在酸性或碱性培养基（或介质）中，比其在中性条件下更容易被杀死。一般而言，pH 值低时，就可以采取较短的灭菌时间。

2. 影响消毒的因素（以化学消毒剂为例）

消毒的对象。不同的微生物对于各种消毒剂有不同的敏感性，这主要是由它们的细胞结构，特别是膜结构决定的。一般来说，化学消毒剂透入细胞膜才会起杀菌作用。

化学消毒剂的性质及浓度。化学消毒剂必须溶于水，才能渗入微生物体内发挥作用，消毒的效果除决定于化学消毒剂的化学性质外，还决定于其在水中的溶解度以及在消毒环境中的浓度。

消毒时的环境条件。化学消毒剂靠化学反应来杀死微生物，因此影响这些化学反应的因素，如温度、pH 值和环境中存在的蛋白质有机物等都会影响消毒效果。

二、抗生素对微生物的影响

抗生素是一类由微生物或其他生物产生的次级代谢产物，是一类在很低浓度能杀死或抑制其他微生物的化学物质。抗生素也是一类特殊的化学治疗剂。自从 A. Fleming 于 1929 年发现第一种抗生素青霉素以来，至今已找到 1 万种以上新抗生素，但真正得到临床应用的常用抗生素仅约五六十种。

抗生素的种类很多，其作用机制各异。一种抗生素只对某些微生物有作用，而对另一些微生物无效，这是因为不同的抗生素对微生物的作用部位不同的缘故。抗生素对微生物的影响有以下四方面：

1）抑制微生物细胞壁的合成。青霉素、头孢菌素能抑制肽聚糖分子肽尾与肽桥间的转肽作用，阻止糖肽链之间的交联。万古霉素抑制肽聚糖糖肽聚合物的伸长，阻止肽聚糖的合成。这些抗生素可使菌体失去细胞壁的保护作用，进而杀死细菌。值得注意是，像青霉素这类的抗生素只能杀死生长繁殖中的细菌。

2）破坏微生物的细胞质膜。短杆菌肽可使氧化磷酸化解偶联，还能与膜结合，使细胞内含物外漏。多黏菌素能使细胞膜上的蛋白质释放，从而引起细胞内含物外漏。

3）抑制蛋白质合成。链霉素、卡那霉素、新霉素和四环素都能与核糖体30S亚基结合，氯霉素、红霉素和林可霉素则是和核糖体50S亚基结合。具体作用，有的可以促进错译，抑制肽链延伸；有的可以抑制氨基酰-tRNA与核糖体结合；有的可以引起构象改变；还有的可以阻止肽键形成。

4）干扰核酸合成。博来霉素与DNA结合，干扰DNA复制。丝裂霉素可以使DNA的互补链相结合，抑制复制后的分离。放线菌素D与DNA中的鸟嘌呤结合，阻止依赖于DNA的RNA合成。利福平和利福霉素能与RNA聚合酶结合，阻止RNA合成。

本章小结

影响微生物生长的环境因素主要有温度、氧、pH值和水活度等。按微生物最适生长温度的高低可把微生物分为嗜冷微生物、嗜温微生物和嗜热微生物三大类。按微生物与氧气的关系可把它们分为专性好氧菌、兼性厌氧菌（兼性好氧菌）、微好氧菌、耐氧菌和专性厌氧菌五类。不同微生物有其生长的最适pH值范围和最适发酵pH值；微生物生长会改变环境的pH值并导致对其生长不利状态，为此，在实验室和工业发酵中就应该经常调整微生物培养物的pH值。

每种微生物的生长都有各自的最适条件，高于或低于最适要求都会对微生物生长产生影响。利用各种理化因素可以对微生物生长和繁殖进行有效地控制，能够在进行对微生物兴利除害方面发挥重要作用。

复习思考题

1. 何为适宜环境、不适宜环境和恶劣环境？
2. 何为最适生长温度、最低生长温度和最高生长温度？极端温度对微生物的影响如何？有何应用？
3. 嗜冷菌及嗜热菌生长的原因。
4. 固体、液体培养基 a_w 的影响因素各有哪些？
5. 什么是最适生长温度、最适发酵温度？
6. 渗透压对微生物有何影响？

7. 如何改变培养基的表面张力？
8. 紫外线为何能引起微生物死亡或变异？最有效波长是多少？
9. 电离辐射为何能引起微生物死亡或变异？
10. 环境 pH 怎样影响微生物的生长及生存？
11. 在发酵过程中，发酵液的 pH 值为何发生变化？如何防止或调整？
12. 氧对各种类型微生物的影响如何？
13. 何谓灭菌、消毒、防腐？
14. 常用的灭菌、消毒方法有哪些？各种方法的原理、适用范围、注意问题是什么？
15. 常用的化学消毒剂有哪些？各种消毒剂的作用原理及适用范围是什么？
16. 抗生素对微生物的作用机制分几类？试各举一例。

第六章　微生物菌种的选育

以微生物为基础的发酵工业，要使产量、质量和品种都有高速的发展，首先必须选育优良的生产菌种。目前发酵工业包括传统的古老的发酵，如某些食品和酒类；近代的，如工业酒精、乳酸、酵母、丙酮、丁醇等；目前发展中的抗菌素、有机酸、氨基酸、酶制剂、核苷类等。因此，菌种的选育工作不仅要展望未来，还要考虑当今的需要。这就是说，为了适应我国经济建设的需要，赶超世界先进水平，不仅要不断发掘新菌种，向大自然索取新产品，还要围绕提高产量，改进质量，改革工艺等目的，对现有的菌种进行改造，才能使生产全面保持在一个高水平上。

菌种是关键，但要使优良菌种的性能得到充分发挥，没有一定的合适的培养条件紧密结合，也是得不到理想的结果的。因此在发酵工业生产上，一定要全面地、辩证地分析问题，妥善地处理好菌种、工艺和设备上的关系，才能把各方面的工作做好。鉴于菌种的优良性能要始终保持在一定水平上，因此本章也对保藏菌种的问题进行必要的讨论。

第一节　从自然界中分离筛选菌种

从自然界中分离筛选菌种就是从自然界微生物资源中有目的、快速、准确地选出符合于生产要求的菌种。菌种有时可以根据资料直接向有关科研单位或工厂索取或购买，并通过生产性能测定，选取其中符合要求者，用于生产。但是，现有的菌种是有限的，而且其性能也不一定完全符合生产的要求，所以选择新种是一项必须而又重要的任务。

自然界中微生物种类是非常之多的，土壤、水、植物的根茎花果叶和动植物的腐败残骸都是微生物大量活动的场所。但是，由于地理条件的差异，水土的不同，甚至在不同的基质上，微生物的区系也是不同的，它们都以各种形式混杂的状态生长繁殖在同一环境中。然而每一种菌种的特性、嗜好、形态是不同的，因此新种的分离工作不仅要把混杂的各种微生物单个分开，而且还要依照生产实际的要求，菌种的特性，灵活地、有的放矢地采用各种筛选方法，快速、准确地把所需要的菌种从中挑选出来。

从自然界中分离筛选菌种主要包括采样、增殖培养、纯种分离、初筛和复筛等几个步骤：

调查研究（包括资料查阅）

↓

试验方案设计

↓ 确定采样的生态环境

采样

↓ 确定增殖培养的条件

增殖培养

↓

平板分离

↓

第一次原种斜面

↓

第二次增殖培养

↓

根据实际情况进行定性或半定量测定 → 第二次平板分离

↓

第二次原种斜面

↓

定性或半定量测定 → 初筛（1 株 1 瓶）

↓

第三次平板分离

↓

第三次原种斜面

↓

复筛（1 株 3～5 瓶）

↙ ↘

第四次平板分离　　第三次原种保藏

↓

第四次原种斜面

↓

初步工艺条件摸索 → 再复筛 ← 种子培养

↓

较优菌株 1～3 株

一、采　样

采样就是从自然界中采集含有目的菌的样品。从何处采样，这要根据筛选的目的，微生物的分布概况及菌种的主要特征与外界环境关系等，进行综合地、具体地分析来决定。

由于土壤是微生物的大本营，尤其细菌和放线菌在土壤中存在得更多，水和空气中的微生物主要也是从土壤中散发出去的，所以，如果不知道某种产品的产生菌的属类或某些特征时，一般都可以土壤为样品进行分离。土壤中微生物的数量和种类受土壤的营养环境、水分含量、温度、通风和酸碱度等多种因素的影响，在采样时应加以注意。

土壤的营养环境影响微生物数量和种类的分布。一般在加工蜜饯、糖果、蜂蜜的土壤环境中比较容易分离得到利用糖质原料的耐高渗透压酵母、柠檬酸产生菌、氨基酸产生菌等；食品厂、粮食加工厂、饭店等日常接触淀粉较多的污水沟的污泥以及水沟旁的土壤可以分离以淀粉质原料为碳源的氨基酸产生菌、淀粉酶产生菌等；分离纤维素酶产生菌往往可以采集森林中腐叶烂草下面的土壤；蛋白酶产生菌可以从加工皮革的生皮晒场、蚕丝、豆饼等腐烂变质处的土壤中分离得到；从油田或炼油厂的浸油土壤中容易分离到降解和利用石蜡、芳香烃、烷烃的微生物。

土壤的植被情况与微生物的类型有着一定关系。如豆科植物根围土壤中根瘤菌较多；瓜田、果树下的土壤中酵母菌较多。

土壤的深度不同，其通风、养分、水分、光照等情况就不同，表层土由于日光直接照射，水分也较少，所以不利微生物生长，数量也少，一般离表层 5～15cm 深处的土含微生物最多。

温度和湿度对微生物的生长也有很大的影响。由于春秋季温度、湿度对微生物的生长繁殖最合适，因此，土壤中微生物数量最多，所以春秋两季适合于采样，尤以秋季为佳。在采样时，还应注意水分的问题。土壤中水分过多，往往造成缺氧状态，因此，即使具有酵母、霉菌需要的温度、湿度，也不利于其生长。放线菌在水分较少的情况下才繁殖得好，一般应避免雨季采土，而以秋季采土比较理想。除此以外，土壤的酸碱度也应注意，细菌和放线菌在中性或微碱性土壤中较多，而酵母菌和霉菌则在偏酸性土壤中居多。

除土壤外，还可以从一些特殊的样品中分离获得一些特定的微生物。对于酵母类或霉菌类微生物，由于它们对碳水化合物的需要量比较大，一般又喜欢偏酸性，所以在普通植物花朵、瓜果种子及腐殖质等上面数量较多；从白腐态树木上可以分离到分解木质素的微生物；从褐腐态树木上则可以分离到分解纤维素的微生物。

采集土样时，应在选好适当地点后，用不锈钢采样铲除去表土，取离地面5～15cm处的土几十克，盛入预先消毒过的牛皮纸袋、塑料袋或玻璃瓶中，密封好，记录采样时间、地点、环境情况等，以备查考。一般土壤中芽孢杆菌、放线菌和霉菌的孢子忍耐不良环境能力较强，因此不太容易死亡。但是由于采样后的环境与天然条件有着不同程度的差异，微生物会因逐渐死亡而减少，种类也会起变化，所以应尽快分离。

二、增殖培养

由于土壤或其他样品中所含的各种微生物数量有很大差别，如果目的菌的数量足够多时便可以直接进行单菌分离。但对于很多样品，由于目的菌含量较少，会给分离筛选工作增加工作量和难度，在此情况下，可以对采集到的样品进行一次甚至多次增殖培养。增殖培养就是通过控制培养基的营养成分和/或培养条件，使样品中的目的菌得以大量繁殖，而非目的菌的生长受到抑制或繁殖减缓，从而提高样品中目的菌的数量和比例。增殖培养的条件应依据预定的技术路线和菌种特性而确定，主要从以下因素予以考虑：

（一）控制营养成分

所谓营养成分，主要指碳源、氮源、维生素和无机盐类等。各种微生物对这些营养物质的要求有一定的差异。异养型微生物只能利用有机碳源，如葡萄糖、蔗糖、麦芽糖等简单的糖类和淀粉、纤维素等多糖类以及煤油等碳氢化合物等。自养型微生物则可以CO_2为碳源。一般微生物能很好地利用蛋白质及其水解产物，如豆饼粉、麸皮、蛋白胨、多肽、氨基酸以及尿素等有机氮源，一些微生物可以利用铵盐、硝酸盐等无机氮源，只有固氮微生物才能直接利用空气中的氮。对于维生素和一些金属离子，各种微生物的要求也不相同。由于各种微生物对营养要求有差异，所以控制增殖培养基的营养成分，对“浓缩”目的菌是行之有效的一种手段。例如，若目的菌是分解纤维素的微生物，可以使用纤维素作为增殖培养基的唯一碳源，能够分解利用纤维素的微生物在这种培养基上可以正常生长繁殖，而不具备该能力的微生物生长较差；用淀粉作为唯一碳源，可以有效增殖产淀粉酶类的微生物。但是，可被许多种微生物利用的碳源、氮源（如葡萄糖、蛋白胨等）就不适合作为控制因素。控制营养成分的方法对于产生诱导酶类的微生物的增殖特别有效，通过添加具有诱导作用的营养成分而诱导酶的产生，微生物凭借酶对营养成分的分解而获得合成细胞物质所需要的材料和能量，从而得以增殖。

（二）控制培养基的酸碱度

微生物生长繁殖的适宜酸碱度是不同的。细菌和放线菌一般要求中性或偏碱性（pH7.0或稍高），酵母和霉菌一般要求偏酸性（pH4.0～6.0）。所以，在控制营养成分的基础上，将培养基调至一定的pH，更有利于促进目的菌的增殖和控制非目的菌的繁殖。对于筛选一些产有机酸类型的菌种，采用控制pH的方法更为见效。例如，在采用含40%葡萄糖的培养基增殖耐高渗压酵母时，若pH控制在2.0～4.0，则目的菌大量增殖，而其他微生物很难生长；从土壤中分离产柠檬酸的黑曲霉时，采用含90%甘薯粉醪和10%柠檬酸的增殖培养基，控制pH在2.0～2.5，黑曲霉得以大量增殖。从土壤分离放线菌，可以可溶性淀粉为增殖培养基的唯一碳源，控制pH为7.0～7.2，若加入部分葡萄糖，则细菌就会大量繁殖。

当然，用调节pH的方法来分离不同类型的微生物是有局限性的。例如，有些细菌会产酸，在较酸的培养基中也能出现，而不少酵母、霉菌在中性培养基上也能良好生长。

这里指的pH往往是起始pH。随着微生物的生长代谢，培养基的pH会发生改变。例如微生物代谢糖类产生有机酸，分解蛋白质和氨基酸产生氨，选择性利用培养基中阴离子或阳离子成分等都会引起培养基pH改变。为了防止pH变化过大，可以在培养基里加入缓冲剂或不溶性的碳酸盐如$CaCO_3$。常用的缓冲剂是磷酸盐，因为磷酸盐对微生物无毒，又可作为磷源；在增殖产酸较多的微生物时，缓冲剂的缓冲能力往往不够，可以加入不溶性碳酸盐，在氢离子存在时，碳酸盐转化为CO_2和水。如果上述两项措施还不足以控制pH，那就只得连续或定期加入酸或碱来调节pH了。

（三）热　处　理

每一种微生物都有它的最高生长温度，超过最高生长温度就不能生长和繁殖，甚至死亡。热处理就是根据芽孢和营养细胞之间对热的耐性差异而淘汰不产芽孢的细菌和其他微生物。一般情况下，微生物的营养型细胞对热敏感，在60～70℃温度下10min即被杀死，而芽孢则能抵抗100℃或更高的温度。如果目的菌为芽孢杆菌，就可先将样品稀释液经过80℃，10min的水浴处理，将所有营养细胞（包括芽孢杆菌的营养细胞）全部杀死而保留芽孢，然后再进行增殖或直接分离，这样的筛选效果就很好。至于热处理条件，由于芽孢的耐热性会因培养条件不同而产生差异，所以应根据具体情况有所变化。

（四）添加抑制剂

增殖培养，除控制营养、调节 pH 外，还可在培养基中添加一些专一性抑制剂，这样选择性效果还会提高。例如，在增殖放线菌时，在增殖培养基中加10％酚数滴，可以抑制霉菌和细菌的生长；添加一些抗菌素对某些微生物更有专一性的抑制作用，如分离酵母和霉菌，在培养基中添加一定量的氨苄青霉素、青霉素、链霉素或新霉素可以抑制细菌和放线菌的生长；放线菌酮可选择性抑制酵母菌和霉菌。不同类型的抑制剂抑菌谱不同，对不同的分离对象，使用浓度也不同，使用时应灵活添加。

（五）控制培养温度

不同种类的微生物适宜生长温度是不同的。一般嗜冷微生物最适温度在15℃左右，嗜温微生物在 25～37℃，嗜热微生物在 55℃，甚至更高。除特殊要求外，我们筛选的主要是嗜温微生物。但在发酵工业上，由于代谢过程中发热量大，从操作来讲，需要菌种耐高温。所以，在筛选分离时可适当提高培养温度，若此温度下菌种能保持生产性能不变，那么筛选得到的这类菌种将会对生产有所促进。另外，目前对某些高温细菌的研究正在深入，要分离此类菌，可将培养温度提高到 50～60℃，甚至更高，那么嗜冷、嗜温微生物就可大量淘汰，从而较快地分离获得高温微生物。

某些细菌的增殖培养条件的控制见表 6.1。

表 6.1 某些细菌增殖培养条件的控制

增殖微生物类别	分离的样品	培养基外添加物/（g/L）	控制的环境条件
好气氨基酸氧化菌	土样	无	pH7.0，通空气
芽孢杆菌	经热处理的土样	无	pH7.0，通空气
发酵氨基酸梭菌	经热处理的土样	无	pH7.0，无空气
耐碱尿素分解芽孢杆菌	经热处理的土样	尿素 50	pH8.5，通空气
厌气的某种八叠球菌	土样	葡萄糖 20	pH2.0～3.0，无空气
乳酸细菌	植物材料、牛奶	葡萄糖 20	pH6.5，无空气
肠道细菌	土样或污水样	葡萄糖 20，$CaCO_3$ 20	pH7.0，有或无空气
发酵糖梭菌	经热处理的土样	葡萄糖 20，$CaCO_3$ 20	pH7.0，无空气
丙酸细菌	瑞士干酪	酪氨酸 20	pH7.0，无空气
醋酸细菌	果汁、啤酒发酵醪	乙醇 40	pH6.0，通空气

三、纯种分离

从自然界采集的样品中含有多种微生物，即使通过增殖培养也只能使目的菌在数量和相对比例上得以提高，还不能得到微生物的纯种。纯种分离的目的是将目的菌从混杂的微生物中分离出来，获得纯培养。如果样品没有经增殖培养而直接进行分离，那么要得到具有某一特性的纯种，就更应细致、谨慎地操作。

（一）纯种分离的方法

纯种分离的常用方法有四种，即涂布平板分离法、倾注平板分离法、平板划线分离法和组织分离法。

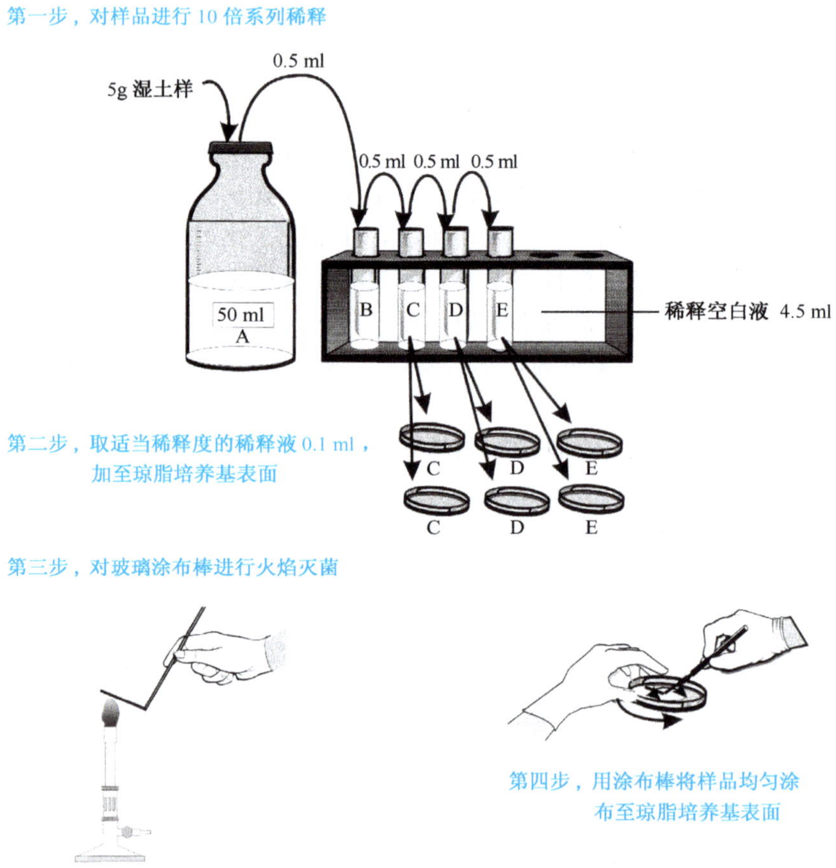

图 6.1　稀释和涂布平板技术

涂布平板分离法是将样品经无菌生理盐水稀释后用玻璃涂布棒均匀涂布至琼脂培养基的表面（图 6.1），而倾注平板分离法则是将无菌生理盐水稀释后的样品先加入无菌培养皿，再加入融化并冷却至 45℃左右的琼脂培养基，混合均匀，待培养基凝固后倒置培养（图 6.2）。培养后，前者在培养基的表面形成单菌落，而后者则是在培养基内部及表面形成单菌落。控制每个平板中微生物的菌落数在一定的范围可获得理想的分离效果，对于细菌和酵母菌，以每平板 100～200 菌落为佳，对于丝状菌，则应控制每平板菌落数 30～50 或更少。如果分离菌丝呈蔓延性生长的丝状菌如根霉、毛霉等，则可以在培养基中添加 0.1%左右的去氧胆酸钠（去氧胆酸钠在低 pH 下灭菌过程中易形成絮状沉淀，可以通过分别灭菌、倾注平板前混合的方法避免）或山梨糖（在察氏培养基中加山梨糖 0.1%，蔗糖 0.01%），这样可防止菌丝蔓延，便于挑取。

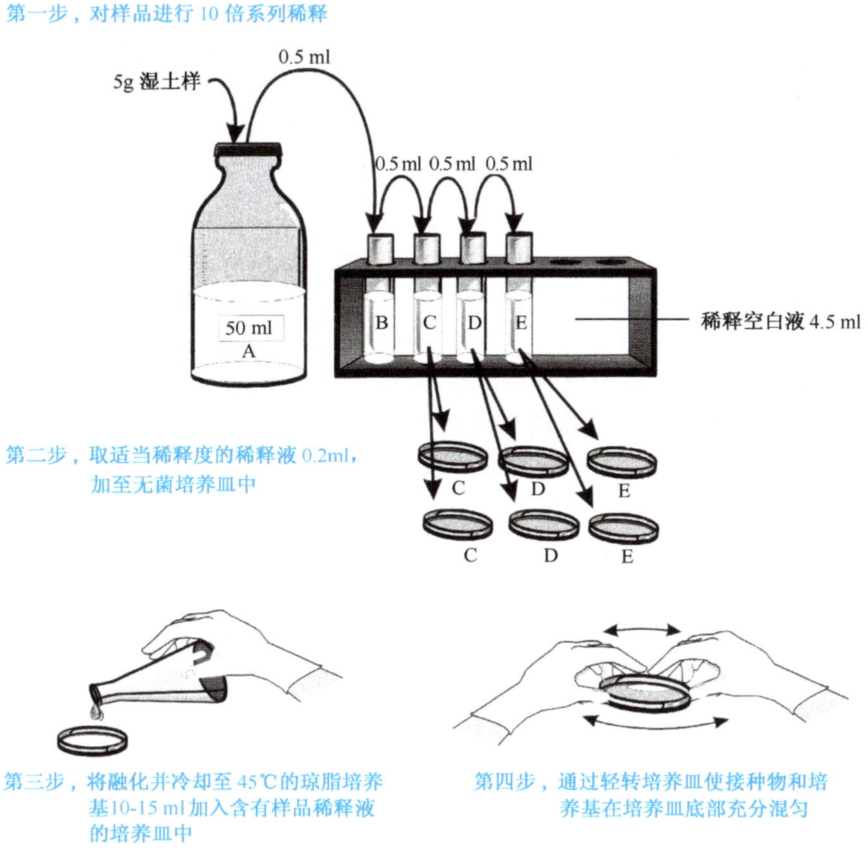

图 6.2　稀释和倾注平板技术

平板划线分离法也能达到纯种分离的目的。用接种环蘸取少许样品或样品稀释液在琼脂平板平面上分区进行划线，经培养后会得到呈分散状态的单菌落纯培养（图 6.3）。

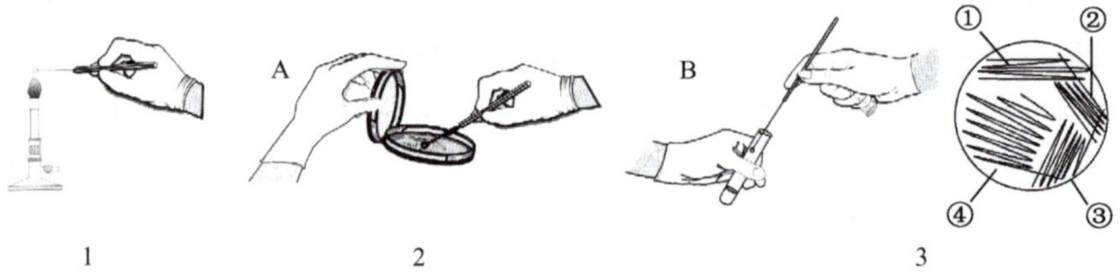

图 6.3 划线分离技术

在划线分离时，每划完一个区域后都要对接种环火焰灭菌，以数字序号顺序划线

1. 接种环灭菌；2. 从琼脂平板（A）或培养液（B）中取培养物；3. 划经分离（①～④为划线顺序）

组织分离法适用于从子实体或罹病的植株上分离高等真菌或植物致病菌。分离时，切取小块受病组织，用10%漂白粉水或0.1%升汞液进行表面消毒，并用无菌水洗涤数次后，移置于培养皿中的琼脂培养基表面上，在适宜的温度条件下（25～26℃）培养。受病组织内潜伏的微生物开始生长，经3～5天后，就可以看到从受病组织周围长出菌丝，并向外扩展。经菌落特征的观察和镜检，确认是所需分离的菌种时，即用火焰灭菌的接种针从菌落边缘挑取少量菌体，移到斜面培养基中培养。上述方法可用于分离赤霉素产生菌以及其他引起植物病变的病源菌。若要分离灵芝，可将野外生长的新鲜灵芝采回，取菌盖组织，经表面消毒后，无菌切取一小块，放入盛有马铃薯-蔗糖的琼脂培养基的培养皿内，在25℃左右的条件下培养，当组织周围长出菌丝后移接至斜面培养基上进行培养和保藏。此外，有些真菌的孢子在成熟时有弹射作用，因此在分离时可以利用孢子弹射在培养基上获得纯培养。方法是选取皱褶多、朵大、肉厚的木耳和蘑菇等子实体，用清水浸胀洗净后，放在无菌的三角瓶或大试管内，用无菌水振荡冲洗三次后，移至无菌培养皿内，在20～28℃下露种1～2次，用无菌小剪刀将样品剪成黄豆大的小块，并悬挂在装有一薄层马铃薯-葡萄糖琼脂培养基的三角瓶内，在培养过程中子实体中的担孢子弹到培养基上，就能获得纯培养。

像增殖培养一样，在纯种分离时同样也要根据实际情况对培养基的营养成分和培养条件进行适当的控制，以获得良好的分离效果。

（二）平皿反应快速检出法

为了提高筛选工作效率，在纯种分离时可以设计或选用平皿反应快速检出法，即根据分离培养基上的特异反应来挑选目的菌的一种快速、简捷的方法。

1. 纸片培养显色法

以饱浸含有某种指示剂的固体培养基的滤纸搁置于培养皿中，用牛津杯架空，下放小团浸有3%甘油的脱脂棉保湿，用接种环将适量细胞悬液接于滤纸上，保温培养，得到分散的单菌落，菌落周围形成对应的颜色变化。指示剂变色圈与菌落直径之比值大者表示产物的产量高，由此可挑选产量较高的菌株。所用的指示剂是酸碱指示剂或能与产物反应产生有色物质的其他指示剂。

2. 透明圈法

利用混浊的底物被分解后形成的透明圈大小，可检出微生物分解利用此物质的能力。可溶性淀粉常温下在培养基中不产生混浊，但在低温环境中溶解度急剧下降而产生混浊。若在分离培养基中加入可溶性淀粉，待单菌落形成后，将平板置冰箱过夜，如果某菌落周围形成透明圈，则说明其能分泌淀粉酶。同样，含有粉末碳酸钙或酪素的培养基可分别用于检出有机酸或蛋白酶的产生菌。

3. 变色圈法

直接用显色剂或指示剂掺入培养基中，或喷洒至已形成菌落的培养基的表面，根据显色圈或变色圈等形成而对目的菌进行检出。在筛选淀粉酶产生菌时可选用稀碘液作为显色剂，碘与培养基中的可溶性淀粉及其不同长度的分解产物结合可呈蓝色、棕色、红棕色乃至无色。由变色圈的颜色及大小可粗略知道某菌落所分泌淀粉酶的种类及能力。刚果红与葡聚糖、羧甲基几丁质等多糖结合呈红色，可用于检出葡聚糖酶、几丁质酶等多糖降解酶的产生菌。

4. 生长圈法

生长圈法是根据工具菌在目的菌周围形成生长圈而对目的菌进行检出。工具菌一般为某种生长因子的营养缺陷型，而目的菌能在缺乏该生长因子的琼脂培养基上生长并分泌该生长因子或生长后分泌的某种酶能使前体转化成该生长因子。经培养后，工具菌就会在目的菌的菌落周围形成一生长圈。生长圈法常用于检出氨基酸、核苷酸以及维生素等产生菌。

5. 抑菌圈法

抑菌圈法是根据工具菌在目的菌周围的生长被抑制而形成一个抑菌圈而对目的菌进行检出。目的菌在生长过程中能分泌抗生物质或能分泌某种酶将无抑菌作用的前体物质转化成抗生物质，而工具菌则为对该抗生物质敏感的菌株。此法可以直接在分离培养基中对目的菌进行检出。但由于微生物要到生长晚期才能分泌抗生物质，需要培养的时间较长，各菌所产生的抗生物质之间会相互干扰，所以往往需要分两步进行。首先用不加工具菌的琼脂培养基对样品进行纯种分离，待菌落形成后，将分离菌落与周围的小块琼脂培养基用直径 6mm 的木塞穿孔器一起取出，置于另一无菌培养皿中保湿培养 4～5 天，使微生物所产生的抗生物质在小琼脂块中积累；然后，将上述琼脂块转移到涂有工具菌的鉴定平板上，保持琼脂块之间的间距为 2cm 左右，培养过夜后即可观察到抑菌圈，抑菌圈的大小反映出琼脂块中抗生物质浓度的高低。抑菌圈法常用于抗生素产生菌的检出（图 6.4）。

上述各种快速检出方法是在对样品进行纯种分离的同时进行的，其依据是检测单菌落是否产目的产物并对目的产物的产量进行粗略估计，因此，也可以看做是对目的菌的初步筛选。

（三）厌氧微生物的分离方法

厌氧微生物要求在低氧化还原电位的培养基中才能生长。保持低氧化还原电位的培养基可以通过两种措施的结合而得以实现。一是在培养基中加入还原剂（如半胱氨酸等），二要为微生物创造一个无氧的生长环境。在培养基中加入刃天青（resazurin）等氧化还原指示剂，可以很容易通过指示剂颜色的变化判断培养基的厌氧状态。

常用的厌氧微生物分离方法有高层琼脂柱技术，厌氧罐技术和手套箱技术。

1. 高层琼脂柱技术

把融化并冷却至 45℃左右含有还原剂的琼脂培养基与待分离样品的稀释液混合均匀，灌入直径 1cm 的无菌长玻璃管中，待琼脂凝固后将玻璃管的两端用橡皮塞封闭或用火焰熔封。经培养后在琼脂柱内可观察到单菌落，用锉刀在合适的位置将玻璃管锯断即可用接种针将单菌落进行转接。此法已成功用于从白酒发酵窖泥中分离增香微生物己酸梭菌。

2. 厌氧罐技术

目前常用的商品化厌氧培养罐按照除氧的原理的不同可分为 GasPak 和 AnaeroPack 等不同系列。对于 GasPak 系列厌氧罐，是通过内源性产气袋（内装硼氢化钠、柠檬酸和碳酸氢钠）加水后产生氢气和二氧化碳气体，在钯的催化下氢气与氧反应生成水而创造罐内无氧环境。AnaeroPack 系列则是通过商品化的吸氧剂直接吸收容器内的氧而创造无氧的环境，吸氧剂的使用非常方便，不需加水，也不需催化剂，而且分为不同的类型，分别适用于培养专性厌氧菌、微嗜

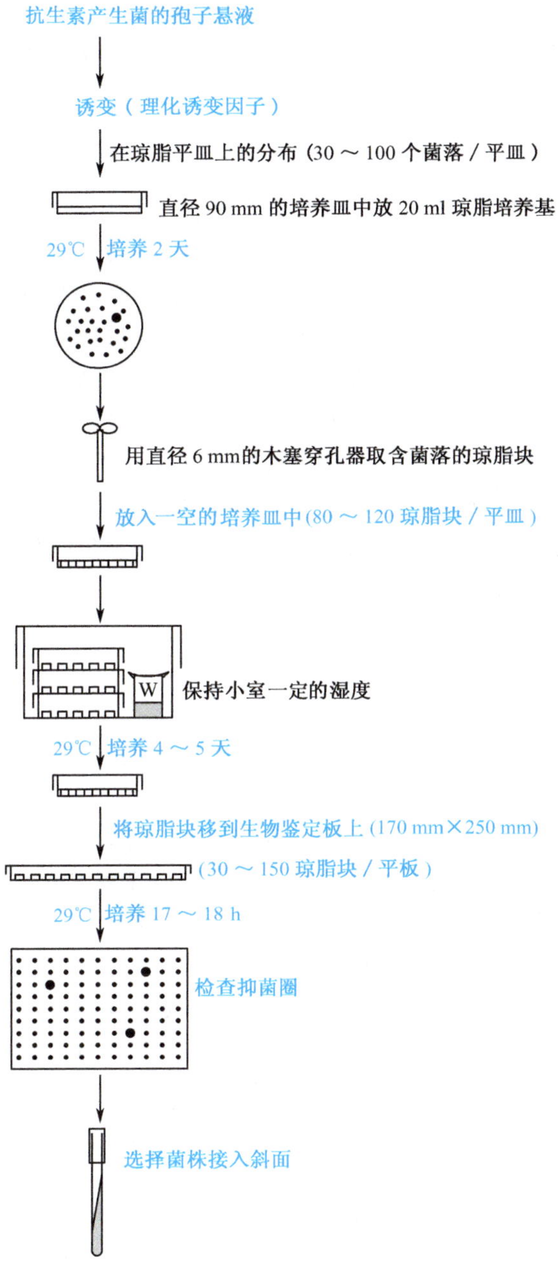

图 6.4　琼脂块培养法筛选抗生素产生菌程序

氧菌和 CO_2 依赖型厌氧菌，厌氧容器也可根据需要选择培养罐、培养盒、培养袋或其他密封性容器。

使用 AnaeroPack 系列厌氧技术分离厌氧菌时，将已接种的平板放入培养罐或培养袋中，打开吸氧剂，迅速放入培养罐（袋）中并立即密封培养罐（袋），然后将培养罐（袋）转移至培养箱中进行培养。

3. 厌氧手套箱技术

厌氧手套箱技术是 20 世纪 50 年代末问世的一种用于培养、研究严格厌氧菌的箱型装置及其相关技术。箱体结构严密、不透气，箱内始终充满混合惰性气体[N_2∶CO_2∶H_2=85∶5∶10（$V/V/V$）]，并有钯催化剂催化微量的氧与氢气反应生成水而保证箱内处于高度无氧状态。通过两个塑料手套可对箱内进行各种操作，此外，箱内还设有恒温培养箱，便于直接在箱内对厌氧菌进行培养。用品进出箱体可通过有密闭和抽气换气装置的交换室进行。近年来对该技术进行了一些重大改进，用特殊的袖口取代了手套，使操作人员在工作腔内可方便地进行裸手操作，消除庞大手套的影响，使工作更舒服和更高效。设备还配套了气体调节器，可以根据需要从氮气、二氧化碳气体和氢气自动按一定比例提供混合惰性气体，克服了商品化混合惰性气体价格昂贵的缺点。

四、筛　　选

筛选即对分离获得的纯培养菌株进行生产性能的测定，从中选出适合生产要求的菌株。

由于纯种分离后得到的菌株数目一般比较大，尤其是在缺乏有效的平皿反应快速检出方法的情况下，往往需要对数百株乃至数千株分离菌株进行筛选。如果每一株都作全面或精确的性能测定，工作量就十分巨大，而且也没有必要。在实际工作中，常把筛选工作分为初筛和复筛两步进行。初筛以量为主，对所有分离菌株进行略粗放的生产性能测试，如可以直接将斜面培养物接种摇瓶，每菌株接种一个摇瓶，选出其中 10%～20%生产潜力较大的菌株。复筛以质为主，对经初筛所获得的少量生产潜力较大菌株进行比较精确生产性能测试，如一般先培养液体种子，每个菌株接 3～5 个摇瓶，考察产量的稳定性等，从中选出 10%～20%的优秀菌株再次进行复筛。复筛可反复进行多次，直至选出最优的 1～3 个菌株。必要的话，还应对最终筛选菌株再进行一次纯种分离，以保证最终菌株的纯度。这些最终筛选出的菌株可供发酵条件的优化研究和生产试验，如果产量尚不够理想，可以作为育种的出发菌株对其进行育种改造。这种直接从自然界分离得到的菌株称为野生型菌株，以区别于经人工育种改造后得到的变异菌株或重组菌株。

五、培养工艺条件试验与生产试验

在菌种的筛选中一般都采用预先设定的培养工艺条件进行摇瓶发酵试验。它的优点是在相同的工艺条件下可考察大量菌株的生产性能。摇瓶发酵条件主要指培养基组成、初始 pH、通风量、接种量和培养温度等。这些参数往往是在筛选工作开始之前通过查阅资料等调研工作而确定的。但应该说这还不是某一菌株的最适条件，所以每当选出一株优良菌株后，还应再进行全面的培养工艺条件试验，获得针对某菌株的优化培养工艺条件，以充分发挥菌株的生产性能。

绝大多数发酵产品的生产是在发酵罐中实现的。摇瓶发酵工艺条件与大罐发酵工艺条件之间有相当大的差异。因此，在对摇瓶发酵工艺条件进行优化的基础上，还应在小型台式发酵罐中对发酵工艺条件进行优化研究。许多小型台式发酵罐都与计算机连接，可以对许多发酵参数进行自动记录和自动控制。溶解氧的控制模式（包括通风与搅拌模式）、pH 的控制模式、原料的添加模式（如一次性投料、阶段性补加、连续流加等）、消泡剂的添加等工艺条件都可以在小型台式发酵罐中进行优化。在此基础上，可以将试验规模放大到中试乃至大型发酵罐生产试验的水平，以确定最终的发酵工艺条件。

对于从自然界分离筛选得到的菌种，还要进行菌种鉴定以确定其分类位置。必要的话，还应该申请专利以对知识产权进行保护。

第二节 基因突变

突变泛指细胞内（或病毒颗粒内）的遗传物质的分子结构或数量突然发生的可遗传的变化。突变往往导致产生新的等位基因及新的表现型。狭义的突变专指基因突变，也称点突变，而广义的突变则包括基因突变和染色体畸变。突变的概率一般很低，约为 $10^{-6}\sim10^{-9}$。从自然界分离到的菌株一般称野生型菌株，简称野生型。野生型经突变后产生的带有新性状的菌株称突变型菌株，简称突变株、突变型或突变体。

突变是工业微生物产生变种的根源，是育种的基础，但也是菌种发生退化的主要原因。所以自然界形形色色的菌种是生物长期进化，即通过变异和自然选择的结果。除可能遗传的变异外，还有一种变化是不遗传的，因为微生物只限当代表现，而不遗传给下一代，即不遗传，这种变化不能称为变异。例如，将纤维素酶产生菌培养在以纤维素为碳源的培养基上能大量产生纤维素酶，而将其培养到以葡萄糖为碳源的培养基上就不分泌或极少分泌纤维素酶，若再将其转接回以纤维素为碳源的培养基上，则又产生纤维素酶了。这只是生理特性的暂时改变而不是变异，因为并不是产纤维素酶的本质起了变化。如果通过诱变，从纤维素酶产生菌诱变得到一个突变株，其在两种培养基中都能产生大量纤维素酶或都不会产生纤维素酶，那么这种本质的变化才叫变异。在育种工作和生产实践中，必须采用分析和综合实验的方法来鉴别这两类变化，不要被表面现象所迷惑，造成工作上的损失。

一、突变型的类型

1. 形态突变型

指细胞个体形态或菌落形态发生改变的突变型。包括细菌鞭毛、芽孢、荚膜的有无，霉菌或放线菌的孢子的有无或颜色变化，菌落的大小，菌落表面的光滑、粗糙，以及噬菌斑的大小或清晰度等的突变。

2. 营养缺陷型

野生型菌株由于基因突变而丧失合成一种或几种生长因子的能力，这种突变株叫营养缺陷型突变株。营养缺陷型突变株不能在基本培养基上正常生长繁殖，只能在补充了相应生长因子的补充培养基上或在含有天然营养物质的完全培养基上才能生长。主要有氨基酸缺陷型、维生素缺陷型和嘌呤嘧啶缺陷型。营养缺陷型突变株在遗传学、分子生物学、遗传工程和工业微生物育种学等工作中有着非常重要的用途。

3. 抗性突变型

由于基因突变而产生对某种化学药物、致死物理因子或噬菌体具有抗性的变异菌株叫抗性突变株。包括抗药性突变型、抗噬菌体突变型、抗辐射突变型、抗高温突变型、抗高浓度酒精突变型和抗高渗透压突变型等。突变前的菌株叫敏感型。

4. 致死突变型

由于基因突变而导致个体死亡的突变型叫致死突变型。通常可分为显性致死和隐性致死，杂合状态的显性致死和纯合状态的隐性致死都会导致个体的死亡，在单倍体生物中两种类型都会引起个体的死亡。

5. 条件致死突变型

在某种条件下可以正常生长繁殖并呈现其固有的表型，而在另一条件下致死的突变型叫条件致死突变型。温度敏感突变型是一类典型的条件致死突变型。例如，*E. coli* 的一种温度敏感突变型在 37℃下正常生长，在 42℃却不能生长；噬菌体 T4 的一种温度敏感突变型在 25℃下可感染其宿主 *E. coli* 并形成噬菌斑，而在 37℃却不能。引起温度敏感突变的原因是突变后的基因产物（酶蛋白）对温度的稳定性降低，以致会在某特定温度下具有正常的功能，而在另一温度（一般为较高的温度）下则失活导致细胞不能生长繁殖。

6. 产量突变型

所产生的代谢产物的产量明显有别于原始菌株的突变株称产量突变型。产量高于原始菌株者称正突变菌株，反之则称负突变菌株。筛选高产正突变株的工作对于生产实践极其重要，但由于产量的高低往往是由多个基因决定的，因此，在育种实践上，只有把诱变育种、基因重组育种以及遗传工程育种有机结合，才会取得良好的结果。

二、突变的类型

1. 染色体畸变

染色体畸变指的是染色体结构的改变，包括缺失、重复、倒位和易位等。缺失指的是染色体片段的丢失，重复是指染色体片段的二次出现，倒位则是指染色体的片段发生了 180°的位置颠倒，而易位是指一个染色体的一个片段连接到另一个非同源染色体上，如果是两个非同源染色体之间相互交换了部分片段则称相互易位。染色体畸变涉及 DNA 分子上较大范围的变化，往往会涉及多个基因，对于二倍体的真核生物细胞，这些变化在减数分裂的前期 I 同源染色体配对时会产生光学显微镜下可观察到的图像，分别为缺失环、重复环、倒位环以及“十”字形图像（图 6.5）。

2. 基因突变

基因突变也称点突变，指的是染色体局部座位内的变化，涉及一对或少数几对核苷酸的增加、减少或取代。

（1）碱基置换

DNA 链上一对碱基为另一对碱基所取代叫碱基置换。碱基置换分转换和颠换，转换是指 DNA 链中一个嘌呤被另一个嘌呤或一个嘧啶被另一个嘧啶所置换，而颠换是指 DNA 链中一个嘌呤被一个嘧啶或一个嘧啶被一个嘌呤所置换。

由于碱基的置换，会引起置换碱基所在的结构基因的三联密码子发生突变。与野生型的密码子相比较，如果突变后的密码子编码的仍是同一种氨基酸，则称同义突变；如果突变后的密码子编码的是不同的另外一种氨基酸，则称错义突

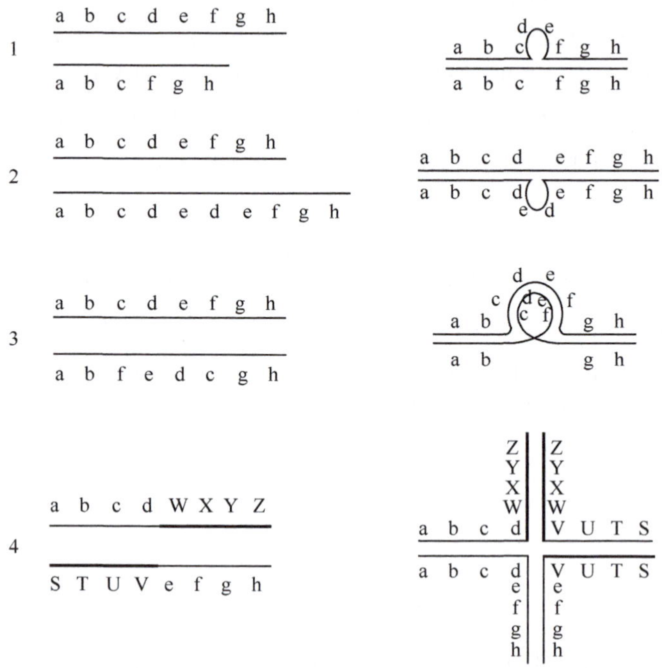

图 6.5　常见的几种染色体畸变及其减数分裂前期 I 的染色体图像

1. 缺失；2. 重复；3. 倒位；4. 相互易位

变；如果突变后的密码子是终止密码，则叫无义突变，如图 6.6 所示。

（2）移码突变

在 DNA 序列中由于一对或少数几对核苷酸的插入或缺失而使其后全部遗传密码的阅读框架发生移动，进而引起转录和翻译错误的突变叫移码突变。移码突变一般只引起一个基因的表达出现错误，见图 6.7 所示。

三、基因突变的规律

由于所有生物的遗传物质的化学本质都是核酸，除部分病毒的遗传物质为 RNA 外，绝大部分为 DNA。因此，在遗传变异特性上都遵循着共同的规律，这在基因突变水平上非常明显。基因突变的规律包括：

1）自发性，突变可自发产生；

2）不对应性，突变性状（如抗药性）的发生与引起突变的原因间无直接对应关系；

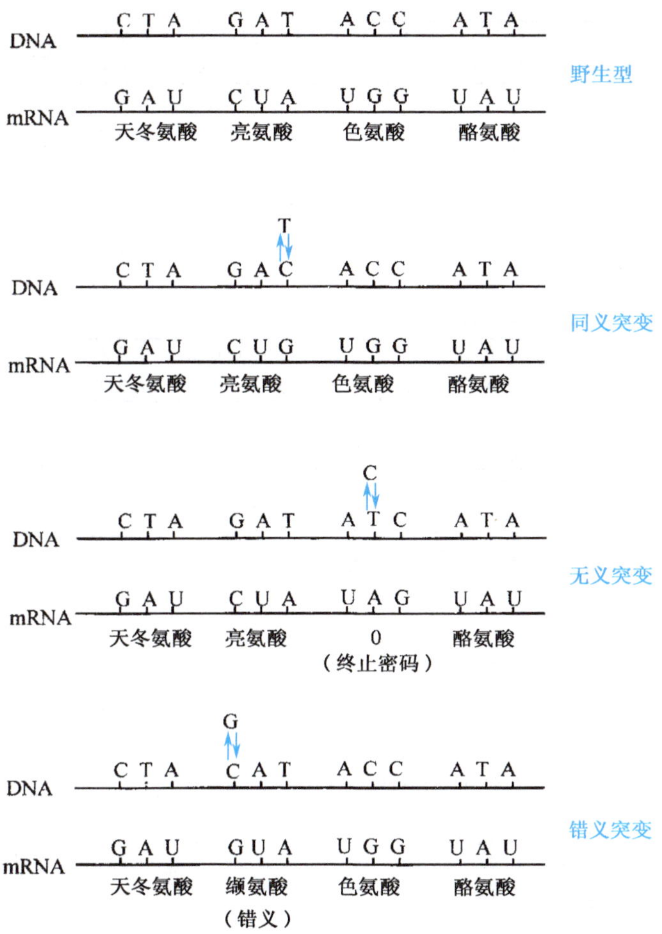

图 6.6　突变的表型效应

3）稀有性，自发突变的频率通常很低，一般为 10^{-6}～10^{-9}之间；

4）独立性，一个基因的突变不受其他基因突变的影响，两个不同基因同时发生突变的频率为两个基因各自的突变率的乘积；

5）可诱变性，基因的突变率可由于诱变剂的存在而提高，一般提高幅度为 10～10^5 倍；

6）稳定性，突变基因像一般基因一样是一个相对稳定的结构，突变基因所表现的遗传性状也是一个稳定的性状；

7）可逆性，野生型基因可通过突变成为突变基因（正向突变），突变基因也可以通过再次突变回复到野生基因（回复突变）。

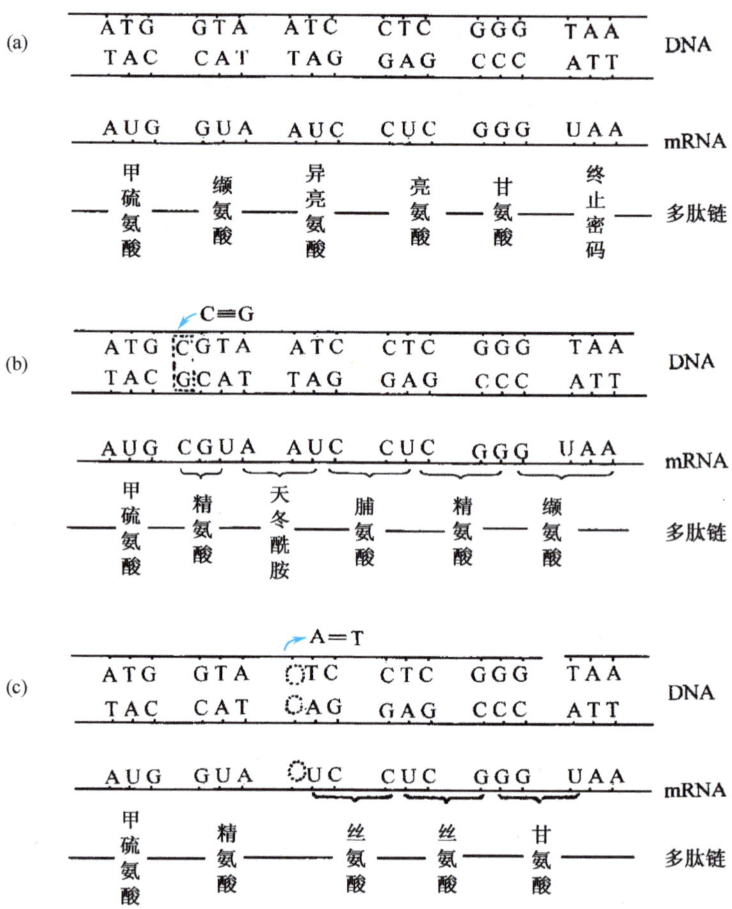

图 6.7　移码突变

（a）野生型；（b）由 CG 对的插入所造成的移码突变；（c）由 AT 对的缺失所造成的移码突变

四、突变的频率

突变频率也称突变率，定义为某一细胞在每一世代中发生某一性状突变的几率。例如，某基因的突变率为 10^{-8} 时，表示一个细胞在 1 亿次分裂的过程中该基因发生了 1 次突变，也可以看成是一个含 10^{8} 个细胞的群体分裂为 2×10^{8} 个细胞的过程中该基因发生了 1 次突变。

应用一般的检测方法要检测出如此低的突变率是非常困难的。但使用选择性培养基技术可有效地对突变基因进行检出，如用含有药物的选择性平板可检出抗药性突变，用不含生长因子的基本培养基可检测出营养缺陷型到原养型的回复突变等。据测定，一般基因的自发突变率约为 10^{-6}，转座突变率约为 10^{-4}，无义突变或错义突变的突变率约 10^{-8}，*E. coli* 乳糖发酵性状的突变率约为 10^{-10}。

五、自发突变的机制

基因突变的机制是多样性的，可以分为自发突变和人工诱发突变两大类。

自发突变是指微生物在未经人为诱变剂处理而自然发生的突变。引起自发突变的原因很多，一般有：

1）背景辐射和环境因素，如宇宙间的短波辐射、紫外线以及高温、病毒等。这些因素多为环境中自然存在的一些低剂量的物理、化学诱变因素。随着环境的恶化、臭氧层的减薄，这些因素的作用日渐加强。

2）微生物自身代谢过程产生的一些具有诱变作用的物质，如过氧化氢、咖啡碱、硫氰化物、二硫化二丙烯、重氮丝氨酸等。微生物细胞所产生的这些物质会作用于 DNA 分子，引发突变。

3）转座因子的作用。DNA 序列通过非同源重组的方式，从染色体的某一部位转移到同一染色体上另一部位或其他染色体上某一部位的现象，称为转座。转座是由一段特殊的 DNA 序列引起的，这种具有转座作用的 DNA 序列叫转座因子，也称可移动基因、可移动遗传因子或跳跃基因。转座因子包括原核生物中的插入序列、转座子以及转座噬菌体（如 *E. coli* 的 Mu 噬菌体）等。由于转座因子的转座作用，会使某一段 DNA 分子在染色体上发生位置变化，由此可引发突变。

4）DNA 复制过程中的碱基错误配对，如由于碱基的互变异构效应以及环出效应而造成碱基配对错误所引起的突变。据统计，在 DNA 分子的复制过程中，每个碱基对配对错误的发生频率为 10^{-7}～10^{-11}，而一个基因的平均长度约 1000bp，所以，由于碱基配对错误引起的自发突变率为 10^{-4}～10^{-8}。

六、诱变剂及其诱变机制

诱发突变简称诱变，是指通过人为的方法，利用物理、化学因素处理微生物而引起的突变。诱发突变与自发突变在效应上几乎没有差异，突变基因的表现型和遗传规律在本质上也是相同的。只是与自发突变相比，诱发突变速度快、时间短、突变频率高。诱发突变在工业微生物菌种选育与改造方面已经取得了惊人的效果。凡是具有诱变作用的物理、化学因素统称诱变剂。

（一）物理诱变因素

物理诱变因素很多，有非电离辐射类的紫外线、激光和离子束等，能够引起电离辐射的X射线、γ射线和快中子等。诱变育种工作中常用的有紫外线和γ射线等。

1. 紫外线

紫外线是波长短于紫色可见光而又紧接紫色光的射线，波长范围为136～390nm，它是一种非电离辐射。紫外线波长虽较宽，但诱变有效范围是200～300nm，其中又以260nm左右效果最好。其之所以具有诱变作用，主要是紫外线的作用光谱与核酸的吸收光谱相一致，所以DNA最容易受紫外线的影响。当然各种微生物对紫外线的敏感性并不相同，有的差异很大，可以相差几千倍，甚至上万倍。一般诱变用15W低功率的紫外灯，这时灯光的光谱主要集中于2537Å，是比较有效的诱变作用光谱。高功率紫外灯，由于放出的光谱分布比较均匀，范围较宽，效果不如低的好。也有人认为，在生产过程中对紫外线的敏感性，长波比短波更显著。用长波紫外线照射时，若同时加入光敏化物质如8-甲氧基补骨烯（8-methoxypsorolen）诱变效果更好。紫外线诱变育种已沿用多年，目前仍普遍使用，育种效果比较好，操作也方便。例如糖化酶产生菌黑曲霉变异株的出发菌株产酶不到1000U/ml，经过紫外线诱变选育后的突变株，产量提高到3000U/ml。

（1）紫外线的诱变机理

已经证明紫外线的生物学效应主要是由于它引起DNA变化而造成的。图6.8表示紫外线照射DNA后引起的结构改变。由于DNA强烈吸收紫外线，尤其是它链上的碱基，因此引起了DNA的变化。已知嘧啶比嘌呤对紫外线要更敏感，几乎要敏感100倍。紫外线引起DNA结构变化的形式很多，如DNA链的断裂，DNA分子内和分子间的交联，核酸与蛋白质的交联及嘧啶产生两类光化合物，即水合物和二聚体（环丁烷型的嘧啶二聚体）。二聚体大多数为胸腺嘧啶二聚体T＝T（图6.9），但也有T＝C和C＝C二聚体。其中T＝T的形成是DNA生物学活性改变的重要原因。

通常T＝T是在DNA链上相邻的嘧啶之间交联而成。这个二聚体对热和酸都稳定，因为这时二条链的相应部分已由化学键代替了原来的氢键，使得连接更为牢固。在DNA复制时，两链之间的二聚体会阻碍双链的分开和复制。而链内的二聚体则会阻碍碱基的正常配对。在正常情况下，T与A配对，若二聚体形成后，就会破坏A的正常掺入，复制就会在这一点上突然停止或错误进行，以至新形成的链的碱基序列发生改变。

在对生物复活能力的试验中，发现复活率与二聚体的减少有对应关系，这就

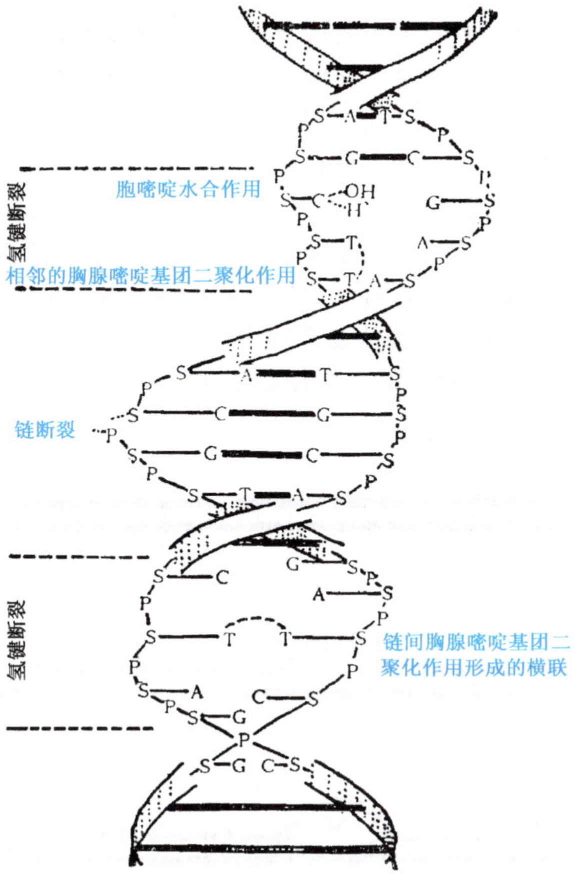

图 6.8　紫外辐射引起 DNA 的结构变化

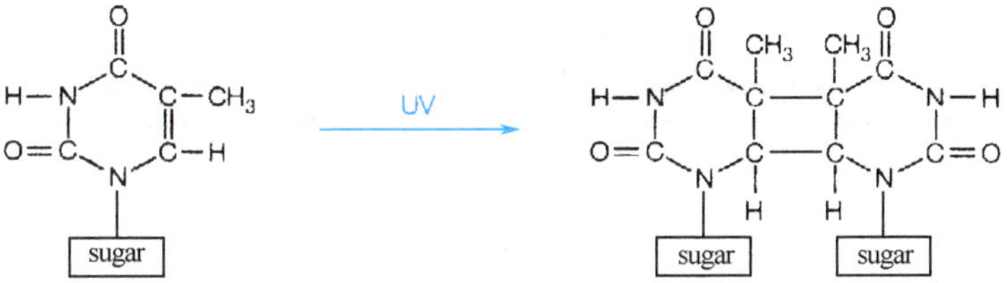

胸腺嘧啶
T

胸腺嘧啶二聚体
T=T

图 6.9　胸腺嘧啶二聚体（T＝T）的形成

说明紫外线照射后产生二聚体是 DNA 突变的主要原因之一。在被研究过的所有大肠杆菌中，发现每产生一个二聚体所需要的紫外线照射剂量是相同的，为 6 个二聚体/（erg/mm^2）。当然，不同菌株形成 T＝T 二聚体所需能量并不相同。

（2）DNA 损伤的修复

①光复活作用：将经紫外线照射后的细胞立即暴露于可见光下时，其存活率可大幅度提高，突变率相应降低，此即光复活作用。研究表明，光复活是一种酶促反应，参与的酶叫光裂合酶或光复活酶，分子质量为 $5.5\times10^4\sim6.5\times10^4$ Da，存在于多种微生物细胞内。该酶在黑暗环境下没有活性，但在光环境中，可吸收300～500nm 波长的可见光的能量而被激活。经紫外线照射所形成的嘧啶二聚体在黑暗下会与光裂合酶结合，形成嘧啶二聚体～光裂合酶复合物，当这种复合物暴露在可见光下时，酶被激活，将嘧啶二聚体重新分解成单体，DNA 恢复成正常的双链结构。与此同时，酶也从复合物中释放出来，以便重新执行功能（图 6.10）。由于在一般的微生物中都存在着光复活作用，所以在利用紫外线进行诱

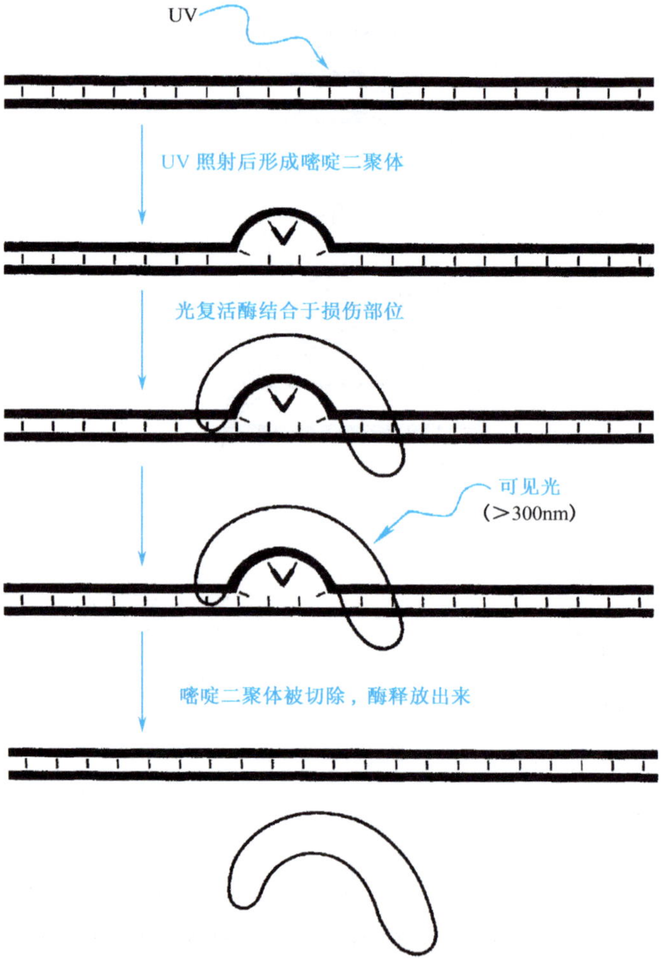

图 6.10　紫外损伤的光复活作用

变育种的工作时，应该在红光（646～760nm）下进行照射和后续操作，并放置黑暗条件下培养。但也有研究指出，在诱变育种工作中对菌种采用致死剂量的紫外线和白炽灯进行光复活交替处理，可以增加菌种的突变频率。

②切补修复。切补修复是在内切核酸酶、外切核酸酶、DNA 聚合酶以及连接酶的协同作用下将嘧啶二聚体酶切除去，继而重新合成一段正常的 DNA 链以填补酶切所留下的缺口，使损伤的 DNA 分子恢复正常的一种修复方式。由于整个过程不依赖于可见光，所以切补修复也称暗修复。切补修复几乎存在于所有的微生物中。切补修复过程如图 6.11 所示，首先内切核酸酶在胸腺嘧啶二聚体 5′一侧切开一个 3′-OH 和 5′-P 的单链缺口，接着外切核酸酶从缺口的 5′端沿 5′→3′方向切除二聚体，并扩大缺口，然后在 DNA 聚合酶的作用下，以嘧啶二聚体 DNA 节段所对应的互补单链为模板，复制成新的 DNA 节段，补到切除二聚体所留下的缺口，最后，在连接酶的催化下，新合成的 DNA 节段的3′-OH端与缺口的 5′-P 端相连接，使 DNA 恢复成正常的双链结构（见图 6.11）。

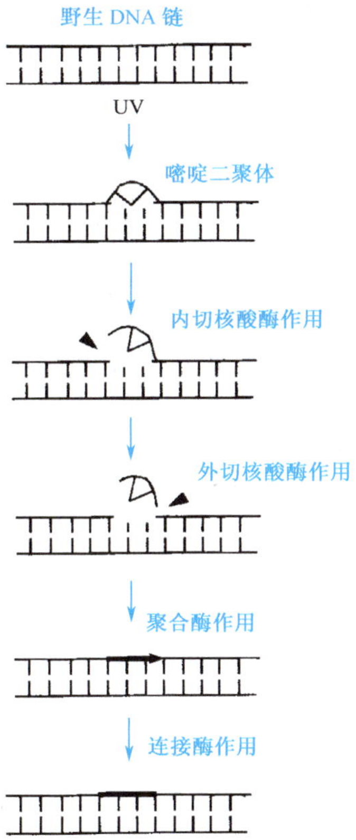

图 6.11 紫外损伤的切补修复

(3) 紫外线剂量的测定

紫外线的强度单位为 erg/mm^2，但测定比较困难，所以在诱变工作中，常用间接法测定，即用紫外线照射的致死时间或致死率作为相对剂量单位。

微生物所受紫外线照射的剂量主要取决于紫外灯的功率、灯与微生物的距离和照射时间。如果距离和功率固定，那么剂量就和照射时间成正比，即可用照射时间作为相对剂量。紫外线的剂量随着灯与被照射物的距离缩短而增加，在短于灯管长三分之一的距离内，强度与距离成反比关系，在此距离之外，则和距离的平方比成反比关系。按照这个关系，适当的增加距离，并延长照射时间，可以和缩短距离及缩短照射时间取得相等的效果。另外，若其他条件固定，分次处理与一次处理的照射时间一致，处理结果也应类似。

在很多文献中，紫外线的照射剂量用微生物的死亡率来表示，因为在一般情况下，每种菌种在一定条件下对紫外线的抗性是固定的，一定的死亡率必定对应于一定的照射剂量。有时同一类型的紫外线灯管所产生的紫外线波长范围会有不同，所以紫外线强度也不尽相同，而且还会随使用时间的延长而下降。所以用照射时间表示剂量并不确切，用微生物的死亡率来表示剂量则比较实用。

(4) 紫外线照射的操作方法

在暗室中安装的 15W 紫外线灯管最好装有稳压装置，以求剂量稳定。处理时，可将 5ml 菌悬液放在直径 5cm 的培养皿中，置磁力搅拌器上，使培养皿底部离灯管 30cm 左右，培养皿底要放平，处理前应先开灯 20～30min 预热稳定。照射时启动磁力搅拌器，以求照射均匀。一般微生物营养细胞在上述条件下照射几十秒到数分钟即可死亡，芽孢杆菌 10min 左右也可死亡，革兰氏阳性菌和无芽孢菌对紫外线比较敏感。当然，在正式进行处理前，应作预备实验，作出照射时间与死亡率的曲线，这样就可以选择适当的剂量了。

为了避免光复活作用，应在红光下操作，处理后的菌悬液若需进行增殖培养，也可用黑布包起来进行避光培养。

2. X 射线和 γ 射线

X 射线和 γ 射线都是高能电磁波，两者性质很相似。X 射线波长是 0.06～136nm，γ 射线的波长是 0.006～1.4nm，短波 X 射线也就是 γ 射线。X 射线和 γ 射线作用于某种物质时，能将该物质的分子或原子上的电子击出而生成正离子，这种辐射作用称为电离辐射。射线能量越大，产生的正离子越多。生物学上所用的 X 射线一般由 X 光机产生；γ 射线来自放射性元素钴、镭或氡等。

(1) 电离辐射诱变机理

尽管电离辐射在诱变育种方面开展较早，机理方面也早就提出靶子说，但它对 DNA 的作用还未得出较完整的概念。由于 X 射线和 γ 射线是一个一个光子组成的光子流，光子是不带电的，所以它不能直接引起物质电离，只有与原子或分子碰撞时，把全部或部分能量传递给原子才能产生次级电子。这些次级电子一般具有很高的能量，能产生电离作用，因而直接或间接改变 DNA 结构。直接的效应是造成碱基与脱氧核糖之间的糖苷键、脱氧核糖与磷酸之间的磷酸二酯键的断裂。间接的效应是电离辐射使水或有机分子产生自由基，自由基作用于 DNA 分子，引起缺失和损伤。自由基的作用对嘧啶更强。此外电离辐射还能引起染色体畸变，即因染色体断裂引起染色体的倒位、缺损和重组等。但发生了染色体断裂的细胞常常不稳定，复制时会引起分离，这是此类诱变剂的一个缺点。

(2) 剂量的测定

物理方法测定是直接测定每毫升空气内发生电离的数目或测定能量，单位以尔格/克受照物表示。化学方法测定是用硫酸亚铁法，此法原理是亚铁受一定能量的 X 射线或 γ 射线照射后就产生一定量的高铁，在一定范围内高铁生成量与所吸收的能量成正比。高铁的量可用紫外分光光度计在 304nm 波长处测定消光值而得，再由公式换算出剂量。

(3) X 射线和 γ 射线的应用

各种微生物对 X 射线和 γ 射线的敏感程度差异很大，可以相差几百倍，引起最高变异率的剂量也随着菌种有所不同。照射时一般用菌悬液，也可直接照射长了菌落的平板。照射剂量一般为 4～10 万 R。

3. 快中子

(1) 快中子及其诱变作用

中子是原子核中不带电荷的粒子，可以从回旋加速器、静电加速器或原子反应堆中产生。中子具有很高的能量，其中快中子具有的能量最高，为 0.2～10MeV。中子不带电荷，也不会直接引起物质的电离，但却能与被照射物质的原子核相撞击而将能量转移给后者。接收了中子能量的原子核释放出质子，它带正电荷并具有很高的能量。当这些质子透过物质时引起物质的电离。在受快中子照射的物质中，质子是被不定向地打出来的，电离是在受照射物体内沿质子的轨迹集中分布的。质子电离作用所引起的生物学效应与 X 射线和 γ 射线基本相同，但是由于快中子较 X 射线和 γ 射线具有更大的电离密度，因而能够引起基因突变和染色体畸变，特别是正突变，因而近年来应用较广。

快中子的剂量通常以拉德（rad）表示，其定义为 1g 被照射物质吸收 100erg 辐射能量的射线剂量为 1rad。由于测定较困难，在水中和空气中也不一样。为了比较起见，可转换以伦琴（R）为单位，即快中子产生的离子数与 1R X 射线所产生的离子数相当时的剂量为 1R，常用 X 射线剂量计在快中子照射下进行测定。

(2) 快中子的应用

可将放在安瓿管中的菌悬液或长在平皿上的菌落，置射线源一定距离处，进行快中子照射。所用剂量范围大约为 10～150 krad。有人报道，用 10～30 krad 的剂量进行处理，控制致死率为 50%～85%，产生的正突变率可达 50%，在微生物诱变育种中有较为广泛的应用。

（二）化学诱变因素

自 20 世纪中后期，在选择有效化学诱变剂的工作中，已经试验过几千种化学物质，发现从简单的无机物到复杂的有机物都有许多具有诱变作用的物质，如金属离子、一般化学试剂、生物碱、代谢拮抗物，生长激素、抗菌素、高分子化合物、药剂、农药、灭菌剂、染料等。虽然可以起诱变作用的物质很多，但效果较好的只是其中的少数。由于化学诱变剂用量很少，诱变时设备简单，只要一般实验室的玻璃器皿就行，所以其应用发展较快。但是由于一般诱变剂都有毒，很多又是致癌物质，所以在使用中必须非常谨慎，要避免吸入诱变剂的蒸汽以及使化学诱变剂与皮肤直接接触（尤其是带伤口的皮肤）。最好操作室内有吸风装置或蒸汽罩，有些人对某些化学诱变剂很敏感，在操作时就更应该注意。

化学诱变剂的处理浓度常用几微克/毫升～几毫克/毫升，具体使用浓度取决于诱变剂的种类及微生物本身的特性，还受水解产物的浓度、一些金属离子以及某些情况下诱变剂延迟作用的影响。一种化学诱变剂处理的剂量的参数主要是浓度、处理的持续时间及处理的温度。处理后一般采取稀释法、解毒剂或改变 pH 等来中止反应。由于诱变过程中，有些诱变剂本身会起变化，因此影响了菌悬液的 pH，为此制备菌悬液最好用缓冲液。当然，对于各种微生物最合适的诱变剂和诱变条件是不一样的，同一诱变剂，对不同微生物或同一种微生物在不同条件下处理，效果也不相同。就是在相同条件下，微生物细胞所处的生长阶段不同，处理效果也不相同。所有这些，在设计试验时都应认真考虑。

根据化学诱变剂的作用方式，可以把其分为三大类。

1. 碱基类似物

碱基类似物是指与 DNA 的四种碱基 A、T、G、C 在化学结构上相似的一类物质。如 5-溴尿嘧啶（BU）和 5-溴脱氧尿核苷（BD）是胸腺嘧啶（T）结构类似物（图 6.12），2-氨基嘌呤（AP）是腺嘌呤（A）的结构类似物。将碱基类似物加入到培养基中，它们可在微生物的繁殖过程中掺入到 DNA 分子中。碱基类似物不影响 DNA 的复制，它们的诱变作用是取代核酸分子中的正常碱基，再通过 DNA 复制，引起突变，因此，也叫掺入诱变剂。显然，这一类诱变剂只对生长态的微生物细胞起作用，而对处于静止态的细胞（如细胞悬液、孢子悬液、芽孢悬液等）是没有效果的。

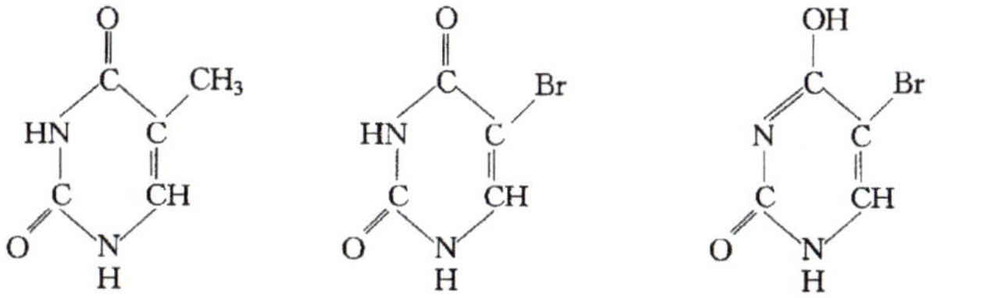

胸腺嘧啶 (T)　　5-溴尿嘧啶（酮式）($5\text{-}BU_k$)　　5-溴尿嘧啶（烯醇式）($5\text{-}BU_e$)

图 6.12　胸腺嘧啶和 5-溴尿嘧啶（BU）的结构

（1）碱基类似物的诱变机制

正常的碱基存在着同分异构体，而碱基类似物也有同分异构现象，它们是由电子结构改变引起的。电子结构的改变可以使键的特异性发生偶然的改变。互变异构现象在嘧啶分子中表现为酮式和烯醇式之间的异构变化，而嘌呤分子则是在胺基和亚胺基形式之间异构变化。互变异构现象在碱基类似物中出现的频率比正常的 DNA 碱基更高。

BU 具有与 T 极为相似的结构。在 DNA 分子中 T 和 A 通过两个氢键相配对，其中 T6 位上的酮基与 A6 位上的胺基之间形成一个氢键。虽然酮式的 T 也可以另一互变异构形式——烯醇式出现，但在正常的生理条件下，酮式占绝对优势，从而保证了 DNA 分子结构的相对稳定性。在 BU 分子中，C_5 上的溴原子（Br）取代了甲基，改变了酮式和烯醇式之间的平衡关系，使烯醇式的 BU（BU_e）出现概率增大，但出现的频率相对于酮式的 BU（BU_k）还是要低一些，因此，可以将 BU_k 理解为正常的出现形式，将 BU_e 理解为错误的出现形式。BU_k 像 T 一样，仍是与 A 配对，但 BU_e 不再与 A 配对，而是与 G 之间通过三个氢键相配对，见图 6.13。

BU 诱发的突变要经过 DNA 的三次复制才能实现。BU 可以两种不同的互变异构体的形式出现在 DNA 分子中。在第一次 DNA 复制过程中，若 BU 以“正常”的形式 BU_k 取代 T 掺入 DNA 分子后，在第二次复制的瞬间呈现“错误”形式 BU_e，此时，G 出现在 BU 相对的位置上，第三次复制时 C 就会出现在 G 相对的位置上，其结果是，一个双链 DNA 分子经过三次复制所形成的 8 个分子中，就有一个发生了 AT→GC 的转换。这种 BU 以“正常”形式掺入 DNA 分子，在复制的瞬间呈现“错误”的形式，称作复制错误，可诱发 AT→GC 的转换。同样，如果 BU 在掺入 DNA 分子的瞬间呈现“错误”的形式 BU_e，而掺入以后回复成正常的 BU_k 形式，则叫掺入错误，可诱发 GC→AT 的转换，见图 6.14。

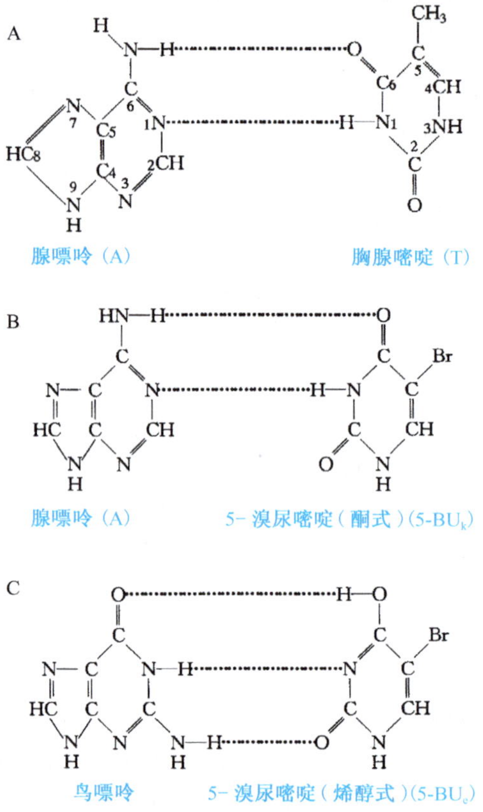

图 6.13　5-溴尿嘧啶（5-BU）的碱基配对

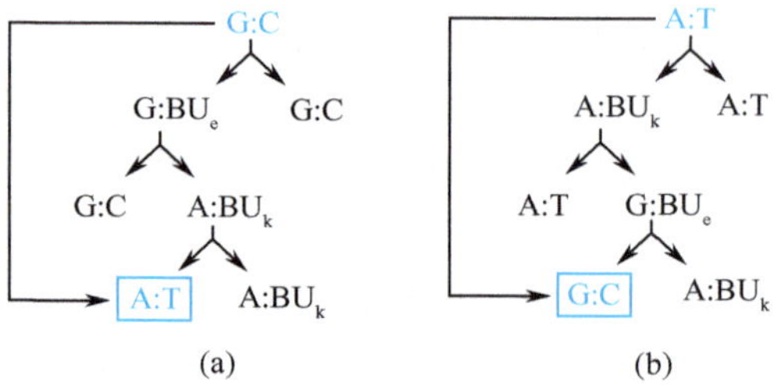

图 6.14　5-溴尿嘧啶（BU）所引起的掺入错误（a）和复制错误（b）

对于 BU 诱发的突变有几个特点。首先，虽然突变是由 BU 所引起，但在突变型 DNA 分子中却并没有由 BU 代替 T 的位置。其次，BU 可以诱发正向突变，也能够诱发回复突变。如果把 AT→GC 的转换看做是正向突变，那么，GC→AT 的转换就是回复突变。第三，BU 更容易诱发 GC→AT 的转换。游离状态的 BU 比结合于 DNA 分子中的 BU 呈 BU$_e$ 形式的概率要高，因为结合于 DNA 分子中的 BU 上的溴原子的作用部分被邻近基团所抵消，所以，DNA 分子中的 BU_k 异构成 BU_e 的可能性与游离状态的 BU 相比更低，由此，BU 多是通过掺入错误而诱发突变。

2-氨基嘌呤（AP）的诱变特性曾被广泛研究。它的性质不同于 BU，尽管 AP 掺入 DNA 的量少，但能造成比 BU 更多的错误。AP 具有胺基和亚胺基两种异构形式，但胺基形式是 AP 的主要存在形式。胺基式 AP 通过两个氢键与 T 配对，亚胺基式 AP 通过一个氢键与 C 配对，但此时由于只有一个氢键，结合的牢固程度相对较低，所以，AP 与 BU 一样，也能诱发 AT⇌GC 两个方向的转换，不过比较容易诱发 AT→GC 这一转换。在饥饿的细菌中，发生的频率更大。

（2）碱基类似物的诱变处理方法

5-BD 的处理方法：取培养过夜的菌液 0.1 ml，接入 30ml 补给了 200μg/ml 氨基嘌呤和 200μg/ml 胸腺核苷的同一培养基中，37℃震荡培养 7h，菌液浓度达 2.3×10^8 个/ml，然后加入 BD，至最终浓度 50μg/ml，连续震荡培养 11h，平板分离。

5-BU 的处理方法：用无菌生理盐水配制 5-BU 溶液，一般浓度为 2000μg/ml（配制时可微热，加助溶剂）。将预先培养到对数期的细菌再在缓冲液或生理盐水中培养过夜，即在饥饿条件下使之耗去储存营养，以有利于 BU 的掺入。将 BU 加到培养基中，使最终浓度为 10～20μg/ml，将菌悬液涂在平板上，使之在生长过程中进行处理，然后挑取单菌落进行试验。如处理孢子悬浮液时，BU 浓度可稍高，如 100～1000μg/ml，与孢子悬浮液混合培养处理一定时间后，稀释涂平板。

AP 处理方法：取在加有 20μg/ml 组氨酸，25μg/ml 腺嘌呤的合成培养基上对数期生长的菌体，用终浓度为 10μg/ml 腺嘌呤和 500μg/ml AP 的合成培养基稀释至含菌体 5×10^7 个/ml，37℃再培养 4h，进行平板分离。也可用嘌呤缺陷型在类似条件下培养获得变异株。

2. 烷化剂

烷化剂是诱变育种上极其重要的一类化学诱变剂。这些化学物质带有一个或多个活性烷基，此烷基能转移到其他分子中电子密度极高的位置上去，活性烷基的数目就表示它具有单功能、双功能或多功能。单功能烷化剂包括亚硝基类、磺酸酯类、硫酸酯类、重氮烷类和乙烯亚胺类化合物，双功能烷化剂则包括硫芥子类与氮芥子类等。所有这些物质通过烷化磷酸基、嘌呤和嘧啶而与 DNA 作用，因而双功能烷化剂的毒性比单功能的强。碱基中最容易发生烷化作用的是嘌呤类。其中鸟嘌呤 N^7 是最易起反应的位点，几乎可以被所有烷化剂所烷化。DNA 分子中鸟嘌呤 O^6、胸腺嘧啶 O^4 也是比较容易烷化的位点。而鸟嘌呤 O^3、腺嘌

呤 N^2、腺嘌呤 N^7 和胞嘧啶 N^3 虽然也能被烷化，但这些位点引起碱基置换的仅占烷化作用的10%左右，所以，由这些位点的改变所引起的突变仅是少数。部分烷化剂和烷化碱基如图 6.15 所示。

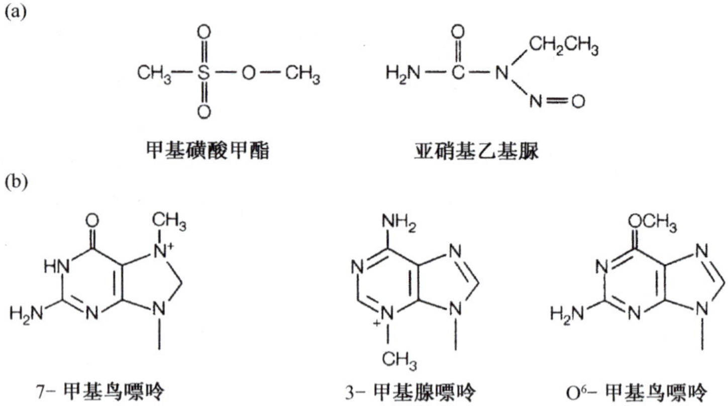

图 6.15　部分烷化剂（a）和烷化碱基（b）

烷化剂的诱变机制尚不完全明了。研究表明烷化剂通过对鸟嘌呤 N^7 位点的烷化而导致突变有三种可能。首先是脱嘌呤作用（图 6.16）。如鸟嘌呤 N^7 位点被烷化形成 7-烷基鸟嘌呤，7-烷基鸟嘌呤不稳定，或分解成为鸟嘌呤而使 DNA 恢复原状，或引起脱氧核糖-碱基间的糖苷键发生水解，使鸟嘌呤从 DNA 分子上脱落，造成 DNA 链上碱基空缺。在随后的 DNA 复制过程中，空缺位点（原来鸟嘌呤的位点）的相对位置可以出现任何一种碱基，由此造成碱基的置换（转换或颠换）。其次是烷化嘌呤引起碱基配对错误。被烷化的鸟嘌呤易于离子化，由原来的酮式变为不稳定的烯醇式，烯醇式的烷基鸟嘌呤不能和胞嘧啶配对而是和胸腺嘧啶配对，由此造成 GC→AT 转换（图 6.17）。第三种机制是鸟嘌呤的交联作用。烷化剂可以使两个鸟嘌呤通过 N^7 位点的共价结合而发生交联（图 6.18），交联可以发生在 DNA 分子中的单链内部相邻位置，也可以发生在两条单链之间。链内的交联往往会引起碱基置换，而链间的交联会严重影响 DNA 的复制，引起染色体畸变甚至个体的死亡。一般双功能烷化剂易引起 DNA 双链间的交联。

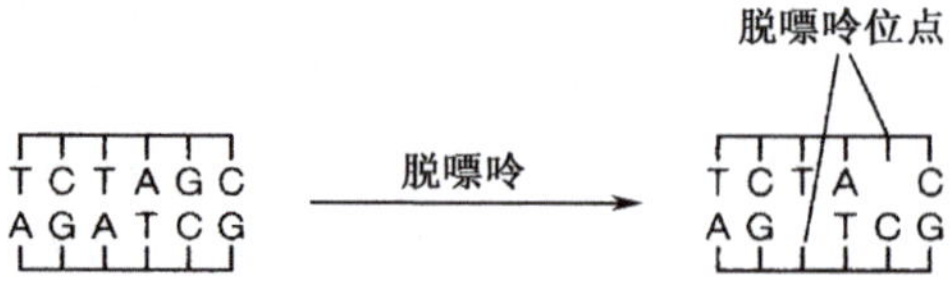

图 6.16　DNA 的脱嘌呤

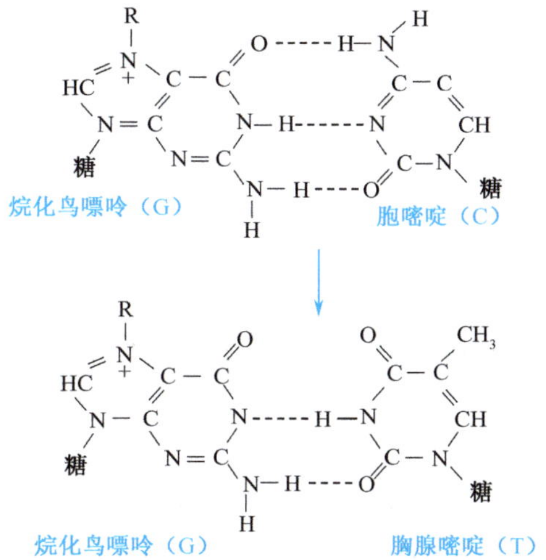

图 6.17 烷化鸟嘌呤的碱基配对

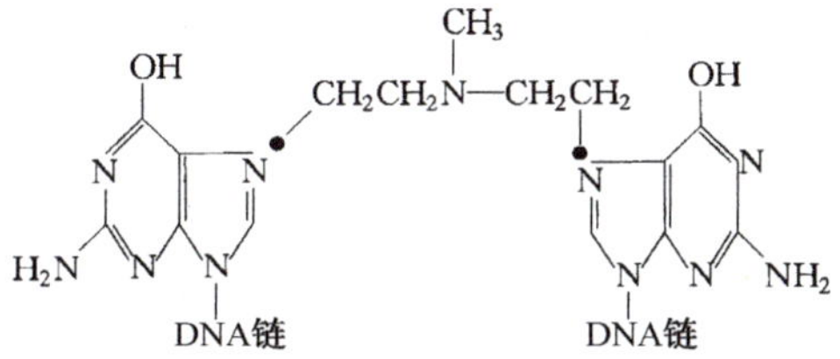

图 6.18 烷化鸟嘌呤的交联作用

在实际应用烷化剂时，由于它们具有很高的活性，而且能与水起作用，所以溶液必须在使用前配制，水溶液不易储藏。水合作用后，通常就形成没有诱变能力的化合物，并且是有毒的。水解速度通常用半衰期表示（表 6.2）。对某些烷化剂，其半衰期是温度的函数，或者是 pH 的函数，特别是乙烯亚胺衍生物、硫芥、氮芥以及一些溶于一定 pH（常低于 pH7.0）缓冲液中的亚硝基化合物。

表 6.2 烷化剂的某些性质

烷化剂名称	理化特性			pH7 水中半衰期/h			相对分子质量
	状态	水溶性	熔点或沸点	20℃	30℃	37℃	
甲基磺酸乙酯（EMS）	无色液体	约 8%	沸点 85～86℃ /10mmHg	93	26	10.4	124
乙烯亚胺（EI）	无色液体	易溶于水	沸点 56℃ /760mmHg				43

续表

烷化剂名称	理化特性			pH7 水中半衰期/h			相对分子质量
	状态	水溶性	熔点或沸点	20℃	30℃	37℃	
亚硝基乙基脲（NEU）	粉红色液	约 5%	沸点 53℃ /5mmHg		84		117
亚硝基甲基脲（NMU）	黄色固体				35		103
硫酸二乙酯（DES）	无色油状物	不易溶		3.34	1	0.5	
亚硝基胍（NTG）	黄色固体		熔点 118℃				

3. 移码诱变剂

吖啶类化合物、溴化乙锭和由美国癌症研究所（The Institute for Cancer Research）发现的 ICR 类化合物（图 6.19）能够插入 DNA 分子两相邻的碱基之间，使得 DNA 分子的长度增加，并使双螺旋伸展或解开一定的长度（图 6.20），这样，在 DNA 分子上减少或增加一个或数个碱基，若增减的碱基数不是 3 的倍数，就会引起此后全部三联密码转录、翻译错误，导致移码突变。

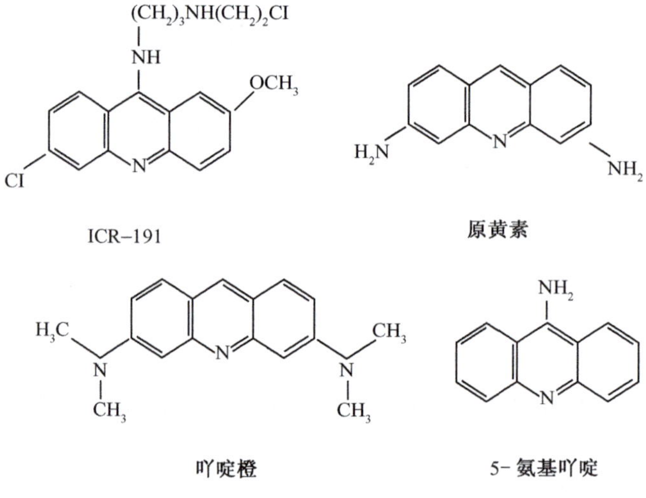

图 6.19　部分移码诱变剂

能够嵌入 DNA 分子的物质还有溴化乙锭，溴化乙锭是酵母菌小菌落突变型的有效诱变剂。

移码诱变剂只能作用于生长态的细胞。因此，使用时一般是将诱变剂按一定的浓度加入接种了的液体培养基（如吖啶黄 10～20μg/ml）中，在振荡培养过程中诱变处理，也可以先制成含一定浓度诱变剂（如吖啶黄 10～50μg/ml）的平

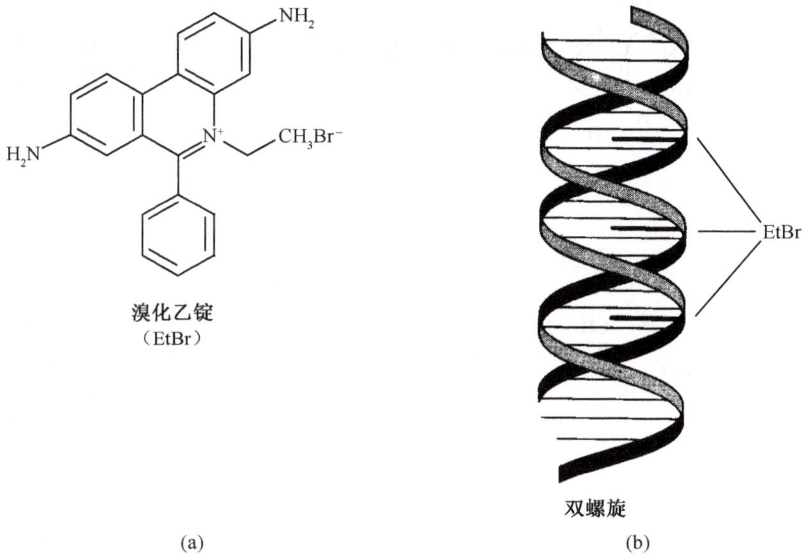

图 6.20　溴化乙锭的结构（a）及其诱变反应（b）

板，然后将菌体涂布接种，在培养过程中进行诱变处理。

4. 脱氨剂

亚硝酸是典型的脱氨剂。亚硝酸可直接作用于 DNA 分子，脱去碱基中的氨基，改变碱基氢键的电位，造成碱基配对错误，从而引起转换。脱氨基的结果使腺嘌呤、胞嘧啶和鸟嘌呤分别变为次黄嘌呤（H）、尿嘧啶（U）和黄嘌呤（X）。由于在 DNA 复制过程中 H 和 U 分别与 C 和 A 配对，所以亚硝酸作用于 A 和 C 能导致碱基转换。而对于 X，其与 G 一样，仍是和 C 配对，所以，亚硝酸作用于 G 虽然能引起脱氨基，但不导致突变的发生。亚硝酸的脱氨基作用以及由此引起的转换，如图 6.21 所示。

亚硝酸除了脱氨基作用以外，还可以引起 DNA 两条单链之间的交联作用，阻碍双链分开，影响 DNA 复制，也能引起突变。

使用亚硝酸进行诱变处理时，一般在 1mol/L pH4.5 的醋酸缓冲液中进行，对于真菌孢子，亚硝酸的处理浓度为 20～30mmol/L，25～28℃保温处理 10～20min，对于细菌营养细胞，亚硝酸的处理浓度为 40～60mmol/L，35～37℃保温处理 5～10min，处理结束后加 5 倍于处理液体积的 70mmol/L pH8.6 的磷酸钠缓冲液终止反应，经适当的后培养以后进行单菌分离。

亚硝酸水溶液不稳定，易挥发，应在使用前临时从亚硝酸钠配制，不能储藏。

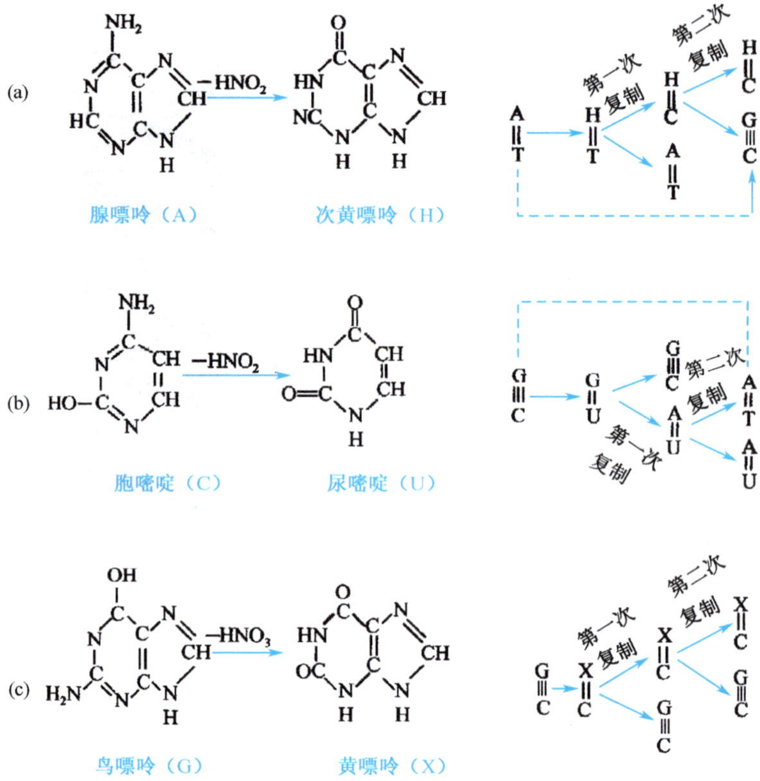

图 6.21　亚硝酸的脱氨基作用及其诱发的突变

（a）作用于腺嘌呤，诱发 AT→GC 转换；（b）作用于胞嘧啶，诱发 GC→转换；（c）作用于鸟嘌呤，不诱发突变

5. 羟化剂

羟胺（分子式为 NH_2OH）是典型的羟化剂。羟胺是具有特异诱变效应的诱变剂，能专一性诱发 GC→AT 的转换。对噬菌体及离体 DNA 专一性更强。羟胺主要是作用于 DNA 分子上的胞嘧啶，使之形成羟化胞嘧啶。羟化后的胞嘧啶不再与 G 配对，而是与 A 配对，从而引起 GC→AT 的转换。羟胺的这种专一性的诱变作用在 pH6.0 的环境中特别突出。

（三）其他诱变因素

除物理与化学因素外，尚有一些其他因素，如抗菌素，杀菌剂、脱氧核糖核酸和增变因子等，其中尤以抗菌素应用最广，如链黑霉素、增光霉素、丝裂霉素、放线菌素、正定霉素、光辉霉素和阿霉素等。这些抗生素都是抗癌药物，它们在微生物育种中虽有应用，但单独使用效果不如烷化剂等诱变剂显著，若与化学、物理诱变因素复合使用，可提高其诱变效果。

（四）化学和物理诱变剂主要效应的小结

诱变剂	在DNA上的初级效应	遗传反应
碱基类似物	掺入作用	AT⇌GC 转换
羟胺	同胞嘧啶起羟化反应	GC→AT 转换
亚硝酸	A、C的脱氧基作用 DNA交联	AT⇌GC 转换 缺失
烷化剂	烷化碱基（主要是G）而导致： 脱嘌呤作用；烷化碱基的互变异构作用；DNA链的交联作用；糖-磷酸骨架的断裂	碱基置换（AT⇌GC 转换、AT→TA 颠换、GC→CG 颠换）及染色体畸变
吖啶类	个别碱基的插入或缺失	移码突变
紫外线照射	形成嘧啶二聚体；形成嘧啶的水合物；DNA交联；DNA断裂	AT→GC 转换、TA→GC 颠换及移码突变
电离辐射	脱氧核糖-碱基之间化学键及脱氧核糖-磷酸之间化学键的断裂；通过自由基对DNA的作用	AT⇌GC 转换、移码突变及染色体畸变

第三节　诱变育种

诱变育种是选择合适的诱变因素、处理剂量及处理方法，人为地对出发菌株进行诱变处理，然后运用合理的筛选程序及适当的筛选方法把优良的变异菌株筛选出来。

诱变育种在工业微生物育种上有多种用途。首先，通过诱变育种可以提高产物的产量，即可以获得高产突变株。在抗菌素工业发展的过程中，通过诱变育种而提高抗生素的发酵效价的效果非常显著，例如，青霉素1943年开始生产时发酵效价才20U/ml，而1955年就达8000U/ml，1969年已达15 000U/ml，目前发酵效价已超过85 000U/ml。又如链霉素，1949年刚发现时才50U/ml，而1955年则达到5000U/ml以上，目前发酵效价已超过35 000U/ml，当然这其中还涉及很多其他因素，但主要因素还在于菌种的选育。其次，通过诱变育种可以改善菌种特性、提高产品质量。减少或去除发酵副产物的生成量既可以提高产品质量，又可以简化产品分离提取工艺，降低成本。如青霉素的原始生产菌株产黄青霉（*Penicillium chrysongenum* Wis Q-176）在深层发酵过程中产生的黄色素在产品的提取过程中很难除去，影响产品质量，经过诱变育种获得的无色突变株DL3D10不再产生黄色素。第三，通过诱变育种可以选育出更适合于工业化发酵要求的突变株，简化工艺条件。如选育产孢子量多的突变株可以减少种子的工艺难度；选育产泡沫少的突变株可以节省消泡剂、增加投料量、提高发酵罐的利用率。第四，通过诱变育种可以开发新产品。通过诱变，可以改变微生物的原有代谢途径，使微生物合成新的代谢产物。例如，在对产柔红霉素产生菌 *Streptomyces peucetins* 的诱变育种工作中，筛选得到产具有抗癌功能的阿霉素的突变株。实践证明诱变育种是符合多快好省发展发酵工业的一项好办法。

目前，在育种方法上，虽然杂交、转化、转导以及遗传工程等都在研究发展，并已逐步应用于工业微生物菌种的选育与改良工作中，但诱变育种仍为最主要、也是使用最广泛的一种手段。

一、诱变育种的步骤和方法

诱变育种是用物理和化学等因素使诱变对象细胞内的遗传物质发生变化，引起突变，并通过筛选获得符合要求的变异菌株的一种育种方法。人工诱变能提高突变频率和扩大变异谱，但它的缺点是缺乏定向性。如果筛选方法得当，也有可能定向的获得好的变异株。

诱变育种的基本步骤包括：出发菌株的选择，诱变菌株的培养，诱变菌悬液的制备，诱变处理，后培养，突变株的分离与筛选等。

（一）出发菌株的选择

用于进行诱变试验的菌株叫做出发菌株。诱变育种的目的是提高代谢最终产物或中间产物的产量，改进质量或改变原有代谢途径，产生新的代谢产物。选好出发菌株对提高诱变效果有着极其重要的意义。

用作诱变育种的出发菌株常有以下几类：

第一类是从自然界分离的野生型菌株。这类菌株的特点是对诱变因素敏感，容易发生变异，而且容易向好的方向变异，即产生正突变。

第二类是在生产中经历生产条件考验的菌株。这类菌往往是经自发突变而筛选得到的菌株，从细胞内的酶系统和染色体DNA的完整性上看类似于野生型菌株，产生正突变的可能性大。另一方面，由于出发菌株已经是生产菌株，对发酵设备、工艺条件等已具备了很好的针对性，经过诱变育种所获得的正突变株易于推广到工业生产。

第三类是已经过诱变甚至是多次诱变改造过的菌株。这类菌株在育种工作中经常采用。对于这类菌株，由于情况比较复杂，必须区别情况，分别对待。一般的看法是原来为高产型的菌株，经过再诱变，容易产生负突变，即向差的方向变异，这种菌株要继续提高就比较困难，获得高产突变株的难度较大。相比之下，产量较低的野生型菌株容易提高产量，所以有人认为产量最高的菌株不一定是继续提高产量潜力最大的菌株。当然高产原菌株的育种工作也应当做，如果采用针对性的育种方法能改变其遗传保守性，一旦获得正突变菌株，则对于提高生产效率和降低成本，效果将非常显著。一般认为最合理的做法是在每次诱变处理后选出 3～5 个较高产菌株作为出发菌株，继续诱变。如果是产量特别高的菌株，可先行重组育种，再作为诱变的出发菌株，就有可能得到好的效果。

对于诱变剂的敏感性也是选择出发菌株的依据之一。在许多情况下，微生物的遗传物质具有抗诱变作用，这种情况说明某些微生物的遗传性能稳定，像这类菌株用到生产上是很有益的，而作为出发菌株则不适宜。作为出发菌株，应对诱变剂具有较高的敏感性。有些菌株在发生某一变异后会提高对其他诱变因素的敏感性，故有时可考虑选择已发生其他变异的菌株作为出发菌株。如在对金霉素生产菌株诱变育种工作中，曾发现以分泌黄色素的菌株作为出发菌株时，绝大多数变异为产量降低的负突变，而以失去色素的变异株作为出发菌株时，则产量会不断提高。在育种工作中还发现，有的菌株在发生抗紫外线变异后，经过回复，对紫外线更加敏感；有的菌对特殊的诱变剂特别敏感；有的菌在发生回复突变失去生产能力后再经诱变可比回复前的产量提高数倍，等等。上述各种现象有一定的参考价值。

作为出发菌株，必需具有合成目的产物的代谢途径。这在选育氨基酸和核苷酸类的生产菌时尤为重要。一般情况下，若某菌株能够积累少量目的产物或其前体，说明该菌株本来就具有该产物的代谢途径，通过诱变而改变原有的代谢调控，就比较容易获得积累目的产物的突变株。

出发菌株最好是单倍体的单核细胞。单倍体细胞中只有一个基因组，单核细胞中只有一个细胞核，通过诱变所造成的某一变化就会是细胞中唯一的变化，不会发生分离现象。若是双倍体或多核细胞，一般情况下，突变只发生在双倍体中的一条染色体或多核细胞中的一个核，该细胞在诱变后的培养过程中会发生性状的分离现象，必须注意进行充分的后培养。

总之，在诱变育种的实际工作中，如何选择一个好的出发菌株，不仅要积累很多实际经验，而且还需要和诱变方法密切配合，才能得到好的结果。

（二）诱变菌株的培养

若出发菌株是细菌或酵母菌等单细胞微生物，一般采用营养细胞进行诱变处理。处理前，细胞应处于最旺盛的对数期，群体应尽可能达到同步生长状态，细胞内应具有丰富的内源性碱基，这样诱变剂对群体中各细胞的处理均一，DNA被诱变剂作用后所造成的损伤能快速通过复制而形成突变，可以获得较高的突变率。在存活率相同的，前培养在含碱基成分丰富的培养基中，为细胞在诱变后复制变异了的遗传物质提供了条件，可提高变异率。

前培养的目的是将诱变细胞的生理状态调整到处于同步生长状态的旺盛的对数生长期，而细胞内又要含有丰富的内源性碱基。前培养的培养基中嘌呤、嘧啶碱基含量要丰富，一般可以通过直接补充碱基或添加富含碱基的酵母提取物而实现。细菌可使用LB培养基，酵母菌可使用YEPD培养基。

对于大肠杆菌，前培养的方法为：

1）用培养24h的斜面培养物接种LB液体培养基，于37℃振荡培养过夜（约16h）；

2）以5%接种量转接新鲜LB培养基，于37℃振荡培养4～6h，使细胞处于对数生长期；

3）将上述培养物置4～6℃放1h，低温诱导同步生长；

4）将经低温诱导的细胞以20%接种量转接新鲜LB培养基，于37℃振荡培养30～50min，使细胞处于同步生长状态，立即置冰浴中保藏10min，离心收获细胞。

对于丝状菌，一般取其孢子进行处理，因为多数丝状菌的孢子是单核，经诱变处理后不易发生分离现象。但孢子处于休眠状态，所以诱变效果不如营养细胞好。可将孢子培养至刚刚萌发，使其处于生理活性高的同步生长状态。在试验中可取成熟而新鲜的孢子，接种于富含碱基的培养基中振荡培养一定的时间，使其芽管的长度相当于孢子直径的0.5～1倍，立即置冰浴中保藏10min，离心收获。

对于某些不产孢子的真菌，可直接采用年幼的菌丝体进行诱变处理。有三种方法：第一，对菌丝尖端进行诱变处理。取灭菌后的玻璃盖片，紧贴于平皿内的琼脂培养基表面，在玻璃盖片上滴加数滴液体培养基，接种菌丝。培养至菌丝刚生长延伸到盖片以外的琼脂培养基上，揭去盖片及其上的菌丝，使盖片周围部分菌丝尖端断裂而留在琼脂培养基上，然后对这些菌丝进行诱变处理；第二，对单菌落边缘菌丝进行处理。取生长于琼脂培养基平板上的年轻菌落（控制每个平板上1个或少数几个菌落），利用紫外线、X射线、γ射线等物理因素直接对菌落进行诱变处理，或在培养基中加入致死率较低剂量的化学诱变剂进行处理。继续进行培养，使菌落继续生长延伸。然后，从菌落边缘新延伸的菌丝尖端挑取小段菌丝，接种于斜面培养基，经培养后进行筛选；第三，对小段菌丝悬浮液进行诱变处理。取培养后相当年幼的菌丝体，用玻璃研磨器进行匀浆处理，经过滤后制成小段菌丝的悬浮液，然后进行诱变处理。

（三）诱变菌悬液的制备

对于诱变菌悬液的制备，需从三方面加以考虑。

第一，选择合适的介质。菌悬液一般可用生理盐水或缓冲液制备，当用化学因素处理时，要使用缓冲液，因很多化学诱变剂需要在一定的 pH 环境中才能发挥作用，而且在处理过程中 pH 也会变动。

第二，使细胞或孢子要处于良好的分散状态。使细胞分散均匀的方法是先用玻璃珠振荡分散，然后在用脱脂棉或过滤纸过滤。对于酵母等个体较大的细胞，有时过滤下去的大多是小细胞，这就会引起人为错觉，所以，可以换用两层擦镜纸过滤，经过如此处理，分散度可达 90％以上，供诱变处理较为合适。

用单细胞悬浮液诱变处理的理由是：如果几个细胞在一起，诱变时受的剂量不均匀，几个细胞变异情况不一致，长出的菌落就有几种状态的细胞，每批、每代筛选结果将产生很大的误差，给筛选造成很大的麻烦，不能将真正的菌种筛选出来。

第三，调节适当的细胞或孢子密度。一般处理真菌孢子或酵母细胞悬浮液的浓度大约 10^6～10^7 个/ml 左右。放线菌或细菌密度大些，可在 10^8 个/ml 左右。悬浮液的细胞数可用平板菌落计数法估计活菌数，也可用血球计数器或光密度法测定细胞总数，其中以活菌计数较为准确。

（四）诱变处理

1. 诱变剂的选择

各种诱变剂有其作用的特殊性，但由于目前对绝大多数微生物表现各种性状的相应基因了解还很不够，所以目前要求在诱变中用某一诱变剂来达到某一性状的改变，还远远做不到。事实上，各类微生物细胞对同一种诱变剂的渗透性可能不同，引起的作用也就不同。所以要成功地选育一种特定的生产菌株，就要正确选择诱变因素。而要达到这一点就必须作大量的预备性试验。实际工作中，一般都先采用一些效果好的诱变剂，例如，化学因素中的甲基磺酸乙酯（EMS），在处理实验性微生物和工业微生物中，都能得到同样优越的效果。有人用它处理棒杆菌和枯草杆菌，处理时间延长至 18h，在存活率为 1.0×10^{-7} 时，突变率达 82.7％；处理黑曲霉 6～7h，存活率在 0.01％以下时，营养缺陷型多达 3％以上。又如，用亚硝基胍（NTG）1000μg/ml 30min 处理生产谷氨酸的高夫克氏菌，突变最高频率为 49.6％。以浓度 3μg/ml pH9.0 处理土曲霉素产生菌 120min，获得障碍突变型 5％左右，证明这些都是比较好的化学诱变剂。就物理诱变剂而言，目前认为快中子较好，紫外线仍然有效。应该指出，对于工业微生物诱变剂的要求应使遗传物质的变化比较大，且变化后不易发生回复突变，这样得到的变异株就稳定了。诱变剂亚硝基胍和甲基磺酸乙酯由于多数是引起碱基对转换，得到的突变株的回复变率高，是一大缺点。而能引起缺失、码组移动，巨大损伤的电离辐射、紫外线和吖啶类等诱变剂，则不易产生回复突变，这是它的优点。

所以，直至目前，尚无一种诱变剂是十全十美的，诱变剂的选择还只能决定于实际上的便利和经验上的成功。

2. 剂量的选择

处理剂量的选择也是一个比较复杂的问题。因为最适剂量涉及的因素至少有诱变剂种类、菌种的遗传特性、诱变史、生理状态以及处理条件等。若单讲剂量与变异率之间的关系，是不完全的。因为在工业微生物中，至少涉及三个方面的变异，即生产性能的提高称为正突变，生产性能降低称为负突变，还有形态突变。三种突变中，希望的是提高正突变率，这样获得优良菌种的概率就增加了。图 6.22 和图 6.23 列举了两种不同的高产菌株在不同诱变剂处理下所获得的结果。从图中可以发现，正突变较多的出现在偏低剂量中，而负突变则较多地出现在偏高剂量中，尤其是对于经过多次诱变所获得的高产菌株，在较高剂量时负突变率更高。形态变异与生产性能变异在剂量上不完全一致，形态突变率往往发生在偏大剂量处。

目前处理剂量已从以前采用的致死率为 90%～99.9%的剂量降低到致死率

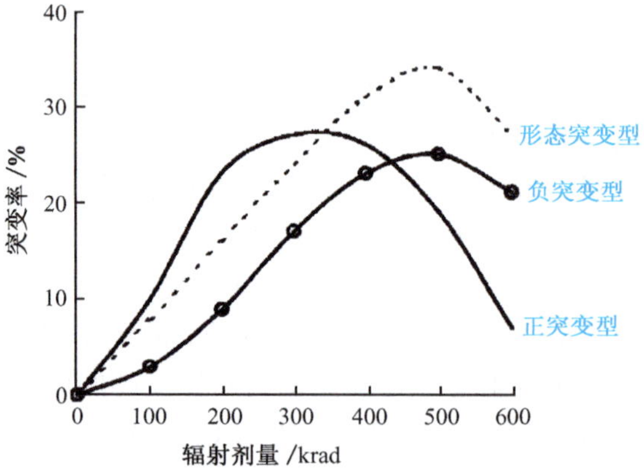

图 6.22　X 射线的照射剂量与亚热带链霉菌白霉素高产菌株 39# 变异的关系

为 70%～80%，甚至更低的剂量，特别是对高产菌株更偏低。在采用 NTG 和 EMS 等具有较强诱变能力和较弱致死作用的诱变剂时，它们的最适剂量也应在较低的杀菌率范围内。对于多核细胞或孢子来说，则宜采用较高的诱变剂量，因为高剂量的诱变处理可以杀死细胞中的绝大多数核，而个别存活下来的核中则会发生突变，可以消除突变菌株的分离现象，最终能形成较纯的变异菌落。另外在高剂量处理时可能引起遗传物质的巨大损伤，产生回复突变少，促使突变株的稳定。

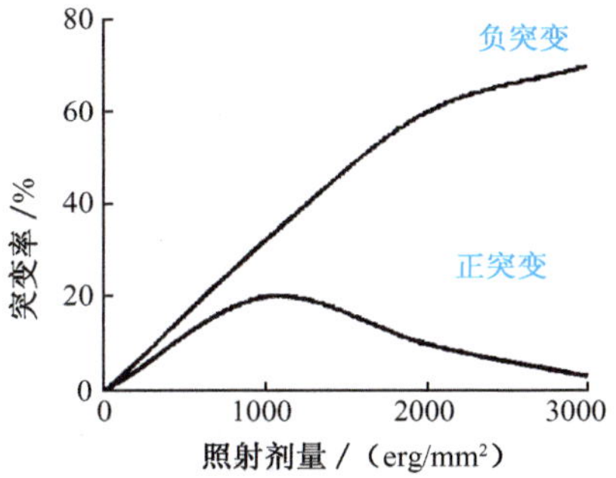

图 6.23　紫外线照射剂量与龟裂链霉菌土霉素高产菌株 293# 变异的关系

总之，对剂量的选择目前只能根据一些报道的实例及操作者本人的经验确定，通过进一步的研究，有些规律也许今后会更清楚些。

3. 诱变处理方式

诱变处理可以采用多种方式进行，如单一诱变剂处理、两种或两种以上诱变剂复合处理、不同的诱变剂交替处理、同一诱变剂连续处理以及紫外线与光复活交替处理等。单一诱变剂处理法在第二节中已作介绍，这里主要介绍紫外线与光复活交替处理和复合处理方式。

1）紫外线与光照复活的交替处理。应用光照复活现象能使紫外线诱变作用得到显著的增强。当应用一次紫外线处理后，光照复活一次，突变率会降低，但当增加剂量再次用紫外线照射时，发现变异频率增加了。若多次紫外线照射并在每次照射后进行一次光照复活，变异率的增加是惊人的。据报道，灰色链霉菌经 6 次交替处理，变异率从最初的 14.6%提高到 35%。

2）复合处理。复合处理系指用两种或两种以上不同的诱变剂对菌种进行诱变处理。这种处理较单一因素效果好。图 6.24 是乙烯亚胺和紫外线单独或复合处理是对金色链霉菌变种形态突变的结果。可以看到，乙烯亚胺加不同剂量的紫外线处理的效果都比单独处理时效果好，突变率有显著提高。

3）同一诱变剂连续重复处理。经过一种诱变剂处理后的菌悬液，数小时的培养使细胞分裂 1～2 代后，用同一种诱变剂再次处理，甚至可以重复多次，最后再进行分离筛选。诱变能力强的、对 DNA 作用较为广谱的诱变剂可以采用该方式进行处理，有益于提高突变率。而对于作用方式单一的诱变剂，如羟胺、碱基类似物等，则不宜采用该方式，因为诱变剂作用于 DNA 上的位点是有限的，连续重复处理并不会提高突变率，甚至会导致回复突变的发生。

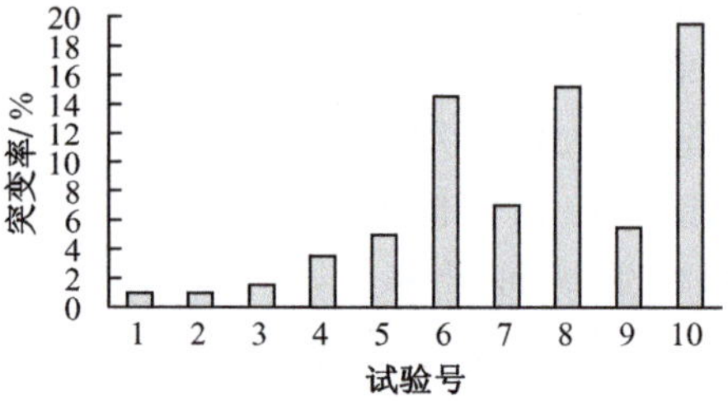

图 6.24　乙烯亚胺与紫外线复合诱变处理结果

1. 对照；2. 乙烯亚胺（浓度 1∶7000）；3,5,7,9. 紫外线；4,6,8,10. 乙烯亚胺加紫外线

紫外线的剂量（erg/mm²）：3,4 为 2000；5,6 为 4000；7,8 为 6000；9,10 为 10000

（五）后　培　养

后培养是指诱变处理后，立即将处理过的细胞转移到营养丰富的培养基中进行培养，使突变基因稳定、纯合并表达。

遗传物质经诱变处理后发生的改变，必须经过 DNA 的复制才能稳定成突变基因，而突变基因则要经过转录和蛋白质的合成才能表达，呈现突变型表型。研究指出，诱变后的一个小时内必须进行新的蛋白质合成，变异才有效。后培养所用培养基的营养一定要丰富，必须含有足量的氨基酸和嘌呤嘧啶碱基，可以通过添加酪素水解物或酵母浸出物等富含生长因子的天然物质而实现。当然不经后培养，直接接到完全培养基中进行平皿分离，也可获得突变菌株。

后培养的另一个重要作用是可以消除表型迟延。表型迟延是指表型的改变落后于基因突变的现象。其原因有二，即分离性迟延和生理性迟延。在大肠杆菌等许多细菌细胞中一般含有两个核质体，突变基因常是隐性的，所以在一个核质体中发生了突变的细胞的表型还是属于野生型，只有通过细胞分裂而出现同一细胞的两个核质体中都带有这一突变基因时，该细胞才表现出突变型表型，这就是分离性迟延。而生理性迟延则是由于原已存在的野生型基因的产物只有通过细胞的多次分裂被“稀释”到很低的浓度以后，呈隐性的突变型表型才能得以表达。例如，噬菌体抗性突变型多是由于突变带来细菌细胞表面噬菌体受体的改变的结果。虽然突变基因可以使新分裂的细胞表面出现抗噬菌体的受体，但原来已经存在的对噬菌体敏感的受体仍然存在，这些受体必须通过细胞分裂而“稀释”，因而从抗噬菌体基因型的出现到抗噬菌体表型的出现之间有一个生理迟延的过程。同理，营养缺陷型突变、细菌抗链霉素突变等都存在生理型迟延。

对于具有表型迟延的突变，诱变后必须进行充分的后培养以后再进行分离筛选。若直接将诱变处理后的菌悬液接种筛选平板，则很难获得突变型个体。

（六）高产突变株的分离与筛选

由于经诱变处理后提高产量的突变株仍属少数，特别对原来产量已经比较高的菌株更是如此，即使提高，幅度也不会很大，为了选出它们就必须付出很大的力量去测定大量的单细胞菌落。这在工作量与准确性方面就发生了矛盾。为了合理解决这个矛盾，就将筛选工作分成初筛和复筛两个阶段进行。在初筛阶段，主要矛盾在菌株多，要在工作条件固定的情况下，尽快地把较多的菌株筛选完。初筛的菌株越多，优良菌株的漏筛机会就少。当然准确性也重要，但为了尽量扩大挑选范围，可以暂时退居次位。为此，一般初筛时，一个菌株做一个发酵。实际上，初筛时，多选菌落，一个瓶发酵，或少选菌落，多瓶发酵，哪个合理的问题，有人已作过计算，认为前者处理更合理。为了缩短初筛周期，往往还对初筛方法进行简化。进入复筛阶段，已经淘汰了约 80%～90% 的菌株，剩下的菌株已经不多了，这时对菌株的发酵性能和稳定性的测定准确性就显得重要了，所以一个菌株同时做 3～5 个平行发酵，甚至连续做几批也有必要。为了更有效地获得生产用菌株，在复筛时还可参照生产的工艺条件来进行试验，择优留下。

高产突变株的筛选一般可采用如下的程序：

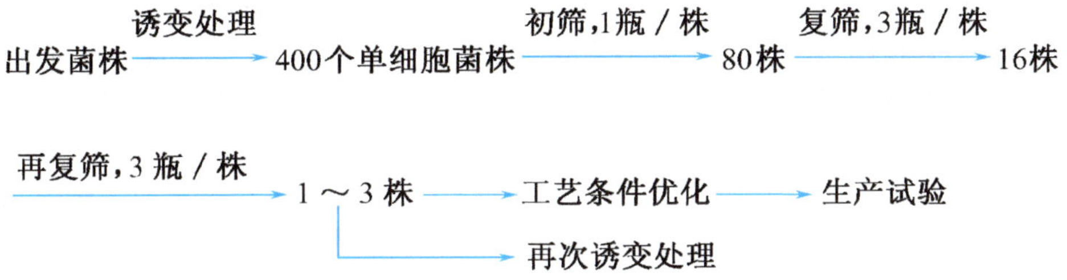

菌种经过诱变处理和后培养以后，在琼脂培养基上进行单菌分离，由一个突变的单细胞或孢子发育为菌落而成为一个变异菌株。

常用的筛选方法有随机筛选和平板菌落预筛两大类。

1. 随机筛选

随机筛选也称摇瓶筛选。即从分离平板上随机挑选菌落进行摇瓶筛选。具体做法是：将经过后培养的菌液在琼脂平板上进行分离，培养后随机挑选单菌落，一个菌落转接一支斜面作为原始菌株保藏。初筛时，每个菌株接一个摇瓶，在摇瓶机上振荡培养，测定目的产物的产量，根据产量的高低，决定取舍。而复筛时，应先培养液体种子，每个菌株接 3 个摇瓶。复筛可多次进行，直至获得产量最高的突变株。

一般情况下，正突变的几率远低于负突变，所以要挑取足够数量的菌落进行筛选，如果挑取菌落数较少，很可能筛选不到正突变变异株。

2. 平板菌落预筛

在随机的突变群体中，正突变率极低，为了获得高产突变株，大量的筛选是十分必要的。初筛用摇瓶发酵培养，不仅要花费大量的人力物力，而且筛选周期长，限制了筛选数量，降低了高产突变株的获得概率。因此，在诱变育种工作中，育种工作者常根据特定代谢产物的特性，在琼脂平板上设计一些特殊的筛选方法对产物进行粗测。大量菌落经过平板预筛，可保留 5%～15%的菌株，再进行摇瓶发酵培养，从中筛选高产突变株。这样，在总工作量不增大甚至减小的前提下，可放大筛选范围。例如，从分离平板上挑取 2000 个菌落进行平板菌落预筛，保留其中 10%（即 200 个菌株），再对它们进行摇瓶筛选。平板菌落预筛是摇瓶初筛前的一种预筛，实际上是初筛工作的一部分。具体的方法有多种，但常用的有根据形态变异淘汰低产突变株和根据平皿生化反应直接挑取高产突变株两种。

（1）根据形态变异淘汰低产菌株

对于霉菌和放线菌，若形成不产孢子的变异株，一般可立即淘汰，因为它们会引起接种的困难。对于某些菌落形态突变与生产性能有对应关系的情况，可以采用平皿上直接筛选。如在灰黄霉素生产菌种中，菌落暗红色变深者产量就提高；赤霉菌发现有可溶性紫色色素的菌落，赤霉素产量一般都很低；四环素产生菌经诱变后，若在固体培养基上，菌丝呈赤褐色，还分泌可溶性色素的，就只产生去甲基金霉素和去甲基四环素。华北制药厂在筛选土霉素产生菌的工作中，发现土霉素产生菌在不断诱变过程中，随着产量提高，菌落形态也发生很大变化。在选育过程中明显的突变发生过四次，这四次致使其形态特征与其他特性都发生了大的变化。第一次由龟裂型链霉菌中的龟裂型菌落过渡到梅花型菌落；第二次由梅花型菌落变异成颗粒型小菌落；第三次由颗粒小菌落到车轮型菌落；第四次由车轮型进入到草帽型。在适当的培养基配合下，发酵单位也由 3000U/ml 提高到目前的 30 000U/ml。他们认为，若要由 95%以上的一种类型的菌落所组成的菌株，变异成由另一种 95%以上的菌落所组成的新菌株，是要经过多次诱变和纯化才能完成的。从原菌种演变到新菌种的过程中往往产生有多种复杂菌落所组成的“中间菌株”，这些“中间菌株”的特性是不稳定的。只有当某一菌落占绝对优势，产量性状才能表现和稳定。从上述数例可以看到，形态与生理变化的相关性，但从目前的研究情况，多数变异菌落外观形态和生理的相应关系还不那么清楚。尽管有人提出，形态特征的剧烈变化，常与活性完全丧失或部分丧失有关，但活性已起重大变化而菌落形态几无变化的例子也有。为此，从菌落形态变化来挑取优良菌株的方法，目前还只能用于少数几种生产菌，就多数情况而言，还是一个需待研究的问题，特别是观察菌体形态的细微变化方面。目前，一般情况还是挑取正常的菌落，因为这种菌落往往保留了正常代谢的基本能力。

(2) 根据平皿反应直接挑取高产菌株

所谓平皿直接反应系指每个菌落产生的代谢产物与培养基内的指示物作用后的变色圈、透明圈等的大小。因其可表示菌株生产能力之高低，所以可作为预筛标志。具体方法见本章第二节。需要注意的是，在从自然界直接分离菌种时，平皿反应可直接反映出某菌落是否产生目的产物，获得阳性菌落比较容易；在诱变育种时，由于出发菌株已经具有产生目的产物的能力，有时甚至产量已经很高，所以，根据平皿反应直接挑取高产突变株的概率较低，但淘汰低产突变株的可能性较大，这也能达到减小摇瓶筛选工作量，提高筛选效率的作用。

二、营养缺陷型突变菌株的筛选

(一) 营养缺陷型

从自然界分离到的微生物在其发生突变前的原始菌株，称为野生型菌株。营养缺陷型菌株是野生型菌株经过人工诱变或自发突变失去合成某种营养物质（氨基酸、维生素、碱基等生长因子）的能力，只能在完全培养基或补充了相应的生长因子的基本培养基中才能正常生长的变异菌株。营养缺陷型菌株经回复突变或重组变异后所产生的、在营养要求上与野生型相同的菌株叫做原养型菌株。

营养缺陷型菌株的书写可以在菌种的名称后面标出所缺陷的营养物质的名称并在其后加“—”上标。如大肠杆菌苏氨酸缺陷型可写为 *E. coli* thr^- 。

营养缺陷型是一种生化突变型，是由基因突变所引起的。生长因子的合成代谢是在一系列酶的催化下通过多步生化反应而完成的。若编码其中的任何一个酶的基因发生突变导致该酶失活，则反应将在此处受阻，相应的生长因子就不能合成，菌株就表现为该生长因子的营养缺陷型。

在筛选营养缺陷型突变株的工作中，常用三种培养基。一是基本培养基(minimal medium，MM)，它是仅能满足微生物野生型菌株生长要求的培养基。不同的微生物，其基本培养基也是不同的。一般从自然界分离的青霉菌、曲霉菌等霉菌大多数能在察氏培养基（Czapek）上生长；放线菌能在瓦克丝曼（Waksman）培养基上生长；大肠杆菌能在格热（Gray）培养基上生长等。这些基本培养基都是仅含糖类、无机氮和其他一些无机盐类的合成培养基。第二种是完全培养基（complete medium，CM），它是能满足某微生物所有营养缺陷型菌株营养要求的天然或半合成培养基。完全培养基的营养丰富、全面，一般可在基本培养基中加入富含氨基酸、维生素和碱基等生长因子的天然物质（如牛肉膏、蛋白胨、酵母浸出物等）配制而成，也可以直接用天然物质制备（如培养大肠杆菌用的LB培养基，培养真菌用的麦汁培养基等）。第三种培养基是补充培养基（supplemental medium，SM），凡是只能满足某营养缺陷型生长需要的合成培养基，称为补充培养基。补充培养基是通过向基本培养基中直接添加相应的生长因子制备而成。基本培养基和完全培养基有时也分别用符号“[－]”、“[＋]”表示，而补充了A营养物质的补充培养基可用符号“[A]”或“MM＋A”表示。

野生型菌株、营养缺陷型菌株和原养型菌株之间的相互关系以及它们各自所能生长的培养基如图6.25所示。

图6.25　野生型、营养缺陷型与原养型菌株之间的关系

应该指出，有些从自然界分离得来的微生物本身就需要某些维生素或氨基酸才能生长。例如，啤酒酵母一般需要维生素B_1、吡哆醇、肌醇、生物素等两三种或三四种维生素；生产谷氨酸的棒杆菌和短杆菌都需要生物素。这是自然界存在的变种，是自然突变后长期自然选择留下来的。这些营养突变株较之用人工诱变的同类变异株要稳定，为了区别于人工诱变的营养缺陷型，我们把自然界分离的这类变株称为野生营养缺陷型菌株。

营养缺陷型不但可以缺陷一种营养物质，而且有缺两种、三种或更多的，可以分别称为单缺、双缺、三缺或多缺的缺陷型。有的不但需要补充氨基酸，还需要补充维生素，所以营养缺陷型的种类是很多的。

（二）营养缺陷型突变株的应用

营养缺陷型突变株的筛选，在基础理论和生产实践上都有重要的意义。在基础理论中，营养缺陷型不仅被广泛应用于阐明微生物代谢途径上，而且在遗传学的研究中具有特殊的地位。在遗传规律中的转化、转导、原生质体融合、质粒和转座因子等的研究中，营养缺陷型是常用的标记菌种。在生产实践中，常用营养缺陷型来切断代谢途径，以积累中间代谢产物；营养缺陷型还能协助解除代谢的反馈调控机制，以积累分支代谢中某一末端产物；也可将营养缺陷型菌株作为生产菌种杂交、重组育种的遗传标记。营养缺陷型突变株广泛用于核苷酸及氨基酸等产品的生产。

1. 肌苷酸的生产

肌苷酸是一种重要的呈味核苷酸，它是嘌呤核苷酸生物合成过程中的一个中间代谢产物。谷氨酸棒杆菌的肌苷酸合成途径及其代谢调节机制见图 6.26。从图可知，肌苷酸是腺苷酸和鸟苷酸生物合成的共同前体物质，只有选育一个发生在 IMP 转化为 AMP 或 GMP 的反应过程发生障碍的营养缺陷型突变株，才有可能积累 IMP。如选育腺苷琥珀酸合成酶缺失的 AMP 缺陷型，只要在培养基中补充少量 AMP，该突变株就可以正常生长并积累 IMP。当然，AMP 的补充量不能过大，否则会引起对核糖-5-磷酸焦磷酸转氨酶（酶 2）的反馈抑制，从而影响 IMP 的积累。

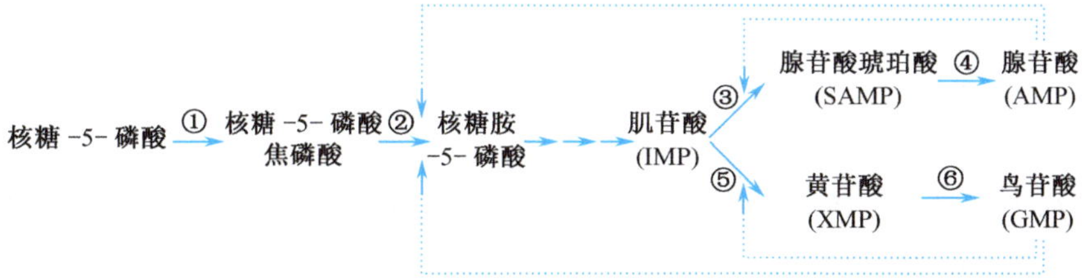

图 6.26　谷氨酸棒杆菌的 IMP 合成途径及其代谢调节

①核糖-5-磷酸焦磷酸激酶；②核糖-5-磷酸焦磷酸转氨酶；③腺苷酸琥珀酸合成酶；④腺苷酸琥珀酸分解酶；⑤肌苷酸脱氢酶；⑥黄苷酸转氨酶；虚线箭头表示反馈抑制

在生产上，曾采用不产肌苷酸的谷氨酸产生菌作出发菌株，经紫外线处理后得到能产生肌苷酸的腺苷酸缺陷型，又经紫外线再次处理得到腺苷酸、甲硫氨酸双重缺陷型，它们产肌苷酸的量提高了一倍。以后又先后经两次用硫酸二乙酯处理得四缺型（腺苷酸、甲硫氨酸、组氨酸、烟酰胺）菌株，产量又分别提高 10%及 67%。当然这些缺陷型中起主要作用的是腺苷酸缺陷型，当其他分支系统的某些代谢途径也产生障碍后，使之反应方向比较多的转向产生肌苷酸方面，对提高产量就更为有利。

2. 赖氨酸的生产

赖氨酸是一种必需氨基酸，而且是许多禾谷类蛋白质中较为缺乏的一种氨基酸，因此添加到这类食品和饲料中就可提高它们的营养价值。

北京棒杆菌的L-赖氨酸生物合成部分途径及其调节见图6.27。

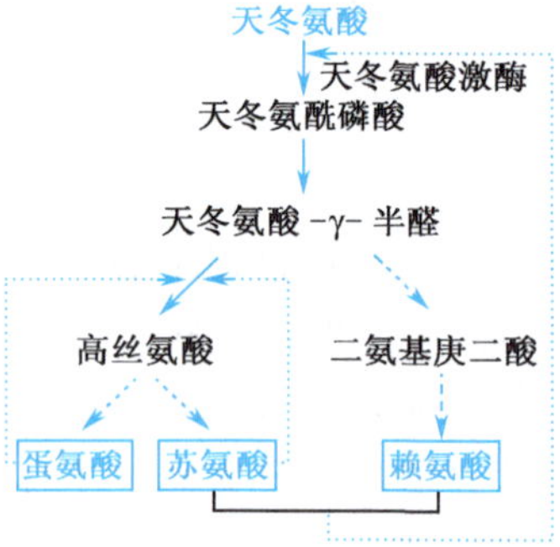

图6.27　北京棒杆菌L-赖氨酸生物合成部分途径及其调节

虚线表示反馈抑制

从图6.27的代谢途径可以看出，天冬氨酸-γ-半醛将全部转化成赖氨酸、蛋氨酸和苏氨酸三种氨基酸，如果要求该代谢反应只积累赖氨酸，就要选育高丝氨酸的营养缺陷型，于是天冬氨酸-γ-半醛完全朝向赖氨酸的方面转化。当然这时必须添加少量高丝氨酸，使突变株维持一定的生长。当然用苏氨酸和蛋氨酸代替高丝氨酸，也可获得同样的效果。生产谷氨酸的北京棒杆菌AS1.299经硫酸二乙酯处理，得到的高丝氨酸缺陷型变株AS1.563，便能积累赖氨酸。

蛋白质中的20余种氨基酸除5～6种采用合成法生产外，多数都已用发酵法生产，在这方面，营养缺陷型起着主要的作用。

（三）营养缺陷型的筛选方法

营养缺陷型的筛选，一般在诱变处理后要经过后培养，淘汰野生型，检出缺陷型和鉴别缺陷型等步骤。

1. 后培养

在营养缺陷型的筛选过程中有时也将后培养称为中间培养，其原理及方法相同于本节诱变育种的步骤和方法中的后培养。后培养的培养基，可以是营养丰富的完全培养基，或补充培养基，培养过夜即可。

2. 淘汰野生型

经后培养后的细胞中除有营养缺陷型菌株外，也含有大量野生型菌株，一般缺陷型仅占百分之几或千分之几，甚至更低。为了以后检出的简便，需要把野生型细胞大量淘汰，起到“浓缩”缺陷型的作用。常用的方法有抗生素法和菌丝过滤法。

（1）抗生素法

抗生素法常用于细菌和酵母菌营养缺陷型的浓缩，前者用青霉素法，后者用制霉菌素法。在加有青霉素的基本培养基中接入细菌以后，由于细菌细胞壁的主要成分是肽聚糖，而青霉素能抑制细菌细胞壁肽聚糖链之间的交联，阻止合成完整的细胞壁，所以，处于生长态的野生型细胞对青霉素非常敏感，因而被杀死，处于休止状态的缺陷型细胞由于不需要合成细胞壁，所以不能被杀死而得以保留下来，达到相对浓缩的目的。制霉菌素作用于酵母细胞膜上的甾醇，引起细胞膜的损伤，从而可杀死处于生长状态的野生型酵母细胞，起到浓缩缺陷型的作用。

为了防止由于细胞内源性营养物质的存在而引起的“误杀”，在浓缩前就必须先使细胞耗尽体内或细胞表面的营养。所以在浓缩前，应将经后培养的细胞先用 MM 洗涤，接着再用无氮 MM 培养 4～6h。然后将细胞转入正常浓度氮源的 MM 中并加入一定浓度的青霉素（一般革兰氏阴性菌加 500～1000μg/ml，革兰氏阳性菌加 50μg/ml），培养不同的时间（12～24h）取样分别涂布 MM 和 CM 平板，菌落数差异大的浓缩效果较好。为了避免在处理期间由于野生型细胞自溶产生的营养物质促进缺陷型细胞的生长，处理细胞的浓度要限制在 10^6 个/ml。同时为了防止由于野生型细胞壁被破坏导致细胞崩溃，释放出胞内营养物质而促进缺陷型细胞的生长，应在培养基中加入渗透压稳定剂如 20%蔗糖，也可使用较高单位抗生素和短时间的处理法。

（2）菌丝过滤法

真菌和放线菌等丝状菌的野生型孢子在基本培养基中能萌发长成菌丝体，而营养缺陷型孢子则不能萌发。将诱变处理后的孢子接种至液体 MM 中，振荡培养一定时间，使野生型孢子萌发的菌丝刚刚肉眼可见，用无菌脱脂棉、滤纸等过滤除去菌丝。然后将滤液继续培养，每隔 3～4h 过滤一次，重复 3～4 次，尽可能多地除去野生型细胞。最后，将滤液稀释涂布完全培养基平板进行分离。

3. 缺陷型的检出

用浓缩法得到的培养物，虽然营养缺陷型的比例较大，但仍然是营养缺陷型与野生型的混合物，还需通过一定的方法将缺陷型从群体中分离检出。常用的方法有逐个检出法、夹层检出法、限量补充培养检出法和影印检出法。

（1）逐个检出法

把上述处理液在 CM 平板上进行分离，然后将平板上长出的菌落用无菌牙签逐个按一定次序点种到 MM、CM 平板相应的位置，经过培养后，逐个对照，如发现某一位置上在 CM 上长出菌落，而在 MM 上不长，就可初步认定这是一个营养缺陷型菌株。图 6.28 上有 3 株可能为营养缺陷型。

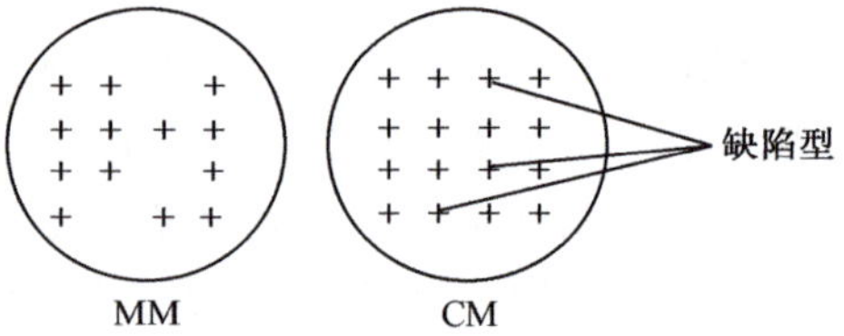

图 6.28　逐个检出法

（2）夹层检出法

先在培养皿内倒一层 MM 作底层，冷后加上一层含处理细胞的 MM 层，待凝固后再继续加第三层 MM。经培养一段时间，平板上长出野生型菌落，在皿底相应位置作记号，再在上面加一层 CM，再继续培养。在加入 CM 后新长出的菌落，个体较小，可能是缺陷型菌落，而在加入 CM 之前已经形成的野生型菌落个体较大（图 6.29）。此法虽然操作简便，但可靠性差，需对检出的菌落进一步确认。

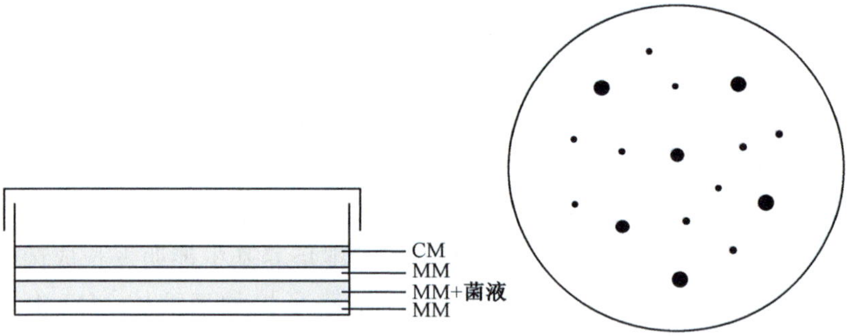

图 6.29　夹层检出法

（3）限量补充检出法

将经过处理的菌液接种在含有微量（0.01%或更少量）蛋白胨的 MM 上培养，野生型迅速生长成较大菌落，而营养缺陷型将较慢长成小菌落，因而可以检出，此为限量法。如果要筛选特定的营养缺陷型，可以在 MM 中加入这种单一生长因子，此为补充法。所需补充生长因子的量，最好能用已有的缺陷型进行测定后确定。

（4）影印培养法

就是采用一种专用的接种工具——“印章”一次将一个 CM 平板上长出的菌落依次分别转接到 MM 和 CM 两个平板上，经过培养，分别观察在两个平板相应位置上长出的菌落，如果在 CM 上生长，而在 MM 上不生长，可初步认定是营养缺陷型（图 6.30）。也可省略影印 CM，因为从原 CM 平板上就可以比较出。

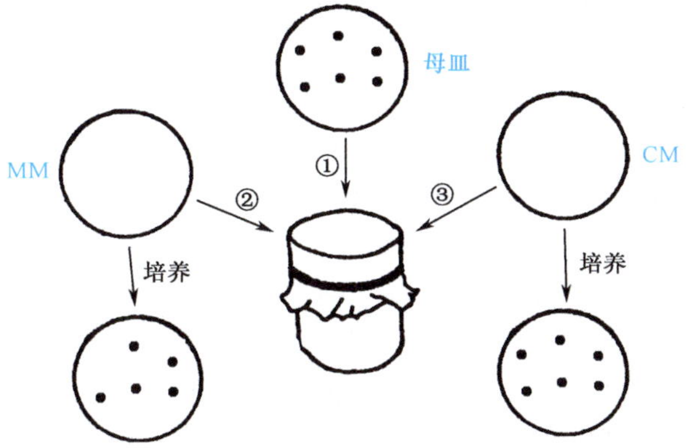

图 6.30 影印法

①用印章从母皿平板上取菌；②先转印至 MM 上；③再转印至 CM 上

接种“印章”的制作方法：将一块边长 15cm 的正方形的天鹅绒布，绒面向上蒙在一个直径 8cm、高度 10cm、上面平整的铜柱或木柱上，并用圆形的金属卡子固定。每影印一次，更换一块绒布。使用后，将绒布洗净晒干，用刷子将绒面理平，把绒面朝里平整叠起，蒸汽灭菌。

对于霉菌，因孢子容易分散，所以，用此“印章”影印会引起误差，有人用薄纸代替“印章”。即将薄纸放在 CM 平板上，涂孢子液于薄纸上，待孢子长出的菌丝伸入 CM 中，就将薄纸移到 MM 平板上，以便在相应位置上长出菌落，以资比较。但由于薄纸易粘带 CM，所以在 MM 平板上需多移植几个平板作平行试验。为了防止菌落的扩散和蔓延，可以在培养基中加入 0.5%左右的去氧胆酸钠，使菌落长得小而紧密。

（四）缺陷型的鉴定

经过缺陷型的检出，确定菌株为营养缺陷型后，就需进一步测定它到底是什么缺陷型？是氨基酸、维生素，还是嘌呤、嘧啶缺陷型，如果是氨基酸，还要确定是缺什么氨基酸，这就是缺陷型的鉴定。生长谱法是鉴定缺陷型常用的一种方法，即在同一个平板上测定一个缺陷型菌株对多种生长因子的需求情况，由此确定该菌株是何种生长因子的缺陷型。其基本步骤：

1. 缺陷型菌株平板的制备

将待测微生物从生长斜面上用无菌生理盐水洗下或从液体培养物中离心收集细胞，沉淀物用生理盐水洗涤后制成浓度为 $10^6 \sim 10^8$ 个细胞/ml 的悬浮液。取

0.1ml 涂布在 MM 上，也可以与已融化并冷到 50℃的 MM 和匀，倾注平板。

2. 缺陷营养类别的确定

在含菌体平板上不同位置加入少量下列四种试验物质，或者用直径 0.5cm 的滤纸片蘸取实验物质的溶液，用镊子放到平皿的四个相应位置，观察其生长情况，确定缺陷的营养类别。四种营养物质分别为：

1）不含维生素的酪素水解液或氨基酸混合物或蛋白胨，含有氨基酸类生长因子；

2）水溶性维生素混合物，含有维生素类生长因子；

3）0.1%碱水解酵母核酸，含有嘌呤、嘧啶类生长因子；

4）酵母浸出物，含有所有的生长因子。

培养后，观察各滤纸片周围菌株的生长情况，若 1）和 4）号滤纸片周围出现生长圈，则表明该菌株为氨基酸类的缺陷型，依次类推（图 6.31）。当然类别的归并完全是按需要进行的，可以根据具体要求进行组合。

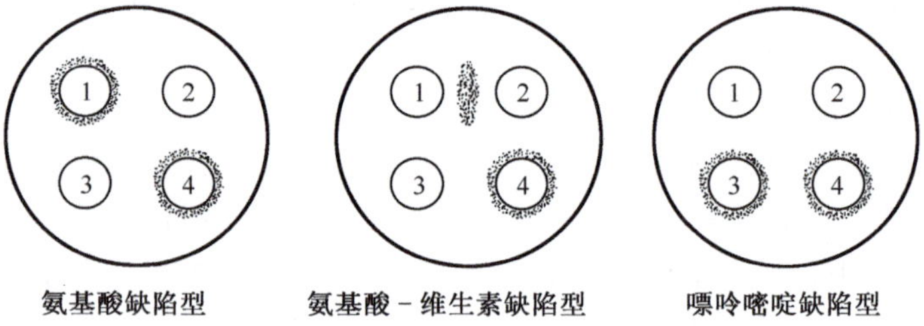

图 6.31　缺陷型营养类别的生长谱形式

3. 缺陷单一营养因子的确定

当某一营养缺陷型变株所需的营养大类确定后，就应确定它需要的是哪一种氨基酸、维生素或碱基，有的缺陷型所缺的营养因子也可能是两种、三种、四种或更多。在这里主要介绍缺陷一种营养因子的确定方法。

一般说，当变异株不多，而实验用的营养因子数目较多时，多把试验变株做成含菌的 MM 平板，把沾有营养因子组合溶液的纸片放在上面观察其生长情况。

（1）营养成分编组

如果我们采用 15 种营养成分，可以编成 5 组，这 15 种可以全是氨基酸，也可以是氨基酸和维生素，也可以是其他组合，可以根据我们的需要去编组。其组合如表 6.3 所示。

表 6.3　营养因子组合

溶液组合编号	组合的营养因子				
A	1	2	3	4	5
B	2	6	7	8	9
C	3	7	10	11	12
D	4	8	11	13	14
E	5	9	12	14	15

若用补充培养基做成平板来确定试验菌的生长谱，那也类似，此时在基本培养基中添加营养的浓度就可参考表 6.4。

表 6.4　补充培养基中营养因子常用浓度

营养因子/（mg/L）	细菌	放线菌	真菌	营养因子/（mg/L）	细菌	放线菌	真菌
赖氨酸	10	50	70	脯氨酸	10	50	60
精氨酸	10	50	20	天冬氨酸	10	50	70
蛋氨酸	10	50	70	丙氨酸	10	50	40
胱氨酸	50	50	120	甘氨酸	10	50	40
亮氨酸	10	50	70	丝氨酸	10	50	50
异亮氨酸	10	50	70	羟脯氨酸	10	50	70
缬氨酸	10	50	60	腺嘌呤	10	15	70
苯丙氨酸	10	50	80	次黄嘌呤	10	15	80
酪氨酸	10	50	90	黄嘌呤	10	15	70
色氨酸	10	50	100	鸟嘌呤	10	15	80
组氨酸	10	70	80	胸腺嘧啶	10	10	60
苏氨酸	20	50	60	尿嘧啶	10	10	60
谷氨酸	10	50	90	胞嘧啶	10	10	60

（2）培养

将沾有组合营养因子溶液的滤纸片放在涂有试验菌的 MM 平板上，培养后观察生长情况，如图 6.32。平板①上的菌株查表 6.5 可知是缺营养因子 13；②缺营养因子 2。若出现③的情况，则是由于需要 A、B 组合中的两个或多个营养因子。若出现④的情况，是由于营养物质浓度过高，产生了抑制圈，当浓度变稀后，仍可生长，这是一株缺营养因子 1 的缺陷型。

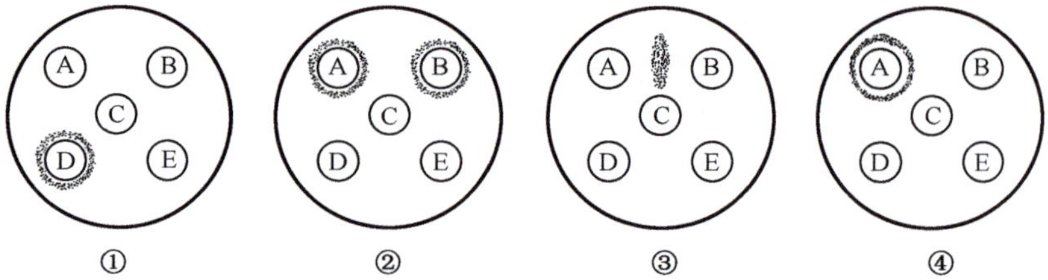

图 6.32 组合营养因子的生长谱形式

表 6.5 生长谱形式及对应需求生长因子

生长组合	要求的生长因子	生长组合	要求的生长因子
A	1	A 与 E	5
B	6	B 与 C	7
C	10	B 与 D	8
D	13	B 与 E	9
E	15	C 与 D	11
A 与 B	2	C 与 E	12
A 与 C	3	D 与 E	14
A 与 D	4		

三、抗性突变株及某些特殊性能突变株的筛选

（一）抗性突变株的筛选

1. 一次性筛选法

在对于出发菌株完全致死的环境中一次性筛选少数抗性突变株的方法，称为一次性筛选法。抗噬菌体突变株、抗药性突变株、耐高温突变株、耐高酒精度突变株、耐高渗透压突变株等可用该法进行筛选。

在筛选抗药性突变株时，首先要测定药物对出发菌株的临界致死浓度。然后将经过后培养的细胞以较高的密度涂布或倾注到含有高于临界致死浓度药物的平板上，经培养后长出的菌落即为抗性突变株。使用一次性筛选法筛选抗药性突变株的前提是药物不是很昂贵，允许一定的用量。若价格昂贵，则要使用阶梯性筛选法进行筛选。

抗噬菌体突变株常用一次性筛选法进行筛选。将对噬菌体敏感的出发菌株经过诱变处理和后培养后，大量接种含有噬菌体的培养液中，为了保证敏感菌不能生存，应使噬菌体数多于细胞数，此时可确保敏感菌株完全致死，只有突变株能在此环境中不被裂解而继续生长繁殖。通过平板分离该培养液，即可获得纯的抗噬菌体突变株。

2. 阶梯性筛选法

使用药物浓度梯度平板筛选在对敏感菌致死的药物浓度区生长的抗性突变株的方法叫阶梯性筛选法。此法适用于筛选对昂贵药物具有抗性的突变株。

该方法的第一步是制备药物浓度梯度平板。如图 6.33 所示，先在培养皿中倾注 7～10ml 不含药物的琼脂培养基，将培养皿一侧搁置在木条上，使培养基形成的斜面刚好完全覆盖培养皿的底部。待培养基凝固后将培养皿放平，再倾入 7～10ml 含有一定浓度药物的琼脂培养基，也使之刚好完全覆盖下层培养基，凝固并放置过夜。由于药物在上下层培养基之间的扩散作用，在平板内形成了随上层培养基由厚到薄的药物浓度梯度。将经过后培养的细胞涂布此平板，经培养后会逆药物的浓度梯度形成菌落的密度梯度。如果细胞对药物存在临界致死浓度，则菌的生长也呈现明显的界线。在低药物浓度区，细胞大量生长，形成厚厚的菌苔；高药物浓度区，菌落数逐渐减少。在菌落的稀少及几乎空白区域所长出的少数菌落即为抗性突变株。越是靠近高浓度药物区域出现的抗性菌株，其抗药性越强。应用此法，还可以在同一平板上获得抗药性不同的突变菌株。

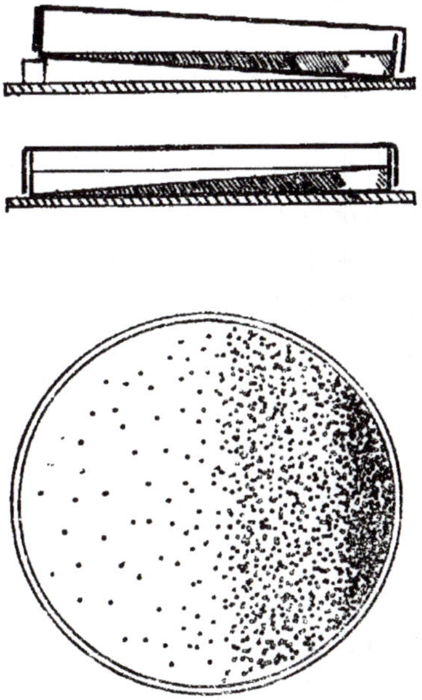

图 6.33 梯度平板的制备及生长情况

阶梯性筛选的另一方法是将固体药物直接加到涂有菌的平板表面，在培养过程中，药物逐渐溶解并向周围扩散，形成一个以固体药物为中心的药物浓度梯度。经培养后，能看到固体药物的周围有一个明显的抑菌圈，存在清晰或模糊的边缘，在抑菌圈区域长出的少数菌落即为抗药性菌株。也可以先将药物制成一定浓度的溶液，然后用较厚的圆形滤纸片（如新华 6 号滤纸用打孔器打成圆片）吸取一定量的药液，放置于涂有菌的平板上。

抗药性所指的药物，可以是抗生素、磺胺类的药物，也可以是代谢结构类似物。后者的抗性突变株也称代谢类似物抗性突变株。所谓代谢类似物是一些和生物体内的氨基酸、维生素、嘌呤、嘧啶等化合物分子结构相类似的药物，这类药物一般具有抑制细胞生长的作用。而上述氨基酸、维生素、嘌呤等是一些微生物的代谢产物，由于本身的代谢调节作用，这些物质在生物体内的浓度过高时，就会抑制微生物继续积累这些物质，即反馈抑制。如果选取抗代谢类似物的变异株，就可提高相应代谢产物的产量。例如，吡哆醇是酵母菌的代谢产物之一，但产量不高，而异烟肼和吡哆醇具有相似的分子结构。

异烟肼对于微生物有抑制作用，选取抗异烟肼的变异菌株就可以得到产吡哆醇的菌株。在具体工作中，可采用梯度培养法使选种工作进一步简化。在酵母菌中，用此法曾获得吡哆醇产量提高 7 倍的变异菌株。

（二）高分子废弃物分解菌的筛选

由于高分子化合物在各方面应用越来越广泛，废弃的合成树脂、合成纤维的分子质量也大量增加，污染问题越见严重。微生物在处理三废中有巨大潜力。由于合成树脂、合成纤维多半不溶解于水，所以，要把它们作成培养基，从土壤中直接分离到这类分解菌是困难的。目前虽然还没有得到充分利用废弃高分子物质的菌株，但已设计了阶梯式筛选方法，并在某些方面已经获得成果。例如，为了得到能分解聚乙二醇等物质的变异株，首先从土壤中分离出能在有两个醚键、与聚乙二醇的结构相似的三甘醇上生长的菌。由于高分子一般是单一结构的重复，所以，可以考虑采用能利用其结构单位生长的菌，再行变异而达到目的。实际上，从大肠杆菌中原来不能利用 1,2-丙二醇作为唯一碳源的菌株，用 EMS 诱变，使之发生变异，再培养在含 0.2%丙二醇的琼脂培养基上，得到大菌落，经过分析，证实它较出发菌株多一种酶。这种酶能对乙二醇、1,2-丙二醇和乙醇具有活性。这种变异株已经能利用乙二醇、丙二醇等作为唯一碳源。在此基础上再进行变异，就可能获得能利用聚乙二醇的变异株。

（三）无泡沫变异株的筛选

酵母酒精发酵时大量泡沫的形成，使发酵罐的充满系数受到很大的限制，筛选无泡沫突变株有一定的实用价值。无泡沫突变株通常采用气泡上浮法筛选。以优良的酿酒酵母作出发菌株，用紫外线诱变，然后接种管式发酵器（发酵管）中，从发酵管的底部不断通入新鲜培养基和无菌压缩空气，使发酵液不断鼓泡，易产生泡沫的酵母就随泡沫而从发酵管上部的溢流口除去，不易产生泡沫的变异酵母就留下来，连续培养进行一定的时间后，发酵管中的泡沫逐渐减少，直至完全消失，此时，从发酵液中进一步分离筛选，很容易获得无泡沫突变株。

无泡沫突变株还可用凝集法进行筛选。因为酵母如果与乳酸杆菌同时存在，由于两种细胞表面的静电吸力，而使之凝集除去。用这些方法得到的无泡沫变异株，其凝集力没有或极弱，或凝集力有某种程度的减弱。

用苯胺蓝染色法也可筛选产生泡沫少的酵母突变株。其原理是根据突变株细胞壁成分和结构的变化，就引起与染料结合能力的变化。若变蓝，突变株产生泡沫就少。具体方法是将诱变处理的菌种在 1%葡萄糖，2%蛋白胨和 1%酵母汁，pH7.2 组成的培养基中培养过夜，然后适当稀释。涂布在含 3%葡萄糖，0.5%酵母汁，0.005%苯胺蓝和 2%琼脂，pH7.0 的培养基上，30℃培养 4 天，一般野生型呈浅蓝色，少泡沫的变株呈深蓝色。

（四）组成型酶变异株的筛选

诱导酶类必须要有诱导底物存在才能产生。而且诱导酶的产生还会被末端产物或被快速利用的碳源（如葡萄糖）的分解产物所阻遏。如果获得一个突变株，在没有诱导底物存在时，也能产生像有诱导物时一样多的酶，或者也不受末端产物或不受快速利用碳源的分解代谢产物所阻遏。这就是具有组成型酶的突变株。组成型酶突变株在生产上具有很大的优点。例如，可以用廉价的葡萄糖或乙酸作原料来生产需用高价格底物诱导的酶；用含有葡萄糖的废水，生产能分解有害物质的酶等。获得这类变株的方法，也有成功的例子，主要是用除去诱导物的方法，进行筛选，虽然用的是实验性微生物，但可供我们实际应用时借鉴。

1. 恒化器法

恒化器常用于微生物的培养和驯化。若控制很低浓度的诱导物作碳源，该浓度低于诱导浓度时，野生型细胞由于不能合成诱导酶而不能利用底物，所以不能生长，而组成型酶突变株由于可自行合成酶，所以就能够生长，虽然由于底物浓度很低，细胞密度也不会过高，但细胞密度会有明显增加。经过一定时间的培养后，从培养液中可以分离获得组成型酶突变株。例如，在低浓度乳糖的恒化器中生长的大肠杆菌突变株，它不用诱导物，也生成β-半乳糖苷酶，生成量达细胞总蛋白的 25%。

2. 循环培养法

在一个不含诱导物的培养基上和一个含诱导物的培养基上进行连续循环培养时，就能使组成型突变株在生长上占优势，而予以选出。例如，把大肠杆菌第一个生长周期培养在含有葡萄糖的培养基中，这时有极少的组成型突变株和诱导型菌株同时生长。但组成型菌已开始合成β-半乳糖苷酶而诱导型菌则不能合成。把这些混合菌体移植到乳糖培养基中，这时组成型菌立即可以分解利用乳糖进行生长繁殖，而诱导型菌则还需一段诱导期。这样组成型在繁殖速率上就占优势。如此反复几个生长周期，最终组成型在数量上占绝对优势，容易分离到组成型菌株。

3. 诱导抑制剂法

有些化合物能阻止某些酶的诱导合成，如 α-硝基苯基 β-岩藻糖苷对大肠杆菌的 β-半乳糖苷酶的合成有抑制作用，称为诱导抑制剂。为了选择组成型变株，可将细胞培养在含有乳糖和 α-硝基苯基 β-岩藻糖苷的培养基中。由于 β-半乳糖苷酶的诱导被抑制，只有组成型酶突变株，才能利用乳糖而生长繁殖。

第四节　基因重组育种

微生物变异是由于遗传物质的成分和结构的改变引起的。遗传物质的这些变化，可以发生在一个细胞内部，即通过突变（自发突变或诱发突变）引起，也可以通过两个细胞间遗传物质的重组而实现。通过两个细胞间遗传物质的重组而实现的工业微生物育种称基因重组育种。

在不同类型的微生物中，导致基因重组的形式也不相同。在真菌中，对于具有有性生殖过程的霉菌和酵母，主要是通过两个有性孢子之间的结合，在减数分裂过程中实现涉及整个染色体组的基因重组；而对于不进行典型有性生殖的某些霉菌，可以在准性生殖过程中实现基因重组，即通过两个体细胞之间的结合，在有丝分裂过程中实现涉及整个染色体组的基因重组。在原核微生物中，导致基因重组的形式包括细菌的接合、F 因子转导、放线菌接合、转导和转化。细菌的接合主要存在于大肠杆菌等菌中，在供体、受体细菌细胞的暂时沟通过程中，受体菌接受供体菌的部分染色体形成局部合子，通过染色体的双交换而实现基因重组。若在供体菌和受体菌的暂时沟通过程中，通过携带有供体菌个别或少数基因的 F 因子由供体菌转向受体菌而实现的受体菌的基因重组则为 F 因子转导。放线菌的接合是通过菌丝连在一起而实现供体菌部分染色体向受体菌的转移，进而在受体菌中发生基因重组。以噬菌体为媒介而将供体菌的个别或少数基因传递给受体菌，然后在受体菌中实现基因重组，则为转导。如果受体菌直接吸收供体菌的游离的 DNA 而发生基因重组，称为转化。原生质体融合是 20 世纪 70 年代发展起来的一种新的基因重组技术，经水解酶处理，分别除去两亲株的细胞壁而制成原生质体，然后通过物理、化学或生物学方法诱导两亲株原生质体融合，经染色体交换而实现基因重组。重组涉及整个染色体组，几乎可以在所有的真核、原核微生物中进行。

微生物中上述种种导致基因重组的形式总结如表 6.6 所示。

表 6.6 微生物中部分导致基因重组的形式

基因重组形式	微生物类别	供体菌 DNA 进入受体的途径	重组涉及的范围
有性生殖	真菌	有性孢子的接合	整个染色体组
准性生殖	真菌	体细胞的接合	整个染色体组
细菌接合	大肠杆菌等细菌	细胞间暂时沟通	部分染色体
F 因子转导	大肠杆菌等细菌	细胞间暂时沟通，F 因子介导	个别或少数基因
放线菌接合	天蓝色链霉菌等放线菌	菌丝间连接	部分染色体
转导	原核微生物	细胞间不接触，噬菌体介导	个别或少数基因
转化	原核微生物	细胞间不接触，吸收游离 DNA 片段	个别或少数基因
原生质体融合	所有微生物	原生质体间的融合	整个染色体组

一、酵母菌的基因重组

酵母菌的杂交工作开展较早，1938 年就获得了酵母的杂交种，所以无论在遗传学的基础理论和操作技术方面都比较完善，在育种方面也取得了有益的成果。例如，在面包酵母的种间进行杂交，能获得许多良好特性的酵母，它的繁殖能力和发酵能力都比亲株强；采用面包酵母和酒精酵母杂交，其杂交种的酒精发酵力没有下降而发酵麦芽糖的能力比亲株高，在酒精发酵后，它还可供面包厂发酵面包用；采用不能完全利用棉子糖的糖蜜酒精酵母 R 系与全发酵棉子糖的卡尔斯伯酵母杂交，把两者优良特性组合在杂交子里，提高了甜菜糖蜜的酒精产量和发酵速度；在啤酒酵母方面，用上面酵母与下面酵母杂交，得出的杂种，可生产出较亲株香与味较好的啤酒。

酵母菌的杂交即有性杂交主要是通过有性生殖过程完成的，有性杂交是利用两种不同的接合型的单倍体菌株或子囊孢子进行的。但对于无孢子酵母如假丝酵母，因为它们无有性生殖过程，所以只能同丝状菌一样，通过准性生殖过程进行杂交。

（一）酵母的生活史

酿酒酵母（*Saccharomyces cerevisiae*）具有有性生殖和无性生殖过程。有性生殖是两个单倍体营养细胞或子囊孢子通过接合形成接合子。这种接合可以是同宗的，也可以是异宗的。接合子经过核配，再经减数分裂，形成含有 4 个或 8 个单倍体子囊孢子的子囊，子囊孢子可以出芽成单倍体体细胞。若核配后就出芽，变成为双倍体体细胞。

所谓双倍体和单倍体，是指细胞内含有染色体组的数目，如果只含有一个染色体组就是单倍体，如果含有两个就是双倍体，含多个就是多倍体。在无性生殖中，母细胞的染色体组数与子细胞是相同的，因为它是通过体细胞的有丝分裂，将母细胞染色体一式两份，均等地分配到两个子细胞中去，其过程主要是经过染色体的复制、两个中心体的分开、着丝粒分裂，两个染色体组逐渐分离到细胞的两端，最后形成两个与母细胞一样的子细胞。图 6.34 所示为一个具有两对染色体的双倍体细胞的有丝分裂过程，对于含有多条染色体的双倍体细胞有丝分裂情况也类似。

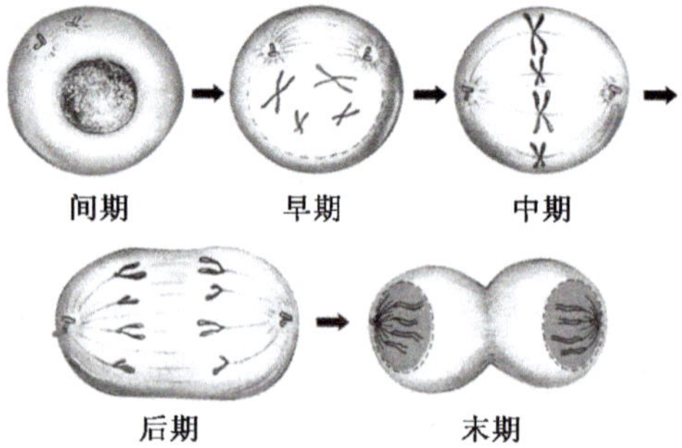

图 6.34　一个具有两条染色体的双倍体细胞的有丝分裂（mitosis）过程

在有性生殖过程中，由于是形成具有性别的配子过程，细胞核的分裂情况就完全不同了，是通过核的减数分裂达到的。在这个过程中，发生二次特殊的分裂，使双倍体细胞的染色体彼此分离而分配到四个子细胞中，因此染色体数目就减少了一半，成了单倍体，所以称为减数分裂。图 6.35 表示一个具有两对染色体的双倍体细胞核的减数分裂情况。它与有丝分裂的差别在第二步即表现出来，有丝分裂时，每条染色体分为两股，减数分裂不是分为两股而是同源染色体并排配对，到第三步每条染色体表现为两条姐妹染色单体，这样一对染色体成了具有四条染色单体的四联体。到中后期又与有丝分裂不同。姐妹染色体并不分开，而是同源染色体分别到两端，形成两个子细胞核，但还是双股，这是第一次减数分裂。到第二次减数分裂的中后期，姐妹染色单体才拆开。经过连续两次的分裂，才形成四个单倍体子囊孢子，其中两个接合型为 a，两个接合型为 α。

酵母在自然条件下一般都是以体细胞出芽的方式进行无性繁殖的，要产生子囊孢子还需一定的条件。对于某些不产生子囊孢子的酵母，例如，目前应用很广的假丝酵母，它们的生活史，就没有产生子囊和有性过程，仅有体细胞的出芽期和成熟期，如此反复循环进行出芽繁殖。

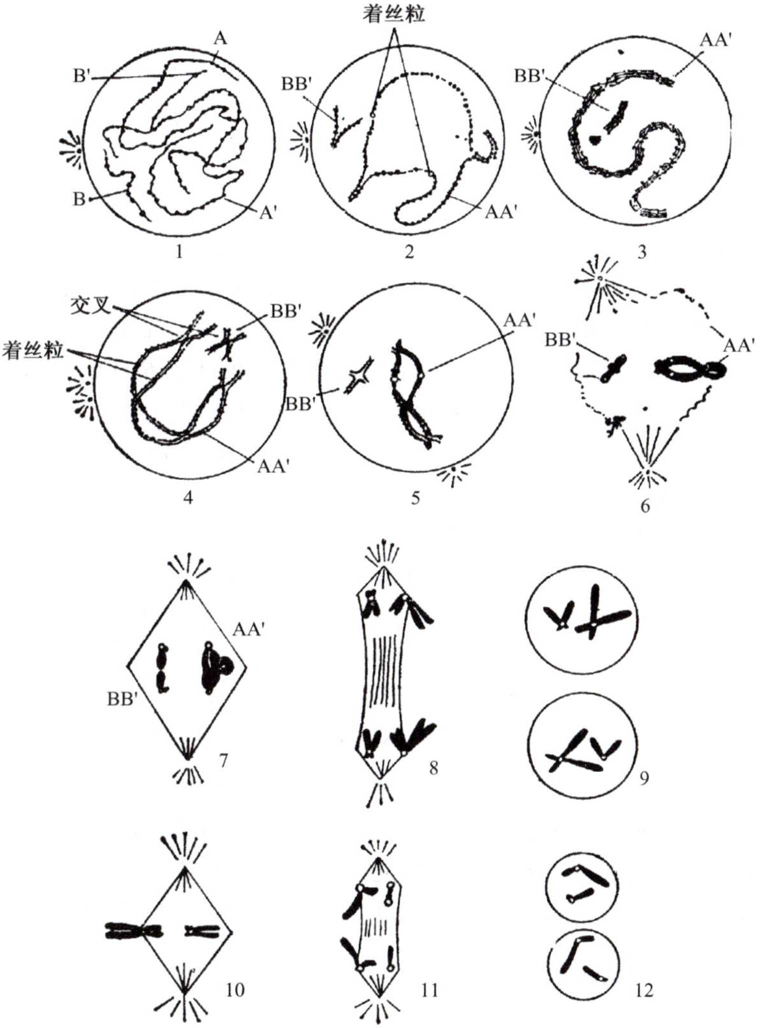

图 6.35　一个具有两对染色体的细胞的减数分裂（meosis）过程

（二）酵母菌的杂交育种

1. 亲株的选择

应用于杂交的两个亲株，首先要具有亲和性，即为不同的接合型。其次，还要具有不同的标记，以作为杂种的检出依据。标记可分为形态和生理两个方面，形态方面标记有细胞大小、形态、菌落特征、色素及凝聚性等；生理方面的标记有氨基酸、嘌呤、嘧啶、维生素等营养缺陷型，对高浓度酒精、高浓度糖的耐性，对抗生素的抗性，对各种糖类的发酵特性等。

2. 杂交方法

酵母的有性杂交过程包括三个步骤：酵母子囊孢子的形成，子囊孢子的分离和酵母杂种的获得。

子囊孢子的形成　产孢子酵母如酿酒酵母，长期在实验条件下培养，会引起生孢子能力衰退，要形成子囊孢子就需要用生孢子培养基。饥饿条件易促进细胞发生减数分裂而形成子囊孢子，所以生孢子培养基营养是比较贫乏的。比较有效的产孢子培养基是乙酸钠琼脂培养基，其组成为（g/L）：无水乙酸钠 8.2，氯化钾 1.86，琼脂 20g。可以将大量的二倍体细胞接种在该培养基的平板或斜面上，25～27℃培养 2～3 天，就会产生子囊孢子。对于啤酒酿造用的下面酵母，经常需将培养温度降低到 20℃或更低，培养时间也需延长至 7～10 天或更长。石膏块也是常用的产孢子培养基。

子囊孢子的分离　经镜检观察到有子囊形成以后，用几毫升无菌水洗下斜面或平板上的子囊，加入 1ml 液体石蜡和 5g 硅藻土，在研钵中研磨 10min，然后转移到离心管中，以 4500r/min 的转速离心 10min，子囊孢子集中在上层石蜡层中。也有用蜗牛酶或 Zymolyase-20T 酶解子囊壁，激烈振荡，使子囊裂解，释放子囊孢子，所得悬液再添加液蜡，离心后孢子也集中在上层液蜡中。取集中子囊孢子的液蜡 0.05ml，加 0.05ml 15%的明胶，涂 CM 平板，就可获得单倍体菌落。

杂种的获得　酵母菌杂交的方法有孢子杂交法、群体杂交法和单倍体细胞杂交法等。孢子杂交法是对子囊孢子直接成对杂交。使用显微操纵器将不同亲株的子囊孢子直接配对，进行微滴培养，使之发芽接合，形成合子，这种方法的优点是可以在显微镜下直接观察到合子的形成，缺点是需精密的仪器和娴熟的技术，

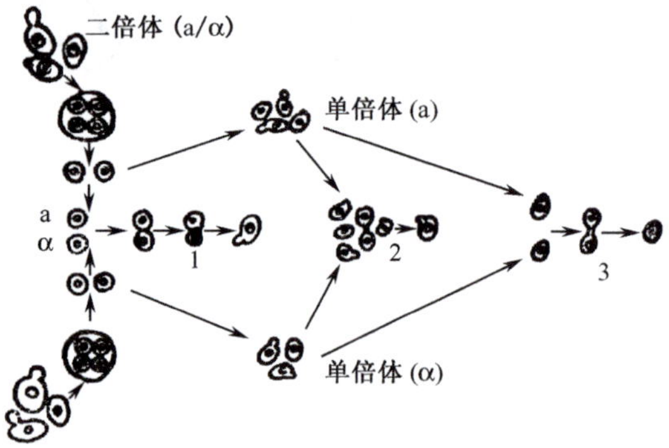

图 6.36　酵母菌杂交方法

1. 孢子杂交法；2. 群体杂交法；3. 单倍体细胞杂交法

a 与 α 代表不同的接合型；a/α 代表二倍体

费工也大。群体杂交法是常用的方法，将两种不同接合型单倍体酵母细胞混合培养在 YEPD 液体培养基中，当镜检发现有大量的哑铃型接合细胞时，就可以涂布到选择性培养基上（如果两亲株具有不同的营养缺陷型标记，则可使用基本培养基作为选择性培养基，只有杂种细胞能够在该培养基上生长），形成的菌落就是杂种。单倍体细胞交配法与孢子杂交法类似，是用两种接合型细胞配对放在微滴培养基中，在显微镜下观察合子的形成，但此法成功率较低。三种杂交方法表示如图 6.36 所示。

二、霉菌的基因重组

霉菌的基因重组可以发生在有性生殖和准性生殖过程中。能进行有性杂交的霉菌有粗糙脉孢菌、构巢曲霉等。但工业上遇到的霉菌大多数不产生有性孢子，没有典型的有性过程，有些霉菌虽然有有性过程，但在实验室经过长期培养后，往往也已衰退。但许多霉菌，尤其是半知菌类的霉菌，存在一种在营养细胞间进行的准性生殖过程，通过准性生殖，也能实现基因重组。工业上用于生产抗生素和酶制剂的产黄青霉、荨麻青霉、扩展青霉、黑曲霉、米曲霉等均可通过准性生殖过程进行基因重组——准性杂交。

（一）准性生殖过程

从图 6.37 中可以看到，曲霉菌的无性循环包括四个阶段，即分生孢子膨胀、萌芽、营养菌丝的形成以及分生孢子的形成。对于准性生殖，则可分成异核体形成、杂合二倍体形成、体细胞交换或单元化三个连续过程。

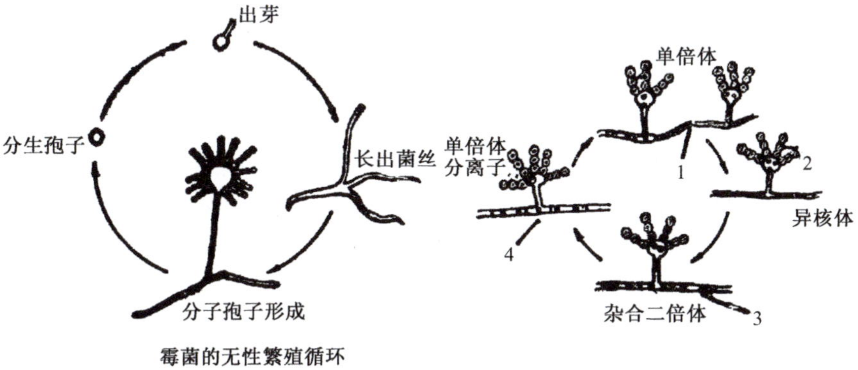

图 6.37　霉菌的无性繁殖循环和准性循环

1. 细胞质融合；2. 异核体形成；3. 细胞核融合；4. 杂合二倍体分离

1. 异核体的形成

当两个基因型不同菌株的菌丝体在培养过程中紧密接触，继而接触部分的细胞壁溶解、细胞膜融合、细胞质交流，在融合的细胞中两个细胞核共存，这种细胞叫异核体。如果共存于融合细胞中的两个细胞核的基因型完全相同，则该细胞叫同核体。由异核体细胞发育成的菌株叫异核体菌株。异核体细胞质中的两个细胞核处于游离状态，是独立的，相互间没有融合与交换，而细胞质却完全融合了。异核体的生活力往往比其两个亲株更强，这是因为异核体具有营养互补作用。所谓异核体的营养互补，是指两个基因型不同的细胞核处在同一个细胞中，在细胞代谢过程中互为对方提供对方所缺陷的生长因子的现象。具有不同营养缺陷型遗传标记的两亲株所形成的异核体通过营养互补作用可以在基本培养基上生长。互养作用也会使两个具有不同营养缺陷型标记的菌株在基本培养基生长，但与营养互补作用之间有着本质上的不同。互养是指两个具有不同营养缺陷标记的亲株同时接种在一个基本培养基平板上，相互之间不接触但非常靠近，在生长过程中，双方产生的代谢产物通过培养基渗透扩散，互为对方提供了对方不能合成的营养因子，使二者同时在基本培养基上形成菌落。通过互养作用生长的菌丝体，若从菌丝尖端取一小段接种到基本培养基上，将不会生长，而从异核体菌丝尖端取下的小片段转接到基本培养基上则会继续生长。有时具有互补功能的异核体又称平衡异核体。研究表明，并不是所有的菌种都具有形成异核体的能力，只有彼此之间具有一定亲合性的菌株才能形成异核体。能形成异核体的菌种包括曲霉、青霉、酵母、镰刀菌、粗糙脉孢霉等。

异核体在形成分生孢子过程中将发生核的分离，所产生的分生孢子是单核的，在遗传上分离成两亲株的类型。由平衡异核体所产生的分生孢子分别表现两亲株的营养缺陷型表型，在基本培养基上不能生长。异核体的检出与鉴别就是根据异核体的这一性质进行。

2. 杂合二倍体的形成

异核体细胞会以很低的频率发生细胞核的融合，形成杂合二倍体细胞，进而发育成杂合二倍体菌丝体。杂合二倍体菌株所产生的分生孢子仍为杂合二倍体。当把几百万个平衡异核体的分生孢子在基本培养基上涂布培养，偶尔会出现少数具有野生型表型的菌落，这就是杂合二倍体。

3. 体细胞交换和单元化

在杂合二倍体无性繁殖中，尽管它很稳定，但有时也有极少数的细胞核在有丝分裂过程中能发生体细胞交换或单元化，产生二倍体、非整倍体及单倍体分离子，从中可能筛选得到重组体。

所谓体细胞交换是指杂合二倍体核在有丝分裂过程中同源染色体间发生的染色体交换，由此可导致部分基因的纯合化。如图 6.38 所示，在 A、B 之间的一次交换会导致产生隐性基因 b 纯合或显性基因 B 纯合的二倍体分离子。

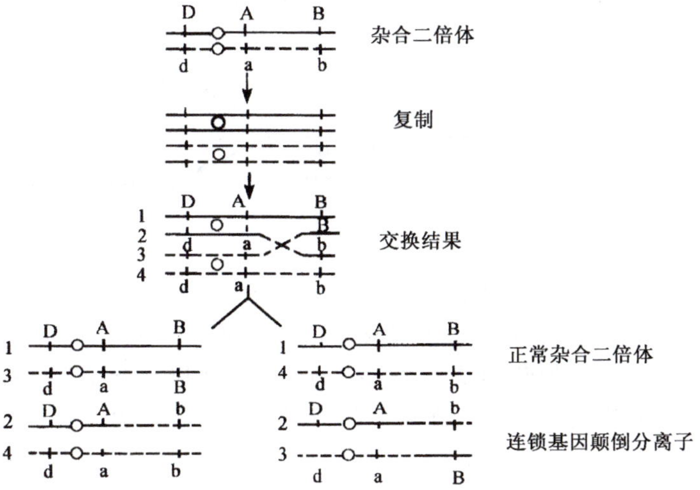

图 6.38　体细胞交换过程

所谓单元化过程是指杂合二倍体在有丝分裂过程中通过一系列的染色体不离开行为而产生非整倍体分离子及最终的单倍体分离子的过程。在正常的有丝分裂过程中，一个染色体分裂成两个，各自趋向一极，结果使两个子细胞中各有一个。染色体的不离开行为是指一个染色体分裂成两个以后都趋向一极，结果使一个子细胞缺少了这一染色体（$2n-1$），而另一个子细胞则多了一个染色体（$2n+1$），它们都称为非整倍体。$2n+1$ 非整倍体在此后的分裂过程中常失去一个染色体而成为二倍体，在此过程中杂合体 a/A 可以转变成纯合体 a/a；对于 $2n-1$非整倍体，常进一步失去其他染色体而最终成为单倍体，在此过程中由于显性基因的消失会使隐性基因逐个得以表现，即能形成一系列的非整倍体及单倍体分离子。单元化过程见图 6.39 所示。

（二）准性杂交育种方法

1. 杂交亲株的选择和异核体的形成

所用的杂交亲株要求形态上必须稳定，野生型的菌株在基本培养基上能形成丰富的分生孢子，另外，它还要具有较强的重组性能。如果选用营养缺陷型作亲

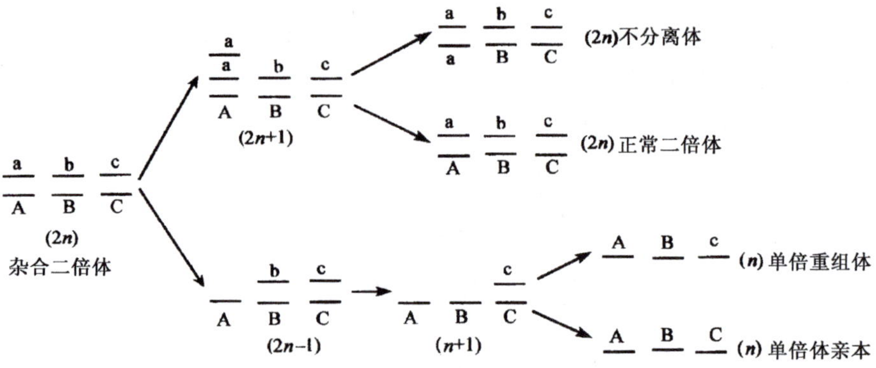

图 6.39 单元化过程

株，其产量性状希望不低于原来的出发菌株。为了最后易于鉴定是否是杂种，最好是选用双重突变的菌株作杂交出发株，既具有形态特征，如分生孢子颜色变化，又具有生理特征，如营养缺陷型、抗药性等。所以，杂交亲株往往是野生型菌株经诱变筛选获得的。此外，在可能的情况下，最好选用产单核分生孢子的菌株，因为多核孢子经诱变处理后，若引起一个核的变异，那么当代的表型仍然是野生型状态的，必须经过数代后，才能显出纯变株的特性。对于单核孢子，一经变异，当代就可表现出来，这对简化以后的工作是有好处的。一般黑曲霉、青霉产单核分生孢子，米曲霉、黄曲霉产多核分生孢子。

为了获得异核体，必须将杂交亲株先行混合接触。方法比较多，可以把两配对菌株高浓度的分生孢子悬液或菌丝涂布在固体基本培养基上，也可以将数量相等的配对菌株孢子液混合接种到液体基本培养基或完全培养基中，使它们形成一层互相交织的菌丝网。也可以采用 1ml 生理盐水加到 10ml 的固体完全培养基上，然后把配对分生孢子混合接种到 1ml 的生理盐水中，让其在液面长出一层菌丝。

混合菌丝生长后，就可挑取菌丝进行异核体的分离。在固体培养基上，可以借它们的生长情况和分生孢子的颜色而检出异核体，这时只要切取菌丝尖端一小部分，移植到新鲜培养基上，就可形成一个纯的异核体菌落。如果是液体完全培养基培养，可将生长菌丝自培养基中取出，放在液体基本培养基中浸洗，然后移植到固体基本培养基表面，经一定时间培养后，用接种针将已生长的个别菌丝尖端切下，再移植至固体基本培养基上培养，也可形成异核体菌落。

由上可知，异核体具有这样一些特征：将异核体的单一菌丝尖端移植至MM或 CM 上，都能继续生长形成异核体，而把少量的异核体所产生的分生孢子培养到 MM 上，就不能生长，除非孢子中混有异核体菌丝片段。但把大量异核体产生的分生孢子在 MM 上分离培养，有时会长出少数杂合二倍体或个别重新形成二次异核体菌落。

2. 杂种的获得

这里指的杂种，可以是杂合二倍体，或者是随着杂合二倍体的染色体或基因重组和分离，所形成的种种重组体分离子，所以既有单倍体，也有二倍体，甚至非整倍体。由于自然产生杂合二倍体的频率很低，所以可以用人工诱发的方法促使核融合形成杂合二倍体。诱发的方法有：

1）樟脑蒸汽诱导法：打开长有异核体的平皿盖，把平皿倒过来，覆盖在盛有樟脑结晶的另一培养皿盖子上，放置几分钟，然后用原来盖子盖上，继续培养。此法可使形成杂合二倍体的频率提高 10～100 倍。

2）紫外线诱导法：用紫外线照射异核体的分生孢子数分钟，也可照射生长中的异核体菌丝，可提高杂合二倍体的形成频率。

3）高温诱导法：有报道，将青霉菌异核体菌丝的培养温度提高到 29℃，能有效提高产生杂合二倍体的频率。

由于杂合二倍体一般都是从异核体菌落的斑点或角变得到，或从异核丛分离得到，所以就可能混有亲本型的分生孢子或其他分离子。因此要确定一株杂合二倍体必须经过一次以上的分离纯化，也可利用显微操纵器挑取一个孢子繁殖成一个菌落。

杂合二倍体与异核体不同，与亲本也不同，具有以下特征：与单倍体孢子对比，杂合二倍体孢子体积大，大概要大一倍；杂合二倍体分生孢子的 DNA 含量约为单倍体的二倍；杂合二倍体的孢子颜色与异核体不同；杂合二倍体相当稳定。

杂合二倍体的产量性状与亲株比较，情况比较复杂。例如，青霉素产生菌的杂交育种，杂种的生产能力（效价/毫升）往往和产量低的亲本相近，这说明高产突变在二倍体内是隐性的。因此认为杂交育种是单纯的把高产基因集中在一个菌株上的看法并不确切。杂合二倍体的两亲株的产量若具有原始出发菌株的水平，那么杂种产量就可以超过原始出发菌株。杂合二倍体分离后产生的二倍体分离子中，有时会产生高产量的杂种。由于杂合二倍体较稳定，为了分离出更多的杂种类型，除可自发产生分离子外，也可用诱变因素处理来诱发。从杂合二倍体中检出分离子，主要是通过对杂合二倍体菌落上产生的斑点或角变进行分离而获得。

在丝状真菌的杂交育种中有不少成功的事例，如酱油曲霉通过体细胞重组及单元化，提高了蛋白酶活性及曲酸产量。四倍体的蛋白酶活性最高，比亲株提高一倍；对黑曲霉的杂交育种，得到了多倍体新种，其柠檬酸产量比原始菌株高；我国用杂交育种也得到了高产的灰黄霉素产生菌。目前霉菌的杂交主要是种内，偶尔有种间。亲株的亲缘程度越远，杂交成功率越低。

三、细菌的接合

（一）细菌的接合与致育因子

细菌的接合最早于 1946 年发现于大肠杆菌中。当两个不同的菌株接合时，遗传物质是单方向转移的，由供体菌到受体菌。进行接合的大肠杆菌具有性别的差异，即供体菌细胞内具有性因子（F 因子）。F 因子是一个呈共价闭合环状结构的 DNA 质粒（图 6.40），长约 95kb，每个细胞含 1～2 个。供体菌细胞内具有 F 因子，细胞表面具有 1～2 根性纤毛，受体菌细胞内不含有 F 因子，细胞表面也没有性纤毛。F 因子在供体菌内有两种存在状态，游离态和整合态。所谓整合态是指 F 因子通过其插入序列（IS）与染色体 DNA 之间发生重组而将 F 因子嵌入染色体 DNA 中，形成一个大的环状 DNA 分子（图 6.41）。含有游离态 F 因子的菌株叫 F^+ 菌株，含有整合态 F 因子的菌株叫 Hfr（高频重组）菌株，不含 F 因子的菌株叫 F^- 菌株，三者之间的关系如图 6.42。

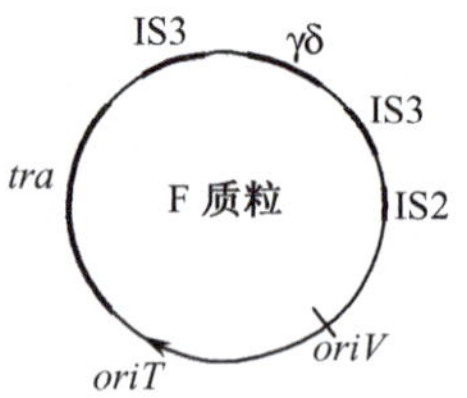

图 6.40　F 质粒简图

IS2、IS3. 插入序列；*tra*. DNA 转移所必需的基因；*oriT*. DNA 转移的起点；*oriV*. 质粒复制的起点

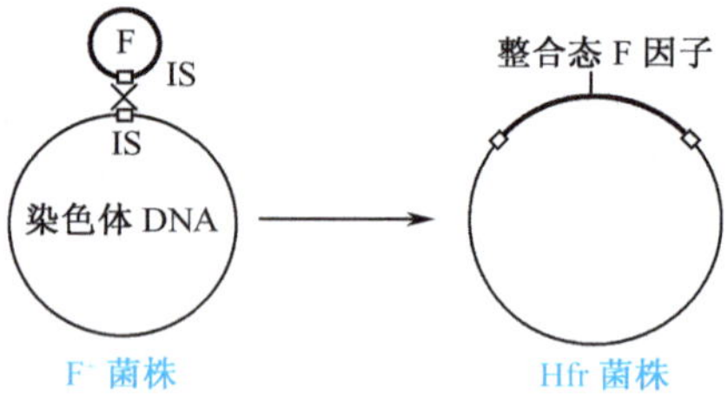

图 6.41　F 质粒的整合

F^+ 与 F^- 菌株之间接合的结果使受体菌 F^- 菌株转变成 F^+ 菌株。当两菌株接触后，通过性纤毛所形成的接合管将两细胞沟通，供体菌中的 F 因子通过滚环复制产生一条单链 F 因子 DNA，单链 F 因子 DNA 经过接合管进入受体菌细胞内，在受体菌细胞内，单链 DNA 的互补链被合成，形成双链，通过环化形成环状 F 因子，最后供体菌和受体菌都为 F^+ 细胞。接合过程见图 6.43。

Hfr 菌株与 F^- 菌株接合的结果是受体菌获得供体菌的染色体 DNA 片段，导致基因重组，形成重组子。当两菌株接触后，通过接合管将两细胞沟通，供体菌中整合有 F 因子的染色体 DNA 从转移起始基因 *oriT* 处开始通过接合管向受

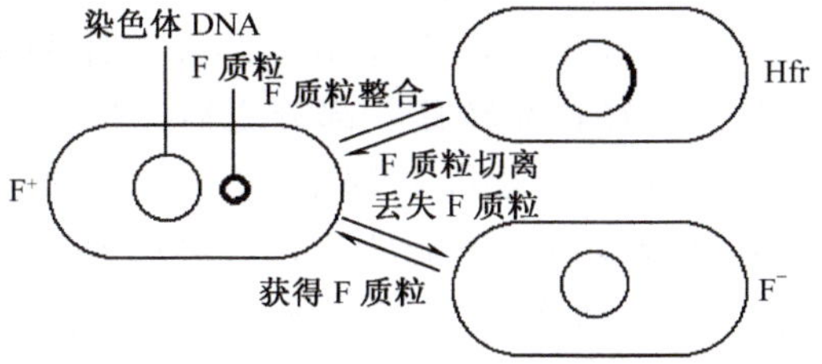

图 6.42　F^+、F^- 和 Hfr 菌株之间的关系

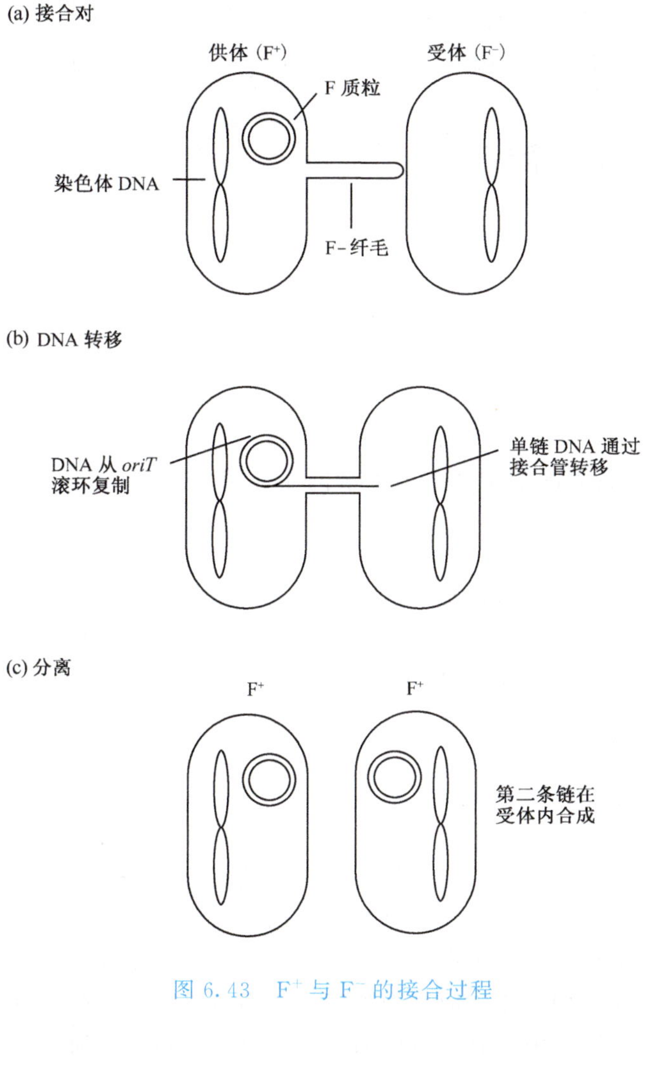

图 6.43　F^+ 与 F^- 的接合过程

体菌中转移，首先进入受体菌的是一小段 F 因子，然后是供体菌染色体 DNA，最后是剩余的 F 因子 DNA。理论上，供体菌全部染色体 DNA 转移至受体菌需要 100min 的时间。实际上，往往在转移一部分之后，接合管会因为种种原因而断开，这时，进入受体菌的只是一小段 F 因子 DNA 和一部分供体染色体 DNA。进入受体的单链 DNA 互补成双链后不能环化，但可以通过同源重组而整合进受体染色体，形成重组子。重组细胞仍是 F^- 性质。Hfr 菌株染色体基因向受体菌的转移过程见图 6.44。

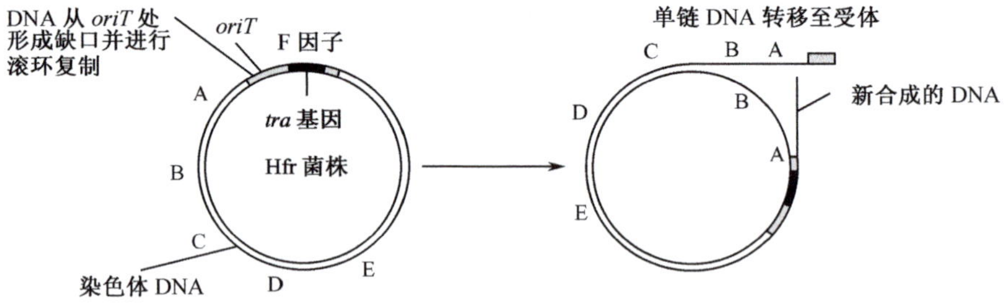

图 6.44　Hfr 菌株染色体 DNA 向受体菌转移过程

（二）细菌接合育种方法

1. 亲株的准备

供体菌应是 Hfr 菌株，多为野生型并带抗生素敏感（如 str^s）标记，受体菌是 F^- 菌株，多为营养缺陷型并带抗生素抗性（如 str^r）标记。

2. 杂交

分别将两亲株在肉汤培养基中培养过夜进行活化，然后分别转接至新鲜肉汤培养基中于 37℃振荡培养至对数期（2×10^8/ml）。将供体菌和受体菌以 1∶10 或 1∶20 的比例混合，在 37℃水浴中缓慢振荡 3h，使亲株间进行接合。缓慢的振荡以便为细胞提供足够的溶解氧，恒温培养是接合的必需条件，剧烈的振荡会妨碍接合的进行。

3. 重组子的检出

取接合菌液进行适当的稀释，然后涂布到选择性培养基（如含有 str 的基本培养基）平板上，长出的菌落即为重组子。因为在该培养基上，供体菌由于对链霉素敏感而不能生长，受体菌由于为营养缺陷型也不能生长。

细菌的杂交在育种工作中应用尚不广泛，但也进行了一些具有应用潜力的试验。例如，肺炎克氏杆菌具有固氮能力，但不具有可转移的质粒；而大肠杆菌不能固氮，但具有可转移的 R 因子。肺炎克氏杆菌能接受来自大肠杆菌的 R 因子，并能将其整合入染色体 DNA 中，形成类似 Hfr 的菌株，该菌株再次与 F^{-} 大肠杆菌接合，就能将其染色体 DNA 传递给大肠杆菌。由大肠杆菌 C 菌株诱变获得组氨酸缺陷型和抗链霉素突变株作受体，把这一突变株和对链霉素敏感的野生型供体肺炎克式杆菌混合培养进行杂交，然后接种到含有链霉素的基本培养基上，形成的菌落就是杂交株。已知克氏杆菌的固氮基因和组氨酸基因是紧密连锁的，所以从 his^{+} str^{r} 杂交子代中很容易得到具有固氮能力的大肠杆菌。

四、转　　化

转化是指某一基因型的细胞从周围介质中吸收来自另一基因型细胞的游离 DNA，并将其整合到自己染色体基因组中，从而获得后者遗传性状的现象。参与转化的基因供体只是游离 DNA 分子（常称为转化因子），而不需要供、受体细胞间的直接接触。经转化所得到的重组子叫转化子。

（一）转化过程

1. 感受态

在一个生长过程中的细菌培养物中，只有某一阶段的细胞才能作为转化的受体。细胞能接受转化的生理状态叫感受态。处于感受态的细胞的表面存在 DNA 受体蛋白和一些其他的转化特异性蛋白。感受态的出现与菌株的遗传特性和培养条件等因素有关。感受态可能只出现在培养物中的少数细胞（如肺炎双球菌），也可能出现在几乎所有的细胞（如枯草芽孢杆菌）；感受态可能只持续几分钟（如肺炎双球菌），也可能持续几个小时（如枯草芽孢杆菌）。某些在自然条件下不能转化的微生物可通过诱导产生感受态，如大肠杆菌可通过冰冷却 $CaCl_2$ 的处理以及随后的短暂热冲击而诱导感受态，但这种诱导产生的感受态与自然感受态不完全相同。

感受态的出现主要是有利于转化因子进入受体细胞。细胞壁的存在在很大程度上阻碍了 DNA 进入细胞。为此，在链霉菌等放线菌中，可以通过先将受体菌用溶菌酶处理除去细胞壁而制成原生质体，然后进行原生质体转化，也能达到同样的效果。

近年来发展的电击转化法也克服了感受态的障碍。将培养至对数期的细胞用高渗介质制成菌悬液，加入转化因子（如质粒）后，在高压电场中用高压脉冲电击细胞，质粒经电击形成的微孔进入受体细胞，将细胞转移至营养丰富的液体培养基中进行短时间的培养（约 1h），细胞表面的微孔即被修复。

2. 转化因子的吸附和吸收

对于受体细胞，无论其是否处于感受态，都能吸附转化因子。据估计，一个细菌细胞表面大约有 50 个吸附位点。不同的微生物对转化因子吸附的专一性不同。肺炎双球菌和枯草芽孢杆菌对于转化因子的吸附没有专一性，而流感嗜血杆菌却有高度的专一性，只能吸附同种不同菌株的 DNA，但不能吸附大肠杆菌的 DNA。

在枯草芽孢杆菌中，细胞表面的两种 DNA 酶在转化中起作用。细胞壁上的一种限制性内切核酸酶先将被吸附的 DNA 切成长约 10^7d 的片段，细胞膜上的另一种核酸酶把一个单链切除而使一个单链进入细胞。对于人工诱导的大肠杆菌感受态细胞，可直接吸收环状质粒 DNA 分子，而进入细胞的环状质粒则继续保持游离状态。

3. 转化因子的整合及转化子的形成

对于枯草芽孢杆菌，在 RecA 蛋白作用下，进入受体细胞的单链转化因子 DNA 与受体染色体 DNA 在其同源区形成一个供体-受体复合物，接着转化因子单链 DNA 替代受体双链中的一股，与另一股的对应部分形成氢键，被替代下来的一小段受体 DNA 单链为酶所降解，缺口部分被修复合成及连接，形成部分杂合双链（图 6.45），进一步的复制和细胞分裂即得重组子代，再经选择性培养基

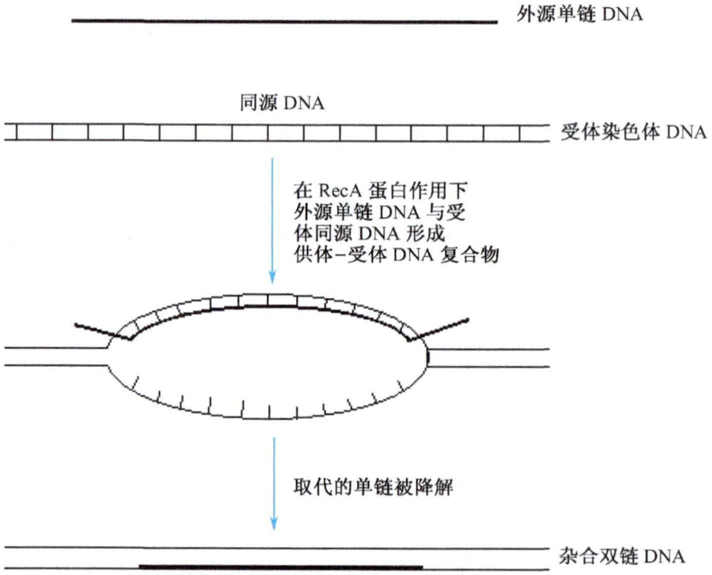

图 6.45　外源单链 DNA 通过重组整合到受体染色体

分离即可获得转化子。

（二）转化育种方法

1. 转化因子 DNA 的提取

要达到转化的目的，首先要挑选合适的供体菌株并提出其 DNA 作转化因子。转化因子 DNA 要求有一定的纯度和生物学活性。提取方法是先将供体细胞培养到对数生长期，用离心法收集，然后按图 6.46 所示的步骤进行。使用这种方法，从 2～3g 湿的菌泥中，约可得 1～2μg DNA，相当于总产物的 50%，浓缩 500～1000 倍。总的操作时间为 5～8h，可保存在溶液中，加几滴氯仿，放置于 4℃。

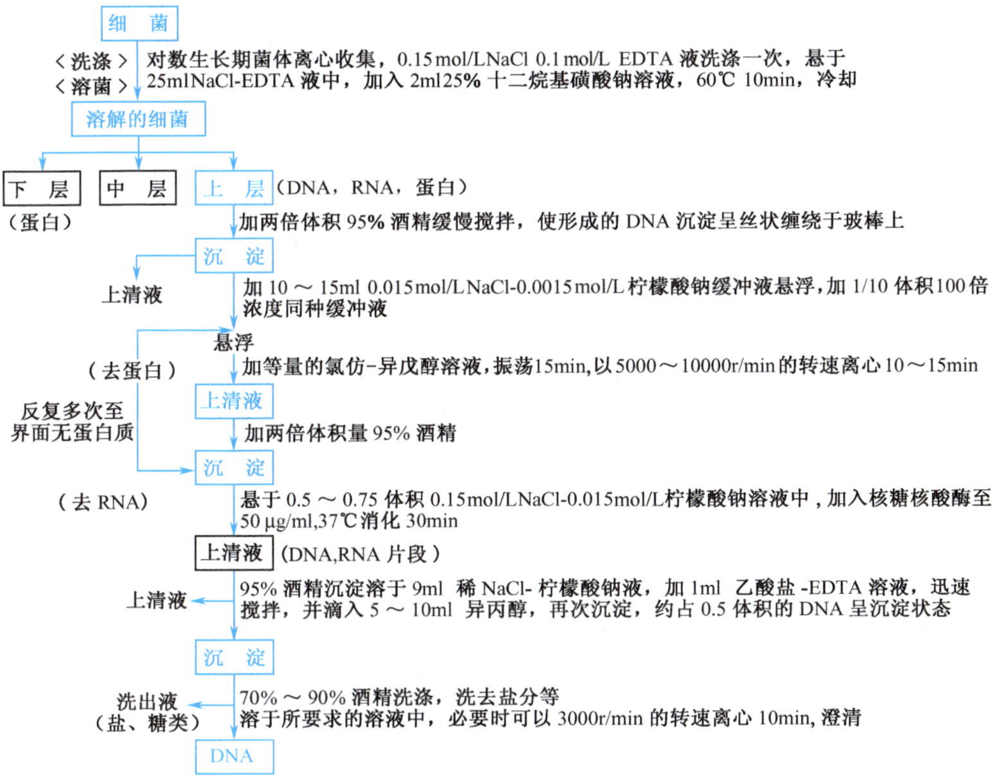

注：一般操作宜在 6℃下进行，避免剧烈搅拌

图 6.46　细菌染色体 DNA 的提取步骤

上述方法是用十二烷基磺酸钠溶液破壁，使用溶菌酶也能达到同样效果。如果二者均不能破壁，可加去垢剂，甚至提高温度 70～75℃。在许多情况下，可试用去氧胆酸钠。酵母可用蜗牛酶，细菌还可用 pH10.0 的缓冲液或酚溶液抽提 DNA。

鉴于制备的 DNA 中即使含有部分 RNA 和蛋白质，仍可有效地进行转化，DNA 的提取方法可以简化如下：

将处于对数生长期的菌液，在 0℃下 3000r/min 离心 30min，用 NaCl-EDTA 溶液洗涤菌体两次，收集和称量菌体，于菌体中加入溶菌酶和 NaCl-EDTA 液（pH8.0）在 37℃保温 10～20min，菌液变稀后，立即放入干冰或液氨中冷冻，然后加入 Tris-SDS 缓冲液（pH9.0）60℃保温，待菌体溶解后，加入等体积的 90%重蒸苯酚，于 0℃冰箱振荡 20min，4500r/min 离心 30min，吸取上清液，用重蒸苯酚再抽提一次，吸取上清液，放入烧杯中，沿烧杯边缘慢慢加入二倍体积预冷却的 95%乙醇，轻轻摇动，DNA 呈絮状，沉淀析出收集沉淀，溶于 0.15mol/L NaCl 和 0.015 柠檬酸钠溶液（pH7.0），存于 4℃冰箱中。

2. 感受态细胞的培养

可转化的菌株要在一定的条件下才能出现感受态，而且有一定的周期性。从某些枯草芽孢杆菌的转化研究中，发现从生长培养转入含有 0.5%葡萄糖，50μg/ml L-色氨酸，0.02%酪素水解物的培养基中，37℃振荡培养 4h，再将菌体在含有 0.5%葡萄糖，5μg/ml L-色氨酸，0.01%酪素水合物和 5μg/ml 硫酸镁的基本培养基中与转化的 DNA 接触震荡，培养 90min，感受态到达顶峰，这时受体细胞是处于对数生长期的后期。但就是在这种情况下，枯草芽孢杆菌的感受态细胞也不超过 10%。在较纯条件下，如采用一定量的溶菌酶，适当的 DNA 浓度与转化时间，转化频率可达 10^{-2}～10^{-4}。

3. 转化操作和转化体的检出

将受体菌株在肉汤培养基中培养到对数生长初期，离心收集菌体，悬浮在等体积的生长培养基中，在 37℃振荡培养到对数生长期的中后期，离心，将菌体悬浮在等量或稍少的转化培养基中。转化时，在试管中加入一定的 DNA 液，受体菌液和转化培养基，37℃振荡培养 60min，进行转化。

转化后，按照一定的遗传标记在基本培养基中检出转化子，并作进一步试验。

转化育种的应用目前尚不普遍，还有一定困难，主要是在可转化的种属中并不是所有菌株都可转化。因此从非感受态细胞中建立一个获得感受态细胞的简便有效方法很为重要。由于感受态是受多基因控制的，因此困难多一些。此外，还要注意 DNA 酶对转化的影响。当然要提高转化频率，还要考虑合适的转化培养条件。有人提出如果能够分离所需性状的单基因 DNA，用来转化，将对提高转化频率有很大好处。

五、转 导

转导是以噬菌体作媒介，将一个细胞的遗传物质传递给另一细胞的过程。与转化一样，转导也无需供体与受体细菌细胞间的直接接触。转导的实现除供体菌和受体菌外，还需要噬菌体的参与。转导分两步完成，噬菌体首先感染供体细菌，通过细菌的裂解释放携带有供体菌染色体基因的转导噬菌体，然后转导噬菌体感染受体菌，将所携带的供体染色体基因传递到受体菌内。所谓转导噬菌体是指携带有细菌染色体基因的噬菌体颗粒。转导噬菌体内的遗传物质可以是部分噬菌体基因组和细菌染色体 DNA 的个别基因（如局限性转导噬菌体），也可以全部是细菌染色体 DNA 基因而不含噬菌体基因组（如普遍性转导噬菌体）。转导分局限性转导和普遍性转导两类。前者是指只能传递供体细菌染色体上原噬菌体整合位点附近少数基因的转导，而后者系能传递供体细菌染色体上任何基因的转导。

（一）局限性转导

1. 转导噬菌体的形成

能进行局限性转导的噬菌体为温和噬菌体。转导噬菌体只能通过诱导溶原性得到。λ 噬菌体感染供体大肠杆菌形成局限性转导噬菌体的原因是 λDNA 从溶原性细菌染色体上的不正确切离。λ 噬菌体感染细菌后，λDNA 整合到寄主染色体上形成溶原性细菌。通常情况下，当原噬菌体被诱导，λDNA 将非常准确地从原整合处切离，形成一个完整的 λ 噬菌体基因组。但会发生非常低频率的不正确切离，与原噬菌体相邻的一段染色体 DNA 与 λDNA 一起切离，同时一段 λDNA 留在染色体上，如图 6.47 所示。切离的噬菌体 DNA 正常复制与包装成噬菌体颗粒，由此形成了局限性转导噬菌体。该转导噬菌体上缺少一段 λDNA，属于缺陷噬菌体。由于 λ 整合位点的两侧分别是 *gal* 和 *bio* 基因，所以形成的转导噬菌体分别为 λdgal 和 λdbio，其中的 d 表示缺陷。

2. 转导子的形成

λdgal 转导噬菌体感染 gal^- 受体细菌后，转导噬菌体的遗传物质有三种去向。第一，转导噬菌体进入裂解周期而产生子代转导噬菌体；第二，转导噬菌体

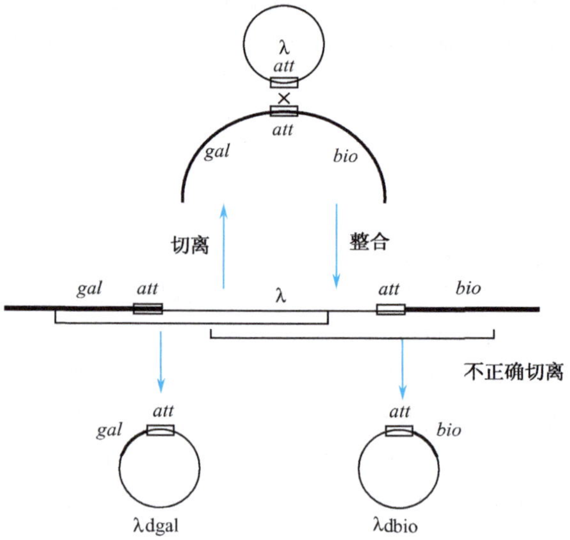

图 6.47 局限性转导噬菌体的形成

发生溶原化反应而将其 DNA 整合到受体菌染色体上，形成溶原性 gal^+ 转导子，在其染色体上共存有两个 *gal* 基因，即为 gal^+/gal^- 部分二倍体，这种类型的转导子在遗传上不稳定，会经常地分离出 gal^- 细胞；第三种去向是转导噬菌体 DNA 与受体染色体 DNA 之间在 *gal* 基因区发生重组，使转导噬菌体所携带的 gal^+ 取代了受体菌 gal^- 基因，由此得到非溶原性 gal^+ 转导子，这种类型的转导子在遗传上非常稳定，约占总转导子的 1/3。如图 6.48 所示。

（二）普遍性转导

1. 转导噬菌体的形成

能进行普遍性转导的噬菌体为烈性噬菌体或经过改造的温和噬菌体，如伤寒沙门氏菌噬菌体 P22 和大肠杆菌噬菌体 P1。普遍性转导噬菌体既可以通过溶原性细菌的诱导，也可以通过裂解反应得到。形成的原因是噬菌体成熟阶段的错误包装。当烈性噬菌体感染供体细菌或溶原性供体细菌被诱导，在供体细菌内噬菌体进入营养期，在噬菌体 DNA 大量复制的同时，供体染色体 DNA 被核酸酶水解成小片段。在噬菌体成熟阶段，绝大多数噬菌体蛋白质外壳包装的是噬菌体 DNA，但偶然会发生将寄主染色体 DNA 片段错误进行包装，由此形成了普遍性转导噬菌体（图 6.49）。在转导噬菌体内，只有供体染色体 DNA，不含噬菌体 DNA，但像正常噬菌体一样，具有感染另外寄主并将其 DNA 注入寄主细胞

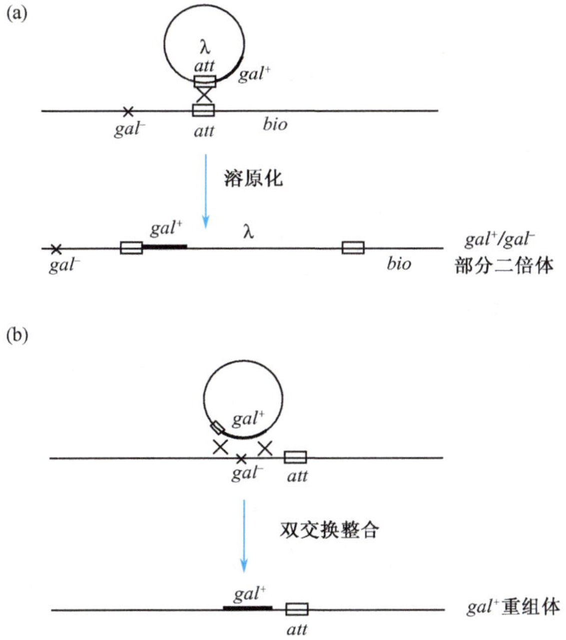

图 6.48　转导噬菌体感染受体细菌后转导子的形成机制

（a）形成溶原性转导子，DNA 为 gal^{+}/gal^{-} 部分二倍体；

（b）形成稳定型转导子，DNA 为 gal^{+} 重组体

的能力。

2. 转导子的形成

当上述 bio^{+} 转导噬菌体感染受体菌 bio^{-} 以后，由于注入受体细胞的是供体染色体 DNA 而不是噬菌体 DNA，所以其不能复制。大多情况下，转导噬菌体所引入的野生型供体基因可以转录并合成基因产物，形成流产转导子。当该细胞分裂成两个细胞时，由于 bio^{+} 基因不能复制，所以只有一个子细胞获得该基因，而另一个子细胞则没有这一基因，后者从基因型上仍然是一个缺陷型 bio^{-} 细胞，但因从母细胞获得了一定量的基因产物，所以在基本培养基上还能够维持该细胞再分裂几次。因而，流产转导子只能形成一个微小的菌落，菌落中只有一个细胞带有不复制的野生型供体基因 bio^{+}（图 6.50）。被转导噬菌体引入受体的野生型供体基因 bio^{+} 也会以较低的频率通过基因重组而交换到受体染色体上，形成遗传上非常稳定的转导子，见图 6.51。

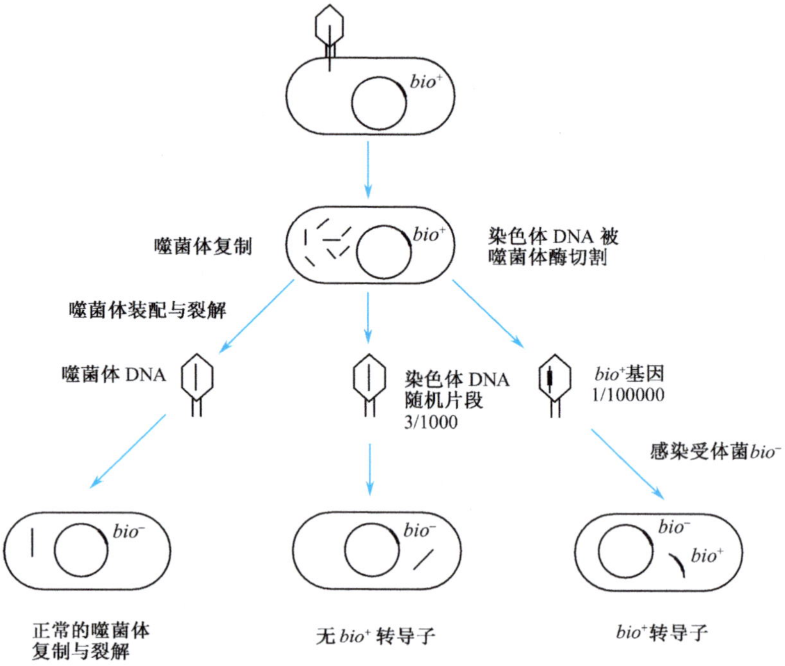

图 6.49 普遍性转导噬菌体的形成以及转导噬菌体将 *bio* 基因导入受体菌的机制

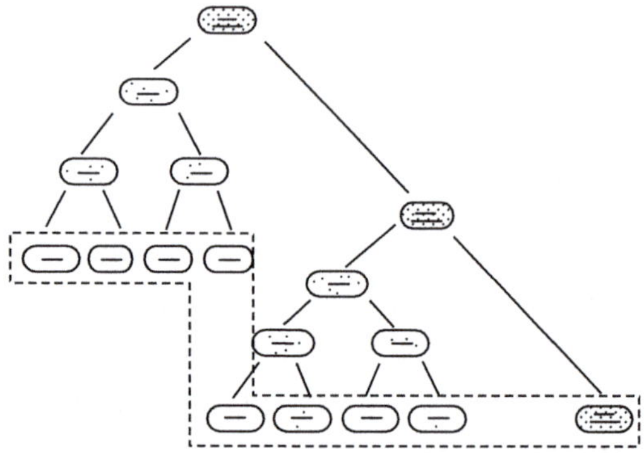

图 6.50 流产转导子的形成机制

细胞中的长线表示细菌染色体，短线表示由转导噬菌体导入的野生型基因，黑点表示酶分子，虚线范围内是一个微小菌落中的全部细胞

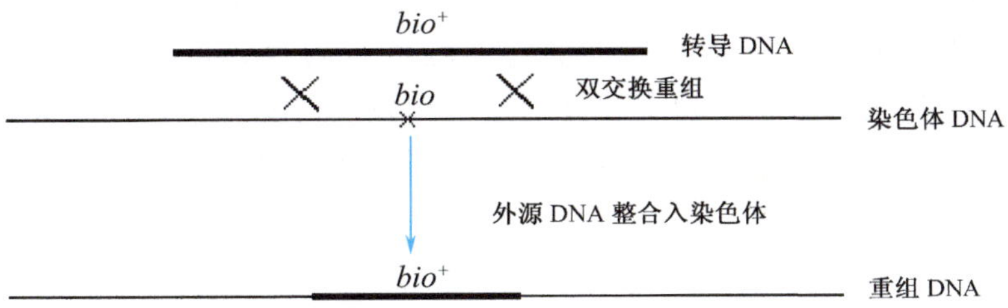

图 6.51　普遍性转导中导入 DNA 通过重组整合入受体染色体 DNA

（三）转导育种方法

1. 转导噬菌体的制备

将供体细菌在 LB 液体培养基中培养到对数期（$2\times10^8\sim6\times10^8$/ml），于一系列小试管中分别加入该菌液 0.8ml、0.1ml 25mmol $CaCl_2$ 溶液及 0.1ml 噬菌体液，控制每管噬菌体数量为 $10^4\sim10^5$、$10^5\sim10^6$、$10^6\sim10^7$ 三种浓度，混合后于 37℃ 静置 20min，使噬菌体完成吸附和侵入，与含 0.5%～0.7% 琼脂、25mmol $CaCl_2$ 的 LB 培养基混合后倾注到 LB 平板上层，凝固后于 37℃ 培养，同时做 1～2 块不加噬菌体的对照平板。从第 6 小时起，每隔 2h 观察一次，估计对照平板细菌增殖已达最大时，选择整个平板表面布满噬菌斑而变得透明的平板，加入 2mlLB 液体培养基和 1～2 滴氯仿，室温放置 20～30min 后用玻璃棒刮下软琼脂，取出所有软琼脂和液体，以 4000～10000r/min 速度离心 15min，将上清液转移到另一离心管中，再加入 1～2 滴氯仿，用吸管轻轻搅动，以杀死活菌体。加入氯仿过多或搅动剧烈，都会降低噬菌体的活性。再次离心后所得的上清液即为转导噬菌体液，含噬菌体颗粒约 10^{10} 个/ml。

2. 转导

将受体菌在 LB 液体培养基中培养到对数期，加入 1/10 体积的 25 mmol $CaCl_2$溶液和转导噬菌体液，控制噬菌体浓度与受体菌细胞浓度之比为（0.2～0.4）∶1，以避免两个或两个以上的噬菌体同时感染一个细菌。于 37℃ 静置 20min 使受体菌感染，然后以 4000～10000r/min 速度离心 15min 收集菌体，重新悬浮于适量（20%～100%原体积）的缓冲液中，涂布选择培养基平板，根据选择性标记挑选转导子。

转导目前主要用于细菌基因的分析。在转导育种方面已有成功的报道，例如在生产色氨酸方面，以遗传控制代谢的理论为指导，用转导的方法育出了积累色氨酸的变异株。原始菌株积累色氨酸 30mg/ml 以下，转导获得的新种可积累

70mg/ml，此种已用于生产上。也有人用生产α-淀粉酶的，产量为600U/ml的枯草芽孢杆菌，用噬菌体对产酶少的突变株进行转导，得到一株产量为800 U/ml的菌株。因此在分子生物学及分子遗传学发展的基础上，用转导方法定向改变现有微生物的遗传特性，在遗传育种上将会有更大的作用。

六、原生质体育种

Weibull等于1953年首次用溶菌酶处理巨大芽孢杆菌细胞获得原生质体，并首先提出原生质体的概念。细胞壁被酶水解剥离，剩下由原生质膜包围着的原生质部分称为原生质体（protoplast）。由于形成细胞刚性结构的细胞壁被剥离，所以原生质体一般呈球形。对于革兰氏阴性菌，溶菌酶的处理只能水解细胞壁中肽聚糖成分，而由类脂和蛋白质构成的外膜（外壁层）仍然存在，所以这类细胞壁没有被完全去除的原生质体也叫原生质球（spheroplast），以与细胞壁被完全去除的原生质体相区分。不论原生质体或原生质球都基本保持原细胞结构、活性和功能，具有细胞的全能性，但由于不具有细胞壁，所以原生质体不能分裂，对渗透压特别敏感。Macquillen于1955年首次发现巨大芽孢杆菌原生质体的再生方法，使之恢复成正常的细胞并继续生长繁殖。

与正常细胞相比，原生质体具有一些新的特性，进而发展出一系列新的育种技术。原生质体对外界环境影响更加敏感，诱变剂的诱变效应也更为强烈，由此发展了原生质体诱变育种技术；由细胞壁的去除而使转化不受感受态的制约而发展了原生质体转化育种技术；由于阻碍细胞间遗传物质交流的最大屏障细胞壁的去除，两个原生质体之间可以通过细胞膜的融合成为一个细胞，由此发展了原生质体融合育种技术。

（一）原生质体的制备和再生

1. 原生质体的制备

制备大量具有活性的原生质体是微生物原生质体育种的前提。活性原生质体制备的过程包括原生质体的分离、收集、纯化、活性鉴定和保存等操作步骤。

原生质体分离是去除细胞壁使原生质体从细胞中释放出来的过程。酶法破壁是最有效、最常用的原生质体分离方法。其基本操作为：取年轻的菌体经洗涤后转入高渗溶液中，加入有关水解酶，在一定的温度、pH等条件下酶解细胞壁，直至原生质体释放。

酶法破壁受培养基的组成、菌体培养方式、菌体的菌龄、渗透压稳定剂、酶解前的预处理、酶与酶的浓度、酶作用的温度与pH、菌体密度、酶解方式等因素的影响。

渗透压稳定剂是高渗溶液。由于去除细胞壁的原生质体对渗透压非常敏感，只有处于高渗环境中才能避免吸水膨胀而破裂，所以，原生质体育种的整个操作过程都必须保持高渗环境。常用的无机稳定剂有 KCl、NaCl、$MgSO_4$、$CaCl_2$ 等，常用的有机稳定剂包括蔗糖、甘露醇、山梨醇等。细菌多使用蔗糖或 NaCl，链霉菌经常使用蔗糖，而酵母菌则可使用山梨醇或 KCl。使用的有效浓度为 0.3～1.0mol/L，浓度过高会使原生质体皱缩，影响其活性。有效的渗透压稳定剂种类和浓度要通过试验，综合考虑原生质体的形成率和再生率而确定。

酶解前的预处理，是指在培养基中或菌悬液中加入某些物质对菌体进行处理，以抑制或阻止某种细胞壁成分的合成，使细胞壁结构疏松，有利于酶渗透到细胞壁中进行酶解。酵母菌和某些丝状真菌可使用 β-巯基乙醇等含巯基的化合物，这类化合物可通过还原细胞壁中的二硫键而使细胞壁疏松；酵母菌可使用巯基乙醇和/或 EDTA 抑制细胞壁中葡聚糖层的合成；放线菌培养液中加入的甘氨酸可代替丙氨酸进入细胞壁而干扰细胞壁网状结构的合成；细菌通常加入亚致死量的青霉素，以抑制细胞壁中肽聚糖的生物合成。其中革兰氏阴性菌细胞壁中含有脂多糖及多糖类，须用 EDTA 预处理约 1h，然后再加入溶菌酶。

不同的微生物须使用不同的酶进行破壁。原核微生物中的细菌和放线菌细胞壁的主要成分是肽聚糖，可用溶菌酶（lysozyme）进行破壁；霉菌可以用蜗牛酶、纤维素酶等进行破壁；酵母菌可以使用蜗牛酶、Zymolyase-20T、β-葡聚糖酶等破壁。溶菌酶对于细菌的使用浓度范围为 0.1～0.5mg/ml，对于链霉菌多为 1mg/ml。处于不同生长阶段的微生物所需要酶的浓度也有所不同，大肠杆菌对数期细胞需要溶菌酶的浓度为 0.1mg/ml，而饥饿状态时则为 0.25mg/ml。

在实际工作中，由于菌种本身的差异，酶解破壁的各种条件都要经过反复试验才能最后确定。判断的依据是测定原生质体的形成率。鉴于原生质体在低渗的蒸馏水中非常容易破裂，而且在普通的琼脂培养基上不能再生细胞壁形成菌落，可以采用不同的方法对不同的微生物进行测定。对于细菌及酵母菌等单细胞微生物，可以对酶解混合物分别用高渗溶液和蒸馏水稀释，使用血球计数板对两种稀释液分别计数，或将两种稀释液分别涂布再生培养基上，培养后对长出的菌落进行计数，稀释前后细胞数（或菌落数）的差值占稀释前细胞数（或菌落数）的百分比即为原生质体形成率。对于放线菌和霉菌等丝状菌，酶解所形成的原生质体成串成堆，而未破壁的细胞又是菌丝体，使用血球计数板难以计数，所以只能通过培养的方法测定原生质体形成率。

制备好的原生质体最好立即使用，其活性随保存时间的延长而降低。在一般冷藏条件下可保存的时间很短，有些种类几小时就失活。加入 5%的二甲亚砜（DMS）或甘油等保护剂，迅速降温可保藏于液氮或－70～－80℃冰箱。

2. 原生质体的再生

原生质体具有细胞的全能性，但本身不能立即分裂、增殖，必须首先重新合成细胞壁物质，恢复成完整的细胞形态，才能进一步生长和繁殖，这一过程就是原生质体再生。原生质体的再生大致分为三个阶段：首先是大分子合成与原生质体生长，这一时期的原生质体主要是合成细胞物质，表现为原生质体体积的增大；第二阶段是细胞壁的合成与再生，此时期主要合成细胞壁物质，组装、恢复成完整的细胞；第三阶段是分裂能力恢复并开始分裂繁殖，形成菌落。

原生质体的再生主要与其再生能力、菌种本身特性、原生质体分离及保存条件、再生培养基和再生条件等因素有关。

再生培养基对原生质体的再生至关重要。再生培养基的组成，尤其是其碳源会影响原生质体的再生率，也有报道，再生培养基中加入 0.1%水解酪蛋白，可以促进细胞壁的再生；丝状真菌、酿酒酵母等微生物的原生质体仅能在固体培养基上再生，在液体培养基中细胞壁再生不彻底，不能完全复原；像破壁缓冲液一样，再生培养基也必须含有渗透压稳定剂，确保原生质体不受渗透压的破坏。

向再生琼脂培养基上接种操作要温和，不能使用玻璃棒涂布。因为原生质体对机械损伤无抵抗能力，涂布接种会使原生质体破裂。一般是将原生质体悬浮液与 3～10ml 软琼脂再生培养基（含琼脂 0.5%～0.7%）混合，迅速倾倒至含 2%琼脂的再生培养基表面，形成双层平板。原生质体埋在软琼脂培养基内部，有利于再生。

原生质体的再生率是衡量原生质体制备和再生条件的指标。各类微生物的再生频率是不同的，细菌原生质体的再生频率在 90%以上，放线菌的频率为 50%～60%，真菌为 20%～70%。同一微生物，其再生频率的波动也很大，可在 10^{-3}～10^{-1}。原生质体再生率是指再生的原生质体占总原生质体数的百分率，可用下列公式计算

$$再生率=[(C-B)/(A-B)]\times 100\%$$

式中：A——总菌落数，未经酶处理的菌悬液涂布于琼脂平板上生长的菌落数；

B——未原生质体化细胞数，酶解混合液经蒸馏水稀释后涂布琼脂平板上生长菌落数；

C——再生菌落数，酶解混合液经高渗溶液稀释后倾倒再生培养基上生长菌落数。

3. 原生质体再生育种

原生质体再生育种是将微生物制备成原生质体后直接再生，从再生菌落中分离筛选高产正突变菌株。

原生质体再生育种不用任何诱变剂处理，但能得到比常规诱变还高的正突变率。其原因主要有：第一，环境中的物理诱变因子对原生质体的诱变作用，原生质体本身非常敏感，会受低剂量的诸如光、热、机械损伤及环境辐射等环境因子的诱变，发生突变；第二，再生的细胞壁可能会产生可遗传的有利于细胞代谢和产物分泌的变异；第三，破壁和再生过程能淘汰大量弱势菌株，能再生的细胞无论在初级代谢还是次级代谢均较活跃，有利于产物的积累；第四，亲株无需经过遗传标记，减少了对菌株的损伤和优良性状的影响。

据报道，福提霉素生产菌小单孢菌经原生质体再生育种，其产量提高280%。将出发菌株接种含有0.05%甘氨酸的培养基中，预培养后收集处于对数期的菌丝体，用消色肽酶和溶菌酶组成的混合酶液对菌丝体进行破壁处理，所制备的原生质体细胞密度达10^9/ml。经低速离心收集原生质体，洗涤后倾倒到高氏一号高渗再生培养基平板上再生，再从再生菌落中筛选高产突变株，最终获得一株产量比出发菌株提高280%的变异株。

（二）原生质体诱变育种

原生质体诱变育种是将出发育种先制备原生质体，继而采用物理或化学诱变剂对原生质体进行诱变处理，然后接种至再生培养基上再生，最后从再生菌落中筛选高产突变株。

原生质体诱变育种对霉菌及放线菌等丝状菌效果突出。在常规诱变育种时，为防止表型迟延和严重的遗传分离现象，一般采用单孢子为材料进行诱变处理。孢子壁结构致密牢固，不利于诱变剂的渗透；孢子处于休眠期，即使处于萌发初期，代谢也不活跃，不利于诱变剂造成的DNA分子上的损伤通过DNA的复制得以转化成突变基因，因此，用孢子作材料的诱变育种正突变频率较低。原生质体是从处于对数生长期的菌丝细胞制备而得，细胞内代谢活跃，同时去除了对诱变剂渗透进细胞有阻碍作用的细胞壁，所以，用原生质体作材料进行诱变育种具有明显的优势。

原生质体诱变育种在工业微生物育种上收效显著。以扩展青霉PF-868菌株作出发菌株，经原生质体诱变并结合琥珀酸钠和制霉菌素筛选抗阻遏突变和高渗漏型突变株，最终获得突变株FS1884-1，其碱性脂肪酶产量由2260U/ml提高到7000U/ml，提高幅度达3倍多，这在常规诱变育种中很难实现。

（三）原生质体转化育种

原生质体转化育种就是用整条染色体DNA、片段DNA或质粒DNA转化原生质体，以获得转化子的育种技术。

对于完整微生物细胞，制约转化的主要因素是细胞感受态的出现。虽然已经研究发现一些微生物自然感受态的出现条件和大肠杆菌等人工诱导感受态的方法，但某些菌株的感受态出现频率仍然很低，而且还有许多微生物尚无法获得感受态，这在很大程度上限制了转化育种技术的发展和应用。

对于原生质体，细胞壁已经被除去，制约转化的感受态从理论上讲已不存在，实现转化就比较容易。实践证明，很多微生物都可以通过原生质体实现转化。一般来说，用染色体 DNA 或其他线状 DNA 转化原生质体时，转化率仍然较低，而用质粒 DNA 能得到较高的转化率，完整质粒、单链质粒和重组质粒都能成功地转化。

影响原生质体转化的因素很多，如融合促进剂聚乙二醇（PEG）的来源、批号及聚合度，制备原生质体的菌丝体的菌龄，菌丝的生长条件，原生质体的再生条件，转化时原生质体的浓度及质粒 DNA 的浓度，再生培养基组成等对转化率都有显著的影响。

（四）原生质体融合育种

原生质体融合是 20 世纪 70 年代发展起来的基因重组技术。将双亲株先经酶法破壁制备原生质体，然后用物理、化学或生物学方法，促进两亲株原生质体融合，经染色体交换、重组而达到杂交目的，通过筛选获得集两亲株优良性状于一体的稳定融合子，这就是原生质体育种。经过近 30 年的发展，原生质体融合已经从菌株内、菌株间的融合发展到种内、种间的融合，打破了种属间的亲缘障碍，实现了属间、门间，甚至跨界的基因重组。

1. 原生质体融合育种的优势

与常规的基因重组育种方法相比，原生质体融合育种具有很多明显的优势。

1）基因重组的频率提高。通过原生质体融合，很多链霉菌的融合重组频率可达 1%，若融合前结合紫外线处理，重组率可达 20%～30%，霉菌和放线菌的融合重组率为 10^{-1}～10^{-3}，酵母菌为 10^{-4}～10^{-5}，细菌为 10^{-5}～10^{-6}。

2）重组的亲本范围扩大。与真核微生物的有性生殖及准性生殖相比，消除了接合型与致育性的障碍，使几乎所有的微生物都可以实现基因重组，可以实现常规基因重组方式无法实现的种间、属间、门间等的远缘亲株的基因重组。

3）融合子集中两亲本优良性状的机会增大。原生质体融合时，两亲本的整套染色体都参与交换，而且细胞质也完全融合，能产生更丰富的性状组合。而常规的基因重组方式如原核微生物的接合、转导、转化等，只能将部分或个别供体染色体基因传递给受体，优良性状的整合率低。如果进行三亲本甚至多亲本的原生质体融合，则集中各亲株优良性状于一体也有望实现。

2. 原生质体融合育种方法

原生质体融合育种包括亲本及遗传标记的选择、双亲本原生质体的制备、原生质体的诱导融合、融合原生质体的再生以及融合子的筛选等步骤。其中的原生质体的制备及再生前面已经介绍。

(1) 亲本及遗传标记的选择

作为原生质体融合育种的两亲株，首先要有遗传差异较大的良好的生产性状，以便通过融合使优良性状叠加。如一个亲株产量较高，但不耐高渗透压，在高浓度糖的培养基中生长较差，另一个亲株耐高渗，但产量较低。不同优良性状叠加的可能性比同一性状（如两亲株均为产量较高的突变株）叠加的可能性要大。其次，两亲株的亲缘关系要近，这样基因重组的概率高。第三，两亲株要带有不同的遗传标记，有利于融合子的检出。如果两亲株带有互补的营养缺陷型标记，则可用基本培养基检出融合子。但由于多数营养缺陷型标记都会影响代谢产物的产量，而且建立营养缺陷型标记要耗费大量的时间和人力，在实际工作中可采取将其中一个亲株灭活的方法，而只对另一个亲株建立遗传标记。虽然采用灭活亲株的融合频率较低，但操作简单。

(2) 原生质体的诱导融合

将等量的原生质体混合于含有促融合剂 PEG、Ca^{2+}、Mg^{2+}、渗透压稳定剂的缓冲液中，保温一定时间，原生质体就会发生融合。PEG 本身是一种特殊的脱水剂，它以分子桥形式在相邻原生质体膜间起中介作用，进而改变膜的流动性能，降低膜表面势能，使膜中的镶嵌蛋白质颗粒凝聚，形成一层易于融合的无蛋白质颗粒的磷脂双分子层区。在 Ca^{2+} 的存在下，细胞膜表面的电子分布被改变，使接触处的质膜局部融合，构成原生质桥，融合处逐渐增大，最终实现完全融合，形成一个异核体细胞，异核体细胞在繁殖过程中发生核的融合，形成杂合二倍体，通过染色体交换，产生各种重组体，这些重组体即为融合子。有报道，低剂量紫外线照射融合液可显著增加融合频率。

适用于促进原生质体融合的 PEG 的相对分子质量为 1000～6000，常用浓度为 30%～50%。不同种类的微生物对 PEG 的相对分子质量及浓度要求不相同，实际工作中需通过预备试验加以确定。

具体融合操作以酵母菌为例：将两种原生质体以 1∶1 混合达到 10^8 细胞/ml，以 2000r/min 的转速离心 15min 收集原生质体，然后将其悬浮于含有 0.6mol/L KCl、30%PEG6000、10mmol/L $CaCl_2$ 的 10mmol/L pH 6.8 磷酸缓冲液中，30℃保温 60min，此时原生质体凝集到一起，3000r/min 离心 15min 收集凝集块，以 0.6mol/L KCl 洗涤，再在 5℃放置 60min 以达到完全融合。

电融合是一种常用的物理促融合方法。首先将两亲株原生质体悬浮液置于大小不同的电极之间，在交流非均匀电场作用下，细胞受到电介质电泳力的作用，根据双向电泳现象，原生质体向电极的方向泳动，与此同时，细胞内产生偶极化，促使原生质体相互粘连，并使细胞沿电力线方向排列成串，细胞间形成紧密接触。第二步，外加瞬间高频直流强电压，以 50ms 的时程脉冲冲击原生质体粘连点，扰乱原生质体膜的分子排列，使之穿孔，相连的原生质体发生融合。

(3) 融合子的筛选

在再生培养基上长出的融合子可根据本章第一节的方法进行筛选，以获得目的融合子。

七、基因工程育种

基因工程也称体外重组 DNA 技术，是指在体外将供体生物的核酸分子插入病毒、质粒或其他载体分子，构建重组 DNA 分子，并将其导入受体细胞中，使外源基因在其中正常地复制和表达，从而获得新物种。基因工程育种是指利用重组 DNA 技术而达到定向地改变菌种遗传特性或创造新菌种之目的的一种育种技术。

基因工程自 20 世纪 70 年代诞生以来得到了飞速的发展，也为微生物育种带来了一场革命。与传统育种方法不同的是，基因工程育种不但可以完全突破物种间的障碍，实现真正意义上的远缘杂交，而且这种远缘既可跨越微生物之间的种属障碍，还可实现动物、植物、微生物之间的杂交。基因工程育种在应用方面的巨大潜力已经表现出来。例如，1977 年报道了人脑激素基因转移到大肠杆菌中并获得发酵产品生长激素（somatotropin）。1978 年报道了将鼠胰岛素基因经过体外加工，第一次成功地植入大肠杆菌并制造出胰岛素。到目前为止，已有数十种利用工程菌生产的药物获得批准上市。这些成就已在全世界引起巨大反响，应用遗传工程技术创造“微生物工厂”，生产人类所需要的产品已逐步得以实现。

基因工程的主要操作步骤包括：目的基因的获得、载体的选择、目的基因与载体 DNA 的体外重组、重组载体导入受体细胞以及重组菌的筛选与鉴定，如图 6.52 所示。

1. 目的基因的获得

目的基因可以通过化学合成、PCR 扩增、基因文库及 cDNA 文库等方法获得，前两种方法适用于已知序列的目的基因，后两种方法适用于未知序列的基因。

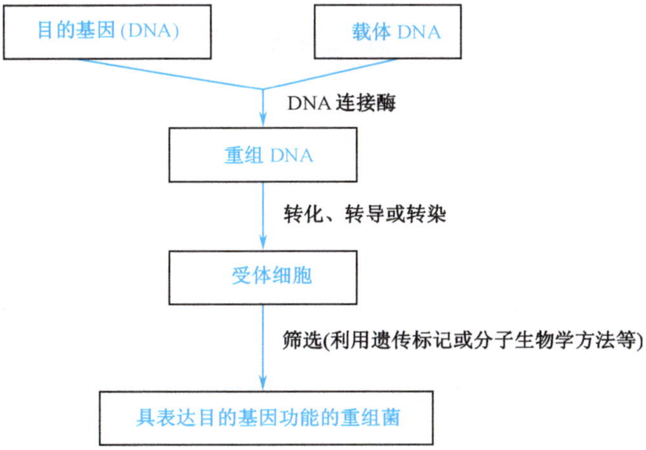

图 6.52　基因工程操作的主要过程

对于已知序列的短基因，可以用化学方法直接合成，如 1970 年合成的具有 77bp（碱基对）的酵母丙氨酸 t-RNA 基因和 1977 年合成的具有 200bp 的酪氨酸 t-RNA 基因，但对大多数具有 1000bp 以上的基因并不是容易的。对于这类基因，可以使用 PCR 扩增法获得。PCR 的全称是聚合酶链反应（polymerase chain reaction），这是一种体外在 DNA 聚合酶催化下、通过两条人工合成的单链引物的引导而扩增模板 DNA 分子上两引物序列之间 DNA 片段的方法。首先根据目的基因两端的序列，分别合成正向和反向两条 5′→3′方向的寡核苷酸引物（引物长 20～30 核苷酸，在 5′端可设计不同的限制性内切核酸酶的切割序列），然后从含有目的基因的微生物中提取其染色体 DNA 作为扩增的模板，再将寡核苷酸引物、模板 DNA、DNA 合成底物 dNTPs 以及 DNA 聚合酶（如 *Taq* 酶）加入含有缓冲液的 PCR 反应管中，置 PCR 合成仪上，通过高温变性-复性-DNA 延伸 20～30 个循环反应，就可以获得一定数量的目的基因分子。PCR 扩增的原理如图 6.53 所示。

基因文库法是从供体菌基因组 DNA 获取目的基因的一种方法。将染色体 DNA 用限制酶消化成大小不等的片段，然后将这些片段与载体相连接成重组载体并将其导入受体细胞，构建含基因组全部遗传信息的基因文库，通过一定的方法可以将目的基因从文库中筛选出来（图 6.54）。以 mRNA 为模板，在反转录酶的作用下形成互补 DNA（cDNA），这种 cDNA 与载体连接后形成重组载体，导入受体细胞后所构建的一系列重组菌叫 cDNA 文库（图 6.55），再通过一定的方法即可从文库中获得目的基因。

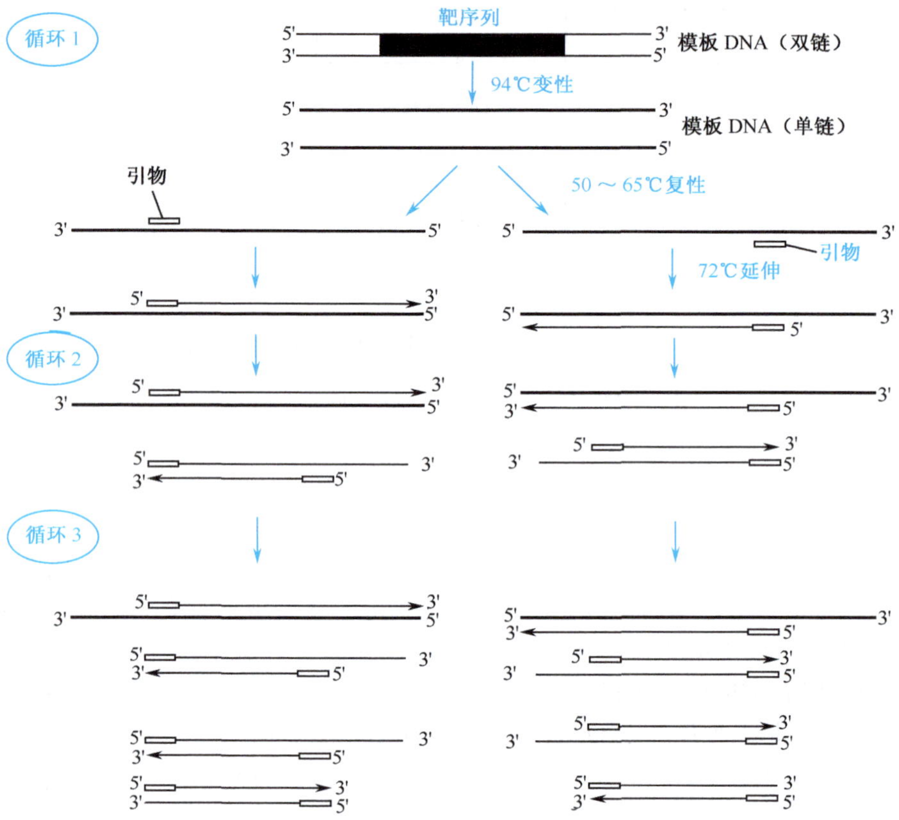

图 6.53　PCR 的前三个循环

从 2 条单链模板，经 3 个循环共生成 8 条靶序列单链，经 n 个循环后共生成 $[2^{(n+1)}-2n-2]$ 条靶序列单链

2. 优良载体的选择

载体是携带目的基因并将其转移至受体细胞内复制和表达的运载工具。作为载体 DNA 分子，应具备的性质包括：①在宿主细胞中具有自主复制和表达能力，即必须具有复制子（replicon），使重组 DNA 能在宿主细胞内进行复制，达到无性繁殖的目的；②能与外来 DNA 结合而又不影响本身的复制能力；③分子质量小、拷贝数高；④具有多种限制性内切核酸酶的单一切点（多克隆位点），使目的基因能固定地整合到载体 DNA 一定的位置上；⑤必须有至少两种选择性遗传标记，一个用于指示载体是否进入宿主细胞，一个用于指示载体上是否携带外源基因。目前为止，已经有许多符合上述条件的载体被研究和设计出。对于大肠杆菌受体细胞来说，有质粒载体、λ 噬菌体载体和柯斯质粒载体三个系列。图

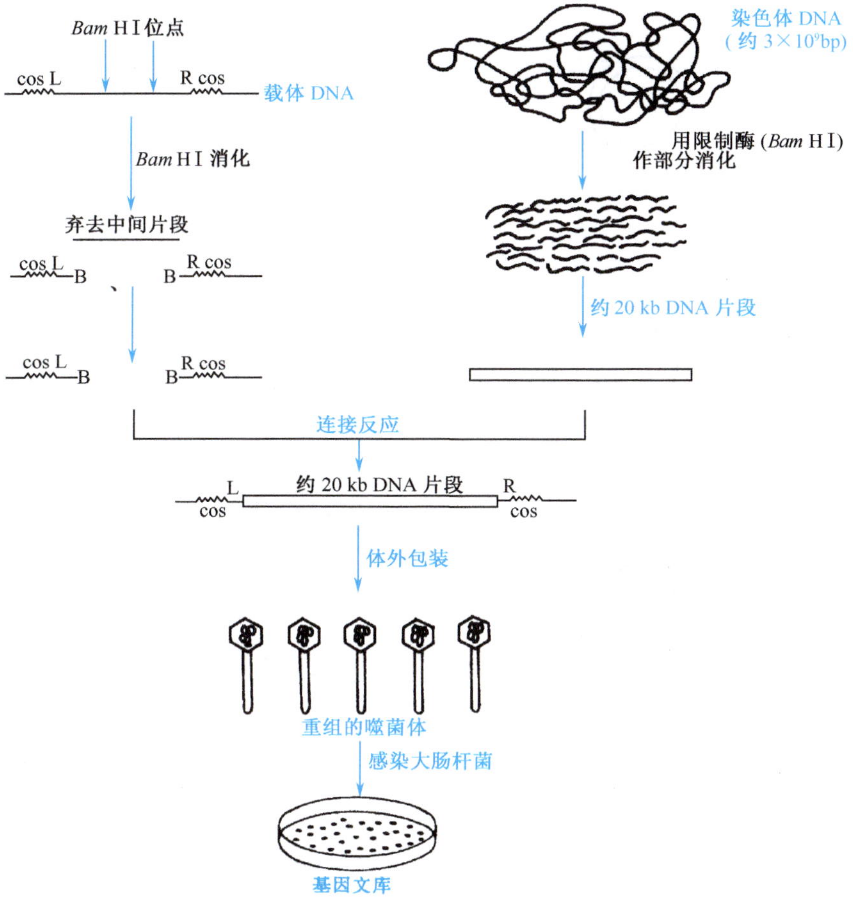

图 6.54　基因文库构建示意图

6.56 为常用的克隆质粒载体 pUC18 的图谱。

3. 目的基因与载体 DNA 的体外重组

采用限制性内切核酸酶处理含有酶切点的目的基因 DNA 分子和载体 DNA 分子，可使两种 DNA 分子上产生相同的黏端。将二者按一定的比例混合后，凡是与黏端碱基互补的片段，就会因氢键的作用而彼此吸引，重新形成双链，在外加连接酶的作用下，目的基因与载体之间进行共价连接，形成一个环状、完整的、有复制能力的重组载体。

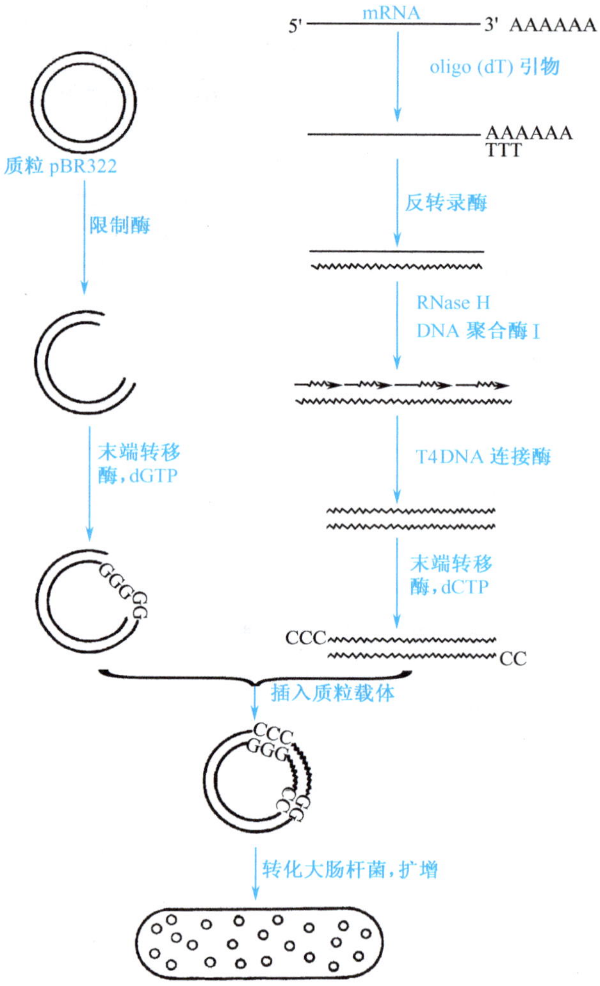

图 6.55　cDNA 文库构建示意图

4. 重组载体导入受体细胞

把重组载体导入受体细胞有多种途径。质粒载体可以使用转化法；对于噬菌体载体或柯斯质粒载体，可以先用噬菌体的蛋白质外壳对重组载体进行离体包装，使之形成噬菌体颗粒，再通过感染的途径将重组载体导入受体细胞，也可以直接使用重组载体以类似于转化的方法通过转染过程而将其导入受体细胞，转染法虽然操作简单，但转化率远不及感染高。对于大肠杆菌受体细胞，需要先用 $CaCl_2$ 人工诱导感受态的出现，然后再对感受态细胞进行转化。

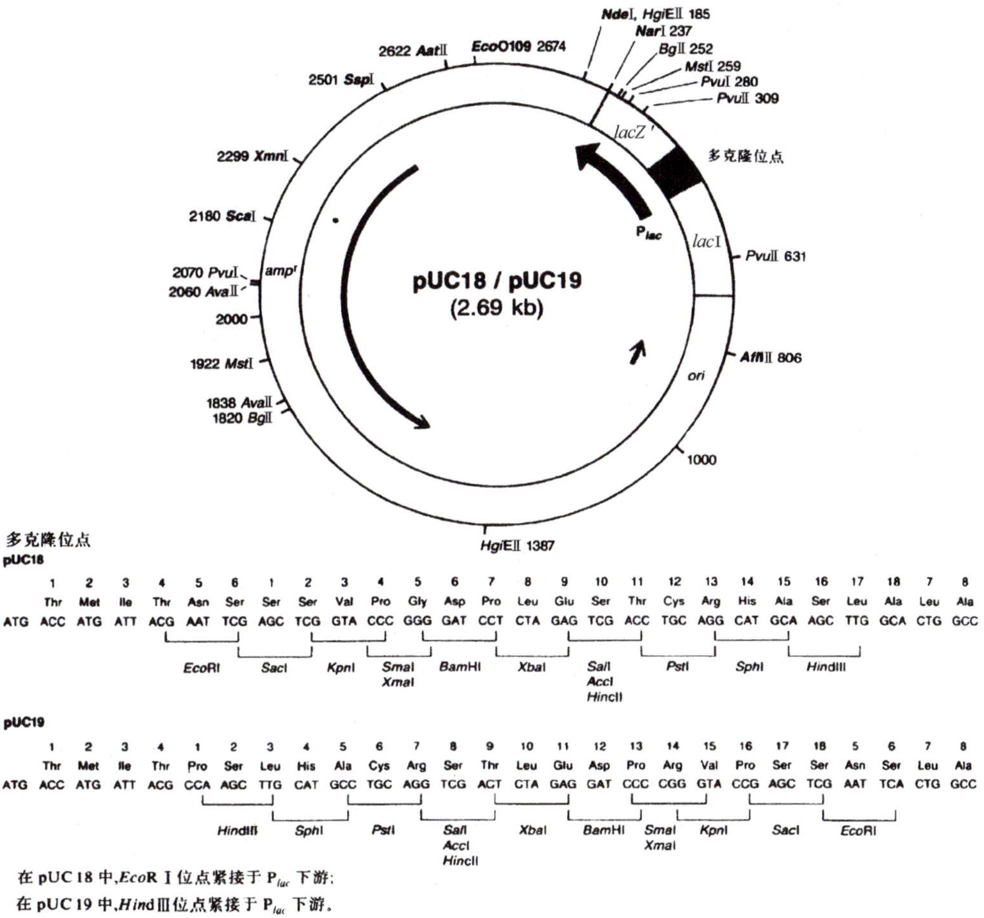

图 6.56 质粒 pUC18/pUC19 结构图

5. 重组受体细胞的筛选和鉴定

含重组载体的受体细胞叫重组受体细胞。其筛选和鉴定的方法有遗传学直接筛选法和分子生物学间接筛选法。前者利用可选择的遗传标记如抗药性、营养缺陷型、噬菌斑等可以简便快速地在大量群体中进行筛选；后者根据目的基因的大小、核苷酸序列、基因表达产物的分子生物学特性如酶切分子量的大小、分子杂交、核苷酸序列分析、放射免疫等进行筛选。

pUC 系列质粒是基因工程中常用的载体，具有氨苄青霉素抗性（amp^r）和 β-半乳糖苷酶 α-肽 *lacZ'* 两个选择性遗传标记，后者位于多克隆位点内，外源基因插入多克隆位点将导致 *lacZ'* 的钝化失活。将转化了重组质粒的大肠杆菌细胞涂布到含 amp、5-溴-4-氯-3-吲哚-β-D-半乳糖苷（X-gal）的 LB 平板上，经培养会有白色和蓝色两种类型的菌落长出。两种类型的细胞内都含有质粒，但只有白色菌落细胞内含有重组质粒。质粒所携带的 *lacZ′* 编码的 β-半乳糖苷酶 N 端 α-肽和宿主大肠杆菌染色体 DNA 编码的 β-半乳糖苷酶 C 端部分本身都不具有活性，但二者同时存在时，通过 α 互补而形成具有活性的 β-半乳糖苷酶，该酶可以水解 X-gal 释放蓝色物质，使菌落呈蓝色。当 *lacZ′* 中的多克隆位点插入外源 DNA 片段后，所产生的 β-肽片段无互补能力，因此，带重组质粒的细菌形成白色菌落。这种蓝-白色菌落变化大大简化了重组子的鉴定工作。

如果目的基因是通过化学合成法或 PCR 扩增法获得，则只要将上述白色菌落细胞中的质粒抽提出来，通过酶切和琼脂糖电泳就基本可以鉴定是否为目的基因。但如果目的基因来自基因文库或 cDNA 文库，则白色菌落只能说明细胞内含有外源 DNA 片段，还要根据其他的方法鉴定该外源 DNA 片段是否含有目的基因，如分析基因产物、菌落原位杂交、DNA 序列测定等。

基因工程在工业微生物育种应用的设想很多，例如，增加控制代谢产物产量的基因拷贝数来大幅度提高产量；将动、植物或某些微生物特有的产物的控制基因植入细菌，快速、经济地大量生产；以假单胞菌为受体菌，将具有不同性能的多种质粒植入，使新菌株在清除污染、以非粮物质为原料进行发酵生产方面出现突破等。当然，基因工程在育种工作上也不是万能的，何况目前的研究尚属初步，很多困难有待克服，某些隐患还要注意防止，但是只要认真研究，踏实工作，是会在育种应用上发挥越来越大的作用的。

八、基因定位诱变

随着分子生物学的发展，尤其是基因克隆技术的广泛应用，人们不仅能将外源基因导入生物体内，改变生物性状，而且也能通过体外定位诱变（site-directed mutagenesis）方法，特异改变克隆基因或 DNA 序列。定位诱变技术具有重要的应用价值，它不仅用于基因结构与功能研究，而且还能进行分子设计改造天然蛋白质，即通过有目的的改变蛋白质分子中特定的氨基酸，从而获得有益的蛋白质突变体。与传统诱变技术中用诱变剂诱发随机突变不同，定位诱变是用合成的 DNA 和重组 DNA 技术在基因精确限定的残基引入突变，包括删除、插入和置换特定的碱基序列。

（一）删　除　法

删除法是通过删除目的基因中一个或若干个碱基序列，使基因发生重排而导致目的基因发生突变。

删除法的基本操作是先克隆目的基因 DNA 片段，然后用酶切除 DNA 片段中的碱基序列，把保留的序列连接起来，再导入受体细胞进行表达。如果删除的是两个能产生相同黏端的限制性酶切割位点之间的片段，则很容易用此法来消除或破坏某种抗药性基因或阻遏蛋白基因等。地衣芽孢杆菌 β-内酰胺酶具有脂蛋白的形式，它以肽链中的半胱氨酸 27 与膜类脂的甘油酯以醚键相连成为酶分泌过程中的中间产物。图 6.57 为通过删除法删除编码该酶基因中碱基 335～349 之间 15 对碱基而获得缺失了 5 个氨基酸残基的突变型酶的示意图。所缺失的 5 个氨基酸残基中包括半胱氨酸 27，结果突变型酶不再形成脂蛋白中间产物，但酶的催化活性和分泌性不受影响。

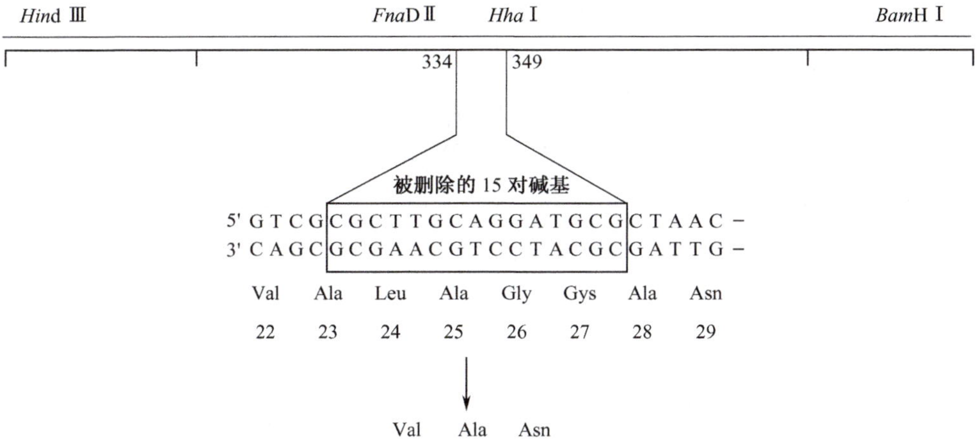

图 6.57　删除法定位诱变

（二）插　入　法

插入法是在目的基因中插入一个或多个碱基序列，使原基因序列发生改变进而改变基因产物。

如果插入位置上存在限制酶切割位点，通常是对环状 DNA 分子进行酶切，使出现黏端，然后利用 DNA 聚合酶在 dNTP 存在下处理样品，单链尾部被补链成为双链，原来的黏端变成平末端，用 DNA 连接酶环化后再导入受体细胞（图 6.58）。

如果插入位置上不存在任何限制酶切割位点，可以用胰脱氧核酸酶对 DNA 分子进行随机切割。正常情况下该酶可以将 DNA 分子切成很小的片段，但如果控制酶的用量和酶作用时间进行限制性切割，可以使得每个 DNA 分子只被切割

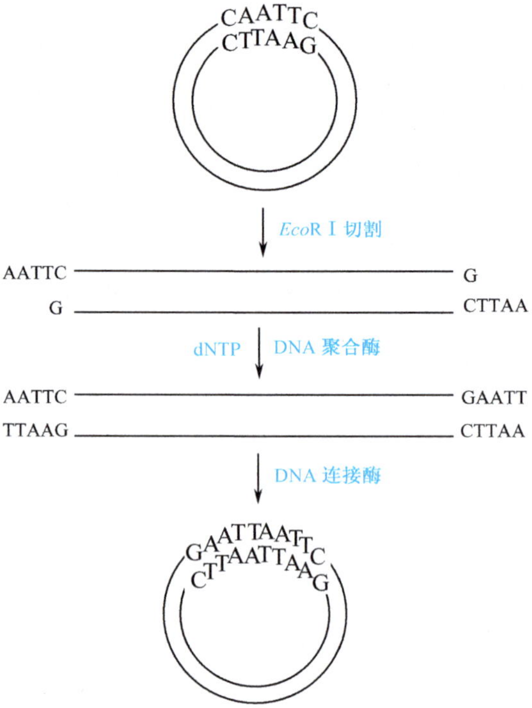

图 6.58 插入法定位诱变

一处，通过凝胶电泳除去分子质量偏小的 DNA 片段，然后将分子质量相同、但是末端相异的线状 DNA 分子与人工 DNA 接头（linker）相连接环化，就会产生一组人工接头随机插入的 DNA 分子群体。利用特定的鉴别手段，可以容易地将突变体分离筛选出来。

核苷酸的插入会产生不同的后果。如果插入的碱基数是 3 的倍数，翻译产物中会多出一个或数个氨基酸残基，否则，将使阅读框位移，插入点下游的氨基酸序列会发生改变。

（三）寡核苷酸指导的诱变

寡核苷酸指导的诱变方法的原理是，人工合成一段寡聚脱氧核苷酸作为引物，其中含有所需要改变的碱基，使之与带有目的基因的单链 DNA 配对。合成的寡核苷酸除突变碱基外，其他碱基与目的基因完全互补。然后用 DNA 聚合酶使寡核苷酸引物延伸，完成单链 DNA 的复制。由此产生“杂合”双链 DNA，一条链为野生型亲代链，另一条链为突变型子代链。将所获得的双链 DNA 通过转染导入宿主细胞，通过筛选即可得到突变体，其中的基因已被定向修改。

寡核苷酸指导的定位诱变过程如图 6.59 所示，用于定位诱变的常用载体是噬菌体 M13。首先将待诱变的 DNA 序列整合到 M13 DNA 上构建重组 M13 噬菌体，转染宿主大肠杆菌进行增殖；继而从培养液中分离出 M13 的重组噬菌体，并从中提取出携带外源基因的 M13 的单链重组 DNA。然后再进行体外定位诱变，获得含有突变碱基的“杂合”双链 M13 重组 DNA，转染大肠杆菌，M13 在宿主细胞中扩增，待宿主细胞完全裂解后，用裂解液涂布含大肠杆菌的琼脂平板，形成噬菌斑。其中约有一半数量的噬菌斑含有突变基因，通过适当的方法即可鉴定出突变体。

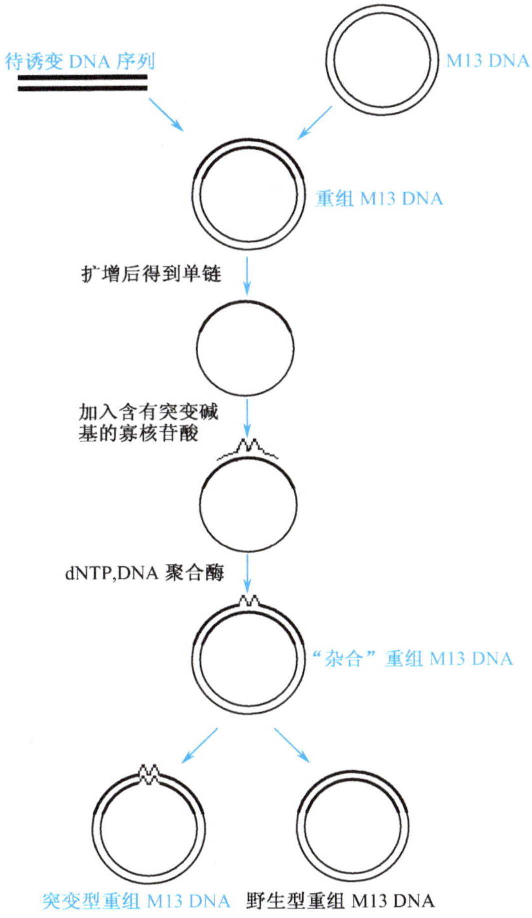

图 6.59　寡核苷酸指导的定位诱变

（四）盒式诱变

盒式诱变（cassette mutagenesis）是用一段人工合成的含有突变序列的DNA片段取代野生型基因中的相应序列。由于该操作类似于将各种不同的盒式磁带插入收录机，故而称合成的片段为“盒”，这种诱变方法为盒式诱变。盒式诱变要求在变异区两侧有不同的限制酶切点。如果不存在合适的限制位点，可以先用寡核苷酸指导的定位诱变引入限制位点，然后再进行盒式诱变。

（五）PCR诱变

在PCR扩增基因时，为了将所扩增的产物连接到载体中进行克隆，通过在

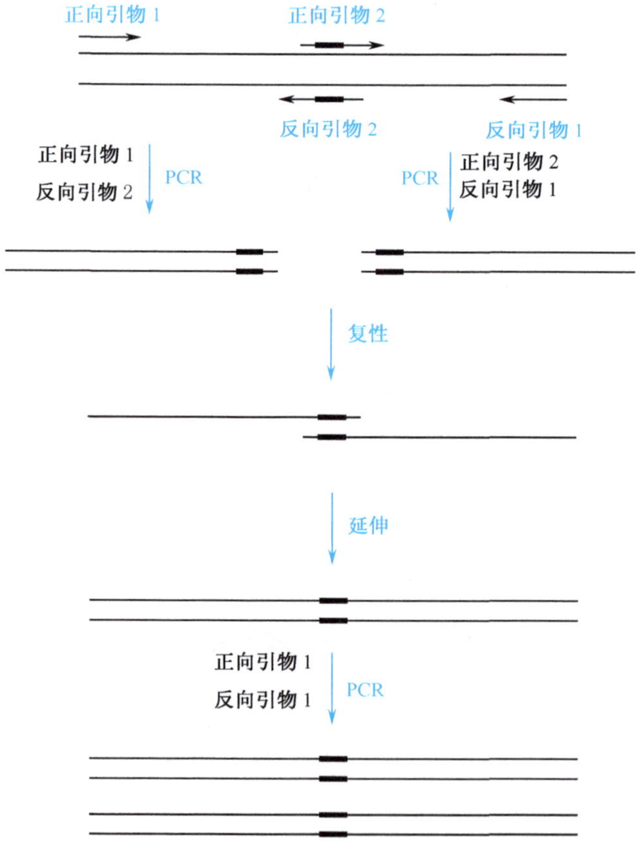

图6.60　PCR定位诱变

引物的 5′端设计一个限制酶位点，结果就使该限制酶位点引入 PCR 产物的末端。如果诱变部位在 DNA 片段的末端，则很容易通过该方法获得突变 DNA。但是，更多的情况下是希望对位于靶 DNA 中间部分进行诱变。1988 年 Higuch 等人提出一种借助重组 PCR（recombinant PCR）进行定位诱变的方法，可以对 DNA 片段的任意部位进行定位诱变。PCR 诱变需要人工合成两组引物（第一组引物，正向引物 1 和反向引物 1，分别为靶 DNA 两端引物，第二组引物，正向引物 2 和反向引物 2，其中间都含有突变 DNA 序列，方向相反，并且完全互补），进行两步 PCR 扩增。第一步 PCR 扩增分两组，都以靶 DNA 为模板，第一组的引物为正向引物 1 和反向引物 2，产物的近末端含有突变序列；第二组的引物为正向引物 2 和反向引物 1，产物的近前端含有突变序列。第二步 PCR 以第一步 PCR 的两组产物为模板，引物为正向引物 1 和反向引物 1，产物即为突变 DNA。过程如图 6.60 所示。

任何基因，只要两端及需要诱变部位的序列已知，就可以用 PCR 诱变的方法去改造该基因的序列。方法简便易行，结果准确、高效，目前已成为最常用的定位诱变方法。

第五节　代谢调节和微生物育种

在有关营养缺陷型的内容中，提到遗传代谢障碍能引起某一中间代谢产物的积累，这是一种通过变异引起微生物代谢调节发生异常的一种表现，本节将在这方面继续讨论。

代谢反应的协调对生命过程是绝对必需的，因此微生物对培养条件的适应性是很强的。当一个生物细胞被培养在含有淀粉、氨和无机盐的环境中，必然先水解淀粉为葡萄糖，再经过 EMP 和 HMP 途径把它降解为三碳物质。这些物质继而进入三羧酸循环，由此提供能量和中间体。该过程至少包括 20 多个酶反应步骤，生成的中间体必须转变成约 20 种氨基酸。可以先假定，以上每种生物合成过程，约需 10 种酶。然后，这些原材料又必须合成上千种蛋白质、核糖核酸、脱氧核糖核酸、黏多肽、多糖和脂肪，这又涉及更多酶的反应。显然，细胞必须形成几百种酶，并在完全协调的情况下发挥其功能，才能使各种物质的分子按正确的比例合成细胞物质，不致造成浪费。只有在这种严格的自我调节下，细胞才可能在 20～30min 的时间内分裂一次。由于一个典型细菌细胞，在遗传上具有形成超过一千种酶的潜在能力，当协调功能保证它在某个特定时刻仅生成一些必要的酶类和正确数量，它才可能正常生长发育。这时，酶的活性就靠活化和抑制来进行调节。因此，尽管微生物具有稳定的基因型，但却有随环境变化而改变其本身组成和代谢的惊人能力。虽然，环境条件不能改变细胞的基因类型，但能显著地改变其表型的表达。这种自我适应的反应速度很快，例如，大肠杆菌在接触乳糖后，大约 6min 就会开始合成 β-半乳糖苷酶，在短时间内，酶的含量可达诱导前的几百倍。正是由于微生物具有这样强的自我调节能力，微生物才能广泛活动在自然界。也正是能产生这么多酶类和中间产物，微生物在工业生产上才具有巨大的应用潜力。

微生物自我代谢调节，有的通过调节基因，有的不通过调节基因，这部分内容已在代谢调节一章专述，这里不予重复。

既然代谢调节可以自动进行，那么是否可以通过调节基因的变异和决定变构酶结构基因的变异来控制代谢调节的变化呢？研究结果表明，进行控制育种，是可以改变微生物的代谢调节类型的。目前通过不同的方法，已经获得如下类型的遗传变异株。

1. 组成型突变

诱导酶的生成必须要有具诱导作用的底物的存在。如果酶的结构基因未变，而调节基因发生了变异，例如缺失，这样阻遏物就不再产生。这时，突变株就能利用非诱导底物和一些易同化的碳源或价廉易得的碳源为基质来生产酶类，从而获得能利用新碳源的组成型变异株。该变异株的筛选方法见变异菌株的筛选和分离部分。

2. 渗漏缺陷型突变

这是一种特殊的营养缺陷型，是遗传代谢障碍不完全的突变型。其特点是酶活力下降但不完全丧失，能在基本培养基上缓慢而少量生长。它能自己合成少量的某一代谢最终产物，但不会造成反馈抑制及阻遏。利用渗漏缺陷型解除反馈调节的机制类似于营养缺陷型，只是不必向培养基中限量添加所缺陷的生长因子。向微生物处于生长态的培养基中限量添加某一生长因子在实际操作上非常困难，所以筛选和利用渗漏缺陷型的优越性显而易见。筛选的方法是将大量的营养缺陷型突变细胞涂布在基本培养基上，将生长特别慢而小的菌落选出，这些就可能是该生长因子的渗漏突变型菌株。

3. 抗反馈调节突变型

抗反馈调节突变型是一种解除了合成代谢反馈调节机制的突变型。其特点是所需产物可不断积累，不会因其过量积累而终止生产，如果是由于结构基因的突变而使变构酶成为不能和代谢终产物相结合而失去了反馈抑制作用的突变，称为抗反馈突变型，若是由于调节基因的突变而引起调节蛋白不能和代谢终产物相结合而失去阻遏作用的，称为抗阻遏突变型。操纵基因突变也能导致抗阻遏作用。

一般情况下，抗阻遏突变的结果使细胞内的酶量明显增长，而抗反馈突变的细胞内的酶量基本没有变化。从作用效果上，二者都导致终产物的过量积累，难以区分究竟是其中哪一种类型突变还是两种突变同时发生，通常就将抗阻遏突变型和抗反馈突变型统称抗反馈调节突变型。

抗反馈调节突变型的有效筛选方法之一，是选取抗结构类似物的突变菌株。

所谓结构类似物（亦称代谢拮抗物）是指那些在结构上和代谢终产物（氨基酸、嘌呤、嘧啶、维生素等）相似的物质。它们和终产物一样能够与变构酶的调节中心相结合而抑制酶的活性，所不同的是，终产物与酶的结合是可逆的，当终产物掺入细胞构造后，酶的调节中心空闲，酶活性恢复，而结构类似物由于不掺入细胞结构，在细胞中的浓度是不变的，对微生物具有致死或抑菌作用。因此，在含有结构类似物的基本培养基中，野生型细胞不能生长。而结构类似物抗性突变株之所以能够生长，是因为由于酶的结构基因的突变，新合成的酶的调节中心不再与结构类似物结合，使结构类似物失去了对该酶的反馈抑制作用，细胞在突变酶的催化下合成代谢终产物供细胞生长所需，这样的突变株也不再受代谢终产物的反馈抑制，即能够在终产物过量积累的情况下还不断合成该产物。

结构类似物抗性突变也能解除终产物对该酶的阻遏作用，这可能是调节基因突变的结果，也可能是操纵基因突变的结果。调节基因突变后不能合成阻遏物蛋白或合成的阻遏物蛋白不再与结构类似物结合，操纵基因突变后不再与阻遏物蛋白-结构类似物复合物结合，都可以解除结构类似物的阻遏作用，也即解除了代谢终产物的阻遏作用。

筛选抗反馈调节突变株可以用梯度培养法。

抗反馈调节突变型的另一个有效筛选方法，是选取营养缺陷型的回复突变株。由野生型向营养缺陷型的突变是由于催化代谢终产物合成的酶的结构基因的突变使酶活性丧失所导致，对于调节酶，这种酶活性的丧失可能是只有催化中心的改变使其不能与底物结合引起，也可能同时伴有调节中心的改变使其也不能与代谢终产物结合。对于后一种情况，回复突变若只发生在催化中心区域，而调节中心仍保持不能与代谢终产物结合的状态，则该回复突变就实现了对反馈调节作用的解除。营养缺陷型回复突变株的筛选方法是首先将野生型菌株通过诱变处理，筛选代谢终产物的缺陷型突变株，然后，再对该突变株进行诱变处理，用基本培养基筛选原养型回复突变，然后从这些原养型回复突变株中分离筛选能过量积累代谢终产物的突变株。

第六节　菌种的退化、复壮和保藏

选育一株合乎生产要求的菌种是一件艰苦的工作，而欲使菌种在生产中始终保持优良的生产性能，便于长期使用，还需要做很多日常的工作。实际上要使菌种永远不变也是不可能的，由于各种各样的原因，菌种退化是一种潜在的威胁。只有掌握了菌种退化的某些规律，才能采取相应的措施，使退化了的菌种复壮，或用一定的手段减少菌种的退化。

一、菌种的退化

（一）菌种退化的现象

菌种退化是指由于自发突变的结果，而使某物种原有的一系列生物学性状发生量变或质变的现象。具体表现有：①原有的形态性状变得不典型了，包括分生孢子减少或颜色改变等，如放线菌和霉菌在斜面上多次传代后产生“光秃”型等，从而造成生产上用孢子接种的困难；②生长速度变慢；③代谢产物的生产能力下降，即出现负突变，例如，黑曲霉的糖化力、放线菌抗生素的发酵单位的下降，所有这些都对生产不利；④致病菌对宿主侵染能力的下降；⑤对外界不良条件包括低温、高温或噬菌体侵染等的抵抗能力的下降等。菌种退化的原因是多方面的，但是必须将其与培养条件的变化导致菌种形态和生理上的暂时改变区别开来，因为优良菌种的生产性能是和发酵工艺条件密切相关的。倘若培养条件起变化，如培养基中某些微量元素缺乏，会导致孢子数量减少，也会引起孢子的颜色改变；温度、pH 的变化也会使产量发生波动。这些现象都是表型暂时的改变，只要条件恢复正常，菌种的原有性能就能恢复正常，所以由这些原因引起的菌种变化不能称为退化。此外，杂菌污染也会造成菌种退化的假象，产量也会下降，当然，这也不属于菌种退化，因为生产菌种一经分离纯化，原有性能即行恢复。综上所述，只有正确判断菌种是否退化，才能找出正确的解决办法。

（二）菌种退化的原因

菌种退化的主要原因是有关基因的负突变，退化的过程是发生在群体中一个由量变到质变的逐步演化过程。开始时，在一个群体中只有个别细胞发生自发突变（一般为负突变），如果这个负突变个体的生长速率大于正常细胞，则随着不断地传代，群体中负突变细胞所占的比例就会逐步增大，最后发展成为优势群体，从而使整个群体表现出严重的退化。

传代次数是加速退化的一个重要原因。现以芽孢杆菌的黄嘌呤缺陷型在斜面上移植代数对回复突变率和产量的关系予以说明（表 6.7）。显而易见，虽然菌种总的保存时间都为 147 天，但随着移植代数的增加，回复突变率也增加，腺苷的产量逐步下降。这也说明，退化并不突然明显，而是当退化细胞在繁殖速率上大于正常细胞时，每移植一代，使退化细胞的优势更为显著，从而导致退化。

表 6.7　产腺苷的黄嘌呤缺陷型菌株在接种传代中产量和回复子频率之间的关系

实验	传代数	每代斜面保存时间/d	回复子频率	腺苷产量/(g/L)
Ⅰ	1	……………………147……………………	2.2×10^{-7}	13.2
Ⅱ	2	………………133………………•……14……	4.2×10^{-7}	14.9
Ⅲ	6	…47…•3•9•3•…………71…………………•……14……	4.5×10^{-6}	10.7
Ⅳ	7	…47…•3•9•3•…13…•………58………………•……14……	2.9×10^{-7}	13.1
Ⅴ	9	…47…•3•9•3•…13…•8•3•……47…………•……14……	1.9×10^{-4}	8.1
Ⅵ	12	…47…•3•9•3•…13…•8•3•4…14•6•6•31……………	1.0×10^{-3}	7.4

不适宜的培养条件是加速退化的另一个重要原因。培养条件对不同类型的细胞或细胞核的数量产生影响，例如上述产腺苷的黄嘌呤缺陷型中，曾经发现于培养基中加入黄嘌呤、鸟嘌呤以及组氨酸和苏氨酸可以降低回复突变的数量。把米曲霉的异核体培养在含有酪蛋白的培养基上，异核体中带有酪蛋白酶基因的核，在数量上也会由劣势转变为优势，而在水解酪蛋白培养基上，就处于劣势。显然，哪一种菌占优势，在酪蛋白酶的产量上就会占主导地位，因此培养条件会影响退化的产生。综合传代与培养条件对菌种退化的影响，可用糖化酶产生菌泡盛曲霉来说明。泡盛曲霉经亚硝基胍和紫外线诱变得到的突变株在不同的培养基斜面上连续传代十次，培养基种类和传代次数对淀粉葡萄糖苷酶产量都有一定的影响。在马铃薯葡萄糖培养基斜面上传代酶产量下降极少，这个培养条件对防止菌种退化是有利的。而在麦汁酵母膏培养基斜面上传代，产酶量随着传代的进行明显下降，至第十代时，产酶能力降至 25%。

（三）防止退化的措施

由于菌种退化问题的复杂性，各种菌种退化的情况又不同，加之对有些退化原因还不甚了解，所以防止退化的措施也就显得原则些。而要切实解决具体问题，还需根据实际情况，通过实验正确地加以运用。

1. 控制传代次数

细胞的自发突变是发生在细胞繁殖过程中。尽量避免不必要的移种和传代，并将必要的传代降到最低限度，可以减少发生自发突变的概率。对于生产菌种，要尽可能利用它们的有效保藏期，可以采取一次接种足够数量的原种进行保藏，在整个保藏期内使用同一批原种。

2. 创造良好的培养条件

实践中发现，创造适合于原种的培养条件，可在一定程度上防止退化。如上述产腺苷的黄嘌呤缺陷型芽孢杆菌，在培养基中加入黄嘌呤、鸟嘌呤以及组氨酸和苏氨酸可以降低回复突变的数量；对于具有抗药性突变的菌株，在培养基中加入一定浓度的药物，可以将个别回复突变细胞及时杀死，起到抑制回复突变发生的作用。

3. 利用不易退化的细胞传代

在放线菌和霉菌中，由于菌丝体常为多核细胞，甚至是异核体，因此，若用菌丝体接种就容易发生分离甚至退化，而孢子一般是单核的，用于接种可保持性状的稳定。

4. 采用有效的菌种保藏方法

对于工业微生物生产菌种，采用有针对性的保藏方法可延缓退化的发生。例如，对于啤酒酿造上所使用的酿酒酵母，保持其优良的发酵性能最有效的保藏方法是−70℃低温保藏，其次是4℃低温保藏，而对于绝大多数微生物保藏效果很好的冷冻干燥保藏法和液氮保藏法，在保藏酿酒酵母上效果并不理想。

二、退化菌种的复壮

菌种退化是指群体中退化细胞在数量上占一定数量后，所表现出群体性能变劣的现象。因此，在已经退化的群体中，仍有一定数量尚未退化的个体。

狭义的复壮是指在菌种已经发生退化的情况下，通过纯种分离和筛选，从已经退化的群体中筛选出尚未退化的个体，以达到回复原菌株固有性状的措施。而广义的复壮是在菌种的典型特征或生产性状尚未退化前，经常有意识地进行纯种分离和筛选，以期从中选择到自发的正突变个体。由此可见，狭义的复壮是一种消极的措施，而广义的复壮才是一种积极的措施。

对于一般菌种，包括生产菌种，复壮工作主要是进行纯种分离和筛选，具体方法见本章第一节。对于一些寄生性微生物，特别是一些病原菌，长期在实验室人工培养会发生致病力降低的退化。可将其接种到相应的昆虫或动、植物宿主中，通过连续几次转接，就可以从典型的病灶部位分离到恢复原始毒力的复壮菌株。

三、菌种的保藏

对已有的菌种妥善保藏，保持其原来性状和活力不退化，不死亡，不被污染，以达到便于研究、交换和使用的目的，这就是菌种保藏的目的。国际上一些较发达的国家都设有若干个国家级的菌种保藏机构，以对菌种统一保藏和管理。

（一）菌种保藏的原理

无论何种保藏方法，其原理都是根据微生物生理、生化特点，人工地创造环境条件，使微生物长期处于代谢不活泼、生长繁殖受抑制的休眠状态。这些人工造成的环境主要是低温、干燥和缺氧，避光、缺乏营养、添加保护剂或酸度中和剂也能有效提高保藏效果。若选择微生物的休眠体，如分生孢子、芽孢等进行保藏，则保藏效果更佳。

（二）常用的菌种保藏方法

1. 斜面保藏法

将菌种接种在适宜的斜面培养基上，待菌种生长完全后，便置于4℃左右的冰箱中保藏，每隔一段时间进行移植培养后，再将新斜面继续保藏，如此连续不断。细菌、酵母、放线菌、霉菌都可使用这种保藏方法。由于方法简单，存活率高，具有一定的保藏效果，所以许多生产单位，研究单位对经常使用的菌种大多采用这种方法。

斜面保藏法由于在较低温度下，所以既可大大减缓微生物的代谢繁殖速度，降低突变频率，也可减少培养基的水分蒸发，不至干裂。斜面保藏培养基一般含有机氮多，少含或不含糖份（总量不超过2%），这样既满足了菌种生长繁殖的需要，又防止产酸过多而影响菌株保藏。此法的缺点是菌株仍有一定强度的代谢活动，保存时间不长，传代多，菌种还较容易变异。

在上述基础上，对斜面低温保藏还可作一些改进，例如细菌、酵母等微生物在普通斜面培养基上生长好后，将试管的棉塞用紧密的橡皮塞代替，此橡皮塞在96%的酒精中消毒15min，密封的试管在室温或4℃保藏在暗处，贮藏期间不打开橡皮塞。保藏酵母菌用pH6.0的麦芽汁琼脂培养基。在这种条件下大多数酵母和许多细菌保存3～10年后，存活率可达75%～100%。但对于一些专性好氧的霉菌，此法效果并不理想，因为在保藏期间，菌体仍要进行微弱的呼吸作用，用橡皮塞封口的结果可导致管内霉菌缺氧窒息死亡。

另外还可把用水稀释二倍的“Difco”琼脂培养基注入到直径 1cm 的试管中，至管长的三分之一到四分之一处，灭菌后菌种于 37℃进行穿刺培养，确证其存活后，盖上经在石蜡中加热灭菌的木栓，用石蜡封口，用这种形式，可在室温中保藏 1～2 年。

2. 石蜡油封藏法

这种方法是将生长良好的斜面菌种在无菌条件下倒入已经灭菌的液体石蜡，油层高于斜面顶部 1cm，垂直放在室温或冰箱内保藏。液体石蜡的灭菌可以置烘箱 150～170℃灭菌 1h，也可高压蒸汽灭菌后在 120℃的烘箱中将水分烘干。使用的液体石蜡要求不含毒物，一般用化学纯规格。保藏成功与否很大程度上决定于斜面培养基是否被干枯，为此油量必须高出斜面 1cm。用该法保藏的菌种很广泛，但对保藏细菌效果较差，对于某些能同化烃类则不宜用。其保藏效果如表 6.8：

表 6.8　石蜡油封藏法保藏效果

菌类	总菌株	保存时间/a	存活率/%
霉菌	586	5	83.62
放线菌	380	4	91.32
酵母菌	400	2	88.9
细菌	87	5	20.94

也有试验指出此法保藏红曲霉很适合，保藏 1～2 年后存活率为 100%，保藏的饲料酵母、酒精酵母、啤酒酵母和柠檬酸产生菌的发酵性能基本保持不变。试验还表明对保持曲霉的 α-淀粉酶活性效果良好，但对蛋白酶活力有所降低。

3. 砂土管保藏法

土壤是自然界各类微生物共同活动场所，目前的菌种，多数是从土壤中分离出来的，这与土壤颗粒对微生物起保护作用，提高微生物的存活率有关。砂土管保藏法就是在此基础上发展起来的。由于制作简单，保藏时间可达数年至数十年，移接又方便，所以应用范围很广。此法适用于产孢子的微生物，对于一些干燥敏感的细菌如奈氏球菌、弧菌、假单胞杆菌及酵母菌则不适用。

砂土管保藏法主要包括砂土制备和真空抽干两步。目前有的单位不采用菌悬液而是用斜面孢子直接进入砂土管中，使之附在砂土上，不进行真空抽干让其自然干燥，也具有较好效果。

4. 冷冻干燥保藏法

冷冻干燥保藏的基本方法是，用保护剂制备菌悬液，然后将菌悬液快速降温使菌悬液冻结，通过减压抽真空使冻结物中的水分升华成水蒸气排出，从而使含菌样品脱水干燥。在真空状态下立即密封瓶口隔绝空气，造成管内无氧的真空环境，然后置低温下保藏。此法优点是具备低温、缺氧、干燥三种保藏的条件，微生物代谢活动基本停止而处于休眠状态。广泛适用于细菌（有芽孢和无芽孢的）、酵母、霉菌孢子、放线菌孢子和病毒等的保藏，其保存期可达一年至数十年之久，并且存活率高，变异率低，是目前广泛采用的好方法，但也有报道对不长孢子或长得很少的真菌保藏效果不佳。此法缺点是手续较麻烦，需要一定的设备条件。

由于在制作过程中需先在－20～－40℃低温度下使菌悬液成冻结态，并行减压抽干，而微生物在此条件下易于死亡，故需加入保护剂。一般常用的保护剂是脱脂牛奶和血清等。关于微生物在冷冻前后的存活情况，有人作过试验，发现在冷冻干燥过程中，有的细菌的存活率仅为开始的千分之一，而在保藏 10 年后，存活率又会进一步降低，有的降低 10 倍之多，而有 10%左右的保藏菌体在这 10 年中没有明显变化。试验表明，冷冻干燥过程中有三个时期影响死亡率，即冷冻、初期干燥、再度干燥。其中水分多少对存活率影响很大，而含水量又与保护剂性质有关。有人将冷冻干燥的微生物保藏于密封的明胶胶囊中，当用水分小于 8%的明胶胶囊封装，残余水分为 2%，冷冻干燥的微生物在 20℃保藏 2 年，未见有死亡现象，在 30℃时有十分之一死亡。当明胶水分为 12%时，30℃保藏 2 年，活细胞数少于总数的百万分之一。这说明，真空冷冻干燥保藏，在操作上应予严格，做到真空，干燥，才能达到预期结果。

为了简化操作，提高工作效率，目前也有人对上述方法作了某些改进。操作如下：细菌在肉汤培养基中培养过夜，用含谷氨酸钠的磷酸缓冲液直接真空干燥，无须低温冷冻。在安瓿管中具有棉塞，并在真空干燥结束后融封在管内。由于真空干燥的温度较高，每次干燥只需约 2～3h，据报道，此法在 5℃对保藏许多细菌和噬菌体，效果良好。

为了增加冷冻干燥的蒸发面积，减少干燥时间，有人将脱脂牛奶菌液点在无菌滤纸上，在安瓿管内进行真空冷冻干燥。

虽然真空冷冻干燥法是菌种保藏中最有效的方法之一，但最近有人发现在作为悬浮剂的牛血清中有大量噬菌体，因此对于牛奶或其他天然保护剂的污染问题是极需注意的，以克服可能引起的潜在危险。

关于冷冻真空保藏的效果，根据中国食品与发酵研究院的研究，保藏十余年生产上常用的酵母及细菌菌株，其成活率及发酵性能无明显变化。例如 1043 号酒精酵母保藏了 12 年，酒精产率和细胞形态都很正常，保藏了 13 年的醋酸菌仍成活，且产酸性能基本不变。江南大学用此法保藏甘油酵母，保藏 4 年后存活率正常，甘油发酵性能无明显变化。

5. 甘油悬液低温冷冻保藏法

将培养好的细胞用 15%～30%的甘油缓冲液（如 10mmol/L pH7.0 磷酸缓冲液）制成细胞密度为 10^7～10^8 细胞/ml 的悬浮液，加入专用塑料螺口保藏管中，旋紧螺口瓶盖，置－70℃冰箱保藏。该法适用于细菌和酵母菌等微生物，保藏期可达 10 年。若将保藏管先用液氮快速预冻，然后立即放入－70℃冰箱，则保藏效果更佳。使用此法保藏感受态大肠杆菌细胞 3 个月，转化率无明显下降。

6. 其他保藏方法

（1）冷冻法

此法分低温冷冻与超低温冷冻保藏两种。低温冷冻指在－20℃左右保藏，由于 0～－30℃会出现水与电解质的共晶混合物，对菌体有一定损害。需要加甘油等保护剂。超低温冷冻是把菌体保藏在液氮灌中，这时温度低至－196℃，必须使用甘油、二甲亚砜、血清蛋白等保护剂对细胞进行保护。此为国外采用的一些保藏菌种新技术，可用于保藏细菌、藻类、支原体、植物锈病菌、真菌、病毒和原生动物等，保藏期可达 15 年以上。降温和升温速度是液氮超低温保藏法的关键。

（2）液态真空干燥法

此法是菌体在恒温液态条件下进行真空干燥。可以保藏大多数细菌、病毒，特别适用于冷冻干燥保藏效果不佳的菌株。

（3）琼脂穿刺封口保藏法

把细菌用穿刺法接种到装有试管 1/3 固体琼脂培养基内，37℃培养 24h 后，将试管融封，在室温下保藏。此法可用于保藏不产孢子的细菌，可保藏一年左右。

（4）曲法保藏

此法与民间的大曲保存法类似。具体做法是将麸皮与水按 1∶0.8、1∶1 或 1∶1.5比例掺和（视菌种而异），装入试管，塞上棉拴，灭菌后接入菌种培养，待孢子长成后即成曲。将试管放入盛有氯化钙的干燥器中，于室温下干燥数日后，置低温保藏即可。此法适用于保存有大量孢子的霉菌和某些放线菌，保存时间可达一年以上。

（5）麦粒保藏法

将未发霉的完好小麦粒用清水淘洗干净，麦粒内部如粉状，有明显硬心，在

21 ℃水中浸泡 5h，至麦粒含水量为 23%左右，浸泡后麦粒用水冲洗几次，晾干，分装试管的 1/4～1/3，塞棉栓，1kg/cm^2 蒸汽灭菌 1h，趁热摇散麦粒，冷却后接入菌液 0.2ml，摇匀，室温培养。当出现稀疏菌丝或孢子时，置通风，避光，干燥处保藏。有单位用此法保藏了 17 株霉菌，1～4 年后，15 株有很强的生活力。此法对保藏一些放线菌、芽孢杆菌和酵母亦有较好的效果。

(6) 无水硅胶保藏法

将无菌蒸馏水制成的细胞悬浮液加等体积的脱脂灭菌牛奶，混匀，加 0.5ml 至装有半管通过 6～18 筛孔的硅胶粒的 12ml×75ml 试管中（试管已经 180℃干热灭菌 1.5～2h），然后将这些试管放在干燥器内，室温或 4℃保藏。4℃保藏时，供试细菌的 73%，真菌的全部成活期超过一年。3～4 年后，60%的细菌和 36%的真菌存活。革氏阳性菌较阴性菌更适于硅胶保存。

一些常用的菌种保藏方法的比较见表 6.9 所示。

表 6.9 一些常用的菌种保藏方法比较

保藏方法	主要措施	适宜菌种	保藏期	评价
冰箱斜面保藏法	低温（4℃）	各大类	1～6 个月	简便
冰箱半固体保藏法	低温（4℃），隔氧	细菌，酵母菌	6～12 个月	简便
石蜡油封藏法	低温（4℃），隔氧	各大类	1～2 年	简便
甘油悬液冷冻保藏法	低温（－70℃），保护剂（15%～30%甘油）	细菌，酵母菌	约 10 年	较简便
砂土管保藏法	干燥、无营养	产孢子的微生物	1～10 年	简便有效
冷冻干燥保藏法	干燥、低温、无氧、有保护剂	各大类	＞5～15 年	繁琐有效
液氮保藏法	超低温（－196℃），有保护剂	各大类	＞15 年	繁琐有效

（三）国外部分菌种保藏机构

国外对菌种保藏工作甚为重视，各大专院校、研究室几乎都有自己的微生物典型标本收藏机构。许多保藏单位还有专门刊物以交流菌种保藏情况，许多非营利单位还进行菌种交换，转赠供教学活动使用的菌种。

目前世界上主要的菌种收藏机构有：

美国典型培养物收藏中心（ATCC），位于美国马里兰州，保藏有各类菌 1 万株以上，包括细菌、真菌、动植物病毒、噬菌体、原生动物、藻类等，以细菌最多。它拥有全年使用的空调系统，可供各实验室单独使用的新鲜空气，各实验室之间也不回流任何空气。冷冻干燥菌种是在 10℃的地下室保藏，其他菌种在－60℃冰箱保存。还拥有－196℃的液氮冻结装置。其保藏菌株和供应方法如表 6.10。

表 6.10 冷冻干燥保藏菌株和供应方法

菌类	保藏方法	供应方法
细菌	冷冻干燥	冷冻干燥
真菌	冷冻干燥，冻结	冷冻干燥、试管
噬菌体	冻结	冷冻干燥
菌丝体菌型（mycelialforms）	冻结	试管
动物病毒	冻结，冷冻干燥（约 70℃储存）	冷冻干燥，冻结（CO_2）
植物病毒	冻结	冷冻干燥
支原体（mycoplasma）	冻结	冷冻干燥
原生动物	冻结	试管
藻类	冻结	试管

北方开发利用研究部（NRRL），隶属美国农业部，规模也很大，收藏的微生物标本近 2 万株，主要是有关农产品加工所用的菌种，以酵母最多，近 1 万株。

霉菌中心保藏所（CBS），全世界最著名的霉菌保藏机构，位于荷兰，该所保藏的各种菌种近 2 万种，其中霉菌达 12000 种以上。

日本的菌种保藏单位较多，其中保藏菌种千株以上的单位不下 10 处，多数为大学。其中最大的保藏单位是大阪发酵研究所（IFO），保藏近 1 万株。协和发酵和味之素公司保存的菌种也都在 1 万株以上。

俄罗斯、东欧各国对菌种保藏工作也较重视。罗马尼亚、保加利亚都保藏有几千株菌株，主要是用冷冻干燥方法保藏。而前苏联在这方面起步较晚，1958 年苏联科学院微生物研究所才开始建立，“微生物培养标本部”至 1968 年共收藏细菌、霉菌、酵母及放线菌标本约 4500 支，属 1200 个种，250 个属，而且当时主要用斜面和矿油保存。

（四）国内部分菌种保藏机构

国内菌种保藏由中国微生物菌种保藏管理委员会（CCCCM）负责，下设 7 个保藏中心、12 个保藏机构。

中国普通微生物菌种保藏中心（CGMCC），归属中国科学院，菌种保藏在中国科学院微生物研究所（AS）和中国科学院武汉病毒研究所（AS-IV）；

中国农业微生物菌种保藏中心（ACCC），归属中国农业科学院，菌种保藏在中国农业科学院土壤与肥料研究所（ISF）；

中国工业微生物菌种保藏中心（CICC），菌种保藏在中国食品发酵工业研究院（IFFI）；

中国医学微生物菌种保藏中心（CMCC），归属卫生部，菌种保藏在位于南京的中国医学科学院皮肤病研究所（ID）、卫生部药品生物制品检定所（NICPBP）和中国预防医学科学院病毒研究所；

中国抗生素微生物菌种保藏中心（CACC），归属国家医药管理局，菌种保藏在中国医学科学院医学生物学研究所（IEM）、四川抗生素研究所（SIA）和位于石家庄的华北制药厂抗生素研究所（IANP）；

中国兽医微生物菌种保藏中心（CVCC），归属农业部，菌种保藏在农业部兽药监察研究所（NCIVBP）；

中国林业微生物菌种保藏中心（CFCC），归属中国林业科学院，菌种保藏在中国林业科学院林业研究所（RIF）。

本章小结

自然界中含有丰富的微生物资源。其中尤以土壤中居多，具有微生物大本营之称。从自然界分离筛选微生物的主要步骤包括采样、增殖培养、平板分离、初筛、再次平板分离和再次筛选等。采样是指从自然界中采集含有目的菌的样品，一般是采集土壤样品；增殖培养的目的是提高目的菌在样品中的相对数量和比例，以便提高分离筛选工作的效率，可以通过控制培养基的营养成分、酸碱度、添加抑制剂、控制培养温度以及热处理（当目的菌是芽孢细菌时）等措施得以实现。平板分离可以采用稀释涂布平板技术、稀释倾注平板技术或平板划线技术等实现。为了简化筛选工作，可以结合平皿快速检出法。对于好氧和兼性厌氧微生物，筛选一般是通过摇瓶培养进行，初筛一般每株 1 瓶，每次淘汰 80%的菌株，复筛一般每株 3 瓶，通过反复多次复筛，直至剩下最后 1～3 株。对于厌氧菌的分离，则要通过在培养基中加入还原性物质和创造厌氧环境等措施降低培养基的氧化还原电位。最后，对于筛选得到的微生物还要进行培养工艺条件试验与生产试验。

突变泛指细胞内的遗传物质的分子结构或数量突然发生的可遗传的变化。突变往往导致产生新的等位基因及新的表现型。突变是工业微生物产生变种的根源，是育种的基础，同时也是菌种发生退化的主要原因。从表型上可将突变分为形态突变型、营养缺陷型、抗性突变型、致死突变型、条件致死突变型和产量突变型。从分子水平上可将突变分为染色体畸变和基因突变两类，而后者又包括碱基置换突变和移码突变。突变具有自发性、不对应性、稀有性、独立性、可诱变性、稳定性和可逆性等性质。突变包括自发突变和诱发突变。自发突变是指微生物在无人为诱变剂处理的情况下而自然发生的突变。基因自发突变的频率很低，一般为 $10^{-6} \sim 10^{-10}$。诱发突变简称诱变，是指通过人为的方法，利用物理、化学因素处理微生物而引起的突变，诱变可提高突变的频率。具有诱变作用的因素称为诱变剂。不同诱变剂的诱变机制不同。紫外线、X 射线、γ 射线、快中子、烷化剂、脱氨剂、羟化剂等是通过造成 DNA 结构的改变或损伤而导致突变；碱基结构类似物是通过掺入到 DNA 分子中取代核酸分子中正常的碱基，在 DNA 的复制过程中引起突变；而吖啶类化合物、溴化乙锭和 ICR 类化合物通过插入 DNA 分子两相邻的碱基之间，使得 DNA 分子的长度增加，造成新复制的子链碱基的增加或缺失，导致移码突变。正常的微生物细胞对诱变剂所造成的 DNA 的损伤具有一定的修复能力，如光复活作用和切补修复作用对紫外线引起的 DNA 链上产生的胸腺嘧啶二聚体的修复。

诱变作用在实践中最重要的作用是诱变育种。诱变育种包括高产突变株的选育、营养缺陷型突变株的选育、抗性突变株的选育、高分子废弃物分解菌的选育、无泡沫变异株的选育、组成型酶变异株的选育等。诱变育种的基本步骤包括出发菌株的确定、出发菌株的培养、诱变菌悬液的制备、诱变处理、后培养以及突变菌株的筛选等。

基因重组育种是比基因突变育种更高层次、更为复杂的育种方式，通过两个细胞间遗传物质的重新组合而改变细胞的基因型和表型。原核微生物基因重组的方式有转化、转导、接合和原生质体融合等多种，真核微生物则有有性杂交、准性杂交和原生质体融合等方式。在转化、转导和接合中，其 DNA 转移都是单向的；而在原生质体融合中，两个细胞对基因重组的贡献是对等的。从转移基因的数量上看，转化和转导都只转移少数基因，接合可转移少数基因也可转移多个基因，而原生质体融合所涉及的重组基因是多个。从基因转移的媒介看，转化不需要媒介，转导需要缺陷噬菌体作媒介，而接合则需要性因子的介入。

基因工程是建立在现代分子生物学理论和实验技术的基础上、通过人工对 DNA 的体外操作而实现的定向育种手段。基因工程的主要步骤包括目的基因的获得，克隆载体的选择，目的基因与载体 DNA 的体外重组，重组载体导入宿主细胞以及重组子的筛选和鉴定等。基因的定位诱变是建立在基因工程基础上的诱变技术，可以特异性改变克隆基因的碱基序列，在育种工作方面有着广阔的应用前景。定位诱变可以通过对 DNA 序列的删除、插入或置换特定的碱基序列而得以实现。由于方法简便易行、结果准确、高效，PCR 定位诱变法目前已成为最常用的定位诱变方法。

在微生物学实验室和生产、应用单位，保持菌种优良的性状长期不衰退是一项重要而艰巨的工作。变异是生物的客观规律，群体中个别细胞的自发突变和突变细胞的生长优势是菌种退化的原因，传代次数的增加和不适宜的培养条件是加速菌种退化的重要因素。控制传代次数、创造良好的培养条件、利用不易退化的细胞进行传代和采用有效的菌种保藏方法是防止菌种退化的有效措施。菌种的复壮可以通过对保藏菌种的单菌分离和筛选而实现。在诸多的菌种保藏方法中，冷冻干燥保藏法和液氮保藏法是目前认为保藏效果最好的方法，而甘油悬液低温冷冻保藏法则是近年来随着低温冰箱（－70～－80℃）的普及而出现的操作非常简单，对多种微生物具有良好保藏效果的一种方法。

复习思考题

1. 名词解释：增殖培养，突变，突变型，染色体畸变，点突变，转换，颠换，同义突变，错义突变，无义突变，移码突变，转座因子，诱变剂，光复活作用，切补修复，营养缺陷型，野生型，原养型，基本培养基，完全培养基，补充培养基，限量补充培养基，生长谱，基因重组，前培养，后培养，转化，感受态，转导，普遍性转导，局限性转导，转导噬菌体，转导子，流产转导，转染，缺陷噬菌体，接合。
2. 如何从自然界中筛选一株α淀粉酶产生细菌（芽孢杆菌）?
3. 平皿反应快速检出法有哪些？适用对象如何？
4. 厌氧微生物的培养方法及原理。
5. 突变的表现型有哪些？基因突变的特点有哪些？
6. 试述突变的各种机制。
7. 试述各种诱变剂的作用机制。
8. 以枯草芽孢杆菌作出发菌株，怎样通过诱变育种选育出蛋白酶高产菌株？
9. 何为表型延迟？包括哪些类型？如何消除？
10. 举例说明营养缺陷型突变株的筛选方法。
11. 抗生素法和菌丝过滤法为何能“浓缩”营养缺陷型突变株？
12. 结构类似物抗性、组成型突变株怎样筛选？
13. 何谓基因重组？微生物基因重组有哪些方法？
14. 试区别真菌的有性杂交与准性杂交。
15. 试述普遍性转导和局限性转导中转导噬菌体和转导子的形成机制。
16. 试述原生质体融合育种的特点及步骤。
17. 何谓基因工程？其主要操作过程如何？

18. 何谓基因定位诱变？有哪些方法？

19. 菌种退化的表现、原因、防止措施如何？

20. 菌种保藏的目的、原理，各种保藏方法的理论依据，适用对象及保藏期如何？

第七章　微生物生态和废水的生物处理

前面的章节主要讨论了纯种微生物作为实验室研究对象时的各种生活规律，而在自然条件下微生物群体往往是杂居混生的，并且其生存条件和实验室中明显不同，因此其生活状态和生命活动规律也与实验室条件下不同。例如，一般情况下，自然界的营养物浓度（有机物浓度低于 10mg/L）要比实验室培养基中（有机物浓度 1～10g/L）低得多，因此自然界中的微生物大多数情况下处于营养不良的状态，从而导致在自然界中微生物的生长很慢。以大肠杆菌为例，它在实验室培养条件下生长迅速，世代时间仅有 20min，而在自然界中它的世代时间大约需要 12h，即每天分裂两次；而某些草地微生物生长更慢，每年只分裂几次，世代时间长达 1200h。本章主要探讨处于自然环境中的微生物的生命活动规律和它们与环境条件之间的相互关系，这些内容属于微生物生态学的范畴。

从生态学的观点来看，微生物只是生态系统中生物群落的一部分。生态系统是指在一定时间和空间范围内由生物群落与它们的环境条件通过能量流动和物质循环组成的自然体，具有一定的组成、结构和功能，是自然界的基本结构单元。其中生物群落是生态系统的核心，它是指生活在同一特定空间或区域的所有生物种群的聚合体，而种群是指生活在同一特定空间的同一物种的所有个体的集合体。在自然界中存在着各种各样的生态系统，小到一滴水、一块草地、一片森林、一个池塘，大到一条山脉、一条河流、一个海洋，乃至整个生物圈，都是天然的生态系统，还有水库、城市、农田、污水生物处理系统等人工生态系统。在不同的生态系统中，存在着不同的微生物群落，它们具有不同的种群组成、不同的分布规律和不同的生命活动规律。

研究微生物生态规律有着重要的理论意义和实践价值。通过研究微生物生态，掌握其活动规律，能更好地发挥微生物的作用；了解微生物在自然界的分布规律，可为人类开发利用丰富的微生物资源提供理论依据；根据各种微生物在生态系统中的作用，可利用微生物对环境的保护作用来修复被污染、被破坏了的环境。

第一节　自然界中的微生物

在绪论中已指出，微生物在自然界中的分布极其广泛，这是微生物的一个显著特点。适合于其他生物生长的任何环境，同样适合微生物生长；不适合高等生物生长的许多环境，微生物仍能良好生长。由于自然界的微生物生活在不同的生态环境中，它们的生活条件、活动规律及其与环境之间的相互作用也是极不相同的。在本节中将简单介绍自然界各种主要生态系统（土壤、空气和水体等）中的微生物群落以及它们的分布规律。

一、土壤中的微生物

土壤是微生物最良好的天然培养基，它具备微生物生存所必需的各种基本条件，是自然界中微生物活动的主要场所，是微生物的“大本营”，也是人类最丰富的菌种资源库。

（一）土壤的生态条件

土壤具备微生物生存必需的基本条件，其生态条件如下：

1）水分。影响土壤中微生物活动的主要因素之一是水。水是土壤中变化很大的成分，它的含量取决于土壤组成、雨量、排水和植被。土壤中的水以两种形式存在：一是吸附在土壤表面的吸附水，二是在土粒之间以薄膜形式存在的自由水。土壤团粒结构中的小孔隙可以起毛细管的作用，具有持水性。不同土壤对水的吸收和保持能力不同，沙对水的亲和力小，而黏土与水结合牢固。在孔隙率30%～50%、排水通畅的土壤中，各组分的体积分别为：土粒 50%，空气 10%，水分 40%。由此可见，在土壤中水分较为充足。即使在缺乏自由水相的干燥土壤中，每一土块的表面也总有结合的吸附水，为微生物的生存提供了水分。存在于土壤中的水分及溶解在其中的各种物质，共同构成了土壤溶液。

2）营养。土壤的营养状况是影响微生物活动的另一个主要因素。土壤中有大量的动、植物遗体，植物根系的分泌物，还有人和动物的排泄物，以及其他微生物生命活动的中间体等有机基质可被多数微生物所利用；有丰富的矿物质提供各种无机盐（如磷、硫、钾、铁、镁和钙等）和微量元素（如硼、钼、锌、锰和铜等），适于微生物生长发育。

3）pH。土壤 pH 范围在 3.5～8.5 之间，多数在 5.5～8.5 之间，不少土壤近中性，符合大多数微生物生长的酸碱度要求。在那些酸性红壤或碱性盐碱地中，也有它本身适合生存的微生物类群。

4）氧气。土壤中氧气含量虽较大气中少，但由于土壤具有团粒结构，有无数小孔隙为土壤创造通气条件，因此平均含量仍达土壤空气容积的 7%～8%。在通气良好的土壤中，氧气含量高一些，可以保证好氧性微生物的需要。虽然在某些深层土或通气不良的土壤中含氧量较低，但有利于厌氧微生物的生长。水和空气在土粒之间会争夺空隙，前者可以驱逐后者，因此，在渍水土壤中含氧量较低。

5）渗透压。土壤的渗透压范围通常在0.3～0.6MPa之间，对于大多数微生物而言是等渗或低渗环境，仍有利于微生物摄取营养。

6）温度。土壤表层下部的保温性也较强，在一年四季中变化不大，也是适合微生物生长的良好条件之一。即使冬季地面冻结，一定深度土壤中仍保持着一定的温度，可满足微生物生长的需要。

7）保护层。几毫米厚的表层土是保护层，可以使土壤中的微生物免遭太阳光中紫外辐射的直接照射致死。

（二）土壤微生物的种类、数量和分布

土壤中微生物的种类和数量受多种因素的影响，包括土壤肥力（土壤中有机物含量）、湿度、pH、土壤类型、深度、植被、耕作状况和季节等。在通气较好的肥土中，每克土含几亿至几十亿个微生物，贫瘠土中每克则有几百万至几千万个微生物。土壤中的微生物一般以细菌最多，放线菌次之，真菌再次之，而藻类和原生动物很少。

土壤中的细菌种类极多，但只有一部分是可培养的（culturable）。土壤中可培养细菌数为 10^7～10^8 个/g，若将不可培养（nonculturable）细菌计算在内，总数可达 10^9～10^{10}个/g。对土壤细菌的研究主要集中在可培养细菌，并获得了大量的知识，而对不可培养细菌，虽然近年来建立了不少研究方法，但知之甚少。在可培养细菌中，以节杆菌、假单胞菌、芽孢杆菌、梭状芽孢杆菌、微球菌和黄色细菌属等较多见，色杆菌属、八叠球菌属和分枝杆菌属较少。从营养类型来看，主要为异养型，自养型较少；以对氧的需求分，土壤细菌以好氧和兼性厌氧菌为主，厌氧菌较少（低2～3个数量级），随土层深度增加厌氧菌比例会有所升高。细菌适宜于潮湿土壤生长，pH近中性时最多，pH下降，菌数和种类都将减少。

放线菌在土壤中也很多，一般比细菌低1～2个数量级。主要类群有链霉菌和诺卡氏菌等。一些土壤具有特殊的土腥味就是链霉菌存在之故。pH6.5～8.0时种类和数量较多，主要存在于有机质丰富的土壤中。放线菌在干旱土壤中较多，渍水土壤中含量较少。

土壤中存在的霉菌是严格好氧类型，在通气良好的耕作土壤中有广泛分布，其数量一般在 10^5～10^6 个/g。虽然其数量远低于细菌，但由于其菌丝体的体积比细菌大得多，因此其在土壤微生物生物量中却占有更大的比例。由于霉菌比细菌和放线菌更耐酸，因此土壤pH下降和偏酸性的土壤中，真菌比率上升，反之，则下降。土壤中酵母菌含量较少，一般每克土只有几千个，果园、养蜂场等

含糖丰富的土壤中较多，可达 10^5 个/g。

土壤中藻类的数量较少，一般为 $10^3 \sim 10^4$ 个/g，主要类群有硅藻、绿藻和固氮蓝藻。因为是典型的光能自养型生物，所以大部分土壤藻类生活在具有充足光照和二氧化碳供给的浅表土层中，只有少数能进行异养生活的藻类在深层土中能够发现。

土壤中微生物的水平分布取决于有机物的种类和浓度，例如，在油田地区存在大量以碳氢化合物为碳源的微生物；森林土壤中有多种分解纤维素的微生物；含动植物残体多的土壤中氨化细菌和硝化细菌较多，而酵母菌在含糖丰富的土壤中数量明显增多。

土壤微生物的垂直分布与紫外线照射、营养、水分、溶解氧和温度等因素有关（表 7.1）。

表 7.1　不同深度的土壤中微生物的数量

深　度/cm	微生物数（以土壤计）/（10^3 个/g）			
	好氧性细菌	厌氧性细菌	放线菌	霉　菌
3～8	7800	1950	2080	119
20～25	1800	379	245	50
35～40	472	98	49	14
65～70	10	1	5	6
135～145	1	0.4	—	3

土表因受阳光中紫外辐射的照射和缺乏水分，微生物容易死亡而数量较少；在离土层几至十几厘米处微生物数量最多，在植物根系附近微生物数量更多；在耕作层 20cm 以下，随土层深度增加，营养和氧气将变得更缺乏而不利于微生物的生存，微生物的数量大幅度减少，2m 以下每克土中只有几个微生物。

认识土壤中微生物的分布规律，对于工业微生物工作者是十分重要的，这将为到自然界中寻找新的菌种，发掘新的微生物资源提供更多的机会。

二、水中的微生物

地球表面的 70％为各类水体所覆盖。水体有天然水体和人工水体两种。天然水体包括海洋、江河、湖泊、湿地和泉水等，人工水体有水库、运河以及各种污水处理系统。不同的水生环境其微生物种类和数量有较大差异。

（一）水体的生态条件

1）营养状况。水体是一种很好的溶剂，溶解有氮、磷、硫等无机营养和以污水、根叶、动植物尸体以及类似的形式进入水中的有机物质。一般江河、湖泊和池塘内的营养较丰富；海水和盐湖都含有高盐分，其他营养较贫乏；雨水含有非常少的营养物质；在矿泉水中常含有很高的离子成分。总体上看，虽然水体中有机质的含量不及土壤中丰富，但基本上能供给微生物生长所需要的营养。各种水体中营养状况有很大差异，从而也使得微生物分布有很大差异。

2）温度。各种水体有较大差异，并随着季节等有较大变化。一般淡水在0～36℃之间，海洋水温在5℃以下，温泉水温可在70℃以上。

3）氧气。水体中空气供应较差（氧在水中溶解度较小，易被微生物耗尽），因此，对于微生物生长而言，氧气是水生环境里最重要的限制因子。静水湖泊更为明显，江河水域由于水的流动溶解氧能不断得以补充。

4）pH。不同水体的pH变化范围也较大，在3.7～10.5之间。大多数淡水pH 6.5～8.5，适于大多数微生物生长。而在一些酸性和碱性水体中也有相应的微生物类群生长。

综上所述，水体也是适宜于微生物生存的生态环境。

（二）水中微生物的来源

水体中的微生物大致来源于以下几个方面：

1）水体“土著”微生物。是水体中固有的微生物，主要有硫细菌、铁细菌等化能自养菌，光合细菌，蓝细菌，真核藻类以及一些好氧芽孢杆菌等。

2）来自土壤的微生物。由于水体的冲刷，将土壤中的微生物带到水体中，主要包括氨化细菌、硝化细菌、硫酸还原菌、芽孢杆菌和霉菌等。

3）来自空气微生物。雨雪降落时，将空气中的微生物带入水体中，主要是由于空气中有许多尘埃造成的。

4）来自生产和生活的微生物。各种工业废水、农业废水、生活污水、人和动物排泄物和动植物残体等夹带微生物进入水体，主要包括大肠菌群、肠球菌、各种腐生细菌、梭状芽孢杆菌以及一些致病性微生物，如霍乱弧菌、伤寒杆菌和痢疾杆菌等。

（三）水中微生物的种类、数量和分布

水体中微生物的种类、数量和分布受水体类型、有机物含量、水体温度和深度等多种因素的影响。

自然界中的水体可以分为大气水、地面水、聚积水和地下水等类型，不同类型的水体中微生物种类及数量有很大差异。大气水（雨和雪等自然降水）中一般含微生物较少。有时初雨中含有很多细菌，主要来源于空气中的尘土。在大雪、大雨后，空气被洗净，因此雨雪后期几乎无菌。当雨雪降落着地后立即被土壤中的微生物所污染，这就成为地面水。地面水中微生物的数目容易发生巨大的变化，既决定于土壤中微生物的数目，也决定于被水分由土壤中溶解出的营养物的种类和数量。微雨的主要结果是增加地面水中细菌的污染，而长期下雨的结果则相反。这是由于初雨把土壤表层主要不洁物冲走了，以后的雨仅起地面水的稀释作用。聚积水体（江河、湖泊、海洋和水库等）可分成很多类型，其微生物种类、数量差异较大。清洁湖泊、水库中有机物含量少，微生物也少，数量约为 10^2～10^3 个/ml，并以自养型为主，包括铁细菌、硫细菌、光合细菌、蓝细菌、藻类及少数寡营养型的异养细菌。有机物多的湖泊，停滞的池塘，污染的江河水以及下水道的沟水中，有机物含量高，微生物种类和数量都很多，数量约为 10^7～10^8 个/ml，并以异养型腐生菌、真菌和原生动物为多。一般海水含盐量约为 30g/L，因此海洋微生物大多数是耐盐或嗜盐微生物，主要有藻类、假单胞菌、弧菌、黄色杆菌及一些发光细菌等。地下水大体是无菌的，这是由于在水渗入地下时土层过滤掉了大多数微生物和营养物质。由于深水井通过较深的过滤层，因此，深水井通常比浅水井的细菌少。

尽管随水体类型不同，微生物的种类和数量有较大差异，但微生物在不同水体中（主要指聚积水体）的分布却有相同或相近的规律。微生物在水体中的水平分布主要受有机物含量的影响，一般在沿岸水域有机物较多，微生物的种类和数量也较多。海洋中一般近海海水中含菌量可以达到 10^5 个/ml，而在外海却只有 10～250 个/ml。微生物在水体中的垂直分布随深度变化表现出有规律的变化，浅水区（表层水）因阳光充足和溶解氧量大，适宜蓝细菌、光合藻类和好氧微生物生长，而厌氧微生物较少；深水层内好氧微生物较少，厌氧和兼性厌氧微生物增多；水底淤泥中只有一些厌氧菌生长，而在海洋的超深海区，只有少数耐压菌才能生长。

（四）饮用水卫生细菌学

由水传播的最重要的传染病是痢疾、霍乱和伤寒。它们都是肠道传染病，在肠道内含物中可以发现这些疾病的病原菌，并主要通过病人带菌的粪便污染水体而传播，因此防治饮用水传染病的关键是要严防水源被粪便污染。

水中存在病原菌的可能性很小，其他各种细菌的种类却很多，要排除其他细菌而单独检出病原菌，在培养分离技术上较为复杂，需较多的人力和较长的时间。一般不直接检验水中的病原菌，而是测定水中是否有肠道正常细菌的存在。检出有肠道细菌，则表明水很可能被粪便所污染，也说明有被病原菌污染的可能性。通常把这种自身是非病原菌，但能显示病原菌存在可能性，而更易于被检出的微生物称为指示微生物（reporter microorganisms）。

在水的卫生细菌学检验中，通常以大肠菌群（coliform）做为粪便污染的指示微生物。这主要是因为它们生理习性与肠道病原菌类似，在外界的生存时间与肠道病原菌基本一致，从而保证了检验的代表性，在粪便中的数量也比病原菌多，不会漏检，且检验技术较简单，操作方便（表 7.2）。

表 7.2　肠道正常细菌类群的比较

细菌类群	与病原菌生存时间比较	数量	检验方法	备　注
大肠菌群	基本一致，略短	很多	不复杂	用于饮用水卫生检验
肠球菌	基本一致，略长	较少	不复杂	用于污水污染检验
产气荚膜杆菌	有芽孢，所以长得多	很少	不复杂	

大肠菌群是栖生于肠道中一群需氧和兼性厌氧的，37℃培养 24h 内能使乳糖发酵产酸产气的革兰氏阴性无芽孢杆菌的总称。一般包括大肠埃希氏杆菌、产气杆菌、柠檬酸盐杆菌和副大肠杆菌等几种细菌。水中大肠菌群细菌数的测定方法有发酵法（MPN 法）和滤膜法两种，具体方法和操作步骤参见国家标准和有关手册。

我国《生活饮用水卫生标准》GB5749-85 规定，饮用水的卫生细菌学检验包括大肠菌群细菌数和细菌菌落总数（CFU）两项指标，具体规定如下：CFU≤100 个/ml，大肠菌群≤3 个/L。

三、空气中的微生物

由于太阳光的直接照射，空气中有比较强的紫外辐射，并缺乏微生物生长所必需的营养和水分，因此，空气不是微生物生长和繁殖的场所。虽然空气中也有一定量的微生物，但都只是在空气中停留和传播，最终它们要沉降到土壤、水中或其他物体上。

空气中微生物来源很多：飞扬的尘土可以将土壤中的微生物带至空气中；溅起的小水滴将水中的微生物带至空气中；人和动物体表干燥脱落物将体表微生物带入空气；人、动物呼吸道或口腔微生物通过咳嗽、打喷嚏甚至说话等方式进入空气中；开口的污水生物处理系统的微生物通过机械搅拌、鼓风曝气等进入空气中。

空气微生物没有固定的类群，随地区、时间而有较大的变化，但那些在空气中能存活较长时间的种类广泛存在，如芽孢杆菌、产孢子的霉菌、放线菌和野生酵母菌以及产孢囊的原生动物等。霉菌和酵母菌在空气中广泛存在，在某些地区甚至超过细菌。室外空气中最常见的细菌是由土壤来的需氧芽孢杆菌，如熟知的枯草芽孢杆菌，此外产碱杆菌、八叠球菌和小球菌也比较常见；而室内空气存在多种致病微生物，此外还有葡萄球菌、绿脓杆菌、沙门氏菌和大肠杆菌等；在医院及附近地区的空气中，病原菌特别是耐药菌的种类多、数量大，对免疫力低的人群十分有害。

空气中微生物的数量随地区、季节、气候、空气湿度、土壤植被状况、人口与动物密度及活动状况、空气流动程度和高度等因素的变化而发生显著变化。在室外，若环境卫生状况好，绿化程度高，尘埃颗粒少，则空气中微生物数量少；反之，微生物就多。人口密集及活动剧烈的公共场所，如医院、候车室、教室、办公室和集体宿舍等，微生物数量较大，而经常保持通风的净室微生物则要少得多。城市空气中的微生物数量比农村多，畜舍、公共场所和街道等地区的空气中微生物多，而海洋、森林、雪山和高纬度地带等人迹罕至的地区的空气中微生物数量少。表 7.3 列出了不同地区上空的空气中的细菌数。

表 7.3　不同场所空气中的细菌数

场　所	空气中的细菌数/（个/m^3）
畜舍	$(1\sim2)\times10^6$
宿舍	2×10^4
城市街道	5×10^3
公园	200
海面	$1\sim2$
北极	$0\sim1$

潮湿的空气中所含的微生物比干燥的空气中的少，这是因为湿空气中的小水滴可以带着微生物一起沉降。雨雪过后，空气中的尘埃和微生物随降水一起降落回地面，空气十分干净，微生物极少，尤其是大雨和大雪之后，空气中几

乎检测不到微生物。从垂直分布上来看，靠近地面和水面的低空微生物含量大，而高空微生物含量很少，一般认为每升高 10m，微生物的含量下降 1～2 个数量级。

好氧发酵必须通入空气，为了防止空气中杂菌污染，就必须通入无菌空气。由于自然界的空气中总是有微生物，所以通入发酵罐的空气必须经过处理。在发酵工业用气的要求中，通常采用过滤除菌法去除杂菌。为了减少过滤器的负荷，人们总希望从采风口采入的空气尘埃和微生物含量越少越好，因此人们提高采风口的高度，以减少空气中尘埃和微生物数量。

第二节　微生物间的相互关系

在各种生态系统中，微生物不仅与环境因素有密切关系，而且与其他生物间也有密切关系。发酵工业的核心就是培养微生物，使之产生人们所需要的代谢产物，并使之高产优质。在多数情况下采用的是单一菌种的纯培养，但有时也用两种甚至更多菌种进行混合发酵。因此，了解微生物之间的相互关系就显得十分重要。本节将对微生物之间几种最典型和重要的相互关系进行简单介绍。

一、互生现象

两种可以单独生活的微生物共存于同一环境时，互为对方提供营养或创造良好生活条件，这种“可分可合，合比分好”的“互惠互利”关系称为互生（metabiosis），又称代谢共栖或半共生。如阿拉伯糖乳杆菌不能自身合成苯丙氨酸，因此不能在缺少这种氨基酸的培养基上生长；粪链球菌自身不能合成叶酸，因而不能在缺少这种维生素的培养基中生长。把这两种菌混合培养在既无苯丙氨酸又无叶酸的培养基中，它们都能正常生长，因为它们能相互提供对方生长所必需的营养物质，一种菌产生的物质扩散到培养液内供另一种利用。再如，土壤中的固氮菌具有固定空气中氮气的能力，但不能利用纤维素作碳源和能源，而纤维素分解细菌分解纤维素产生有机酸对它本身的生长繁殖不利，但当两者生活在一起时，固氮菌固定的氮为纤维素分解菌提供氮源，纤维素分解菌产生的有机酸被固氮菌用作碳源和能源，也为纤维素分解菌解毒。

二、共生现象

两种不能单独生活的微生物生活在一起时，相互依赖，彼此有利，甚至形成特殊的共生体，它们在生理上表现出一定的分工，在组织和形态上产生了新的结构，两种生物间这种“相依为命”的关系称为共生（symbiosis）。如地衣，是由丝状真菌和藻类或蓝细菌所形成的共生体。藻类或蓝细菌通过光合作用合成有机物供自身和真菌以营养，真菌从基质吸收水分和无机盐为二者提供水和矿质元素。共生现象的另一个例子是在厌氧生物处理中产氢产乙酸细菌（S 菌株）和产甲烷细菌（MOH 菌株）在厌氧污泥中所形成的共生体。其中 S 菌株将乙醇转化为乙酸和氢，而产甲烷细菌将乙酸和氢及时转化为甲烷。二者的共生体在 1967 年前被作为一种细菌并命名为奥氏甲烷芽孢杆菌。

三、竞争现象

生活在一起的两种微生物，为了生长争夺有限的同一营养或其他共同需要的生长条件而互相竞争，互相受到不利影响，是一种“明争暗斗”的关系，称为竞争（competition）。由于微生物的群体密度大，生活世代短，代谢强度大，所以竞争很激烈，其中最能适应特定环境的那些种类将占优势。在一个小生境内，不同时间将会出现不同的优势种群，这种优势微生物能最有效地适应当时的环境，而环境一旦改变，就可能被另一个种代替并发育成新的优势种。

两种微生物相互竞争中，若一个种的生长速度较快，则经若干世代后它将取代另一个种而取得优势。例如，在发酵生产中，有些野生杂菌的生长速率就比生产菌种快，因此染菌后杂菌很快就会取得生长优势而导致发酵失败。

四、拮抗现象

两种微生物生活在一起，其中一种能产生某种特殊的代谢产物或改变环境条件，从而抑制或杀死另一种微生物的现象称为拮抗（antagonism）。在自然界中，微生物之间的这种“排除异己”的拮抗现象是普遍存在的。

由拮抗性微生物产生的抑制或杀死其他微生物的抗生素是最典型并与人类关系最密切的拮抗作用。许多微生物能产生抗生素，在已报道的天然抗生物质中，微生物来源的占大多数，其中放线菌（占总数的 43%）和霉菌（占总数 15%）来源的最多。

乳酸菌和醋酸菌在发酵过程中不断产酸而使 pH 下降，结果绝大多数不耐酸的腐败细菌就不能生存而趋向死亡。酵母菌在无氧条件下将糖发酵为乙醇，当乙醇达到一定浓度时，其他微生物就不能生存，这些也是拮抗现象。

五、寄生现象

一种微生物生活在另一种微生物的体内或体外，依靠摄取后者细胞的营养生长和繁殖，并使之遭受损害甚至死亡，是一种“损人利己”的关系，称为寄生(parasitism)。前者称寄生生物，后者称寄主或宿主。典型的微生物之间的寄生现象是噬菌体与其宿主之间的关系，而细菌间寄生的例子是蛭弧菌在 G^- 细菌，如大肠杆菌和假单胞菌中的寄生生活。这种寄生关系往往表现出相当强的专一性。

第三节　微生物与环境保护

在当代，随着人类工农业生产的高速发展和全球人口的急速增加，使人类赖以生存的自然环境严重恶化，生态环境越来越多地受到各种各样有害物质的污染。这些污染物既包括一些有毒化合物，如重金属、氰化物、氟化物、酚、苯及多环芳烃化合物等无机或有机化合物，也包括糖类、脂肪、蛋白类、酸、碱和无机盐等无毒化合物。

在自然界，各生态系统一般可通过稀释、沉降和微生物的作用，将外来污染物分解去除，从而表现出一定的自净作用。但自净作用对污染物的浓度有一定范围要求，当污染物浓度超过生态系统的自净能力时，将破坏生态系统的结构和机能，打破生态平衡，使生态环境发生变化，这就是环境污染。环境污染包括生活和生产过程中所形成的大量废水、废气和废渣对大气、水体和土壤所造成的污染。

微生物种类繁多，代谢类型多样，每一种微生物都有其独特的酶系与功能，因此它们是自然界进行自净作用的主力军，也是我们对污染物进行生物处理的“有力武器”。本节主要涉及污水，特别是食品和发酵工业废水的微生物处理。

一、水的污染源

水体污染是危害最大、最广的环境污染。造成水污染的原因是多方面的，大体有以下几点：

工业生产排放的废水。包括工业有毒污水和工业有机污水，前者如石油、化工、电镀、印染、制革污水等，可能含有较多的重金属及其化合物、酚、甲醛和苯等有毒物质；后者如造纸、屠宰、食品和发酵工业废水，主要含有糖类、脂肪和蛋白质等高浓度无毒有机物。表 7.4 比较了某工业区和非工业区的废水污泥中重金属的含量。

农业废水。常含有农药，化肥，粪便等，主要通过雨水冲刷进入水体。

城镇居民生活废水。主要含有代谢废物、食物残渣和洗涤剂等，因此氮、硫和磷等含量较高。

废渣和废气中有害物质溶于水后流入。

表 7.4　废水污泥中重金属的浓度（μg/g）

元　素	重工业区	非工业区
镉	1～110	0～2.5
铬	26～580	0
铜	24～690	20～33
铅	6～510	3～11
镍	微量～150	0～0.75
锌	90～2280	67～200

食品与发酵工业废水中的污染物主要是有机物。衡量水体有机物污染程度的指标较多，主要有：

1. BOD 和 COD

这是衡量水体有机物污染程度最为常用的指标。其中 BOD（biochemical oxygen demand，生化需氧量）是指在特定的时间和温度下，微生物氧化每升废水中的有机物所消耗的氧量，单位 mg/L。由于通常测定 BOD 的条件规定为 20℃培养 5 天，故常用 BOD_5 表示。COD（chemical oxygen demand，化学需氧量）是指水中可被氧化的物质（主要为有机物）被强氧化剂氧化所消耗的氧量，单位为 mg/L。常用的强氧化剂为重铬酸钾或高锰酸钾。

对于同一废水，其 COD 和 BOD 的数值并不相同。因为 COD 表示的需氧量不仅包括可被微生物降解的有机物，也包括那些微生物无法利用的物质以及能与强氧化剂作用的无机物，所以一般 COD＞BOD。由于 COD 比 BOD 测定方便，所以更为常用。

2. DO

DO（dissolved oxygen，溶解氧量）是指溶解于水体中的分子态氧的含量，单位 mg/L，是评价水体污染程度和自净能力大小的指标。一般天然水体的 DO 值为 5～10 mg/L。我国规定地面水水质的合格标准为 DO＞4mg/L。

3. 氨氮和磷

废水中所含的 N 和 P 是植物和微生物的主要营养物质。当废水排入受纳水体，使水中 N 和 P 的浓度分别超过 0.2mg/L 和 0.02mg/L 时，就会引起受纳水体的富营养化，这样会造成一系列的危害。

氨氮是指以游离氨（非离子氨 NH_3）或铵盐（离子铵，NH_4^+）形式存在于水中的氮，两者的组成比例取决于水中 pH。pH 高时游离氨高，pH 低时铵盐高。水中氨氮主要来源于生活污水中含氮有机物受微生物作用的分解产物，焦化、合成氨等工业废水，以及农田排水等。氨氮含量较高时，对鱼类呈现毒害作用，对人体也有危害。

磷是生物生存和生长不可缺少的元素，在天然水体中磷以正磷酸盐、过磷酸盐、偏磷酸盐和多磷酸盐等形式存在，正常情况下地面水磷含量很低。如果水体被污染而使磷含量过高，如水体中磷含量达到 0.02mg/L 以上时，可造成藻类的过度生长，直至达到富营养化的有害程度，水体的透明度降低，造成绿潮、赤潮的爆发。水中磷的污染主要来自残留化肥，冶炼、合成洗涤剂。

二、污（废）水的微生物处理

微生物处理污（废）水的方法很多，根据是否需要分子态氧可分为厌氧处理法和好氧处理法，而根据微生物在水处理设备中的状态可分为活性污泥法和生物膜法。

活性污泥（activated sludge）是指由活细菌、原生动物和其他微生物与污废水中有机和无机固形物混凝交织在一起形成的絮状体，在污水处理过程中具有很强的吸附和分解有机物和毒物的能力。活性污泥法是指利用这种在设备中呈悬浮状态的絮凝状微生物，与废水接触而使之净化的方法。这是模拟自然界水体自净原理的一种水处理方法，它包括好氧活性污泥法和厌氧活性污泥法。

生物膜（biofilm）是指生长在固体表面上的一层由多种活微生物构成的具有分解有机物和毒物能力的薄膜。生物膜法就是利用吸附在滤料上或生物转盘盘片上的各种微生物，与废水接触而使之净化的方法。这是模拟自然界中土壤废水污染自净原理的一种水处理方法，它也包括好氧生物膜法和厌氧生物膜法。

（一）好氧活性污泥法

好氧活性污泥法又叫曝气法，最早由英国人于 1914 年创建而来，经过近 90 年的发展已成为处理有机废水最主要的方法，一般可使污水的 BOD_5 减少90％～

95%。它是利用含有好氧微生物的活性污泥，在通气条件下，使污水净化的微生物处理法。

好氧活性污泥是由多种多样的好氧微生物和兼性厌氧微生物（兼有少量的厌氧微生物）与污（废）水中有机和无机固体物混凝交织在一起形成的一种绒絮状小颗粒或称绒粒（floc）。活性污泥有沉降性能；有生物活性，具有吸附氧化有机物的能力；有自我繁殖的能力。活性污泥一般经过人工培养、驯化而获得，并在污水处理过程中，能被不断地返回接种使用。

好氧活性污泥的结构和功能中心是能起絮凝作用的细菌形成的细菌团块，称菌胶团。在其上生长着其他微生物，如酵母菌、霉菌、放线菌、藻类、原生动物和某些微型后生动物。菌胶团细菌来源于土壤、水和空气。它们大多是革兰氏阴性菌，如动胶菌属（*Zoogloea*）和丛毛单胞菌属（*Comamonas*），它们可占70%，还有其他的革兰氏阴性菌和革兰氏阳性菌（表 7.5）。构成活性污泥的微生物种群相对稳定，但当营养条件（废水种类、化学组成、有机物含量等）、温度、供氧和 pH 等环境条件改变，会导致主要细菌种群改变。

表 7.5　构成正常活性污泥的主要细菌和其他微生物

微生物名称	微生物名称
动胶菌属 *Zoogloea*（优势菌）	短杆菌属 *Brevibacterium*
丛毛单胞菌属 *Comamonas*（优势菌）	固氮菌属 *Azotobacter*
产碱杆菌属 *Alcaligenes*（较多）	浮游球衣菌 *Sphaerotilus natans*（少量）
微球菌属 *Micrococcus*（较多）	微丝菌属 *Microthrix*（少量）
假单胞菌属 *Pseudomonas*（较多）	大肠埃希氏菌 *Escherichia coli*
棒状杆菌属 *Corynebacterium*	产气杆菌属 *Aerobacter*
黄杆菌属 *Flavobacterium*	诺卡氏菌属 *Nocardia*
无色杆菌属 *Achromobacter*	节杆菌属 *Arthrobacter*
芽孢杆菌属 *Bacillus*	螺菌属 *Spirillum*
亚硝化单胞菌属 *Nitrosomonas*	酵母菌 *yeast*

好氧活性污泥法的工艺很多，常见的有推流式活性污泥法、完全混合式活性污泥法、序批式活性污泥法（SBR）、分段布水推流式活性污泥法和氧化沟式活性污泥法（图 7.1）。好氧活性污泥在完全混合式的曝气池内，因曝气搅动始终与污水完全混合，总以悬浮状态存在，均匀分布在曝气池内，从曝气池任何一点取出的活性污泥，其微生物群落基本相同。在推流式曝气池内，各区段微生物群落和数量有差异，随推流方向微生物种类依次增多。下面以普通的活性污泥法介绍具体的工艺处理过程。

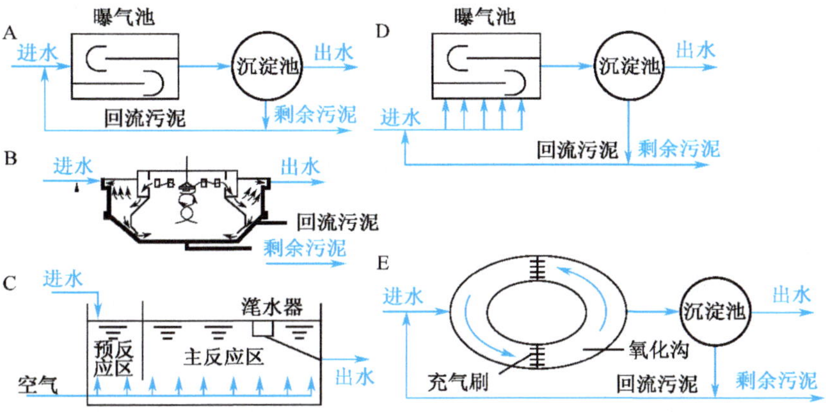

图 7.1　好氧活性污泥法的几种工艺流程

A. 推流式活性污泥法；B. 完全混合式活性污泥法；C. SBR；
D. 分段布水推流式活性污泥法；E. 氧化沟式活性污泥法

经过沉淀处理的污水，进入接种有活性污泥的曝气池后，充分混合和通气，使活性污泥中的动胶菌等大量繁殖，形成菌胶团絮凝物，随后，丝状细菌、霉菌和原生动物等交织或附着其上，形成绒絮状颗粒（图 7.2）。它具有很强的吸附与分解有机污染物的能力，当污水与这些颗粒接触时，其中的有机污染物可以很快地被吸附到活性污泥颗粒上，进而被活性污泥中的微生物氧化分解。当处理结束时，将曝气池中的混合液输入二次沉淀池，使其中的活性污泥在此凝集而沉淀，从二次沉淀池中排出的水，经加氯消毒后可排入江河，沉淀的活性污泥，其中一部分再回流到曝气池中，用作为活性污泥接种物，其余部分经浓缩进入沼气

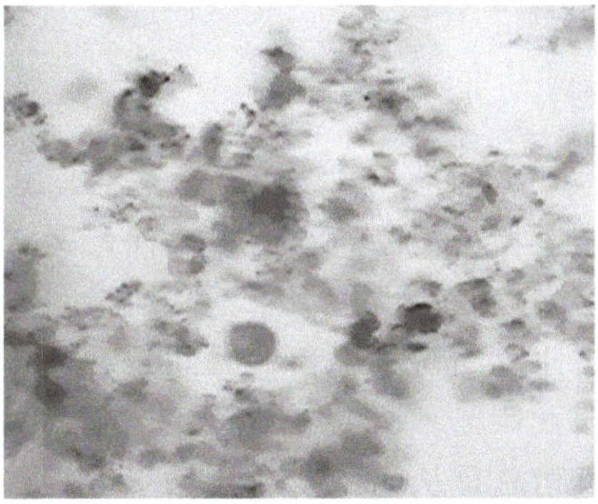

图 7.2　水中好氧活性污泥

池中进行厌氧分解处理。

（二）好氧生物膜法

以大量好氧微生物组成的生物膜为净化主体的生物处理方法。根据不同的处理装置，又可分为生物滤池法、生物转盘法、接触氧化法和流化床生物膜法等，一般可使污水的 BOD_5 去除 75%～90%。下面以生物滤池法和生物转盘法为例对好氧生物膜法进行简单介绍。

1. 生物滤池法

生物滤池法是使废水从碎石、塑料等铺成的滤池流下，接触过滤材料表面薄层中的生物膜，从而使水中的污染物被生物膜中的微生物吸收氧化的污、废水处理方法。目前通常采用塑料作为过滤材料，并做成多级的塔式生物滤池（图 7.3a）。

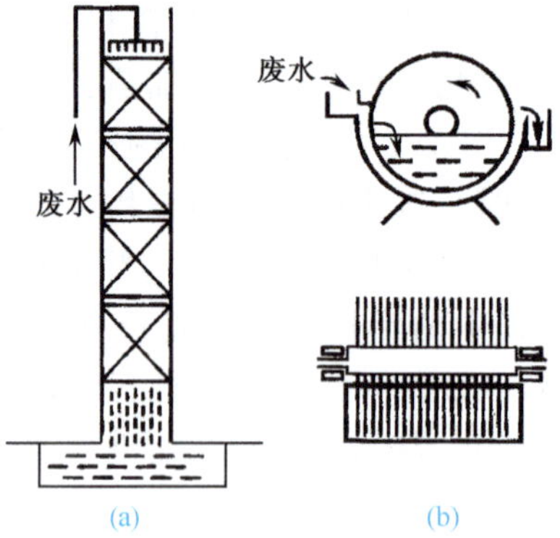

图 7.3　生物滤池和生物转盘

(a) 塔式生物滤池；(b) 生物转盘

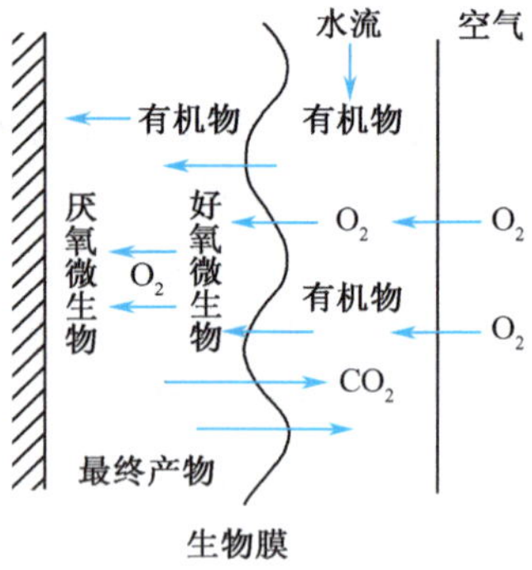

图 7.4　生物膜的结构

在这种塔式滤池中，生物膜被固定在滤料表面，污水从塔顶流下，靠生物膜的作用使其净化。在生物膜表面，由于污水不断流过，总吸附一薄层污水，称为附着水层。由于附着水层比流动污水停留的时间长，其中大部分有机物质被生物膜中的微生物所氧化，因此附着水层的有机物浓度始终比废水中的有机物浓度低。当废水流过时，有机物总是从高浓度的流动水层转移到附着水层，进而被生物膜吸附、氧化（图 7.4）。污水从塔顶到塔底只需几分钟，生物膜要在这样短的时间内完成渗透、吸附、氧化过程，并将污水中绝大多数有机物除去。但由于停留时间短，处理水量大，使出水相对较浑，并有部分剩余有机物。因此，工业废水或成分复杂的液体需采用微生物分级处理时，可优先考虑以塔式生物滤池进行第一级处理。好氧生物膜由污水与载体接触而形成，这个过程称为“挂膜”。用泵将带有自然菌种或活性污泥微生物的废水慢流速通入生物滤池，不断循环一定时间，之后改为慢速连续进水。污水通过载体时，污水中的有机物和微生物吸附到载体上，微生物进行增殖。经历一个初生、生长和成熟的过程，在载体表面逐步形成一层约 2mm 厚的生物膜。

在普通滤池内，生物膜中微生物群落有生物膜生物、生物膜面生物及滤池扫除生物，它们各自的生物组成和在废水处理中的功能见表 7.6。

表 7.6　普通滤池内生物膜的微生物群落

	生物膜生物	生物膜面生物	滤池扫除生物
所在位置	膜内	膜表面	膜外层
生物组成	以菌胶团为主，辅以浮游球衣菌、藻类等	以纤毛虫为主的原生动物	轮虫、线虫等微型后生动物
功能	净化和稳定污、废水水质	促进滤池净化速度，提高滤池整体的处理效率	去除滤池内的污泥，防止污泥积聚和堵塞

在塔式滤池内，生物相特点是从塔顶向下，生物膜分层较明显，不同层生物膜得到的营养不同，致使微生物组成不同，生物活性也不一样。上层营养物浓度高，生长的主要是细菌；中层除废水中的营养物外，还有上层微生物的代谢产物，微生物的种类比上层稍多，有菌胶团细菌、浮游球衣菌、鞭毛虫和变形虫等；下层有机物浓度低，低分子有机物较多，微生物种类更多，除菌胶团细菌、浮游球衣菌外，还有以纤毛虫为主的原生动物和轮虫等微型后生动物。即从塔顶到塔底，生物种类越来越多，生物系统越来越高级。

2. 生物转盘法

是将生物膜固定在许多片等距离紧密排列的、中心由横轴串联的质轻而耐腐蚀的塑料圆盘上的一种好氧生物膜处理法。盘片的一半浸在半圆形污水槽中，另一半暴露在空气中，由电机带动缓慢转动。当盘片浸没于污水槽中时，污水中的有机物与盘片上的生物膜相接触而被吸附；当盘片夹带着污水膜离开处理槽时，水膜在空气中吸收氧，生物膜便从污水膜中吸收溶解氧，并对有机物进行氧化分解。如此反复循环，连续不断地进行吸附、充氧、氧化再生过程，从而使污水中的有机物逐渐氧化分解而达到净化（图 7.3b）。

生物转盘与生物滤池一样，也需要进行“挂膜”，培养出一层生物膜，具体方法也是采用慢速进水。其生物相也和生物滤池的基本相同，并且呈现一定的水平分段现象，即随着水流方向，有机物浓度逐步降低，大分子有机物逐步转化为小分子有机物，生物种类越来越多，生物系统越来越高级，有些类似于塔式生物滤池中的垂直分布特点。

3. 生物接触氧化法

生物接触氧化法是一种介于活性污泥法与生物滤池之间的生物膜法工艺，其特点是在池内设置填料，池底曝气对污水进行充氧，并使池体内污水处于流动状态，废水与池中的填料充分接触，污染物被填料上的微生物吸附降解。通过鼓风曝气供给氧气，生物膜生长至一定厚度后，填料壁的微生物会因缺氧而进行厌氧代谢，产生的气体及曝气产生的冲刷作用造成生物膜的脱落，并促进新生物膜的生长，此时，脱落的生物膜将随出水流出池外（见图 7.5）。

生物接触氧化法在运行初期，少量的微生物附着于填料表面，微生物繁殖逐渐出现薄的生物膜。如果溶解氧和营养都很充足的条件下，微生物迅速繁殖速使生物膜逐渐增厚。当生物膜达到一定厚度时，氧已经无法向生物膜内层扩散导致好氧微生物死亡，而兼性细菌、厌氧菌在内层开始繁殖并形成厌氧层，代谢产生的气体从膜中逸出，使内层生物膜开始脱落，并重新生长新的生物膜。

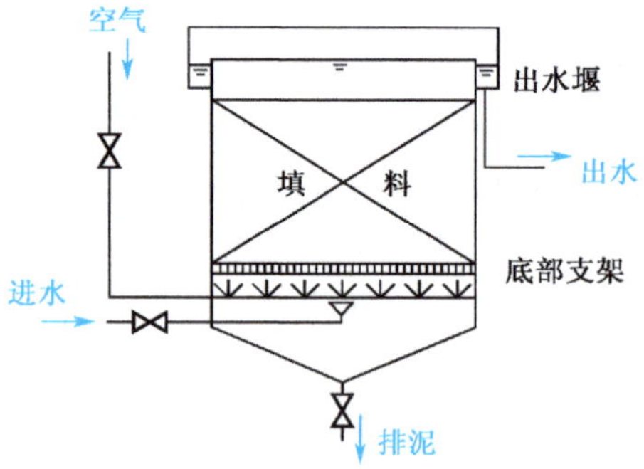

图 7.5　生物接触氧化池

（三）厌氧消化法

高浓度有机废水或剩余活性污泥多用厌氧消化法处理。厌氧消化实际上就是在缺氧条件下采用厌氧消化器中的厌氧和兼性厌氧微生物降解污水中的有机物并转换成甲烷、CO_2、水和其他气体的一种处理方法。

高浓度有机废水厌氧消化器有多种：如普通厌氧消化池、厌氧接触反应器、上流式厌氧反应器（UASB）、厌氧流化床反应器等（图 7.6）。

厌氧消化法也有活性污泥法和生物膜法，但微生物群落与有氧环境中的不

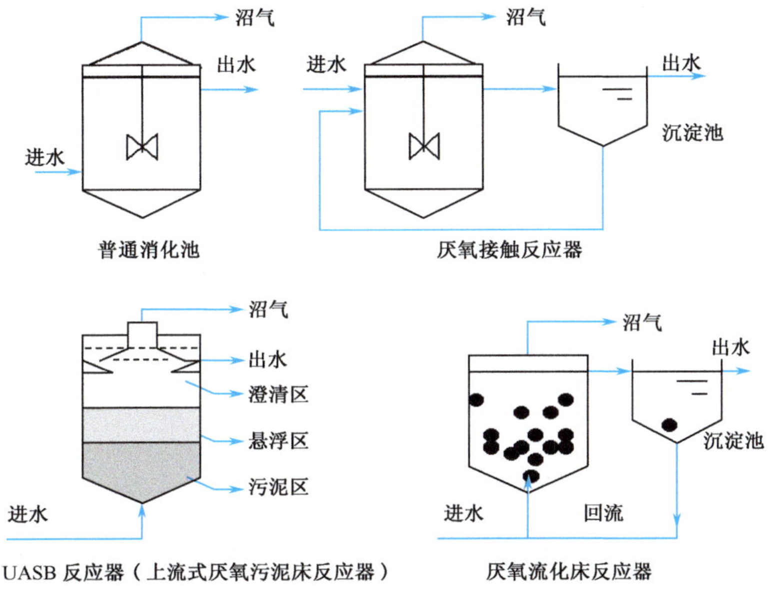

图 7.6 几种常见的厌氧处理器

同。在厌氧活性污泥中主要是一些专性或兼性厌氧菌，包括将大分子水解为小分子的水解细菌；将小分子的单糖、氨基酸等转化为有机酸、小分子脂肪酸、醇类等的发酵细菌；产氢产乙酸细菌；产甲烷细菌（古菌）和厌氧的原生动物。其中丝状的产甲烷丝菌是厌氧颗粒活性污泥的骨架。一般厌氧的活性污泥不处在激烈运动中，所以，它的微生物群落分布与生物膜相似，有分层现象，但不及好氧生物膜明显。

复杂污染物的厌氧降解过程可以分为四个阶段。

1）水解阶段。在此阶段，大分子有机物在细菌胞外酶的作用下水解为小分子有机物，如蛋白质被水解为氨基酸，淀粉、纤维素被水解为葡萄糖等。

2）发酵阶段（或酸化阶段）。在这一阶段上述小分子物质被梭状芽孢杆菌、拟杆菌等酸化细菌吸收并转化为更为简单的化合物分泌到细胞外，产物有挥发性脂肪酸、醇类、乳酸、二氧化碳、氢气、氨和硫化氢等，与此同时酸化细菌也利用部分物质合成新的细胞物质；硫酸盐还原菌利用其他细菌产生的氢气和乳酸还原硫酸盐，产生硫化氢气体。

3）产乙酸阶段。在此阶段，上一阶段的产物被进一步转化为乙酸、氢气、二氧化碳以及新的细胞物质，这一阶段的主导细菌是产氢产乙酸细菌。同时水中有硫酸盐时，还会有硫酸盐还原菌参与产乙酸过程。

4）产甲烷阶段。这一阶段，乙酸、氢气、二氧化碳、甲酸和甲醇等被严格厌氧的产甲烷菌转化为甲烷以及甲烷菌细胞物质，参与此作用的微生物主要有甲烷杆菌、甲烷球菌、甲烷螺菌和甲烷八叠球菌等。

经过这些阶段，大分子的有机物就被转化为甲烷、二氧化碳、氢气、硫化氢等小分子物质和少量的厌氧污泥。

产甲烷菌是一类在严格厌氧条件下合成甲烷的古菌。根据《伯杰氏系统细菌学手册》（第二版），它们属于宽古生菌门（Euryarchaeota），共 21 属、99 种，其中代表属有甲烷杆菌属（*Methanobacterium*，19 种）、甲烷短杆菌属（*Methanobrevibacter*，7 种）、甲烷球菌属（*Methanococcus*，11 种）、产甲烷菌属（*Methanogenium*，11 种）、甲烷螺菌属（*Methanospirillum*，1 种）、甲烷嗜盐菌属（*Methanhalophilus*，5 种）、甲烷叶菌属（*Methanolobus*，5 种）和甲烷八叠球菌属（*Methanosarcina*，8 种）等。

本章小结

微生物在自然界中分布极广，它们有不同于实验室培养条件下的生活规律和特点。土壤具备微生物生存所必需的各种基本条件，是自然界中微生物活动的主要场所，土壤中微生物的种类多、数量大，是微生物的“大本营”，也是人类最丰富的菌种资源库。水体也是适宜于微生物生存的生态环境，水体中微生物的种类、数量和分布受水体类型、有机物含量、水体温度和深度等多种因素的影响。空气不是微生物生长和繁殖的场所，空气中微生物类群和数量是不固定的，随地区、季节、气候、空气湿度、土壤植被状况、人口和动物密度及活动状况、空气流动程度和高度等因素的变化而发生显著变化。

在各种生态系统中，微生物不仅与环境因素有密切关系，而且与其他生物间也有密切关系。在自然界中，微生物之间的相互关系主要有互生、共生、竞争、拮抗、寄生等。了解微生物之间的相互关系，对进一步开发利用或控制微生物具有重要意义。

随着人类工农业生产的高速发展和全球人口的急速增加，生态环境越来越多地受到各种各样有害物质的污染，在很多情况下已超过生态系统的自净能力，严重破坏了生态平衡。微生物种类繁多，代谢类型多样，是自然界进行自净作用的主力军，也是我们对污染物进行生物处理的“有力武器”，微生物处理法是目前应用最多、最有效的环境污染治理手段，如在污、废水处理中，普遍采用各种好氧活性污泥法、好氧生物膜法和厌氧生物处理法等。在这些方法中，各种不同类型的微生物种群发挥着重要的作用。

复习思考题

1. 名词解释：生态系统，指示微生物，大肠菌群，互生，共生，竞争，拮抗，寄生，氨氮，COD，BOD_5，活性污泥，生物膜。
2. 试根据土壤的生态条件解释土壤是微生物大本营的原因。
3. 土壤中微生物的种类、数量、分布有何特点和规律？
4. 空气是否适合微生物生存和生长？为什么？
5. 空气中是否有固定种类和数量的微生物？简述其来源。
6. 从生态学角度简述水体是否适合微生物生存和生长。水体中微生物的来源有哪些？
7. 影响水体中微生物种类和数量的主要因素有哪些？
8. 微生物之间的相互作用有哪几种类型？举例说明。
9. 我国饮用水卫生细菌学标准是什么？为什么选用大肠菌群数作为水的卫生细菌学指标？
10. 污废水生物处理有哪些主要方法？请分别简述之。
11. 沼气发酵分哪几个阶段？各阶段有何特点？厌氧活性污泥中有哪些主要的微生物类群？

第八章　生物学发明及其专利保护

第一节　专　　利

一、总　　评

在当今席卷全球的市场经济大潮中，为了开发实现一项发明的经济价值，是否申请专利保护可以在这项发明的商业利用成功和失败间造成根本性的不同，特别是在生物学研究领域。随着世界各国有关生物学发明的法律制度的相继出台，专利制度已成为生物科学发展的一个重要伴侣。所以，为生物学领域的科技工作者提供一份相关的专利法基础的介绍是十分必要的。

目前，世界上已有 160 多个国家和地区建立了专利保护制度，制定了专利法。各国的专利制度与专利法因各国的政治、经济及文化背景不同，在具体内容上有所不同，各具特色。但总的来讲，由于专利保护表现出国际化的趋势，因此在一些主要内容上表现出相同或相近的特点，只是程度、水平有所差别。

许多工业化国家对专利法的理解和分析并非是随意的，因为获得一项专利的程序以及判定专利在特殊领域内是否失效或被侵犯是非常复杂的。

二、专利制度概述

（一）专利及专利权的概念

专利是政府专利部门授予的一种文件，它描述了一项发明以及这项发明所涉及的事物中的排他的权利，并包括了发明的诸多细节和所拥有的需要在公共记录中体现的法律权利。

1. 专利

专利作为一个法律名词，其含义是特定的，广义的专利通常是指：①国家主管机关授予的专利权；②取得专利权的发明创造；③国家颁发的授予专利权的官方证明文件，即专利证书。狭义的专利仅指专利权。

2. 专利权

专利权是专利人在法律规定的限期内对其发明创造所享有的一种独占权或专有权。它是知识产权的一个重要组成部分，它具有知识产权的普遍特征：即具有专有性、地域性和时间性。所谓专有性，又称排他性、独占性、垄断性，是指专利权人可通过独家制造、使用和销售专利发明创造来获取物质利益，满足自己的需要，并排除他人实施该项发明创造。所谓地域性，是指一个国家授予的专利权，仅在该国地域内有效，在其他国家没有法律效力。所谓独占性，是指专利权有法定的保护期限，在这一期限内，专利权人享有独占权，期限届满，专利权自动失效，该发明创造即可由社会上的任何人自由使用。

3. 专利制度

专利制度是指利用法律和经济的手段保护和鼓励发明创造，推动技术进步的管理制度。这个制度的核心是专利法，即根据专利法，对申请专利的发明创造的内容向社会公开，以便进行发明创造的信息交流和有偿转让。

我国的专利制度始建于 1978 年。1980 年中国专利局正式成立，1984 年 3 月 12 日国家颁布了第一部专利法《中华人民共和国专利法实施细则》并于 1985 年 4 月 1 日开始实施。

(1) 专利制度的理论和目的

虽然在专利申请的程序上各国间存在许多不同，但专利制度的理论和目的一般是共同的。主要体现在两方面：一方面，专利拥有者有机会通过开发自己的发明创造而获利；另一方面，发明创造的公布于众可以激励技术进步、技术竞争以及使他人了解该项发明的不足，以决定是否还应对其进行进一步的改进或者考虑购买该项专利加快新产品的研发，因此，给某项发明授予专利并非抵制竞争。一项发明创造的面世，可使另外的发明家了解该发明者的贡献并鼓励他们做出其他发明上的贡献。从一定程度上讲，发明者其实是一个公共利益主义者，他增加了社会财富和舒适度，促进了文明的进步，而且他对发明的拥有权有一个限期，即排他权是有期限的。许多国家每年还对维持这种排他权收取一定的费用，一些国家进一步需要该发明每年确切的使用和实践情况。

还有一项非常重要的原则，即对一项发明创造所拥有的专利权仅在它被授予的国家是有效的。这意味着发明者必须在他希望获得专利保护的每一个国家都申请专利才能获得该国的专利权，他决不能用一国的专利权在另一国行使。

(2) 专利权的期限

对于一项专利，存在几个非常重要的日期，包括申请专利日期、第一次公开原始文件的日期、授予专利的日期和专利权终止的日期。在各国均存在专利权的期限制度，专利权的期限是指专利权自生效时起到失效时的期间。在欧洲大多数国家，一项专利权的期限是自专利申请之日起 20 年。在美国，一项专利权的年限是自专利授予之日起 17 年，加拿大是 20 年。在我国发明专利权的期限是 20 年，实用新型和外观设计专利权的期限为 10 年，均自申请日起计算。一项专利权终止以后，任何人均可以免费使用该项专利所包含的发明内容而获得经济效益。

（二）生物技术专利和知识产权

知识产权是国际上广泛使用的法律术语，它通常是指人们对通过脑力劳动创造出来的智力成果所依法享有的权利。它包括 6 种类型，即专利权、著作权（版权）、商标权、发现权、发明权和其他科技成果权。知识产权保护的对象是智力成果，具有创造性、无形性和经济性等特点。知识产权是对智力成果的所有权，与一般所有权一样具有排他性的特点，权利人有权利用或实施其智力成果，并禁止他人利用和实施，也可以在收取一定费用的情况下，允许他人利用实施自己的智力成果。生物技术专利是知识产权的一种重要的表现形式。由于有关生物技术类的发明创造的界定是非常复杂的，而生物科学领域的研究和发展又非常迅猛，各国在知识产权领域产生的摩擦越来越频繁。为了解决这些矛盾，各国签署了一些有关知识产权的国际公约，生物技术发明专利受这些公约保护。这些公约主要有：《保护工业产权巴黎公约》、《专利合作条约》、《世界版权公约》、《成立世界知识产权公约》、《国际承认用于专利程序的微生物保存布达佩斯条约》等，我国均为上述公约的缔约国。

第二节　申请专利的要求和专利类型

一、申请专利的基本要求

专利制度旨在鼓励新的发明创造，但并非每一项发明都可以自动获得专利权，获得专利权的发明必须满足一定的标准，同时必须经过一定的申请程序和严格的审查批准后才能取得专利权。专利法所称发明，是指对产品、方法或者其改进所提出的新的技术方案。作为一种新的技术方案，它是利用自然规律在技术应用上作出的创造和革新，而不仅仅是对自然规律的新认识。后者即通常所说的发现，而发现并不是专利法保护的对象。

专利法所称实用新型，是指对产品的形状、构造或者其结合所提出的适于实用的新的技术方案。与发明不同的是它必须表现为一种具有一定形状和构造的产品，技术上的创新水平稍低一些，如有关发酵罐的一些技术革新。所以，它又称为“小发明”。专利法所称外观设计发明与生物技术发明关系不大。

我国《专利法》第二十二条规定：“授予专利权的发明和实用新型，应当具备新颖性、创造性和实用性。”

1. 新颖性

是指在申请日以前没有同样的发明或者实用新型在国内外出版物上公开发表过、在国内公开使用过或者以其他方式为公众所知，也没有同样的发明或者实用新型由他人向国务院专利行政部门提出过申请并且记载在申请日以后公布的专利申请文件中。

新颖性的时间标准是以申请日划分的，凡是在申请日以前已公开的技术即为现有技术，不具备新颖性，反之，则具备新颖性。公开的方式有三类。

1）以出版物方式公开。出版物不仅包括一般的书籍、杂志、专利文献、正式公布的会议记录和报告、报纸产品目录及样本等纸类出版物，还包括缩微胶片、照片、唱片、磁带、软盘和光盘等其他载体的出版物。

2）以使用方式公开。包括为商业目的的制造、使用和销售，以及为使用或销售而进行的展示。使用公开的地域标准仅限于本国的属于“相对新颖性”，对全世界范围而言的属于“绝对新颖性”，我国要求“相对新颖性”即可。

3）其他方式公开。主要是口头公开，如口头报告、讨论会发言、广播、电视播放以及科研鉴定、科研总结等。在我国，以其他方式公开的地域标准仅限于国内。

4）抵触申请。如果在申请日前已有同样的发明或实用新型由他人提出过申请并记载在申请日以后公布的专利文献中，这种情况被称作抵触申请。出现抵触申请时，视先申请案为后申请案的现有技术，故后一申请不具备新颖性。但如果前一申请没有公开而终止申请，则不属于抵触申请，后一申请的新颖性不被破坏。抵触申请只能发生在同一国的专利申请之间，不同国家间的申请不存在抵触，因为依照《保护工业产权巴黎公约》，各国的专利权是相互独立的。

专利法在规定新颖性概念的同时，也规定了一些不丧失新颖性的特例。我国《专利法》第二十四条规定申请专利的发明创造在申请日以前六个月内，有下列情形之一的，不丧失新颖性：①在中国政府主办或者承认的国际展览会上首次展出的；②在规定的学术会议或者技术会议上首次发表的；③他人未经申请人同意而泄露其内容的。这里所称学术会议或者技术会议是指国务院有关主管部门或者全国性学术团体组织召开的学术会议或者技术会议。

由于现代生物技术产品或方法的特殊性，对于它的新颖性的判定就会遇到一些具体问题。例如微生物菌种或培养物，如果向专利局指定的菌种和培养物保存中心提供了样品，但还没有向公众提供样品，这时新颖性是否算已经丧失了呢？一般来说不能。各国专利法对于请求获取保藏菌种样品的时间要求不同，公开的时间限制也不尽相同。在美国，其专利申请实行的是早期公开延续审查制度，即一项发明可以允许在公布一年以后申请专利审查，而其他大多数国家都是在专利申请公布 18 个月以后才可以向公众提供样品。

2. 创造性

创造性是指同申请日以前已有的技术相比，该发明有突出的实质性特点和显著的进步，该实用新型有实质性特点和进步。

所谓突出的实质性特点，是指该发明技术要在本质上大大超过现有的技术，并且该技术不是本专业普通技术人员能够显而易见的，他不能直接从现有技术中得出构成该发明全部必要的技术特征，也不能通过逻辑分析、推理或者试验而得到。而显著的进步是指该技术在实践中的经济和社会效益明显地优于现有技术。

3. 实用性

实用性是指该发明或者实用新型能够制造或者使用，并且能够产生积极效果。无论是一种技术方法，一种仪器，一种化合物，一种微生物，还是一种转基因生物体，都必须在工农业生产中制造或使用，并能够产生良好的技术、经济和社会效益。这是因为专利权的实质内容就是独占实施的权利，如果专利法保护的发明毫无用处，没有任何实用性，那么也就没有必要去保护它的权利了。

二、不授予专利权的发明创造

并非所有符合新颖性、创造性和实用性要求的发明创造都能称为专利。我国对不授予专利权的发明创造作了规定。我国《专利法》第五条规定：“对违反国家法律、社会公德或者妨害公共利益的发明创造，不授予专利权。”第二十五条规定：“对下列各项，不授予专利权：①科学发现；②智力活动的规则和方法；③疾病的诊断和治疗方法；④动物和植物品种；⑤用原子核变换方法获得的物质。”

欧洲各国具体规定除了科学发明、数学方法、智力活动、美学创造或者经商的规则和方法、计算机程序、疾病的诊断和治疗方法等，其他技术领域内的发明均可申请专利保护，但违反公共秩序或道德风尚的发明除外。

法律认为，发现了至今尚未为世人所知的自然法则的人不能声称可对其拥有专利权，但是若某项发明是通过该项自然法则的应用而得到的一个新颖的有用的结果，则可给这项发明授予专利。

三、生物学发明的认定和专利权的授予

对于生物学发明的认定和专利权的授予保护是一个复杂的问题，各国的相关规定均认为动植物多样性及动植物自然繁殖和生长的过程是不能申请专利保护的。

生物学发明的一个最根本的标准是技术性发明，它涉及了是否利用了某项仪器而获得了一个技术性的结果，即通过用特殊的技术去解决了一个技术性难题。也就是说，“可控制的自然力量的综合利用”是确定一项生物学发明的技术本质的前提条件。生物学发明可以分为以下三类。

1. 无生命现象的自然手段影响了生物学现象的发展过程

这类发明包括消毒，有害动植物或昆虫的控制，农作物的培育过程，治疗和化妆的过程，诱导突变和筛选的过程，活性干酵母的制备，原生质体的分离，脂质体的制备，质粒的提取，重组 DNA 转化入宿主细胞，病原菌和病毒的减毒等。

2. 生物学力量影响了无生命现象的自然界

这类发明包括通过微生物的影响而导致的发酵过程，如乙醇的发酵生产，丁醇和丙酮的生产，啤酒的生产，有机酸的生产如草酸、柠檬酸，氨基酸的生产如谷氨酸、赖氨酸，在蚌中培育珍珠的过程，利用微生物过滤矿砂的过程，当原油泄漏时利用微生物控制污染的过程等。

3. 利用生物学方法获得对生物学现象的影响

这类发明包括在鸡蛋中或在组织细胞中进行病毒性材料的生产繁殖，微生物育种，动植物育种，体细胞杂交，重组 DNA 技术，高等有机体的克隆等。

四、专 利 类 型

专利类型是指所发明的客观事物的特殊形式，它反映了专利保护范畴发明多样性之间的相互区别，主要包括三大专利类型：产品发明专利和方法发明专利和生物特性的利用发明专利（表 8.1）。

表 8.1　专利类型及事例

专利类型	事　例
1. 产品发明	
a. 物质	化合物，酶，细胞系，质粒、重组 DNA、宿主细胞、单价疫苗
b. 物质组分	药物成分、食品原料、生物肥料、润滑油成分、多价疫苗
c. 设备	发酵罐、脉冲电泳仪、PCR 仪、DNA 序列分析仪、流式细胞仪、色谱仪
2. 过程	
a. 制备过程	重组质粒的构建、基因的克隆、动植物生产产品的分离、重组蛋白的纯化
b. 方法发明	PCR 检测系统、蛋白异构体分析、酶的固定化、甘油载体真空蒸馏
c. 应用发明	重组微生物的发酵、使用生物杀虫剂

1. 产品发明专利

产品发明专利是现在生物技术专利申请中最为普遍的一类，它主要包括动植物新品种，新的微生物重组菌，新的宿主细胞类型以及其他一些现代生物技术中常用的单一物质和复合体，如新载体、新的限制性内切核酸酶等。长期以来人们一直就有为农业、发酵、医疗和药用工业的发明申请专利的传统，这些传统意义上的生物技术为社会的进步和发展做出了极为突出的贡献。而今天，由于重组 DNA 技术、单克隆抗体技术，PCR 技术等分子生物学、分子免疫学技术的出现和利用，使得现代生物技术在专利申请上遇到了前所未有的挑战，从 1980 年起规定，生物体不管用什么方法改造，要申请专利必须经过一套标准的新颖性、创造性和实用性的指标来判定。

1988 年美国专利和商标局颁发了哈佛大学动物基因工程产品发明专利。这是世界上关于动物品种，特别是基因工程动物品种的第一个专利，是继“超级细菌”专利之后生物技术专利的又一里程碑。它使长期被排斥在专利保护范围之外的动物新品种得到了专利保护。

2. 方法发明

方法发明是现代生物技术发明的另一大类，他主要包括改造动植物、微生物甚至生物的部分组织的方法，以及分离、纯化、培养、增殖和检测生物或生物类物质的方法等。例如，利用 Ti 质粒转化植物细胞的方法组建人的 β 干扰素基因的重组质粒的方法等，其中最著名的方法发明当属 PCR 技术，这项发明是 1985 年由美国的 Cetus 公司人类遗传研究室完成的，它被认为是现代生物技术的一次革命，现在已被广泛地应用于涉及生物技术的各个领域。

3. 应用发明

应用发明主要是指对植物、动物、微生物和生物类物质的新的应用，例如，有一项应用发明专利，是对一种克隆载体的应用，该项发明包括载体本身以及相应的真核宿主细胞的培养。这项专利中的真核宿主细胞本身不能产生胸苷激酶，如果培养基中没有胸苷激酶，那么该真核宿主细胞即不能生长。专利中的克隆载体则带有编码胸苷激酶的基因，它转入真核细胞以后，细胞能在没有胸苷激酶的培养基中生长。

目前已经批准的专利包括对核酸序列、酶、抗生素、克隆基因、杂合质粒、纯化化学物质的所有方法，以及经过基因工程改造修饰过的微生物、植物和动物。

第三节　专利申请文件

1. 总评

申请人申请专利首先应提交必要的申请文件。如果一项申请中缺少必要的按一定格式书写的申请文件，该申请将不被专利局受理，而未被专利局受理的申请在法律上将被视为未提出申请。申请文件实质上是由两部分内容组成的，即描述部分和声明部分。后者包括了要求法律保护的部分，这对于理解一项专利的特点是非常重要的。

我国《专利法》第二十六条规定：“申请发明或者实用新型专利的，应当提交请求书、说明书及其摘要和权利要求书等文件。”

2. 请求书

申请书是申请人用于表达请求专利局对其发明或者实用新型授予专利的愿望的书面文件。请求书应当写明发明或者实用新型的名称，发明人或者设计人的姓名，申请人姓名或者名称、地址，以及其他事项。包括：①申请人的国籍；②申请人是企业或者其他组织的，其总部所在的国家；③申请人委托专利代理机构的，应当注明的有关事项；④要求优先权的，应当注明的有关事项；⑤申请人或者专利代理机构的签字或者盖章；⑥申请文件清单；⑦附加文件清单；⑧其他需要注明的有关事项。另外，申请人有两个以上而未委托专利代理机构的，应当指定一人为代表人。

3. 说明书

说明书是具体阐述发明创造技术内容的书面文件。说明书应当对发明或者实用新型作出清楚、完整的说明，以所属技术领域的技术人员能够实现为准；必要的时候，应当有附图。例如，对细菌、病毒或载体的特性和系统命名进行说明，对微生物发酵的工作参数（压力、温度、pH 和浓度等）进行说明。

发明或者实用新型专利申请的说明书应当按照下列方式和顺序撰写：①发明或者实用新型的名称，该名称应当与请求书中的名称一致；②发明或者实用新型所属技术领域；③就申请人所知，写明对发明或者实用新型的理解、检索、审查有用的背景技术，并且引证反映这些背景技术的文件；④发明或者实用新型的目的；⑤写明要求保护的发明或者实用新型的技术方案，使所属技术领域的技术人员能够理解，并且能够达到发明或者实用新型的目的；⑥发明或者实用新型与背景技术相比所具有的有益的效果；⑦有附图的，应当有图面说明；⑧详细描述申请人认为实现发明或者实用新型的最好方式，在适当的情况下，应当举例说明；有附图的，应当对照附图。发明或者实用新型说明书中不得使用“如权利要求……所述的……”一类的引用语，也不得使用商业性宣传用语。

4. 权利要求书

权利要求书是具体说明申请专利的发明创造，请求专利法保护的范围的文件。在专利申请被批准后，权利要求书即成为具体说明权限范围的书面文件。权利要求书应当以说明书为依据，说明要求专利保护的范围。

我国《专利法》第二十条规定“权利要求书应当说明发明或者实用新型的技术特征，清楚并简要地表述请求保护的范围。权利要求书有几项权利要求，应当用阿拉伯数字顺序编号。权利要求书中使用的科技术语应当与说明书中使用的科技术语一致，可以有化学式或者数学式，但是不得有插图。除绝对必要的外，不得使用‘如说明书……部分所述’或者‘如图……所示’的用语。权利要求中的技术特征可以引用说明书附图中相应的标记，该标记应当放在相应的技术特征后面，并置于括号内，以利于理解权利要求。附图标记不得解释为对权利要求的限制”。

另外，权利要求书应当有独立权利要求，也可以有从属权利要求。独立权利要求应当从整体上反映发明或者实用新型的技术方案，记载为达到发明或者实用新型目的的必要技术特征。从属权利要求应当用要求保护的附加技术特征，对引用的权利要求作进一步的限定。

5. 说明书摘要

说明书摘要是对整个发明创造的概述，它仅是一种供有关人员迅速获得发明或实用新型内容的情报检索性文件。摘要应当简要说明发明或者实用新型的技术要点。

6. 其他文件

申请专利委托专利代理机构办理的，需要提交专利代理人委托书。要求享受优先权的，应提交优先权的有关证明等。

第四节　微生物菌种保藏及其专利申请文件

按照1977年4月28日各国于布达佩斯签订于1980年9月26日修正的《国际承认用于专利程序的微生物保存布达佩斯条约》的解释，“微生物菌种保藏”的概念是：“向接收与受理微生物的国际保存单位送交微生物或由国际保存单位储存此种微生物，或兼有上述送交与储存两种行为。”

如果发明涉及新的微生物、微生物学方法或者其产品，而且使用的微生物是公众不能得到的，在申请专利前或最迟在申请日，必须按各国的专利法的有关规定对微生物进行保藏，申请专利时还需提供相应的申请文件。我国专利法要求除该申请应当符合专利法有关规定外，申请人还应当办理下列手续：

1）在申请日前或者最迟在申请日，将该微生物菌种提交专利局指定的微生物菌种保藏单位保藏，并在申请时或者最迟自申请日起三个月内提交保藏单位出具的保藏证明和存活证明；期满未提交证明的，该菌种被视为未提交保藏。我国指定的微生物菌种保藏单位为北京中国科学院微生物研究所和武汉中国典型菌种保藏委员会。

2）在申请文件中，提供有关微生物特征的资料。

3）涉及微生物菌种保藏的专利申请应当在请求书各说明书中写明该微生物的分类命名（注明拉丁文名称）、保藏该微生物菌种的单位名称、地址、保藏日期和保藏编号；申请时未写明的，应当自申请日起三个月内补正；期满未补正的，该菌种被视为未提交保藏。

特别要注意的是，当有关微生物的发明专利申请公布后，任何单位或者个人需要将专利申请所涉及的微生物作为实验目的使用的，应当向专利局提出请求，并写明下列事项：①请求人的姓名或者名称和地址；②不向其他任何人提供菌种的保证；③在授予专利权之前，只作为实验目的使用的保证。

第五节　基因的专利保护

1. 基因是一种有限的资源

人体共有约近3万个基因，人类基因组只有一套，世界各国投入巨资寻找基因的研究实为一场“基因抢夺战”，目前正在破译。问题是发现一个少一个，能抢一个是一个：谁占有较多的基因专利，谁就将在人类基因的商业开发方面（包括基因药物、基因诊断、基因治疗等开发）抢得先机。生物医药企业只有在获得基因专利许可权的前提下，才能进行该基因相关药物的开发和利用；基因专利的多少决定着生物医药企业生存空间的大小。由此可见，人类有限的基因资源正在做着一次性的分配，下一个创造出更大财富的人将出现在基因领域。

微生物的基因的破译与争抢也是一场争斗。目前微生物基因图的研究局限于少数几个种，对于大多数工业微生物来讲研究有的刚开始，多数还未进行。但结论是一样的：用于改造微生物的目的基因是有限的，谁占有较多的基因专利，谁就将在商业开发方面争得主动。

2. 对基因的占有方式是“基因专利”

基因专利保证了专利拥有者对基因应用领域的高度垄断，其潜在经济价值和高额回报使得各国的研究机构和大小公司纷纷投入巨额资金。生物技术领域每一项重要产品的问世几乎都会引来激烈的专利之争。

3. 基因专利的商业和战略价值

基因专利是研制开发相关产品的基础，基因专利的权利人不仅可以通过专利合作或转让获得收益，而且还可以从基于该基因专利的基因产物以及其他衍生产品后期销售收入中按一定比例提成。一个具有重要功能的疾病或产物相关基因的专利，转让价值一般以千万美元计，而以此开发的基因药物年销售额可高达几亿至几十亿美元。如果从战略的角度去分析基因在生物武器中的作用，那么对基因专利的认识将会更深一层。

4. 基因专利的法律效力

基因专利受法律的保护，专利侵权将要受到法律的制裁，而且，专利授予与否的问题也要服从于法律。

由此可见，谁拥有了基因专利，谁就拥有了该基因所有用途的独占性开发权，实现的将是对整个产业的垄断。

第六节　国际确认的专利菌种保藏机构（IDA）

国际确认的专利菌种保藏机构（IDA）见表 8.2。

表 8.2　国际确认的专利菌种保藏机构(IDA)

保藏单位(简称)	所在国家	保藏范围
中国典型培养物保藏中心(CCTCC)	中国	各类培养物
中国普通微生物菌种保藏中心(CGMCC)	中国	普通微生物
比利时微生物保藏中心(BCCM)	比利时	大多数微生物
澳大利亚国家分析试验室(AGAL)	澳大利亚	微生物
保加利亚菌种保藏库(NBIMCC)	保加利亚	微生物
捷克微生物保藏所(CCM)	捷克	普通微生物
法国微生物保藏中心(CNCM)	法国	各类培养物
德国微生物保藏中心(DSM)	德国	普通微生物
匈牙利国家农业和工业微生物保藏中心(NCAIM)	匈牙利	工业微生物
日本国家生命科学和人类技术研究所(NIBH)	日本	各类培养物
荷兰真菌保藏所(CBS)	荷兰	真菌
韩国细胞系研究联盟(KCLRF)	韩国	动植物细胞
韩国微生物保藏中心(KCCM)	韩国	微生物
韩国典型培养物保藏中心(KCTC)	韩国	各类培养物
俄罗斯微生物保藏中心(VKM)	俄罗斯	工业微生物
俄罗斯科学院微生物理化所(IBFM-VKM)	俄罗斯	各类培养物
俄罗斯国家工业微生物保藏中心(VKPM)	俄罗斯	工业微生物
斯洛伐克酵母保藏所(CCY)	斯洛伐克	酵母菌
西班牙普通微生保藏中心(CECT)	西班牙	普通微生物菌种
英国藻类和原生动物保藏中心(CCAP)	英国	藻类、原生动物
欧洲动物细胞保藏中心(ECACC)	英国	动物细胞系等
国际真菌学研究所(IMI)	英国	真菌、细菌等
英国国家食品细菌保藏中心(NCFB)	英国	工业细菌
英国国家典型培养物保藏中心(NCTC)	英国	普通微生物
英国国家酵母菌保藏中心(NCYC)	英国	酵母菌

本章小结

本章简述了与微生物技术产权保护有关的专利及专利权的基本知识。授予专利权的发明应当具备新颖性、创造性和实用性。而对下列各项，不授予专利权：①科学发现；②智力活动的规则和方法；③疾病的诊断和治疗方法；④动物和植物品种；⑤用原子核变换方法获得的物质。

主要包括三大专利类型：产品发明专利和方法发明专利和生物特性的利用发明专利。

申请发明专利的，应当提交请求书、说明书及其摘要和权利要求书等文件。

发明涉及新的微生物、微生物学方法或者其产品，而且使用的微生物是公众不能得到的，在申请专利前或最迟在申请日，必须按各国的专利法的有关规定对微生物进行保藏。

对基因的占有方式是“基因专利”。

复习思考题

1. 试阐专利及专利权的含义。
2. 什么是发明专利应具备的新颖性、创造性和实用性？
3. 发明专利有哪几种类型？
4. 申请微生物发明专利应提交的文件有哪些？
5. 申请基因专利的重要性是什么？
6. 我国专利菌种保藏单位。

主要参考文献

东秀珠,蔡妙英编著.2001.常见细菌系统鉴定手册.北京:科学出版社

黄秀梨.2000.微生物学.北京:高等教育出版社

林学颜,张玲.2002.现代细胞与分子免疫学(第三版).北京:科学出版社

沈萍.2000.微生物学.北京:高等教育出版社

盛祖嘉.1993.微生物遗传学(第二版).北京:科学出版社

陶慰峰.2002.医学免疫学(第三版).北京:人民卫生出版社

魏景超.1979.真菌鉴定手册.上海:上海科学技术出版社

无锡轻工大学.2001.微生物学(第二版).北京:中国轻工业出版社

无锡轻工业学院等.1980.微生物学.北京:中国轻工业出版社

无锡轻工业学院.1990.微生物学.北京:中国轻工业出版社

吴健民,刘辉.2003.免疫学检验—理论与临床.北京:人民卫生出版社

武汉大学、复旦大学生物系微生物学教研室.1987.微生物学(第二版).北京:高等教育出版社

邢来君,李明春.1999.普通真菌学.北京:高等教育出版社

中国孢子植物志编辑委员会.1997.中国真菌志.北京:科学出版社

中国科学院微生物研究所常见常用真菌编写组.1973.常见常用真菌.北京:科学出版社

中科院微生物研究所放线菌分类组.1975.链霉菌鉴定手册.北京:科学出版社

周德庆.2002.微生物学教程(第二版).北京:高等教育出版社

周群英,高廷耀.2001.环境工程微生物学(第二版).北京:高等教育出版社

诸葛健等.2007.工业微生物实验与研究技术.北京:科学出版社

诸葛健.2002.工业微生物资源开发应用与保护.北京:化学工业出版社

诸葛健,李华钟,王正祥.2009.微生物遗传育种学.北京:化学工业出版社

诸葛健,沈微.2006.工业微生物育种学.北京:化学工业出版社

Nicklin J et al. 2000.微生物学.林稚兰等译.北京:科学出版社

Arnold L. Demain, Julian E. Davies, Manual of Industrial Microbiology and Biotechnology, ASM press, 1999

C. J. Alexopoulos、C. W. mains、M. Blackwell, Introductory Mycology, John Wiley & Sons, Inc. 1996

Gerard J. Tortora、Berdell R. Funke、Christine L. Case, Microbiology-An Introduction, Addison Wesley Longman, Inc. , 1998

J. A. Barnrtt et al. , Yeast, Characteristics and Identification, Cambridge: Cambridge University Press, 1983

Jacquelyn G. Black, Microbiology-Principles & Applications, Simon & Schuster/A Viacom Company, 1996

Janeway CA, Travers P, Walport M, et al. Immunobiology. 5th ed. London: Current Biology Publication. 2001

Krieg N, et al eds. Bergey's Manual of Systematic Bacteriology. Vol. 1-4. Baltimore: Williams & Wilkins, 1984-1989

Lansing M. Prescott, John P. Harley, Donald A. Klein, Microbiology, Boston: Wm. C. Brown Publishers, 1996

Nicklin J. , Graeme-Cook K. , Paget T. , and Killington R. A. Instant Notes in Microbiology, BIOS Scientific Publishers Limited, 1999

P. M. Lydyard, A. Whelan, M. W. Fanger. Instant Notes in Immunology. UK: Bios Scientific Publishers Limited. 2000

Prescott、Harley、Klein, Microbiology, Wm. C. Brown Publishers, 1999

Raina M. Maier, Ian L. Pepper, Charles P. Gerba, Environmental Microbiology, San Diego: Academic Press, 2000

The Society for Actinomycetes Japan, Atlas of Actinomycetes, Tokyo: Asakura Publishing Co., Ltd., 1997

Winter P. C., Hickey G. I., and Fletcher H. L., Instant Notes in Genetics, BIOS Scientific Publishers Limited, 1998

Zhang Yongguang、Shen Wei、Rao Zhiming、Fang Huiying、Zhuge Jian(2007), Deletion of the CgTPI Gene Encoding Triose Phosphate Isomerase of *Candida glycerinogenes* Inhibits the Biosynthesis of Glycerol, Current Microbiology, 55: 147-151, 2007

附　　录

实验一　显微镜的构造及使用方法

一、目的要求

1. 了解显微镜的构造、性能及成像原理。
2. 掌握显微镜的正确使用及维护方法。

二、实验器材

1. 显微镜、纱布、绸布。
2. 酵母菌示教标本。

三、普通光学显微镜简介

微生物的最显著的特点就是个体微小，必须借助显微镜才能观察到它们的个体形态和细胞结构。熟悉显微镜并掌握其操作技术是研究微生物不可缺少的手段。

显微镜可分为电子显微镜和光学显微镜两大类。光学显微镜包括：明视野显微镜、暗视野显微镜、相差显微镜、偏光显微镜、荧光显微镜、立体显微镜等。其中明视野显微镜为最常用普通光学显微镜，其他显微镜都是在此基础上发展而来的，基本结构相同，只是在某些部分作了一些改变。一般无特别说明，显微镜即指明视野显微镜。

（一）显微镜的构造

普通光学显微镜的构造可以分为机械和光学系统两大部分。

1. 机械系统：

（1）镜座（Base）：在显微镜的底部，呈马蹄形、长方形、三角形等。

（2）镜臂（Arm）：连接镜座和镜筒之间的部分，呈圆弧形，作为移动显微镜时的握持部分。

（3）镜筒（Tube）：位于镜臂上端的空心圆筒，是光线的通道。镜筒的上端可插入接目镜，下面可与转换器相连接。镜筒的长度一般为160mm。显微镜分为直筒式和斜筒式；有单筒式的，也有双筒式的。

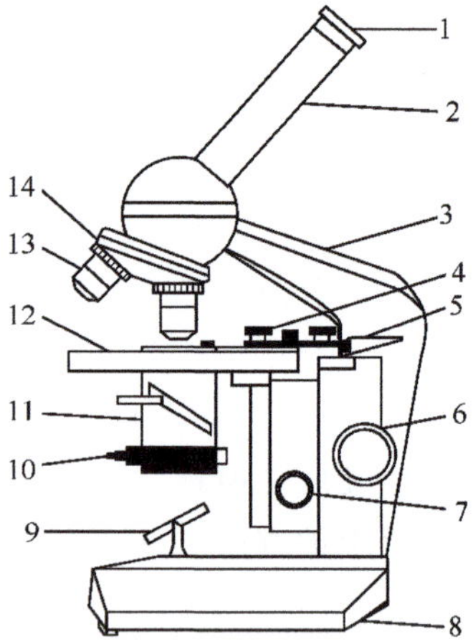

图 1.1　显微镜构造

1. 目镜；2. 镜筒；3. 镜臂；4. 标本片移动钮；5. 标本片夹；6. 粗细调焦钮；7. 聚光镜调节钮；8. 底座；9. 反光镜；10. 虹彩光圈；11. 聚光器；12. 载物台；13. 物镜；14. 转换器

（4）旋转器（Nosepiece）：位于镜筒下端，是一个可以旋转的圆盘。有 3～4 个孔，用于安装不同放大倍数的接物镜。

（5）载物台（Stage）：是支持被检标本的平台，呈方形或圆形。中央有孔可透过光线，台上有用来固定标本的夹子和标本片移动钮。

（6）调焦旋钮（Adjustment knob）：包括粗调焦钮（Coarse adjustment knob）和细调焦钮（Fine adjustment knob），是调节载物台或镜筒上下移动的装置。

2. 光学系统

（1）接物镜（Objective lens），常称为镜头，简称物镜，是显微镜中最重要的部分，由许多块透镜组成。其作用是将标本上的待检物进行放大，形成一个倒立的实像，一般显微镜有 3～4 种物镜，根据使用方法的差异可分为干燥系和油浸系两组。干燥系物镜包括低倍物镜（4～10×）和高倍物镜（40～45×），使用时物镜与标本之间的介质是空气；油浸系物镜（90～100×）在使用时，物镜与标本之间加有一种折射率与玻璃折射率几乎相等的油类物质（香柏油）作为介质。

（2）接目镜（Eyepiece lens）：通常称为目镜，一般由 2～3 块透镜组成。其作用将由物镜所形成的实像进一步放大，并形成虚像而印入眼帘。一般显微镜的标准目镜是 10×。

（3）聚光镜（Condenser）：位于载物台的下方，由两个或几个透镜组成，其作用是将由光源来的光线聚成一个锥形光柱。聚光镜可以通过位于载物台下方的聚光镜调节旋钮进行上下调节，以求得最适光度。聚光器还附有虹彩光圈（Iris diaphragm），调节锥形光柱的角度和大小，以控制进入物镜的光的量。

(4) 反光镜：反光镜是一个双面镜，一面是平面，另一面是凹面，起着把外来光线变成平行光线进入聚光镜的作用。使用内光源的显微镜就无需反光镜。

(5) 光源：日光和灯光均可，以日光较好，其光色和光强都比较容易控制，有的显微镜采用装在底座内的内光源。

（二）显微镜的成像原理

显微镜的放大作用是由物镜和目镜共同完成的。标本经物镜放大后，在目镜的焦平面上形成一个倒立的实像，再经目镜的进一步放大形成一个虚像，被人的眼睛所观察到。

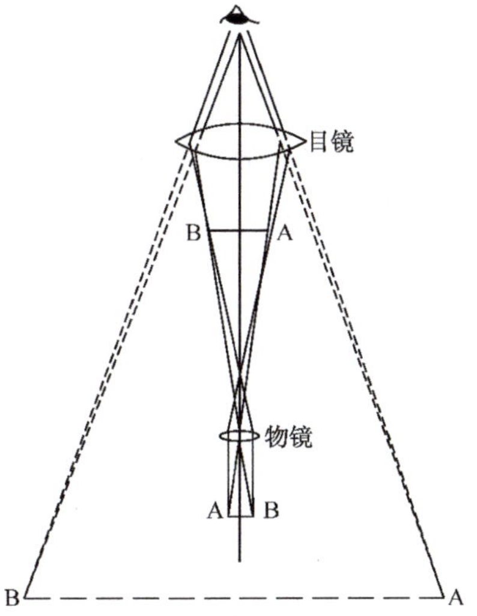

图 1.2　显微镜成像原理

（三）显微镜的性能

1. 分辨率和数值口径

衡量显微镜性能好坏的指标主要是显微镜的分辨率，显微镜的分辨率（Resolving power）是指显微镜将样品上相互接近的两点清晰分辨出来的能力。它主要取决于物镜的分辨能力，物镜的分辨力是所用光的波长和物镜数值口径的函数。分辨力用镜头所能分辨出的两点间的最小距离表示，距离越小，分辨能力越好。可用公式表示：

$$D = \frac{1}{2}\,\frac{\lambda}{N.A}$$

物镜的数值口径（Numberical aperture），简写为（N. A）：表示从聚光镜发出的锥形光柱照射在观察标本上，能被物镜所聚集的量。可用公式表示：

$$N.A = n\sin\theta$$

n——标本和物镜之间介质的折射率；

θ——由光源投射到透镜上的光线和光轴之间的最大夹角。

光线投射到物镜的角度越大，数值口径就越大。如果采用一些高折射率的物质作介质，如使用油镜时采用香柏油作介质，则数值口径增大，从而提高分辨能力。物镜镜筒上标有数值口径，低倍镜为 0.25，高倍镜为 0.65，油浸镜为

1.25。这些数值是在其他条件都适宜的情况下的最高值，实际使用时，往往低于所标的值。

2. 放大倍数、焦距和工作距离

显微镜的放大倍数是物镜和目镜放大倍数的乘积。放大倍数一样时，由于目镜和物镜搭配不同，其分辨率也不同。一般来说，增加放大倍数应该是尽量用放大倍数高的物镜。物镜的放大倍数越大，焦距越短，物镜和样品之间的距离（工作距离）便越短。

（四）显微镜的使用指南

1. 观察前的准备

显微镜的安置：取放显微镜时应一手握住镜臂、一手托住底座，使显微镜保持直立、平稳。置显微镜于平整的实验台上，镜座距实验台边缘 3～4cm。镜检时姿势要端正。

接通电源，根据所用物镜的放大倍数，调节光亮度调节钮以及虹彩光圈的大小，使视野内的光线均匀、亮度适宜。

2. 显微观察

（1）接通电源：采用白炽灯为光源时，应在聚光镜下加一蓝色的滤色片，除去黄光。一般情况下，对于初学者，进行显微观察时应遵从低倍镜到高倍镜再到油浸镜的观察程序，因为低倍镜视野较大，易发现目标及确定检查的位置。

（2）低倍镜观察：将做好的酵母标本片固定在载物台上，用标本夹夹住，移动标本片移动钮使观察对象处在物镜的正下放。旋转物镜转换器，将 10× 物镜调至光路中央。旋转粗调焦钮将载物台升起，从侧面注视小心调节物镜接近标本片，然后用目镜观察，慢慢降载物台，使标本在视野中初步聚焦，再使用细调节钮调节图像清晰。通过标本片移动钮慢慢移动玻片，认真观察标本各部位，找到合适的目的物，仔细观察并记录所观察的结果。调焦时只应降载物台，以免一时的误操作而损坏镜头。注意无论使用单筒显微镜或双筒显微镜均应双眼同时睁开观察，以减少眼睛的疲劳，也便于边观察边绘图记录。

（3）高倍镜观察：在低倍镜下找到合适的观察目标并将其移至视野中心，轻轻转动物镜转换器将高倍镜移至工作位置。对聚光镜光圈及视野亮度进行适当调节后微调细调节钮使物像清晰，仔细观察并记录。如果高倍镜和低倍镜不同焦，则按照低倍镜的调焦方法重新调节焦距。

（4）油浸镜观察：在高倍镜或低倍镜下找到要观察的样品区域，用粗调焦钮

先降载物台，然后将油镜转到工作位置。在待观察的样品区域加一滴香柏油，从侧面注视，用粗调节钮将载物台小心地上升，使油浸镜浸在香柏油并几乎与标本片相接。将聚光镜升至最高位置并开足光圈。慢慢地用细调节钮降载物台至视野中出现清晰图像为止，仔细观察并作记录。

3. 显微镜的维护

（1）观察结束后，先降载物台，取下载玻片。

（2）用擦镜纸分别擦拭物镜和目镜。如果使用的是油镜，则需要先用一片擦镜纸拭去镜头上的油，然后用另一片擦镜纸蘸少许二甲苯擦去镜头上残留的油迹，最后再用干净的擦镜纸擦去残留的二甲苯。

（3）用专用绸布清洁显微镜的金属部件。

（4）将各部分还原，将物镜转成“八”字形，同时把聚光镜降下，以免物镜和聚光镜发生碰撞危险。

（5）把显微镜放回原处。

四、实验报告

1. 根据讲义报告，对照实物，熟悉显微镜的构造。

2. 按显微镜的使用方法，分别用低倍镜和高倍镜对酵母细胞示教标本进行观察，并绘图。

3. 哪个物镜的工作距离最短？

4. 有哪些部件可以调节视野中光的强弱？

5. 有哪些方法可以提高显微镜的分辨率？

6. 为什么在用高倍镜和油镜观察标本之前一般要先用低倍镜进行观察？

实验二　酵母菌的形态观察及死活细胞的鉴别

一、目的要求

1. 进一步学习并掌握光学显微镜低倍镜和高倍镜的使用方法；

2. 观察并掌握酵母菌的个体形态及其子囊、子囊孢子和假菌丝的形态；

3. 学习并掌握鉴别酵母菌细胞死活的方法；

4. 了解酵母菌子囊孢子的染色方法及假菌丝观察的压片培养法。

二、实验材料

1. 菌种：酿酒酵母（*Saccharomyces cerevisiae*）、热带假丝酵母（*Candida tropicalis*）、粟酒裂殖酵母（*Sachizosaccharomyces pombe*）。

2. 染色液：石炭酸蕃红液（蕃红 0.1g 溶于 10ml 95%酒精中，然后加入 30%石炭酸 90ml），酸性酒精（盐酸 3ml，加 95%酒精 97ml），1%美蓝液 5%孔雀绿染色液。

3. 其他：显微镜、载玻片、盖玻片、擦镜纸、吸水纸等。

三、基本原理

酵母菌是不运动的单细胞真核微生物，其大小通常比常见的细菌大几倍甚至几十倍，因此，不必染色即可用显微镜观察其形态。大多数酵母以出芽方式进行无性繁殖，有的二分裂殖；子囊菌纲中的酵母菌在一定条件下，可以产生子囊孢子的方式进行有性生殖。酵母菌假菌丝的生成与培养基的种类、培养条件等因素有关。

美蓝是一种弱氧化剂，氧化态呈蓝色，还原态呈无色。用美蓝对酵母细胞进行染色时，活细胞由于细胞的新陈代谢作用，细胞内具有较强的还原能力，能将美蓝由蓝色的氧化态转变为无色的还原态型，从而细胞呈无色；而死细胞或代谢作用微弱的衰老细胞则由于细胞内还原力较弱而不具备这种能力，从而细胞呈蓝色，据此可对酵母菌的细胞死活进行鉴别。

四、操作步骤

1. 水浸片观察

1）制片：在干净的载玻片中央加一滴预先稀释至适宜浓度的酵母液体培养物，从侧面盖上一片盖玻片（先将盖玻片一边与菌液接触，然后慢慢将盖玻片放下使其盖在菌液上），应避免产生气泡，并用吸水纸吸去多余的水分（菌液不宜过多或过少，否则，在盖盖玻片时，菌液会溢出或出现气泡而影响观察；盖玻片不宜平着放下，以免产生气泡）。

2）镜检：将制作好的水浸片置于显微镜的载物台上，先用低倍镜，后用高倍镜进行观察，注意观察各种酵母的细胞形态和繁殖方式，并进行记录。

2. 美蓝染色

1）染色：在干净的载玻片中央加一小滴 0.1%美蓝染色液，然后再加一小滴预先稀释至适宜浓度的酿酒酵母液体培养物，混匀后从侧面盖上盖玻片，并吸去多余的水分和染色液（注意染色液和菌液不宜过多或过少，并应基本等量，而且要混匀）。

2）镜检：将制好的染色片置于显微镜的载物台上，放置约 3min 后进行镜检，先用低倍镜，后用高倍镜进行观察，根据细胞颜色区分死细胞（蓝色）和活细胞（无色），并进行记录。

3）比较：染色约 30min 后再次进行观察，注意蓝色细胞数量是否增加。

3. 子囊孢子的染色与观察

1）活化酵母：将酿酒酵母移种至新鲜的麦芽汁琼脂斜面上，培养 24h，然后再转种 2～3 次。

2）生孢培养：将经活化的菌种转移到醋酸钠培养基上，25～28℃ 培养 7～10d。

3）制片：在洁净载玻片的中央滴一小滴蒸馏水，用接种环于无菌条件下挑取少许产孢培养物至水滴上，涂布均匀，自然风干后在酒精灯火焰上热固定（水和菌均不要太多，涂布时应尽量涂开，否则将造成干燥时间长；热固定温度不宜太高，以免使菌体变形）。

4）染色：将孔雀绿染色液滴加一层，并在火焰上方加热，要求冒气但不沸腾。为了防止干枯，不时加滴染液。加热约 5min，水洗，加酸性酒精脱色约 30s，水洗，加酸性酒精脱色约 30s，水洗，加蕃红液复染 1min，菌体蓝色。水洗，最后用吸水纸吸干。

5）镜检：将染色片置于显微镜的载物台上，先用低倍镜，后用高倍镜进行观察，子囊孢子呈绿色，菌体和子囊呈粉红色。注意观察子囊孢子的数目、形状，并进行记录。

4. 假菌丝的观察

压片培养法：取新鲜的酵母菌在薄层马铃薯浸出汁琼脂培养基平板上划线接种 2～3 条，取无菌盖玻片盖在接种线上，于 25～28℃ 培养 4～5 天后，打开皿盖，置于显微镜下直接观察划线的两侧所形成的假菌丝的形状。

五、实验内容

1. 对所给酵母菌进行水浸片制片并观察其形态；
2. 对所给酿酒酵母液体培养物采用美蓝染色法进行死活细胞鉴定；
3. 观察假菌丝和子囊孢子的示范片。

六、实验报告

1. 绘制各种酵母菌的细胞形态图，注明菌名与放大倍数。
2. 图示美蓝染色结果。
3. 用美蓝染色法对酵母细胞进行死活鉴别时为什么要控制染液的浓度和染色时间？
4. 酵母菌的假菌丝是怎样形成的？它与真菌丝有何区别？

实验三　细菌的简单染色与形态观察

一、目的要求

1. 了解并掌握细菌简单染色的原理及技术；
2. 学会用光学显微镜油镜观察细菌的形态；
3. 了解细菌细胞的形态，巩固课堂知识，增加感性认识。

二、实验材料

1. 菌种：枯草杆菌（*Bacillus subtilis*）、大肠杆菌（*Escherichia coli*）、金黄色葡萄球菌（*Staphyloccus aureus*）等细菌的斜面培养物；

2. 染料：结晶紫染色液；

3. 其他：显微镜、载玻片、接种环、酒精灯、无菌水、香柏油、二甲苯、擦镜纸、吸水纸。

三、基本原理

染色是细菌学上一个重要而基本的操作技术。因细菌细胞小而且透明，当把细菌悬浮于水滴内，用光学显微镜时，由于菌体和背景没有显著的明暗差，因而难以看清它们的形态，更不易识别其结构，所以，用普通光学显微镜观察细菌时，往往要先将细菌进行染色，借助于颜色的反衬作用，可以更清楚地观察到细菌的形状及其细胞结构。

用于微生物染色的染料是一类苯环上带有发色基团和助色基团的有机化合物。发色基团赋予化合物的颜色特征，助色基团则给予化合物能够成盐的性质。染料通常都是盐，分酸性染料和碱性染料两大类。在微生物染色中，碱性染料较常用，如常用的美蓝、结晶紫、碱性复红、沙黄、孔雀绿等都属于碱性染料。

简单染色是利用单一染料对细菌进行染色的一种方法。此法操作简便，适于菌体一般形态和细菌排列的观察。常用碱性染料进行简单染色，这是因为在中性、碱性和弱酸性溶液中，细菌细胞通常带负电荷，而碱性染料电离后带有正电荷，很容易与菌体结合使细菌着色。

四、方法与步骤

1. 涂片：在洁净无脂的载玻片中央滴一小滴蒸馏水，用接种环以无菌操作从所给细菌斜面培养物上挑取少许菌苔于水滴中，混匀并涂成薄膜，涂布面积约 $1\sim1.5\mathrm{cm}^2$。

2. 干燥：室温自然干燥。

3. 固定：手执载玻片一端，使涂菌一面向上，通过火焰 2～3 次。此操作也称热固定，其目的是使细胞质凝固，以固定细胞形态，并使之牢固附着在玻片上。

4. 染色：将涂片置于水平位置，滴加结晶紫染色液（以刚好覆盖涂片薄膜为宜），染色 1min 左右。

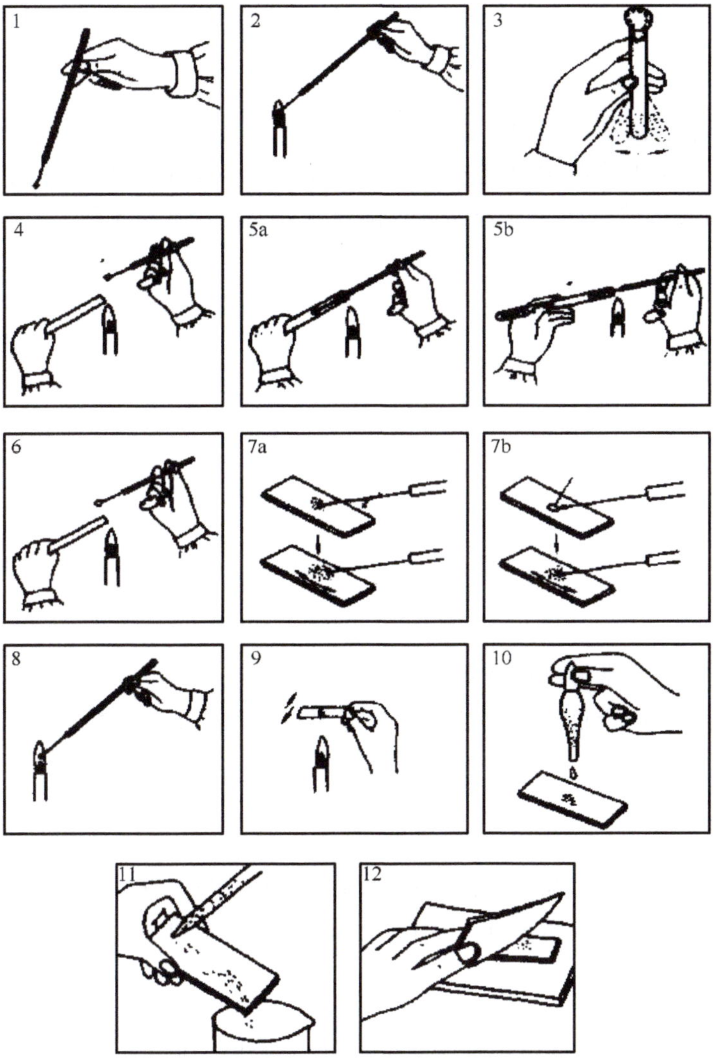

图 3.1　细菌染色标本制作及染色过程

1. 取接种环；2. 灼烧接种环；3. 摇匀菌液；4. 灼烧管口；5. 从菌液或斜面取菌；6. 取菌毕，灼烧管口、加塞；7a. 将菌液直接涂片（或 7b 混匀涂片）；8. 烧去接种环上的残菌；9. 固定；10. 染色；11. 水洗；12. 吸干

5. 水洗：倾去染液，斜置载片，用自来水的细水流由载片上端流下，不得直接冲洗在涂菌处，直至载片上流下的水无色为止。

6. 干燥：自然干燥，或用电吹风吹干，也可用滤纸吸干，注意不要擦掉菌体。

7. 镜检：待标本片完全干燥后，先用低倍镜和高倍镜观察，将典型部位移至视野中央，再用油镜观察。

五、实验内容

1. 对所给的菌种分别进行简单染色；
2. 镜检：对于球菌主要观察球菌的大小、排列方式。对于杆菌，主要观察长/宽比、两端形状、两端是否等宽、排列方式、是否产芽孢等。

六、实验报告

1. 绘出所给各种细菌的形态图，注明菌名、放大倍数及所观察到的颜色。
2. 使用油镜时，应特别注意哪些问题？
3. 对同一微生物制片，用油镜观察比用低倍镜观察有何优、缺点？
4. 涂片在染色前为什么要先进行固定？固定时应注意什么问题？

实验四　细菌的革兰氏染色

一、目的要求

1. 学习并初步掌握细菌的革兰氏染色法。
2. 了解革兰氏染色法的原理及其在细菌分类鉴定中的重要性。

二、实验材料

1. 菌种：金黄色葡萄球菌（*Staphylococcus aureus*）和大肠杆菌（*E. coli*）。
2. 试剂：草酸铵结晶紫、路哥氏碘液、95%乙醇、番红液。
3. 其他：显微镜、载玻片、接种环、酒精灯、无菌水、香柏油、二甲苯等。

三、实验原理

革兰氏染色法是细菌学中最重要的鉴别染色法，通过革兰氏染色可把细菌区分为两大类。

革兰氏染色的基本步骤：先用结晶紫初染、次经碘液媒染、再用95%乙醇脱色、最后用蕃红复染。经过此法染色后，细胞保留初染剂蓝紫色的细菌为革兰氏阳性菌；如果细胞染上复染的红色的细菌为革兰氏阴性菌。

革兰氏染色的机理，与细菌细胞壁的化学组成和结构有关。经结晶紫初染以后，所有的细菌都被染成蓝紫色。碘作为媒染剂，它能与结晶紫结合形成复合物，从而增强了染料与细菌的结合力。当用乙醇脱色时，两类细菌的脱色效果是不同的。革兰氏阳性细菌的细胞壁主要由肽聚糖组成，其形成的网状结构致密，壁厚，类脂含量低，用乙醇脱色处理时细胞壁脱水，使肽聚糖层的网状结构孔径缩小，透性降低，从而使结晶紫-碘的复合物不易被洗脱而保留在细胞内；革兰氏阴性细菌的细胞壁中肽聚糖层薄且结构松散，而类脂含量高，所以当用乙醇脱色处理时，类脂被乙醇溶解，细胞壁透性增加，使结晶紫-碘的复合物被洗脱出来。用蕃红复染时染上红色。

四、操作步骤

1. 细菌的活化：将细菌接种营养琼脂斜面，培养 16～24h。

2. 制片：取菌种培养物常规涂片、干燥、固定。

3. 初染：于制片上滴加结晶紫染液，染色 1min 后，用水洗去剩余染料。

4. 媒染：用碘液冲去残水，并用碘液覆盖约 1min，水洗。

5. 脱色：用滤纸吸去玻片上的残水，将玻片倾斜，在白色背景下，直接用 95％乙醇从载玻片上端冲洗脱色，直到流下的酒精无明显的紫色时，立即水洗。酒精的浓度、用量及涂片厚度都会影响脱色速度。脱色是革兰氏染色中最关键的一步。

6. 复染：滴加番红液，染色 2min，水洗。

7. 用滤纸吸干，油镜镜检。

五、实验内容

1. 分别对金黄色葡萄球菌和大肠杆菌进行革兰氏染色并显微镜检染色结果；

2. 对上述两种菌进行混合涂片，再进行革兰氏染色并显微镜检染色结果。

六、实验报告

1. 图示所观察到的菌体细胞的形态与革兰氏染色结果。

2. 为什么革兰氏染色所用细菌的菌龄一般不能超过 24 小时？

3. 在下表中依次填入革兰氏染色所用染料的名称，并填上革兰氏阳性和革兰氏阴性菌在每步染色后菌体所呈的颜色。在不影响革兰氏反应的前提下，哪一步可被省略？

步骤	所用染料	菌体所呈颜色	
		革兰氏阳性菌	革兰氏阴性菌
1			
2			
3			
4			

4. 当你对一株未知菌进行革兰氏染色时，怎样才能确保你的操作正确、结果可靠？

实验五　细菌的芽孢染色

一、目的要求

学习并掌握细菌芽孢染色的原理和方法。

二、实验材料

1. 菌种：枯草芽孢杆菌，营养琼脂斜面培养 24～48h；
2. 染料：5%孔雀绿水溶液、0.5%蕃红水溶液；
3. 其他：显微镜、载玻片、接种环、香柏油、二甲苯等。

三、实验原理

芽孢是某些细菌生长到一定阶段在菌体内形成的休眠体，通常呈圆形或椭圆形。细菌能否形成芽孢以及芽孢的形状、位置，芽孢囊是否膨大等特征都是鉴定细菌的依据。

芽孢染色法是根据细菌的芽孢和营养细胞对染料的亲和力不同，用不同的染料进行染色，使芽孢和菌体呈不同的颜色而便于区别。芽孢壁厚，透性低，着色、脱色均较困难，当用弱碱性染料孔雀绿在加热的情况下进行染色时，此染料可以进入菌体及芽孢使其着色，进入菌体的染料可经水洗脱色，而进入芽孢的染料则难以透出。若再用番红复染，则菌体呈红色而芽孢呈绿色。

四、操作步骤

方法一：

1. 制备菌悬液：加 1～2 滴水于小试管中，用接种环挑取 2～3 环菌苔于试管中，搅拌均匀，制成浓的菌悬液。

2. 孔雀绿染液染色：加 2～3 滴孔雀绿染液于小试管中，并使其与菌液混合均匀，然后将试管置于沸水浴的烧杯中，加热染色 15～20min。

3. 涂片固定：用接种环取试管底部菌液数环于干净载玻片上，涂成薄膜，然后将涂片通过火焰 3 次温热固定。

4. 脱色：用水冲洗，直至流出的水无绿色为止。

5. 复染：用蕃红染液染色 1～2min，倾去染液，水洗并用滤纸吸干。

6. 镜检：干燥后用油镜观察，芽孢呈绿色，芽孢囊和营养细胞为红色。

方法二：

1. 制片：取芽孢杆菌培养物常规涂片、干燥、固定。

2. 孔雀绿染液染色：将一张与载玻片等宽的方形小滤纸片加盖于涂菌处，加 3～5 滴孔雀绿染液于其上，用木夹夹住载玻片在火焰上方加热，使其产生蒸汽（但不沸腾），并随时补加染液保持涂片不干，维持 5～10min。

3. 脱色：揭去滤纸片，待载玻片冷却后用水冲洗，直至流出的水无绿色为止。

4. 复染：用蕃红染液染色 1～2min，倾去染液，水洗并用滤纸吸干。

5. 镜检：干燥后用油镜观察，芽孢呈绿色，芽孢囊和营养细胞为红色。

五、实验内容

采用上述方法之一对所给芽孢杆菌培养物进行芽孢染色并显微镜检染色结果，注意观察芽孢的形状、位置和芽孢囊是否膨大等特征。

六、实验报告

1. 图示所观察到的芽孢杆菌细胞的形态与芽孢染色结果。
2. 方法一与方法二从操作和结果比较。

实验六　霉菌的形态观察

一、实验目的

1. 学习并掌握观察霉菌形态的基本方法；

2. 了解常见霉菌（根霉、毛霉、曲霉、青霉、红曲霉、白地霉）的基本形态特征。

二、实验材料

1. 菌种：根霉（*Rhizopus* sp.）、毛霉（*Mucor* sp.）、曲霉（*Aspergillus* sp.）、青霉（*Penicillium* sp.）、红曲霉（*Monascus* sp.）的平板培养物，白地

霉（*Geotrichum candidum*）摇瓶培养液。

2. 培养基：土豆琼脂培养基（PDA）或察氏培养基。

3. 溶液或试剂：乳酸石炭酸棉蓝染色液。

4. 其他：无菌吸管，平皿，载玻片，盖玻片，U 形玻棒，解剖针，镊子，20％甘油，显微镜。

三、实验原理

霉菌菌丝比较粗大（菌丝和孢子的直径达到 3～10μm），常是细菌菌体宽度的几倍至几十倍，因而可用低倍、高倍镜观察。霉菌菌丝细胞容易收缩变形，孢子容易飞扬，在制备霉菌标本时，常用乳酸石炭酸溶液作为介质，具有不使细胞变形，可杀菌防腐，不易干燥，能保持较长时间等优点。若加入棉蓝，又具有一定的染色效果。

霉菌的有些结构在制片过程中易被破坏，影响观察，可采用载片培养法。此法便于直接在显微镜下观察，尤其适用于根霉的假根、曲霉的足细胞及分生孢子链等结构的着生和生长情况的观察。并且还可以在同一标本上观察到微生物发育的不同阶段的形态。

四、操作步骤

（一）一般观察法

1. 点种培养：用接种针沾取斜面少许孢子在无菌的察氏培养基中央穿刺接种（倒置培养皿穿刺接种），30℃下培养 7～10 天，形成巨大菌落培养物。

2. 直接制片：在载玻片中央加一滴乳酸石炭酸棉蓝染色液于洁净，打开霉菌平板培养物，用解剖针从菌落的边缘挑取少量带有孢子的菌丝，放入载玻片的染液中，细心地把菌丝挑散开，加盖玻片，注意不要产生气泡，置于显微镜下观察，菌丝呈兰色，颜色的深度随菌龄的增加而减弱。

观察根霉时，注意观察其菌丝有无横隔、假根、孢子囊柄、孢子囊、囊轴、囊托、孢子囊孢子及厚垣孢子。

观察毛霉时，注意观察其菌丝无横隔、孢子囊柄、囊轴、孢子囊孢子及后垣孢子。

观察曲霉时，注意观察其菌丝有横隔、足细胞、分生孢子梗、顶囊、小梗（形状、层数及着生情况）、分生孢子。

观察青霉时，注意观察其菌丝有横隔、分生孢子梗、帚状枝（小梗的轮数及对称性）、分生孢子。

观察红曲霉时，注意观察其菌丝有横隔、分生孢子着生情况、闭囊壳、子囊孢子。

（二）载玻片湿室培养观察法

也称载片培养法，用无菌操作将培养基琼脂薄层置于载玻片上，接种后盖上盖玻片培养，霉菌即在载玻片和盖玻片之间的有限空间内沿盖玻片横向生长。培养一定时间后，将载玻片上的培养物置于显微镜下观察。载片培养法制备的标本片可直接在显微镜下观察，这种培养观察方法保持了霉菌的自然生长状态，尤其适用于根霉的假根、匍匐菌丝，曲霉的足细胞的观察，并且还可在同一标本片上观察霉菌的不同生长阶段的形态。

载玻片湿室培养观察法具体操作：

1. 准备湿室：在培养皿底部铺一张圆形滤纸片，滤纸片上依次放上“U”形载玻片搁架、载玻片、盖玻片（两片），盖上皿盖，外用纸包扎，高压灭菌（9.8×10^{4} Pa）20 分钟后，60℃烘箱干燥，备用。

2. 取菌接种：用接种环挑取少量待观察的霉菌孢子，置于湿室的载玻片上，每张载玻片可接同一菌种的孢子两处。接种时只要将带菌的接种环在载玻片上轻轻碰几下即可。

（接种量要少，以免培养后菌丝过于稠密而影响观察）

3. 加培养基：用无菌细口滴管吸取少许融化并冷却至 45℃的培养基，滴加到载玻片的接种处，培养基应滴得圆而薄，直径约为 0.5cm（滴加量一般以 1/2 小滴为宜），注意无菌操作。

4. 加盖玻片：在培养基未彻底凝固前，用无菌镊子将皿内的盖玻片盖在琼脂薄层上，用镊子轻压盖玻片，使盖玻片和载玻片之间的距离相当接近，但不能压扁。

（盖玻片不能紧贴载玻片，要彼此留有小缝隙，一是为了通气，二是使各部分结构平行排列，易于观察。）

5. 倒保湿剂：每皿倒入约 3mL 20%的无菌甘油，使皿内滤纸完全湿润，以保持皿内湿度，盖上皿盖。制成载玻片湿室，28℃培养。

6. 观察：将培养好的载玻片取出，置于显微镜下直接观察。

五、实验内容

1. 直接观察根霉、毛霉、曲霉、青霉和红曲霉菌落形态；
2. 制片观察根霉、毛霉、曲霉、青霉和红曲霉的形态构造；
3. 对根霉、曲霉、青霉和红曲霉作载片培养，观察其形态构造。

六、实验报告

1. 绘出所观察到的各种霉菌的形态图，注明各部分名称。

2. 列表比较根霉、毛霉、曲霉、青霉和红曲霉菌落形态、个体形态及繁殖方式的异同点。

实验七　酵母菌细胞总数的测定

一、目的要求

1. 学习并掌握血球计数板计数的原理。
2. 掌握利用血球计数板进行微生物计数的方法。

二、实验材料

1. 菌种：酿酒酵母（*Saccharomyces cerevisiae*）麦芽汁培养液。
2. 其他：显微镜、血球计数板、手动计数器、擦镜纸、吸水纸等。

三、基本原理

利用血球计数板在显微镜下直接计数，是一种常用的微生物计数方法。该方法是将菌悬液放在血球计数板与盖玻片之间容积一定的计数室中，在显微镜下进行计数，然后根据计数结果计算单位体积内的微生物总数目。

血球计数板是一块特制的载玻片，其上由 4 条槽构成 3 个平台。中间较宽的平台又被一短横槽隔成两半，每一边的平台上各刻有一个方格网，每个方格网共分为 9 个大方格，中间的大方格即为计数室。计数室的边长为 1mm，中间平台下陷 0.1mm，故盖上盖玻片后计数室的容积为 $0.1mm^3$。血球计数板的构造如图 7.1。

常见血球计数板的计数室有两种规格：一种是 16×25 型，即计数室共分为 16 个中方格，每个中方格又分为 25 个小方格；另一种是 25×16 型，即计数室先被分成 25 个中方格，每个中方格又分为 16 个小方格。但无论是哪一种规格的血球计数板，其计数室的小方格都是 400 个。我们采用的是 25×16 型。

计数时，通常数 5 个中方格的总菌数，再换算成 1ml 菌液中的总菌数。计算公式如下：

$$1ml\ 菌液中总菌数=5\times10^4\ A\cdot B$$

A 为 5 个中方格中的总菌数，B 为稀释倍数。

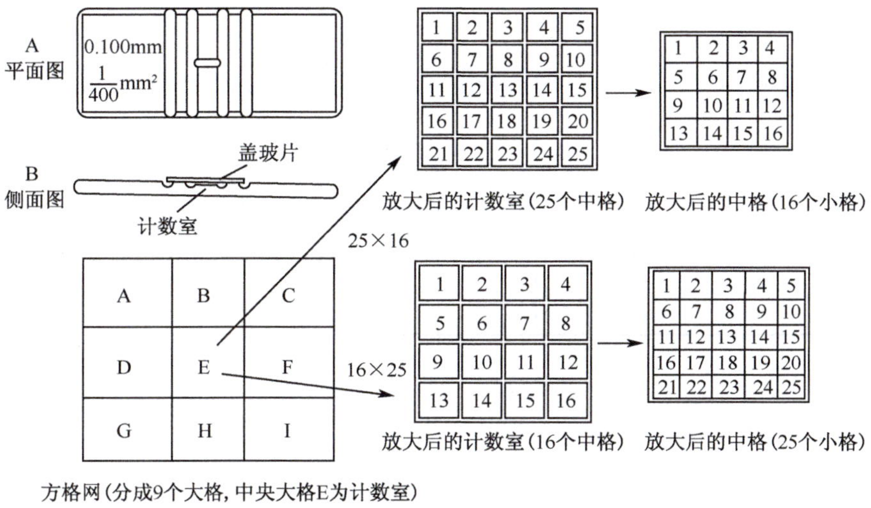

图 7.1　血球计数板构造

四、操作步骤

1. 菌悬液的制备：以无菌生理盐水将酿酒酵母培养物制成浓度适当的菌悬液。

2. 加样品：将清洁干燥的血球计数板盖上盖玻片，再用无菌的毛细滴管将摇匀的酵母菌悬液由盖玻片边缘滴一小滴，让菌液沿缝隙靠毛细作用自动进入计数室（注意取样前要摇匀菌液；加样时计数室不可有气泡产生）。

3. 找计数室：加样后静止 5min，然后将血球计数板置于显微镜载物台上，先用低倍镜找到计数室所在位置，然后换成高倍镜进行计数（注意调节显微镜光线强弱，使菌体和计数室线条清晰）。

4. 显微镜计数：取左上、右上、左下、右下和中央 5 个中方格进行计数。位于中方格边线上的菌体一般只计上边和右边线上的（或只计左边和下边线上的）。如遇到酵母出芽，芽体大小达到母细胞一半以上时，即作为两个菌体计数。计数一个样品要从上下两个计数室中得到的平均数值来计算样品的含菌量。

5. 清洗血球计数板：使用完毕后，将血球计数板在水龙头上用水冲洗干净，切勿用硬物洗刷，洗完后自行晾干或用吹风机吹干。镜检，观察计数室内是否有残留菌体或其他沉淀物。若不干净，则必须重复洗涤至干净为止。

五、实验内容

按上述方法及步骤测定所给酿酒酵母培养液的细胞浓度。

六、实验报告

1. 将结果记录于下表中。A 表示 5 个中方格中总菌数；B 表示稀释倍数。

	各中方格菌数					A	B	二室平均值	菌数/ml
	1	2	3	4	5				
第一室									
第二室									

2. 根据你的体会，说说用血球计数板计数的误差主要来自哪些方面？应如何尽量减少误差，力求准确？

3. 能否用血球计数板在油镜下对细菌进行计数？为什么？

实验八　酵母菌细胞大小的测定

一、实验目的

1. 了解测量微生物大小的原理。

2. 学习并掌握接目测微尺的校正方法及微生物大小的测定方法，增强微生物细胞大小的感性认识。

二、实验材料

1. 菌种：啤酒酵母（*Saccharomyces cerevisiae*）菌悬液，枯草芽孢杆菌（*Bacillus subtilis*）染色标本片。

2. 仪器或其他用具：显微镜，接目测微尺，镜台测微尺，载玻片，盖玻片。

三、实验原理

微生物细胞的大小是微生物基本的形态特征，也是分类鉴定的依据之一。微生物细胞个体较小，需要在显微镜下借助于特殊的测量工具—测微尺来测定其大小。测微尺包括镜台测微尺和接目测微尺。

镜台测微尺是一张中央部分刻有精确等分线的载玻片，专门用于校定接目镜测微尺每小格的相对长度。通常，刻度的总长是 1mm，被等分为 100 格，每格 0.01mm（即 10μm）。镜台测微尺不直接用来测量细胞的大小。

接目测微尺是一块可以放入接目镜的圆形小玻片，其中央有精确的等分刻度，有等分为 50 小格和 100 小格的两种。在测量时将接目测微尺放在目镜的隔板上，即可来测量经显微镜放大后的细胞物象。也有专用的目镜，里面已经安放好了接目测微尺。

由于接目测微尺所测量的是经显微镜放大后的细胞物象，因此，在不同的显微镜或不同的目镜和物镜组合放大倍数不同，接目镜测微尺每一小格所代表的实际长度也不一样。所以，在用接目测微尺测量微生物大小之前，必须先用镜台测微尺校定接目镜测微尺，以确定该显微镜在特定放大倍数的目镜和物镜下，接目镜测微尺每一小格所代表的实际长度，然后根据微生物细胞相当于的接目镜测微尺格数，计算出微生物细胞的实际大小。

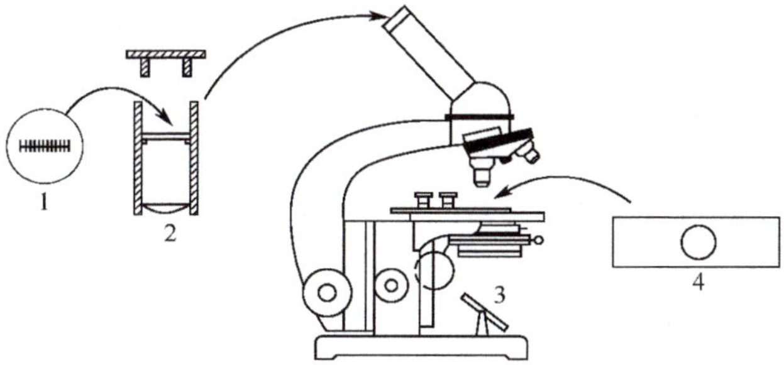

图 8.1　测微尺的安装

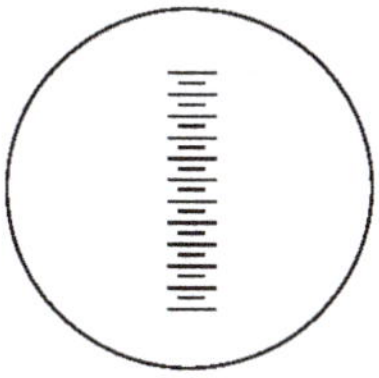

图 8.2　目镜测微尺

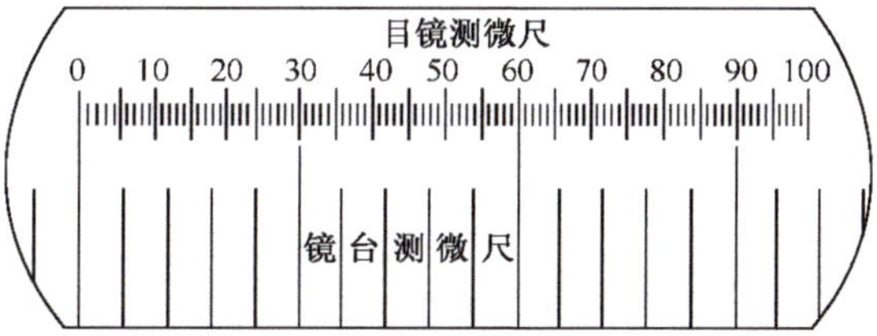

图 8.3　用镜台测微尺校正接目测微尺

四、操作步骤

1. 装接目测微尺：取下显微镜的目镜，换上专用目镜。如果没有专用的目镜，则取下显微镜的目镜，旋下透镜，将接目镜测微尺刻度朝下放在接目镜的隔板上，再旋上目镜透镜，将装有测微尺的目镜装回镜筒。

2. 接目测微尺的标定：

1）放镜台测微尺：将镜台测微尺刻度面朝上固定在显微镜的载物台上，注意不可放反。

2）标定：将低倍镜转入光路，镜台测微尺有刻度的部分移至视野中央，调节焦距，当清晰地看到镜台测微尺的刻度后，转动目镜使接目测微尺与镜台测微尺的刻度相平行。利用移动钮移动镜台测微尺，使两尺在某一区域内两线完全重合，然后分别数出两重合线之间镜台测微尺和接目测微尺所占的格数。（使接目测微尺的一条刻度线与镜台测微尺的一条刻度线相重合，再寻另一重合线，分别数出其间镜台测微尺和接目测微尺所占的格数）

3）用同样的方法，分别在高倍镜和油镜下对接目测微尺进行标定。（观察时光线不宜过强，否则难以找到镜台测微尺的刻度，换高倍镜和油镜标定时，务必十分细心，防止接物镜压坏镜台测微尺和损坏镜头）

4）计算：已知镜台测微尺每格长 10μm，根据下列公式即可分别计算出在不同放大倍数下，接目测微尺每格所代表的长度。

接目测微尺每格长度（μm）＝10n/m

n：两重合线间镜台测微尺格数

m：两重合线间接目测微尺格数

3. 微生物细胞大小的测量

接目测微尺标定完毕后，取下镜台测微尺，换上微生物标本片，将其固定在载物台上，先用低倍镜找到标本片图像，然后根据不同的微生物对象分别转换到高倍镜或油镜下，用接目测微尺测量微生物细胞的直径或宽和长所占的格数，再依据所标定的高倍镜或油镜下每一格的实际长度计算细胞的实际大小。

通常测定对数生长期菌体来代表该菌的大小，为了尽量减小实验误差，应在同一标本片上测量 10～20 个细胞，取其平均值作为该菌的大小。

维护：测量完毕，换上原有的显微镜目镜（或取出接目测微尺，目镜放回镜筒），用擦镜纸将测微尺擦拭干净后放回盒内保存，并按照显微镜的使用和维护方法擦拭物镜。

五、实验内容

1. 分别在低倍镜、高倍镜下对接目测微尺进行标定。
2. 高倍镜下测定酿酒酵母细胞的大小。

六、实验报告

1. 目镜测微尺标定结果：

低倍镜下________倍目镜测微尺每格长度是________μm。

高倍镜下________倍目镜测微尺每格长度为________μm。

2. 菌体大小测定结果：

菌号	酿酒酵母细胞测定结果			
	目镜测微尺格数		实际长度	
	宽	长	宽	长
1				
2				
3				
4				
5				
6				
7				
8				
9				
10				
平均值				

3. 为什么随着显微镜放大倍数的改变，接目测微尺每小格代表的实际长度也会改变？

实验九　培养基的制备与灭菌

一、目的要求

1. 掌握微生物实验室常用玻璃器皿的清洗及包扎方法。
2. 掌握培养基的配置方法。
3. 掌握干热灭菌和高压蒸汽灭菌的操作方法。

二、基本原理

正确掌握培养基的配制方法是从事微生物学实验工作的重要基础。由于微生物种类及代谢类型的多样性，因而用于培养微生物的培养基的种类也很多，它们的配方及配制方法虽各有差异，但一般培养基的配制程序却大致相同。例如器皿的准备，培养基的配制与分装，棉塞的制作，培养基的灭菌，斜面与平板的制作以及培养基的无菌检查等基本环节大致相同。

三、实验材料

1. 药品：待配各种培养基的组成成分、琼脂、1mol/L 的 NaOH 和 HCl 溶液。

2. 仪器及玻璃器皿：天平、高压蒸汽灭菌锅、移液管、试管、烧杯、量筒、三角瓶、培养皿、玻璃漏斗等。

3. 其他物品：药匙、称量纸、pH 试纸、记号笔、棉花等。

四、操作步骤

（一）玻璃器皿的洗涤和包扎

1. 玻璃器皿的洗涤

玻璃器皿在使用前必须洗刷干净。将三角瓶、试管、培养皿、量筒等浸入含有洗涤剂的水中，用毛刷刷洗，然后用自来水及蒸馏水冲净。移液管先用含有洗涤剂的水浸泡，再用自来水及蒸馏水冲洗。洗刷干净的玻璃器皿置于烘箱中烘干后备用。

2. 灭菌前玻璃器皿的包扎

（1）培养皿的包扎：培养皿由一盖一底组成一套，可用报纸将几套培养皿包成一包，或者将几套培养皿直接置于特制的铁皮圆筒内，加盖灭菌。包扎后的培养皿须经灭菌之后才能使用。

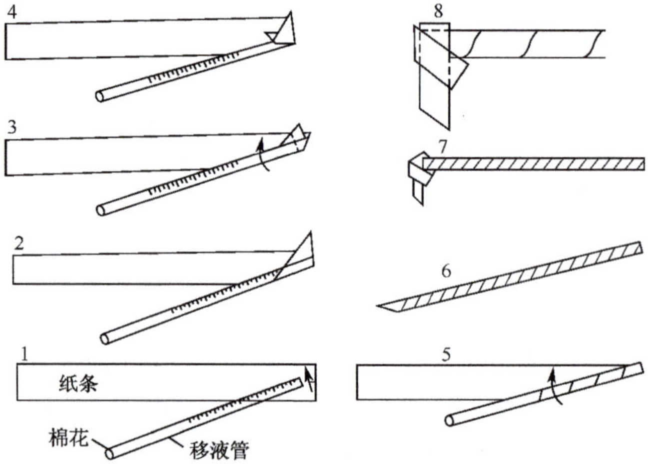

（2）移液管的包扎：在移液管的上端塞入一小段棉花（勿用脱脂棉），它的作用是避免外界及口中杂菌进入管内，并防止菌液等吸入口中。塞入此小段棉花应距管口约 0.5cm 左右，棉花自身长度约 1～1.5cm。塞棉花时．可用一外围拉直的曲别针、将少许棉花塞入管口内。棉花要塞得松紧适宜，吹时以能通气而又不使棉花滑下为准。

先将报纸裁成宽约 5cm 左右的长纸条，然后将已塞好棉花的移液管尖端放在长条报纸的一端，约成 45℃ 角，折叠纸条包住尖端，用左手握住移液管身，用手将移液管压紧，在桌面上向前搓转，以螺旋式包扎起来。上端剩余纸条，折叠打结，准备灭菌。

（二）液体及固体培养基的配制过程

1. 液体培养基配制

（1）称量：一般可用0.01g天平称量配制培养基所需的各种药品，先按培养基配方计算出各成分的用量，然后进行准确称量。

（2）溶解：将称好的药品置于一烧杯中，先加入少量水（根据实验需要可用自来水或蒸馏水），用玻璃棒搅动，加热溶解。

（3）定容：待全部药品溶解后，倒入一量筒中，加水至所需体积。如某种药品用量太少时，可预先配成较浓溶液，然后按比例吸取一定体积溶液，加入至培养基中。

（4）调pH：一般用pH试纸测定培养基的pH。用剪刀剪出一小段pH试纸，然后用镊子夹取此段pH试纸，在培养基中蘸一下，观看其pH范围，如培养基偏酸或偏碱时，可用1mol/L NaoH或1mol/L HCl溶液进行调节。调节pH时，应逐滴加入NaOH或HCl溶液，防止局部过酸或过碱，破坏培养基中成分。边加边搅拌，并不时用pH试纸测试，直至达到所需pH为止。

（5）过滤：用滤纸或多层纱布过滤培养基。一般无特殊要求时，此步可省去。

2. 固体培养基的配制

配制固体培养基时，应将已配好的液体培养基加热煮沸，再将称好的琼脂（1.5%～2%）加入，并用玻棒不断搅拌，以免糊底烧焦。继续加热至琼脂全部融化，最后补足因蒸发而失去水分。

（三）培养基的分装

根据不同需要，可将已配好培养基分装入试管或三角瓶内，分装时注意不要使培养基沾污管口或瓶口，造成污染。如操作不小心，培养基沾污管口或瓶口时，可用镊子夹一小块脱脂棉，擦去管口或瓶口的培养基，并将脱脂棉弃去。

1. 试管的分装

取一个玻璃漏斗，装在铁架上，漏斗下连一根橡皮管，橡皮管下端再与另一玻璃管相接，橡皮管的中部加一弹簧夹。分装时，用左手拿住空试管中部，并将

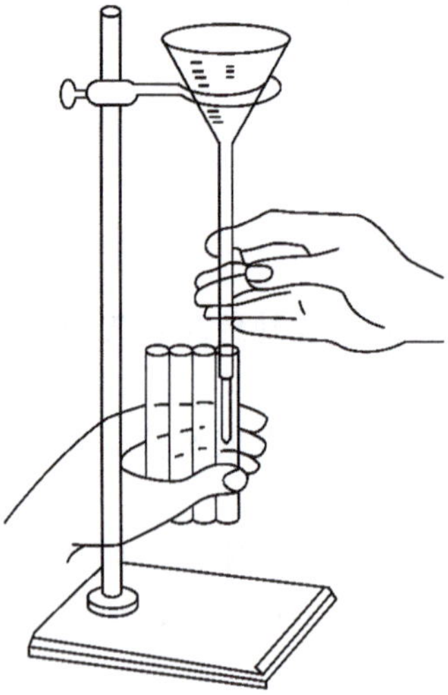

漏斗下的玻璃管嘴插入试管内，以右手拇指及食指开放弹簧夹，中指及无名指夹住玻璃管嘴，使培养基直接流入试管内。装入试管培养基的量视试管大小及需要而定，若所用试管大小为 15×150 mm 时，液体培养基可分装至试管高度 1/4 左右有为宜；如分装固体或半固体培养基时，在琼脂完全融化后，应趁热分装于试管中。用于制作斜面的固体培养基的分装量为管高 1/5（约 3～4ml），半固体培养基分装量为管高的 1/3 为宜。

2. 三角瓶的分装

用于振荡培养微生物时，可在 250 ml 三角瓶中加入 50 ml 液体培养基；若用于制作平板培养基用时，可在 250 ml 三角瓶中加入 150ml 培养基，然后再加入 3g 琼脂粉（按 2%计算），灭菌时瓶中琼脂粉同时被融化。

（四）棉塞的制作及试管、三角瓶的包扎

为了培养好气性微生物，需提供优良通气条件，同时为防止杂菌污染，则必须对通入试管或三角瓶内空气预先进行过滤除菌。通常方法是在试管及三角瓶口加上棉花塞等。

1. 试管棉塞的制作

制棉塞时，应选用大小、厚薄适中的普通棉花一块，铺展于左手拇指和食指扣成的团孔上，用右手食指将棉花从中央压入团孔中制成棉塞．然后直接压入试管或三角瓶口。也可借用玻璃棒塞入，也可用折叠卷塞法制作棉塞。

制作的棉塞应紧贴管壁，不留缝隙，以防外界微生物沿缝隙侵入，棉塞不宜过紧或过松，塞好后以手提棉塞，试管不下落为准。棉塞的 2/3 在试管内，1/3 在试管外。目前也有采用硅胶塞代替棉塞直接盖在试管口上。

将装好培养基并塞好棉塞或硅胶塞的试管捆成一捆，外面包上一层牛皮纸。用记号笔注明培养基名称及配制日期，灭菌待用。

2. 三角瓶棉塞制作

通常在棉塞外包上一层纱布，再塞在瓶口上。有时为了进行液体振荡培养加大通气量，则可用 8 层纱布代替棉塞包在瓶口上，目前也有采用硅胶塞直接盖在瓶口上。

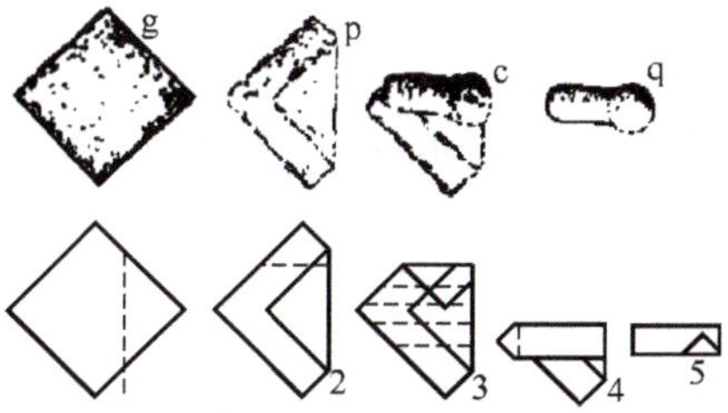

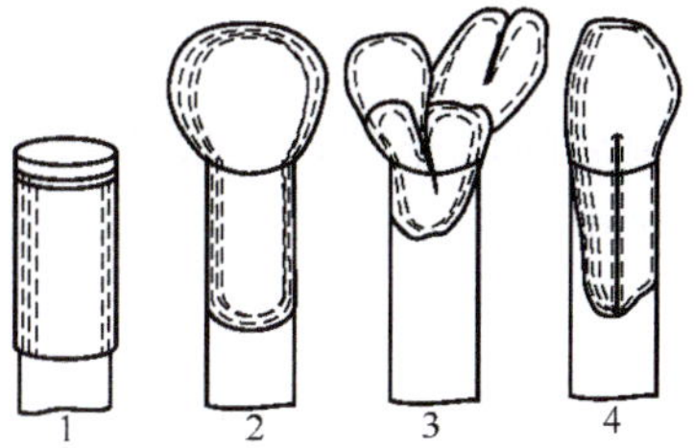

在装好培养基并塞好棉塞或包扎八层纱布或盖好硅胶塞的三角瓶口上，再包上一层牛皮纸并用线绳捆好，灭菌待用。

（五）培养基的灭菌

培养基经分装包扎后，应立即按配制方法规定的灭菌条件进行进行高压蒸汽灭菌。

（六）斜面和平板的制作

1. 斜面的制作

将已灭菌装有琼脂培养基的试管，趁热置于木棒或玻棒上，使成适当斜度，凝固后即成斜面。斜面长度不超过试管长度 1/2 为宜。如制作半团体或固体深层培养基时，灭菌后则应垂直放置至凝固。

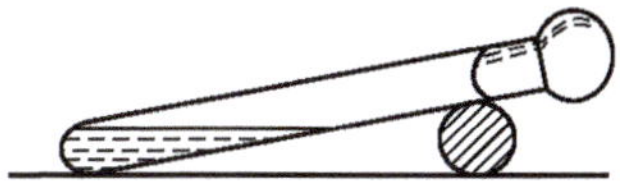

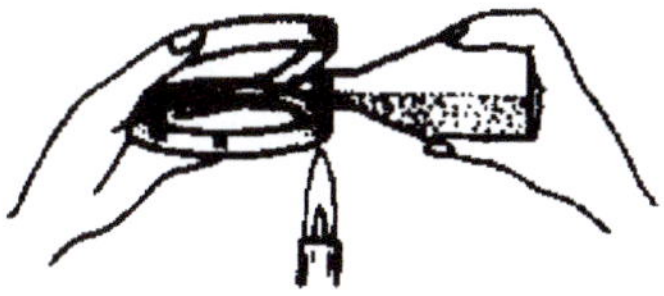

2. 平板的制作

将装在三角瓶或试管中已灭菌的琼脂培养基融化后，待冷至 50℃左右倾入无菌培养皿中。温度过高时，皿盖上的冷凝水太多；温度低于 50℃，培养基易于凝固而无法制作平板。

平板的制作应在火旁进行，左手拿培养皿，右手拿三角瓶的底部或试管，左手同时用小指和手掌将棉塞打开，灼烧瓶口，用左手大拇指将培养皿盖打开一缝，至瓶口正好伸入，倾入 10～15mL 培养基，迅速盖好皿盖，置于桌上，轻轻旋转平皿，使培养基均匀分布于整个平皿中，冷凝后即成平板。

（七）培养基的灭菌检查

灭菌后的培养基，一般需进行无菌检查。最好取出1～2管（瓶），置于37℃温箱中培养1～2天，确定无菌后方可使用。

（八）无菌水的制备

在每个250mL的三角瓶内装99mL的蒸馏水并塞上棉塞或硅胶塞。在每支试管内装4.5mL蒸馏水，塞上棉塞或硅胶塞。再在棉塞上包上一张牛皮纸，高压蒸汽灭菌。0.1MPa灭菌20～30min。

五、实验内容

1. 根据要求清洗各种玻璃器皿，并进行包扎。
2. 根据要求配制各种培养基。
3. 用电热鼓风干燥箱对玻璃器皿进行干热灭菌。
4. 用高压蒸汽灭菌锅对所配各培养基和生理盐水等进行灭菌。

六、实验报告

1. 简述移液管和培养皿的包扎注意事项。
2. 简述配制培森基的基本步骤及注意事项。
3. 为什么微生物实验室所用的移液管口或滴管口的上端均需塞入一小段棉花，再用报纸包起来，经高压蒸汽灭菌后才能使用？
4. 为什么微生物实验室所用的三角瓶口或试管口都要塞上棉塞才能使用？
5. 配制培养基时为什么要调节pH？
6. 高压蒸汽灭菌为什么比干热灭菌要求温度低、时间短？

附　灭菌技术

一、目的要求

了解消毒和灭菌的原理，并掌握各种灭菌方法的操作步骤。

二、实验材料

1. 仪器或其他用具：上述包扎的培养皿、试管、移液管等，电热鼓风干燥箱，高压蒸汽灭菌锅，微孔滤膜过滤器，0.22μm滤膜，注射器，镊子，玻璃涂棒。

2. 培养基：上述配制的培养基及生理盐水。

三、基本原理

在微生物实验中，需要进行纯培养，不能有任何杂菌污染，因此必须对所用器材、培养基和工作场所进行灭菌和消毒。灭菌是指杀死一定环境中的所有微生物，包括微生物的营养体、芽孢和孢子。实验室常用的灭菌方法包括直接灼烧、恒温干燥箱灭菌、高压蒸汽灭菌、间歇灭菌、煮沸灭菌等方法。这些方法的基本原理是通过加热使微生物体内蛋白质凝固变性，从而达到灭菌的目的。

四、操作步骤

（一）干热空气灭菌法

干热空气灭菌是在电热干燥箱内利用高温干燥空气（160～170℃）进行灭菌，它是利用高温使微生物细胞内的蛋白质凝固变性而达到灭菌目的。此法适用于玻璃器皿如移液管、试管和培养皿的灭菌。培养基、橡胶制品、塑料制品不能采用干热灭菌。

细胞内的蛋白质凝固性与其本身的含水量有关，在菌体受热时，当环境和细胞内含水量越大，则蛋白质凝固就越快，反之含水量越小，凝固越慢。因此，与湿热灭菌相比，干热灭菌所需温度高（160～170℃），时间长（1～2h）。但干热灭菌温度不能超过180℃，否则，包器皿的纸或棉塞就会烧焦，甚至引起燃烧。

干热空气灭菌使用的是电热式鼓风干燥箱（鼓风烘干箱）。

具体操作步骤如下：

1. 装入待灭菌物品：将包好的待灭菌物品放入电热干燥箱内，关好箱门。

堆积时要留有空隙，物品不要摆放得太挤，以免妨碍空气流通，灭菌物品不要接电热干燥箱内壁的铁板、温度探头，以防包装纸烤焦起火。

2. 升温：接通电源，打开开关，适当打开电热干燥箱顶部的排气孔，旋动恒温调节器，使温度逐步上升。当温度升至100℃时，关闭排气孔。在升温过程中，如果红灯熄灭，绿灯亮，表示电热干燥箱内停止加温，此时如果还未达到所需的160～170℃，则需要转动温度调节器使红灯亮，如此反复调节，直至达到所需的温度。

3. 恒温：当温度升到160～170℃时，借助恒温调节器的自动控制，保持此温度2h。干热灭菌过程中，严防恒温调节的自动控制失灵而造成安全事故。

4. 降温：切断电源，自然降温。

5. 开箱取物：待电热干燥箱内温度降到60℃以下后，才能打开箱门，取出灭菌物品。同时，应将温度调节旋钮调到零点，并打开排气孔。电热干燥箱内温度未降到60℃以前，切勿自行打开箱门，以免骤然降温导致玻璃器皿炸裂。

（二）高压蒸汽灭菌

高压蒸汽灭菌是将物品放在密闭的高压蒸汽灭菌锅内，在一定的压力下保持15～30分钟进行灭菌。此法适用于培养基、无菌水、工作服等物品的灭菌，也可用于玻璃器皿的灭菌。

将待灭菌的物品放在一个密闭的加压灭菌锅内，通过加热，使灭菌锅夹套间的水沸腾而产生蒸汽。待水蒸汽急剧地将锅内的冷空气从排气阀中排尽，然后关闭排气阀，继续加热，此时由于蒸汽不能溢出，而增加了灭菌锅内的压力，从而使沸点增高，获得高于100℃的温度，导致菌体蛋白质凝固变性而达到灭菌的目的。

在相同的温度下，湿热灭菌的效果好于干热灭菌。有三点原因：在湿热灭菌中菌体吸收水分，蛋白质容易凝固变性，蛋白质随着含水量的增加，所需凝固温度降低；湿热灭菌中蒸汽的穿透力比干燥空气大；蒸汽在被灭菌物体表面凝结，释放出大量的汽化潜热，能迅速提高灭菌物体表面的温度，从而增加灭菌效力。

实验室常用的灭菌锅有非自控手提式高压蒸汽灭菌锅和自控式灭菌锅，其结构和工作原理是相同的。本实验介绍的是非自控手提式高压蒸汽灭菌锅，自控式灭菌锅的使用可参考厂家说明书。具体操作步骤如下：

1. 加水：首先将内层锅取出，再向外层锅内加入适量的水，使水面没过加热蛇管，与三角搁架相平为宜。切勿忘记检查水位，加水量过少，灭菌锅会发生烧干引起炸裂事故。

2. 装料：放回内层锅，并装入待灭菌的物品。注意不要装得太挤，以免妨碍蒸汽流通而影响灭菌效果。装有培养基的容器放置时要防止液体溢出，三角瓶与试管口端均不要与桶壁接触，以免冷凝水淋湿包扎的纸而透入棉塞。

3. 加盖：将盖上与排气孔相连的排气软管插入内层锅的排气槽内，摆正锅盖，对齐螺口，然后以对称方式同时旋紧相对的两个螺栓，使螺栓松紧一致，勿使漏气，并打开排气阀。

4. 排气：打开电源加热灭菌锅，将水煮沸，使锅内的冷空气和水蒸汽一起从排气孔中排出。一般认为当排出的气流很强并有嘘声时，表明锅内的空气已排尽，沸腾后约需5分钟。

5. 升压：冷空气完全排尽后，关闭排气阀，继续加热，锅内压力开始上升。

6. 保压：当压力表指针达到所需压力时，控制电源，开始计时并维持压力至所需的时间。如本实验中采用0.1MPa，121.5℃，20分钟灭菌。

灭菌的主要因素是温度而不是压力，因此锅内的冷空气必须完全排尽后，才能关闭排气阀，维持所需压力。

7. 降压：达到灭菌所需的时间后，切断电源，让灭菌锅温度自然下降，当压力表的压力降至“0”后，方可打开排气阀，排尽余下的蒸汽，旋松螺栓，打开锅盖，取出灭菌物品，倒掉锅内剩水。压力一定要降到“0”后，才能打开排气阀，开盖取物。否则就会因锅内压力突然下降，使容器内的培养基或试剂由于内外压力不平衡而冲出容器口，造成瓶口被污染，甚至灼伤操作者。

8. 无菌检查：将已灭菌的培养基放入 37℃恒温培养箱培养 24h，检查无杂菌生长后，即可使用。

（三）过滤除菌

有些物质，如抗生素、血清、维生素、糖溶液等采用加热灭菌法时，容易受热分解而被破坏，因而要采用过滤除菌法。过滤除菌是通过机械作用滤去液体或气体中细菌的方法，该方法最大的优点是不破坏溶液中各种物质的化学成分。过滤除菌法除实验室用于溶液、试剂的除菌外，在微生物工作中使用的净化工作台也是根据过滤除菌的原理设计的，可根据不同的需要来选用不同的滤器和滤板材料。

应用最广泛的过滤器种类有：

1. 微孔滤膜过滤器：是一种新型过滤器，它由上下二个分别具有出口和入口连接装置的塑料盒组成，出口处可连接针头，入口处可连接针筒，使用时将滤膜装入两塑料盒之间，旋紧盒盖，当溶液从针筒注入滤器时，各种微生物被阻留在微孔滤膜上面，而液体和小分子物质通过滤膜，从而达到除菌的目的。其滤膜是由硝酸纤维素、醋酸纤维素等制成的薄膜，有孔径大小不同的多种规格（如 0.1μm、0.22μm、0.3μm、0.45μm 等），实验室中用于除菌的微孔滤膜孔径一般为 0.22μm。根据待除菌溶液量的多少，可选用不同大小的滤器。该滤器的优点是吸附性小，即溶液中的物质损耗少，过滤速度快，每张滤膜只使用 1 次，不用清洗。

2. 蔡氏（Seitz）过滤器：是一种金属制成的过滤漏斗，其过滤部分是一种用石棉纤维和其他填充物压制成的片状结构。溶液中的细菌通过石棉纤维的吸附和过滤而被去除，但对溶液中其他物质的吸附性也大，每张纤维板只能使用 1 次。

3. 玻璃过滤器：是一种玻璃制成的过滤漏斗，其过滤部分是由细玻璃粉烧结成的板状构造。玻璃滤器的规格很多，5 号（孔径 2～5μm）和 6 号（孔径<2μm）适用于过滤细菌，其优点是吸附量少，但每次使用后要洗净再用。

本实验采用微孔滤膜过滤器进行过滤除菌，具体操作步骤如下：

1. 组装、灭菌：将 0.22μm 孔径的滤膜装入清洗干净的塑料滤器中，旋紧压平，包装灭菌后待用（0.1MPa，121.5℃，灭菌 20 分钟）。

2. 连接：将灭菌滤器的入口在无菌条件下，以无菌操作方式连接于装有待滤溶液的注射器上，将针头与出口处连接并插入带橡皮塞的无菌试管中。

3. 压滤：将注射器中的待滤溶液加压缓缓挤入过滤到无菌试管中，滤毕，将针头拔出。

压滤时用力要适当，不可太猛太快，以免细菌被挤压通过滤膜。

4. 无菌检查：无菌操作吸取除菌滤液 0.1mL 于肉汤蛋白胨平板上，均匀涂布，置 37℃恒温培养箱培养 24 小时，检查是否有杂菌生长。

5. 清洗：弃去塑料滤器上的微孔滤膜，将塑料滤器清洗干净，并换上一张新的微孔滤膜，组装包扎，再经灭菌后使用。

整个过程应严格按照无菌操作，以防污染，过滤时应避免各连接处出现渗透现象。

实验十　水中大肠菌群数的测定

一、目的要求

学习大肠菌群数的检测原理和方法。

二、实验材料

1. 样品：水样。

2. 培养基：乳糖胆盐发酵管（单料及双料），伊红美兰琼脂（EMB）平板，乳糖发酵管。

3. 其他：显微镜，酒精灯，无菌吸管（10ml、1ml），接种环，载玻片等。

三、基本原理

水中的病原菌多数来源于病人和病畜的粪便。由于病原菌的数量少，检测过程复杂，因此，直接测它们的存在是非常困难的专业化工作。由于大肠菌群在粪便中数量大，在体外存活时间与肠道致病菌相近，且检验方法比较简便，因此一般采用测定大肠菌群或大肠杆菌的数量来作为水被粪便污染的标志。如果水中大肠菌群的菌数超过一定的数量，则说明此水已被粪便污染，并有可能含有病原菌。

大肠菌群的定义是指一群好氧和兼性厌氧、革染氏阴性、无芽孢的杆状细菌，并能在乳糖培养基中，经 37℃，24～48h 培养能产酸产气。我国规定每升自来水中大肠菌群不得超过 3 个。检测大肠菌群的方法有稀释培养法和膜滤法两种，其中稀释培养法是标准分析法，为我国大多数卫生单位和水厂所使用。它包括初发酵试验、平板分离和复发酵试验三个部分。

四、方法与步骤

1. 采样：取 100ml 磨口带塞玻璃瓶，包扎后，干热灭菌备用。

取自来水样时，至少应先放水 5min，以冲去龙头口所带的微生物，获得主流管中有代表性的水样。取样时，用右手握瓶，左手启开瓶塞，用覆盖瓶口的纸托住瓶塞，收集样品后，连同覆盖纸一起将瓶口塞好，并用线绳在原处扎好。注意手指不得触及瓶口内部。在静水中取样时，先用右手揭去塞子，瓶口朝下浸入水下约 30cm 处，然后将瓶子反转过来，待水注满后，取出塞好瓶口。如果水在流动，瓶口必须迎着水流，以免手上的细菌被水冲进瓶子。

2. 水样放置过程中，内含的细菌数目和类型会发生变化，所以要求水样品应于 6～10℃贮存，并不超过 6h。

3. 初发酵试验：吸取待检样品接种于乳糖胆盐发酵管内，10ml 接种量采用双料发酵管，而 1ml 及 1ml 以下接种量采用单料管。每一接种量接种 3 管，置于 35～37℃培养 24±2h。将产酸、产气的发酵管按下列程序继续进行检验。

4. 在指示性培养基上分离培养：将产气的发酵管中的发酵液在 EMB 平板或远藤氏平板上划线分离，置于 35～37℃培养 18～24h。

5. 革兰氏染色及镜检：于上述平板上长出的菌落中挑取 1～2 个大肠菌群可疑菌落进行镜检和革兰氏染色。

6. 复发酵试验：将上述镜检之菌落同时接种于乳糖发酵管，置于 35～37℃培养 24±2h，观察产气情况。

7. 结果：凡是在乳糖胆盐发酵管产酸、产气，在指示性培养基上能生长的，革兰氏染色为阴性的无芽孢杆菌，在复发酵管中产酸、产气的，即说明有大肠菌群的细菌存在—大肠菌群阳性；有一项不符的，即说明无大肠菌群的细菌存在—大肠菌群阴性。

根据有大肠杆菌细菌存在的初发酵管的管数，查相应的大肠杆菌检索表，报告每 100 毫升待检样品中大肠菌群细菌的最近似数。

五、实验报告

1. 根据上述方法及步骤检查所给水样中大肠菌群细菌的含量。

2. 测定水中大肠菌群数有什么实际意义？为什么选用大肠菌群作为水的卫生指标？

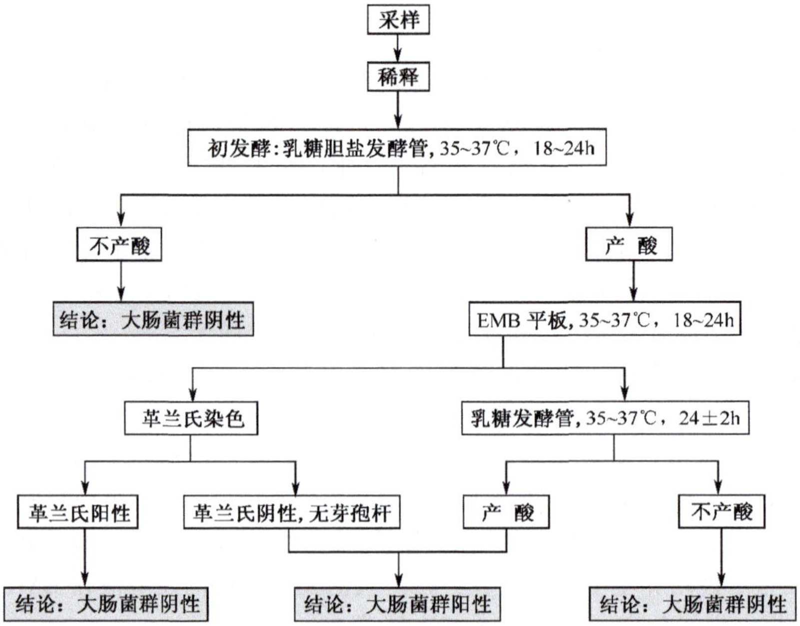

图 10.1　大肠菌群的检验程序

附表　大肠菌群细菌的最近似数检索表

呈大肠菌群阳性的乳糖胆盐发酵管的管数				每 100ml 样品中大肠菌群细菌最近似数
10ml×3	1.0ml×3	0.1ml×3	0.01ml×3	
0	0			0
0	1			3
0	2			6
0	3			10
1	0			4
1	1			7
1	2			12
1	3			16
2	0			9
2	1			15
2	2			20
2	3			30

续表

呈大肠菌群阳性的乳糖胆盐发酵管的管数				每100ml样品中大肠菌群细菌最近似数
10ml×3	1.0ml×3	0.1ml×3	0.01ml×3	
3	0	0		25
3	0	1		45
3	0	2		110
3	0	3		250
	1	0		40
	1	1		70
	1	2		120
	1	3		160
	2	0		90
	2	1		150
	2	2		200
	2	3		300
	3	0		250
	3	1		450
	3	2		1100
	3	3		2500

实验十一　平板菌落计数法

一、目的要求

学习掌握平板菌落计数的原理和方法。

二、实验材料

1. 菌液：大肠杆菌菌悬液。
2. 培养基：营养琼脂培养基，无菌生理盐水。
3. 1ml、10ml无菌移液管，无菌培养皿等。

三、基本原理

平板菌落计数法是根据在固体培养基上形成的一个菌落是由一个单细胞繁殖而成的肉眼可见的子细胞群体这一微生物的培养特征而设计的一种计数方法。将样品进行不同稀释，使微生物分散并以单细胞存在。再用一定量的稀释液涂布于平板上，培养后，每一个活细胞即能形成一个菌落。统计菌落的数目，根据稀释的倍数及取样接种量即可换算出样品中的含菌数。现在倾向用菌落形成单位（colony-forming units，cfu）来表示样品的活菌含量。平板菌落计数法可用于测定单细胞或单孢子微生物菌液的浓度，成品检验和水质检查。

四、操作步骤

1. 编号：取无菌培养皿 9 套，每 3 套为一组，在每组皿底分别写上 10^{-1}、10^{-2}、10^{-3}。另取 3 支无菌空试管排列于试管架上，依次标明 10^{-1}、10^{-2}、10^{-3}，并向试管中各加入 9ml 无菌生理盐水。

2. 稀释：用 1ml 无菌吸管精确地吸取 1ml 已充分混匀的菌悬液，注入 10^{-1} 试管中（注意吸管不要碰到水面）。然后另取 1 支无菌吸管，于 10^{-1} 试管中来回吹吸三次，使之混匀，即成 10^{-1} 稀释液。再从 10^{-1} 试管中吸 1ml 注入 10^{-2} 试管中，重复上述操作，直至制成 10^{-3} 稀释液。

3. 取样：用三支 1ml 无菌吸管分别吸取 10^{-1}、10^{-2} 和 10^{-3} 稀释液各 1ml，对号放入编好号的无菌培养皿中。

4. 倾注平板：尽快向上述盛有不同稀释度菌液的平皿中倒入融化后冷却至 45℃左右的营养琼脂培养基，每皿约 15ml，置操作台水平位置迅速旋转平皿，使培养基与菌液混合均匀，而又不使培养基荡出或溅到皿盖上。静置于操作台上待凝。

5. 培养：待培养基凝固后，倒置于 37℃恒温培养箱中培养 24h。

6. 计数：数各皿中的菌落数，算出同一稀释度三个平皿上菌落的平均数，按下述报告原则计算并报告实验结果。

菌落数报告原则：

1）选择平均菌落数在 30～300 之间的稀释度，乘以稀释倍数。

2）若有两个稀释度的菌落数均在 30～300 之间，则应视二者菌数之比值如何。如果比值小于 2.0，应报告其平均数；如果比值大于 2.0，则报告其中较小的数字。

3）如所有稀释度的菌落数均大于 300，则应以稀释度最高的平均菌落数计算。

4）如所有稀释度的菌落数均小于 30，则应以稀释度最低的平均菌落数计算。

5）如果所有稀释度的菌落数均不在 30～300 之间，其中一部分大于 300，一部分小于 30，则应以最接近 30 或 300 的平均菌落数计算。

6）活菌总数（或菌落形成单位 cfu）在 100 个/ml 以内，按实有数报告，大于 100 时，采用两位有效数字，后面的数字四舍五入处理，为了缩短数字的长度，可用 10 的指数来表示。

菌落形成单位(cfu)的报告方式

项目 示例	各稀释度平均菌落数			两稀释度菌落之比	cfu (个/ml)	报告方式(个/ml)
	10^{-1}	10^{-2}	10^{-3}			
1	1365	164	20	—	16 400	1.6×10^4
2	2760	295	46	1.6	37 750	3.8×10^4
3	2890	271	60	2.2	27 100	2.7×10^4
4	不可计	4650	510	—	510 000	5.1×10^5
5	27	11	5	—	270	2.7×10^2
6	不可计	305	12	—	30 500	3.1×10^4

五、实验内容

用上述方法测定所给样品中的活细菌含量。

六、实验报告

1. 记录各稀释平板上的菌落数，并计算出样品中的细菌含量。
2. 为什么融化后培养基要冷却到 45℃左右方可倒平板？过冷或过热行不行？为什么？
3. 为使平板菌落计数准确，需要掌握哪几个关键？
4. 同一酵母菌培养液用血球计数板和平板菌落计数法同时计数，所得结果是否一样？为什么？进一步比较两种计数法的优缺点。

实验十二　微生物生理学实验

I　酵母菌对糖类的发酵和对氮源的利用

一、目的要求

1. 学习测定酵母菌对糖类发酵和对氮源利用的方法。
2. 学习并掌握微生物接种的无菌操作技术。

二、基本原理

酵母菌对各种糖类的发酵能力差别甚大，这是酵母菌分类鉴定的重要依据，也是酿造工业中鉴别培养酵母和野生酵母的一种方法。由于酵母菌发酵糖类能生成乙醇和 CO_2，因此可以在加糖的培养基中培养酵母菌，通过观察有无气体生成来判断酵母菌能否发酵该糖。

不同的酵母菌，由于其体内酶系不同，对不同氮源物质的利用能力也不尽相同。了解酵母菌对氮源物质的要求，不但有助于对酵母菌进行分类鉴定，而且对发酵培养基的设计也可提供依据。在无氮的基础培养基中添加一种氮源物质作唯一氮源，并接种酵母菌进行培养。根据酵母菌能否生长及生长的程度可以判断酵母菌对该氮源物质能否利用及利用的能力。

三、实验材料

1. 菌种：酿酒酵母。

2. 培养基：糖发酵管（无碳基础培养基＋2％待测糖，内含倒置杜氏小管）；氮源利用培养基（酵母无氮基础培养基＋0.5％待测氮源）。

3. 其他：酒精灯，接种环等。

四、操作步骤

1. 酵母菌对氮源的利用

1）接种：

a）操作前，先用75％酒精擦手；

b）取各种待测氮源培养基斜面和对照各1支，用75％酒精擦洗后，置于无菌工作台的试管架上，然后开启无菌工作台，点燃酒精灯。

c）取菌种管和待接种的培养基管各1支，握于左手的大拇指和其他四指之间，使斜面向上，并处于水平位置。

d）先将两支试管的塞子轻轻旋转一下，然后用右手的手指夹住试管塞的端部将其拔出，并将试管口在酒精灯火焰上旋转加热（试管塞不得任意放在操作台上或与其他物品相接触，也不得用手握住其插入试管内的部分；试管口要一直置于酒精灯火焰的保护下）。

e）将接种环由下至上在酒精灯火焰上加热后伸入菌种管内，先在试管内壁或未长菌苔的培养基表面接触一下，使接种环充分冷却。然后用接种环在菌苔上轻轻地接触，刮出少许培养物，将接种环自菌种管内抽出（取菌时不要将原培养基带出，也不要菌量太大，以免影响结果；抽出时勿与管壁相碰，也不要再通过火焰）。

f）迅速将沾有菌种的接种环伸入培养基管内，在斜面上自下而上轻轻划直线即可（划线时不要用力，不得将培养基表面划破）。

g）将接种环抽出，在酒精灯火焰上灼烧试管口，塞上试管塞。

h）将接种环在火焰上灼烧灭菌后放回试管架上，然后将试管塞进一步塞紧，将已接种的培养基管放回试管架，并取出另一支培养基管进行接种，直至将所有培养基管全部接种（操作熟练后也可同时取几支试管接种）。

2）培养：将上述接种好的各试管置于25℃培养5～7天。

3）结果观察：观察酵母菌在各种培养基上的生长情况，并与对照管比较，判断酵母菌能否利用各种氮源物质，并记录。

2. 酵母菌对糖类的发酵

1）接种：取各种糖发酵管和对照管（不加糖）各1支，按无菌操作要求接种（和前述方法基本相同，但使试管口略高一些，以免液体培养基流出）。接入菌体后，使接种环与管口内壁（靠近液面处）轻轻地研磨将菌体擦下。接好种后，塞好试管塞，将试管在手掌中轻轻敲打，使菌体充分分散（不可剧烈振荡，以免将气泡摇入杜氏小管）。

2）培养：将上述接种好的各试管置于25℃培养5～7天。

3）结果观察：观察各管的杜氏小管中有无气泡形成。若有气泡形成，说明能发酵该糖；反之，说明不能发酵该糖。记录实验结果。

五、演示

微生物接种的无菌操作方法。

六、实验内容

1. 检测酿酒酵母对葡萄糖、蔗糖、麦芽糖、乳糖的发酵情况。
2. 测定酿酒酵母对硫酸铵、硝酸钾、尿素的利用情况。

七、实验报告

1. 观察并记录酿酒酵母对葡萄糖、蔗糖、麦芽糖、乳糖的发酵情况。
2. 观察并记录酿酒酵母对硫酸铵、硝酸钾、尿素的利用情况。
3. 你的实验结果和理论上的解释能否统一起来？若不统一，请分析原因。

Ⅱ　细菌的生理生化反应（V. P. 试验、甲基红试验）

一、目的要求

了解细菌鉴定中常用的主要生理生化反应试验法及其原理。

二、实验材料

1. 菌种：大肠杆菌（*E. coli*）、产气杆菌（*Enterobacter aerogenes*）。

2. 培养基：葡萄糖蛋白胨水培养基。

3. 试剂：甲基红试剂，40%NaOH 溶液，肌酸。

三、基本原理

大肠杆菌和产气杆菌均为革兰氏阴性杆菌，大肠杆菌是肠道寄生菌，产气杆菌广泛存在自然界中，因此检查水时要将两者分开。

V.P. 试验是用来测定某些细菌利用葡萄糖产生非酸性或中性末端产物的能力，如丙酮酸。丙酮酸进行缩合、脱羧生成乙酰甲基甲醇，此化合物在碱性条件下能被空气中的氧气氧化成二乙酰。二乙酰与蛋白胨中精氨酸的胍基作用，生成红色化合物，即 V.P. 反应为阳性。产气杆菌 V.P. 反应为阳性，大肠杆菌 V.P. 反应为阴性。

甲基红试验是用来检测由葡萄糖产生的有机酸，如甲酸、乙酸、乳酸等。当细菌代谢糖产生酸时，培养基就会变酸，使加入培养基的甲基红指示剂由橘黄色（pH6.3）变为红色（pH4.2）即甲基红反应为阳性。大肠杆菌甲基红反应为阳性，产气杆菌甲基红反应为阴性。

四、操作步骤

（一）V.P. 试验

1. 试管标记　取 3 支装有葡萄糖蛋白胨水培养基的试管，分别标记大肠杆菌、产气杆菌和空白对照。

2. 接种培养　以无菌操作分别接种少量菌苔至以上相应试管中，空白不接菌。置 37℃恒温箱中，培养 24～48h。

3. 观察记录　取出以上试管，振荡 2min，另取 3 支试管相应标记菌名，分别加入 2～3ml 对应管中的菌液，再加入 V.P. 试剂 10～15 滴，并用牙签挑入约 0.5～1mg 微量肌酸，振荡试管，放在 37℃恒温培养箱中保温 15～30min 后，若培养液呈红色，记录为阳性反应，若不呈红色，则记为阴性。

（二）M.R. 试验

V.P. 试验留下的培养液中，各加入 2～3 滴甲基红试剂，注意沿管壁加入，仔细观察培养液上层，若培养液上层变为红色，即为阳性反应，若仍为黄色，则为阴性反应。

五、实验报告

1. 大肠杆菌和产气杆菌 V.P. 试验和 M.R 实验的结果。

2. 在 V. P. 反应中加入 NaOH 溶液的作用是什么？

3. 还有哪些生理生化反应能用于鉴别大肠杆菌和产气杆菌。

附　教学用培养基的配制

1. 营养肉汤（Nutrient broth）培养基

牛肉膏 5g　蛋白胨 10g　NaCl 5g　加水至 1000ml，pH7.2～7.4，于 121℃湿热灭菌 30min。

2. 营养琼脂（Nutrient agar）培养基

牛肉膏 5g　蛋白胨 10g　NaCl 5g 琼脂 15～20g 加水至 1000ml，pH7.2～7.4，于 121℃湿热灭菌 30min。

3. LB（Luria-Bertani）培养基

胰蛋白胨 10g　NaCl 10g 酵母提取物（bacto-yeast extract）5g　加蒸馏水至 1000ml，pH7.0～7.2，于 121℃湿热灭菌 30min

4. 醋酸钠琼脂培养基

葡萄糖 0.62g　NaCl 0.62g　胰蛋白胨 2.5g 醋酸钠 5g　琼脂 20g　加水至 1000ml，pH6.4～6.7，于 115℃湿热灭菌 30min

5. YPG 液体培养基

酵母膏 5g　蛋白胨 10g　葡萄糖 20g　加水至 1000ml，pH6.0～6.5，于 115℃湿热灭菌 30min

6. 麦芽汁培养基

取一定数量的大麦芽，粉碎，加 4 倍于麦芽重量的 60℃水，在 58～65℃下糖化 3～4h，直至用碘液测定糖化液无蓝色反应为止。将糖化液用 4～6 层纱布过滤，滤液若混浊不清，可用鸡蛋澄清。其方法是：

取一只鸡蛋清盛于玻璃杯中，加水 20ml，用玻璃棒搅拌至出现泡膜为止。一只鸡蛋可供 1000ml 培养基之用。将调匀好的鸡蛋清倒入糖化液中，振荡使其混合均匀。加热煮沸 15min，冷却后用脱脂棉过滤。将滤液稀释到 10°Bx，pH 约为 6.5，加琼脂 2%即成。于 115℃湿热灭菌 30min。

7. 葡萄糖蛋白胨水培养基（用于 V. P. 试验和甲基红试验）

蛋白胨 5g　葡萄糖 5g　K_2HPO_4 2g　加水至 1000ml，pH 7.2，于 115℃湿热灭菌 30min。

8. 乳糖胆盐液体培养基

蛋白胨 20g　猪（或牛、羊）胆盐 5g　乳糖 10g　1.6%溴甲酚紫酒精溶液 0.6ml　加蒸馏水至 1000ml

将蛋白胨、猪胆盐及乳糖溶解于水中，补充蒸馏水至 1000ml，调 pH 到

7.4，然后加 1.6%溴甲酚紫酒精溶液 0.6ml，混匀后分装试管，每管 10ml，再倒放入一小管，即成乳糖胆盐单料发酵管。于 115℃湿热灭菌 30min。

乳糖单盐双料发酵管中的培养基也按上述配方配制，只是最后补充蒸馏水至 500ml。

9. 伊红美蓝琼脂（EMB）培养基

蛋白胨 10g　乳糖 10g　K_2HPO_4 2g　2%伊红水溶液 20ml，0.5%美蓝水溶液 10ml，琼脂 20g，蒸馏水 1000ml，pH 7.4，于 115℃湿热灭菌 30min。其中 2%伊红水溶液和 0.5%美蓝水溶液单独灭菌，待其他成分灭菌后冷却至 60℃左右无菌操作加入即可。

10. 无氮基础培养基

葡萄糖 20g　K_2HPO_4 1g　$MgSO_4 \cdot 7H_2O$ 0.5g　酵母膏 0.1g　水洗琼脂 20g，加无氨蒸馏水至 1000ml，pH6.5，于 115℃湿热灭菌 30min。此培养基适用于测定酵母菌对氮源的利用（加被测氮源 0.5%）。